New Economy Report

国际比较研究院 编
Edited by the Academy of International Comparison

2017 新动能新产业发展报告

中国统计出版社
China Statistics Press

图书在版编目（C I P）数据

新动能新产业发展报告 = New Economy Report. 2017 / 国际比较研究院编. -- 北京 : 中国统计出版社, 2017.8

ISBN 978-7-5037-8238-1

Ⅰ. ①新… Ⅱ. ①国… Ⅲ. ①新兴产业-产业发展-研究报告-中国-2017 Ⅳ. ①F121.3

中国版本图书馆 CIP 数据核字（2017）第 178844 号

新动能新产业发展报告 2017

作　　者 / 国际比较研究院
责任编辑 / 郭　栋
装帧设计 / 黄俊杰　王　芳
出版发行 / 中国统计出版社
地　　址 / 北京市丰台区西三环南路甲 6 号　邮政编码 /100073
电　　话 / 邮购（010）63376909　书店（010）68783171
网　　址 / http://www.zgtjcbs.com
印　　刷 / 北京画中画印刷有限公司
经　　销 / 新华书店
开　　本 / 880mm×1230mm　1/16
字　　数 / 650 千字
印　　张 / 30.5
版　　别 / 2017 年 8 月第 1 版
版　　次 / 2017 年 8 月第 1 次印刷
定　　价 / 320.00 元

部分图片提供：北京全景视觉网络科技股份有限公司

编委会 EDITORIAL COMMITTEE

EDITOR'S NOTE

当今，以“互联网+”、物联网、云计算、电子商务、人工智能、生物工程等高新技术为代表，以满足消费者的需求为核心的新型经济迅速发展。它不同于以往人类历史上的任何经济发展，它的现实环境是全球经济一体化，它的承载基础是信息技术和互联网，它的驱动力是思维创新和技术创新，它是前所未有的科技型、创新型经济，是经济发展的新动能，是全新的生产力。

它跟互联网、物联网、云计算、大数据、信息化、数字化、共享型、知识型、全球化等多种要素相关。它与所有的产业融合，涉及一、二、三产业，不仅仅是指三产中的“互联网+”、物联网、云计算、电子商务等新兴产业和业态，也包括工业制造当中的智能制造、大规模的定制化生产等，还涉及到一产当中像有利于推进适度规模经营的家庭农场、股份制合作制，农村一、二、三产融合发展等等。专家和学者难以准确给它命名，难以划分种类，难以确定业态，难以归纳特点，甚至于在世界各国，其发展形式、发展阶段和发展程度都不同。它对经济社会、人民生活等高度渗透，覆盖面广，内涵丰富。它蓬勃发展，日新月异，推动经济发展，改变人类生活。人们要认知它、界定它、量化它、研究它。

在这种背景下，我们编辑出版了《新动能新产业发展报告》，它共包括五个部分。第一部分是“国家篇”，试图将“新经济”概念及其演进梳理清楚，给读者一个大概

编者的话

的线条。同时归纳了世界各国在研究“新经济”的过程中所面临的挑战及做出的努力，尤其是相关统计工作所面临的挑战。最后重点介绍了中国国家统计局在“三新”统计中所做的工作及取得的初步成果，有些成果是第一次向社会公布。第二部分是“专题篇”，从行业角度对信息经济、分享经济、新金融服务、战略性新兴产业、装备制造业、新能源、新市场主体等进行了描述，吸收了目前有关机构的最新研究成果。第三部分是“地区篇”，收录了北京、上海、天津、重庆、江苏、浙江、山东、深圳、青岛、厦门、苏州共11个省市的报告，分别介绍了本地区新动能新产业的发展情况和创新经验，这些地区主要分布在东部沿海发达省市，是我国新动能新产业发展的排头兵和领头羊，也是形成全国燎原之势的星星之火。第四部分是“企业篇”，收录了海尔、海信、中粮集团、腾讯、京东、小米、携程、顺风、滴滴、陆金所、蚂蚁金服等16家企业，包含了产品制造、农业生产、通讯、物流、旅游、金融、生物医药、教育文化等方面，较全面地揭示了各类型企业网络能力、信息获取与企业绩效的关系。第五部分是“国际篇”，介绍了美国、德国、法国及英国的创新战略，并简要介绍了20国集团互联网经济情况、“一带一路”信息基础设施建设情况等。此外，书的最后还收录了近3年来我国领导人就科技发展方面的重要讲话及出台的有关新动能新产业方面的政策措施，以供读者更好地了解党中央国务院对新动能新产业发展的激励和规划。

编辑此书，主要出发点是从整体上让读者对我国新动能新产业的状况有一个概览，对其发展的基本情况有一个了解。因此，本书更多地是收集、汇总、介绍，权作抛砖引玉。本书在编辑过程中，得到了国家统计局设管司、综合司、工业司、能源司、贸经司、社科文司、服务业司及研究所的大力支持，也得到了社科院金融研究所、国家信息中心、机械工业经济管理研究院等很多单位及企业的大力协助，在此一并感谢。由于是第一次编辑，时间仓促，水平能力有限，有任何不妥、不准之处，敬请批评指正。

编　者

2017 年 7 月 25 日

Nowadays, the new types of economy grows so fast focusing on meeting the demands from the consumers in typical forms of high and new technology, such as internet +, internet of things, cloud computing, e-commerce, artificial intelligence, and biological engineering, etc. It is differing from any of the economic development in the past history of the human beings. Its real surroundings are the integration of the global economies and its supporting base is the information technology and the internet. Its driving forces are thinking innovation and technology innovation. It is an economy typed as science and technology and as innovation, never seen before. it is a new driving force for economic development, and a brand-new production force.

It relates with so many factors such as internet, internet of things, cloud computing, big data, informatization, digitization, sharing, knowledge-based and globalization, and so on. It is integrated with all the industries, involved with the primary, second and tertiary industries, not only referring to the emerging industries and the new business forms, such as internet +, internet of things, cloud computing and e-commerce, etc. in the third industry, but also covering the intelligent manufacturing, the large-scale customized production, etc. in the industrial manufacturing, additionally related to family farms, stock-sharing cooperatives, and integrated development of rural primary, secondary and tertiary industries, in favor of the moderate scale of operation. It is so hard for experts and scholars to accurately name it, to categorize it, to define its business forms, and to summarize its features. Even its formats, stages and extents of development are different among different countries in the world. It is deeply planted in the economy, society and people's lives, with extended and rich meanings. Its day to day booming boosts the economic development, changes people's lives. People are so interested in and intended to cognize it, define it, quantify it and study it.

Amid this backdrop, this New Economy Report is compiled and published, including five parts in total. Part one is the National Episode, trying to clarify the new economy concepts and their evolution, left a progress of changes to the readers. At the same time, the challenges faced and efforts made by the countries in the world in the process of the new economy study are summarized, in particular, the challenges confronted in the statistics related. Then in the last topic, the work done and the results achieved in the new economy statistics by the National Bureau of Statistics of China are shown, with some of the parts are released for the very first time. The second part is the Subject-matter episode, describing the information economy, sharing economy, new financial services, emerging strategic industries, equipment manufacturing, new energy, and new market entities, etc. in the respect of industries, covering the up-to-date research results from the related institutions. In the third part, the regional episode, reports from 11 municipalities, provinces and cities are included, i.e. Beijing, Shanghai, Tianjin, Chongqing, Jiangsu, Zhejiang, Shandong, Shenzhen, Qingdao, Xiamen and Suzhou. The developments of the new driving forces and new industries in the new economy and the innovation experiences are introduced in their respective regions, which are mainly scattered in the east coastal areas, except Chongqing Municipality. They are the vanguards and the first runners in the development of new economy in China, changing from being minor to being major all over China. Part four is the enterprise episode, embodying 16 enterprises, such as, Haier Group, Hisense, COFCO Group, Tencent, JD.com, Xiaomi, Ctrip, SF Express, Didi, LUFAX and Ant Financial, and so on, covering product manufacturing, agricultural production, communications, logistics, tourism, finance, bio-medicines, education and culture, etc. The relationships of internet capabilities, information captures and performances among the variety of enterprises are presented in a comprehensive way. Part Five is the international episode. It covers the innovation strategies of USA, Germany, France and UK, and briefs the internet economies in the G-20 and the constructions of information infrastructure along the Belt and Road. In addition, some of the important documents are added as an additional part, covering speeches delivered by our national leaders on the development of science and technology, as well as policies and measures on new economy released in China for the reference of the readers to understand the stimulations and programs for the development of new economy issued by the Party Central Committee and the State Council of China in a better way.

This book is to provide the readers with an overview of present situation and development of new economy in China as a whole. Therefore, it focuses on collection, compilation and introduction, just as a spur for your valuable contributions. We feel grateful to the Departments of Statistical Design and Management, Comprehensive Statistics, Industrial Statistics, Energy Statistics, Trade and External Economic Relations Statistics, Social, Science and Technology and Cultural Statistics, Service Statistics and the Research Institute of Statistical Science of the National Bureau of Statistics, for their strong support in the compilation of this book, as well as to the Financial Research Institute of the China Academy of Social Sciences, the National Information Centre and the Research Academy of Economic Management of Machinery Industry, and many units and enterprises for their great contributions. Due to the limitations of our time and knowledge, if there is any improperness or inaccuracy in this book, please kindly write us with your valuable corrections at any time.

Editor

July 25, 2017

发展新动能 引领新时代

NING JIZHE
中国国家统计局局长
2017 年 8 月 1 日
Commissioner
National Bureau of Statistics of China
August 1, 2017

科技是国家强盛之基，创新是民族进步之魂。党的十八大以来，以习近平同志为核心的党中央把创新摆在国家发展全局的核心位置，高度重视科技创新，创业创新已经成为全社会的共识。2015 年“大众创业、万众创新”首次写入政府工作报告，在全国范围内掀起了创业创新的热潮，新动能新产业的发展已经成为势不可挡的时代潮流。

最新公布的统计数据显示，2017 年上半年，我国国内生产总值增速为 6.9%，取得了高于预期的成绩，宏观经济稳中向好的态势更加明显。这得益于在党中央国务院坚强领导下，各地区各部门的共同努力，是多种因素综合作用的结果。其中一个重要因素就在于积极发展新产业培育新动能，促进了经济发展的内生动力不断增强。近年来，新主体加速孕育、新产业蓬勃发展、新业态层出不穷、新模式不断涌现。2017 年上半年，全国新登记市场主体 887 万户，同比增长 13.2%，平均每天新设 4.9 万户，再创历史新高；我国高技术产业、战略性新兴产业增加值同比增长 13.1% 和 10.8%，分别比规模以上工业增加值高 6.2 个和 3.9 个百分点。分享模式创新推动分享经济崛起，2016 年，我国分享经济市场交易额约为 3.5 万亿元，同比增长 103%；参与分享经济活动人数超过 6 亿人，比上年增加 1 亿人左右。

世界经济发展的历程表明，传统动能发展到一定阶段出现减弱是客观规律，很多国家都走过这样的路径，尤其是发达国家，有很多先例可寻。每当这个时候，就需要新动能新产业异军突起，来引领产业革命新趋势，并以新技术加快改造提升旧动能。18 世纪后期到 20 世纪末，世界先后经历了三次科技革命，人类社会的生产、生活发生了翻天覆地的变化。18 世纪 60 年代以瓦特的蒸汽机为主导的第一次技术革命，使人类进入“蒸汽时代”，实现了生产方式的机械化，创造了巨大生产力。19 世纪 70 年代以电力为主导的第二次技术革命，使人类进入“电气时代”，电力的广泛应用，对经济发展和社会进步起了巨大的促进作用。20 世纪四五十年代以信息为主导的第三次技术革命，原子能、电子计算机、航天工程、生物技术等领域取得重大突破，推动社会生产力空前发展。每次技术革命都起源于某一两项具有根本性和强大带动性的重大技术的突破，引发出新的技术体系的建立和新的产业升级。三次技术革命和三次产业升级，将人类社会由农业社会推进到工业社会，创造了人类社会的现代文明。20 世纪 90 年代以来，在信息技术的引领下，美国经济出现了二次大战后罕见的持续性的高速度增长。就我国当前而言，培育壮大经济发展新动能，加快新旧动能接续转换，不仅是促进经济结构调整和实体经济转型的根本途径，而且是推进供给侧结构性改革的重要着力点。

世界大势，浩浩荡荡，新动能新产业发展方兴未艾，一日千里。在这样的发展趋势下，发展新动能新产业，引领新时代，不仅成为全球共同关注的话题，也给各国政府带来前所未有的机遇和挑战。只有顺应历史潮流，迎难而上，开拓创新，才能在这场变革中赢取主动，在更新、更高、更远的未来引领全球发展。我国作为世界第二大经济体、世界最大的发展中国家，在新动能新产业迅猛发展的时代大潮下，如果能把亿万群众的创造力、积极性调动起来，形成万众创新、百舸争流的气势，再加上众志成城、百炼成钢的意志，必将会在推动全球发展变革的历史进程中发挥重要作用和积极贡献。

正是在这样的大背景下，为了全面反映我国新动能新产业的发展态势及其有关方面取得的成果，国家统计局和北京师范大学联合组建的国际比较研究院组织编撰了这部发展报告。全书围绕着新动能新产业汇集了一系列文章，既有概念内涵的梳理、统计工作面临的挑战和统计调查最新成果，也有行业宏观纵览、知名企业的微观创新历程等，较全面地反映了当前国内外新动能新产业发展状况与成就。本书还汇集了近3年国家领导人就科技发展发表的讲话和党中央国务院出台的发展新产业、培育新动能的一些重要政策文件。希望这部研究报告能为致力于观察、研究中国新动能发展的人士提供有益参考。

Breeding New Driving Forces
Leading New Development

Science and technology is the base for a powerful and prosperous country and innovation is the soul of a progressing nation. Since the 18th National Congress of the Communist Party of China, the innovation has been set at the core of national development as a whole by the Party Central Committee with Comrade Xi Jinping as the core, and a great emphasis on technological and entrepreneurial innovation has become a consensus of the whole society. In 2015, the *Mass Entrepreneurship and Innovation* was written into the Government Work Report, therefore a wave of entrepreneurial innovation has risen, and the development of new economy (new driving forces and new industries) has become the trend of times, which cannot be halted.

The statistics released recently showed that in the first half of 2017, the growth rate of Gross Domestic Product (GDP) of China was 6.9%, higher than expected. It is much obvious now that the trend of macro economy is stable and positive. It benefits from the joint efforts by various departments and regions under the strong leadership of the Party Central Committee and the State Council. It is the result from the actions of various factors. Of of the important factors is that the new industries have vigorously developed and the driving forces have fast cultured, therefore the endogenous dynamics for economic development becomes stronger and stronger. In recent years, it shows the new market entities are cultured at a high rate, new industries boom fast and new types of business emerge continuously. In the first half of 2017, the national registration of market entities was 8.87 million, 13.3 % more than that in the same period of the previous year. On average, 49 thousand new entities were set up every day, which again broke the historical record. The value added of high tech and emerging strategic industries in China increased 13.1% and 10.8% over the same period of the previous year, 6.2 and 3.9 percentage points higher than that of the value added of industrial enterprises above designated size respectively. As the innovation of sharing models boosts the sharing economy, the market trade volume of sharing economy was around 3.5 trillion RMB, increasing 103% over the previous year and the participants to the sharing economy reached over 600 million, increasing 100 million people more compared with the previous year.

The progress of the world economic development shows that it is an objective law that the traditional driving forces will diminish after certain period of development. Many countries went through such a path, particularly the developed countries. There are so many examples to be traced. Every time at this moment, it needs a new driving force, a new industry to rise to lead the new tendency of industrial revolution, and to expedite the renewal and escalation of the old driving forces by new technology. From late 18th century to the end of 20th century, there were three revolutions of science and technology experienced in the world, brought out enormous changes to the production and lives of the human society. In 1760s, the first technological revolution started with the steam engines invented by James Watt, which brought human beings into the *age of steam*, achieved the mechanization of production modes and created great productive power. The second technological revolution started in 1870s led by electricity, enabled the human beings to enter into the *age of electricity*. The extensive use of electricity greatly promoted the progress of economic development and social progress. From 1940s to 1950s, the third technological revolution came into being by information as an orientation. A major breakthrough was brought about in the fields of atomic energy, electronic computer, space engineering, biological technology, etc., which pushed forward an unprecedented development of the social productive force. Each technological revolution is sourced from breakthroughs of one or two major technologies which have a fundamental and strong driving force, triggering the establishment of a new system of technology and the escalation of new industries. Three technological revolutions and three industrial escalations advanced the human society from agriculture to industry, and brought a modern civilization into the human society. In 1990s, led by the information technology, USA experienced a rare and continuous high speed growth after the Second World War. After the international financial crisis broken out in 2008, when the other economies were still at depression, the American economy took the lead into recovery. Its fundamental driving force came from the new economy (new driving force and new industry). As to the present situation in China, to culture and boost the new driving force for economic development, and to expedite the conversion of the old driving force into new one not only provide an important path to the adjustment of economic structure and the transformation of the real economy, but also is an important force to push forward the supply-side structural reform.

The world tide of development is majestic. The new economy is still on its way to boost, advancing in a tremendous pace. In this trend, to generate a new driving force and industry heading to the new times, not only becomes a common attentive topic of the world, but also brings out unprecedented opportunities and challenges for all the governments of the world. Only those who follow the historical trend, confront with the difficulties and keep on exploiting and innovating can take the initiatives in this great change and lead the development in the world in the future for newer, higher and further goals. As the second largest economy in the world and the largest developing country, China can and must play a most important role in and make an active contribution to pushing forward the great development and change if all the creativity and enthusiasm of all the people can be fully mobilized and a momentum of mass innovation and competition for win can be formed with a united and perseverant will in this wave of fast growing of new economy.

Just amid this background, the Academy of International Comparison jointly established by the National Bureau of Statistics and Beijing Normal University has compiled and written this New Economy Report in order to reflect the state of new economy development and the results achieved on various aspects in China. This book collected a series of papers pertinent to the new economy (new driving forces and new industries), not only including the evolution of the concepts and their connotations, challenges confronted in statistics and new results achieved from the statistical surveys, but also covering macro overview on industries and micro innovative progress of well-known enterprises, showing the development and achievements of new economy both home and abroad in a relatively complete coverage. In addition, this book also collects some important speeches delivered by our national leaders and some important policy documentations on boosting new driving forces and new industries issued by the Party Central Committee and the State Council in recent three years. I do hope that this research report can be helpful for the reference of the readers who are engaged in observing and studying the new economy development in China.

目录

重要文件

Table of Contents

1 Three NEWS refers to New Industry, New Business Format, New Business Mode.
2 MICS Platform refer to the mass innovation, crowdsourcing, collective support and crowdfunding. Mass innovation means gathering all kinds of innovation resources in society. Crowdsourcing means helping enterprises or organizations to subcontract the tasks among the enterprises and individuals. Collective support means the government, public institutions, enterprises and individuals jointly support the growth of small and micro businesses and entrepreneurs. And crowdfunding means raising funds from the public through the Internet.
3 HOPSCAs refers to complexes of hotels, offices, parks, shopping malls, clubs and apartments.

Part Two
Double NEWS[1] Assists, All Business Takes Off (Subject-matter Episode)

Part Three
New Power Engines Are Planted, New Economy Is Well Linked (Regional Episode)

1 Double NEWS driving forces refer to new economic driving forces and new industries.

2 Three Centres and One Base Refers to a national important innovation centre in the east coastal areas, a national important regional service centre, and an internationally advanced marine development centre, as well as an advanced manufacturing base with internationally competitive capability.

3 Big Fives refers to the big five development concepts, i.e. innovation, coordination, green development, opening up, and sharing.

Part Four
Driven by Innovation, Competed for Dominance (Enterprise Episode)

Part Five
Global Competition and Cooperation Makes the World Win-Win Booming (International Episode)

1 COFCO refers to China National Cereals, Oils and Foodstuffs Corporation.
2 Shanghai Lujiazui International Financial Asset Exchange Co. Ltd.
3 YLES refers to YL Entertainment and Sports Co. Ltd.
4 The Belt and Road refers to the Silk Road Economic Belt and the 21st Century Maritime Silk Road.

Column

Important Documents

第一部分

迎接新挑战　培育新动能

（国家篇）

从科技兴国到创新驱动

科技创新是推动国家和民族向前发展的重要力量。改革开放以来，从“科技是生产力”到“科技是第一生产力”，从“科技兴国”到“科教兴国”，从“自主创新”到“创新驱动发展”，几代中央领导集体通过不断地探索和实践，顺应时代要求，将科技创新内化为治国理政新理念。30多年来，我国科技事业蓬勃发展，创业创新方兴未艾，新经济新动能显著增强，为经济社会较快发展提供了强力支撑。

一、实施科技兴国战略：从“生产力”到“第一生产力”

20世纪后半叶，以信息技术、微电子技术、生物技术、航空航天技术，以及新材料、新能源开发利用为代表的高新技术及其产业席卷全球，汇聚成蓬勃发展的新技术革命浪潮。在此背景下，邓小平高瞻远瞩，抓住时代的脉搏，反复说明和强调了科学技术的高低不仅与经济发展、人民生活水平紧密相关，而且关系着综合国力、国家安全和社会制度的巩固。1975年，邓小平在领导我国科技整顿时，旗帜鲜明地肯定了科学技术是生产力。1978年3月，他在全国科学大会上发出“向科学技术现代化进军”的号召，明确提出“四个现代化，关键是科学技术现代化”，重申了“科学技术是生产力”这一马克思主义基本观点。这次大会还讨论并通过了《1978-1985年全国科学技术发展规划纲要(草案)》。1988年5月9日，邓小平在会见捷克斯洛伐克总统胡萨克时说：“马克思说过，科学技术是生产力，事实证明这话讲得很对。依我看，科学技术是第一生产力。”至此，“科学技术是第一生产力”的科学论断正式形成。

这一重大科学论断，不仅揭示了科学技术与经济发展的关系，概括了当代世界社会经济发展的规律和趋势，而且阐明了科学技术与生产力、生产关系的内在关联，从而极大地丰富和发展了马克思关于科学技术是生产力的理论。基于这一理论制定的科技兴国战略有力地推动了中国经济高速发展。1978—1995年，我国GDP从3679亿元增加到6万亿元，18年间扩大了15倍，年均实际增长近10%；人均GDP从2350元增加到9448元，翻了两番。

二、实施科教兴国战略：把经济建设转移到依靠科技进步和提高劳动者素质的轨道上来

20世纪末，面对日趋严峻的国际环境和科技竞争，加速国民经济增长从外延型向效益型的战略转变已迫在眉睫。1995年5月6日，中共中央、国务院正式颁布《关于加速科学技术进步的决定》，把经济建设转移到依靠科技进步和提高劳动者素质的轨道上来，坚定不移地实施科教兴国的战略。

科教兴国，坚持教育为本，把科技和教育摆在经济、社会发展的重要位置，增强国家的科技实力及向现实生产力转化的能力。伴随着科教兴国的时代洪流，中国的院士制度开始实行，中国工程院建立，中科院知识创新工程稳步推进，中国的科技创新体系日益完备，《科技进步法》和《教育法》相继实施。

科技领域的进步带动了经济社会快速发展。1996—2005年，我国GDP年均实际增速为9.2%，大大超过世界平均水平；人均GDP从10298元增

加到21047元，城镇居民人均可支配收入从4839元增加到10493元，劳动生产率从12761元/人提高到25295元/人，均实现翻番；高技术产品出口占工业制成品出口比重从12.4%提高到30.8%，提高了18.4个百分点。

我国科技领域也取得了许多重大成就。1997年，每秒运算130亿次的"银河-Ⅲ"巨型计算机研制成功；2000年，研制出"曙光3000"超级并行计算机系统，速度达4032亿次/秒；1999年至2000年，"神舟"号飞船先后四次成功进行无人飞行试验；2003年10月15日，航天员杨利伟搭乘"神舟"五号飞船进入太空并顺利返回；2005年1月18日，第21次南极冰盖昆仑科学考察队成功抵达南极内陆冰盖最高点。

三、走自主创新道路：勾勒建设创新型国家宏伟蓝图

新世纪伊始，国民经济保持高速增长的同时，也暴露出隐忧。我国在全球化的产业链上处于低端，经济增长付出了沉重的资源环境代价，核心技术受制于人，关键技术和设备大部分依赖进口。在这种情况下，党的十六大提出，要制定国家科学和技术长远发展规划。

2006年1月9日，在全国科学技术大会上，胡锦涛作了《坚持走中国特色自主创新道路为建设创新型国家而努力奋斗》的重要讲话。他指出，党中央、国务院作出的建设创新型国家的决策，是事关社会主义现代化建设全局的重大战略决策。建设创新型国家，核心就是把增强自主创新能力作为发展科学技术的战略基点，走出中国特色自主创新道路，推动科学技术的跨越式发展；就是把增强自主创新能力作为调整产业结构、转变增长方式的中心环节，推动国民经济又快又好发展；就是把增强自主创新能力作为国家战略，贯穿到现代化建设各个方面，激发全民族创新精神，形成有利于自主创新的体制机制，不断巩固和发展中国特色社会主义伟大事业。

2006年1月26日，中共中央、国务院作出《关于实施科技规划纲要 增强自主创新能力的决定》，《国家中长期科学和技术发展规划纲要（2006—2020）》随之颁布。纲要明确提出了"自主创新，重点跨越，支撑发展，引领未来"的新时期科技工作指导方针，对我国未来15年科学和技术发展做出了全面规划与部署，力争到2020年使我国进入创新型国家行列。

2007年10月，党的十七大又明确把提高自主创新能力、建设创新型国家作为国家发展战略的核心、提高综合国力的关键，强调坚持走中国特色的自主创新道路，把增强自主创新能力贯彻到现代化建设各个方面。

自主创新激发了诸多科技成就的突破。2007年，中国成功发射嫦娥一号探月卫星；2008年，神舟七号发射成功；2012年，"神威蓝光千万亿次高效能计算机系统"通过科技部专家组验收，标志着我国成为继美国、日本之后第三个能够采用自主CPU构建千万亿次计算机的国家。在此期间，我国经济快速发展，人民生活水平不断提高。2006—2012年，我国GDP年均实际增长7.3%；居民收入水平大幅提高，人均GDP从2006年的23596元增加到2012年的41043元；人均可支配收入实现翻番，从2006年的11759元增加到2012年的24565元；2012年，劳动生产率提高到37814元/人，是2006年的1.4倍；高技术产品出口占工业制成品出口比重稳定保持在25%-30%之间。

四、实施创新驱动发展战略：把握引领经济发展新常态

随着国内外形势的发展和中长期规划的实施，科技创新对社会经济的支撑引领作用日益显著，但科技体制机制还存在一些深层次问题。同时，即将出现的新一轮科技革命和产业变革与我国加快转变经济发展方式形成历史性交汇。强烈的忧患意识使中国"不能等待、不能观望、不能懈怠"。

在新的历史关头，2012年11月，党的十八大召开。以习近平同志为核心的党中央鲜明地提出"实施创新驱动发展战略"，强调"科技创新是提高社会生产力和综合国力的战略支撑，必须摆在国家发展全局的核心位置"。随后，十八届五中全会提出，创新是引领发展的第一动力，必须把发展基

点放在创新上，塑造更多依靠创新驱动、更多发挥先发优势的引领型发展。

2015年，党中央国务院发布《关于深化体制机制改革加快实施创新驱动发展战略的若干意见》，出台深化科技体制改革实施方案和系统推进全面创新改革试验方案。全国人大常委会也在2015年修订了《促进科技成果转化法》，明确了科研机构、高校的科技成果处置权，让一批科研成果加速转化为现实生产力。

2016年，中国又连续出台重大部署：1月份，党中央国务院发布《国家创新驱动发展战略纲要》；4月份，党中央通过"科技创新—2030重大项目"建议；5月份，"科技三会"召开，习近平总书记向全党全国发出建设世界科技强国的号召，李克强总理对发挥科技创新在全面创新中的引领作用提出明确要求。同时，中共中央、国务院印发了《国家创新驱动发展战略纲要》，部署了未来几十年的发展目标：提出到2020年进入创新型国家行列、2030年跻身创新型国家前列、到2050年建成世界科技创新强国"三步走"目标。8月份，国务院发布《"十三五"国家科技创新规划》；9月份，G20杭州峰会首次把"创新增长方式"作为重要议题，习近平总书记提出以创新推动世界经济增长的构想，中国的创新发展理念正在走向世界、引领世界。

创新驱动发展战略，适应引领经济发展新常态，有力地推动新动能新产业茁壮成长和经济社会发展稳中向好。2013—2016年，GDP年均实际增长7%左右，大大高于同期世界平均水平；人均GDP从43852元增加到53980元，居民人均可支配收入从18311元增加到23821元，劳动生产率从41835元/人增加至47638元/人。

期间，中国科技创新成果也精彩纷呈。我国科学家领衔绘制全新人类脑图谱，中国"探索一号"首次万米深渊科考凯旋，中国发射多颗先进科学卫星如"墨子号量子卫星"，中国航空发动机集团公司成立，启用FAST望远镜，神舟十一号与天宫二号实现对接，长征五号首飞成功，"神威·太湖之光"两度摘得世界超算冠军……

实践再次证明，科技创新在哪里兴起，发展动力就在那里迸发，发展制高点和经济竞争力就转向哪里。在党中央国务院坚强领导下，在全国人民共同努力下，从科技兴国到创新驱动发展，从大众创业到万众创新，我国科技创新成果雨后春笋，涓涓细流正汇集成推动中华民族伟大复兴的滚滚洪流。我们坚信在以习近平同志为核心的党中央坚强领导下，在创新驱动发展战略全面实施的作用下，中国经济一定会保持中高速、迈向中高端，"两个一百年"的中国梦一定能实现。

（作者：国际统计信息中心课题组　国家统计局）

新经济概念及其演进

一、新经济概念的提出

“新经济”的概念最早是在描述美国经济走势时提出的。1991 年 4 月至 2001 年 3 月，在信息技术（Information Technology，IT）迅猛发展的推动下，美国经济出现了二战以后罕见的持续高增长和繁荣景象，国内生产总值（GDP）增长率创下新高，达到 4%左右；人均 GDP 增长率、劳动生产率和收益率也保持相对较高水平；而通货膨胀率和失业率则有所降低，并保持在较低水平；收入分配也处于相对公平状态。同期，欧洲发达国家经济也出现类似的情形。

1996 年 12 月 30 日出版的美国《商业周刊》刊发的一组文章，首次将这种经济模式及现象定义为一种区别于传统经济模式的“新经济”（New Economy），并指出“新经济”是指在经济全球化背景下，信息技术革命以及由信息技术革命带动的、以高新科技产业为龙头的经济。文章指出，“‘新经济’是以信息革命和全球化大市场为基础的经济，但它并不意味着通货膨胀已经消亡；不意味着我们将不会有另一次经济衰退，或经济周期已经消亡；不意味着股票市场必将摆脱自我调整而不断上升，就像豆梗将直上云天那样；也不意味着亚洲金融风暴不会影响美国。”

数据管理

美国总统克林顿于 2000 年 4 月 5 日主持召开了“白宫新经济会议”，集中讨论了如何保持经济扩张势头，新经济是否改写了生产率和经济周期的规则；如何把新经济所带来的利益扩展到其他的人；什么事情将出错，如何避免出错等三个问题。

美国经济分析局局长 J. Steven Landefild 和 Barbara M. Franmenni 在其 2000 年 5 月撰写的《新经济的度量》报告中说，许多人认为我们正处于由于最近 20 年发生的多种结构变化而产生，并对当前经济业绩做出了贡献的新经济之中。目前的扩张是以史无前例的长时间、强劲的实际 GDP 和人均 GDP 增长、最高的生产率、更高的效益、更高的投资率和低通货膨胀、低失业率和收入更加公平为特征的。

1980 年诺贝尔经济学奖获得者、美国宾夕法尼亚大学的克莱因教授，在 2000 年 6 月召开的“重庆·中国西部开发国际研讨会上”指出，美国经济可以划分为三个部分，即传统经济，知识经济和新经济。传统经济指制造业，知识经济指教育、文化、科学技术研究与开发等产业，新经济指以网络、信息和通讯技术为主体的新兴产业。按照克莱因的观点，知识经济与新经济不是同一概念。而在当时，我国理论界对“新经济”的认识也有一些分歧，主要在于“新经济”是否为一种新的独立的经济形态。但比较能够形成共识的是，“新经济”是在以信息技术为代表的高新技术产业高速发展基础上的经济。

瑞典工业经济研究所著名经济学家 Jagrén 和 Morell，以及欧盟委员会经济顾问、瑞典著名经济学家 Jonung，在 2000 年共同提出“新经济”的概念。他们认为，“新经济包括新的基础技术、日益开放和全球化的市场、越发重要的知识和智力资本、企业新的组织架构、新的经济政策和较低的通货膨胀率，以及新的价值观和态度等一系列不同变化的综合效应”。他们的提法，被一些研究者视为广义的“新经济”概念。

而欧洲央行（ECB）则在 2001 年提出，“新经济是生产增长潜力的提升，这种提升源自经济过程效率的大幅提高”。有研究者将其视为狭义的新经济概念。

中国学者张其仔在其所著《新经济社会学》（中国社会科学出版社，2001）一书中，将美国新经济的特征归纳为五个方面，即经济持续增长；就业人数不断增加，失业率稳步下降；物价增幅保持在较低水平，政府过去长期面临的通货膨胀压力得以消除；出口贸易增长势头强劲；联邦财政赤字逐年减少。而自 20 世纪 90 年代中后期，欧洲乃至一些亚洲国家的经济发展也逐步呈现出这些“新经济”发展的特征。

针对一些不同的表述，经济合作与发展组织

(OECD)于2000年和2001年两次指出,"新经济"对于不同的职业群体、不同机构、不同国家而言具有不同的内涵,现阶段不太可能,也无需定义一个国际上通用的、统一的概念。欧盟统计局也于2002年提出,"'新经济'的定义及内涵并不是完全固定的,正如我们从宏观经济层面所观察到的,'新经济'从最初的信息通信技术(ICT)及其引起的结构性变化,到全球化、更高的生产率、更低的价格压力以及较低的失业率,再到较为稳定的商业周期等等。今后可能会涵盖其它的新兴事务"。

二、新经济的新发展

进入21世纪,随着生产力水平和科学技术水平的提升,特别是信息技术的突飞猛进,新产业、新业态、新的经营模式也不断涌现,"新经济"的概念也不断被延伸和赋予新的内涵。

美国麻省理工学院教授埃里克·布莱恩约弗森在2014年提出,新经济就是第二次机器革命。他指出,"第一次机器革命是18世纪末伴随着蒸汽机诞生的工业革命,其基本特征是这场革命克服了人类肌肉力量的局限。而第二次机器革命有所不同,其基本特征是由数字技术(核心是硬件、软件和网络)等所产生的巨大技术进步而带来的,它克服的是人类大脑智慧方面的局限性"。他还特别强调,从发展过程看,第二次机器革命的第一阶段是计算革命或称信息技术(IT)时代;第二阶段为数据技术(DT)时代,"云计算+大数据"替代"计算机+软件",改变了技术发展的轨道。

2016年3月5日,李克强总理在第十二届全国人大第四次全体会议上所做的政府工作报告中提出,"当前我国发展正处于这样一个关键时期,必须培育壮大新动能,加快发展新经济"。在3月16日两会结束后会见中外记者时,李克强总理又对新经济进行了更为详尽的解读。他指出,新经济的覆盖面和内涵是很广泛的,它涉及一、二、三产业,不仅仅是指三产中的互联网+、物联网、云计算、电子商务等新兴产业和业态,也包括工业制造当中的智能制造、大规模的定制化生产等,还涉及到一产当中像有利于推进适度规模经营的家庭农场、股份合作制,农村一、二、三产融合发展等等。而且,发展新经济,小微企业可以大有作为,大企业可以有更大作为。目前很多大企业也在搞创客空间,有许多这样的例子。

大数据

李克强总理代表国务院所做的政府工作报告以及在记者会上的解读,为我们观察、研究、反映和发展"新经济",提供了一个更大的范围和基本原则。

2016年4月15日,李克强总理在清华大学和北京大学考察。北京大学国家发展研究院教授、财智 BBD 新经济指数首席顾问沈艳汇报编制推出新经济指数的情况，提出了界定新经济范畴的三个标准。即：高人力资本投入、高科技投入、轻资产，劳动者报酬与营业盈余之和占增加值比重大于 70%，劳动力平均教育年限高于 12 年以及研发强度大、固定资产比例较低的行业；可持续较快增长的行业；符合产业发展方向的行业。

2016 年 5 月 30 日，习近平总书记在全国科技创新大会上明确指出，一些重大颠覆性技术创新正在创造新产业新业态，信息技术、生物技术、制造技术、新材料技术、新能源技术广泛渗透到几乎所有领域，带动了以绿色、智能、泛在为特征的群体性重大技术变革，大数据、云计算、移动互联网等新一代信息技术同机器人和智能制造技术相互融合步伐加快，科技创新链条更加灵巧，技术更新和成果转化更加快捷，产业更新换代不断加快，使社会生产和消费从工业化向自动化、智能化转变，社会生产力将再次大提高，劳动生产率将再次大飞跃。

2016 年 2 月 3 日，李克强总理在国务院常务会上提出，“要让政策向新动能、新产业、新业态等倾斜，大力发展‘新经济’”。2017 年 4 月 18 日，李克强总理在其主持召开的“贯彻新发展理念培育发展新动能”座谈会上指出，“推动经济结构转型升级必须加快新旧动能转换。新动能覆盖一二三产业，重点是以技术创新为引领，以新技术、新产业、新业态、新模式为核心，以知识、技术、信息、数据等新生产要素为支撑，体现了新生产力发展趋势，是实体经济发展升级的强大动力”。在这次会议上，总理还对如何实现新旧动能转化、完善新业态、新产业标准等问题，提出了具体指导意见。

从最初为描述美欧等发达经济体的阶段性经济特征即持续高增长、低通胀、科技进步快、经济效率高、全球配置资源的经济状态提出“新经济”，到针对世界经济发展的新阶段、特别是中国经济转型升级的新的阶段性特征提出“新动能新产业”，相关概念的提出及其内涵的变化，都是随着经济社会的发展、科学技术的进步和生产力水平的提升而不断与时俱进的。

三、一些重要的关键要素

尽管对从“新经济”到“新动能新产业”，这些重要概念并没有一个国际公认的统一定义，但其发展进程中的一些关键要素，或者说决定其不同于传统经济的一些关键要素，还是存在着普遍的认知共识的。这些关键要素是：

（一）互联网。作为核心基础设施，其发展与快速普及相当于工业革命中“电”的发明与应用，正由最初的沟通工具演变成支撑所有经济领域发展的通用技术，对当代生产力的发展起着巨大的推动和促进作用。

（二）物联网。作为信息通讯技术即 ICT 与实体经济高度融合的产物，将对工业与商业流程、消费者与家庭服务、能源、运输系统、医疗、资讯娱乐以及公共服务等诸多领域产生巨大影响。

（三）云计算。赋予用户挖掘和利用整个互联网上数据与软件的能力，通过资源共享，使计算更加便捷、灵活和高效，推动技术进步和生产率提升，促进跨界创新融合。

（四）大数据。基于互联网生成的规模，以及基于现代信息技术的数据分析挖掘能力，远超传统数据的数据与技术集成，大数据不仅带来大价值，还将创造新的经营模式和经济形态。

（五）信息化。作为一场重要的技术革命，信息化的过程即通过现代信息技术的广泛应用，推进社会生产力水平的提升和生产方式的转变，促进经济结构和经济形态的变革。

（六）数字化。随着计算机以及互联网等现代信息技术与经济社会各领域的不断融合，现代信息技术渗透到了整个经济生活的方方面面。

（七）共享型。以互联网为中介形成新型服务模式。即利用移动互联网技术将闲置的资源提供给有需求的用户。供给方通过出让物品使用权或提供服务获得回报，需求方通过租、借等共享的方式使用物品，实现“使用而不占有”。

（八）知识型。一是科学与技术的研究开发日益成为经济发展的重要物质基础；二是人的素质和技能的提升成为经济发展质量提升的人才条件。

（九）全球化。不同国家、地区之间的经济联系愈加紧密，成为一个不可分割的整体，观点、信息以及资本可以在彼此之间自由且快速流动。

四、其他相关概念及内涵

还有一些重要概念，有的是对特定经济发展阶段或类型的总体概括，有的则是反映和概括经济发展的某些特定领域或特定现象，而这些概念同样都与科技和生产力的发展密切相关，因此也需要关注、反映和研究。

（一）“知识经济”（Knowledge Economy）

“知识经济”一词最早于1997年出现在OECD题为《以知识为基础的经济》的研究报告中，且长期被OECD等主要国际组织视为“新经济”的同义词。而在该报告中，OECD力求诠释“新经济”到底“新”在什么地方，并得出结论“新经济”是以知识为基础（投入）的经济，与过去的以资本、劳动力等为基础（投入）的经济有着本质的区别。报告称，知识经济是指“建立在知识和信息的生产、分配和使用之上的经济”，并特别强调“知识经济”与“新经济”均是宏观经济整体的概念，“新经济”可以等同于“知识经济”。中国科学院于1997年12月提出《迎接知识经济时代，创建国家创新系统》的研究报告，江泽民总书记批示，“知识经济、创新意识对于我们21世纪的发展至关重要”。

（二）“互联网经济”（Internet Economy）

随着互联网迅速发展成为一个规模庞大、且迅速向其他行业渗透的产业、并在经济增长中发挥越来越大的推动作用，国际社会、特别是互联网公司及一些研究机构便将“新经济”描述成“互联网经济”，以便于人们对“新经济”的直观理解，也便于统计和测算。目前，主要是一些互联网公司或信息咨询公司较多使用这一概念。2014年11月，首届世界互联网大会在乌镇召开。会议期间，国务院总理李克强考察调研了浙江民间网络企业，他在调查时表示，要“依托互联网经济产生的新兴业态，为大众创业，万众创新形成有力支撑，培育出中国经济发展的新的‘发动机’”。

（三）“数字化经济”或“数字经济”（Digitalised Economy or Digital Economy）

被视为“知识经济”的一个组成部分和重要特征。OECD在国际上率先提到了“数字化经济”，认为很多信息（特别是大数据）、很多经济活动实现了数字化，进而可以深度开发和测算，而互联网则仅仅是一个平台，或者就像一个工具。

（四）“共享经济”（Sharing Economy）

被视为是“数字化经济”的构成部分。其内涵是：个体共享社会资源，以不同方式交换商品，包含很多形式，如拼车、拼房、图书共享、生活日用品交换等。在人们想要节能、想要绿色生活、想要减少消费方面的浪费等因素驱动下，同时又有互联网做操作平台，便产生了共享的动机和可能（如汽车共享等）。2016年5月25日，李克强总理在2016年中国大数据产业峰会暨中国电子商务创新发展峰会上提到，要发展“共享经济”，共享经济不光在做加法，更是在做乘法，会让创业创新门槛更低，速度更快。

（五）“物联网经济”（Internet of Things，缩写IoT）

也被视为“数字化经济”的构成部分，与“共享经济”共同成为“数字化经济”的两个分支。随着大多数设备和物品与互联网之间实现连接，用于描述该进程的术语陆续出现，诸如“万物互联”“产业互联网”“机对机（M2M）通信”等，最终形成了“物联网经济”一词。

（作者：国际统计信息中心课题组　国家统计局）

“三新”统计制度建立与实践

一、统计工作面临的挑战

从新经济到新动能新产业，尽管对推动经济发展发挥了重要作用，但由于其与传统经济、传统产业存在着诸多差异，且在基本概念及口径范围上并未形成统一认识，从而对统计工作、特别是对通过统计手段反映其发展情况带来了一定的影响和挑战。

（一）在统计标准方面

世界各国统计调查大多按照联合国《国际标准产业分类》（第四版，ISIC 4）进行。但随着互联网技术在各行业的不断渗透，“新经济”跨行业的特点日益突出，其经济活动可以分布到所有传统行业，这就给统计上产业划分、行业界定，以及产品或服务的界定带来一定的困难。

宁吉喆局长在调研中指出，要深入践行新的发展理念，不断强化改革意识和创新精神，认真实施“新产业、新业态、新商业模式”统计调查，加快建立新经济指标体系，组织测算新经济发展指数，及时灵敏、客观准确地跟踪反映我国新经济发展情况。

（二）在 GDP 核算方面

一是数字化经济中免费和（或）有补贴的电子消费品价值无法通过 2008 SNA 估算；二是新型服务如短租平台的出现加大了漏记的可能；三是创新提高的商品和服务质量难以及时从价格指数中扣除；四是耐用消费品转化为生产投资（如家庭汽车），按传统定义核算会扭曲投资与消费结构；五是借助于互联网的自助服务模糊了 2008 SNA 的生产边界；六是不断增加的住户与住户间跨国电子商务和服务交易加大了漏统的风险。

（三）在价格指数编制方面

现行政府统计中的价格没有体现个人对个人

交易的相关价格。如各国当前的服务生产者价格指数(SPPI)和消费者价格指数(CPI)等都只包括了酒店价格,并未纳入短租平台的价格。如果个人选择从短租平台上租房而不是传统酒店,其最终支付的价格将比酒店服务低。若政府统计的价格缩减指数不能反映这种降低的价格,则住宿行业的实际增加值将被低估,进而造成对实际GDP的低估。

(四)在统计渠道和数据采集方面

由于涉及的市场主体多、变化快、信息搜集难,加之很多传统的中介服务交易被通过互联网平台提供服务所取代,现有的通过规模以上法人单位和产业活动单位联网直报、规模以下抽样调查、对居民住户进行抽样调查获得统计资料的方式,都很难捕获到通过互联网平台发生的大量经济活动。

(五)在数据处理加工方面

由于这些新的经济活动跨界、共生、渗透、融合特征明显,所以很难从企业层面加以区分。目前,统计制度以法人企业为调查对象,企业生产中哪些属于新动能新产业活动或新动能新产业产品,哪些是传统活动或产品不容易分开,因此难以准确测算企业内部的新动能新产业活动和新动能新产业产品的具体份额。目前有限的部门信息也没有充分共享,有关新动能新产业数据还难以做到交叉比对或验证。

二、国际组织、发达国家的研究与实践

面对新的经济活动、经济现象给政府统计工作带来的巨大挑战,以经济合作与发展组织(OECD)、欧盟统计局为代表的国际组织和以美国、英国、法国、瑞典等发达国家为代表的国家统计机构开展了大量的研究与探索工作。

(一)有关国际组织的研究与实践

OECD根据"新经济"在国际上的发展趋势以及国际上统计能力现状,提出了应对挑战的总体思路。一是由各国的政府统计机构牵头,及时组建有互联网公司、研究机构、相关部委等机构参加的工作组;二是各国、各主要国际组织应加强在对"新经济"测算研究方面或试测算方面的交流合作;三是在具体操作层面,建议各国政府统计机构积极面对,参与并主导"新经济"统计工作。

对于现行的国际标准产业分类,OECD和欧盟统计局总体上倾向于修订和完善目前的《国际标准产业分类体系》。两个国际组织都认为,修订现有的产业分类体系,可充分反映并捕获到新经济带来的新产品、新服务、新的商业模式,以及新的经济活动,进而在很大程度上避免漏统GDP或低估GDP增速。OECD在国际上率先制定出"数字化经济"的分类,供成员国参照执行。其将"数字化经济"服务模式分为以下四种类型:(1)新型住房服务。以AirBnB为代表的短租服务;(2)新型商业和交通服务。以优步为代表的连接乘客和私家车司机的服务型网站,以及连接个人求职者和消费者的商业服务公司;(3)新型分销服务。以易贝(e-bay)为代表的连接个人买家和卖家的网络公司;(4)新型金融中介服务。以众筹为代表的消费者对消费者金融中介服务。

OECD还提出了测算"数字化经济"中的GDP的具体建议。(1)对于免费的/有补贴的电子消费品估值问题,一是提供消费者免费服务的价值可等同于相应的广告服务的价值;二是出售数据的行为可以暂视为由服务提供者或第三方拥有的新投资。(2)对于免费资产的估值问题,最好通过住户部门和企业部门(企业部门使用免费软件可以减少投资成本)的卫星账户来更好地研究免费资产带来的经济收益和经济影响。(3)对于生产边界问题,由于越来越多的消费者参与到生产过程中,会对最终服务的质量带来影响,政府统计需要考虑这种质量变化对实际GDP的影响。(4)对于耐用消费品和投资的问题,各国政府机构应关注,使用哪些数据源可以对用于投资和消费的耐用消费品进行区分。此外,OECD还建议建立相应的卫星账户进行有关测算。

欧盟统计局提出建议,在联合国统计委员会尚未决定修订现行产业分类体系前,尽可能使用现行国际标准产业分类体系反映"新经济"带来的新产品和新服务等。其依据是:鉴于"新经济"有跨行业的特点,其经济活动可以分布到所有传统行业,这在给统计上产业划分、行业界定带来困难

的同时,也说明现行的国际标准产业分类体系的任何行业都有可能包含从事电子商务的单位。

(二)部分发达国家的研究与实践

美国和法国是在国际上较早地系统研究"新经济"对国民经济核算影响的国家。美国商务部经济分析局于2000年发表了《测算"新经济"》研究报告;法国国家统计局于2001年发表了《"新经济"与国内生产总值增长的测算》研究报告。两篇报告都认为,在GDP核算中,"新经济"的影响体现在居民消费支出、固定资产投资、库存投资、进出口、政府消费支出等方面;在国内总收入(GDI)核算中,"新经济"的影响体现在员工薪酬、利润、业主收入,以及租金收入、股息、利息和其他财产收入等方面。此外,对财富存量、个人的收入和储蓄,特别是投入产出账户和国际收支平衡账户的核算也会造成影响。两篇报告的结论是,必须完善GDP核算,以跟上"新经济"不断发展的步伐。具体思路应是,研究描述"新经济"数据源的获得,研究有关价格指数的编制,特别是卫星账户的利用。此外,美国商务部经济分析局的报告还强调:一是要深入研究"新经济"为什么造成财富存量出现较大变动,以及在"新经济"出现后,投资、储蓄、消费、资本流动、贸易和生产率之间的相互作用;二是要更新北美产业分类体系(NAICS),将新产品、新兴行业、新型服务业和从事先进技术生产的行业纳入新的分类体系。

瑞典、英国等国家则率先成立专门工作组,探索性地开展"新经济"的测算工作。瑞典于2001年1月1日率先成立了国家统计局牵头,由政府其他部门、互联网公司及私人咨询机构、研究机构、大学等构成的工作组。工作小组的具体任务是:第一步,梳理出测算新经济的数据缺口,如分析有多少现有数据可以反映新经济,还缺少那些数据、通过什么渠道获取,以及是否需要增加新的统计指标等;第二步,研究测算"新经济"对GDP规模和增速,以及对价格、劳动生产率、就业等方面影响的分析方法。其他发达国家,如英国、美国、荷兰等也纷纷成立了类似的工作组。

各国统计机构充分利用各种可用的数据源来满足对"新经济"测算的需要。一是充分利用现有的统计调查数据。英国等统计发达国家在测算"共享经济"企业的交易额时,尝试通过一系列已有的调查、如"年度企业调查"来获得所需数据;二是在已有的统计调查问卷中增加调查内容。一些欧盟国家在已有调查问卷中,补充能区分"共享经济"活动的内容。此外,欧盟统计局要求欧盟各成员国从2017年开始,在住户部门网络调查问卷中添加"个人通过网络平台解决住宿和出行"的相关问题;三是利用互联网公司的商业记录或利用工商登记记录等行政记录进行新经济统计。如英国在测算共享经济时,利用了优步和AirBnB等大公司的企业记录。英国统计部门也积极加强了与其他商业部门的合作,与社会企业联盟(SEUK)建立了合作关系,开发利用其成员的商业记录;四是使用大数据测算。网络抓取技术已经成功地运用在英国和荷兰等欧盟国家的价格统计中。

此外,英国、美国等发达国家自2010年前后起,根据商品的质量变化开始对PPI进行调整;澳大利亚、加拿大等则对CPI进行调整。如英国统计局根据商品的质量变化,通过直接物量法、选项成本法、特征调整法和隐式法等4种方法每年对PPI中3%-9%的项目进行调整。而有8个发达国家对商品和服务的质量变化对CPI进行调整。经过调整的电子产品约占英国CPI权重的0.6%、加拿大的1.4%、美国的近3%。

三、中国政府统计部门的研究与实践

2016年7月2日,第十届"中国经济增长与周期论坛"在北京举行。国家统计局原副局长许宪春介绍,为了应对挑战,国家统计局制定了"新产业、新业态、新商业模式(简称三新)"经济专项统计制度,研究制定了"三新"经济增加值核算方法,建立健全与新经济相关的统计分类标准,研究建立新经济统计指标体系,学习和借鉴国内外现有的新经济统计研究成果,特别是新经济统计指标研究成果,结合中国实际情况,研究制定新经济指标体系,改进和完善新经济统计调查体系,建立和完善新经济测算方法,加强新经济统计数据的分析。

(一)"三新"统计报表制度的建立

为了及时、全面、准确反映新动能新产业的发展情况,中国国家统计局于2016年4月正式建立了《新产业、新业态、新商业模式专项统计报表制度》。新产业、新业态、新商业模式是分别从经济活动性质、服务业载体形态、要素组合模式等方面，对新出现经济活动的总体概括和描述。新产业是应用新科技成果、新兴技术而形成一定规模的新型经济活动。新业态是顺应多元化、多样化、个性化的产品或服务需求，依托技术创新和应用，从现有产业和领域中衍生叠加出的新环节、新链条、新活动形态。新商业模式是为实现用户价值和企业持续盈利目标，对企业经营的各种内外要素进行整合和重组，形成高效并具有独特竞争力的商业运行模式。

该制度主要反映提质增效转型升级、工业战略性新兴产业、新产品、新服务、高技术产业及新技术、科技企业孵化器、四众（众创、众包、众扶、众筹）、电子商务、互联网金融、城市商业综合体和开发园区等 11 个“三新”重点领域。这套制度为专项报表制度，包括了 20 张综合表。综合表分别为各省级统计部门组织统计调查加工汇总上报，有关政府部门根据本部门统计数据整理报送，以及国家统计局各专业司依据相关基层报表超级汇总取得。这套制度的实施，使完整反映新动能新产业在我国的发展情况成为可能。

2017 年 7 月 22 日宁吉喆局长到成都最大的商业综合体“环球中心”调研

（二）国家统计局关于“三新”的行业分类

要及时、准确、全面反映新动能新产业发展情况，就需要科学界定“三新”的统计范围。国家统计局以党中央、国务院关于加快发展“新经济”“新动能新产业”的有关要求为指导，根据《中华人民共和国国民经济和社会发展第十三个五年规划纲要》《国务院关于印发〈中国制造 2025〉的通知》（国发〔2015〕28 号）《国务院关于积极推进“互联网+”行动的指导意见》（国发〔2015〕40 号）和《国务院关于大力推进大众创业万众创新若干政策措施的意见》（国发〔2015〕32 号）等文件中有关具体阐述为依据，以现行《国民经济行业分类》（GB/T 4754-2011）为基础，研究界定了“三新”活动范围和新的行业分类标准。

参照《战略性新兴产业分类（2012）（试行）》修订版、《高技术产业（服务业）分类（2013）》《国家科技服务业统计分类（2015）》等相关分类，重点体现中国制造 2025、互联网+、大众创业万众创新、跨界综合管理等“三新”活动，“三新”活动统计分类包括现代农林牧渔业、先进制造业、新型能源活动、节能环保活动、互联网与现代信息技术服务、新技术与双创服务活动、现代生产性服务活动、新型生活性服务活动、现代综合管理活动等九大类。

（三）国民经济核算制度及方法的探索

在制定《新产业、新业态、新商业模式专项统计报表制度》的同时，2016 年，国家统计局在“三新”增加值核算方面也进行了有益探索，制定了《新产业、新业态、新商业模式增加值核算方法》。按照“三新”报表制度和行业分类，对于九大领域统计中存在的交叉重复问题，按照“不重不漏”的原则，在计算“三新”经济增加值时做剔重处理。

1. 基本核算方法。根据“三新”经济特点和基础资料状况，“三新”增加值核算主要有三种方法，即直接核算法、增加值率推算法和比例推算法，各种方法的内涵、计算公式和方法适用情况见表 1。

表 1 “三新”增加值核算方法

方法	内涵	核算公式		适用情况
直接核算法	直接采用生产法或收入法核算	生产法： 增加值 = 总产出 − 中间投入	收入法： 增加值 = 劳动者报酬 + 生产税净额 + 固定资产折旧 + 营业盈余	适用于具有较详细财务资料的“三新”活动，如工业战略性新兴产业、高技术制造业、新服务业中的金融业增加值核算
增加值率推算法	根据“三新”总产出和增加值率推算	增加值 = 总产出 × 增加值率 其中，增加值率根据经济普查年度核算资料或相关统计调查资料核算		适用于财务统计资料不健全，但通过专项统计报表资料可以获得总产出中的“三新”活动产出，如其他新服务业、高技术服务业、科技企业孵化器、众创众包众扶众筹、电子商务、城市商业综合体和国家经济技术开发区的增加值核算等
比例推算法	根据相关行业增加值和“三新”总产出占所属行业总产出的比例推算	增加值 = 相关行业增加值 ×（“三新”总产出 ÷ 相关行业总产出） 其中，“三新”总产出占所属行业总产出的比例根据经济普查或相关统计调查资料核算		适用于财务统计资料不健全，但通过相关基础资料可以获得“三新”活动产出占行业产出的比重，如服务业战略性新兴产业增加值的核算

2. 主要资料来源。数据主要来源于三种渠道：一是依托现行国家常规和专项调查，在已有的数据基础上加工汇总，包括工业战略性新兴产业、高技术产业、电子商务和城市商业综合体。二是使用部门行政记录和调查数据，包括互联网金融、科技企业孵化器、国家级高新技术开发区和经济技术开发区，分别来自人民银行、科技部和商务部等部门。三是按照“三新”制度的总体要求新建的报表，包括新服务、众创众包众扶众筹、省级开发园区，需要统计部门组织基层对口单位填报基层调查表。

（作者：国际统计信息中心课题组 国家统计局）

新动能新产业茁壮成长

依据国家统计局“三新”统计制度及有关常规统计制度、专项调查，对相关统计数据进行搜集、加工、整理、分析，可以看到，近年来，我国新动能新产业有了长足发展，已经形成了一定规模。但不同行业、领域、区域间也存在着发展不平衡的问题。

一、高技术制造业稳步前行

高技术制造业是衡量一个国家和地区制造业水平的重点领域，在产业转型升级过程中，我国制造业水平正稳步向中高端迈进。高技术制造业在工业中的比重不断提高，工业结构优化升级成效显著。

据最新统计，2013 年至 2016 年，高技术制造业增加值年均增长 11.3%，增速比规模以上工业高 3.8 个百分点。2016 年，高技术制造业增加值占规模以上工业比重为 12.4%，比 2012 年提高 3 个百分点；高技术制造业的贡献率达到 21.6%，提高 10.5 个百分点。

2015 年末，全国高技术制造业共有企业 29631 个，占全国规模以上工业企业总数的 7.7%；全年主营业务收入 14.3 万亿元，占 12.9%；利润总额 8986 亿元，占 13.6%；平均用工人数 1374 万人，占规上企业平均用工人数的 14.1%。

1. 企业数量。2015 年末，高技术制造业共有企业数 29631 个。其中，电子及通信设备制造业占比最高，达 49%；以下依次是医药制造业，占 25%；医疗仪器设备及仪器仪表制造业，占 17%；计算机及办公设备制造业、信息化学品制造业、航空、航天器及设备制造业占比较低，分别仅为 6%、2% 和 1%。

表 1　2015 年高技术制造业分行业企业数及占比情况

行　业	企业数(个)	占比(%)
合计	29631	100
医药制造业	7392	25
航空、航天器及设备制造业	382	1
电子及通信设备制造业	14634	49
计算机及办公设备制造业	1695	6
医疗仪器设备及仪器仪表制造业	5062	17
信息化学品制造业	466	2

资料来源：国家统计局

2. 利润总额。在六类行业中，航空、航天器及设备制造业虽然企业数量最少，但单位利润额最高，为平均每个企业 5132 万元；紧随其后的是医药制造业和计算机及办公设备制造业，分别为 3676 万元和 3670 万元；最低的是医疗仪器设备及仪器仪表制造业，仅为 1855 万元。

表 2 2015 年高技术制造业分行业利润情况

行业	企业数（个）	利润总额（万元）	单位利润（万元）
医药制造业	7392	27173493	3676
航空、航天器及设备制造业	382	1960584	5132
电子及通信设备制造业	14634	43489095	2972
计算机及办公设备制造业	1695	6220703	3670
医疗仪器设备及仪器仪表制造业	5062	9388293	1855
信息化学品制造业	466	1631124	3500

资料来源：国家统计局

3. 出口交货值。2015 年，电子及通信设备制造业的出口交货值为 3.5 万亿元，占高技术制造业全部出口交货值的 69%；其次是计算机及办公设备制造业，出口交货值为 1.2 万亿元，占 23%；两者共占 92%，其他四个行业只占 8%。

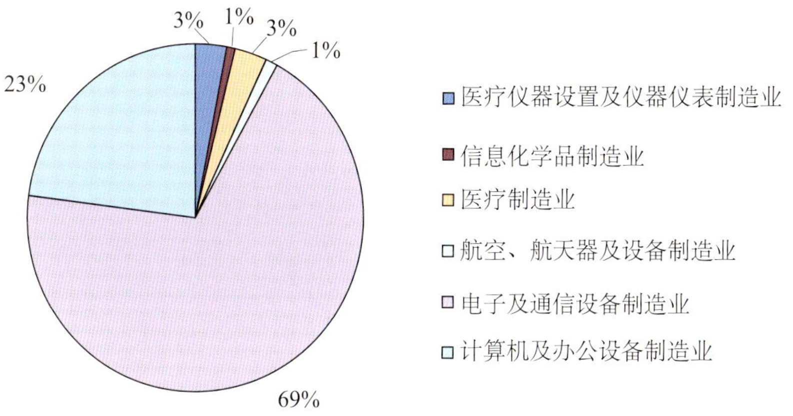

图 1 2015 年高技术制造业分行业出口交货值占比情况

4. 用工人数。2015 年，电子及通信设备制造业平均用工人数为 825 万人，占总平均用工人数的 60%；医药制造业平均用工人数为 230 万人，占 17%；计算机及办公设备制造业平均用工人数为 146 万人，占 11%；航空、航天器及设备制造业、信息化学品制造业平均用工人数最少，分别为 39 万

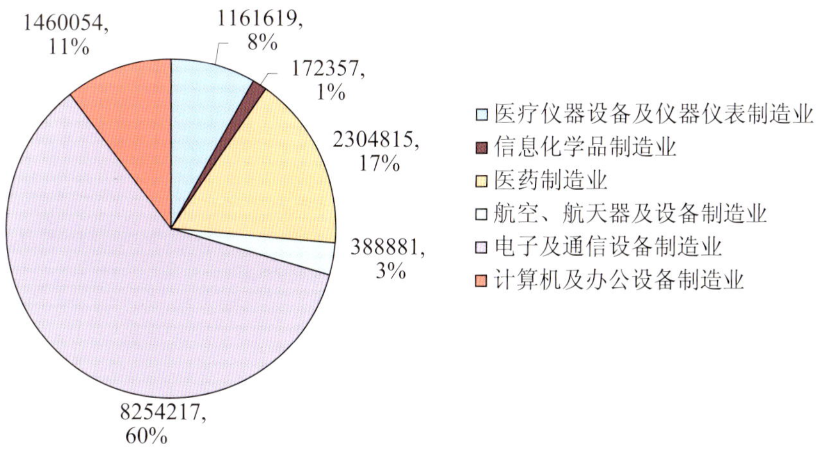

图 2 2015 年各行业平均用工人数及占比情况

人和 17 万人,仅占 3% 和 1%。

5. 新产品销售。2015 年,电子及通信设备制造业新产品销售收入 2.7 万亿元,占全部高技术制造业的 65%;计算机及办公设备制造业和医药制造业分列二、三名,新产品销售收入为 5494 亿元和 4736 亿元,分别占 13% 和 12%;其他三个行业较低,合计只占 10%。

6. 有效发明专利。电子及通信设备制造业拥有有效专利数量最多,为 167800 件,占全部高技术制造业的近七成;医药制造业有效专利数为 31259 件,占 13%;医疗仪器设备及仪器仪表制造业有效专利数共 24140 件,占 10%;计算机及办公设备制造业、航空、航天器及设备制造业、信息化学品制造业占比较低,分别为 4%、3% 和 1%。

二、高新区发展孕育新动能

近年来,为立足新的发展形势,实现科技引领型发展。国家大力促进高新技术产业开发区(以下简称"国家高新区")的发展,促进国家高新区战略提升,充分发挥领先优势,取得丰硕成果。据最新统计,2016 年,纳入统计的 146 家国家高新区营业收入达到了 28 万亿元,同比增长 11.5%,工业生产总值增长了 10.3%。2015 年,全国 146 个国家高新区注册企业数量达到 96.5 万家,从业人员 1719 万人,研发机构 2.4 万个。高新区企业共实现营业收入 25.4 万亿元,实现出口 2.9 万亿元,资产总计 34.9 万亿元,净利润 1.6 万亿元。

从高新区的分布来看,主要集中在东部地区[①]。东部地区共有国家级高新区 64 个,占全国 44%。分省来看,江苏、山东、广东分别有 15 个、13 个和 11 个国家级高新区,排全国前三。

表 3　2015 年国家高新技术产业开发区基本情况

项　　目	国家高新区数量(个)	高新区工商注册企业(万个)	研发机构数(个)	从业人员期末数(万人)	营业收入(亿元)	出口总额(亿元)	资产总计(亿元)	净利润(亿元)
全　　国	146	96.5	24041	1719	253663	29483	348730	16095
东部地区	64	54.7	12240	994	143849	19507	213328	9841
中部地区	33	13.3	6099	313	48907	5997	52313	2685
西部地区	33	23.5	3597	287	41708	2849	62766	2267
东北地区	16	5.0	2105	125	19199	1130	20323	1302

资料来源:科技部

从培育新动能的能力来说,东部地区占据优势。东部地区研发机构数占全国的 50.9%,创新创业类服务机构个数占全国的 55.4%,科技企业孵化器个数占全国的 60.0%,金融服务机构个数占全国的 57.1%,创业风险投资机构个数占全国的 55.5%,研发人员占全国的 63.0%,远超其他三个地区。西部地区和东北地区的整体水平较为落后,尤其是东北地区创新创业类机构数量和创业风险投资机构个数大大少于其他地区,显示出东北地区创新创业不足的特点。

① 注:东部地区包括:北京、天津、河北、上海、江苏、浙江、福建、山东、广东和海南。
中部地区包括:山西、安徽、江西、河南、湖北和湖南。
西部地区包括:内蒙古、广西、重庆、四川、贵州、云南、西藏、陕西、甘肃、青海、宁夏和新疆。
东北地区包括:辽宁、吉林和黑龙江。

表 4 国家高新技术产业开发区培育新动能机构基本情况

项 目	研发机构数（个）	创新创业类服务机构（个）	其中：科技企业孵化器个数	金融服务机构（个）	其中：创业风险投资机构个数	R&D 人员（折合全时当量）（人年）
全 国	24041	5849	1354	7982	3681	1130382
东部地区	12240	3240	813	4556	2043	712498
中部地区	6099	1143	241	1650	899	217232
西部地区	3597	1043	198	1230	646	141577
东北地区	2105	423	102	546	93	59075

资料来源：科技部

从分省培育新动能的能力来看，广东、江苏、山东、北京等四个东部省份排名领先，其中广东省创新创业类机构、科技企业孵化器数量在全国排名第一；江苏省基础研发能力在全国首居；北京市在金融服务和吸引风险投资方面具有优势，创新创业氛围浓厚。湖北省作为中部地区的代表城市，分别在金融服务业和风险投资方面具有一定优势。

表 5 国家高新技术产业开发区分省比较

地 区	研发机构数		创新创业类服务机构		科技企业孵化器		金融服务机构		创业风险投资机构	
	个数	排名	个数	排名	个数	排名	个数	排名	个数	排名
广 东	2216	2	613	1	198	1	919	2	579	2
江 苏	3930	1	548	3	139	2	568	4	312	5
山 东	1910	3	582	2	139	2	425	6	222	6
北 京	821	10	537	4	102	4	1849	1	672	1
湖 北	1749	4	310	7	77	5	839	3	567	3
四 川	733	12	429	5	63	6	516	5	391	4
湖 南	1488	6	316	6	51	9	341	7	166	7
浙 江	1452	7	305	8	52	8	301	8	138	8
陕 西	920	9	210	11	44	11	207	11	120	9
辽 宁	1075	8	220	10	40	13	238	9	42	14
安 徽	770	11	204	12	32	16	186	12	44	13
河 南	1697	5	138	14	33	15	111	17	36	17
上 海	636	15	221	9	62	7	81	22	37	16
吉 林	659	13	138	14	39	14	217	10	17	21
福 建	645	14	129	16	29	17	149	14	40	15
河 北	335	19	167	13	42	12	162	13	18	20
江 西	304	20	124	18	22	20	141	15	76	10
天 津	269	21	127	17	48	10	98	18	24	19
黑龙江	371	17	65	22	23	19	91	20	34	18
贵 州	235	22	64	23	19	21	89	21	45	12
云 南	205	24	35	26	10	25	128	16	48	11

续表

地 区	研发机构数		创新创业类服务机构		科技企业孵化器		金融服务机构		创业风险投资机构	
	个数	排名	个数	排名	个数	排名	个数	排名	个数	排名
广 西	589	16	78	19	16	22	47	23	4	26
重 庆	349	18	75	20	14	23	29	27	15	22
甘 肃	232	23	69	21	13	24	92	19	11	23
山 西	91	26	51	24	26	18	32	26	10	24
新 疆	172	25	36	25	7	26	29	27	1	29
内蒙古	81	27	15	28	7	26	38	25	3	27
宁 夏	32	29	25	27	3	28	40	24	6	25
青 海	49	28	7	30	2	29	15	29	2	28
海 南	26	30	11	29	2	29	4	30	1	29

资料来源:科技部

在反映企业科技实力的技术服务出口方面,北京、四川、上海列前三位,三省技术服务出口分别占全国总额的23.8%,12.2%和11.5%。其中北京市2015年技术服务出口额为284亿元,在全国排名第一。云南、贵州、山西、甘肃、内蒙古、海南、青海、宁夏和新疆等9个省份没有技术服务出口贸易。下图未包括的其他省份技术服务出口贸易额也很小,占全国比重均不到1%。

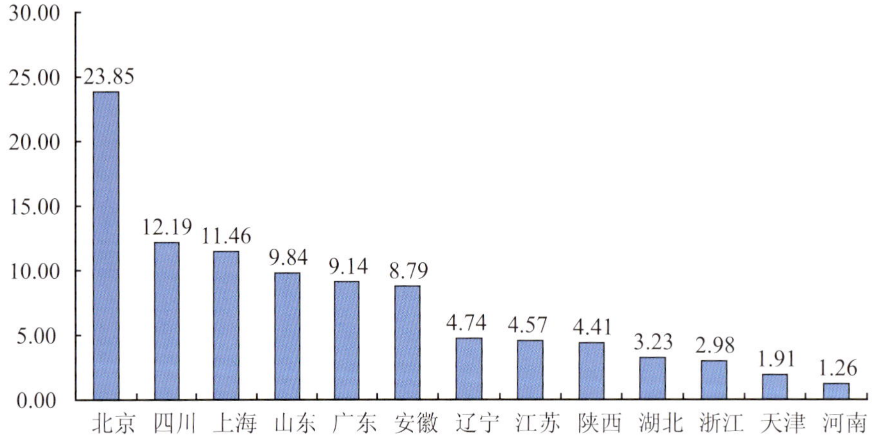

图3 各省技术服务出口占全国比重(%)

资料来源:科技部

三、经开区高新产业作用凸现

国家经济技术开发区(以下简称经开区)是为集中力量建设完善的基础设,创建符合国际水准的投资环境,通过吸收利用外资形成以高新技术产业为主的现代工业结构而设立的经开区。经过多年的发展,在提高吸收外商投资的质量,引进更多的先进技术等方面发挥了重要的作用,已成为所在城市及周围地区发展对外经济贸易的重点区域。

根据最新统计,2016年,全国共有国家级经开区219个。从经开区的分布来看,东部集中度较高,东部地区共有国家级经开区98个,占全国总数的45%。分省来看,江苏、浙江和山东分别有26个、21个和15个国家级经开区,排名全国前三。从经开区的综合实力来看,苏州工业园区在所有219个国家级经开区中排名第一,综合实力最强（根据2017年国家商务部发布的相关考核结果[①]）。2015年，国家级经开区实现总产值7.8万亿元，实现财政收入1.5万亿元，税收收入1.3万亿元，固定资产投资额4.95万亿元，进出口总额达到4.7万亿元，期末实有企业个数77.6万个，年末从业人数2182万人。

表6 2015年国家级经济技术开发区基本情况

项　目	经开区生产总值（亿元）	财政收入（亿元）	税收收入（亿元）	当年固定资产投资（不含农户）（亿元）	进出口总额（亿元）	期末实有企业数（个）	年末全区从业人员（个）
全　国	77554	14632	13010	49516	47487	775833	21820087
东部地区	46907	9817	9053	27850	40990	523117	13604977
中部地区	14117	2215	1881	10228	3283	112378	3874412
西部地区	9456	1553	1274	7377	1813	97819	2756134
东北地区	7074	1047	801	4061	1401	42519	1584564

资料来源：商务部

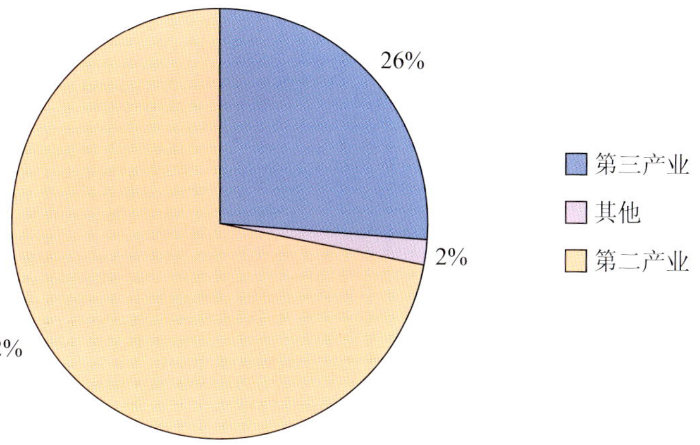

图4 经开区生产总值构成

从经开区总产值构成来看，第二产业总产值为5.6万亿元，占经开区总产值的72%。其中，工业总产值为5.2万亿元，占第二产业总产值的93.7%，占经开区总产值的67.3%。第三产业总产值为2.1万亿元，占经开区总产值的26%。

分地区来看，东部地区在经开区的数量和规模上均超过其他地区，在经开区总产值、财政收入、税收收入、固定资产投资、进出口总额、企业数量、从业人数等方面的占比均超过一半。尤其是在高新技术产品贸易方面，东部地区经开区高新技术产品进出口总额占全国比重达到86%。

高新技术产业的支撑引领作用逐渐显现。2015年，全国经开区共有高新技术企业10132个，尽管数量仅占经开区企业数量的1.3%，但在经济效益方面表现出色。2015年，经开区高新技术企业总产值为17284亿元，占经开区总产值比重超过20%，高新技术企业主营业务收入和利润总额分别占全部“四上”企业的22.8%和26.2%。高新技术产品在经开区进口和出口贸易占比均超过四成。

① 具体结果见《2016年国家级经济技术开发区综合发展水平考核评价结果通知书》。

表 7　2015 年国家经济技术开发区高新技术企业基本情况

项　目	总额(亿元)	占比(%)
高新技术企业增加值	17284	22.3①
高新技术企业主营业务收入	61237	22.8②
高新技术企业利润总额	4110	26.2③
高新技术产品出口	11670	43.1④
高新技术产品进口	8598	42.1⑤
高新技术企业个数	10132(个)	1.3⑥

资料来源:商务部

注:①占经开区总产值的比重。②占“四上”企业主营业务收入的比重。③占“四上”企业利润总额的比重。④占经开区出口的比重。⑤占经开区进口的比重。⑥占经开区期末实有企业比重。

分省来看,江苏省高新技术产业发展在全国处于领先水平。江苏省高新技术企业增加值、主营业务收入、利润总额、高新技术产品进出口、高新技术企业数量在全国均排名第一。山东、浙江分列第二、三位。排在前十名的省份中有 7 个来自东部地区,体现出东部地区较高的科技实力。西部省份在高新技术产业方面发展整体较为落后,排名后五位的内蒙古、宁夏、青海、贵州、海南中,前四个均是西部省份。

表 8　2015 年国家经济技术开发区高新技术企业分省情况

地　区	高新技术企业增加值		高新技术企业主营业务收入		高新技术企业利润总额		高新技术产品出口总额		高新技术产品进口总额		高新技术企业数	
	亿元	排名	亿元	排名	亿元	排名	亿元	排名	亿元	排名	个数	排名
江　苏	3846	1	15713	1	1046	1	6750	1	4798	1	2964	1
山　东	1808	2	7229	2	464	2	1055	3	1146	2	590	4
浙　江	1383	4	5762	3	430	3	346	6	161	8	1639	2
安　徽	1533	3	5542	4	292	4	314	7	131	9	625	3
天　津	518	10	2288	7	179	7	1134	2	891	3	327	8
上　海	345	15	1537	12	196	6	353	5	267	5	429	6
湖　北	926	6	2455	6	222	5	91	12	35	16	402	7
广　东	626	8	1917	9	138	11	126	11	83	10	576	5
江　西	531	9	2056	8	152	8	187	9	75	11	260	10
北　京	491	12	1551	11	149	9	183	10	203	6	257	11
湖　南	1176	5	4110	5	133	12	90	13	28	19	308	9
福　建	410	13	899	16	71	14	408	4	281	4	189	15
四　川	513	11	1599	10	141	10	29	20	63	12	192	14
黑龙江	366	14	1322	14	69	16	32	19	63	13	234	12
辽　宁	853	7	979	15	48	18	50	15	30	17	107	18
陕　西	311	16	892	17	70	15	38	17	39	15	213	13
河　南	274	18	1494	13	86	13	55	14	28	18	101	19

续表

地 区	高新技术企业增加值		高新技术企业主营业务收入		高新技术企业利润总额		高新技术产品出口总额		高新技术产品进口总额		高新技术企业数	
	亿元	排名	亿元	排名	亿元	排名	亿元	排名	亿元	排名	个数	排名
山 西	102	23	248	24	27	21	272	8	176	7	80	20
河 北	310	17	627	19	62	17	45	16	16	20	137	16
吉 林	195	20	725	18	44	19	23	21	50	14	55	23
云 南	153	21	473	21	4	26	32	18	10	23	126	17
新 疆	126	22	485	20	42	20	9	24	11	21	76	21
重 庆	260	19	413	23	11	22	11	23	11	22	48	24
甘 肃	79	24	418	22	7	25	7	25	0	25	67	22
广 西	37	26	142	26	10	23	4	27	0	27	23	27
内蒙古	24	27	65	28	9	24	14	22	0	29	22	28
宁 夏	19	28	65	27	4	27	6	26	2	24	34	26
青 海	69	25	186	25	2	29	2	28	0	28	13	29
贵 州	0	30	41	29	2	28	2	29	0	26	38	25
海 南	0	29	0	30	0	30	0	30	0	29	0	30

资料来源：商务部

四、工业新产品增长提速

随着我国经济的较快发展，工业经济实力显著增强，顺应结构升级和消费需求的新产品层出不穷，技术含量高、附加值高的新产品高速增长。

2016 年，随着智能、绿色、高端产业的快速发展，除动车组外，全国主要工业新产品产量均有大幅提高。

动车组

表 9 2013-2016 年部分工业新产品产量年均增速

产品名称	增速(%)
运动型多用途乘用车(SUV)	45.7
移动通信基站设备	33.1
光电子器件	27.1
太阳能电池	22.1
光缆	19.1
电工仪器仪表	17.8
环境污染防治专用设备	12.7

资料来源:国家统计局

表 10 2016 年部分工业新产品产量数据

产品名称	单位	产量	增速(%)
新能源汽车	万辆	45.9	40.0
工业机器人	台(套)	72426	30.4
太阳能电池	万千瓦	7681	17.8
光缆	万芯千米	32949.2	13.2
智能手机	万台	153764.1	9.9
动车组	辆	3474	-5.2

资料来源:国家统计局

2016 年,在航空航天、轨道交通装备、高档数控机床、船舶和海洋工程装备等领域涌现一大批战略性新产品,市场主体开发新产品热情高涨,供给创新不断加大。C919 大型客机首飞成功,长征五号大推力运载火箭、载人航天、全球首颗量子卫星发射成功,高精度数控齿轮磨床等产品跻身世界先进行列,中国标准动车组成功完成 420km/h 交汇试验。

从新产品的市场规模来看,我国智能手机、新能源汽车、工业机器人等新产品市场规模位居世界前列。2016 年,我国智能手机销量在世界市场的总占有率超过 20%;新能源汽车销售 51 万辆,位居世界第一;工业机器人销量比上年增长 31%,占全球比重超过 30%。

巨大天线沟通卫星

五、高技术服务业三大产业分天下

在中国经济由工业化（Industrialization）迈向服务化（Servitization）的进程中，高技术产业的服务化是这一伟大进程的急先锋，由此形成的高技术服务业正成为中国经济的新兴产业。

统计显示，2016 年，全国有规模以上高技术服务企业 3.5 万家，从业人员平均人数 613.3 万人，全年实现主营业务收入 4.9 万亿元，利润总额 7247.6 亿元。

2015 年，全国有高技术服务企业 3.2 万家，从业人员平均人数 598.4 万人，全年实现主营业务收入 4.7 万亿元，利润总额 8249.1 亿元。平均每家企业从业人员为 186 人，主营业务收入为 1.5 亿元，利润总额为 2561.2 万元。

信息服务业是支柱行业。2015 年末，信息服务业有企业 1.3 万家，占全部高技术服务业的 41.6%；从业人员 346.8 万人，占 57.9%；全年实现主营业务收入 3.0 亿元，占 63.2%；利润总额 6622.6 万元，占 80.3%。

东部地区走在前列。将高技术发展状况划分为较好（综合排名前 10）、一般（综合排名前 20）、较差（综合排名前 30 及以后）三类。发展较好的地区主要集中在东部地区，北京、广东、江苏、上海、浙江、山东各项指标都表现出明显的优势。发展较差的地区主要集中在西部和东北地区，东、中、西和东北部也各有少数省份发展介于较好与较差的一般水平。

表 11　2015 年分地区高技术服务业基本情况

地　区	综合排名①	单位数（个）		主营业务收入（万元）		利润总额（万元）		从业人员（人）	
		个数	排名	金额	排名	金额	排名	年均	排名
全　国	-	32208	-	467249833	-	82491394	-	5984361	-
北　京	1	5338	1	115304464	1	24525759	1	1111190	1
广　东	2	3698	3	55032892	2	11755810	2	715938	2
江　苏	4	3972	2	35124999	5	5085614	5	544989	3
上　海	4	2408	5	46342294	3	7067524	4	497086	4
浙　江	5	2177	6	41330606	4	9469313	3	382345	5
山　东	6	2460	4	20141300	6	4315656	6	318624	6
河　南	8	1479	7	11574848	10	1898328	8	204853	8
四　川	9	1097	8	13862102	8	1371326	12	233051	7
湖　北	9	840	11	13301251	9	2111292	7	183915	9
河　北	12	699	15	10138601	12	1426335	11	169472	10
天　津	12	768	13	14607634	7	1369138	13	130358	15
陕　西	12	488	17	10361724	11	1533358	9	163765	12
福　建	13	908	10	8868732	13	1337530	14	146570	13
湖　南	13	933	9	8469847	14	1133238	15	137940	14
辽　宁	14	781	12	8224811	15	996803	16	163975	11
安　徽	14	731	14	7743813	16	1472034	10	122955	16
重　庆	18	578	16	5947916	17	587684	20	93093	17
云　南	19	243	24	5399056	18	811499	17	75476	18
广　西	20	329	19	4405076	19	580635	21	72022	19
江　西	20	330	18	4274062	20	614598	18	62971	23

续表

地区	综合排名①	单位数（个）		主营业务收入（万元）		利润总额（万元）		从业人员（人）	
		个数	排名	金额	排名	金额	排名	年均	排名
山西	22	244	23	3793672	22	394443	24	71919	20
吉林	23	259	22	3423241	24	356087	25	65075	22
贵州	23	211	25	3854771	21	456870	23	54705	24
新疆	24	299	20	3578534	23	325087	26	50376	26
内蒙古	24	283	21	3090901	26	200582	28	69538	21
黑龙江	24	158	27	3322889	25	601245	19	53304	25
甘肃	26	173	26	2386760	27	557061	22	37885	27
海南	28	121	28	1464549	28	208354	27	16925	28
宁夏	29	98	29	877862	29	68906	29	16436	29
青海	30	77	30	764763	30	25188	30	14284	30
西藏	31	28	31	235864	31	-165903	31	3326	31

资料来源：国家统计局

注：①为秩统计量，即各单项排名的简单平均

1. 单位数量。高技术服务业的企业主要集中于信息服务、专业技术服务业的高技术服务、科技成果转化服务等三个行业。信息服务有企业 1.3 万家，占 41.6%；专业技术服务业的高技术服务有企业 0.9 万家，占 27.8%；科技成果转化服务有企业 0.5 万家，占 15.3%；三者有企业 2.7 万家，合计占 84.7%。

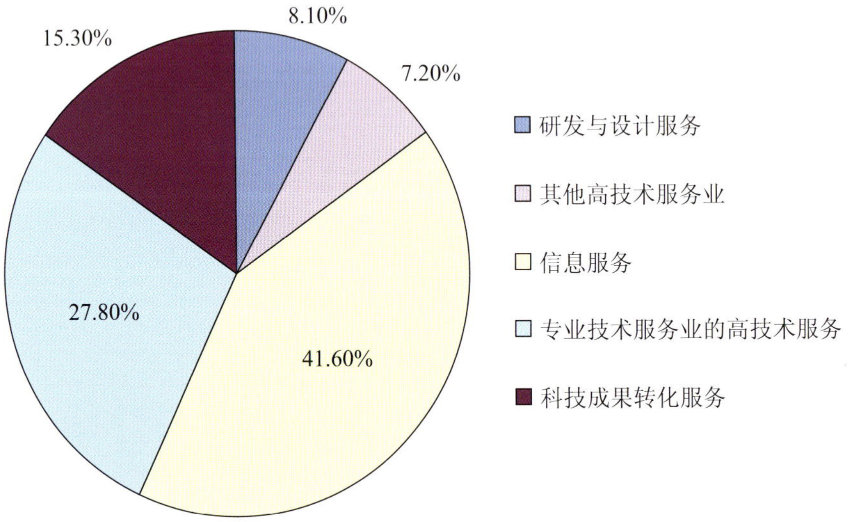

图 5　高技术服务业分行业单位数占比

2. 从业人员。信息服务和专业技术服务业的高技术服务是两个从业人员较高的行业。信息服务吸纳就业 346.8 万人，占 57.9%；专业技术服务业的高技术服务吸纳就业 152.1 人，占 25.4%；二者吸纳就业 498.9 人，占全部高技术服务业的 83.3%。

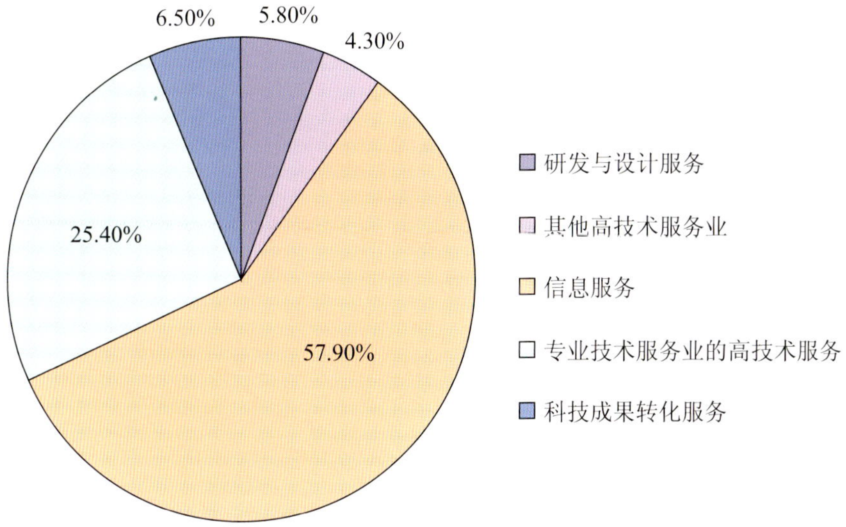

图 6 高技术服务业分行业从业人员的占比

3. 利润总额。高技术服务业的主要营利板块在信息服务。信息服务全年利润总额 6622.6 亿元，占全部高技术服务业的 80.3%。其次是专业技术服务业的高技术服务，利润总额 905.0 亿元，占 11.0%。

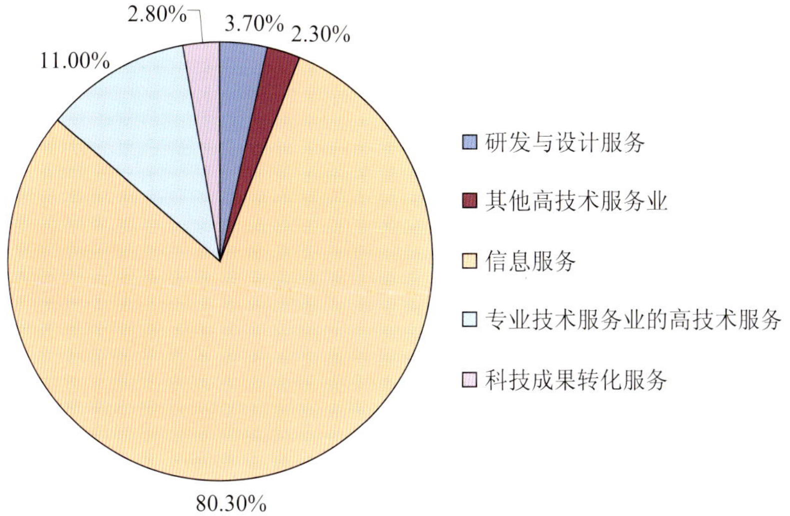

图 7 高技术服务业分行业利润总额占比

六、科技企业孵化器规模初具

科技是国家强盛之基，创新是民族进步之魂。党的十八大以来，习近平总书记把创新摆在国家发展全局的核心位置，高度重视科技创新，创业创新已经成为全社会的共识。科技企业孵化器在实施创新驱动发展战略、催生新动能、带动产业转型升级中的作用日益凸显。

2014 年至今，是中国孵化器事业的迅猛发展阶段，“众创空间”诞生并爆发式增长。截至 2016 年底，全国纳入科技部火炬中心统计范围的众创空间有 4298 家，孵化器 3255 家，其中，国家级孵化器共有 863 家，比 2015 年增加 127 家，同比增长 17.3%；科技企业加速器 400 余家，国家高新区 156 家，共同构成接递有序的创业孵化生态。

调查显示，2015 年，全国共有孵化器 2536 个。其中，国家级 736 个，占总数的 29%；非国家级的有1800个，占比71%。全国孵化器内企业总数为145956个，在孵企业102170个，占七成左右。全国在孵企业从业人员共有1662492人，其中大专以上人员1271712人，占76.5%；留学人员21098人，占1.3%。

表12　2015年科技企业孵化器基本情况

指标名称	代码	计量单位	数量
孵化器数量	01	个	2536
其中：国家级	02	个	736（其中三家未报数据）
非国家级	03	个	1800
孵化器使用总面积	04	平方米	86797480
其中：在孵企业用房	05	平方米	55922304
孵化器内企业总数	06	个	145956
在孵企业	07	个	102170
其中：留学人员企业	08	个	8008
大学生科技企业	09	个	15197
高新技术企业	10	个	6527
当年新增在孵企业	11	个	31886
在孵企业从业人员	12	人	1662492
其中：大专以上人员	13	人	1271712
留学人员	14	人	21098
累计毕业企业	15	个	74853
毕业企业平均孵化时限	16	月	20
当年毕业企业	17	个	11594
在孵企业总收入	18	千元	481037446
在孵企业累计获得财政资助额	19	千元	17355689.27
在孵企业累计获得风险投资额	20	千元	84728394
当年获得风险投资额	21	千元	25863597
累计获得投融资的企业数量	22	个	26636
当年获得投融资的企业数量	23	个	6038
孵化器孵化基金总额	24	千元	36565207
当年获得孵化基金投资的在孵企业数量	25	个	9455
在孵企业R&D投入	26	千元	31556843
当年知识产权申请数	27	个	107667
拥有有效知识产权数	28	个	155369
其中：发明专利	29	个	39003
累计购买国外技术专利	30	个	655

资料来源：科技部

分地区看，江苏省孵化器数量最多，有505个，占全国总数的19.9%；其次是广东，共有孵化器326个，占12.9%；位居第三的是山东，共有孵化器150个，占5.9%。

按“在孵企业R&D投入额”排序，位居前十的依次为江苏、广东、北京、浙江、上海、山东、吉林、四川、福建、天津。2015年，江苏省在孵企业R&D投为73亿元，广东省为43亿元，北京为22亿元。

表 13 2015 年分地区科技企业孵化器主要指标

省 份	孵化器数量（个）	孵化器内企业总数（个）	在孵企业（个）	在孵企业从业人员（人）	当年获得风险投资额（千元）	在孵企业 R&D 投入（千元）
全 国	2533	145956	102170	1662492	25863597	31556843
江 苏	505	28195	21697	361079	4220626	7338709
广 东	326	15519	9596	156055	3493430	4341152
山 东	150	9482	7545	111795	836243	1899296
上 海	143	8104	5605	71917	4374915	2026942
天 津	131	6576	5632	70845	192906	791794
黑龙江	121	4122	3096	37998	329226	457301
福 建	113	3027	2338	39072	1168363	990084
北 京	111	9473	4026	62933	4745259	2185145
浙 江	109	8050	6292	83066	1594138	2135560
河 南	101	6288	5118	120456	526890	764901
安 徽	97	4327	3055	45531	333732	602520
四 川	90	6175	4544	70906	930595	1409605
辽 宁	79	3787	3008	54213	357411	654479
湖 北	55	4810	3257	49215	379518	612260
河 北	54	3019	1873	35948	189593	469668
广 西	42	1741	1234	21911	66103	264672
陕 西	38	3606	2135	52645	477283	684273
吉 林	36	1893	1614	33422	150718	1440808
甘 肃	34	1491	588	8825	41180	152428
重 庆	33	1825	1491	24277	122559	142364
湖 南	31	2818	1831	39191	222756	434782
内蒙古	27	1414	1015	15550	139351	505267
江 西	22	1565	1299	26295	758110	426952
贵 州	22	803	816	19121	73646	115924
山 西	17	1156	929	15458	46346	139704
云 南	14	4574	1197	14367	19632	260469
宁 夏	12	301	196	3284	1727	88785
新 疆	9	822	539	5806	17160	100019
海 南	4	458	220	3314	49200	39178
青 海	4	375	266	5997	4980	13784
新疆兵团	2	137	98	989	0	2688
西 藏	1	23	20	1011	0	65332

资料来源：科技部

七、四众平台为双创提供有力支撑

我国基于互联网的新业态、新模式蓬勃兴起，众创、众包、众扶、众筹(简称四众)快速涌现，呈大众化、平台化、规模化、国际化发展之势，正在成为创业创新的重要支撑平台。四众通过“互联网+”实现劳动、知识、技术、资本等生产生活要素的最低成本集聚和最大化利用，催生新供给、释放新需求、绽放新活力，是稳增长、调结构、促改革、惠民生的关键力量。四众有利于开辟众人创富、劳动致富、共同富裕的发展新路径，对实现新常态下新旧动能的转换具有重大意义。

专项调查显示，2015 年从事四众服务的创业创新支撑平台初具规模，四众服务活动广泛开展，为双创政策贯彻落实提供了有效支撑。

2015 年末，全国有四众平台 1.2 万家，年末从业人员 86.6 万人，当年实现营业收入 8381.9 亿元，利润总额 1009.7 亿元；平均每家平台从业人员为 72 人，营业收入为 6986 万元，利润总额为 842 万元。

分类型看，众创是四众平台的主要服务形式。在四众平台中，以众创服务为主的有 7555 家，占 63%；以众包、众扶、众筹服务为主的分别为 1341 家、2458 家和 644 家，分别占 11.2%、20.5% 和 5.3%。

表 14　2015 年四众平台企业情况

指标名称	代码	企业数(个)	期末从业人员(人)	营业收入(万元)	利润总额(万元)
总计	01	11998	865825	83818744.4	10097284.7
以提供众创服务为主的平台企业	02	7555	534254	53810626.8	8212402.9
以提供众包服务为主的平台企业	03	1341	185074	16862965.2	546708.3
以提供众扶服务为主的平台企业	04	2458	118562	10293119.2	940531.9
以提供众筹服务为主的平台企业	05	644	27935	2852033.2	397641.6

资料来源：国家统计局

八、电商平台保持高速领跑

国家统计局电子商务交易平台调查显示，2016 年，全国电子商务交易额 26.1 万亿元，同比增长 19.8%。其中商品、服务类电商[①]交易额 16.25 万亿元，同比增长 13.8%；合约类电商[②]交易额 9.85 万亿元，同比增长 31.1%。

1. 商品、服务类电商交易情况及特点

一是交易额持续增长，增速有所降低。2016 年商品、服务类电商交易额 16.25 万亿元，同比增长 13.8%，增速比 2015 年降低 6 个百分点。

二是对个人交易额增速仍处高位，对单位交易额增速明显下降。2016 年商品、服务类电商对个人的交易额 6.15 万亿元，同比增长 28.6%，增速比 2015 年降低 4 个百分点，仍保持高速增长态势；对单位的交易额 10.1 万亿元，同比增长 6.4%，增速比 2015 年降低 7.3 个百分点。

2016 年随着电信网络基础设施的进一步完善、4G 移动网络的广泛应用和智能手机的全面普及，我国网民人数已增至 7.31 亿人(中国互联网络信息中心最新调查)。这些为消费者端电子商务的快速发展提供了条件。加之移动支付便利、快递物流及时，广大消费者的购物习惯从线下不断向线上转移，从而带动了对个人交易额的持续快速增长。

单位的电子商务活动主要是购买生产资料或销售生产的产品，对单位交易额增速下降说明企业端的交易活跃度降低，进而佐证了在国家供给

① 商品、服务类电商指以商品和服务为交易对象的线上交易活动。

② 合约类电商指以电子合约为交易对象，以大宗商品、权益(不包括股票和期货)或文化艺术品为交易标的物的线上交易活动。作为交易对象的电子合约可以多次转让。

侧改革的大背景下，相关实体经济受到一定的影响，其转型升级之路并不平坦。

三是商品类交易为主，服务类交易增长快。2016 年商品、服务类电商交易额共计 16.25 万亿元，其中商品类电商交易额 13.49 万亿元，占 83.0%，同比增长 12.3%；服务类电商交易额 2.76 万亿元，占 17.0%，同比增长 21.9%。服务类交易主要包括网上订餐、住宿、旅游出行、电影游戏等活动。服务类电商交易额的快速增长，表明人们日常的服务类活动也正在通过线上实现。

四是东部地区交易额占七成以上，中西部地区发展空间很大。从分地区情况看，2016 年东部地区商品、服务类电商交易额达到 11.75 万亿元，占 72.3%，同比增长 14.0%；中西部地区商品、服务类电商交易额只有 4.5 万亿元，占 27.7%，同比增长 13.4%。中西部地区电子商务发展空间很大。

2. 合约类电商的业务特点及交易规模

一是合约类电商的主要特点。合约类电商交易与商品、服务类电商交易有显著不同。商品、服务类电商是以商品和服务为交易对象的线上交易活动；合约类电商是以电子合约为交易对象，以大宗商品、权益（不包括股票和期货）或文化艺术品为交易标的物的线上交易活动。合约类电商的电子合约可以多次转让，有些交易还存在杠杆，即只需缴纳少量保证金即可多次转手交易。

二是交易额保持快速增长。2016 年纳入统计范围内的合约类电商交易额为 9.85 万亿元，同比增长 31.1%，继续保持高速增长态势。

三是实际交割额远小于交易额。相关调研发现，合约类电商的绝大部分电子合约最终没有实现标的物的买卖，而是通过对冲平仓的方式了结交易。这就导致交易额远远大于交割额。同时因为杠杆交易的存在，交易额也远大于实际投入的资金量。

九、网上零售动能充沛

2016 年，全国网上零售额 51555.7 亿元，同比增长 26.2%。

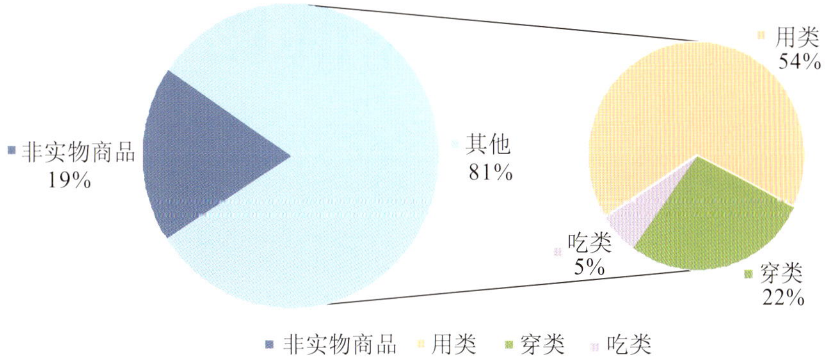

图 8 2016 年 1-12 月份全国网上零售额构成

分商品类别看，实物商品网上零售额 41944.5 亿元，同比增长 25.6%，占全部网上零售额的 81.4%；非实物商品网上零售额 9611.2 亿元，增长 28.7%，占全部网上零售额的 18.6%。

在实物商品网上零售额中，吃类商品 2448.9 亿元，同比增长 28.5%；穿类商品 11497.2 亿元，增长 18.1%；用类商品 27998.3 亿元，增长 28.8%。

表 15 2016 年全国网上零售额主要数据

指 标	绝对额（亿元）	同比增长（%）	所占比重（%）
全国网上零售额	51555.7	26.2	100.0
按商品类别分			
实物商品网上零售额	41944.5	25.6	81.4（100.0）

续表

指　标	绝对额（亿元）	同比增长（%）	所占比重（%）
其中：吃类商品	2448.9	28.5	4.8（5.8）
穿类商品	11497.2	18.1	22.3（27.4）
用类商品	27998.3	28.8	54.3（66.8）
非实物商品网上零售额	9611.2	28.7	18.6

资料来源：国家统计局

注：括号内为实物商品网上零售额的内部结构比重

十、网购替代率大幅增长

2016年，网络用户线上消费对线下消费的替代率为79.4%，比上年提高1个百分点。网上零售额51556亿元，比上年增长26.2%。其中网上商品零售额41944亿元，增长25.6%，占社会消费品零售总额的比重为12.6%。在网上商品零售额中，吃类商品增长28.5%，穿类商品增长18.1%，用类商品增长28.8%。

2015年，根据国家统计局对全国8872个有网络购物行为的住户和网民（简称网购用户）进行的抽样调查，网购用户线上消费对线下消费的替代率为78.4%，比上年提高0.4个百分点。

表16　主要商品（服务）网购替代率

商品类别	替代率（%）
食品、饮料、烟酒、保健品	73.3
服装、鞋帽、家用纺织品	74.6
家用电器	78.8
手机、手机配件	81.7
计算机及其配套产品	77.0
家具	83.8
餐饮、旅游、住宿	80.9
保险、演出票务	76.2
飞机票、火车票	90.9

资料来源：国家统计局

分类别看，服务类网购替代率高于实物商品类，耐用品类网购替代率高于非耐用消费品类。2015年，服务类网购替代率为85.2%，其中，飞机票及火车票网购替代率仍高达90.9%。耐用消费品网购替代率为79.2%；非耐用消费品网购替代率为74.9%。

网购用户的网购总额中服务类消费比重有所提升。调查显示，2015年在网购用户的网购总额中，八成左右为购买实物商品，其中，非耐用消费品所占比重为45.5%，耐用消费品所占比重为30.5%；服务类消费的比重为21.7%，比上年提高2.3个百分点。

分类别看，服装、鞋帽、家用纺织品在网购总额中所占比重最大，为26.9%，家用电器、餐饮旅游住宿、手机及手机配件所占比重也均在8%以上。

十一、城市商业综合体迅速扩张

截至2016年底，全国城市商业综合体共计1231家，经营商户数达到19.4万户。

城市商业综合体①作为一种新型的商业模式，近年来发展迅猛，在提升城市形象、提高居民消费品质、便利生活配套服务和繁荣城市商业等方面发挥了十分重要的作用。据统计，截至2015年底，全国城市商业综合体超过1000家，经营商户数达到20万户。

全国城市商业综合体总数1088家。2003年以前，我国城市商业综合体数量不多，全国仅有49

① 城市商业综合体指以区域为中心、以购物中心为主导，融合了商业零售、餐饮、休闲养生、娱乐、文化、教育等多项城市主要功能活动，面向各类消费人群、提供综合性服务的大型建筑综合体。在确定调查对象时，需同时满足以下条件：(1)由企业有计划地管理运营，有统一的名称，如＊＊中心、＊＊广场、＊＊城等；(2)涵盖超市、百货店、专业店、专卖店等三个以上商品零售业态，以及餐饮、文化、娱乐、健身、游艺、培训等三项以上服务；(3)营业面积一般不少于1万平方米、独立开展经营活动的商户一般不少于50个。

家。2003年开始，城市商业综合体发展进入快车道，每年新开业几十家。2011年起，城市商业综合体迅速增加，每年新开业超过百家。到2015年末，全国共有城市商业综合体1088家，是2010年末的2.9倍，其中近五年（2011-2015年）新开业709家，占全部商业综合体的65.2%。

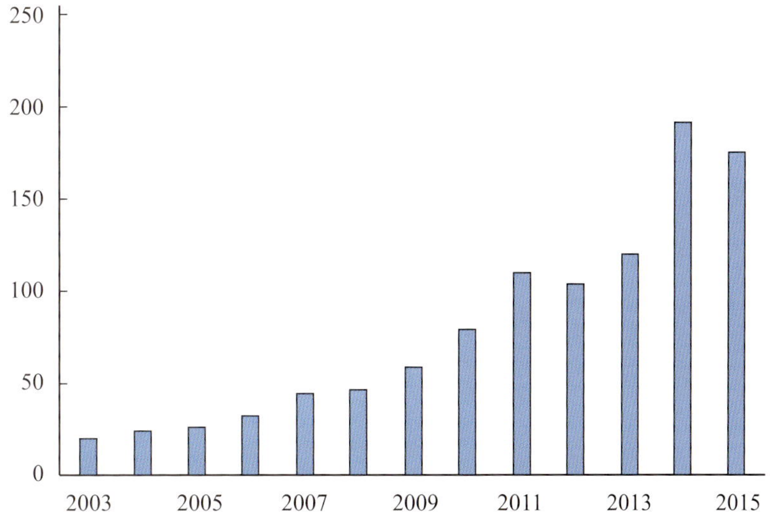

图9 新开业城市商业综合体情况（单位：个）

城市商业综合体带来新体验

随着城镇化建设的不断深入，城市人口增加，经济发展，居民消费水平不断提高，在基本生活需求得到满足后，城市居民日益追求更高层次的消费体验。在这种情况下，融合了商业零售、餐饮、休闲养生、娱乐、文化、教育等多项城市主要功能活动，面向各类消费人群、提供综合性服务的新型商业模式——城市商业综合体得以迅速发展。2011年以来，城市商业综合体迅速增加，每年新开业均超过百家。截至2015年底，全国城市商业综合体超过1000家，经营商户数达到20万户。

作为一种新型的商业模式，城市商业综合体在提升城市形象、提高居民消费品质、便利生活配套服务和繁荣城市商业等方面发挥了十分重要的作用。与传统百货商场相比，城市商业综合体最主要的特征是体验式消费，即注重消费者在购物、就餐和享受服务时所带来的参与感，从视觉、听觉、触觉等方面给消费者不一样的感官体验。具体而言，主要有以下几方面的特点：一是新形象。近年来新建的城市商业综合体更加注重建筑设计风格，注重与城市形象的融合，某些城市商业综合体成为地标性建筑。二是新定位。城市商业综合体的功能定位更加多样化，不再仅仅是购物场所，而是社交活动场所、商务会谈场所、休闲娱乐场所、亲子活动场所等等。三是新业态。除零售业态外，城市商业综合体引进了更多的餐饮、服务业态，丰富了业态种类，在消费者购物的同时，为其提供更具特色的消费体验。

独立经营商户数量达20万户。截至2015年底，全国城市商业综合体中独立经营商户数20.0万户。分单位类型看，法人单位5.0万户，分支机构2.7万户，个体户12.3万户；分行业看，零售业商户14.4万户，餐饮业商户4.0万户，服务业商户1.6万户。

从业人员超过150万人。2015年末，全国城市商业综合体从事零售、餐饮和服务业的从业人员153.3万人。其中，零售业商户从业人员83.7万人，餐饮业商户从业人员50.0万人，服务业商户从业人员19.6万人。

日均客流量超过2000万人次。2015年，全国城市商业综合体全年总客流73.7亿人次，比上年增长30.1%；日均客流量为2018.5万人次，即每天有2000多万人次进入商业综合体；平均每个商业综合体，日均客流量为1.86万人次。

实现销售额近6000亿元。2015年，全国城市商业综合体中商户实现销售额（包括零售业商户销售额、餐饮业和服务业商户营业额）5832.6亿元，比上年增长22.5%。分经营方式看，自营联营部分商户实现销售额1415.9亿元，比上年增长10.6%；租赁部分商户实现销售额4416.7亿元，比上年增长26.9%。分行业看，零售业商户实现销售额4300.1亿元，比上年增长17.7%，占社会消费品零售总额的比重为1.4%；餐饮业商户实现营业额1026.3亿元，比上年增长39.2%；服务业商户实现营业额506.2亿元，比上年增长37.5%。

（作者：统计新成果课题组 国家统计局）

城市商业综合体

十二、新动能发展日新月异

为综合监测分析我国新动能新产业发展状况，国家统计局在建立"三新"专项统计调查制度的基础上，研究提出了经济新动能发展指数统计指标体系，运用综合评价方法，初步测算了我国经济新动能发展指数。

表17 经济新动能发展指数统计指标体系

	指数及构成指标	单位
	经济新动能发展指数	
一	**知识能力指数**	
1	经济活动人口中硕士及以上学历人数比例	%
2	四上企业从业人员中专业技术人员占比	%
3	非信息部门信息人员比重	%
4	每万名就业人员R&D人员全时当量	年/人
二	**经济活力指数**	
1	科技企业孵化器数量	个
2	国家高新技术开发区企业单位数	个
3	创业板、新三板挂牌公司数量	个
4	快递业务量	亿件
5	对外直接投资额	亿美元
三	**创新驱动指数**	
1	企业R&D经费	亿元

续表

	指数及构成指标	单位
2	科技企业孵化器内累计毕业企业数	个
3	每万名 R&D 人员专利授权数	件
4	技术市场成交合同金额	亿元
四	**数字经济指数**	
1	固定互联网宽带接入用户数	万户
2	移动互联网用户数	万户
3	移动互联网接入流量	万 GB
4	电子商务交易额	万亿元
5	实物商品网上零售额占社会消费品零售总额的比重	%
五	**转型升级指数**	
1	战略性新兴产业增加值占 GDP 比重	%
2	农业产业化经营组织数量	万个
3	通过电子商务交易平台销售商品或服务的四上企业占比	%
4	高技术产品出口额占总出口额的比重	%
5	单位 GDP 能源消耗降低率	%

资料来源：国家统计局

（一）总体测算结果

经测算，2015 年我国经济新动能发展指数为 129.0（以上年为 100），比上年增长 29.0%。总体上看，新动能加快成长，经济活力进一步凸显，新旧动能较快转换。在五个分类指数中，经济活力指数为 157.0，对总指数的贡献率最大，为 24.3%；数字经济指数为 139.7，对总指数的贡献率为 21.7%；创新驱动指数、转型升级指数和知识能力指数分别为 118.3、117.6 和 112.5，对总指数的贡献率分别为 17.4%、18.3%和 18.2%。

表 18　2015 年经济新动能发展指数、分类指数及贡献率

总指数和分类指数	指数值①（上年＝100）	贡献率②（%）
经济新动能发展指数	129.0	100.0
知识能力	112.5	17.4
经济活力	157.0	24.3
创新驱动	118.3	18.4
数字经济	139.7	21.7
转型升级	117.6	18.2

资料来源：国家统计局

（二）各项分指数呈现出的特点

1. 经济活力指数值比上年增长 57.0%。随着我国经济进入新常态，党中央、国务院大力倡导“大众创业、万众创新”，经济活力得到进一步释放，成为拉动我国经济增长的重要引擎。据测算，2015 年，经济活力指数增长 57.0%。从构成指标来看，科技企业孵化器数量为 2533 个，增长 44.9%；创业板、新三板呈爆发式增长，全年年挂牌

① 指数值为该指数当年的发展速度（以上年为 100）。总指数是分类指数的加权平均，分类指数是构成指标发展速度的加权平均。

② $分类指数贡献率=\frac{分类指数值\times该分类指数的权重}{总指数值}\times100\%$

公司数量达5621个，增长1.8倍；网络经济的崛起促进了快递业务的快速发展，全年快递业务量达到206亿件，增长48.1%。

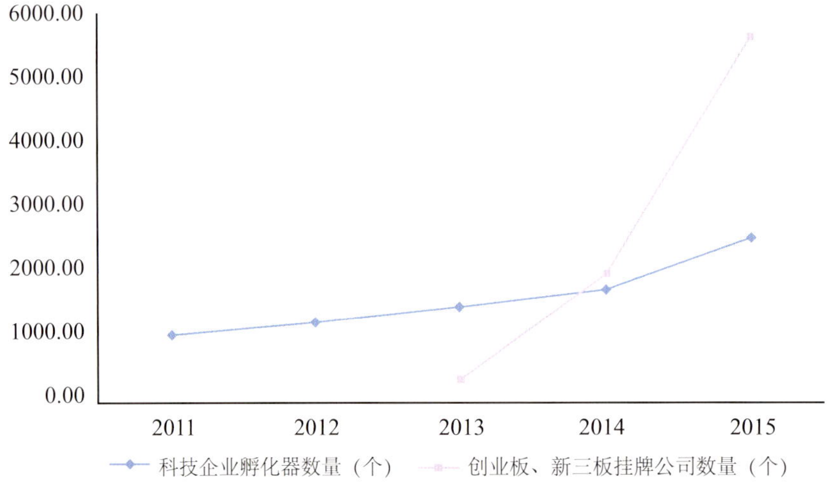

图10　科技企业孵化器数量以及创业板、新三板挂牌公司数量

百度中小企业景气指数

百度中小企业景气指数是百度公司研发的、旨在反映中小企业宏观景气程度的经济指数，其基础数据是百度的搜索业务数据。中小企业标准以企业提供的企业基本资料为依据，按照注册资本、业务规模、从业人数等划分大型企业和中小企业，中小企业基本都不会达到国家统计局的规模以上企业标准。

按照最新的统计，百度每月移动搜索活跃用户拥有6.6亿，每天响应搜索需求次数约60亿，收录的网页数量1万亿。这些海量数据中蕴含了大量的企业需求和用户行为信息，反映了经济运行的状况。并且这种搜索请求中，涉及到的中小企业已达到百万级别，几乎覆盖所有省份和行业，完全满足反映中小企业景气状况的统计可靠性要求。

由于搜索行为往往发生在实际购物或购买服务行为之前，因此百度可以通过搜索行为提前了解消费者的需求及其购买意愿，从而预知未来一段时间需求的变化趋势。再结合各个网站的地理信息、行业属性等注册信息，就可以测量出搜索行为所反映的产品和服务需求对应的地域分布、行业分布等信息，从而编制出相应的对经济走势有预警作用的宏观景气指数。

由于大数据统计指数由计算机自动加工汇总，相较于传统调查统计，可以更及时、准确地反映中小企业发展景气情况。目前每月发布三次"中小企业景气指数"，即在当月18日发布指数预览值（数据涵盖上月15日到当月15日的情况）、当月月底发布初值（数据涵盖当月初到20日的情况），以及次月10日发布终值（涵盖当月1日到月末的数据）。该指数数值范围在0–200之间，100为景气临界值，具体区间见下表。

表1　景气区间划分标准

景气区间	>120	[120,110)	[110,100)	100	(100,90]	(90,80]	<80
代表状态	非常景气	景气	微景气	景气临界点	微不景气	不景气	很不景气
注释	表明经济状态趋于上升或改善，处于景气状态				表明经济状况处于下降或恶化，处于不景气状态。		

百度中小企业景气指数不同于传统的宏观统计数据，它有以下几个特点：

第一，客观性。以往的宏观经济统计数据多通过报表或问卷等形式来获得。比如，在调查问卷中或涉及"您认为当前的经济景气程度如何"等类似问题，而被调查者对这类问题的回答是具有主观性的；再比如，填报报表数据时，由于资料获取成本高，或者填报者怀有其他目的，所取得的数据往往难以准确。而百度通过对互联网大数据加工获得中小企业景气数据，从源头到加工过程都是客观的，不存在人为干扰因素。

第二，创新性。该指数反映真实需求。众多电商平台网站发布的网络消费者价格指数（CPI）主要用于反映通货膨胀状况，而百度中小企业指数关注需求，从搜索反映人的需求的角度来刻画未来经济景气程度，从而成为比较少见的反映经济总量变动情况的指数。

第三，准确性。该指数反映的经济主体准确地聚焦于中小企业。中国官方统计调查往往聚焦于大企业，形成"抓大放小"的典型操作模式，对中小企业调查的覆盖度不够。而该指数可以方便、准确地覆盖中小企业，因此，能更好地反映中小企业发展现状。此外，该指数每月发布三次，发布频率较高，能更准确地反映中小企业经济发展现状。

第四，预测性。从数据反映经济形势的效果看，百度中小企业景气指数有明显的先行指数特征，与中国采购经理人指数（PMI）一样能预测经济形势发展。对比 2011 年以来的百度中小企业景气指数和 PMI 数据，使用统计模型研究两者关系，发现该指数与 PMI 具有较强的相关性，上一期中小企业景气指数的回归模型可以解释当期 PMI 变动的大约 80%。

百度期待未来中小企业景气指数可以作为官方统计数据的重要补充，更多地服务于政府经济决策，在实践中促进企业大数据宏观经济指数不断完善。同时，期待中国政府统计部门能够整合相关资源，建立宏观大数据统计指数共享机制，共同为我国的经济建设添砖加瓦。

（作者：陈江涛 百度在线网络技术（北京）有限公司）

2. 数字经济指数值比上年增长 39.7%。网络化、智能化、数字化促进"互联网+"加快发展，数字经济成为经济社会创新发展的重要驱动力量。据测算，2015 年，数字经济指数增长 39.7%。从构成指标来看，移动互联网接入流量高达 41.9 亿 GB，增长 1.0 倍。固定互联网宽带接入用户数、移动互联网用户数分别增长 29.4%和 10.2%。电子商务交易额达到 21.79 万亿元，增长 33.0%，实物商品网上零售额占全社会消费品零售总额的比重从 2014 年的 8.8%提高到 2015 年的 10.8%。

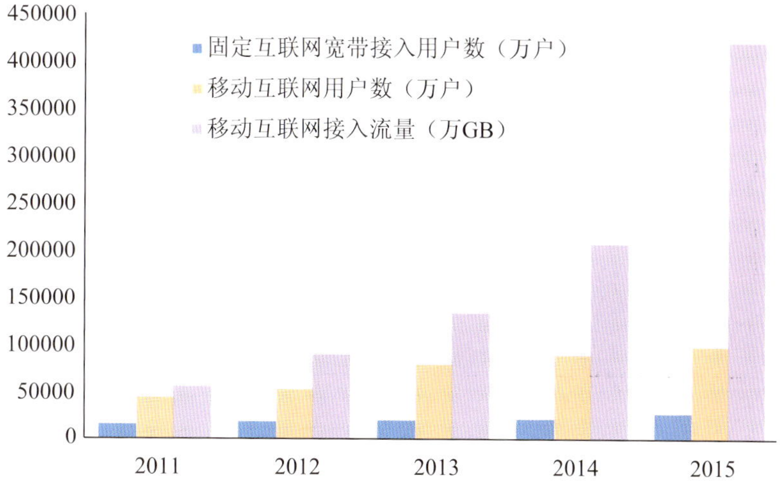

图 11 互联网用户规模及接入流量

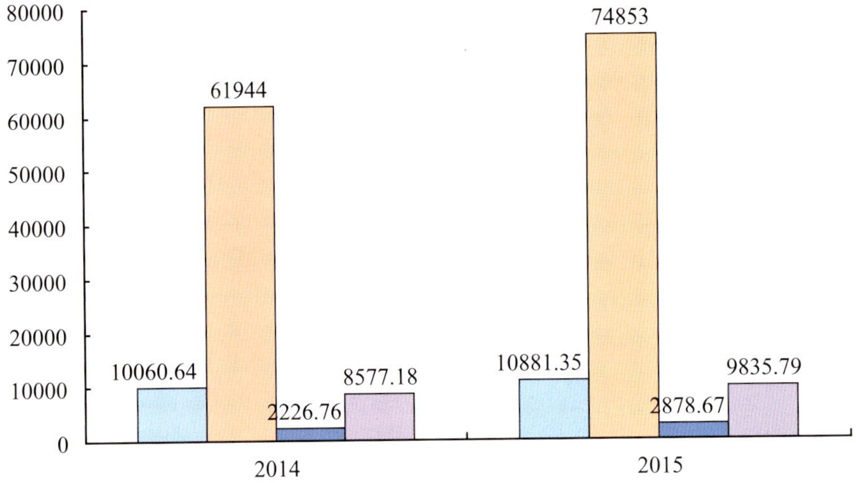

图 12　创新指数各构成指标的增长变动情况

3. 创新驱动指数值比上年增长 18.3%。近年来，我国加快实施创新驱动发展战略，企业创新的速度加速提升。据测算，2015 年，创新驱动指数增长 18.3%。从构成指标看，全国科技企业孵化器年累计毕业企业数达到 74853 个，增长 20.8%。研发投入是实现创新的重要保障，核心技术是创新能力的灵魂。2015 年，企业 R&D 经费增长 8.2%，每万名 R&D 人员专利授权数增长 29.3%，技术市场成交合同金额增长 14.7%。

4. 转型升级指数值比上年增长 17.7%。经济转型升级效果明显。据测算，2015 年，转型升级指数增长 17.7%。从构成指标来看，战略性新兴产业增加值占 GDP 比重为 7.8%，提高 0.2 个百分点；高技术产品出口额占比 3.9%，提高 1.12 个百分点；农业产业化经营组织数量达到 3860 万个，增长 9.0%；通过电子商务交易平台销售商品和服务的"四上"企业占比达到 6.8%，提高 0.9 个百分点。同时，单位 GDP 能耗下降 5.6%，降幅扩大 0.8 个百分点，产业结构调整、节能减排、低碳发展初见成效。

5. 知识能力指数值比上年增长 12.5%。知识能力是创新的源泉。据测算，2015 年，知识能力指数增长 12.5%。从构成指标看，经济活动人口中硕士及以上学历人口占比 0.6%，"四上"企业从业人员中专业技术人员占比 13.7%，非信息部门信息人员比重为 1.9%，较 2014 年分别提高了 20%、2.8%和 28.1%。

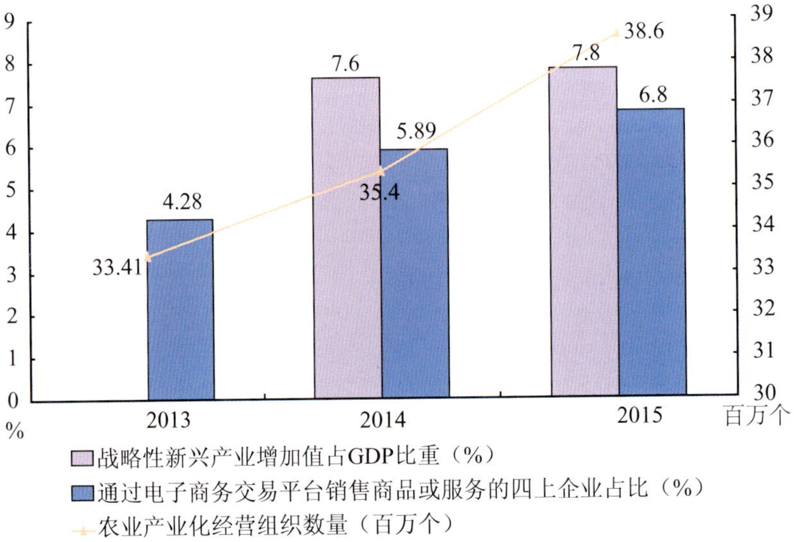

图 13　"三新"发展情况

表 19 2015 年经济新动能发展指数测算结果

	指数及构成指标	2015 年	2014 年	指数值（上年＝100）
	经济新动能发展指数			129.0
一	**知识能力指数**			112.5
1	经济活动人口中硕士及以上学历人数比例(%)	0.6	0.5	120.0
2	四上企业从业人员中专业技术人员占比(%)	13.7	13.3	102.8
3	非信息部门信息人员比重(%)	1.9	1.5	128.1
4	每万名就业人员 R&D 人员全时当量(年/人)	48.5	48.0	101.0
二	**经济活力指数**			157.0
1	科技企业孵化器数量(个)	2533.0	1748.0	144.9
2	国家高新技术开发区企业单位数(个)	82712.0	74275.0	111.4
3	创业板、新三板挂牌公司数量(个)	5621.0	1978.0	284.2
4	快递业务量(亿件)	206.0	139.0	148.1
5	对外直接投资额(亿美元)	1180.2	1028.9	114.7
三	**创新驱动指数**			118.3
1	企业 R&D 经费(亿元)	10881.3	10060.6	108.2
2	科技企业孵化器内累计毕业企业数(个)	74853.0	61944.0	120.8
3	每万名 R&D 人员专利授权数(件)	2878.7	2226.8	129.3
4	技术市场成交合同金额(亿元)	9835.8	8577.2	114.7
四	**数字经济指数**			139.7
1	固定互联网宽带接入用户数(万户)	25946.6	20048.3	129.4
2	移动互联网用户数(万户)	96447.2	87522.1	110.2
3	移动互联网接入流量(万 GB)	418753.3	206193.6	203.1
4	电子商务交易额(万亿元)	21.8	16.4	133.0
5	实物商品网上零售额占社会消费品零售总额的比重(%)	10.8	8.8	122.7
五	**转型升级指数**			117.6
1	战略性新兴产业增加值占 GDP 比重	7.8	7.6	102.6
2	农业产业化经营组织数量	38.6	35.4	109.0
3	通过电子商务交易平台销售商品或服务的四上企业占比	6.8	5.9	115.4
4	高技术产品出口额占总出口额的比重	29.0	28.0	139.7
5	单位 GDP 能源消耗降低率	5.6	4.8	116.7

资料来源：国家统计局

（作者：科研所 国家统计局）

第二部分

“两新”助推　百业腾飞
（专题篇）

新动能激发信息经济勃勃生机

在国家提出“加快培育壮大新动能，改造提升传统动能”之际，中国信息经济聚焦于“物联网+”时代产业转型的路径、模式与趋势，重点剖析信息通信技术与产业融合的机制和路径，研究中国产业信息经济的发展水平、特点、规律和趋势，并围绕物联网+时代到来引发的新变革，探索了工业物联网、分享经济、服务型制造等新业态的内涵、特征、机制和趋势。信息经济的快速发展已经成为推动新旧动能接续转换的新动能、新机遇、新图景、新路径、新范式、新价值、新模式和新生态。

一、中国信息经济发展现状

（一）信息经济成为经济增长的重要驱动力

跨界、融合、创新、转型是信息时代产业发展的主旋律，全球信息经济正处于重塑发展理念、调整战略布局、重构竞争规则的新阶段。从速度看，2008-2015年，中美日英等主要国家信息经济增速是GDP增速的1.57-4.05倍，信息经济占GDP的比重增加了12.3-21.2个百分点。从结果看，2015年全球发达国家信息经济占GDP比重在50%左右，成为拉动经济增长的重要动力。从结构看，基础型信息经济平稳发展、潜力巨大，但仍难以挑起大梁，新技术改造提升传统产业催生的新动能，即融合型信息经济，成为驱动各国经济增长的主力军。全球信息经济呈现以下几个态势：

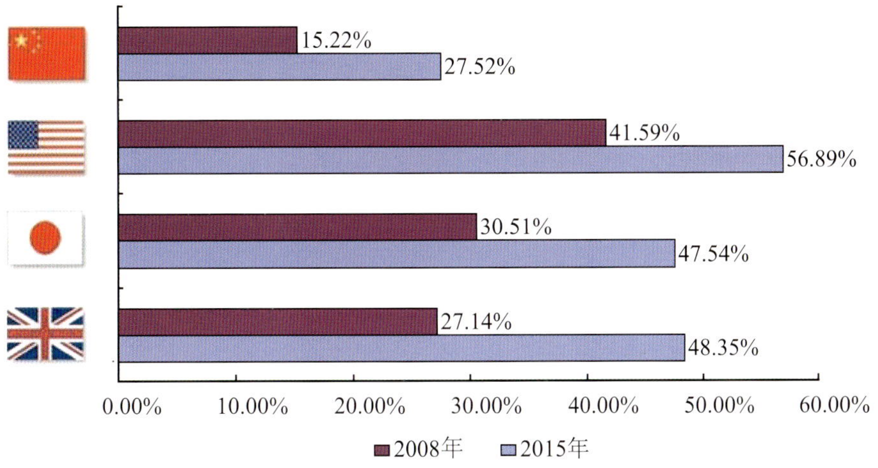

图1 中美日英信息经济占GDP比重加速提升

态势一：全球主要国家信息经济快速增长，显著高于GDP增速，信息经济GDP占比持续提升，成为带动主要国家经济复苏的重要动力。

态势二：各主要国家融合型信息经济在信息经济中的地位更加凸显。2015年，除以色列外，美、德、英、日、韩、法、瑞典融合型信息经济占整体信息经济比重均超过80%，对信息经济增长贡献突出。

态势三：全球电子信息制造业和信息通信服务业进入平稳增长期，基础型信息经济增长趋缓。2015年美、日、英基础型信息经济占GDP比重分别为8.48%、5.53%和6.30%，显著低于历史峰值水平。

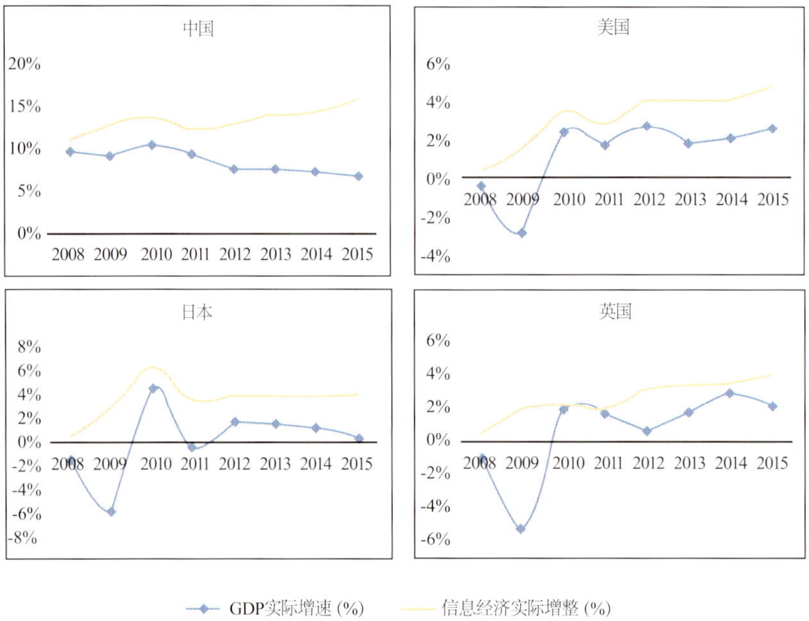

图 2 中美日英信息经济增速显著高于 GDP 增速

态势四:世界经济衰退“倒逼”着以互联网、物联网为代表的新一代信息技术快速成熟并投入产业化应用,电子商务、智能硬件等新生型信息经济正在全球范围加速发展。

态势五:以分享经济为代表的福利型信息经济新形态快速涌现,交通分享、生产能力分享、知识技能分享等迅速发展。

态势六:主要国家及国际组织围绕信息经济新业态新模式加快完善物联网、大数据等领域的政策法规体系。

态势七:面向信息经济的国际治理体系深度调整,互联网公共政策地位凸显,网络空间治理与社会治理交融,成就现代国家治理新模式。

(二)面向制造业的信息经济蓬勃发展

报告坚持精准、客观、多角度、全景式的理念从 4 个维度、用 19 个定量指标描绘制造业信息化图景,这些指标选取坚持宏观与微观结合、综合与具体结合、技术与管理结合、基础与前瞻结合、针对性与指导性结合的原则,勾勒出了钢铁、石化、汽车、服装等 10 多个重点行业信息经济全景图,刻画了我国传统产业转型的路径和模式。

电力、烟草、电子等行业两化融合发展水平较高,迈向综合集成的企业比例超过 20%;但智能制造基础薄弱,2016 年全国仅有 5.1%的企业初步具备探索智能制造的条件,各行业智能制造就绪率普遍偏低。

制造业“新四基”发展任重道远,在推动两化融合的进程中,自动控制与感知技术(一硬)、工业软件(一软)、工业互联网(一网)、工业云与智能服务平台(一平台)等正成为制造业发展的新基础设施体系。当前,中国制造业生产设备数字化率为 44.1%,数字化生产设备联网率 38.2%。在这一过程中,软件的基础性作用进一步凸显,软件本质是事物运行规律的代码化,是工业技术、生产工艺、业务流程、员工技能、管理理念等知识的逻辑化、数字化和模型化,是工业隐性知识显性化的重要载体,构建了数据自动流动的规则体系,实现了将正确的信息在正确的时间传递给正确的人和机器,促进知识的流动、迭代、共享。

(三)中国信息经济快速增长、规模庞大、潜力巨大

2015 年中国信息经济总量达到 18.63 万亿,占 GDP 的比重达到 27.5%,进一步巩固了全球第二大信息经济大国的地位。从速度看,2002 年以来,中国信息经济一直以高于 GDP 的增速快速成长,对 GDP 增长贡献率平均达 31.4%,占 GDP 比重从 11%提升到 27.5%,但仍低于全球主要发达国家 25 个百分点左右;从结构看,中国逐步形成新

动能培育与传统动能改造提升互促共进的良性循环，信息技术改造提升传统产业催生的新动能（融合型信息经济）是驱动经济增长的主力军；从行业来看，服务业信息经济比重高于制造业，服务业具有成为信息密集型产业的天然优势。

根据中美英日四国信息经济规模、增速、结构等的分析测算，我们观察到中国信息经济呈现出规模大、增长快、潜力大的特征。中国信息经济整体呈现以下几个态势。

态势一：中国信息经济总体规模呈现加速增长态势，增速是美国、日本、英国的 3.3 倍以上，但信息经济占 GDP 比重分别比美国、日本、英国低 29.4%、20.0%、20.8%，信息经济发展潜力巨大。

态势二：自 2002 年起，中国信息经济占 GDP 的比重从 10.0%增长至 27.5%，对 GDP 增长的贡献率达 31.4%，已成为我国经济发展的重要引擎。

全球通讯

态势三：2015 年中国基础型信息经济增速达到 13.5%，创近 5 年新高；软件业与互联网产业主营业务收入增速分别达到 15.7%、30.5%，成为拉动基础型信息经济增长的重要动力。电子信息、软件服务、电信业、互联网等基础型信息经济内部结构趋于稳定。

态势四：2015 年中国融合型信息经济增速出现历史性拐点，在持续了 12 年 20%以上高速增长态势之后，回落至 15.9%，但对信息经济增长的贡献达 77%。融合型信息经济跨越综合集成的价值拐点之后，投资收益率呈指数级增长态势。

态势五：2016 年中国制造业研发、生产等环节数字化水平延续稳步提升态势，数字化研发设计工具普及率达 61.8%、智能制造就绪率上升至 5.1%，服务化转型步伐持续加快。工业云服务、大企业双创、企业互联网化、智能制造等领域的新模式新业态不断涌现。

分地区看，中国各省信息经济的发展由于战略导向、经济基础、产业结构、资源禀赋等不同而表现出明显的梯级分布特征，信息经济发展地区集聚效应显著。中国省域信息经济发展呈现新态势。

态势一：2015 年，各省信息经济稳步增长，但区域间差距有扩大趋势，总体呈现自东向西逐级递减的梯级分布特征。

态势二：2015 年，各省信息经济总体维持高速增长，东部地区大部分省份增速较快，中西部地区呈现明显的两极分化，其中贵州、新疆增速排名前列，其余省份增速放缓。

态势三：相比于 2008 年，2015 年各省信息经济占 GDP 比重有不同程度提升，其中东部发达省份占比提升快于中西部省份，同时中西部省份内部差距加大，贵州、新疆、宁夏占比提升较大，云南、内蒙古、甘肃提升缓慢。

态势四：各省基础型信息经济平稳增长，但省际间差距较大。广东、江苏等东部省份基础型信息经济持续领先，中西部地区仍有很多省份基础型信息经济接近空白。

态势五：2015 年，各省融合型信息经济突飞猛进，但发展并不平衡，区域分布东高西低态势明显。2008 年至 2015 年，山东、广东、浙江、江苏、上海等省份融合型信息经济增长幅度最大。

态势六：电子商务是新生型信息经济的典型代表。与 2014 年相比，2015 年电子商务发展指数整体排名较为稳定，发展水平高的省份均分布在东南沿海地区，中西部地区发展水平较低。

态势七：创新要素驱动型省份，北京、上海、浙江等凭借较强的创新能力，信息经济增长水平与发展质量均处于全国前列。投入要素驱动型省份，贵州、甘肃、青海等凭借丰富的资源、资金等，推动信息经济加快增长。综合要素驱动型省份，福建、辽宁、河南等处于创新要素驱动与投入要素驱动交织并进阶段，信息经济正加速赶超。

二、信息经济是产业转型的切入点与着力点

中国原材料、装备、消费品等行业由于所处产业链位置、行业结构、生产特征、发展需求各有不同，信息经济发展形成了鲜明的行业特征。

信息经济发展水平行业差异显著，离散大批量生产型行业两化融合水平(51.8)相对较高，离散(51.2)和流程(50.9)型行业水平显著高于混合(47.3)型行业，电力、电子信息、烟草、石化等行业水平居于前列。

原材料行业以强化制造环节的智能化水平为着力点，打造集约高效实时优化的生产新体系。原材料行业智能制造转型趋势显著，石化、大型钢铁行业智能制造就绪率分别达到6.9%、19.0%，全国平均水平为5.1%。围绕提质增效，原材料行业在质量全过程管控、设备预防性管理、能源综合管理、供应链集成等方面不断提升智能化水平，不断探索基于数据的产业生态圈、产业链集成共享平台等新模式。

装备行业以数字化研发工具集成应用和智能服务为突破口，提升产业价值链水平。汽车、机械数字化研发工具普及率为81.8%、76.4%，全行业平均水平为61.8%。装备行业围绕产品全生命周期研发创新和服务延伸开展积极探索，开展网络化协同设计或制造的大型企业比例达到47.4%。装备行业在以客户需求为核心开展定制化协同研发、基于智能化产品的敏捷售后服务以及分享经济等方面正在开展创新性的探索。

消费品行业企业与用户和终端消费者接触紧密，互联网化转型趋势显著，2016年转型水平达到33.1，高于原材料和装备行业。企业通过互联网、大数据等技术更好地了解消费者需求，不断进行营销模式和产品差异化创新，在以用户为核心的个性化定制、精准营销以及产品全生命周期追溯和监管方面开展创新性的探索，食品、家电开展网络精准营销的企业比例12.5%、11.4%，均高于8.6%的全行业平均水平。服装、食品行业电子商务普及率为59.4%、58.1%，全国平均水平为54%。

三、信息经济发展带来重大变革

(一)新工业革命带来了制造体系重构与范式迁移

当前信息技术-经济范式正在经历新的变化。物联网+时代重新认识构建制造业的价值观、方法论、发展模式和运行规律，信息通讯技术(ICT)构建了一个赛博空间(Cyberspace)空间，产品数字双胞胎、设备数字双胞胎、工艺流程数字双胞台等应用普及，实现了研发设计、试验、制造、服务在虚拟空间的仿真测试和生产，从实体制造到虚拟制造拓展，这也构建起人类认识和改造世界新方法，从传统制造的“试错法”到基于数字仿真的“模拟择优法”。实体制造与虚拟制造的融合以快速迭代、持续优化、数据驱动重建制造效率、成本、质量管控新体系。虚拟制造的三个阶段：将会经历从碎片化到一体化、从局部到全局、从静态到动态的过程，逐渐涵盖研发设计、制造、服务运营的全流程。

制造业正在进行了系列新变革：在关键投入方面，云网端新基础设施加速升级、数据成为新的生产要素；在生产制度结构方面，开放式创新模式涌现，智能化生产方式孕育，基于平台的灵活就业规模不断扩大、平台型产业生态快速兴起；在社会制度结构方面，数字化生活方式日益流行，新的治理方式也逐渐成形。信息技术-经济范式进入产业扩张和深度融合的新阶段，将对中国现有经济社会形态产生全局性、革命性影响。

(二)工业物联网应用创造了区别于生产和服务的全新价值源——信息及洞察力

工业领域物联网应用价值潜力巨大，来源于它所创造的区别于产品和服务的全新价值源——信息及洞察力，其商业价值主要体现在效率提升、业务成长和风险管理提升。中国制造企业普遍认同工业物联网的重要性，但尚未形成清晰的物联网战略。89%的受访企业认同在未来五年内工业物联网对企业的成功至关重要，72%的企业已经在一定程度上开始工业物联网应用，但仅有46%的企业制定了比较清晰的工业物联网战略和规划。制造企业仍处在数据应用的初级阶段，从“后知后觉”到“先见之明”尚需时日。

受访企业目前仍处在数据应用的感知阶段而非行动阶段。大部分企业利用采集到的数据解释历史表现的规律和根本原因，而非将数据用于预测性分析支持决策。制造企业工业物联网应用以效率提升、收入增长和风险管理为主要驱动，其中供应链优化、提升客户体验和确保产品安全性最受企业关注。96%的受访企业应用物联网提升效率为主要驱动，94%的企业以收入增长为主要驱动，91%的企业以风险管理为主要驱动 。供应链优化被视为效率提升的主要途径（占比为 74%），提升客户体验为收入增长的主要途径（占比为 72%），确保产品安全性则被视为风险管理的主要领域（占比为 77%）。未来企业工业物联网应用的重点由设备和资产转向产品和客户。对于未来的数据需求，69%的企业希望获得产品数据和 61%的企业希望获得客户数据，超过对运营数据（53%）、销售数据（53%）和资产设备数据（42%）的需求。

目前企业工业物联网应用面临的最大三项挑战分别为：缺乏互通互联的标准、数据所有权和安全问题以及相关操作人员技能不足。为此，德勤建议企业采取五项策略以实现物联网在工业领域的价值释放：（1）目光长远、小处着手、价值驱动、快速升级；（2）关注产品生命周期和客户生命周期；（3）强化大数据应用能力；（4）提升安全性；（5）明确生态系统里的定位和合作。

（三）信息经济是新旧动能转换的重要着力点

分享经济。分享经济完美地解决了“谁和谁交易、交易什么、怎么分享”的问题，呈现出高速发展态势，并逐步从生活消费领域向生产制造领域延伸，未来制造业将是分享经济的主战场。全球分享经济蓬勃发展的起步阶段，分享领域不断拓展，平台企业不断涌现，加速从消费环节向制造环节延伸，各国纷纷制定相关支持政策和战略。中国分享经济在短时间内取得了长足进步，在交通出行、生活服务、餐饮住宿、物流快递、创意设计、协同制造等领域涌现出一批创新型企业，部分领域已在全球处于领先地位。分享经济发展过程中面临一系列政策法规等诸多挑战及问题，但未来发展空间极为广阔。

工业电子商务。工业电子商务稳步发展，正加速从 E-commerce 到 E-business 演进，成为驱动制造业变革的引领力量。工业电子商务稳步发展，成为驱动制造业变革的引领力量。2015 年我国规上工业企业电子商务交易额为 4.2 万亿元，比上年增长 20.0%。2016 年我国重点行业骨干工业企业电子商务普及率达 54.0%。伴随着电子商务从产品交易向研发、生产、制造等环节的延伸，工业电子商务不仅成为构建新型采购和营销体系的有力手段，促进全球供应链一体化及资源共享和优化，更有效驱动了网络化协同、个性化定制、服务型制造等新型生产模式的快速发展，引导制造业深刻变革。

服务型制造。服务型制造是生产与销售全面融合的新生产方式，是面向制造的服务和面向服务的制造协同发展的新产业、新业态。当前，制造业服务化转型中，市场需求由产品导向向服务系统导向转变，高价值环节从制造为主向服务为主转变，竞争优势从规模化向个性化转变，客户交易从短期向长期交易方式转变，涌现了基于产品设计、产品效能提升、产品交易便捷化、产品整合的增值服务新模式。未来，服务型制造将呈现转型主体广泛化、服务业态多元化、服务渠道在线化的新趋势。

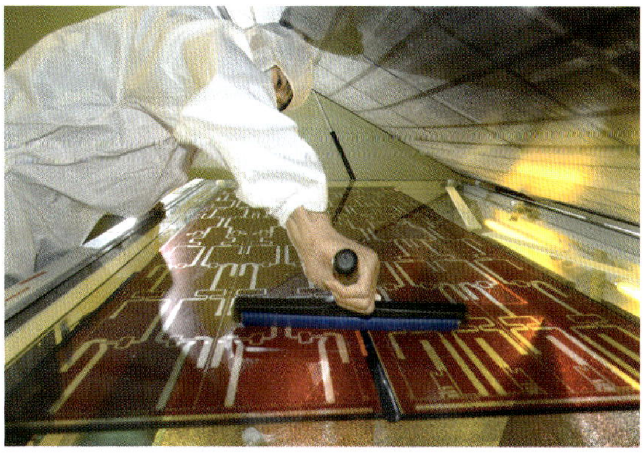

制作电子线路板

个性化定制。个性化定制是传统工业过渡到智能制造阶段的重要标志，是以用户为中心、由数据驱动生产的制造新模式。个性化定制是各国智能制造等新战略新理念的重要组成，是企业提升竞争力的重要抓手，并正向全行业、生产制造全过程拓展。但总体看，个性化定制仍处于起步探索阶段。展望未来，传统产品将被具有感知、存储和通信功能的智能产品取代，消费者正成为深度参与生产制造全过程的产消者，传统的大批量集中生产方式将加快向分散化、个性化定制生产方式转变。

（四）基于平台的产业生态竞争从ICT产业向制造业演进

感知无所不在，连接无所不在，数据无所不在，系统一定无所不在，产业系统的竞争是制高点。计算机时代，以Wintel体系关键平台为核心，围绕操作系统和核心芯片的竞争成为主导。互联网时代，以Google、百度搜索、亚马逊、阿里电商等为关键平台，互联网企业成为核心主导者。移动互联网时代，以IOS、安卓终端操作系统，脸谱、微信即时通信系统为关键平台，围绕操作系统和入口级应用展开竞争。在未来，物联网+时代，将形成以领先工业自动化企业、物联网、装备企业商、软件企业为主导的“智能机器+工业网络+大数据平台+工业APP”的产业竞争新生态，未来产业生态系统竞争的主导者将是技术主导者、规则制定者、数据拥有者和平台搭建者。

今天，面对产业生态竞争，企业有多种身份和状态，是倡导者，是参与者，是实践者，是观察者，是犹豫者，是迷茫者，是漠视者，还是……？但是可以预见，未来，企业将会只有三种身份和存在形态，要么成为产业生态系统的主导者，要么成为追随者，要么成为被淘汰者。物联网+时代已经到来，产业生态系统构建的大门已经开启，这是重大商机涌现的机遇期，是产业竞争格局重构的战略期，是产业价值链重构的关键期，是产业换道竞争的最佳期，如何在产业生态系统中找到自己的定位，事关一个企业、一个国家竞争优势的确立、巩固和强化，事关发展的主导权、主动权，事关新旧动能接续转换的兴衰成败。这一时间窗口期会有多长，我们将共同寻找答案。

四、中国信息经济发展展望

物联网、大数据等新一代信息通信技术的持续进步及其与产业的加速融合，推动全球信息经济进入新的发展阶段，消费互联网不断向产业互联网延伸，释放更大的发展潜力。

展望一：深化信息技术与制造业融合发展成为各国战略布局的重心，围绕智能制造产业生态主导权的竞争愈演愈烈。以信息技术为核心的新一轮科技和产业变革蓄势兴起，孕育强大的增长潜力。各国纷纷出台战略举措来推动信息经济发展，尤其注重推动信息技术与制造业融合发展，也使得各国围绕智能制造生态系统主导权的竞争愈演愈烈。

展望二：物联网成为制造业转型升级的新基础设施，以新四基为核心的技术和标准成为竞争制高点。物联网是智能制造生态的技术和产业基础，是推动制造业转型升级的新基础设施。同时，作为智能制造生态系统的基础技术体系，智能感知、工业软件、工业互联网以及工业云和大数据平台等技术成为各国技术竞争的制高点。

展望三：开放化、平台化成为产业演进升级新趋势，产业协同创新体系加速形成。万物互联时代，产业模式开放化和产业组织平台化，将政府、企业、科研院所、竞争对手、消费者等不同主体纳入到开放的产业体系中。主体间协同创新效率成为推动技术发展、决定体系竞争优势的关键，各类产业协同体系纷纷成立，推动产业创新发展。

展望四：信息技术与产业融合发展引发产业管理模式变革，安全、包容、协作的网络治理新体系加速形成。信息技术不断从网络空间向实体空间扩展，新业态层出不穷，传统业态不断焕发新貌，传统产业管理模式变革压力加大。在网络治理体系中，物联网标识管理和网络安全治理的重要性凸显，适当放宽市场准入和创新管理方式成为变革重点，政府主导、平台自律和用户参与的协同治理模式成为新方向。

（作者：信息发展研究课题组　中国信息化百人会）

分享模式创新推动分享经济崛起

分享经济在2008年国际金融危机后开始风靡全球,从最初的汽车分享、房屋分享迅速蔓延渗透到几乎所有领域。在这个过程中,拥有全世界最多网民、致力于推进供给侧结构性改革、力主"大众创业万众创新"的中国,分享经济发展的速度之快、规模之大、范围之广、影响之深都使整个故事变得更加精彩。

一、中国分享经济发展现状

基于互联网的现代分享经济在20世纪90年代后期就已经有了萌芽,2008年后分享型平台企业大量涌现,2013年后风险资本的大量涌入最终使得分享经济真正成为风潮。中国分享经济在早期更多的是借鉴美国的经验模式,但时间上并没有太大的差距。很快,中国的创新发展速度加快,在很多领域起到了引领作用。

近年来,中国分享经济继续保持快速发展,对培育经济发展新动能、引领创新、带动就业等发挥了举足轻重的作用。分享经济竞争格局、行业热点、政策环境、平台治理等方面出现了一些重大变化,成为新常态下中国经济转型发展的突出亮点。

(一)快速成长

从市场规模扩张速度看,近几年中国分享经济基本上以连年翻番的速度在成长。国家信息中心分享经济研究中心报告显示,2016年中国分享经济市场交易额约为34520亿元,比上年增长103%。其中,生活服务、生产能力、交通出行、知识技能、房屋住宿、医疗分享等重点领域的分享经济交易规模共计达到13660亿元,比上年增长96%;资金分享领域交易额约为20860亿元(其中,P2P网贷市场规模20640亿元,网络众筹市场规模220亿元),比上年增长110%。

表1 2016年中国分享经济重点领域市场规模①

领域	交易额(亿元)		
	2015年	2016年	增长率
知识技能	200	610	205%
房屋住宿	105	243	131%
交通出行	1000	2038	104%
生活服务	3603	7233	101%
生产能力	2000	3380	69%
医疗分享	70	155	121%
资金	10000	20863	109%
总计	16978	34522	103%

① 资料来源:《中国分享经济发展报告2017》,国家信息中心分享经济研究中心,2017年2月。除特殊说明外,本文图表资料均来自于该报告。

中国分享经济之所以快速增长，除了用户认同度和参与度明显提高、技术和商业模式日渐成熟外，资本市场的热捧也是一个重要原因。与互联网行业投融资相对趋冷的大环境不同，分享经济企业的融资规模继续保持大幅扩张。2016 年分享经济融资规模约 1710 亿元，比上年增长 130%。

（二）广泛渗透

分享经济的理念与模式一旦被接受和传播，各个领域的分享新业态便被纷纷创造出来。在产品、空间、资金、劳务、知识技能、生产能力等六大领域内，几乎每年都有新的业态诞生，都有大量的分享经济平台上线。从创意设计、营销策划到餐饮住宿、交通出行，从资金、设备到物流、劳务，从美容美甲、医疗保健到知识技能、生产能力，分享经济的触角已延伸到众多领域。分享型平台数量持续上升，一些领域在短短数年里就涌现出数百家企业，并迅速形成一批初具规模、各具特色、有一定竞争力的代表性企业。

仅以 2016 年为例，就有知识付费、网络直播、单车分享等新业态新模式问世，被称为分享经济“发展元年”。

——2016 年被称为“知识付费元年”。知识付费一直是互联网淘金者的梦想之地，但因缺乏合适的商业模式始终不得要领，2016 年这个问题似乎找到了解决之道。4 月，问咖、值乎出现；5 月，分答、知乎 Live 面市；6 月，得到“李翔商业内参”、喜马拉雅 FM“好好说话”推出……几乎每月都有知识付费产品出现。

——2016 年被称为“网络直播元年”。在内在驱动与外部刺激下，2016 年网络直播迅速发展。截至 2016 年末，网络直播平台数量约 200 家，市场交易规模约为 350 亿元，用户数量达到 2 亿人。网络直播受到资本市场的青睐，2016 年网络直播融资事件 25 起，融资金额约 189 亿元。

——2016 年被称为“单车分享元年”。单车分享几乎一夜之间成为市民出行的新宠。单车分享解决了传统城市公共自行车需要提前办理手续、在固定位置取还车等问题，较好满足了城市“最后一公里”的出行需要，在全国部分大城市迅速崛起。除市场占有率较大的 ofo 和摩拜外，还有优拜、小鸣、小蓝、骑呗等几十家平台涌现。彭博社评价称，单车分享推动“中国正重新成为自行车大国”。初步估算，到 2016 年底，单车分享注册用户规模约 2000 万人，日订单量超百万。

共享单车

（三）政策明朗

在面对新常态积极寻找经济发展新动能的大背景下，分享经济在中国得到高度重视是有道理的。近年来，高层领导在多个场合讲话中对分享经济寄予厚望，鼓励分享经济发展的国家政策密集出台，为分享经济发展带来了明显的政策红利。

2016 年 3 月，分享经济首次写入《政府工作报告》，明确要“支持分享经济发展，提高资源利用效率，让更多人参与进来、富裕起来”，同时提出“以体制机制创新促进分享经济发展”。

随后发布的《国民经济和社会发展第十三个五年规划纲要》提出:“促进‘互联网+’新业态创新,鼓励搭建资源开放共享平台,探索建立国家信息经济试点示范区,积极发展分享经济”。

2016 年 7 月,《国家信息化发展战略纲要》发布,强调要“发展分享经济,建立网络化协同创新体系”,分享经济成为国家信息化发展战略的重要组成部分。

2017 年 1 月,国务院办公厅发布的《关于创新管理优化服务培育壮大经济发展新动能加快新旧动能接续转换的意见》强调,“营造开放包容的发展环境,着力做优存量、提升增量,支持发展分享经济,探索以开放共享为特征的产业发展新模式”。

2017 年 2 月,国家发改委就《分享经济发展指南》公开向社会征求意见,计划在市场准入、监管机制、创新治理等 10 大方面促进分享经济发展。

2017 年 3 月,分享经济再次成为“两会”热点话题,政府工作报告进一步明确要“支持和引导分享经济发展,提高社会资源利用效率,便利人民群众的生活”,多名代表都纷纷提出针对共享经济的提案。

新动能加速摩拜单车绿色骑行新模式

近年来,国家层面出台了一系列引导交通发展的纲领性文件如《推进“互联网+”便捷交通 促进智能交通发展的实施方案》《城市公共交通“十三五”发展纲要》《关于推进交通运输行业数据资源开放共享的实施意见》等,都把改善慢行交通出行环境,构建慢行交通系统,倡导绿色出行作为未来交通体系的重要发展方向。

2016 年 4 月 22 日,北京摩拜科技有限公司(以下简称摩拜)在上海召开发布会,宣布摩拜单车在上海正式运营,以倡导绿色出行的方式给世界地球日“一份礼物”。

一、摩拜单车发展情况

截至 2017 年 8 月 1 日,摩拜投放智能单车超过 600 万辆,日订单量最高超过 2500 万,注册用户超过 1 亿,在北上广深、新加坡、英国伦敦和曼彻斯特、日本福冈和札幌、意大利米兰和佛罗伦萨等全球 150 多个城市运营,成为全球第一的智能共享单车平台。

2017 年 4 月 12 日,摩拜单车发布了全国首个《共享单车与城市发展白皮书》,采用了摩拜单车大数据平台运营一年来的海量数据,首次全面展现共享单车通过交通模式创新、促进城市健康可持续发展的初步成果。据报告显示,在共享单车出现后,小汽车占总出行量比重降至 26.6%,而自行车骑行占比上升一倍多,达到 11.6%。作为公共出行服务的重要补充,摩拜已与多个城市在城市交通管理、智慧城市、低碳城市建设等方面展开深度合作。

二、发展创新

摩拜单车的经营理念是帮助用户更便捷的完成短途出行,让出行更绿色,让交通更畅通,让城市生活更智能。摩拜单车为人们量身打造了全新的交通出行方式,其优势主要体现在以下六个方面:

第一,停取方便,实时更新车况。摩拜单车一方面采用“北斗+GPS+格洛纳斯”三模块定位,另一方面通过 APP 实时了解周围车辆位置信息,能提前 15 分钟预约车辆,将出行不确定风险减到最低。

第二,智能开锁,轻松支付。摩拜单车专门设计研发了扫码智能锁,通过扫描车身二维码即可解锁用车。摩拜单车目前支持微信、支付宝、Apple Pay 三种快捷支付方式,一键充值,单车上锁后按计费标准快速自动计费。

第三,多人共享,7×24 小时使用。摩拜单车通过一车多用的共享模式,省去用户单独购买、维护自行车的费用;7×24 小时使用,在一定程度上解决公共交通夜间覆盖不全面的问题,方便人们出行。

第四,专利设计,美观耐用。目前摩拜单车待申请专利超过 200 项,覆盖全车及大数据应用。全铝车身、防爆轮胎、轴传动等高科技手段集于一体,使其坚固耐用,维护成本大幅降低。智能锁兼具实时定位与防盗报警功能。自行车的智能系统用电来自于骑行中的自给自足。车身设计时尚新颖，科技感强。

第五，聚焦人工智能，实现科学管理。 摩拜通过大数据人工智能（AI）平台“魔方”，可以随时监测并精准管理、调度每一个城市网络节点上的小橙车，使其得到最大化利用。同时，车载GPS、数据通讯模块与公司后台数据库连接，可以实时记录车辆状态信息、位置和出行轨迹。一旦出现车辆使用频次过低、异常移动（疑似偷盗）、异常定位等情况，运营人员将及时根据上报位置到现场进行管理和干预。

三、摩拜单车未来的骑行之路

目前共享单车的发展遇到了一些问题。一方面，无市场准入门槛导致市场恶意无序竞争。行业需要建立建全共享单车准入门槛和规章制度，提高行业标准。共享单车车身需具备GPS定位系统，此举对后期的规范管理起到至关重要的作用，否则车辆很容易散落在城市中成为社会负担和垃圾。

另一方面，非机动车停放资源不足，很多城市对非机动车尤其是自行车停放没有足够的公共设施配套，导致自行车“无处可停”。且很多城市在发展规划过程中，对非机动车停放缺乏政策关注和资源投入，尤其是轨道交通站点等交通枢纽，由于通勤的刚性需求导致非机动车停放出现了无序现象。为此，摩拜率先研发和落地部署“智能推荐停放点”，希望通过科技手段来改善停放问题。

5月19日，摩拜推出“摩拜+”开放平台战略，宣布携手八大领军品牌打造“生活圈”，覆盖电信、金融、出行、健康、酒店和地产等众多领域，将为数亿用户提供方便快捷的城市出行和时尚生活服务。

四、结语

摩拜单车的实践，从生活方式出发来进行需求整合和消费构造，从而构造出产业的基础。同时，摩拜单车通过引领低碳的生活方式，并将其产业化，通过产业发展和社会生活契合到可持续发展城市的运行体系中去。

摩拜计划到2017年底能够服务全球200个城市，将智能出行解决方案“摩拜+”带给更多用户。对于新经济的转型升级和可持续城市发展而言，我们有理由相信，科技改变生活，一种新的生活方式已经破土而出，前面应该是一个更好的世界。

（作者：邢林、徐悦辰　北京摩拜科技有限公司）

（四）竞争激烈

由于市场潜力大、进入门槛低，在市场格局不定的情况下，很多创新者蜂拥而入，是分享经济领域竞争激烈的主要原因。又因为分享经济具有典型的网络经济和双边市场特征，赢家通吃效应明显，竞争之残酷可想而知。在被称为“网络直播元年”的2016年，直播平台一度达到300多家，很多人认为2017年就会淘汰掉200家以上。共享单车平台2016年也达到30多家，最终能存活下来的也只能是少数几家。

在一些先行领域，近年来相继出现了大的并购，对行业竞争格局将产生深远的影响。如滴滴出行与优步中国合并，途家并购蚂蚁短租及携程旅行网、去哪儿网旗下的公寓民宿业务，美团与大众点评合并成“新美大”，达达与京东到家合并为“新达达”。

大的并购出现是分享经济快速成长期竞争加剧的结果。尽管新兴的分享经济面世时间短，但发展速度快，在交通出行、房屋住宿、生活服务等先行领域较早地完成了市场培育，形成了活跃的分享氛围、稳定的用户群体、充分的市场竞争、成熟的商业模式，为先行领域的企业并购奠定了基础。这些领域的企业并购也是竞争格局趋向稳定的前奏，标志着市场结构从过度分散走向适度集中、竞合关系从恶性竞争走向良性竞争、竞争手段从价格补贴走向体验改善，为研判分享经济竞争格局的演变规律提供了重要启示。

二、中国分享经济发展意义重大

（一）带动就业

分享经济创造工作机会，提供就业岗位的事实已经在世界范围内得到大量证明，这一点对于实施就业优先战略的中国而言显得更加重要。分享经济的快速成长改变了传统的就业方式，创造了庞大的灵活就业机会，人们可以依照自己的兴趣、技能、时间及其他资源，参与分享活动，以自雇型劳动者身份灵活就业。调研和测算数据表明，分享经济的就业弹性系数明显高于传统产业部门。2016 年全国城镇新增就业 1314 万人，超额完成既定规划目标，分享经济发挥了重要作用。

表 2　2016 年中国分享经济重点领域的就业规模

领　域	参与人数（人）	其中：	
		提供服务人数（人）	其中：平台员工数（人）
生活服务	5.2 亿	2000 万	341 万
生产能力	900 万	500 万	151 万
交通出行	3.3 亿	1855 万	12 万
知识技能	3 亿	2500 万	2 万
房屋住宿	3500 万	200 万	2 万
医疗分享	2 亿	256 万	5 万

2016 年我国参与分享经济活动的人数超过 6 亿人，比上年增加 1 亿人左右。参与提供服务者人数约为 6000 万人，比上年增加 1000 万人，其中平台员工数约 585 万人，比上年增加 85 万人。

交通出行、房屋住宿、生活服务等领域分享经济的就业贡献表现突出。滴滴出行公布的报告显示，2016 年滴滴出行平台为社会创造了 1750 万个灵活就业机会，其中 238.4 万人来自去产能行业，占比 14%；87.5 万人为退伍或转业军人，占比 5%；每天直接为 207.2 万名司机提供人均超过 160 元的收入。在房屋住宿领域，小猪、途家、住百家等几大平台带动直接和间接就业人数估计超过 200 万人。在生活服务领域，大型外卖平台注册配送员已超过百万。

（二）引领创新

分享经济的发展使得生产要素的社会化使用更为便利，企业和个人可以按需使用设备、厂房、资金、人员及其他闲置生产能力，在更大范围内实现了生产要素与生产条件的最优组合，使得创新创业门槛更低、成本更小、速度更快、参与更广。从实践发展看，“大众创业，万众创新”表现最活跃的领域大都带有分享经济的基因。

近年来出现的科技创新“独角兽”企业中，分享型企业往往都占到三分之一以上。根据 CB Insights 公布数据，截至 2017 年 2 月 17 日，全球独角兽企业共有 186 家，其中中国公司达到 42 家（占总数的 22.6%），具有典型分享经济属性的公司有 15 家，占中国独角兽企业总数的 35.7%。

表 3　全球独角兽企业榜单中的中国分享经济企业

公　司	估值（亿美元）	行　业
滴滴出行	338.0	需求
陆金所	185.0	金融科技
新美大	180.0	电商/市场
饿了么	45.0	需求
中商惠民	20.0	需求
微影时代	20.0	电商/市场
挂号网	15.0	医疗
优客工场	10.2	房地产物业
货车帮	10.0	供应链与物流
途家网	10.0	电商/市场
新达达	10.0	电商
融 360	10.0	金融科技
魔方公寓	10.0	设备
瓜子	10.0	电商/市场
知乎	10.0	互联网软件服务

三、中国分享经济发展难点

任何新生事物都会遭遇成长的烦恼，分享经济也不例外。从产品生命周期特征看，中国分享经济发展整体上还处于从导入期走向成长期的过渡阶段。在这样的时点上，分享经济发展在快速发展的同时也会面临一些争议和难点。

（一）认知难

由于发展快、影响广，人们对分享经济的认识和了解显得跟不上实践的发展，甚至出现一些认识误区。比如将分享经济等同于礼物经济、免费经济，将分享经济与传统行业对立起来，认为分享经济会带来新的社会不公和不安定因素等。同时，由于对分享经济缺乏正确的认知，会导致习惯于用传统的思维和方式对待新技术、新业态、新模式。

（二）政策落地难

近年来国家出台的许多重要文件都明确提出要发展分享经济，但鼓励发展的政策落地有很大困难。从一些部门与地区出台的具体政策看，往往是强调规范的多、鼓励发展的少。以各地出台的网约车管理细则为例，多数城市都从车辆标准、司机资质、平台条件、申请程序、保险要求、顺风车限制等方面细化了国家层面的有关规定，有些城市对司机户籍、车辆轴距、排量、准入年限，甚至揽客区域都进行了过度限制，许多方面严重背离分享经济的发展规律与内在要求，也与国家包容创新的政策导向相偏离。其他领域出台的相关规定也存在类似的问题。

现有的法律法规越来越无法适应分享经济发展需要。主要表现为平台企业的法律地位和责任界定不清；关于平台的性质认定、行业归类、新型劳资关系、从业者和平台的税收征缴等尚无明确规定。在这种情况下，如若不对现有不合理的法律法规加以修订，就会导致大量的分享经济活动处于灰色地带，甚至有“违法”嫌疑，面临随时可能被叫停、被扼杀的风险。

（三）统计难

现有统计体系难以界定和衡量分享经济发展的规模、水平、速度和对经济增长、就业等的实际影响，在一定程度上影响人们对分享经济发展的判断以及相关部门的政策制定。

移动医疗

分享经济统计监测体系建设面临的主要问题是：一是缺乏与分享经济相适应的行业分类体系。一般而言，分享经济活动具有参与者分布广泛分散、业态跨界融合、组织边界模糊、就业灵活、非正式等特点。现有的国民经济行业分类体系无法按照行业、领域、法人（机构）与分享经济活动一一对应，自然也很难以对分享经济活动进行精确统计。二是缺乏一套标准的统计指标体系。虽然分享经济仍处于产业发展初期，但已经迅速渗透到多个领域，既有汽车、房屋、办公空间、衣服等实体物品的分享，也有知识、经验、技能等虚拟物品的分享。虽然平台企业拥有完整的交易数据，但由于行业差异性较大，统计口径多样，很难形成一套标准的统计指标体系，传统的数据收集和抽样办法也不能完全适应新业态的发展。三是容易忽略分享经济对经济质量和社会效益的贡献。分享经济的主要贡献体现在资源的有效利用和社会福利的改进，现有的 GDP 核算方式无法测度分享经济带来的闲置资源的充分利用、经济运行效率的提升、产业结构升级以及创新能力的提升等。用户通过参与分享而降低的消费成本、赚取的收入、体验的改善也不能得到有效体现。

此外，在数据共享、产品与服务的标准化规范化等方面也存在一些难题，给监管、政策制定带来一定困扰。

四、中国分享经济发展趋势

分享经济给中国带来了难得的重大机遇，对于贯彻落实新的发展理念、培育经济增长新动能、推进供给侧结构性改革、助力“大众创业，万众创新”、构建信息时代国家新优势等都具有重要意义。从现实情况看，转型发展的迫切需求、网民大国红利、节俭的文化和成功实践也为中国分享经济发展创造了得天独厚的有利条件。未来几年，随着技术创新应用加速、认知水平不断提高、政策环境日益完善，中国分享经济将呈现一些新的发展趋势。

（一）分享经济仍将保持高速增长

各级政府部门对分享经济战略地位的认识将更加深刻。江西、浙江、海南、河南等省在“十三五”国民经济与社会发展规划中明确提出要支持发展分享经济。重庆市出台《关于培育和发展分享经济的意见》，部署产能设备、科研仪器、紧缺人才、知识技能、教育资源分享等 5 大工程，明确到 2020 年成为全国领先的分享经济高地。2017 年 1 月，国务院办公厅发布《关于创新管理优化服务培育壮大经济发展新动能加快新旧动能接续转换的意见》，明确提出“以分享经济、信息经济、生物经济、绿色经济、创意经济、智能制造经济为阶段性重点的新兴经济业态逐步成为新的增长引擎”。相信未来将有越来越多的部门和地方出台加快分享经济发展的专项文件。

预计未来几年，分享经济仍将保持年均 40% 左右的高速增长，到 2020 年分享经济交易规模占 GDP 比重将达到 10%以上，到 2025 年分享经济规模占 GDP 比重将攀升到 20%左右，未来十年中国分享经济领域有望出现 5-10 家巨无霸平台型企业。越来越多的企业与个人将成为分享经济的参与者与受益者。

（二）分享经济与实体经济加速融合

我国正处于经济结构转型升级的关键阶段，也是新旧动能转换的关键阶段，积极利用分享模式全面改造提升传统动能、淘汰落后产能、扩大有效供给、推动传统产业迈向中高端的需求越来越迫切。随着宽带中国战略和智能制造 2025 的深入实施、“互联网+”的广泛应用、供给侧结构性改革的推进，未来几年分享经济与实体经济的融合进程将不断加快。

从广度看，分享经济新业态新模式将在各个领域迅速普及应用。预计未来几年，在产品、空间、资金、知识技能、劳务、生产能力等领域将出现越来越多的新型平台企业。

从深度看，分享经济与实体企业的融合将体现在技术融合、产业融合、数据融合、产消融合、虚实融合等诸多层面。分享的基因将越来越多的注入到实体企业的创立、用工、研发、设计、生产、销售、服务等各个环节。

（三）分享经济将重塑就业形态

分享经济的高速增长将改变在工业化与泰罗制基础上的就业模式，孕育形成自由灵活的新型就业形态。

分享经济将进一步提升就业岗位的创造能力和就业市场的匹配能力，增加大量灵活就业岗位，缓解新一轮技术产业革命下的结构性失业问题。预计到 2020 年分享经济领域的提供服务者人数有望超过 1 亿人，其中全职参与人员约 2000 万人。分享经济的发展将有效对冲经济增速放缓、技术进步带来的就业挤压效应。

分享经济将重新定义工作和就业。在分享经济领域，越来越多的人将从劳动雇佣关系走向劳务合同关系，从雇佣式就业走向创业式就业，从泰罗制的管理走向平台化的协同，从全职全时工作走向兼职分时工作，从机械的流水线作业走向自由灵活的“云上”作业，从办公室与工厂走向更个性化的居家与旅途。

(四)平台企业加快全球化、生态化布局

分享经济企业国际化步伐将不断加快，一些大型平台企业将加速全球化布局、生态化扩张。分享经济是天然的开放经济，一些企业从一开始瞄准的就是全球化，率先探索国际化道路，如 Wi-Fi 万能钥匙、住百家等。越来越多的分享经济企业开始加速全球化布局，如滴滴出行、硬蛋科技、猪八戒、小猪短租、名医主刀等。面对新一轮技术产业发展的趋势，大国市场优势、网民红利、转型机遇的三重利好叠加，将大大加快中国分享经济企业从模仿到创新、从跟随到引领、从本土到全球的进程。

生态化扩张将成为越来越多平台企业的战略选择。在交通出行、生活服务等分享经济领域，已经开始出现一些巨无霸平台型企业。为了进一步提升自身竞争优势，这些平台企业利用已经掌握的客户资源、用户数据、技术能力开始推进生态化扩张。基于庞大的用户群体和海量大数据的深度挖掘，平台企业将不断拓展业务领域，通过开放平台开展战略合作，逐步打通用户、需求和流量入口，降低用户获取成本，提高用户转换能力，完善线上线下服务。分享经济平台参与主体更加多元、权责更加清晰、合作更为紧密，为用户提供更加多样化、精准化、高效化的增值服务或配套服务，最终形成一个具有高度开放性、动态性、协同性的创新生态系统。

(五)强化信用保障体系建设

分享经济具有典型的点对点经济特征，资源拥有者和资源使用者通过网络完成整个交易，如何建立“陌生人”之间的信任成为最大难点，基于平台的信用保障体系建设成为重中之重。从实践层面看，多数平台企业的探索将主要集中在三个方面：

1. 建设平台信用评价系统。通过身份证校验、绑定实名制手机号和银行卡等方式保证交易双方信息的真实性与可信度。通过开通交易双方相互评论、打分等功能提升交易过程的用户体验，建立交易过程的信用记录。建立“黑名单”制度，同时对信用评价优异者给予优先权益。许多平台还不断加强线下的审核把关和服务培训。以滴滴出行为例，平台已在全国 100 个城市正式上线了服务信用体系，每位快车车主都拥有个人专属的服务信用档案和服务分值，平台优先派单给服务分较高的司机。摩拜单车建立了用户的信用分制度，对用户行为进行规范。

2. 合作建立信用保险制度。平台企业与保险公司合作，为交易双方可能出现的意外情况提供保险服务。如小猪短租与众安保险合作，为房客提供住宿意外保险，为房东提供家庭财产综合保险。“回家吃饭”公司与中国人保合作，共推食品安全“安心计划”。名医主刀与银联合作，打造异地医保授信垫付的医疗保险，为医生提供手术责任险、为患者提供手术意外险。

3. 合作建立信用管理制度。平台企业与征信机构合作，加强对用户的信用鉴别和管理。2015 年 1 月央行印发《关于做好个人征信业务准备工作的通知》，8 家机构首批获准开展个人征信业务。分享经济平台企业拥有的海量用户行为信息成为个人信用信息的重要来源，同时也能够得到相应的信用信息服务。

(六)分享经济治理走向包容性监管与多元化协同

2016 年政府工作报告明确提出“以体制机制创新促进分享经济发展”。目前各方面对分享经济的监管理念已经形成初步共识，对底线之上、看得准的新业态要量身定做监管制度，对看不准的技术和业态实行更具弹性和包容性的监管方式。未来较长时期，分享经济治理应以包容创新为前提，一方面引导分享经济自身规范化发展，另一方面创新监管思维、监管模式、监管工具，在建立和完善补位性、底线性和保障性的制度和规范等方面多做工作、多下功夫。

2017 年 2 月 28 日国家发展改革委公布的《分享经济发展指南(征求意见稿)》提出：以支持创新创业发展为核心，按照“包容创新，审慎监管，强化保障”的原则，允许和鼓励各类市场主体积极探索分享经济新业态新模式。加快形成适应分享经济

特点的政策环境，进一步增强政策包容性和灵活性，加强分类指导，降低准入门槛，维护公平竞争，提高“放管服”水平，降低分享经济发展的政策风险。鼓励创新监管模式，引导和支持有条件的地区和行业先行先试。

分享经济治理走向协同监管也是大势所趋。政府部门、平台企业、产业联盟及行业协会、用户群体等都是分享经济治理体系中不可或缺的主体。其中，分享经济平台将通过建立完善的准入制度、交易规则、质量安全保障、风险控制、信用评价机制、用户信息保护等大数据监管体系，成为协同监管的重要组成部分，也为创新政府监管提供宝贵经验。

（作者：张新红　国家信息中心信息研究部）

技术创新引领新金融服务多样化发展

在互联网和信息技术革命推动下，大数据、云计算、物联网、移动化等趋势引发金融业"基因突变"。这种变化使得传统金融业版图日益模糊，促使传统金融业务与互联网技术融合，通过优化资源配置与技术创新，产生出新的金融生态、金融服务模式与金融产品。

我们所探讨的"新金融"，也就是近年来经历了"大起大落"的互联网金融。2012年以来，互联网金融在中国逐渐兴起，引起了中国金融界、学术界和决策层的广泛关注，关于其概念界定以及对金融体系的影响，学界有着激烈的争论。随着缺乏有效监管而产生的种种负面影响逐渐显露，人们对其认识也逐渐回归理性。本文旨在对互联网金融的缘起与演进，以及对互联网金融概念主要涵盖的一些业态，即互联网支付、P2P网络借贷、众筹、区块链、金融互联网化等的发展情况进行简要的梳理，并对其发展前景进行展望。

一、互联网金融的缘起及演进

从20世纪80年代开始，计算机和互联网开始高速发展，同时其在金融领域的应用也逐步扩展，通过降低金融服务的交易成本，计算机技术极大的增加了普通大众的金融服务可得性。伴随着各种电子数据处理系统、金融信息管理系统和决策支持系统逐步取代了传统的手工操作，电子支付系统和支付信息管理系统不断地创新和演变，网络金融开始在许多金融服务商中间兴起，即借助互联网平台来提供网络证券业务或网络银行业务等。在国外，相应的业态有时被称为电子金融（electronic finance，简称e-finance）或数字金融（digital finance），此外，也有人称之为internet finance、cyber finance、virtual finance、online finance等。不过，随着21世纪初互联网经济泡沫的破灭，各国的监管者以及学者似乎突

指纹识别卡片

然便对电子金融或数字金融失去了兴趣（殷剑峰，2014）。尽管如此，互联网技术自身的迅猛发展依然使得其对金融的潜在变革逐步地显露出来。2012年以来，“互联网金融”开始在中国受到广泛关注，并进而在2013年第二季度的中国货币政策执行报告之中专门被提及，这也是政府报告中首次出现“互联网金融”这个词汇。这个并不十分严谨的概念迅速引起了中国金融界、学术界和决策层的广泛关注，进而也波及到了其他的国家。

起初，互联网金融的概念在国内学界引起了轩然大波，究竟何为互联网金融？它对传统金融究竟是颠覆还是影响抑或仅是带来些许改变？学者们针对这些问题展开了激烈的讨论。有人指出，互联网金融是一个具有前瞻性的谱系概念，涵盖受到互联网技术和互联网精神影响，从各类金融中介和市场，到瓦尔拉斯一般均衡对应的无金融中介或市场情形之间的所有金融交易和组织形式，具有颠覆传统金融的潜力（谢平等，2014）。也有人认为，互联网金融指的是以互联网为平台构建的具有金融功能链且具有独立生存空间的投融资运行结构，虽然或许谈不上颠覆，但却可与传统金融有效融合（吴晓求，2014）。不过也有学者对其表示怀疑，例如殷剑峰（2014）就认为所谓的“互联网金融”无非是利用互联网来提供金融服务，其概念之所以被热炒，而只是由于一些互联网企业想要涉足金融业，从而带动了“互联网金融”概念被热炒。

客观来看，互联网金融本身在实务层面可能并不构成一个稳定的业态，并且国内的所谓互联网金融业态往往良莠不齐，与国外规范的业务形式相比甚至全然变形，然而云计算、大数据等新技术确实在供给面引领着金融服务模式的变迁，同时P2P网贷、众筹、移动支付等等新金融模式也确实对满足小微企业、创业者、消费者、三农等传统金融覆盖范围之外的市场主体的金融需求产生了积极作用。同时，互联网金融确实存在所谓的“创造性破坏”效应，它们加剧了金融业的竞争，使得金融机构的垄断利润一定程度上被蚕食，特别是推升了商业银行的资金成本，加速了金融脱媒过程。更为重要的是，互联网金融这个“搅局者”的出现会起到倒逼改革的作用，有利于传统的较为固化的金融体制朝着更加鼓励创新、更加高效的方向发展。

然而，在产生积极作用的同时，缺乏有效的监管也使得互联网金融的种种负面影响逐渐显露出来。新技术与金融业务的融合在许多方面穿透了传统的金融监管框架，而交易的虚拟化则进一步使得交易过程更加不透明，这极大地增加了监管的难度。同时依托于云计算、物联网等信息技术平台进行金融活动，加快了金融风险的扩散速度，而互联网金融业主与客户之间的相互渗透又使得风险在金融机构间、各金融业务种类间交叉传染的可能性增加。针对性的监管规则迟迟不能出台恰恰意味着互联网金融所蕴含的风险的复杂性。终于到2015年，风险开始集中爆发，尤以承担更多金融中介职能的P2P网贷行业为甚。e租宝、泛亚、大大，一个又一个曾经号称代表新金融发展方向的平台陆续倒下，“裸条贷款”、大学生负债自杀，一个又一个由互联网金融引发的社会事件不断触动着人们敏感的神经，这使得互联网金融开始在泡沫喧嚣中逐渐走下神坛，在许多人心目中甚至将其与非法集资直接划上等号。

在此背景下，政府对于互联网金融的态度也开始由“促进”转为“规范”。特别是从2015年以来，针对互联网金融的监管规则日趋完备。2015年7月，国务院发布的《关于积极推进“互联网+”行动的指导意见》中把“互联网+”普惠金融作为重点行动之一，并明确提出要改进和完善互联网金融监管，提高金融服务安全性，有效防范互联网金融风险及其外溢效应。紧随其后，人民银行等十部委于同月发布《关于促进互联网金融健康发展的指导意见》，确定了“依法、适度、分类、协同、创新”的监管原则，明确了各业态的准入条件和业务边界，并分别落实了监管主体。互联网金融监管框架自此正式成型。2016年3月发布的《“十三五”规划纲要》进一步明确提出，要“规范发展互联网金融”，并明确提出要“实施网络强国战略，加快建设数字中国，推动信息技术与经济社会发展深度融合”。这表明，中国政府仍在努力平衡风险与效率，致力于将互联网金融推入健康发展的轨道。2016年10月13日，国务院办公厅印发《互联网金融风险专项整治工作实施方案》，进一步对互联网金融风险专项整治工作进行了全面部署安排，旨在规范各类互联网金融业态，形成良好的市场竞争环境，在防范化解风险、维护金融稳定的同时，促进行业健康可持续发展。

移动支付

二、互联网金融的主要业态和发展现状

（一）互联网支付和移动支付

第三方支付在国内出现较早，其运营模式发展大体经历支付网关、第三方担保模式、便捷支付工具三种模式。在支付网关模式下，电子商务企业与商业银行需要有一个收款或付款的“中转站”，即第三方支付机构，其既以较低成本构建了支付系统，解决了网络连接问题，又提高了电子支付的连接效率。在第三方担保模式下，支付机构已经不仅限于支付网关的基本功能，更通过第三方支付机构的介入为网上交易提供信用担保。便捷支付工具模式是在前两种模式的基础上，进行支付工具的不断创新，如支付账户或电子钱包等，将互联网支付账户集成多种缴费功能并可通过手机客户端实现移动支付。

自 2011 年 5 月首批 27 家机构获得央行颁发的支付牌照起，第三方支付行业正式走向了规范发展。央行总计发放了九批 270 张牌照，同时取消牌照 3 张，目前共有 267 张有效的第三方支付牌照。按照运营主体类型来分，目前的第三方支付主要有两种模式：一种是以银联电子支付、汇付天下、快钱等为代表的银行账户模式，这些主要是以金融企业为主导；另一种则是以支付宝、财付通、盛付通等为代表的支付账户模式，这些主要是由互联网企业来主导。其主要业务类型见图 1。Analysys 易观统计显示，2016 年第三季度中国第三方支付互联网支付市场交易规模为 49034 亿元，而移动支付市场交易规模则达 90419 亿元（见图 2、图 3）。

图 1　第三方支付的主要业务类型

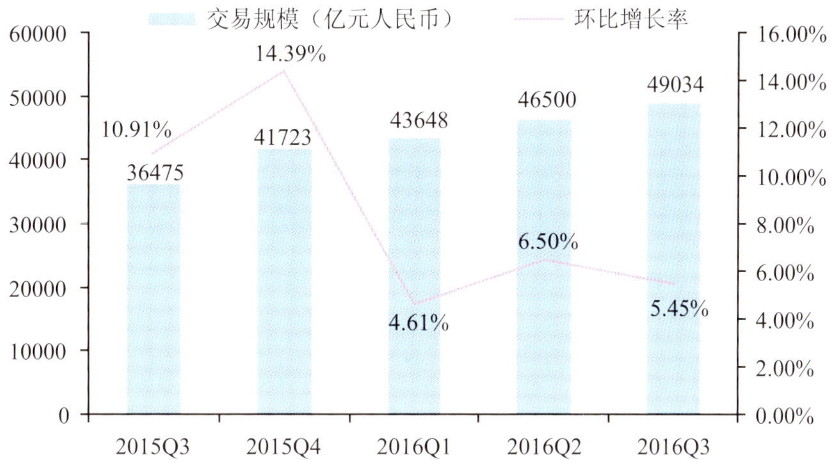

图2 中国第三方互联网支付交易规模

资料来源：Analysys 易观

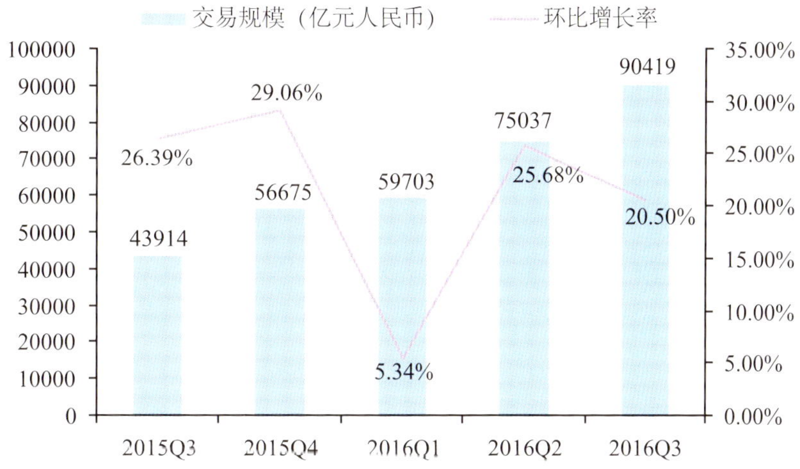

图3 中国第三方移动支付交易规模

资料来源：Analysys 易观

不仅第三方支付机构在推动互联网支付业务创新，银行业金融机构也在纷纷实施互联网环境下的战略转型。在支付业务方面，一方面优化已有手机银行 APP，另一方面也十分重视支付终端的拓展，可穿戴设备替代传统卡片成为趋势之一。央行统计显示，2016 年，银行业金融机构处理网上支付业务 461.78 亿笔，同比增长 26.96%，涉及金额达 2084.95 万亿元，同比增长 3.31%；移动支付业务 257.10 亿笔，金额 157.55 万亿元，同比分别增长 85.82%和 45.59%。

在十部委《指导意见》出台后，央行也陆续出台相关管理细则以规范互联网支付的发展。2015 年 12 月，央行发布《关于改进个人银行账户服务加强账户管理的通知》，提出从证件有效性、申请人与证件的一致性、用户真实意愿等三个方面落实实名制。《非银行支付机构网络支付业务管理办法》也在 2015 年 12 月发布，该办法兼顾了支付的效率与安全，不仅对支付机构定位给予了清晰的界定，明确了分类监管的原则，同时坚持支付账户实名制，强调保护个人消费者合法权益。随着 2016 年起第一批支付机构牌照即将到期，央行发布《关于（支付业务许可证）续展工作的通知》，明确了第三方支付机构牌照续展所需满足的条件。2016 年 4 月，《非银行支付机构分类评级管理办法》发布，明确了包括监管指标和自律管理指标在内的支付机构分类评级指标，其中自律管理指标由中国支付清算协会制定并上报央行。2016年10月的《互联网金融风险专项整治工作实施方案》中再次明确了非银行支付机构不得挪用占用客户备付金、不得连接多家银行系统、不得无证经营支付业务等,同时指出为防止非银行支付机构靠"吃利差"为主要盈利来源,央行或商业银行不向支付机构的备付金账户计付利息。

(二)P2P网络借贷

上海的拍拍贷是国内最早的P2P网络借贷平台,其成立的2007年也成为国内P2P网络借贷的起始年份。P2P网贷平台数量在2010年后迅速增加。与国外一个市场通常只有少数几家平台不同,中国的网贷市场相当分散,Wind数据显示,截止到2017年2月,P2P运营平台数量达2335家,1-2月总成交额为4253.33亿元。更为重要的是,与国外典型的P2P网络借贷模式相比,国内的P2P网贷模式存在严重的分化局面,各家平台在运营模式、定价模式以及风控模式等方面存在显著的差异。在《网络借贷信息中介机构业务活动管理暂行办法》出台前,还普遍存在着数额达到千万甚至过亿的单笔借款。

虽然P2P网贷作为一种金融创新在支持次级客户及小微企业方面体现出普惠金融的理念,可以有效地弥补传统金融在服务领域上的空白,然而在经历了野蛮生长之后,问题也开始集中爆发,最直接的表现就是违约频现,跑路频发。从2015年起,各月问题平台数量始终居高不下(见图4)。尤其是2015年底爆发的"e租宝"事件中,"e租宝"通过假项目、假三方、假担保的手法制造骗局,非法吸收存款500多亿元,涉及投资人遍布全国31个省市区达90万人。

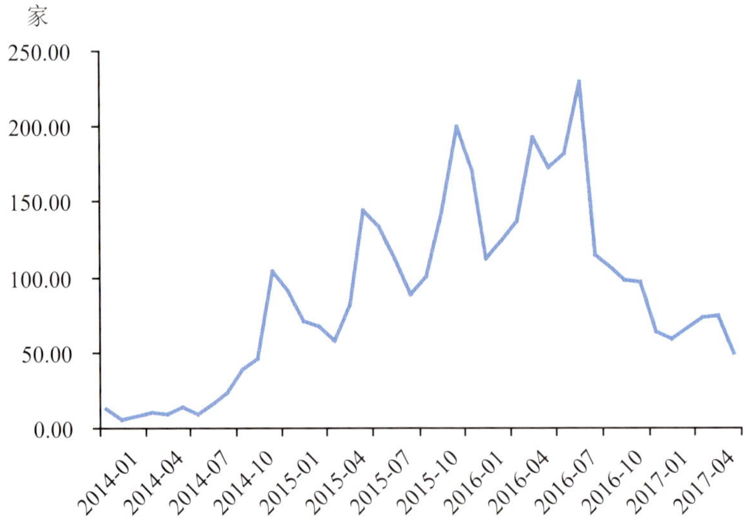

图4 各月问题平台数量

资料来源:Wind

问题频发也促使监管部门加快拟定监管办法。2015年12月28日,银监会会同工业和信息化部、公安部、国家互联网信息办公室等部门研究起草了《网络借贷信息中介机构业务活动管理暂行办法(征求意见稿)》,为行业的规范发展指明了方向。2016年8月,在征求意见的基础上,《网络借贷信息中介机构业务活动管理暂行办法》正式发布,网贷行业正式告别了无监管时代。《暂行办法》明确了P2P信息中介定位,并采用以负面清单为主的管理模式,明确了包括不得为自身或变相为自身融资、直接或间接接受归集出借人的资金、直接或变相向出借人提供担保或者承诺保本保息等十三项禁止行为,并给予网贷平台18个月的整改期限。

实际上,自从2015年底《征求意见稿》公布以来,网贷平台已经陆续开始整改,整体行业向好态势明显。网贷平台运营数量开始下降,意味着行业已经迈过了"野蛮生长"的阶段(见图5);成交量与贷款余额增速的放缓则证明市场在朝着更加理性的方向发展(见图6);而利率下行和借款期限上行则表明平台在规范经营方面日趋改善(见图7)。

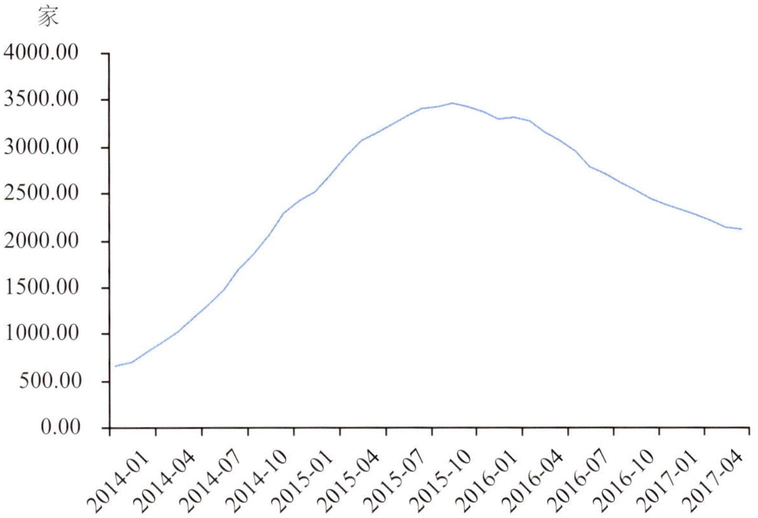

图 5　各月运营平台数量变化趋势

资料来源：Wind

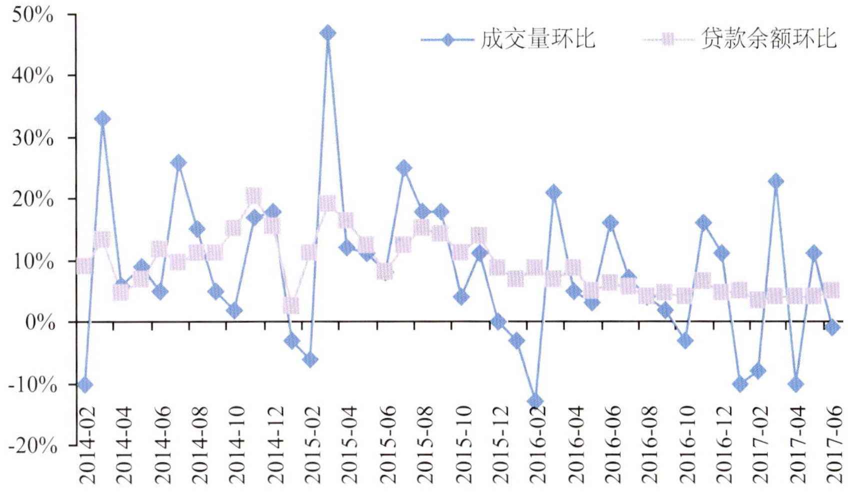

图 6　各月成交量及贷款余额环比增速变化趋势

资料来源：Wind

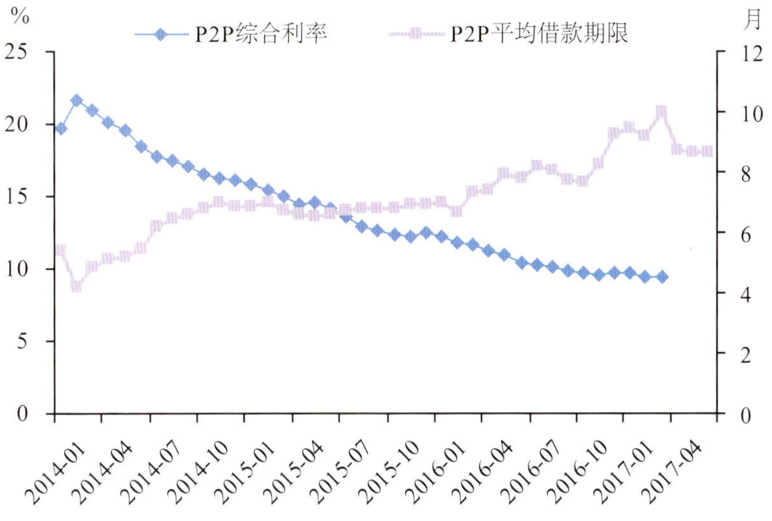

图 7　各月 P2P 综合利率和平均借款期限变化趋势

资料来源：Wind

2016 年 10 月的《互联网金融风险专项整治工作实施方案》进一步体现了对于 P2P 网贷的监管升级的态势，不仅重申 P2P 网络借贷平台应守住法律底线和政策红线，同时明确提出 P2P 网络借贷平台未经批准不得从事资产管理、债权转让，特别强调房地产开发企业、房地产中介机构等须取得相关金融资质，方可利用 P2P 网贷和股权众筹平台从事房地产金融业务。

（三）网络众筹

众筹模式由来已久，然而将其搬到互联网上则是 20 世纪 90 年代后期的事情。起初其只是作为为独立作家、艺术创作者、出版商、剧场、电影、音乐、游戏等筹资的一种形式，然而在第一批网络众筹融资平台（如 IndieGoGo、Kickstarter 等）上线后，这种在线融资模式开始变得更加普遍。众筹正式进入中国通常是从 2011 年 5 月“点名时间”作为国内的第一家专门的众筹平台上线起算，此后陆续出现了淘梦网、积木盒子、JUE. SO 等各种侧重不同方向、具有不同特色的类似 Kickstarter 的众筹平台。再随后天使汇、追梦网、众筹网、大家投、浙里投等，如今在全国共有 300 余家众筹平台正常运营，并已形成了各自的特色。

与国外将 P2P 网贷与网络众筹统称为众筹不同，在国内的分业监管的格局下，P2P 网贷和网络众筹有着明确的划分，按照十部委的《指导意见》，银监会负责网络借贷业务的监管，而证监会则负责股权众筹业务的监管。除此以外，与国外相比，国内的众筹融资模式也出现了明显的变异，其逐渐从线上走到线下。由于征信体系的缺失，为保证项目的可行性，国内众筹融资平台不得不做更多的线下工作，不仅如此，为了吸引投资者，股权众筹往往还需要专业的投资者或机构来担任领投人。此外，虽然一些众筹平台的创业团队中拥有经验较为丰富的金融业者，但也有一些则是纯粹从互联网技术起家，从创始人背景来看可谓良莠不齐。

目前国内的众筹融资模式按照投资回报方式的不同主要可以分为两大类，一是以筹资者的实物产品或服务作为回报，二是以筹资者的股权或预期利息收益作为回报，而类似国外的公益型众筹项目在国内所占的比例目前尚且极小。网贷之家数据显示，截至 2017 年 2 月底，全国各类型正常运营的众筹平台总计 372 家。其中奖励众筹平台数达 188 家，非公开股权融资平台为 112 家，混合众筹平台 58 家，而公益众筹平台仅有 14 家。从项目数量和金额来看，2017 年 2 月，众筹行业共成功项目 4087 个，成功筹资 13.06 亿元。其中，奖励众筹项目 2351 个，筹资达 10.42 亿元，占总筹资额的 79.79%；股权融资成功项目数为 64 个，筹资 2.21 亿元，占比为 16.92%。2016 年 1-10 月众筹项目及筹资金额情况见图 8。

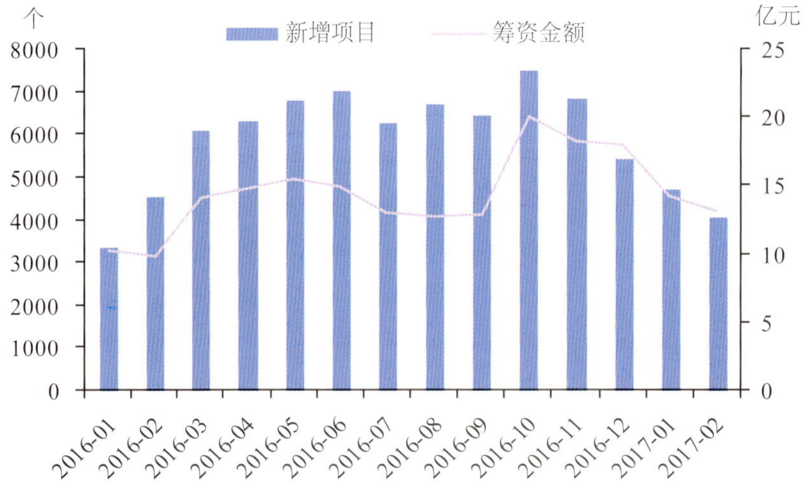

图 8　2016 年各月众筹新增项目和筹资金额

资料来源：网贷之家、盈灿咨询

从政策角度来看，政府对于众筹的态度同样是规范发展。2016 年 1 月《国务院关于印发推进普惠金融发展规划（2016－2020 年）的通知》便提出要发挥股权众筹融资平台对大众创业、万众创新的支持作用；《国民经济和社会发展第十三个五年规划纲要》也明确提出要完善监管制度，规范发展实物众筹、股权众筹和网络借贷。10 月 13 日，证监会等 15 部委印发了《股权众筹风险专项整治工作实施方案》，重点整治互联网股权融资平台以“股权众筹”等名义从事股权融资业务、以“股权众筹”名义募集私募股权投资基金、擅自公开或者变相公开发行股票等八点内容。

（四）由比特币到区块链

比特币的构想最初源自一个自称为中本聪的人，他在 2008 年 11 月发表的《比特币：一种点对点的现代支付系统》文章中首次阐述了一种去中心化数字货币的设想，而两个月后这种设想则在第一版比特比客户端中成为现实。比特币的出现使得许多人开始重提哈耶克、弗里德曼等老一辈经济学家提出的非国家化的货币理念，并由此引发了世界范围的疯狂炒作。从 2011 年起比特币开始逐渐被中国人所认识，随着互联网金融概念的兴起，中国投资者开始成为比特币市场上的最活跃的投机者。随着各国政府陆续出面“泼冷水”，尤其是中国《关于防范比特币风险的通知》在 2013 年底发布，才使得比特币炒作之风才被刹住。

虽然备受争议的比特币最终并没有获得大多数国家政府、学界以及主流机构的认可，然而作为其基础的区块链技术则引起了各界的普遍重视。麦肯锡报告显示，2015 年全球范围内投资在比特币和区块链相关的初创公司的风投资金规模达 4.8 亿美元；而普华永道专家则指出，2016 年前九个月全球区块链初创企业便已获得 14 亿美元投资。不仅如此，包括英国政府、欧洲央行、欧洲证券与市场管理局（ESMA）、世界证券交易所联合会（WFE）等组织纷纷对其展开研究，而花旗、德意志、巴克莱等全球领先银行、投行也在纷纷布局并试图通过组建 R3 联盟试图抢占发展先机。正如高盛报告里所言，“区块链已经完全俘获了硅谷和华尔街的想象空间，而作为其起源的比特币则早已被人们抛在脑后”（Schneider et al.，2016）。

相比国外，国内金融机构在区块链方面进展较为迟缓，不过 2016 年起有加速趋势。2016 年 4 月，由万向区块链实验室牵头，11 个区域的商品交易所、产权交易所及金融资产交易所共同组建了中国分布式总账基础协议联盟（ChinaLedger），由中国证券业协会互联网证券委员会担任项目顾问，结合中国政策法规和中国金融行业独特的业务逻辑，开发符合中国的政策、国家标准、业务逻辑和使用习惯的区块链技术底层协议。2016 年 5 月，中国平安保险集团正式加入 R3，成为首个来自中国的成员，招商银行随后在 9 月也加入 R3。此外，中国银联也试水区块链，与 IBM 预演“使用区块链技术的跨行积分兑换系统”，而中国证券登记结算有限公司也宣布联合俄罗斯中央证券存管机构开展区块链试验合作。此外，一些新兴的金融科技公司在区块链方面发展的更为迅速，例如小蚁已凭借其在区块链方面的应用场景开发入选了毕马威 2016 中国领先金融科技公司 50 强名单。在研究领域，对于区块链的研究从 2016 年起也呈井喷之势，截至 2017 年 2 月便已出版“区块链”为主题的著作近 20 部，学术期刊发表文章数百篇。早在 2016 年初，中国人民银行便表态计划发行数字货币，而区块链技术则被许多学者及市场人士认为是实现数字货币的可选技术。2016 年 10 月，由工信部信息化和软件服务业司指导编写的《中国区块链技术和应用发展白皮书》正式发布，则意味着区块链在中国终于迎来了第一个官方指导文件。

（五）其他：金融的互联网化

除了上述诸多新兴业态外，一些传统的金融业态与互联网的有机结合通常也被认为是互联网金融的组成部分，最典型的便是互联网基金销售和互联网保险。中国电子商务研究中心统计显示，2016 年上半年，“宝”类理财产品规模达到 3.46 万亿元，比 2015 年底的 1.94 万亿元增长了 78.35%，不过收益率较前些年持续走低，据融 360 监测的数据显示，2017 年 1 月 16 日 72 只互联网宝宝的平均 7 日年化收益率为 2.94%。互联网保险市场规模同样发展迅猛。中国保险行业协会数据显示，2016 年上半年，互联网保险市场累计实现保费收入 1431.1 亿元，是上年同期的 1.75 倍，占行业总保费的比例上升至 5.2%。其中互联网人身保险累计实现规模保费 1133.9 亿元，财产险保费规模297.2亿元。此外，伴随着P2P网络借贷市场的整顿，互联网消费金融逐渐成为互联网金融企业新的着力点，中国电子商务研究中心预计2017年，中国电商生态消费信贷规模占比将增至73.9%。

在这些领域，较早的监管政策便是在十部委《指导意见》发布不久便率先出台的《互联网保险业务监管暂行办法》，自2015年10月1日起施行。《办法》明确了鼓励创新、防范风险和保护消费者权益的兼顾思路，并明确提出了经营条件、经营规则、信息披露、监督管理等方面的要求。2016年4月，《互联网保险风险专项整治工作实施方案》发布，中国保监会连同其他十三个部门共同开展整治工作，重点整治互联网高现金价值业务、保险机构依托互联网跨界开展业务以及非法经营互联网保险业务。2016年10月的《互联网金融风险专项整治工作实施方案》进一步明确了对通过互联网开展资产管理及跨界从事金融业务的监管要求，强调金融机构不得依托互联网通过各类资产管理产品嵌套开展资产管理业务、规避监管要求，而互联网企业若要依托互联网开展相应业务则须取得相关金融业务资质；对于同一集团内取得多项金融业务资质的，将按照与传统金融企业一致的监管规则，要求集团建立“防火墙”制度，遵循关联交易等方面的监管规定，切实防范风险交叉传染。

三、2017年互联网金融的前景展望

对于互联网金融前景的展望需要从技术和制度两方面来把握。从技术角度来说，互联网金融的兴起确实与ICT技术的演进，特别是大数据、云计算等的出现密切相关。然而另一方面，其之所以仅存在于中国，正是中国较为严格的金融管制体制所造成的。从理论上讲，互联网金融的概念并不严谨，更多的是舆论炒作的产物，所谓的“颠覆传统金融”则只是一些新型金融机构试图通过这种炒作获得合法的身份。随着监管的逐步落地，身份问题也随即得到了解决，于是对于互联网金融的狂热开始逐渐退去，当然这种代价也是十分巨大的。从目前来看，无论是从业者、监管者还是学者都开始更加理性的看待这些新兴事物，人们的目光也开始由“互联网金融”转向了“金融科技”。与互联网金融这种革命性的概念相比，金融科技显得更加中性，并且从理论上也更能讲通，即借助更为先进的计算机和网络技术来达到改进金融服务的目的。这使得无论是传统金融机构还是新型金融机构都更加容易接受。我们预期未来“金融科技”的概念会逐步的替代“互联网金融”，而在实践中，随着监管的逐步完备，经历过互联网金融浪潮洗礼的传统金融机构，将会以更加开放的态度来拥抱金融科技创新，而新型金融机构也会重新找准自己的定位。

从具体业态角度来看，支付市场的竞争料会愈发激烈，尤其是伴随着清算市场的放开，新的清算组织陆续进入，市场格局将有根本性的改变，不仅第三方支付之间，其与银行之间的竞争均会有加剧趋势，对于支付场景和支付终端的争夺将成为主旋律。P2P网络借贷行业同样面临着重新洗牌，信息中介的定位将使得市场所能容纳的平台数量远远小于目前的存量，因此，未来几年仍然会有大量的P2P平台退出市场。不过平台的正常、合法退出还需监管部门继续完善P2P平台的退出机制，以保护投资者的权益。P2P网贷受打压以及众筹行业本身暂无有效监管将促使众筹市场在一定程度上起到替代P2P网贷市场的作用，然而对P2P网贷市场的整治在一定程度上也会对众筹行业起到震慑作用。不过相比P2P网贷而言，众筹的模式更加灵活，产品众筹与股权众筹的转换也更加容易，因此监管难度会更大。区块链正吸引着越来越多人的关注，未来几年区块链应用场景开发料将成为金融科技发展的前沿。随着政府机构以及一些金融巨头逐步加入到探索区块链的行业中来，未来区块链泡沫或将出现。然而与互联网金融泡沫中所鼓吹的互联网思维相比，区块链有着更明确的技术背景，因此其改善现有一些金融服务环节的能力仍值得期待。虽然互联网金融的呼声逐渐平息，但却已经改变了传统金融机构的固有思维，传统金融业态的互联网化仍将持续。在经济下行背景下，金融互联网化在一定程度上将有助于传统金融机构渡过难关。

（作者：李鑫　中国社会科学院金融研究所）

战略性新兴产业激发工业振兴新能量

战略性新兴产业是以重大技术突破和重大发展需求为基础，对经济社会全局和长远发展具有引领带动作用，知识技术密集、成长潜力大、综合效益好、物质资源消耗少的先进产业。它代表着新一轮科技革命和产业变革的方向，是培育发展新动能、获取未来竞争新优势的关键领域。党中央、国务院高瞻远瞩、审时度势，2010 年颁布了《关于加快培育和发展战略性新兴产业的决定》，提出了实施创新驱动发展、培育和发展战略性新兴产业的重大战略决策，2012 年制定并发布了《“十二五”国家战略性新兴产业发展规划》。工业战略性新兴产业作为战略性新兴产业的重要组成部分，近年来实现快速发展，新兴企业蓬勃发展，新兴产品不断涌现，一些关键技术取得突破，对保持工业经济平稳较快增长、促进结构调整和产业升级、构建现代工业发展新体系发挥了重要作用。

一、工业战略性新兴产业发展现状

（一）规模持续扩大，生产快速增长，成为工业经济增长的“新引擎”

统计显示，截至 2015 年末，全国规模以上工业企业中从事战略性新兴产业生产的企业共计 49841 家，占规模以上工业企业单位数的 13%。工业战略性新兴产业总产值和增加值占规模以上工业的比重分别达到 16.8% 和 15.7%。据测算，2016 年，工业战略性新兴产业增加值较 2015 年增长 10.5%，高于规模以上工业增速 4.5 个百分点，对规模以上工业增长的贡献率达到 24.9%，为实现工业经济的平稳向好发展提供了新生动力。

新能源汽车

(二)新兴产品不断涌现,战略性新兴产业多个领域取得重大技术突破

在战略性新兴产业加快发展的同时,顺应结构升级和消费需求的新兴产品不断涌现。2015年,生态监测仪器、卫星导航应用系统、深海油气开发装备、纳米复合材料、新型计算机、手持平板电脑、飞机、耐高温玻璃纤维及制品等工业战略性新兴产品产值增幅均在30%以上。2016年,工业机器人产量增长34.3%,智能电视增长11.9%,智能手机增长12.1%,新能源汽车增长40%,越来越多的新兴产品走进人们的生活。

新兴产品的爆发式增长得益于工业战略性新兴产业多项技术的重大突破。在高端装备制造领域,我国自主研制的大飞机C919和支线飞机ARJ21等产品顺利下线和试飞成功,国产钻井平台成功完成深海海上气田开发,载人深潜取得突破,国产高档机床关键功能部件已接近国际先进水平;在可再生能源领域,我国已成为世界上少数几个拥有完整核工业体系的国家之一,具备成熟的大型水电设计、施工和管理运行能力,风电关键零部件基本国产化,在建核电机组数量、风能、光伏装机容量世界第一;在超材料技术领域,我国在电磁黑洞、超材料隐身技术介质基超材料以及声波负折射等基础研究方面取得多项原创性成果,在世界超材料产业化竞争中占据优势地位。

(三)七大战略性新兴产业竞相发展,新一代信息技术占比最大,新能源汽车引领增长

《"十二五"国家战略性新兴产业发展规划》将战略性新兴产业划分为节能环保、新一代信息技术、生物、高端装备制造、新能源、新材料、新能源汽车等七大产业。据统计,2015年,规模以上工业中从事新一代信息技术产业生产的企业共计6091家,总产值和增加值占工业战略性新兴产业的比重均超过四分之一,规模居七大产业之首。从事新能源汽车产业生产的企业共计1484家,涵盖从整车制造到零部件生产各个环节,可比价增加值较上年增长41.9%,增速在七大产业中名列前茅。新能源、生物、新材料等三大产业增加值增速接近或超过10%,节能环保、高端装备产业也实现了不同程度的增长。

七大工业战略性新兴产业中,一些重点行业的发展尤其令人瞩目。2015年,风能原动设备制造业可比价增加值较上年增长67.5%,太阳能发电产业增长29.2%,核力发电产业增长25.8%,城市轨道交通设备制造业增长23.5%,航空、航天器制造业增长22.7%,废弃资源综合利用业增长21.3%,锂离子电池制造业增长20.9%,通信设备制造、环境保护专用设备制造、玻璃纤维及制品制造等行业增速均超过10%。

深潜科技助力海洋强国

1000米以上的深海蕴藏着丰富的战略资源并具有重大的科学研究价值,拥有大深度潜水器和具备精细的深海作业能力,是一个国家科技竞争力的体现。十八大以来,我国科研人员在深海科技领域不断取得突破,"蛟龙"号和"海斗"号等潜水器的下海,吹响了我国迈向海洋强国的号角,宣示了我国深海科技正实现从"跟踪"为主向"并行""领跑"为主的华丽转变。

2012年6月24日,我国拥有自主知识产权的深海载人潜水器"蛟龙"号在7020米的西太平洋深海底稳定坐底,成功突破7000米,创下中国载人深潜新纪录。随后几年里,"蛟龙"号下潜足迹遍布中国南海、东太平洋海盆区、西太平洋海沟区、西太平洋海山区、西南印度洋脊、西北印度洋脊6大海区,在包括海山、冷泉、热液、洋中脊、海沟、海盆等典型海底地形区域完成了150多个潜次的作业,发挥了全球领先的深潜技术优势和安全作业能力,为我国抢占国际深渊科学研究前沿提供了强有力的技术支撑。

2016年6月至8月,我国自主研制的"海斗"号无人潜水器成功进行了两次万米级下潜应用,最大潜深达10767米,创造了我国无人潜水器的最大下潜及作业深度纪录,使我国成为继日、美两国之后第三个拥有研制万米级无人潜水器能力的国家,成为继"蛟龙"号载人潜水器七千米海试成功后又一个海洋科技的里程碑。

表 1 2015 年七大工业战略性新兴产业发展情况

产　业	企业数（个）	总产值占比%	增加值占比%
节能环保	12326	13. 5	14. 5
新一代信息技术	6091	29. 0	25. 7
生物	9390	14. 2	17. 1
高端装备	5611	10. 3	11. 6
新能源	3740	6. 9	8. 0
新材料	12700	23. 6	20. 3
新能源汽车	1484	2. 3	2. 7
合计	49841	100	100

注：部分战略性新兴企业生产活动涉及多个产业，故七大产业企业数之和大于总计

（四）工业战略性新兴产业区域集聚发展格局基本形成，东部地区为主体，中部、西部加快发展

近年来，在国家区域发展总体战略的指导下，各地区充分发挥自身优势，调整区域经济结构，提升产业技术水平，增强创新发展能力，积极推进本地区工业战略性新兴产业的发展。

东部地区充分发挥先进产业规模大、创新能力强、技术先进的优势，成为工业战略性新兴产业发展的主阵地。2015 年，东部地区从事工业战略性新兴产业生产的规模以上企业 34168 家，工业战略性新兴产业总产值占区域规模以上工业总产值的比重为 18.7%，占全国工业战略性新兴产业总产值的比重高达 68%。新一代信息技术产业是东部地区工业战略性新兴产业发展的中坚力量，在区域工业战略性新兴产业总产值中的比重达到 31. 8%，逐步形成了以广东、江苏等省份为核心的产业集聚区，涌现出以华为技术、中兴通讯、昌硕科技、浪潮集团为代表的全国乃至世界范围内的行业领军企业。

中部地区工业战略性新兴产业发展势头强劲。2015 年，中部地区从事工业战略性新兴产业生产的企业共计 10432 家，产业增加值较上年增长 11. 6%，产业总产值占区域规模以上工业总产值的比重为 15.1%，占全国工业战略性新兴产业总产值的比重为 22%。中部地区工业战略性新兴产业形成了以新材料产业为主导，生物、节能环保、新一代信息技术产业均衡发展的总体格局。2015 年，新材料产业在区域工业战略性新兴产业总产值中的比重达到 27%，生物、节能环保、新一代信息技术产业占比均超过 15%。

西部地区工业战略性新兴产业快速发展。2015 年，西部地区从事工业战略性新兴产业生产的企业共计 5241 家，产业增加值较上年增长 14. 3%，产业总产值占区域规模以上工业总产值的比重为 11. 5%，占全国工业战略性新兴产业总产值的比重为 10%。在西部地区经济总体欠发达、战略性产业发展相对滞后的背景下，一些省市紧密结合本地发展方向、重点任务和比较优势，在工业战略性新兴产业发展布局时突出区域特点，形成了具有当地特色的产业集群，贵州大数据产业，新疆、甘肃的风电、光电等新能源产业，以及成都、西安的航空产业成为西部地区工业战略性新兴产业的“增长极”。

表 2 2015 年东中西工业战略性新兴产业占比情况（%）

产业名称	东部地区	中部地区	西部地区
节能环保产业	13. 0	15. 2	14. 1
新一代信息技术产业	31. 8	20. 1	31. 1
生物产业	13. 2	16. 7	18. 6
高端装备制造业	9. 8	11. 8	6. 0
新能源产业	7. 1	5. 8	8. 7
新材料产业	23. 2	27. 0	19. 8
新能源汽车产业	2. 1	3. 5	1. 5
总计	100	100	100

二、工业战略性新兴产业的新特点

工业战略性新兴产业是伴随科学技术进步、顺应消费需求升级而孕育发展和不断壮大的新产业，呈现出有别于传统工业的新特点。

（一）制造与服务融合加深，工业战略性新兴产业范围不断拓宽

近年来，我国经济进入结构调整的关键时期，工业经济增速放缓，部分行业产能过剩问题凸显，企业面临的市场环境发生较大变化，业务单一的传统工业企业很难在激烈的市场竞争中立足。为适应经济发展变化，工业企业积极调整经营发展策略，开拓出制造业服务化的发展路径。

在节能环保领域，有的企业以核心装备为基础，提供系统技术集成服务，开拓以能源系统托管和合同能源管理为主体的高效节能服务，针对不同客户群体推广智慧能源互联管理，形成了“专家+管家+互联网”的全生命周期服务体系。在高端装备制造领域，有的企业依托雄厚的技术积淀，在提供优质装备产品的同时，研究开发配套的智能控制软件系统，为客户提供一体化整体解决方案，更好地匹配高端市场。在新能源领域，有的企业采取“普通部件外包，核心部件自主研制”的分装制造模式，同时开发能源互联网平台，构建智慧能源生态系统，加速可再生能源管理的数字化转型。还有一些企业尝试进入资本市场，积极探索市场化资源配置，有力地促进了企业的规模扩张。越来越多的从事工业战略性新兴产业生产的工业企业实现了从产品制造商向系统集成商、服务提供商和投资运营商的转型。

（二）自动化、智能化生产广泛运用，工业战略性新兴产业工业企业的生产效率、管理水准大幅提升

制造业的智能化升级是新一轮工业革命的大势所趋，《中国制造 2025》将智能制造列为实现制造业强国目标的五大工程之一。顺应时代发展潮流，自动化、智能化生产技术在工业战略性新兴产业生产企业中广泛运用，企业生产效率、产品水准大幅提升。

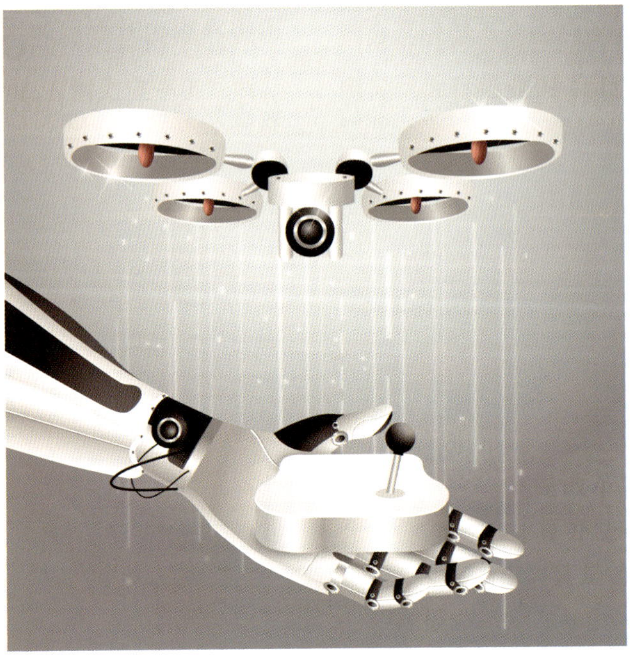

机器人和无人机

在新能源领域，使用智能技术的风机通过遍布机身的数百个传感器和几百万行控制代码可以准确感知自身状态和外部环境，能够根据环境、电网特点和需求变化不断进行动态调整；同时，风机之间的实时双向交流，能够实现风能的高效利用，与传统风机相比，发电效率提升 20%。在生物制药领域，银杏叶提取物智能生产车间自动化控制点覆盖率高达 95%，实现了药品生产全过程精准

监控,药液密度监测、乙醇调配测算、大型生产设备 CIP 清洗、温度反馈调节蒸汽阀门开启度等工序均可实时在线完成。在新能源汽车领域,高性能锂电池智能生产车间从原材料自动扫码识别到生产流程的投料、涂布、分容、配组再到后续物料运送、仓储堆码和环境监测,数十道工序实现全自动操作、管控、分析和追溯,大大节约了企业的人力成本,提高了电池的使用效能。

三、当前工业战略性新兴产业发展面临的主要问题

(一)现行管理制度和政策对战略性新兴产业的发展还存在一定程度的制约

工业战略性新兴产业发展迅速,创新活跃,新事物、新情况不断出现,现行管理制度和政策在一些方面明显滞后。

第一,宏观管理部门对工业战略性新兴产业界定还需进一步明确和规范。目前发布的战略性新兴产业相关政策文件,对工业战略性新兴产业部分行业、产品界定中包含的“新型”“高效”“节能”“高品质”“高性能”“高纯”等概念性词汇,缺乏明确定义,不利于公众理解、职能部门精准把握。

第二,工业战略性新兴产业营商环境有待改善。在生物医药领域,新药和医疗服务准入问题突出,一些省市在药品、医疗器械招标中,将国内和进口产品分组进行,使自主创新产品遭受不公正待遇,难以进入医保目录。在新能源汽车领域,动力电池的部分政策调整频繁,一年之内数次改变扶持标准,使行业和企业疲于应对。在新材料领域,化工企业项目社会抵触情绪强烈,申报审批流程长、阻力大,不利于企业扩大生产和行业整体发展。

第三,工业战略性新兴产业融资难度较大。直接融资比重小,主要依靠银行贷款来间接融资是工业企业融资难的主要原因。而工业战略性新兴产业具有产业新、研发投入多、风险大的特点,更加大了融资难度。此外,有企业反映在当前金融领域去杠杆过程中,实际市场化的融资成本是上升的。

(二)创新不足是制约工业战略性新兴产业发展的重要因素

2016 年 12 月欧盟发布的“全球 2500 家企业 R&D 投入排行榜”前十位名单中,仅有华为一家中国企业,前百强中也只有六家中国企业上榜。究其原因,首先在于国内知识产权保护力度不足,产品、设计抄袭现象严重,维权成本高昂,严重影响新兴企业的创新积极性;其次,部分新兴企业存在创新惰性,认为开发出一项新技术、一件新产品就可以从此高枕无忧,忧患意识不足。还有一些企业技术进步和专利获取以收购国外同行为主,自主创新意识缺乏。

(三)工业战略性新兴产业的后续发展问题值得关注

工业战略性新兴产业是当前的朝阳产业,正处在发展壮大的成长期,许多问题还在萌芽阶段,尚未显露。

一是新能源汽车电池的处置问题。1 块 20 克重的手机电池可对 1 平方公里的土地造成 50 年左右的污染,而新能源汽车所使用的动力电池重达数百公斤,处置不当将给生态环境造成无法估量的损失。当前我国动力电池回收利用工作进展相对缓慢,讨论较多的梯次利用(动力电池在新能源汽车领域淘汰后,继续在发电储能、供电基站等充放电性能要求相对较低的地方使用),只能延缓电池退役,并没有达到彻底清洁回收的目的。现在多数动力电池的正常充放电次数在 3000-4000 次左右,大约 5 至 10 年后将出现大量换电需求,届时预计将有 12-17 万吨的动力电池面临报废,处置技术的突破迫在眉睫。

二是“机器代人”对就业的影响问题。用机器替代人类是智能制造的基本特征,最新的智能生产线仅需几人就能完成过去数十人甚至上百人才能完成复杂操作。以目前人工智能的发展速度来看,机器完全代替人的时代并不遥远。另一方面,近年来,由于我国人口老龄化程度加剧,二胎政策逐步放开,新的生育潮正在形成。未来,如何处理“机器代人”后劳动力的闲置问题,事关社会稳定,应引起重视。

四、工业战略性新兴产业发展的未来展望

2016年12月19日，国务院发布了《“十三五”国家战略性新兴产业发展规划》，对未来五年我国战略性新兴产业发展目标、重点任务、政策措施等做出全面部署，工业战略性新兴产业的发展将进入新阶段。

（一）工业战略性新兴产业将进一步发展壮大

《“十三五”国家战略性新兴产业发展规划》提出，到2020年，战略性新兴产业增加值占国内生产总值比重达到15%，形成新一代信息技术、高端制造、生物、绿色低碳、数字创意等5个产值规模10万亿级的新支柱的目标，明确了完善管理方式、构建产业创新体系、强化知识产权保护和运用、深入推进军民融合、加大金融财税支持和加强人才培养与激励等六方面政策保障支持措施。体制机制和政策措施的健全，必将为工业战略性新兴产业营造更好的发展环境和增长动力，工业战略性新兴产业总体规模将进一步扩大，发展速度将进一步加快，对工业经济的贡献将不断提升。

（二）工业战略性新兴产业区域发展将形成新格局

当前，工业战略性新兴产业的区域分布东大西小的阶梯状态势，东部地区总量占比接近70%，区域分布不均衡的问题较为明显。《“十三五”国家战略性新兴产业发展规划》对未来我国战略性新兴产业的区域集聚布局进行了统筹谋划，通过与国家区域发展三大战略对接，提出了分级发展、打造产业策源地、壮大产业发展集聚区、培育产业特色集群的发展理念。在此基础上，山西、甘肃、广西、陕西、安徽等省份的“十三五”战略性新兴产业发展规划也相继发布，在紧跟国家规划的同时，更加突出地区比较优势。未来，全国范围内将形成点面结合、错位发展、协同共享的战略性新兴产业区域发展新格局。

（三）以网络协同、个性定制为主要特征的智能制造升级将引发工业战略性新兴产业的新变革

智能制造被认为是第四次工业革命，完全实现后将具有预测、决策和自主调节优化的能力，即由“智能工厂”通过大数据分析，进行“智能设计”，再将“智能物料”生产成为个性化的“智能产品”，整个过程贯穿着网络协同，从而有效提升生产效率，缩短生产周期，降低生产成本，避免资源浪费。目前，我国尚处于以产线自动化为主的智能制造初期阶段，智能制造还只局限于单个车间的内部产线，车间之间、企业之间、生产与需求之间尚未有效联通。未来，随着工业互联网和物联网的建立完善，工业战略性新兴产业从制造端到产品端都将发生深刻变革。在制造端，网络协同将贯穿始终，不断升级的人工智能将代替人的众多现场活动特别是重复劳动，各项工艺流程实现全面自动化，许多职业将会消失；在产品端，以大数据技术的广泛应用为基础，现有的标准化产品将被满足个性化需求的智能定制替代。网络协同、个性定制的智能制造将引发工业战略性新兴产业的新变革。

（作者：于新华、刘畅　国家统计局工业司）

科技蕴育装备制造产业发展新潜能

一、2016 年中国装备制造业运行概况

30 多年来，我国装备制造业发展突飞猛进，取得了丰硕的成果，从国产化、填补空白到赶超世界先进水平和创新发展，实现了跨越式的发展。为我国重大工程项目的建设提供了技术先进、实用可靠的成套设备，为技术创新奠定了基础，拉动了行业、产业的发展，在国民经济建设和国防工业及增强综合国力方面发挥了积极的引领和推动作用。

我国装备制造业的发展，历经了重大技术装备国产化（1983-2005 年）、振兴装备制造业（2006-2009 年）到高端装备制造自主创新（2010 年至今年）三个阶段，国家先后发布一系列里程碑式的政策性文件，引导着我国装备制造业的发展。

（一）2016 年中国装备制造业经济运行情况

1. 产业规模平稳回升

（1）增加值增速高于工业平均水平。2016 年，规模以上装备制造业增加值增长 9.5%，增速比 2015 年提高 2.7 个百分点，而且高于全国工业增速 3.5 个百分点，占规模以上工业[①]增加值的比重为 32.9%。其中，通用设备制造业增长 5.9%，专用设备制造业增长 6.7%，汽车制造业增长 15.5%，电气机械和器材制造业增长 8.5%，仪器仪表制造业增长 11.4%。

中国大型客机研制实现新突破

近年来，我国自主研制的 C919 大型客机不断实现新突破，为完善现代民用飞机产业体系、增强高端装备制造实力、建设制造强国作出新贡献。

C919 大型客机首架机总装下线。2015 年 11 月 2 日，C919 大型客机首架机在中国商飞公司新建成的总装制造中心浦东基地总装下线。C919 大型客机是建设创新型国家的标志性工程，具有完全自主知识产权。C919 大型客机首架机正式下线，不仅标志着 C919 首架机的机体大部段对接和机载系统安装工作正式完成，已经达到可进行地面试验的状态，更标志着 C919 大型客机项目工程发展阶段研制取得了阶段性成果，为下一步首飞奠定了坚实基础。

C919 大型客机在上海圆满首飞。2017 年 5 月 5 日，C919 大型客机首架机在上海浦东国际机场成功首飞，开启了项目的全面研发试飞和验证试飞阶段。飞机于 14 时起飞，在 3000 米高度规定空域内巡航平稳飞行 1 小时 19 分钟，完成预定试飞科目，于 15 时 19 分安全返航着陆。C919 首飞成功意味着经过近半个世纪的艰难探索，蓝天上终于有了一款属于中国的完全按照世界先进标准研制的大型客机，意味着中国实现了民机技术集群式突破，具备了研制一款现代干线飞机的核心能力，是我国航空工业的重大历史性突破。

① 指主营业务收入 2000 万元及以上的工业企业。

（2）固定资产投资增速回落过快。2016年，装备制造业固定资产投资延续了近年来增速持续回落的态势，1-12月累计完成固定资产投资5.36万亿元，同比仅增长2.19%，分别低于全社会及制造业投资增速7.61个百分点和2.01个百分点，与上年装备制造业固定投资增幅相比大幅回落7.72个百分点，增速已连续五年回落。

（3）主要产品产量保持增长。在国家统计局公布的64种主要机械产品中，产量实现增长的有41种，占比为64.1%；产量下降的23种，占比为35.9%。实现产量增长的产品比重较上年提高了36个百分点。

2. 经济效益整体提升

（1）主营业务收入增速提升。2016年，装备制造业累计实现主营业务收入26.19万亿元，比上年增长6.42%，增速比上年提高2.92个百分点，高于全国工业主营业务收入1.52个百分点。从全年走势看，增速逐月提升且始终高于同期全国工业平均水平。

（2）利润增速低于主营业务收入。2016年，装备制造业实现利润1.78万亿元，同比增长4.71%，增速同比提高2.01个百分点，但低于主营业务收入增速1个百分点，低于全国工业利润总额0.1个百分点。

3. 产品结构调整升级

2016年，在严峻的市场竞争中，装备制造业需求疲软的态势没有明显改善、中低端产品产能过剩、产品价格低迷。装备制造类企业为了顺应国家产业结构调整方向和市场变化，努力调整产品结构，推动产品结构转型升级。

一是与消费、环境保护关系密切的产品产量保持增长。2016年乘用车产销分别完成2442万辆、2438万辆，同比增长15.5%、14.9%。环保产品增长突出，2015年环境污染防治专用设备同比增长30.3%，其中大气污染防治设备同比增长29.65%，水质污染防治设备同比增长37.4%；与物流仓储消费相关的内燃叉车同比增长8.1%，电动叉车同比增长4.23%，收获后处理机械同比增长16.7%。

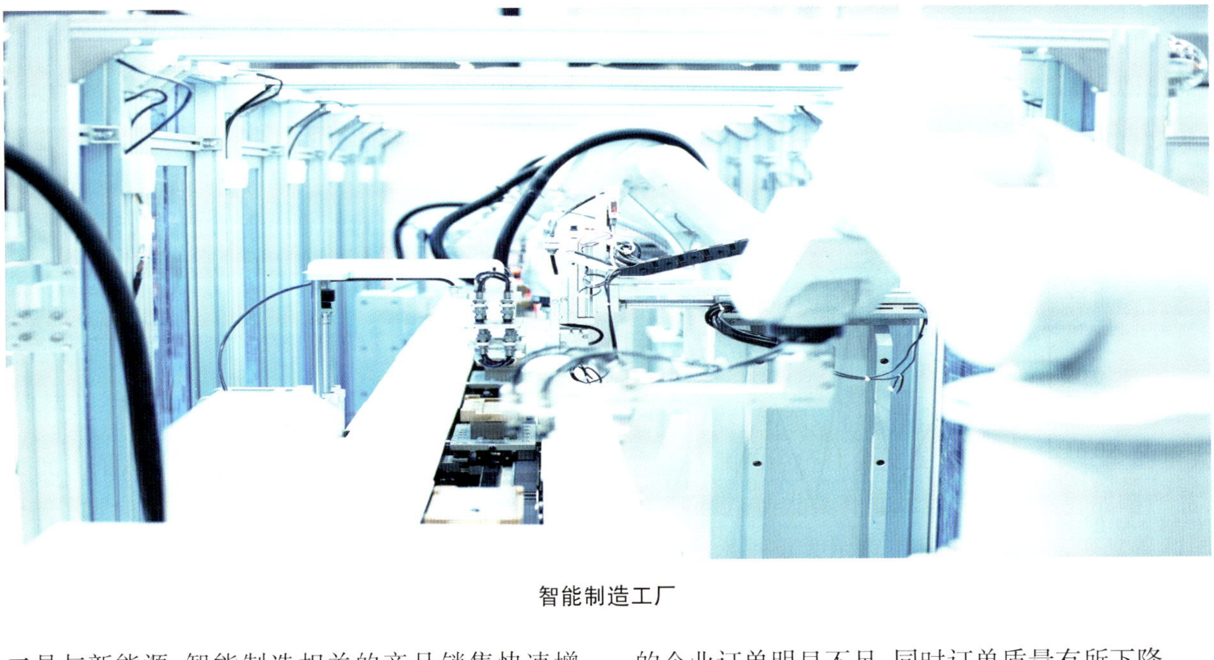

智能制造工厂

二是与新能源、智能制造相关的产品销售快速增长。2016年新能源汽车产销量分别为51.7万辆和50.7万辆，分别比上年增长51.7%和53%；电工仪器仪表增长18.5%。

三是与基础设施建设相关的产品产销仍不稳定。工程、重型、矿山机械、石油机械等相关行业的企业订单明显不足，同时订单质量有所下降。

4. 积极探索转型发展新路径

装备制造企业积极探索发展的新路径、新业态、新模式不断涌现。

为推动传统行业向制造服务业发展，中国机械工业联合会发布了《关于机械工业发展服务型制造的指导意见》，鼓励企业积极探索发展的新路径。目前装备制造业服务型制造已全面延伸到所有大行业，实现从研发设计到产品回收处理和再制造等各个环节完备的服务链条，并涌现出陕西鼓风机集团、潍柴动力集团、杭州制氧机集团、浙江中控技术股份有限公司等一批典型与示范企业。发展服务型制造已成为装备制造企业转型升级的重要途径。

（二）2016 年中国装备制造业对外贸易形势

1. 进出口降幅收窄

2016 年，装备制造业进出口总额 8376.64 亿美元，比上年下降 4.14%，下降幅度有所放缓。其中，出口 4676.53 亿美元，下降 5.74%；进口 3700.11 亿美元，增长 4.88%；实现贸易顺差 976.42 亿美元，比上年减少 207.45 亿美元。

2. 对外投资加快发展

2016 年，我国非金融类对外直接投资 1701.1 亿美元，比上年增长 44.1%。从行业分布情况来看，流向制造业的投资 310.6 亿美元，增长 116.7%，其中流向装备制造业的投资 178.6 亿美元，是 2015 年的 2.5 倍，占制造业对外投资的 57.5%，占同期总投资额的 10.5%。

二、中国装备制造业创新发展现状

（一）自主研发亮点频现

在《中国制造 2025》强国战略等相关产业政策的引导下，中国装备制造业转型升级、创新发展持续推进。

大型核电、水电、火电和风电设备、特高压交直流及柔性直流输变电设备、油气长输管线关键装备、大型煤化工关键设备、高档数控机床等高端设备自主研发取得突破。如世界首台大断面马蹄形盾构掘进机在陕西正式开机掘进；北京和利时系统工程有限公司参与的联合研制的核电站数字化仪控系统平台项目通过验收；上海电气核电设备有限公司自主研制的全球首座第四代核电站反应堆压力容器在华能石岛湾核电厂吊装成功；哈电集团 C4 项目反应堆冷却剂泵组设备通过验收；中国一拖研制成功具有国内领先水平的拖拉机性能试验用的 200kN 负荷车；特高压输变电装备关键零部件技术取得新突破。

中国制造新规划

《中国制造 2025》是在新的国际国内环境下，中国政府立足于国际产业变革大势，作出的全面提升中国制造业发展质量和水平的重大战略部署。其根本目标在于改变中国制造业“大而不强”的局面，通过 10 年的努力，使中国迈入制造强国行列，为到 2045 年将中国建成具有全球引领和影响力的制造强国奠定坚实基础。

一、《中国制造 2025》的提出

2014 年 12 月，《中国制造 2025》这一概念被首次提出。2015 年 3 月 5 日，李克强总理在全国两会上作《政府工作报告》时首次提出《中国制造 2025》的宏大计划；2015 年 3 月 25 日，李克强总理组织召开国务院常务会议，部署加快推进实施《中国制造 2025》，实现制造业升级，在此次会议上审议通过了《中国制造 2025》；2015 年 5 月 8 日，国务院正式印发《中国制造 2025》。

二、《中国制造 2025》提出的“三步走”发展战略

《中国制造 2025》坚持“创新驱动、质量为先、绿色发展、结构优化、人才为本”的基本方针，坚持“市场主导、政府引导，立足当前、着眼长远，整体推进、重点突破，自主发展、开放合作”的基本原则，通过“三步走”发展战略实现制造强国的战略目标：

第一步，到 2025 年迈入制造强国行列。制造业整体素质大幅提升，创新能力显著增强，全员劳动生产率明显提高，工业化和信息化融合迈上新台阶。重点行业单位工业增加值能耗、物耗及污染物排放达到世界先进水平。形成一批具有较强国际竞争力的跨国公司和产业集群，在全球产业分工和价值链中的地位明显提升。

第二步，到2035年中国制造业整体达到世界制造强国阵营中等水平；创新能力大幅提升，重点领域发展取得重大突破，整体竞争力明显增强，优势行业形成全球创新引领能力，全面实现工业化。

第三步，到新中国成立一百年时，综合实力进入世界制造强国前列。制造业主要领域具有创新引领能力和明显竞争优势，建成全球领先的技术体系和产业体系。

三、《中国制造2025》的总体思路

坚持走中国特色新型工业化道路，以促进制造业创新发展为主题，以加快新一代信息技术与制造业深度融合为主线，以推进智能制造为主攻方向，强化工业基础能力，提高综合集成水平，完善多层次人才体系，实现制造业由大变强的历史跨越。未来十年，我国制造业发展的着力点不在于追求更高的增速，而是要按照“创新驱动、质量为先、绿色发展、结构优化、人才为本”的总体要求，着力提升发展的质量和效益。

一是坚持创新驱动，把创新摆在制造业发展全局的核心位置。创新是制造业发展的重要引擎，是建设制造强国的关键核心。技术的不断创新发展，不仅会带动传统制造领域的生产率提高和产品性能提升，还会带来战略性新兴产业数量众多的新材料、新能源、新生物产品、新设备的出现，推进制造业的转型升级。

二是坚持质量为先，把质量作为建设制造强国的生命线，全面夯实产品质量基础，不断提升企业品牌价值和“中国制造”整体形象，走以质取胜的发展道路。高质量是制造业强大的重要标志之一，它从市场竞争的角度反映出一个国家的整体实力，既是企业和产业核心竞争力的体现，也是国家和民族文明程度的表征；既是科技创新、管理能力、劳动者素质等因素的集成，又是法治环境、文化教育、诚信建设等方面的综合反映。

三是坚持绿色发展，把可持续发展作为建设制造强国的重要着力点。绿色发展是破解资源、能源、环境瓶颈制约的关键所在，是实现制造业可持续发展的必由之路。坚决贯彻减量化、再利用、资源化的原则，全面推行绿色发展、循环发展、低碳发展，构建绿色制造体系，走生态文明的发展道路。

四是坚持结构优化，把结构调整作为建设制造强国的突出重点。调结构、促升级始终是我国制造业发展的中心任务，在我国当前的经济社会发展情势下，经济结构的调整和优化更是迫在眉睫的重大问题。在迈向制造强国的历程中，国防安全、工农业生产、基础设施建设、人民生活都对制造业提出不同层次需求，建立完善、多层次的制造业产业体系是中国制造业的发展特色。在注重发展高端制造业和先进制造业的同时，尤其要注重提升和改善劳动密集型产业的效率和质量，关注民生产业的发展；推进现代制造服务业发展及与制造业的互动发展，优化产业结构。培育一批世界级的跨国大企业和一大批充满创新活力、“专精特”的中小企业，优化产业组织结构。提高产业集聚的层次和质量，培育一批国际化的特色制造集群；促进劳动密集型产业向中西部梯度转移，调整优化产业空间布局。

五是坚持人才为本，把人才作为建设制造强国的根本前提。人才是具有一定的专业知识或专门技能，进行创造性劳动并对社会做出贡献的人，是人力资源中能力和素质较高的劳动者。人才是建设制造强国的骨干力量，制造强国一定是人才强国。坚持人才为本，就是要充分利用我们人才资源，实现从人力资源大国向人才强国的转变；发挥我们的聪明才智，实现从中国制造到中国创造的跨越；要通过教育、培育等各种途径变“人口红利”为“人才红利”，依靠科技创新、依靠精良品质，推动实现制造强国的战略目标。

（二）创新能力建设受到重视

“创新驱动、创新引领”已成为越来越多企业的自主选择，对创新能力建设的实际投入持续提升。大型压缩机试验台、水轮模型试验台、电站安全阀试验台等新产品研发的基础试验检测平台相继建成。同时还有一批具备世界先进水平的试验检测平台陆续开始建设，如全球最高电压等级±1100kV 变压器类产品的试验条件已在建设。

（三）智能制造开始起步

在相关产业政策的引导下，我国传统制造领域的数字化改造持续进行，涵盖企业生产、运营、管理全过程的信息化建设步伐加快。同时融合了互联网、云计算等信息技术，现代传感技术，高精度控制技术和数字化制造技术的智能制造已在部分领域开始起步。以工业机器人为例，据中国机器人产业联盟统计数据显示，我国已连续三年成为全球第一大工业机器人消费市场。其中，搬运是机器人的首要应用领域，特别是在铸造等工况条件较为恶劣的领域，工业机器人的使用量迅速攀升。

三、中国装备制造业创新发展存在的问题

（一）创新体系不完善

1. 产业共性技术创新体系尚待探索发展

我国缺乏宏观的产业共性技术支撑战略，产业共性技术研发支持政策效力不够。产业技术创新资源分散，针对共性技术创新的系统、稳定、持续的投入机制尚未形成。产业共性技术各类创新主体角色模糊，产业共性技术研发供给体系存在功能性缺陷。产学研合作良性互动机制尚未形成，产业共性技术研发与供给之间存在脱节。技术市场发育相对落后，有利于产业共性技术创新的市场环境尚未形成。高层次、复合型科技创新人才缺乏、制约产业共性技术创新水平的提升。

2. 核心技术比例过低

虽然我国装备制造业发展迅速，自主技术取得巨大进步，但是与工业发达国家依旧有不小差距。我国装备制造企业工艺装备水平低、产品结构集中在中低端、机械基础件和核心零部件制造能力差、重大装备项目的成套设备系统集成与工程技术能力薄弱等问题一直存在，没有摆脱技术引进模仿创新的模式。

例如，我国100%的光纤制造装备、80%以上的集成电路制造装备和石油化工装备、70%的数控机床产品都要依靠进口。关键材料、核心零部件严重依赖进口，基础技术能力依然薄弱，严重制约装备制造业整机和系统的集成能力。

3. 自主创新能力弱

装备制造业是资本密集型产业，但多数大型企业没有建立起较强的技术中心，与装备制造业的战略地位极不相称。真正体现行业竞争力的高精尖加工工艺和重大技术装备仍比较薄弱。体现综合科技创新能力和制造实力的重大技术装备与发达国家存在较大差距。许多关键设备不能制造，特别是高新技术装备、微细加工设备几乎全部依靠进口，装备中技术含量高的相关配套产品也大量依靠国外供给，这已成为我国装备制造业转型升级的重要“瓶颈”。国产装备对国内市场的整体满足度不到60%，有自主知识产权的产品工业增加值率仅为2.60%，远低于美国的49.00%、日本的38.00%和德国的48.50%。

4. 基础性研究投入过少

基础性研究投入多寡，反映科技创新的发展程度，技术创新来源于基础性研究成果转化。2014年，我国装备制造业基础性研究支出占内部支出的比重仅有4.41%，远低于西方发达国家15%–25%的水平。2014年装备制造业中的专用设备制造业和仪器仪表制造业的基础性研究支出占内部支出的比重更是分别仅为2.82%和2.16%，发展水平严重落后。原隶属于各工业部门的院所改制后，不再从事共性技术的研发，更多的人力、物力、财力开始向应用技术和商业化领域转移，导致产业共性技术的研发和产业化主体缺失。另外，由于拥有不同的评价机制和利益导向，导致高校、科研院所与企业创新活动的目的严重分化，产学研合作创新的有效机制尚未形成。

缺少推动学科发展的重大科学发现，鲜有引领产业变革的原理性突破，缺乏破解制约发展的关键科学问题的知识积累等是制约我国装备制造业发展的深层次原因，提高基础性研究投入，重视基础性学科建设，迫在眉睫。

（三）服务型制造供给能力不足

1. 企业能力不足

装备制造企业还普遍禁锢于传统生产模式，重生产轻服务，重视经营轻个性化定制。发展服务业务的转型能力不足，企业普遍感觉缺乏开展服务业务需要的技术、资本与人才储备，面对市场

不确定时难以抉择。

2. 利润贡献率较低

《2014 中国装备制造业服务创新调查》报告显示，只有 6%的企业服务收入占比超过 20%，与全球制造业平均 26%的调查数据差距较大。就净利润而言，81%的被调查企业服务净利润贡献率不足 10%，其余企业的服务净利润贡献率基本上在 10%-20%之间徘徊。考虑到调查取样的因素，我国装备制造业的服务收入和贡献水平可能还要更低一些。

3. 发展水平不均衡

在不同领域、不同地域和不同规模的装备制造企业中，服务型制造的开展方式和应用深度差距很大。很多装备制造的领军企业和特色优势企业已将研发设计和整体解决方案等作为重要业务，但大部分企业仍处于基本服务阶段并未开展深度服务。经济发达地区企业开展服务型制造的主动性强，而中西部很多省份由于发展阶段和基础条件的限制，开展服务型制造的意愿有限。

（四）产品质量不高

1. 质量基础薄弱

标准体系整体水平落后、结构不合理，标准更新速度缓慢，标准的研制能力相对薄弱，国际话语权不强。据统计，我国主导制定的国际标准占比不到 0. 5%，“标龄”高出德、美、英、日等发达装备制造国家 1 倍以上。

2. 质量竞争力不强

我国装备制造业缺乏世界知名的品牌和跨国企业。一方面，装备制造业品牌化建设滞后，品牌设计、品牌建设和品牌维护方面投入严重不足；近 10 年来，我国进入世界品牌 500 强的装备制造企业屈指可数。另一方面，装备制造产品质量不高，每年因质量问题和技术性贸易措施给装备制造业造成了严重损失。

3. 质量信誉不高

一些缺乏质量诚信的装备制造企业通过降低标准、偷工减料等办法千方百计降低成本，有些行为甚至成为“潜规则”，假冒高端装备制造品牌现象屡禁不止，造假科技含量日益增高。

（五）智能制造水平有待提高

1. 工业软件对外依存问题突出

装备制造企业所需的工业软件，90%以上依赖进口，核心技术对外依存度高。国产软件主要集中于经营管理、物流仓储及生产工艺结合比较紧密的领域，而大规模的、通用性强的企业资源计划（ERP）、制造企业生产过程管理系统（MES）、产品生命周期管理（PLM）、三维设计、虚拟仿真、控制系统、操作系统、数据库等软件仍以国外为主。

无人机

2. 重硬件轻软件

智能制造技术是以信息技术、自动化技术与先进制造技术全面结合为基础的。现阶段我国装备制造业的两化（信息化和自动化）融合程度相对较低，低端 CAD（计算机辅助设计）软件（三维绘图）和企业管理软件得到很好普及，但应用于各类复杂产品设计（三维建模）和企业管理的智能化高端软件产品缺失。在计算机辅助设计、资源计划软件、电子商务等关键技术领域与发达国家差距仍然较大。

四、中国装备制造业创新发展2017年展望

展望2017年，国民经济下行压力依然较大，装备制造业将努力保持与国民经济发展同步。但考虑到装备制造业经济总量已经很大，装备制造产品内需市场疲软的态势短期内难以明显改善。在“去库存、去产能、去杠杆、降成本、补短板”的背景下，装备制造业主要服务的钢铁、煤炭、电力、石油、化工等行业普遍处于产业结构的深度调整期，对装备制造业的拉动有限；此外经过多年的高速发展，各类机械产品的社会保有量均已达到相当规模，对在役设备的更新改造维护已成为需求中的重要部分，这既减轻增速波动下行的幅度，同时也增加了增量回升的难度。

预计2017年，装备制造业将延续低位趋稳态势，在“L”形底部继续盘整，并将在底部区域继续运行一个较长时期，直至转型升级明显收效，方可进入本轮经济调整的回升阶段。未来一段时间，结构调整与转型升级仍是主基调，装备制造业将处于较长时期的结构调整、转型升级过程，经济增速将以低速平稳运行为主。装备制造业真正的挑战和远期发展仍在于结构调整与转型升级能否积极推进。

五、中国装备制造业创新发展政策建议

1. 拓展价值链，推动服务化转型

一是大力发展基于装备制造的专业社会化服务。具有核心技术和专业优势的装备制造企业，逐步依托自身资源和核心优势，积极发展面向装备制造市场的研发设计、检验检测、售后服务等专业性服务，形成专业社会化服务模式。

二是推广装备制造业流程外包。引导和支持装备制造企业在核心业务基础上发展零部件外包、业务流程外包、协同设计和制造模式，采购专业化社会化的研发设计等生产性服务，从而形成协同制造网络化分工。

三是促进装备制造业协同创新。大型企业可以与孵化器相融合形成“天使+孵化”协同创新模式，实现内部创新资源与外部创新要素的相融相通，产生“1+1>2”的效果；传统装备制造企业可以设立开放式创新平台，在平台上发布技术需求，提交技术方案，寻求合作或创意灵感，以及组建创业团队；与研发机构的协同创新，实现科技创新、孵化、融资、运营管理等科技创新全链条服务，并由此诞生诸多新型协同创新研究机构与网络。

四是开展产品全生命周期管理。未来装备制造企业的产品服务模式将逐步由简单的“产品+服务”过渡为全生命周期管理模式，实现从产品需求、规划、设计、生产、经销、运行、使用、维修保养到回收再利用处置等产品全生命周期的运营管理。

2. 探索新模式，推动制造过程智能化

利用大数据、云计算、物联网等信息技术，创新装备制造业与信息技术的融合模式，例如开展个性化定制、按需制造、异地协同设计等应用模式。创新装备制造业的制造模式，推动以生产者、产品和技术为中心的制造模式加速向社会化和用户深度参与的转变。创新装备制造业的研发设计、生产制造、经营管理、销售服务等全生命周期，以用户思维和用户需求探索互联网时代的新模式，加快发展集成化、精密化、绿色化、高端化的智能制造装备，构建开放共享协作的智能制造产业生态。

（作者：装备制造业蓝皮书课题组
机械工业经济管理研究院）

绿色发展理念促进新能源产业化进程

面对全球能源格局新变化，顺应国际能源发展新趋势，习总书记提出了能源革命的战略思想，为我国能源发展指明了战略方向，发展新能源在能源革命中具有十分重要的地位。新能源又称非常规能源，是指传统能源之外的、在新技术和新材料基础上加以开发利用的其他各种能源形式，如风能、太阳能、生物质能、地热能、海洋能、氢能、核能等。发展新能源不仅有利于解决和补充我国化石能源供应不足的问题，而且有利于我国改善能源结构、保障能源安全、保护生态环境。

目前我国已经成为世界上最大的能源生产国和消费国，常规能源大量使用所带来的矛盾日益突出。为实现新能源发展，我国能源行业加快转变发展方式，加大结构调整力度，能源生产与消费结构不断优化，风能、太阳能、生物质能、核能等新能源发展迅速，目前在一些主要领域已经形成产业化经营规模，能源结构正在由煤炭为主向多元化转变，传统能源生产比重下降，新能源生产快速增长，清洁低碳化进程加快，新能源开发利用日益受到重视，新能源已成为我国重点发展的战略性新兴产业。

太阳能电池板

一、我国新能源发展现状

（一）新能源发展速度加快

2016 年是我国新能源快速发展的一年，风力发电保持增长，太阳能发电高速增长，核电快速增长，生物质及垃圾发电稳定增长。

我国风力发电发展较快。我国是风能资源比较丰富的国家，风力发电技术较成熟，风力发电具有经济性，国家对风力发电有相应的优惠政策。2016 年我国风力发电 2370.7 亿千瓦时，比上年增长 27.6%，比 2015 年增速高出 11.5 个百分点，保持增长势头。近几年太阳能发电技术进步很快，产业规模持续扩大，发电成本不断下降，全球已实现较大规模应用。我国在光伏技术和成本上均已形成一定的国际竞争力。全国 2016 年太阳能发电量 615.9 亿千瓦时，在 2015 年同比增长 54.3% 的基础上，又比上年增长 58.8%，呈高速发展态势。为了满足我国能源消费的持续增长需求，我国提出在采用国际最高安全标准、确保安全的前提下，研究论证内陆核电建设，适时在东部沿海地区启动新的核电项目建设，安全发展核电，加快建设现代核电产业体系，打造核电强国。我国核电发展至今已有四十余年，核电技术已经有了更大的提升。2016年我国核能发电量2132.9亿千瓦时，比上年增长24.9%。随着我国内陆核电站选址的确定，中国核电产业将进入快速发展阶段。地球上的生物质能资源较为丰富，而且是一种无害的能源，生物质能来源于生物质，也是太阳能以化学能形式贮存于生物中的一种能量形式，它直接或间接地来源于植物的光合作用，更是一种唯一可再生的碳源，可转化成常规的固态、液态或气态的燃料。我国规模以上工业生物质及垃圾发电量567.0亿千瓦时，其中规模以上工业生物质发电量341.2亿千瓦时，比上年增长9.7%，规模以上工业垃圾发电量225.8亿千瓦时，比上年增长18.1%。对生物废弃物及城市垃圾进行利用既有利于环境保护，又能获取一定的经济利益，是一项功在当代、利在千秋的大事业。随着政策激励以及技术的不断完善，生物质及垃圾发电将得到积极发展，仍会保持稳定增长。我国适合发电的地热资源集中在西藏和云南地区，由于当地水能资源丰富，地热能发电竞争力不强，难以大规模发展。2016年地热能发电量1.0亿千瓦时，比上年下降12.2%，并且近几年都呈下降趋势。我国太阳能、风能和核能发电增长较快，正成为中国新能源大规模应用的主要增长点。

（二）新能源发展能力提高，装机容量快速增长

2016年我国风力发电装机容量14864万千瓦，比2015年增长了13.2%，占总装机容量比重为9.0%，是世界风力发电装机容量最大、发展最快的国家。我国的太阳能发电主要是光伏发电，到2016年，我国太阳能发电累计装机容量已经达到7742万千瓦，比2015年增长了81.6%，占总装机容量的4.7%，在国家相关规划及政策引导下，超半数净增装机位于中、东部各省。我国核电发电装机容量3364万千瓦，比上年增长了23.8%，占总装机容量的2.0%。近年来我国生物质及垃圾发电行业平稳增长，2016年我国生物质及垃圾发电装机容量1397万千瓦，比上年增长了9.1%，占总装机容量的0.8%。

（三）储（蓄）能发展受到重视

随着我国绿色低碳能源发展战略各项政策措施的实施，切实解决弃风、弃光问题，做到科学安排调峰、调频、储能配套能力，储能的应用前景广阔，其价值得到了市场的认可，未来将为我国经济增长、能源绿色低碳发展创造巨大价值。从未来发展看，受我国能源变革和能源结构调整政策、可再生能源消纳和电动汽车发展增速的驱动，储能产业将经历一轮快速发展，成为推进我国能源变革和能源结构调整的技术亮点。

近年来我国电力系统建设正处于快速发展阶段，储能系统在电力系统中应用可以达到调峰、提高系统运行稳定性及提高电能质量等目的。抽水蓄能是目前电力系统最可靠、最经济、寿命周期最长、容量最大的储能装置。近年来我国抽水蓄能电站建设明显加速，2016年全国抽水蓄能发电装机容量2669万千瓦，比上年增长15.9%，占水电装机容量的8.0%，占全部发电装机容量的1.6%；2016年我国规模以上工业抽水蓄能发电量311.2亿千瓦时，比上年增长50%，在全国有19个地区规模以上工业有抽水蓄能发电，从抽水蓄能发电量看，四川、广东、浙江、湖南、安徽、河南等地区抽水蓄能发电量较大。

我国新能源汽车行业近年来发展十分迅猛，随着储能装置材料及器件、储能装置及其管理系统的发展，新能源汽车是我国储能产业的一大发展方向，新能源汽车近两年的产销量大幅增长。燃油汽车的发展不但消耗了大量的石油，而且带来了雾霾等日趋严重的大气污染，因此，包括电动汽车在内的新能源汽车的推广应用是节能减排的重要举措，随着电动汽车技术的日益成熟以及电动汽车产业扶持政策的出台，近年来年我国电动汽车的生产和销售有了大幅的提升。2016年我国生产新能源汽车45.9万辆，比上年增长40%，随着限号限行等政策的逐步实施开展，传统燃油汽车的发展势头开始慢慢减弱，取而代之的是新能源汽车的崛起，特别是在近两年间，新能源汽车呈现出了爆发式的增长，新能源汽车开始主要应用于公交车，后续发展到出租车，2015年其他乘用车开始发力，成为新能源汽车主力。

我国政府和社会对于储能产业的关注度不断提高，定位逐步清晰，快速发展已经成为必然。国家也出台了多项能源规划政策，未来我国的能源

变革、大规模可再生能源的接入和电力体制改革的进一步深化都将给储能产业创造巨大的市场商机,储能技术的发展优化也将更贴近市场和用户的需求,储能产业将成为支撑能源革命、建设我国绿色低碳生态系统的新生力量。

二、我国新能源发展的特点

(一)能源结构优化 新能源规模不断扩大

2016 年全国能源生产总量 34.6 亿吨标准煤,比上年下降 4.2%,全国能源消费总量 43.6 亿吨,其中煤炭消费量自 2013 年之后连续三年下降,非化石能源消费(一次电力及其他能源消费)已占 13.3%。能源消费结构不断优化,传统能源生产比重下降,新能源生产比重进一步提高。

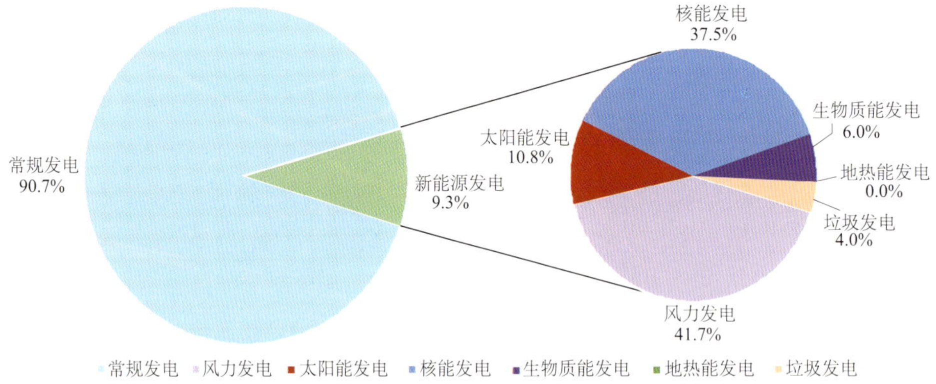

图 1 2016 年新能源发电量比重图

发展新能源是世界能源发展的大趋势,也是世界各国的必然选择,我国的新能源发展取得了显著成效。中国可形成产业的新能源主要体现在利用新能源发电上,2016 年全国风电、太阳能、生物质、核电等并网发电装机容量 27367 万千瓦,占全国发电装机容量的 16.6%,风电与太阳能装机规模均已达到世界第一。全国风力发电、太阳能发电、生物质发电、垃圾发电、地热能发电和核能发电等新能源发电 5687.5 亿千瓦时,比上年增长 30%,占全国发电量的 9.3%,新能源发电大于 2015 年西南五省的全年电力消费量,相当于全国全社会生活电力消费的 75.2%,为满足社会经济发展需要,保护生态环境起到了重要作用。

(二)新能源发电构成以风电、核电为主

2016 年我国风力发电占新能源发电量的 41.7%,占全部发电量的 3.9%,在我国新能源发电量中所占的比重最大。风能与其他能源相比,具有明显的优势,它蕴藏量大,分布广泛,永不枯竭,对交通不便、远离主干电网的岛屿及边远地区尤为重要。在政策和市场双重驱动下,我国的太阳能发电步入健康轨道。我国 2016 年太阳能发电占新能源发电量的 10.8%,占全部发电量的 1.0%。太阳能分布广泛,资源丰富,开发利用前景广阔,太阳能发电作为太阳能利用的重要方式,已经得到世界各国的普遍应用,我国属于太阳能利用条件较好的国家。核能应用作为缓和世界能源危机的一种有效措施,可以帮助各国实现气候目标。2016 年我国核能发电占新能源发电量的 37.5%,占全部发电量的 3.5%,在我国新能源发电量中处于第二位的水平。核电具有许多优点,它体积小而能量大,成本较不易受到国际经济形势影响,也不会受到经济等因素的影响,成本较其它发电方法稳定。生物质能作为传统能源的有效补充,这一市场在未来几年有可能保持相对稳定,我国 2016 年规模以上工业生物质及垃圾发电占新能源发电量的 10%,占全部工业发电量的 0.9%。生物质能资源主要有农作物秸秆、树木枝桠等,全国农作物秸秆除部分作为造纸原料和畜牧饲料外,大部分可作为燃料使用。我国现有森林面积 2.08 亿公顷,生物质总量超过 180 亿吨,可利用资源丰富,长远看来,随着各种生物质能利用技术的持续进步,以及国家对生物质发展的重视,具有巨大潜力的生物质能将会得到更为广泛的利用。

(三)主要新能源发展分布较广

新能源发展在各地普遍受到重视,形成较广分布。我国的风电主要分布在两大风带:一是“三

北地区”(东北、华北北部和西北地区);二是东部沿海陆地、岛屿及近岸海域,另外,内陆地区还有一些局部风能资源丰富区。2016 年全国 31 个地区除西藏外,有 30 个地区有风力发电。从风力发电量看,内蒙、河北、新疆、云南、山东、甘肃、辽宁、宁夏、山西等地区风力发电量较大,超过 100 亿千瓦时。湖北、广西、重庆、四川、云南、安徽、江西、江苏、宁夏、青海 10 个地区风力发电量增长速度超过 50%。全国除重庆外,有 30 个地区有太阳能发电,从太阳能发电量看,主要集中在青海、内蒙、新疆、甘肃、宁夏、江苏、山东等地区,尤其是青藏高原太阳能资源最为丰富的地区,全国有 16 个地区太阳能发电增长超过 1 倍以上。目前我国有 7 个地区有核能发电,主要集中在广东、浙江、福建、辽宁、江苏、广西、海南沿海地区。全国有 25 个地区规模以上工业有生物质发电,从生物质发电量看,主要集中在山东、安徽、黑龙江、广西、吉林、湖北、江苏等地区。全国 25 个地区规模以上工业有垃圾发电,垃圾发电量大的地区主要有浙江、江苏、广东、山东、福建、四川、湖北等。

三、我国新能源发展面临的问题及制约因素

(一)虽然新能源的发展取得了很大成绩,但也面临一些问题:

1. 部分新能源发展速度降低。我国风电的发展速度有降低趋势,2016 年风电投资下降 25.3%,首次出现下降,下降的地区为西部和东北地区,同比分别下降 49.7% 和 46.8%,全年净增并网风电装机 1743 万千瓦,比上年减少 1684 万千瓦,风电投资和投产减少。

2. 新能源生产不稳定,波动较大。距北京数百公里的内蒙古多个风电场,常常弃风停机,大量的风力发电机停止运转。因东北地区电力过剩、加之辽宁近两年多台核电机组陆续投产,导致部分核电机组降负荷运行甚至停机备用。

3. 新能源弃能严重。2016 年弃风电量 497 亿千万时,同比增加 46.6%,弃风率 17%,西北、东北等地区弃风情况突出,新疆、甘肃、内蒙古等地区弃风现象严重。并网太阳能发电设备利用小时 1125 小时、同比下降 99 小时,降幅比上年扩大 88 小时,西北地区部分省份弃光情况较为突出,新疆、青海等弃光增大。核电设备利用小时数偏低,设备利用小时 7042 小时,同比下降 361 小时,已连续 3 年下降,严重的弃核地区主要在辽宁和海南,其中辽宁核电设备利用小时为 4982 小时。

4. 新能源资源供需不匹配。一些地区新能源发展过快、过于集中,由于当地消纳不足,外送能力有限,而装机规模增幅较大,网源不协调等矛盾突出,成为电力转型升级瓶颈,亟需破解难题。

5. 非电新能源发展不稳定。风能的开发利用主要用来发电,建立风电场发电之后,通过并网进入电网系统进行消纳,目前也只有用来发电的风能利用方式形成了产业,同样,太阳能的开发利用方式中,光伏发电市场得到了高度重视,而相比之下,应用历史更悠久的太阳能热水器等太阳能热利用产品,在重视力度上却不及光伏发电。在生物质能利用中,生物质发电领域也得到了政府批准的标杆电价等优惠政策。非电新能源的发展重视不够,发展不稳定。

6. 其他新能源发展不足。我国发展迅速的新能源主要是风电、太阳能、核电等,其他形式的新能源如地热能、海洋能、氢能等开发利用不足。

(二)制约新能源发展的主要因素

1. 新能源发展规划不周。我国的新能源发展有战略性目标,但缺乏具体规划,同时这些规划主要集中于国家宏观层面,与地方自身的规划之间的协调性不足,指导性不够强,在供大于求的市场形势下,一些地方政府和企业盲目上项目,一窝蜂涌入,加剧了产业风险。

2. 新能源资源与需求分布不平衡。我国新能源资源禀赋与需求呈逆向分布,西部地区风光水资源富集,集中开发后不能就地平衡消纳,需要大规模外送,东部地区需求量较大,但资源相对贫乏,随着我国经济的快速发展,这种逆向分布将更加明显,大范围优化配置新能源资源的能力亟待加强。

3. 缺乏核心技术。我国新能源发展核心技术持有率低,技术开发能力薄弱、设备制造能力不足,新能源的技术水平相对较低,产业链也不完整,核心技术和设备生产较多依靠进口,技术水平

和生产能力与国外先进水平有一定差距，也制约了新能源的发展。

4. 新能源市场保障机制不通畅。我国新能源发展没有形成连续稳定的市场需求，其与电网规划、电力消纳市场连接等相关因素也存在脱节情况，市场保障机制不够完善，限制了新能源市场的扩大，虽然国家逐步加大了新能源发展的支持力度，但由于没有建立起强制性的市场保障政策，无法形成稳定的市场需求，新能源发展缺少持续的市场拉动。

5. 新能源成本不低、缺乏竞争力。长期以来制约新能源电力快速发展的一个重要原因就是价格太高，新能源在成本上无法与常规能源直接竞争，由于太阳能、风能等新能源发电具有间歇性、不稳定的特点，往往要和化石燃料发电结合进行调峰调频，因此在计算成本时，这些“隐性”成本都要计入其中，更由于资源分散、规模小、生产不连续等特点，难以产生良好的示范效应，目前并非所有新能源技术都已非常成熟，尽管我国已经拥有一些具备抗衡国外生产商的科技型新能源企业，但绝大多数新能源设备生产厂家仍然存在规模偏小、集约化程度低、工艺落后等问题，仅能满足低端需求，部分新能源成本还受制于资源种类和融资支持的限制，缺乏与常规能源竞争也会使新能源过高的价格得不到降低。

6. 新能源政策不稳、投资融资渠道不畅。我国新能源政策法规有待进一步完善，在现有技术水平和政策环境下，大多数新能源开发利用成本高，在现行市场规则下缺乏竞争力，需要政策稳定扶持和激励。我国新能源建设项目还缺乏规范的固定资金渠道，投资者经常受到融资渠道不畅的困扰，融资障碍造成的资金不足，影响各方面对新能源投资信心，限制了新能源的发展。

大亚湾核电站

四、加快新能源健康发展的未来展望及政策措施

（一）整合新能源有限资源

应对我国新能源资源与需求分布问题，就要着力解决新能源资源的优化配置，增强资源配置能力，优化开发布局，抑制无序发展，加强协调、打破壁垒，加强外送通道建设，保证弃风、弃光率等控制在合理水平，扩大新能源的消纳范围和配置能力，积极消纳新能源。解决新能源跨区平衡问题，需要政府、开发企业、电网企业共同努力。

（二）加强新能源核心技术研发

从长远看，未来能源发展不取决于对资源的占有，而取决于能源高科技的突破。要促进新能源技术进步和产业发展，将新能源的科学研究、技术开发及产业化纳入国家科技发展规划，整合现有新能源技术资源，支持国内研究机构和企业在新能源核心技术方面提高创新能力，在引进国外先进技术基础上，加强消化吸收和再创造，尽快形成自主创新能力，加快人才培养，完善技术和产业服务体系，全面提高新能源技术创新能力和服务水平。

（三）推进新能源市场化发展

加快构建全国统一电力市场，建立有利于新能源跨区消纳的市场化机制，拓展新能源电力消纳市场，加强协调，改善市场环境条件，建立有利于打破省间壁垒、促进新能源跨区跨省消纳的电价机制和新能源配额制度，建立持续稳定的市场需求。

（四）着力降低新能源生产成本

新能源发展的核心问题是成本，目前各国新能源产业都在试图通过采用新技术、加强融资、改变运营模式等方法进一步降低成本。要从前期阶段、准备阶段、关键阶段、投入运营阶段为开发企业节省大量投资和成本，加强智慧管理，优化调度运行管理、需求侧管理和用户响应体系建设，促进新能源发展。

（五）完善各项新能源政策法规制度

加强新能源各项发展政策间的协调，加大财政投入和税收优惠力度，扩大补贴资金来源渠道，进一步完善补贴机制及相关政策，及时足额发放新能源补贴，坚持分布开发与集中开发并举的方针，根据各地资源情况和消纳能力制定差异化的发展政策，促进新能源健康可持续发展。

（六）提高新能源规范化水平

新能源规范化是新能源发展的重要技术基础，要加强和完善新能源资源评价、技术标准、产品检测和认证等体系，规范化体系是保障新能源可持续健康发展的重要基础支撑，建立新能源规范化体系也是新能源发展的重要组成部分。

近几年我国新能源发展取得了显著成效，虽然还存在一些问题，但这些问题都是发展中的问题，要以创新为驱动，提高全社会对新能源发展的认识，在继续加快发展的过程中逐步加以解决，要把新能源发展摆在国家能源发展全局的重要位置。发展新能源不仅可以开辟新的能源供应途径，增加能源供应量，还可以有效降低环境污染，建设环境友好型社会。为建设绿色低碳、安全高效的现代能源体系，促进国民经济绿色发展，实现绿色低碳发展战略目标做出贡献。我国提出了明确的新能源发展目标，制定了支持新能源发展的战略、法规和政策，新能源技术水平不断提高，产业规模逐渐扩大。我国新能源正面临着前所未有的发展机遇。

注：

1. 新能源发电量根据全部工业风力、太阳能、核能发电以及规模以上工业生物质能、垃圾和地热能发电量计算。
2. 新能源发电数据来源：国家统计局能源司。
3. 发电装机容量数据来源：中国电力企业联合会月度数据。
4 新能源设备利用小时数据来源：中国电力企业联合会数据。

（作者：文兼武、武斌　国家统计局能源司）

互联网搭台演绎新消费模式

近年来,我国互联网得到广泛应用和普及,基于互联网的新兴零售业态——网络零售也随之蓬勃发展,成为大众创业、万众创新最具活力的领域之一。尽管在规模上还难以和传统业态等量齐观,但它在改变社会生产和生活方式、促进商业转型升级、刺激消费乃至拉动经济增长等方面,正在发挥着积极作用。

一、我国网络零售发展现状

随着互联普及程度的不断提高,网民数量可观,带动网购用户规模逐年扩大。根据中国互联网络信息中心(CNNIC)发布的统计报告显示,截至2016年12月底,中国网民规模达7.31亿,互联网普及率达到53.2%,比2015年底提升2.9个百分点,超过全球平均水平3.1个百分点。其中网络购物用户规模为4.67亿,占网民总规模的63.8%,比2015年底增长12.9%。

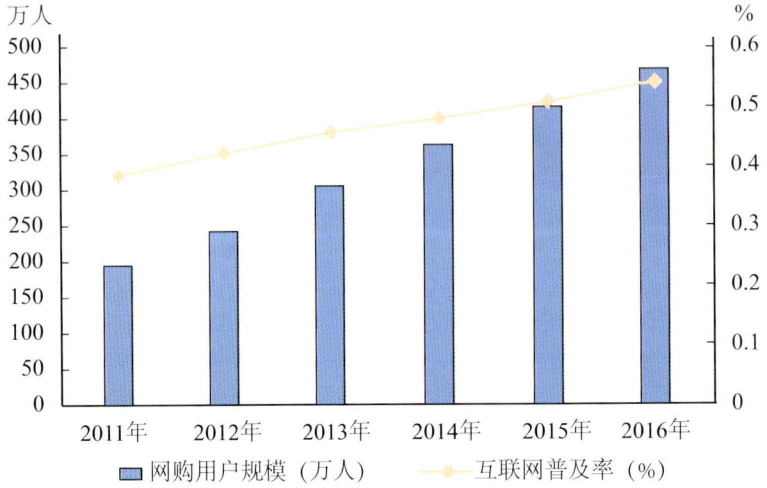

图1 2011-2016年网购用户规模及互联网普及程度

从市场规模来看,经过多年的市场培育和发展,网络零售发展更趋成熟和完善,成为零售行业的重要增长点,所处市场地位稳步提升。2016年,我国网上零售市场规模突破5万亿元大关,稳居世界第一。全年网络零售额①为51556亿元,增长26.2%。其中,网上商品零售额为41944亿元,增长25.6%,增速高于同期社会消费品零售总额15.2个百分点;占社会消费品零售总额的比重为12.6%,比2015年提高1.8个百分点;对社会消费品

① 指通过公共网络交易平台(包括自建网站和第三方平台)实现的商品和服务零售额之和。商品和服务包括实物商品和非实物商品(如虚拟商品、服务类商品等)。

零售总额增长的贡献率为27.2%,拉动社会消费品零售总额增长约2.8个百分点。

根据交易对象的不同,网络零售主要交易模式有企业对消费者(B2C)、消费者对消费者(C2C)等交易模式。当前,B2C模式已经成为网上零售市场的主流模式,据中国电子商务研究中心监测数据显示,2016年中国B2C网络零售市场(包括开放平台式与自营销售式,不含品牌电商),天猫依然稳居首位,在市场中的份额占比为57.7%;京东(25.4%)紧随其后;排名第3-10的电商分别为:唯品会(3.7%)、苏宁易购(3.3%)、国美在线(1.8%)、当当(1.4%)、亚马逊中国(1.3%)、1号店(1.2%)、聚美优品(0.7%)、拼多多(0.2%)。

快递员送货

二、发展特点

当前我国网络零售发展呈现以下主要特点:

(一)移动端消费时代全面开启

据CNNIC发布的统计报告显示,截至2016年12月底,我国手机网民规模达6.95亿,较2015年底增加7550万人。其中,使用手机上网的比例由2015年底的90.1%提升至95.1%,手机在上网设备中占据主导地位。在2016年阿里巴巴“双十一”成交额中,移动端支付比例达到82%。

(二)商品销售内容不断升级

2016年,在网上商品零售额中,吃类、穿类、用类商品分别增长28.5%、18.1%和28.8%;占网上商品零售额的比重分别为5.8%、27.4%和66.8%,吃穿类所占比重比上年下降,用类比重提升。随着环保绿色消费理念的深入人心,消费者决策时会越来越多地考虑环境、有机等因素,据《中国绿色消费者报告》显示,2015年阿里巴巴集团零售平台“绿色消费者”人数已超过6500万,占平台活跃用户数的16%,近4年增长14倍。据CNNIC报告显示,截至2016年12月,在网上预订过火车票、机票、酒店或旅游度假产品的网民规模达到2.99亿,比2015年底增长3967万人,增速为15.3%;占网民的比重为40.9%。

(三)农村网购市场蕴含巨大的发展空间

伴随农村地区居民收入和消费水平的提高,交通、物流、通讯等基础设施的改善,淘宝、京东、苏宁易购等纷纷在农村地区加快布局。截至2015年底,全国1000多个县中,已经建成25万个电商村级服务点;截至2016年8月底,全国淘宝村达1311个,创造直接就业机会超过84万个。据商务部数据显示,我国农产品在线经营企业和商户达100万家,预计2016年交易额将超过2200亿元,同比增长35%;占整个电商交易额的比重提升至6.2%。

(四)跨境电商贸易持续增长

受消费升级、政策利好等因素影响,电商跨境进出口零售市场在2015年实现爆发性增长，电商发展呈现“国际化”趋势。2015年，我国跨境电商增速虽然有所下降，但增速仍大幅高于货物贸易进出口总额增速，我国进出口贸易中的电商渗透率持续增长。据阿里研究院报告显示，2015年，中国跨境电商交易规模达4.8万亿元，同比增长28%，占我国进出口总额的19.5%。其中，跨境电商零售交易额达到7512亿元，增长69%；跨境电商零售出口额5032亿元，增长60%；跨境电商零售进口额2480亿元，增长92%。未来几年，在政策基本面保持利好的情况下，进口电商零售市场仍将保持平稳增长。

（五）网上支付方式同步迅速发展

快速发展的电子商务对网上支付的需求进一步增强，拉动网上支付用户规模的增长。据CNNIC报告显示，截至2016年12月，我国使用网上支付的用户规模达到4.75亿，比2015年底增加5837万人，增速为14%；我国网民使用网上支付的比重由上年60.5%提升至64.9%。其中，手机支付用户规模增长迅速，达到4.69亿，比2015年底增长31.2%；网民手机网上支付的使用比例由57.7%提升至67.5%。

网络零售引领消费升级

党的十八大以来，依托云计算、物联网、人工智能、大数据等新兴信息技术的迅猛发展，凭借推动实体经济转型、发展跨境电商、支持农村电商等一系列利好政策的持续发力，网络零售市场不断“升温”，其交易规模呈现高速增长的发展态势。以网络零售为代表的新兴业态已成为引领消费结构升级、培育经济增长新动能的重要抓手。

随着中国经济发展步入新常态，网络零售市场同样进入新常态。2013-2016年，我国网络零售已从高速发展期步入市场成熟期。成熟阶段的网络零售发展表现出一些新趋势、新特点，这些特征不仅表现在对消费的拉动作用越来越明显，而且表现为消费结构的深层次变革。

“上下融合”。阿里巴巴“联姻”苏宁、百联，京东“结盟”沃尔玛、永辉……在电商流量红利耗尽后时代的电商领军者与传统零售巨头正在加快“强强联手”的步伐，以进一步促进线上线下互动创新，大力推动零售业向全渠道发展，线上线下融合已成为新趋势。

“内部优化”。随着居民收入提高，内部消费结构也在加速升级。网购用户逐渐倾向于“商品+服务”消费，品质消费、绿色消费成热点，网络消费呈现个性化、高端化、智能化的新特点。

“移动主导”。2016年天猫“双十一”当日成交额为1207亿，其中无线占比为82%。由于无线端灵活、简单和便捷的特点，移动消费已占据主导地位，网上消费已进入新时代。

“市场细分”。在“两超多强”的电商格局已定的背景下，网络零售市场进一步细化，农村、跨境、母婴和医药电商等细分领域将成为推动网络零售发展的新蓝海。

三、未来发展趋势

当前我国网络零售发展水平不断提高，发展的质量和影响力稳步提升，网络零售创新发展的外部环境不断优化，零售业线上线下渠道加快融合，农村电商发展潜力巨大，跨境电子商务方兴未艾。

（一）线上线下全渠道融合

线上和线下加速融合是线上和线下零售调整转型的需要，网络零售对零售行业的渗透作用逐渐增强。据国际电子商务中心的数据显示，自2014年以来反映线上线下融合程度的网络零售渗透指数逐步攀升，2016年网络零售渗透指数平均为144.8，比上年提高13.1个百分点。线上线下融合除了传统的B2C模式之外，以在线支付为核心连接线上线下的O2O成为电子商务的新亮点，相关产业日趋成熟，众多新创公司纷纷布局O2O领域。目前国内发展较好的O2O网站有大众点评网、美团网、窝窝团、丁丁网、赶集网等。此外，线上线下的融合发展还体现在产业投资上，阿里巴巴集团近几年加大了对实体商业的投资，把新技术和新模式融合到实体零售运营当中，阿里巴巴先后入股银泰百货、苏宁云商和社区超市三江购物。

（二）交易模式创新升级

互联网大大削减了生产、销售和消费之间的信息不对称，加速了生产端与市场需求端的紧密连接，促进了消费者驱动的商业模式（C2B）的发展。从原来的B2C变成C2B，形成消费者驱动，帮助商家掌握消费者数据，实现按需定制。C2B的商业模式要求生产制造系统具备高度柔性化、个性化，以及快速响应市场等特性。这恰恰是制造业转型升级的方向。C2B的核心是基于消费者的需求数据引导制造业按需生产，实现整个供应链上的信息对称，实现“产”与“需”精准匹配。基于消费者需求数据实现的生产、销售和消费的信息对称，将会大幅提升制造业的有效生产效率，缓解了部分制造业的产能过剩问题，引导着制造业转型升级的发展方向。

（三）大数据助推商业营销管理

在商品同质化、价格大战、成本领先等传统竞争格局下，运用大数据分析对企业改善优化经营决策、实现精准营销、提升运营效率具有明显优势。通过分析消费者在店里运动轨迹，在商品前的停留时间，商品被浏览的次数等痕迹信息进行数据采集，运用这些消费数据优化卖场布局。基于大数据构建的个性化消费场景中，互动性内容将扮演重要角色，使用户更高效发现并融入兴趣圈子，利用客流、商圈数据进行选址优化，基于消费交易和评论数据进行产品优化。

四、存在的问题与政策建议

网络零售的持续快速发展的同时，也面临一些瓶颈和问题。

一是网络销售侵权假冒伪劣产品的现象仍存在，网络信用机制和约束机制不够健全，售后服务无法得到保障，消费者权益未得到很好的维护。为营造良好的网络市场环境，应加强网络零售市场监管，强化对网上交易平台的重点监管，建立健全线上产品可追溯体系和信息安全保障机制。目前，针对电子商务的法律草案已经起草完成，将于2017年8月提交全国人大常委会二次审议。

二是物流网络仍不发达，与国外发达国家相比，我国电商的物流配送系统仍不够完善，供应链、配送、第三方物流的信息化和标准化水平尚需提高，国内快递行业标准和服务质量良莠不齐。尤其是在农村地区和跨境物流上，运输与配送时间问题较为突出，物流周期较长。为促进网络零售的发展壮大，必须加快完善电子商务物流配送体系，应在现有物流体系的基础上，加强合作，整合资源，构建全方位的高效物流配送体系。

三是网络零售是建立在信息技术基础上的，新技术的应用和普及是零售变革的最大推动力，应积极创新互联网、物联网、云计算、移动互联网等关键领域技术，全面运用各种领先信息技术提升网络零售服务效率。

（作者：刘旭玲　国家统计局贸经司）

新商事改革带动新市场主体勃兴

按照国务院简政放权、放管服相结合的改革部署，工商和市场监管等部门，围绕巩固和扩大“三证合一、一照一码”改革成果，着力降低市场准入门槛，推进注册登记便利化，释放了市场的活力，进一步激发了百姓投资创业的热情。调查发现，2016年一季度，新设市场主体继续保持较快增长，中部地区新设企业发展较快，小微企业活跃度提升，第三产业新登记企业独占鳌头。

一、新设市场主体继续保持较快增长

2016年一季度，虽然有元旦、春节两个大的节假日，但新设市场主体仍保持了较快增长势头。全国新登记市场主体301.1万户，比上年同期增长10.7%；注册资本（金）8.8万亿元，增长68.9%。其中：企业106.3万户，增长25.9%，个体工商户187.8万户，增长3.2%，农民专业合作社7万户，增长25.0%。

新设企业保持较快增长势头。一季度总体态势较好，新登记企业106.3万户，比去年同期增长25.9%，平均每天新登记1.17万户；企业注册资本总额8.4万亿元，增长72.9%。

在新设企业中，私营企业快速增长。全国新登记私营企业100.3万户，同比增长25.5%，注册资本（金）6.5万亿元，增长71.0%。

外商投资企业投资规模明显提升。全国新登记外商企业9987户，同比增长11.2%，注册资本686.2亿美元，增长34.0%。户均注册资本687.1万美元，比上年同期增长20.5%。

个体工商户平稳增长。全国新登记个体工商户187.8万户，同比增长3.2%，资金数额0.2万亿元，增长9.9%。

农民专业合作社较快增长。全国新登记农民专业合作社7万户，同比增长25.0%，资金数额0.2万亿元，增长20.6%。

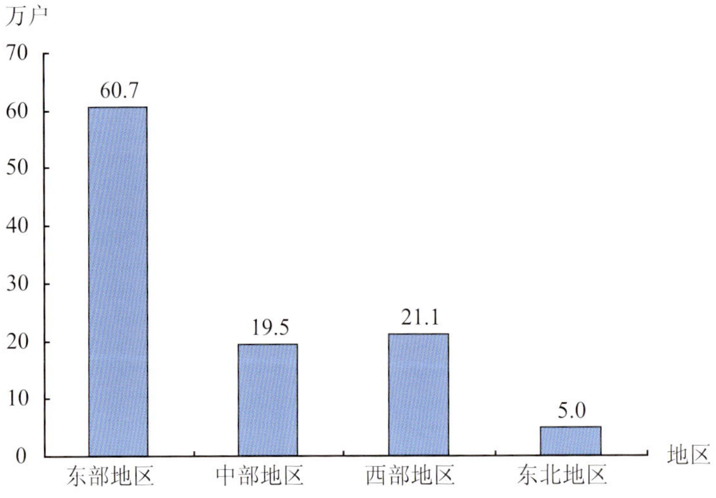

图1　全国企业新登记户数区域分布

二、中部地区新设企业发展较快

与去年东部新设企业最多、西部增长最快有所不同，2016 年一季度是东部地区新设企业最多，中部地区增长最快。东部新设企业 60.7 万户，占新设企业 57.1%，增长 24.8%。中部、西部、东北地区新登记企业分别为 19.5 万户、21.1 万户、5 万户。

中部地区增速明显。一季度，中部地区新登记企业同比增长 35.2%，超过东部和西部地区 10 个百分点，与加快长江经济带发展相呼应，长江中游的安徽、湖北、湖南、江西都高于全国。新登记企业增长较快的省份主要集中在东部和中部，全国有 16 个地区增速高于全国平均水平，其中东部 5 个，中部 6 个，西部 4 个，东北部 1 个。

三、小微企业活跃度提升

按照百县万家小微企业调查，今年第一季度调查的企业为 2015 年一季度新设立的小微企业。7362 份有效调查问卷分析表明，小微企业发展形势总体良好。主要特点：

一是从开业情况看，企业开业率达到 71.4%，其中初次创业企业占 84.6%。二是从行业看，交通运输仓储业、农林牧渔业和住宿餐饮业开业率位列前三位，分别为 76.7%、74.9% 和 74.2%。三是从经营状况看，八成开业企业已有收入，创新和触网的小微企业盈利比例较高。特别是，开业企业中超过半数的企业已纳税。纳税额在 1 万以下的最多，占 22.1%，纳税额在 1 万－3 万的占 14.2%，纳税额在 10 万以上的占 5.3%。四是从就业看，企业从业人员由开业时平均每户 7.7 人增加到 8.5 人，其中高校应届毕业生、失业人员再就业人员分别占 12.5%、12.4%，对扩大就业具有重要贡献。

通过对创业话题的大数据分析，发现互联网上对新增企业活跃度的整体评价相对较高，其满意度在 0.8（1 表示最为满意）上下波动。多数人认为，虽然的确存在一批“僵尸创业企业”，但不能因此否认多数新增企业的较高活跃度。特别是小微企业，面临的破产、倒闭的风险更高，但这也是创业创新的活力所在。总体上，社会上对新设企业的生与死较为理性客观。虽然大量新设公司会倒闭消亡，但同时会有大量公司从这些新设企业中繁荣发展起来，成为未来经济发展的新动力，这也是经济结构优化升级的活力所在。

四、第三产业新登记企业独占鳌头

在科技创新、结构调整、体制改革的大背景下，网民对投资创业领域的关注，一定程度上体现着改革政策利好的一些领域，体现着社会上对经济走势、市场需求的把握，也意味着未来产业升级的方向和经济发展的潜力所在。

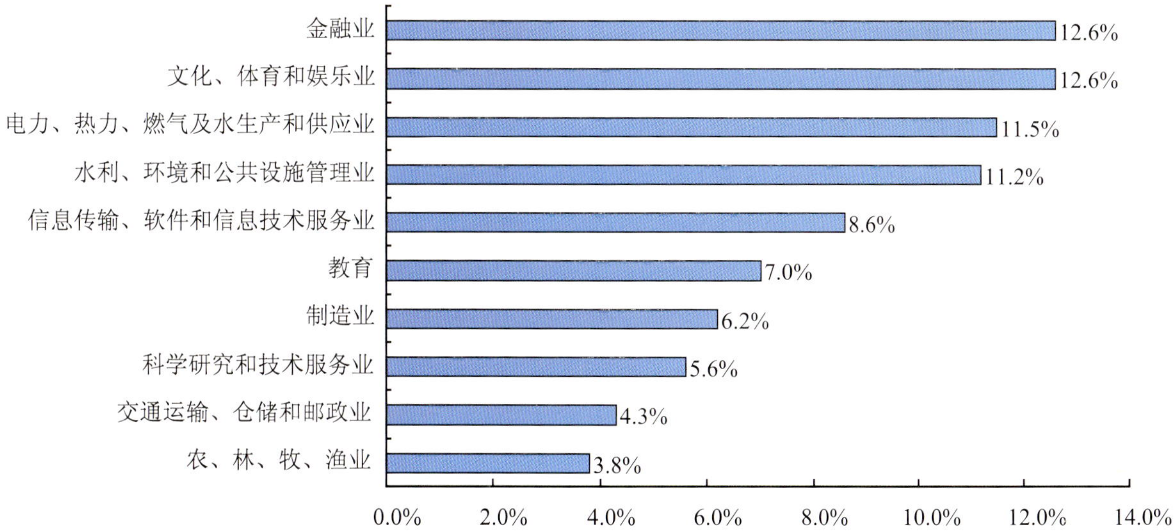

图 2　相关讨论中提及率最高的十个行业

从互联网大数据分析看，在三次产业中，网民对第一产业和制造业的关注度比较低，关注的频次分别是 3.8%和 23.4%，而对第三产业关注的频次高达 72.8%。在一些具体行业，金融业及文化、体育和娱乐业这两个高附加值行业被提及率最高，说明其得到的利好最被认可。同时，信息传输、软件和信息技术服务业，教育以及科学研究和技术服务业三类有利于推动社会创新的行业的被提及率均在 5%以上，这从一个侧面反映出改革对结构转型的积极作用。

从工商统计数据分析中，也体现出明显的结构性特点。

一是服务业继续快速发展。一季度，第三产业新登记企业 86.2 万户，同比增长 27.4%，占新登记企业总数的 81.1%，所占比重比上年同期提高 0.9 个百分点。

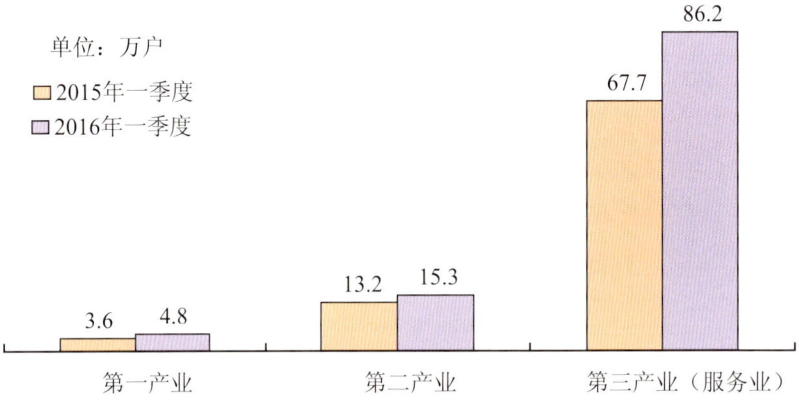

图 3 全国企业新登记户数三次产业情况

二是“互联网+”和一些新兴服务业仍是热点。信息传输、软件和信息技术服务业新登记企业 6.2 万户，同比增长 39.7%。文化、体育和娱乐业 2.7 万户，增长 37.9%。教育 0.4 万户，增长 37.0%。

三是有些行业受宏观形势和政策的影响非常明显。如，金融业新登记企业 1.7 万户，同比增长 20.0%，与上年第四季度 80.7%的增速相比，出现明显回落。再比如，房地产业持续回暖。一季度新登记企业 2.3 万户，同比增长 32.4%，与去年第四季度 5.3%的增速相比，增长速度明显提升。

四是在一些改革发展热点地区新产业、新业态的发展非常活跃。如，福建自贸试验区，企业入驻井喷式增长。一季度，共新登记企业 1.3 万户，注册资本 1447.7 亿元，同比增长 332.9%、180.4%。整车进口、跨境电商、保税展示交易、创业创新创客基地、文化创意、飞机维修、融资租赁等重点平台建设取得新进展，新业态逐渐向自贸试验区集聚并快速发展，成为推动福建产业转型升级的重要力量。

（根据国家工商总局官网公开信息整理而成）

存量房网售开辟销售新渠道

近年来,随着存量房市场的转型以及互联网技术的深度融合,我国房地产行业出现了一些线上线下融合发展的探索。互联网会对存量房市场产生什么影响?为什么房地产领域没有出现零售领域那样的变革?

一、行业发展现状

近年来,我国房地产行业进入从增量向存量转变的历史阶段。最明显的标志是二手房市场占比持续扩大。根据链家研究院测算,2016 年全国二手房(不含商办)交易额达到 6.6 万亿元左右,占住房交易总额的比例超过 40%。北京 2016 年二手住宅成交量达到 26.9 万套,是新房的 2.2 倍[①],二手房 GMV 达到 1.15 万亿元,是新房的 4.1 倍。上海、深圳、南京等 10 多个城市二手市场超过新房。同时,租赁市场正在大城市崛起。在中央购租并举的政策推动下,随着居民居住需求的多样化以及房源品质的提升,不同年龄、收入和婚姻状况的人群都可能进入租房市场并延长租赁时间。按照城镇化率、租赁人口比例、租金占收入比重、人均可支配收入计算测算,未来 3-5 年我国将有超过 2 亿城市人口通过租房解决居住问题。

存量房时代到来意味着房地产业的内涵由生产向服务转变,经纪行业、租赁行业成为行业主角。互联网与传统经纪行业融合发展,催生出“存量房+互联网”这一新兴的行业。这个行业既有传统经纪行业的骨骼,又有互联网的基因,可以说是一个典型的 O2O(Offline to Online)行业。

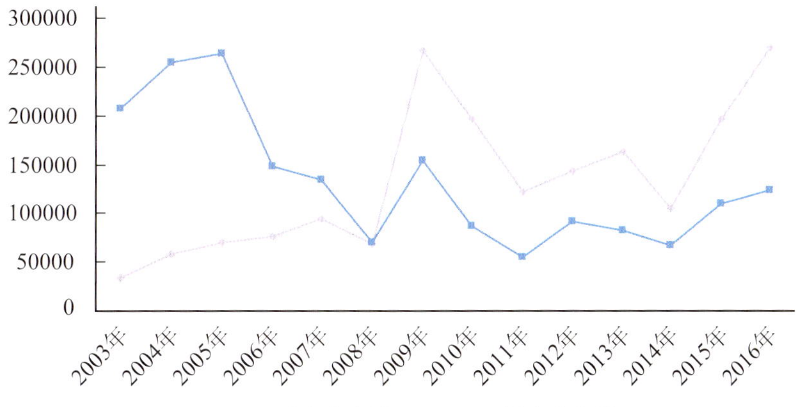

图 1 2003 年以来北京新房及二手房成交量(套)

资料来源:北京市网签

① 资料来源:北京市住建委。

表 1　主要城市二手房市场交易规模（GMV）

单位：亿元

	北京	上海	深圳	南京	成都	武汉	长沙	重庆
2013 年	4822	5901	1626	1403	715	380	190	549
2014 年	3230	4148	1294	897	595	351	82	390
2015 年	6333	9967	3713	1474	874	567	199	409
2016 年	11552	12942	4099	2978	1435	1186	318	777

资料来源：链家研究院测算

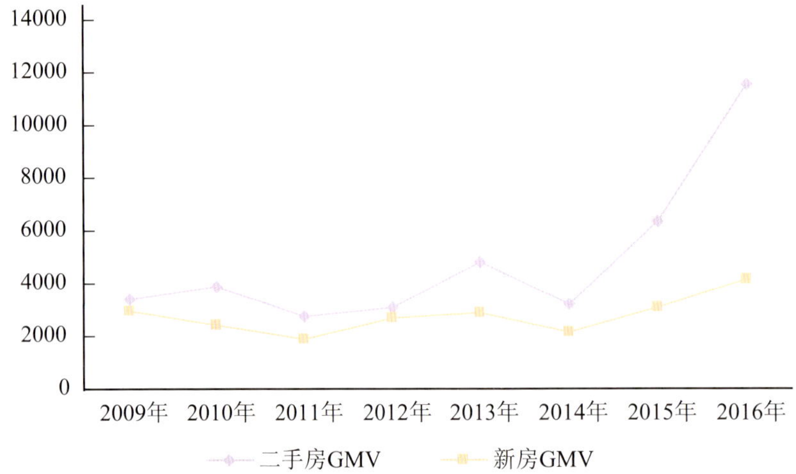

图 2　2009 年以来北京新房及二手房市场 GMV 规模（亿元）

资料来源：新房数据来自克尔瑞，二手房数据来自网签

从国内外近年来的实践上看，互联网的加入使传统经纪行业的作业方式、效率以及行业的组织管理模式发生了重要的转变，主要体现在以下几个层面：

从信息的发布和传播层面，互联网改变了房源信息获取渠道、扩大了房源信息接触面，促进房源信息的无差别分享，降低房屋交易中的信息不对称。近年来，我国房源信息进入互联网传播时代，通过互联网展示大量线上房源及其物理信息、产权信息、挂牌价、看房热度等详细信息，用户可根据自身需求寻找合适的房源。消费者更愿意通过网络方式渠道获取房源信息。2016 年链家一线城市成交客户中超过一半来自于线上，这一比例呈现逐年上升趋势。

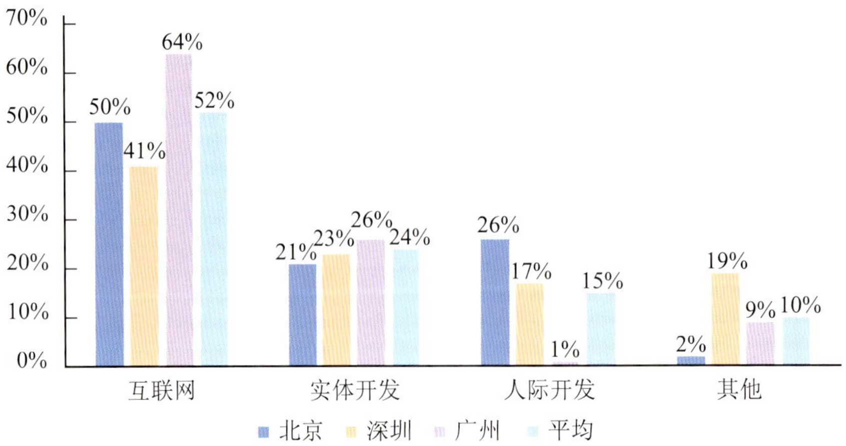

图 3　2016 年北京、深圳、广州链家成交客源来源情况

资料来源：链家研究院

从交易流程的角度，互联网将重塑二手房交易流程。首先，互联网削弱了经纪人信息匹配的职能。在互联网上，业主可以绕过经纪人直接将房源信息发布到媒介平台，与买家直接谈判和交易。互联网平台渐渐形成了以用户为中心的房源信息分发方式，形成卖方-媒介平台-买方的新闭环。其次，互联网改变了消费者看房的习惯。购房者在线下看房之前可以通过线上渠道看房，2016 年上海链家 73.4%的客户在看房过程中采取线上线下复合看房，潜在购房者在实地看房之前，平均会在线上浏览房源 29 天，浏览 176 套房源。第三，互联网使消费者可以主动选择经纪人。互联网可以展示经纪人从业经验水平、历史业绩、熟悉房源地理范围、客户反馈及评价等业务能力信息，让消费者可以主动选择合适的经纪人提供点对点个性化服务。

从交易效率的角度，互联网能够降低交易成本，缩短成交周期，提高运营效率。线上看房数据对客户购房需求精确识别，提高了经纪人的房源匹配效率。上海链家 52%的客户浏览房源与实际带看房源的面积差在 10%以内，63%的客户浏览房源与带看房源的价格差在 10%以内，客户线上浏览房源与线下带看房源处于同一行政区的占比为 97%，处于同一板块的占比为 93%，同一房源的占比为 75%。房源匹配效率的提高直接导致成交周期的缩短，复合看房客户的平均成交周期为 38 天，比纯线下看房客户少 3 天。

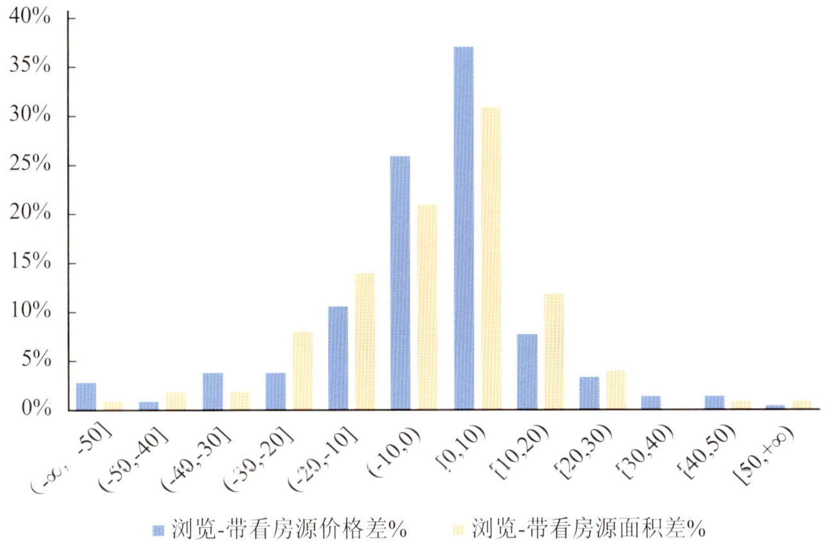

图 4　2016 年上海链家浏览房源与带看房源重合度占比（%）

资料来源：链家研究院

从交易安全和体验角度，互联网提供的自主选择有助于保障交易安全，优化购房体验。互联网推出房屋交易流程可视化功能，实时展示购房交易流程中每个环节的关键点以及所需材料、办理时间、事项进展等相关细节，实时监测房屋产权、资金等动向，防范交易风险。互联网尽量实现了房屋属性的标准化，可按照区域、地铁、小区、地图等多种查找房屋，根据位置、售价、面积、房型等条件进行多维度筛选。根据掌握的海量房屋数据建立房屋估价系统，为用户、业主和经纪人提供决策参考。通过虚拟现实技术，让用户可以身临其境进行看房。

在行业组织方式层面，互联网推动经纪行业组织关系变革。目前我国经纪人是经纪公司的雇员。当互联网成为买卖双方的交互平台，互联网会建立起经纪人之间的合作网络（Agent Corporation Network，ACN）。互联网的分工合作让经纪人相互分享客源和房源，由竞争关系变成合作关系。经纪公司的作用弱化，经纪行业可能会形成“平台+独立经纪人”的组织模式，即经纪人与平台之间是合作关系而非雇佣关系，经纪人从平台获取房源、客源信息，促成成交后与平台分佣。平台制定经纪人行为准则，对经纪人进行信用管理。

从行业进步角度，互联网推动了经纪行业的规范化和职业化。首先，互联网让经纪行业从劳动密集向数据驱动转变。互联网平台提供的用户画像和房屋画像，赋予经纪人数据化作业能力。其次，互联网充分展示经纪人从业经历、工作业绩、交易评价等信用信息，让用户对经纪人行为进行监督和评价，督促行业走向规范化、职业化。链家网的经纪人好评率与来电量呈现较为明显的相关性，好评率在90%-100%的经纪人来电量大大超过其他经纪人，建立了由成交导向向服务品质转型的正向循环。

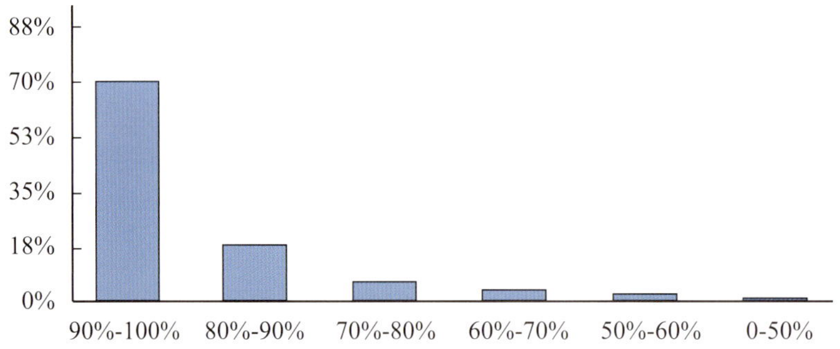

图5 经纪人好评率与来电量

资料来源：链家研究院

二、行业发展特点

存量房+互联网作为一个新兴的行业，目前仍处于初期探路阶段。从近年的实践看，目前我国存量房+互联网发展主要有三种模式：

第一种模式是线上信息平台，让消费者通过互联网平台获取房源信息，本质上是追求消费者的注意力的媒体，通过线上广告盈利。这种模式冲击和替代了传统线下媒体。典型企业如58同城旗下安居客，网站月独立访问用户数超过1亿，安居客APP装机量达到1.5亿。

第二种模式是互联网公司交易化，本质上是线上媒体从房源切入交易环节，商业模式从广告转换为佣金。典型的公司是房天下。截至目前，房天下日均独立访客600万，累计注册用户数8000万，房天下APP累计装机量1.8亿。

第三种模式是线下机构线上化，交易型经纪公司打造自己的线上平台，通过互联网为经纪人提供客源，并通过内外网的统一规则引导经纪人的行为，本质上是经纪互联网化。典型的公司如链家网、我爱我家等传统机构。链家网目前覆盖全国36个城市，PC、M站及移动APP日均用户量达到300万，后台服务器接收内部需求1亿次。

表2 国内主要房地产经纪机构自建互联网平台及业务情况

房地产中介名称	是否自建线上平台	网络主要业务			金融理财
		新房销售	二手房租售	海外置业	
链家	是	√	√	√	√
我爱我家	是	√	√	√	√
21世纪不动产	是	√	√		√
中原地产	是	√	√		
满堂红	是	√	√		

资料来源：各公司网站，链家研究院整理

从这三种模式的演变看，第三种模式可能是较为合适的路径。纯线上媒体模式的优势在于降低了房源信息生产的成本，任何注册用户都可以不经过中介直接上传房源，很容易吸引客源，形成网络规模效应。但这种模式的致命缺点在于房源信息的真实性无法得到保证，大量为吸引消费者点击的虚假房源信息充斥，并且平台无法对信息真实性进行核验。

为此，线上平台开始往线下布局，通过加盟等形式布局线下门店，这边是第二种模式。但第二种模式并没有解决信息真实性的问题，同时还会带来内部之间竞争的问题，交易效率并没有得到提高。

经过几年的竞争，目前第三种模式，即线下机构线上化得到较快发展，根本的原因仍然是线下机构掌握房源的优势，并且能够对房源信息进行标准化呈现和动态维护，保证消费者能够获取最真实、最及时的信息。

北京望京 SOHO 城市建筑夜景

三、行业存在的问题

之所以我们称为“存量房+互联网”而非“互联网+存量房”，是因为房屋交易的特殊性，互联网目前还难以起到主导作用。互联网在存量房领域发挥价值面临三个挑战：

第一，受房屋交易特点所限，互联网的规模效应难以发挥。首先，房屋是非标、低频交易。不同的房屋其位置、朝向、面积、户型、楼层、布局都会对购房者产生影响，购房者在购房前一定要实地看房，十分依赖线下服务。购房也是一个低频行为，经纪人提供下一次服务的边际成本不会明显下降。房产交易用户基础太少、交易低频，用户粘性极弱，经纪服务的网络效应普遍偏小。其次，线下成本难以通过线上平台消减。目前门店在房源获取中的作用难以被替代，线下服务的资金、人力投入成本难以通过线上化有所降低。服务的规模化效应难以显现，房源与客源的正向反馈无法建立。

第二，受行业规则限制，互联网的网络效应难以发挥。互联网信息共享与多家委托的行业规则不相兼容。我国房地产经纪实行多方委托，没有类似美国 MLS 的房源信息平台，房源信息都独立存在于各经纪公司内部，并且没有明确的产权保护。经纪人将房源视为私人财产不愿公开，为了吸引用户还不惜编造虚假房源，公司数据也难以确保质量。这就导致了具有媒体属性的公司无法保证信息的真实性和及时性，具有交易属性的经纪公司由于份额不足而无法保证信息的全面性，互联网在信息传播上的网络效应难以释放出来。

第三，行业的监管政策缺失制约了行业发展。首先，传统经纪行业的监管就存在先天不足。我国经济行业监管法律规范虽多，但法规之间多有冲突和不合时宜之处，且没有上位法律统领，监督、执行和惩罚机制也不完善。行业自律不到位，当前我国房地产行业没有专门的协会，行业自律的深度和广度都不够。其次，对于行业创新的监管更加缺失。目前监管制度仅针对传统的经纪机构，但对互联网平台的房源信息并无有效覆盖，监管主体和责任主体不明确,传播虚假房源不仅没有得到惩罚,而且还能成为一种商业模式。

第四,互联网对行业的改造范围受到基础条件的限制。互联网只能改变线上信息匹配的问题,无法解决线下二手房交易过程中的一系列流程,如签约后涉及的交易手续包括贷款、房款的支付与监管、过户、交税等环节,互联网发挥的作用微乎其微。这主要是由于我国相关基础条件欠缺,如我国尚未建立全国联网的房源信息数据库,导致目前房屋产权核验主要依靠线下查询,北京要花 10 个工作日,并且查询结果不能及时更新。

四、政策建议

综上所述,互联网在存量房交易领域遭遇了行业内外部的制约因素,导致互联网的网络化、规模化效应没有释放出来,对提升行业安全、效率和体验不够显著。着眼于未来,应当在以下几个方面加大政策力度:

第一,建立房源信息保护和共享机制。首先,对房源信息者的"私有产权"保护,没有信息的产权保护便没有真实房源信息的大量生产。私有产权取决于委托制度和分佣制度。美国基于独家委托对房源生产者 50%佣金分配的私有产权保护,才促使 MLS 成为会员间共享真实房源的公开平台。在我国多家委托的条件下,只能通过公司制度的产权安排才能解决,即在公司内部,强行通过一定的房源端收入分成来实现,例如对于拿房人、实堪人、钥匙人、维护人等给予明确的佣金分成。其次,建立信息共享平台,信息的传播不以获取广告收入为目标,实现不同经纪公司、经纪人之间的合作共赢。第三,明确真实房源信息的标准,如符合"真实存在、真实在售、真实价格、真实图片"标准的真实信息。

链家

第二,完善行业监管制度。首先,梳理现有房地产经纪相关的行政法规,形成行业管理的上位法《房地产经纪管理法》,明确界定经纪人与经纪人、经纪人与经纪公司、经纪人与客户之间的权利义务关系。强化经纪协会的组织领导,通过法律强化行业协会的管理职能,根据行业需求、专业需求、发展需求,变革需求,合理确立行业协会的层级和职能划分,建立行业协会对中介机构和经纪人员的约束机制。建立经纪人信用档案,开展资信评价,创全民共治局面。加大对互联网领域的监管覆盖面,创新监管方式,明确责任主体,共创良好的行业秩序。

第三,推动行业数据基础设施建设。加快推动不动产登记,实现全国房屋资源信息的联网,加快推进房屋与土地、金融、税收、司法等领域的数据互联互通。通过标准化的信息采集和共享,为房源核验、资质审核、资金监管、流通性金融线上化提供必要的数据支持,推动房屋交易安全、效率和体验提升。

展望未来,互联网将逐步重塑房屋交易的流程和结构,重建经纪人之间的合作与分工关系网络,最根本的是将打破传统经纪行业的成本结构,实现规模效应与网络效应的统一,彻底改变整个行业。

（作者:许小乐　链家研究院）

新业态推动医学影像公立改革

一、医学影像业务发展现状

医学影像是指为了医疗或医学研究，对人体或人体某部分，以非侵入方式取得内部组织影像的技术与处理过程。常用的医学影像诊断设备包括普通 X 线机、计算机 X 线摄影机（CR）、直接数字化 X 线摄影机（DR）、胃肠造影机、乳腺钼靶机、计算机断层扫描机（CT）、磁共振成像仪（MRI）等。医学影像诊断在现在的医疗系统中已经从传统的仅依靠形态学变化进行诊断发展到集形态、功能和代谢为一体的综合诊断体系。当前阶段，公立医院基本垄断了绝大部分的医学影像诊断“市场”，据放射学学会 2016 年的统计数据显示，全国

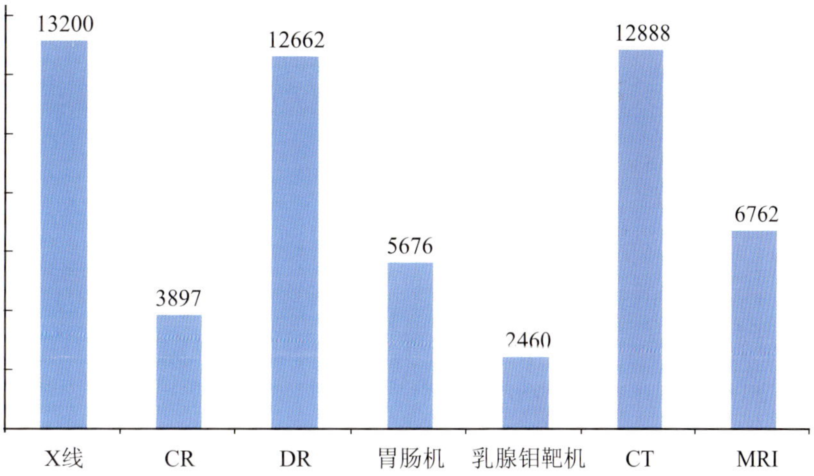

图 1　2016 年中国大陆放射科设备现状（单位：台）

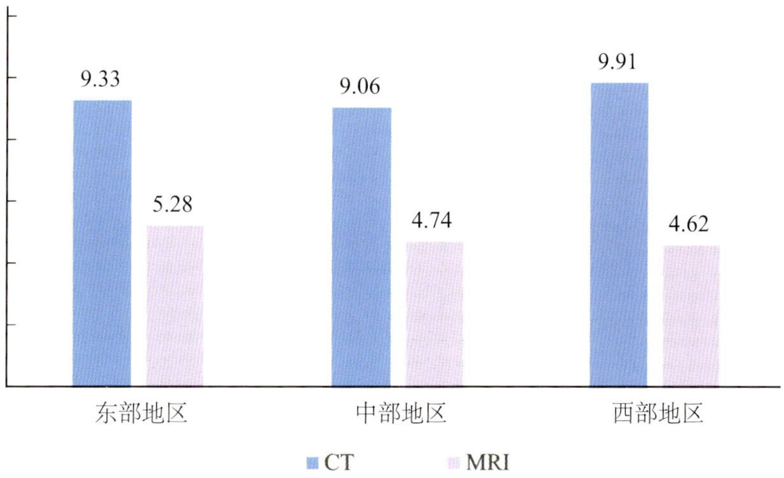

图 2　2016 年中国大陆放射科 CT/MRI 设备分布情况（单位：台/百万人口）

二级以上医院共拥有放射医用设备 57505 台（不包括 2918 台 DSA），放射从业人员 158072 人，其中三级医院放射医师总人数 36568 人，二级医院 29735 人。

但与欧美发达国家相比，我国医学影像诊断设备和人员配置方面都存在较大差距。以 CT 为例，据《中国 CT 市场发展分析报告》数据显示，截至 2010 年，中国每百万人拥有 CT 数量为 9 台；而在 2006 年，日本每百万人口拥有 CT 机达 98 台，澳大利亚为 51 台，比利时为 40 台。虽然我国保持了较快的增长水平，但与发达国家相比，拥有量仍偏低，仍然远远满足不了日益增长的就诊需求。但是大型综合三甲医院的平台科室业务量非常巨大且逐年增长，这对医学影像科室的运营效率提出了更高的要求。

云医学影像中心

二、医疗影像业务发展瓶颈

在供需层面，影像检查过程中，患者期望得到全面、体贴、及时的诊疗服务；临床医师希望得到准确的、符合病情的医学影像检查服务。而对于开展业务的医学影像科，提供服务的能力被多种因素如定价策略、医保政策、医患关系等所束缚，暴露出供给侧无法积极满足医疗需求侧的问题。随着人口快速老龄化、公众普遍健康意识提升，公立医院正在面临着前所未有的医疗服务供给侧压力，具体表现为：公立医院的年度门诊就诊人次数、年度住院人次数、年度手术量的快速增长，医院与医保基金控费压力同步增加。在控费大背景下，大型医学影像设备类检查也面临着政策面挑战，使得该领域内出现的新技术不能应用于临床医学，患者的个性化、精细化的就诊需求由于复杂原因不能被满足。对大型公立医院，面临着预约等候时间长、就诊体验差强人意、定制化高端服务缺失的问题；对于基层公立医院的医学影像检查存在着检查项目少、检查能力有限、优质诊断医师资源不足、财政投入缺口大、诊疗标准不统一、结果不宜互认等弊端。

在效率层面，医疗数据中有超过 90% 的数据来自于医学影像，但是这些数据都需要进行人工判读（俗称读片）。人工读片的挑战之一在于，成像技术的进步使得影像数据呈爆炸式增长，例如一位患者的胸部 CT 影像可以多达上千幅，每一幅图像都需要人工读片，需要耗费大量时间。按照动脉网蛋壳研究院的数据，目前我国医学影像数据的年增长率约为 30%，而放射科医师数量的年增长率约为 4.1%，其间的差距巨大。这个巨大的缺口，很大程度上是由于缺少基层医院影像科诊断医师。影像设备很容易采购到，而培养一名合格的影像科诊断医师却需要很长的时间。可以采用哪种方式来尝试解决呢？

在新方向探索层面，第三方影像中心试图从多形式、分层次的差异化影像诊疗模式，避免与公立医院沟通直接竞争关系，弥补公立医院不能开展或不愿意开展的影像诊断服务内容，同时也加强自身的整体诊疗能力建设。但是处于探索及起步阶段的独立第三方影像中心也同样存在发展的困难和阻碍：一是建立影像中心的前期投资较大、建设周期较长；二是相应法规正在不断完善中；三是构建优质专业技术团队的过程存在着与公立医院激烈竞争的关系。受政策导向、机制限制的多重影响，诸多新技术、新项目还不能在公立医院开放、开展。

三、医学影像的改革之路

面对供需两侧不平衡、工作效率不高、新方向发展受阻的状况，我们该如何利用当下资源改变这种局面呢？

对于供给侧无法满足需求侧的问题，需要从供给侧入手，将现有的医疗资源按照不同维度重新规划，包括：检查时间、检查时长、检查项目/检查部位、检查设备、患者来源等，一方面可以从预约环节入手进行“供给侧改革”，预约反映的是放射科医疗资源的供求关系，检查预约的问题实质上是一个医疗资源合理整合与调配的问题，通过精细化分需求侧的维度与考量比重，结合数据，有区分、有针对性地提供放射科医疗资源。另一方面可以开展医学影像的一系列医疗增值服务内容，例如，通过影像扫描数据制定手术计划，通过三维后处理标示出病灶体积与相对位置，通过扫描数据制作患者3D打印模型，开展增值服务内容的同时，也会积极拉动上下游产业，提升医疗服务质量，服务患者、服务社会。

对于效率层面问题，可以通过引进人工智能（AI）解决问题。2017年初，浙江省某大型医院展示出一个人工智能与医学影像科实际工作相结合的实际案例。案例中以低剂量胸部CT图像为研究对象，通过对历史数据的归类、学习、训练，成功的开发出一套面向临床应用的“肺结节计算机智能检测系统”。使用技术手段将该系统与放射科RIS系统[①]完成对接，医师可以直接获取到有AI检测出的肺结节结果，在此基础上，在进行人工判读。初步结果，提高肺结节的检出率，同时，也大大降低了工作人员的劳动负荷。

对于新方向发展受阻问题，国家颁布政策支持第三方医疗服务的发展。近10年来，国家层面医改政策一直倡导分级诊疗室医改的核心政策。独立于公立医疗机构的第三方医疗服务对于推动区域医疗资源共享、提高基层诊疗水平有重要作用。据国务院办公厅、国家卫计委的公开资料显示，2013年至2016年间，共有七项与此相关的政策文件相继发布。我国目前正在发展和建立的独立第三方影像中心，通过借鉴欧美的运营模式，使其在充分发挥自身作用的同时，也始终维护大型公立医院在医疗领域的重要地位。支持第三方医疗服务的发展不仅可以从拉升基层医院诊治水平、增强结果互认等级，还可以从弥补大型医院的及时就诊、高端定制、技术先进等方面满足民众更多的需求。

四、结束语

面对当下我国医疗领域供需不平衡、公立医院影像科医生数量少等问题，结合现在社会百姓对其生活质量的高要求，医疗影像领域的改革势在必行。通过整合资源，积极引导第三方医学影像中心的建立、同时积极引进先进技术应用于临床，是该领域改革的必经之路。大型公立医院医学影像科与独立第三方影像中心共同提供医学影像服务是一种新业态，使大型公立医院能够舍得放，以影像中心为代表的第三方医疗结构能够接得住，老百姓能够享受更好、更优质的服务。通过多种形式的业界协作、差异化分工，主动地、有效地调整医疗资源布局，这也是完善医疗服务体系、进行医疗服务供给侧结构性改革的一项重要举措。技术进步、需求倒逼、协作分工，促成了新业态的形成，在新业态下的医学影像服务提供者，在保基本、广覆盖、差异化的原则下，必将带来医学影像诊断行业的新发展。

（作者：孙超　北京大学人民医院放射科）

① 放射科信息系统，也称为RIS系统，是基于医院影像科室工作流程的执行医疗流程、保存影响报告、医疗业务管理的计算机信息系统。常与PACS系统合称为医学影像信息系统。

中国“互联网+”指数

2015 年伊始，李克强总理在政府工作报告中首次提出“互联网+”战略，自此“互联网+”在全国加速落地生根。为准确衡量“互联网+”的发展情况，腾讯研究院联合京东大数据研究部、滴滴研究院、携程研究团队、新美大数据研究院，统计了涵盖腾讯的微信、QQ、支付、新闻、视频、云、城市服务、众创空间等十余个核心平台的全样本数据，京东的电商数据，滴滴的出行数据，新美大的生活服务及餐饮住宿数据，和携程的旅游数据，共计 135 个维度，覆盖 351 个城市，构建了中国“互联网+”指数。

“互联网+”指数共由“互联网+基础”“互联网+产业”“互联网+创新创业”“互联网+智慧城市”四个分指数构成。分指数下设 14 个一级指标、135 个二级指标，内容涵盖社交、新闻、视频、云计算、三次产业的 19 个主要子行业、基于移动互联的创新创业、智慧城市等。

“互联网+”指数使用的是真正意义上的大数据。腾讯研究院扫描的数据总量超过 73500000GB，相当于 800 个世界最大图书馆——美国国会图书馆藏书的容量，最终得到 121 个指标数据集。京东大数据研究院扫描超过 20 亿行、总量 25 TB 的数据后得到 3 个指标数据集，滴滴研究院汇总 2015 年全年订单得到 2 个指标数据集，携程汇总数亿用户的订单数据得到 4 个指标数据集，新美大汇集数亿活跃买家、数千万商户得到 5 个指标数据集。“互联网+”指数构建使用的数据均为不可追溯的总量数据，不涉及用户个人信息安全。

一、数字生产总值（Gross Digital Product）

“互联网+”指数可理解为实体经济投射到数字中国的生产生活总值，简称数字 GDP，直观反映了 2015 年从农业、工业到餐饮旅游、交通运输、零售电商、金融服务、生活 O2O 等几乎所有主要行业在移动端的数据产出和表现。“互联网+”指数的物理意义，就是各省份、各地市在中国数字 GDP 总量中所占百分比。

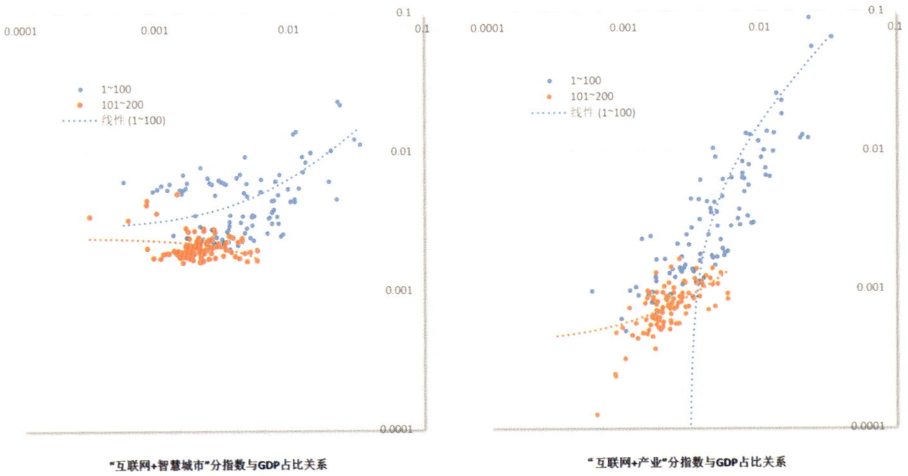

图 1　“互联网+”两个分指数与 GDP 占比

1. 数字 GDP vs 实体 GDP：高相关、可超前。

研究表明，“互联网+”指数与各地的实体经济发展现状联系紧密：数字 GDP 与实体 GDP 呈正相关关系。这一关系显著、稳定，但并不是一成不变的。在某些领域，数字 GDP 可以大幅超前于实体经济水平，实现跨越式发展。例如，“互联网+”指数排名前 100 城市，其智慧城市分指数与各自在全国 GDP 当中占比显著正相关（corr. = 0.626，$p<0.001$）；而在排名 101-200 的城市，智慧城市分指数与其各自在全国 GDP 中占比的相关关系由正转负（corr. = −0.231，$p<0.05$）。而产业分指数与实体 GDP 不论是前 100 名城市（corr. = 0.806，$p<0.001$），还是其后的 101－200 名城市（corr. = 0.600，$p<0.001$），都是显著正相关，没有出现如上的反转。

进一步的分析显示，智慧城市分指数与实体 GDP 相关关系的反转是因为部分中小城市的城市服务水平大幅超前于其实体 GDP 在全国的位置。这一现象有力说明适当的政策刺激可以让城市服务跳脱实体经济水平的限制，实现超前发展，让老百姓享受到更多生活便利和实惠。而让产业分指数实现类似的跳脱、超前比较困难。

2. 数字 GDP 的整体分布：高度集中于沿海，中西部不乏亮点。

“互联网+”指数高度集中于沿海省份和一线城市。排名前三的省级区划——广东、北京、上海，“互联网+”指数之和为 35.5。换句话说，单这三个省市就占去整个数字中国超过三分之一的份额（35.5%）。从城市的角度来看，北京、深圳、广州、上海四个一线城市分列第一到第四名，“互联网+”指数之和达到 28.26，占据整个数字中国的四分之一强（28.26%）。

但在数字中国的纵深，广袤的中西部地区不乏“互联网+”的热点、亮点。例如在“互联网+创新创业”方面，重庆排进全国前五，成都位列第七。武汉、郑州、西安、长沙、合肥、昆明等中西部重镇都排进“互联网+创新创业”前 20。

细分行业中单项排名超越实体经济排名的现象在中西部地区也很常见。例如银川零售指数排名领先统计局社会零售销售总额排名 100 个位次，再如信阳医疗指数排名领先实体医疗行业排名 195 个位次，渭南在教育指数排名领先根据统计局数据计算出的实体教育排名 110 个位次。

3. 数字 GDP 与实体 GDP 的共振效应。

在传统产业基础较好的省份，领军城市率先井喷发展新经济，辐射拉动周边城市，形成产业及区域经济优势。新经济成为拉动传统经济再上新台阶的新动能。以广东为例，在良好的传统产业发展基础之上，深圳、广州引领全省的新经济建设，带动东莞、佛山等城市进入全国 20 强，辐射带动潮州、汕尾、河源等黑马城市进入前百强，拉动广东内“互联网+金融”“互联网+零售”“互联网+医疗”等各大细分行业的全面发展。广东内的发展可以视为整个中国经济发展的微缩图。

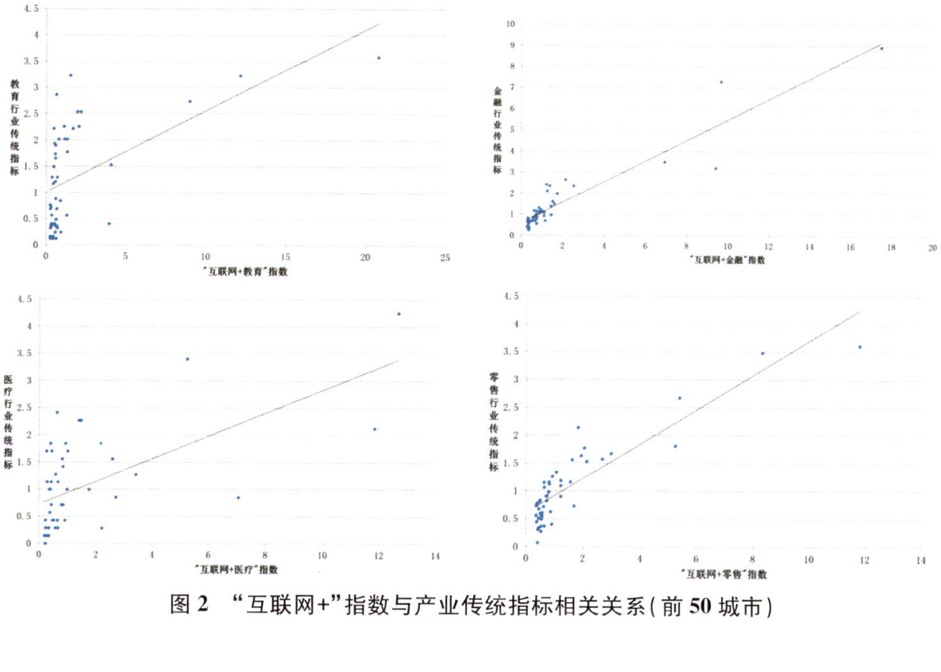

图 2 “互联网+”指数与产业传统指标相关关系（前 50 城市）

选取零售、金融、医疗、教育四个传统行业发展较早、积淀较深的领域，通过对比"互联网+"指数与传统行业指标的相关关系，可以发现各行业"互联网+"发展与传统指标高度趋同，这说明传统产业的良好积淀和发展环境有利于"互联网+服务业"的发展，可视为城市"互联网+服务业"发展的催化剂；从另一方面，互联网思维、平台、分享理念的注入，又为各行各业带来了新业态、新动能、新发展。

二、黑马城市

通过将各个城市的产业分指数、创新创业分指数、智慧城市分指数排名与基础分指数排名分别进行比较，得到产业、创新创业、智慧城市排名均超前基础排名超过20个位次的13个城市表单。这些城市超越了当地移动互联基础，实现"互联网+"与实体经济、公共服务的超水平融合。

表1 领先基础发展的黑马城市

城市	省份	产业超前基础名次	创新创业超前基础名次	智慧城市超前基础名次
珠海	广东	46	46	56
清远	广东	27	57	93
丽水	浙江	58	44	142
常德	湖南	21	73	44
三明	福建	68	82	91
南平	福建	35	35	78
十堰	湖北	21	91	34
铜陵	安徽	61	66	246
安庆	安徽	26	95	43
本溪	辽宁	21	22	113
张家界	湖南	36	134	43
新余	江西	48	65	83
黄山	安徽	60	43	47

通过对比产业分指数与创新创业分指数的加权平均排名，与统计局公布的城市GDP排名之间的差距，得到数字经济排名超前实体经济排名按照位次由多到少排名前20位的城市表单。这二十个城市分布较为分散，北到黑龙江佳木斯，南到海南三亚，西到新疆喀什，以及多个中部城市，数字经济都远超实体经济水平。

表2 领先GDP排名的黑马城市

城市	省份	产业+创新创业排名	GDP排名	领先位次	城市	省份	产业+创新创业排名	GDP排名	领先位次
洛阳	河南	56	211	155	阳泉	山西	166	258	92
海口	海南	43	191	148	忻州	山西	159	250	91
甘孜	四川	183	320	137	大同	山西	117	207	90
三亚	海南	170	294	124	张家界	湖南	203	292	89
丽江	云南	188	310	122	梅州	广东	129	217	88
潮州	广东	109	225	116	阜阳	安徽	95	175	80
云浮	广东	141	255	114	运城	山西	90	169	79
秦皇岛	河北	72	171	99	佳木斯	黑龙江	165	234	69
巴中	四川	193	286	93	丽水	浙江	128	196	68
清远	广东	80	172	92	喀什	新疆	274	342	68

三、四大分指标

1.“互联网+基础”。

“互联网+基础”分指数是市场基础（通信与内容消费）与技术基础（云计算）的加权平均。市场基础与技术基础的对照结果，除北京、广州、上海、深圳、福州、厦门六个城市之外，其余城市的市场基础均超前于技术基础的发展水平。这一结果或可理解为：市场已经准备好，但云计算还没跟上。进一步的分析结果显示，技术基础与市场基础差距越小的城市，“互联网+指数”越高。这说明扎实的技术基础对“互联网+”战略的整体推进有明显的正面作用。

广东全面领跑“互联网+基础”分指数，市场基础和技术基础均大幅领先其他省（自治区、直辖市），“互联网+基础”分指数占到全国的近五分之一。二、三线城市“互联网+”市场基础发展速度全面赶超一线城市，成为“互联网+”市场基础发展最快的群组，徐州、佛山、泉州、金华等二、三线城市在“互联网+”市场基础中占比上升。

技术基础催化市场基础的产业变现：在“互联网+”技术基础较强的城市，市场基础对于产业指数的推动作用会显著增大。测算结果显示，“互联网+”技术基础在全国占比每增加一个百分点，“互联网+”市场基础对“互联网+产业”分指数的正向影响程度相应增加约40%。

“互联网+”主要特征

“互联网+”代表着一种新的经济形态，它指的是依托互联网的平台，利用信息通信技术，把互联网和包括传统行业在内的各行各业结合起来，以优化生产要素、更新业务体系、重构商业模式等途径来完成经济转型和升级。

一是跨界融合。“+”就是跨界，就是变革，就是开放，就是重塑融合。敢于跨界了，创新的基础就更坚实；融合协同了，群体智能才会实现，从研发到产业化的路径才会更垂直。

二是创新驱动。中国粗放的资源驱动型增长方式早就难以为继，必须转变到创新驱动发展这条正确的道路上来。这正是互联网的特质，用所谓的互联网思维来求变、自我革命，也更能发挥创新的力量。

三是重塑结构。信息革命、全球化、互联网业已打破了原有的社会结构、经济结构、地缘结构、文化结构。权力、议事规则、话语权不断在发生变化。

四是尊重人性。人性是推动科技进步、经济增长、社会进步、文化繁荣的最根本的力量，互联网的力量之强大最根本地也来源于对人性的最大限度的尊重、对人体验的敬畏、对人的创造性发挥的重视。

五是开放生态。关于“互联网+”，生态是非常重要的特征，而生态的本身就是开放的。推进互联网+，其中一个重要的方向就是要把过去制约创新的环节化解掉，把孤岛式创新连接起来。

六是连接一切。连接一切是“互联网+”的目标。

2.“互联网+产业”。

“互联网+产业”共包括零售、金融、交通物流、医疗、教育、文化娱乐、餐饮住宿、旅游、商业服务、生活服务等10个细分行业。北上广深全部处在10个细分行业发展的前十名，且基本包揽了每个行业的前4名；杭州和成都是继北上广深后，在10个细分行业中均跻身前十的两个城市。前50城市的“互联网+产业”发展贡献累计占比和接近70%。

就大区而言，华东地区作为全国“互联网+服务业”发展的排头兵，其“互联网+旅游”表现最为抢眼；华南地区“互联网+医疗”“互联网+商业服务”齐头并进；“互联网+教育”是华北地区发展核心；餐饮住宿则是东北地区“互联网+”发展的优势产业；西南地区整体发展虽不敌全国平均水平，但“互联网+旅游”发展得天独厚；华中地区、西北地区则是“互联网+生活服务”开始崭露头角。

3.“互联网+创新创业”。

广东、北京、上海在全国31个省（自治区、直辖市）的“互联网+创新创业”排名中位列三甲。中西部内陆城市在“互联网+创新创业”中表现亮眼。排名前20位的城市中，非沿海省份城市占据8席。西部中心城市重庆、成都打入前10名。

生活O2O、工具软件、手机游戏、电子商务、教育培训是2015年上线App数量最多的前五大领域。可以看出移动互联正在从消费端向生产端渗透，越来越多的企业和个人把智能手机当作生产工具。“互联网+”正在挺进低频、刚需、痛点多的大民生领域。教育、医疗在未来几年很可能接棒电商、游戏、O2O，成为移动互联创新创业活动的爆发点。

各地“互联网+创新创业”均做到与本地优势产业结合，创新创业方向各有侧重。

4.“互联网+智慧城市”。

“互联网+智慧城市”发展模式呈现由一线城市、直辖市、省会城市、区域中心城市等多核心共同示范带动的发展格局。“互联网+智慧城市”前50名城市的指数之和占全国的37.40%，远低于总指数及其它3个分指数的集聚度。

广东以“深圳、广州”为双中心，带动21个地级市全部进入“互联网+智慧城市”分指数前50名，成为全国“互联网+智慧城市”落地的领跑者。

中西部及中小城市表现出极强的发展活力。“互联网+智慧城市”分指数前10名中，中西部占据了3个席位，重庆、湖南、四川分列第3、8和10位，其中湖南省会——长沙在城市榜单中位列全国第3名。二线城市也展现出较强的发展活力。前10榜单中除了北上广深4个传统的一线城市外，剩下6个均是二线城市，分别为长沙、佛山、重庆、成都、武汉和青岛。

“互联网+智慧城市”指数表明，交通管理、出入境、人力资源和社会保障、医疗、税务、户政治安、文化生活、公积金、公共交通的“互联网+”程度较高：上线城市广、活跃用户多、服务较丰富、社会效益显著，集中了近6成用户，且各城市都形成了典型的特色及其实现路径。例如，广州、深圳在“互联网+”出入境、人力资源和社会保障、公积金、公共交通方面均形成了特色服务，赢得用户的广泛喜爱。重庆、成都在互联网+医疗方面则有了较大突破，例如华西二院创新微信全流程就医平台。长沙、武汉则在社保、公安政务服务方面大胆创新，在提升服务效率、节省用户时间、提升社会治理水平等方面取得了显著成效。

（作者：孟昭莉、李刚、刘琼、孙晓菲　腾讯研究院）

第三部分

“新”火燎原　区域联动

（地区篇）

北京：京津冀协同发展激发新活力

近年来，北京经济由高速增长转为中高速增长，经济发展步入新常态，处于新旧发展动能转换、接续的关键时期。为促进经济平稳健康发展，北京深化供给侧结构性改革，加快建设全国文化中心、科技创新中心，大力推动京津冀协同发展，新动能逐步孕育成长。

一、新动能显现新活力

近年来，北京坚持促进产业结构调整，将培育新兴产业和提升传统产业相结合，逐步形成了一些极具活力的行业。以新产业、新业态、新技术和新模式为代表的新动能快速成长，在部分领域已经成为增长的重要驱动力。

（一）“互联网+”打造新业态、新模式

随着互联网技术的发展和广泛应用，互联网相关产业快速发展，互联网与其他产业加快融合，一批带有互联网“基因”的新商业模式正在形成。2016年，北京市卖方企业在全国所有电商平台上实现交易额达到2万亿元，电子商务交易规模在全国各省市中位居第二；其中，商品交易额为1.7万亿元，所占比重为85.5%；服务交易额为2951.6亿元，比重为14.5%。网上零售、互联网金融、旅行预订等与居民消费结构升级需求相契合、顺应供给侧结构性改革方向的领域快速发展。

中关村国家自主创新示范区

1. 网上零售带动消费品市场平稳运行。网络购物是互联网与传统产业融合发展的典型案例。北京最早的网上商店成立于2000年前后，经过十余年的发展，网上零售已经成为北京消费品市场增长的重要引擎。2016年，全市限额以上批发和零售业企业实现网上零售额2049亿元，同比增长

20%，对全市社会消费品零售总额增长的贡献率为51.2%；网上零售占社会消费品零售总额的比重达到18.6%，高于全国6个百分点。目前，从事网上零售的企业由电商拓展到传统企业，老字号企业纷纷“触网”，借助互联网扩大销售半径。2016年，全市77家限额以上老字号批发零售企业中，13家企业开展了网上零售业务，商品涉及食品、茶叶、服装鞋帽和图书等，合计实现网上零售额4.7亿元，增长43.7%。互联网与传统老字号的结合，拓展了这些知名老店的营销渠道，老字号商品的销售不再受地域限制，使更多的人在千里之外就可以领略到北京的文化魅力。

餐饮业也积极利用“互联网+”转变经营模式。从团购到网上订外卖，这些符合现代都市人生活节奏的经营模式受到大众欢迎，带动餐饮业销售收入快速增长。2015年，全市限额以上餐饮业企业实现电子商务销售额21.1亿元，同比增长近2倍。

2. *第三方支付、P2P网贷、众筹等金融新兴行业和业态迅速兴起。*2016年，全市金融信息服务业实现营业收入43亿元，增长63.6%。53家取得第三方支付牌照的非金融机构支付服务业法人单位实现营业收入132.5亿元，增长30.6%。同时，银行、保险等传统金融机构纷纷进军互联网金融业务。据统计，约有7成以上的保险公司开展了互联网业务，商业银行开展的互联网金融业务包括电子银行、手机银行、直销银行、网络支付、自建电子商务平台等，电子银行交易替代率①达到70%左右。

3. *旅游产业线上线下加速融合。*随着“互联网+旅游”的快速发展，在线旅游产品呈现快速增长态势。一方面，在线旅游平台整合吃、住、行等资源，更能满足消费者个性化需求，深受欢迎。很多在线旅游平台抓住时机，乘势发展，收入保持了较快增长。

另一方面，传统旅行社从单一的门店销售模式逐步拓展为线上线下相融合的销售模式。2015年，全市1238家旅行社线上和线下销售收入分别为228.5亿元和607亿元②，分别占营业收入的27.4%和72.6%。321家规模以上旅行社中，有57家旅行社通过电子商务交易平台销售旅游产品，实现营业收入340.2亿元，同比增长14.1%。其中，线上销售收入达137亿元，占其营业收入的40.3%。

4. *居民互联网消费趋于多元化。*互联网正在改变居民的生活习惯，从网上购物到互联网理财、旅行预订、团购、在线教育、网络订餐、网络出租车，居民互联网消费的范围涉及日常生活的方方面面。调查显示③，北京居民对互联网提供生活方式的接受程度达到70%-90%，超7成被调查者表示满意。2016年，全市居民通过互联网购买商品和服务的人均支出为816元，同比增长7.2%，快于人均消费支出增速2.4个百分点。从支出结构看，衣着占32.7%、生活用品及服务占23.5%、教育文化娱乐占15.8%、交通通信占12.4%、食品烟酒占10.2%。从网购商品种类看，食品中的奶类、

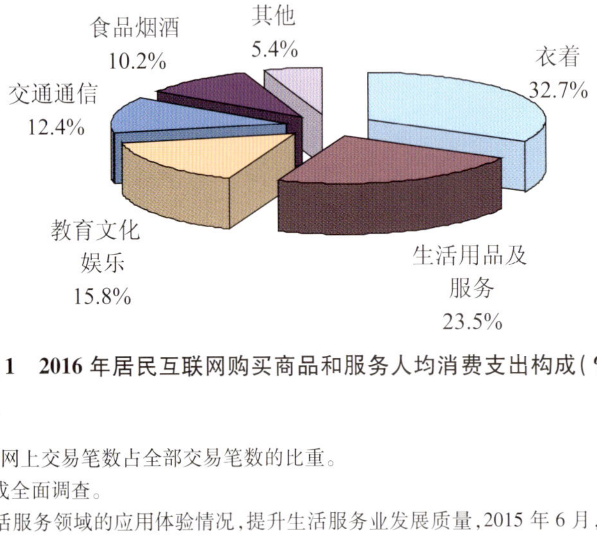

图1 2016年居民互联网购买商品和服务人均消费支出构成(%)

---

① 电子银行交易替代率是指网上交易笔数占全部交易笔数的比重。

② 资料来源:旅行社收入构成全面调查。

③ 为了解市民在互联网+生活服务领域的应用体验情况，提升生活服务业发展质量，2015年6月，北京市统计局、国家统计局北京调查总队开展了“互联网+生活服务”应用情况调查。

干鲜瓜果、在外饮食(团购饮食)占比较高;生活用品中的化妆品、耐用消费品最受青睐;医疗保健支出中6成以上为滋补保健品;交通通信类支出中的移动电话支出占一半以上;其他用品及服务中5成以上是首饰及手表支出。

除购买商品和服务外,通过互联网享受政府服务也逐渐成为趋势。2016年《政府工作报告》指出要大力推行“互联网+政务服务”,实现部门间数据共享,让居民和企业少跑路、好办事、不添堵。调查结果显示①,33.4%的被调查者体验过网上办事服务,32.7%的被调查者使用过政府信息公开和查询服务。

(二)新产业蓬勃发展

1. 新能源汽车等战略性新兴产业快速增长。2016年,全市战略性新兴产业实现增加值3824.3亿元,按现价计算,同比增长10.7%,占新经济增加值的47%。在规模以上工业战略性新兴产业中,新能源汽车、新材料产业、生物产业、节能环保产业发展较快,全年增加值分别增长69.3%、12.2%、5.8%和5.5%,均高于工业平均增速(5.1%)。

在战略性新兴产业的众多行业中,新能源汽车产业的发展尤为突出。在相关政策的有力支持下,近两年,北京新能源汽车产销数量呈现井喷式增长。2015年和2016年,规模以上工业企业新能源汽车产量分别为2.4万辆和5.9万辆,增长2.4倍和1.5倍。新能源汽车推广的政策措施陆续出台。2014年1月1日起,北京市在执行国家各项政策的基础上实施《北京市示范应用新能源小客车管理办法》,购买新能源汽车除享受国家补贴外,还享受地方1:1的配套补贴。同时,纯电动小客车还在摇号、行驶等方面享受更多优惠。在这些政策引导下,大众消费理念逐渐转变,新能源汽车销售火爆。2016年,规模以上批发和零售企业实现新能源汽车零售额65.4亿元,增长2.7倍。

除新能源汽车外,智能、高技术产品产量均呈现快速增长。2016年,运动型多用途乘用车(SUV)和多功能乘用车(MPV)产量分别比上年增长73%和32.3%,远高于汽车产量17.4%的增速。电子产品中,液晶显示屏产量增长65.2%,卫星导航定位接收机增长86.5%,智能电视增长18.8%。

2. 非公经济为文化创意产业发展注入活力。文化中心是北京的城市战略定位之一,近年,北京大力促进文化及相关产业发展,不断激化文化领域发展活力,文化创意产业较快发展,所占比重逐年提高。2016年,全市文化创意产业实现增加值3570.5亿元,按现价计算,增长12.3%,占地区生产总值的14.3%,比上年提高0.5%。随着北京服务业扩大试点开放的持续推进,非公经济活力不断激发,对文化创意产业增长贡献显著。规模以上文化创意产业法人单位中,非公有制及混合所有制经济实现收入9307.4亿元,增长7.3%,对文化创意产业收入增长的贡献率达72.2%,占文化创意产业收入的比重达到66.7%;利润总额706.6亿元,增长7.0%,增速高于文化创意产业平均水平3.7个百分点,占文化创意产业利润总额的比重达到68.5%。

(三)城市商业综合体发展迅猛

城市商业综合体是以面向各类消费人群、提供综合性服务的大型建筑综合体为载体,融合零售、餐饮、娱乐、文化等多项功能为一体的新型商业模式,近年来发展十分迅猛。2015年末,全市共有商业综合体36个,内有商户数6764个,从业人员6.8万人;总客流量4.3亿人次,同比增长22.3%;实现销售(营业)额373亿元,同比增长26.7%。从规模看,北京的商业综合体以中小型②为主,但户均规模大于全国平均水平,平均商户数和平均从业人员分别比全国高2%和33.7%。从行业看,零售业占主体,商户数比重为64.8%;餐饮业和服务业(包括休闲养生、娱乐、文化、教育等)分别占24.2%和11%。

二、“双创”注入新动力

在加速建设全国科技创新中心的过程中,北

① 为了解市民在互联网+生活服务领域的应用体验情况,提升生活服务业发展质量,2015年6月,北京市统计局、国家统计局北京调查总队开展了“互联网+生活服务”应用情况调查。

② 规模划分,根据城市商业综合体的可出租(使用)面积,将城市商业综合体分为特大型、大型、中型和小型四类。特大型为可出租(使用)面积在20万平方米及以上,大型为10万(含)-20万平方米,中型为5万(含)-10万平方米,小型为5万平方米以下。

京全面落实国家关于大众创新、万众创业的相关政策，充分发挥科技资源优势，激发全社会创新、创业活力，强化创新驱动作用。

（一）创新发挥驱动作用

科技创新能力强。北京R&D经费支出占GDP的比例在全国保持领先水平，2016年R&D经费支出1479.8亿元，相当于GDP的比例为5.94%，高于全国平均水平3.86个百分点。全年专利申请量与授权量分别为18.9万件和10.1万件，分别增长21.0%和7%；其中发明专利申请量与授权量分别为10.5万件和4.1万件，分别增长17.7%和15.0%。

技术创新辐射范围广。2016年，北京市技术市场合同成交额3940.8亿元，其中50.7%辐射到京外地区，流向全国300多个城市。在京津冀协同发展中，北京流向津冀的技术合同成交额超过150亿元，对区域协同创新、产业转型升级起到重要促进作用。

中关村发挥创新引领作用。中关村国家自主创新示范区是目前国内最大的高新技术园区，入驻高新技术企业近两万家，占全国高新区企业数量的20%以上；从业人员超过200万人，占全国高新区从业人员的13%。2016年，中关村示范区实现总收入45721.6亿元，比上年增长12%；其中，实现技术收入7115.3亿元，所占比重为15.6%。

（二）创业呈现"高精尖"趋势

商事制度改革释放大众创业热情。2014年3月商事制度改革以来，北京市积极推动"先照后证""三证合一""五证合一"等一系列改革措施，大大简化了行政审批手续，市级部门新注册企业的平均注册时间由8天缩减到4天，全社会创业热情持续高涨。2016年，全市新设企业22.2万家，比2013年增长1倍以上；其中，新设科技型企业8万家，占全市新设企业的36.2%。

创业服务业快速发展。伴随着创业的热潮，专门服务于创业企业的创业服务业应运而生。2015年，北京有科技企业孵化器103个，在孵企业3892家，居全国前列。众创空间作为近年兴起的创业服务平台，顺应了当前创新创业的特点和需求。全市众创空间向创业团队提供办公面积60.9万平米，当年服务团队数量2.5万个；其中，科技人员创业团队2012个，留学人员创业团队825个，大企业高管创业团队717个，大学生创业团队641个。[①]

京津城际快车

三、新战略开拓新空间

2015年4月30日，中共中央政治局审议通过《京津冀协同发展规划纲要》（以下简称《规划纲要》），京津冀三地深入贯彻落实协同发展战略部署，重点推动产业、环保、交通等领域协同共进，打造协同发展新格局，开创区域发展新局面，北京在

① 孵化器和众创空间相关数据来自市科委。

协同发展中也开拓出经济发展的新空间。

（一）产业协作提升竞争力

三地依据《规划纲要》和《京津冀产业转移指南》，集中力量构建“4+N”产业合作格局，通过对接合作实现共赢，提升区域产业竞争力。北京现代沧州工厂、北汽黄骅工厂、三元河北工业园等落成投产，北京沧州渤海生物医药园、张北云计算基地等一批重大产业合作项目加快实施。2016 年，北京企业对津冀投资为 2039 亿元，比 2014 年增长 3.4 倍。截至 2016 年底，中关村的企业到津冀建立分支机构 5849 家，北京首钢、金隅、京东方等企业也纷纷在津冀布局。

（二）绿色发展打造新模式

三地不断加大对高耗能、高污染企业的治理力度，建立区域大气污染联防联控机制，共同推进节能降耗工作，改善区域生态环境，打造绿色发展新模式。2015 年，京津冀万元 GDP 能耗分别为 0.34 吨、0.5 吨和 0.96 吨标准煤，与 2013 年相比，按可比价格计算，分别下降 15.3%、14.7%和 17%。2016 年，区域 PM2.5 平均浓度为 71 微克/立方米，与 2013 年相比下降 33.0%。

（三）互联互通开拓新维度

三地围绕疏解北京非首都功能和产业升级转移，联手建立统一开放的区域运输市场格局。2014-2016 年，累计完成交通领域固定资产投资 11494 亿元。新机场全面开工建设，京津城际延长线、津保城际铁路、张唐铁路建成通车，京昆高速、京台高速、京秦高速、京沈客专、京张铁路等一批重点项目落地开工。2016 年，三地公路里程合计达到 22.7 万公里，比 2013 年增加 1.5 万公里；客运量 14 亿人次，货运量 28.7 亿吨，分别占全国的 7.3%和 6.9%。京津保核心区 1 小时通勤圈初步形成，在全国率先实现区域交通“一卡通”互联互通。

四、对培育新动能有关问题的思考及建议

当前，北京正处于调整转型的关键时期，既面临着新旧动能接续不足、传统产业转型升级有待提速等问题，也肩负治理“大城市病”、疏解非首都功能等重要任务。解决这些问题，必须坚持创新、协调、绿色、开放、共享的发展理念，紧密围绕首都城市战略定位，深入推进供给侧结构性改革，发挥创新的驱动引领作用，加快推动京津冀协同发展，促进新动能健康快速成长，并支撑带动传统产业与模式转型升级。

（一）新产业竞争力有待提升，需强化创新驱动

相比新业态、新商业模式的快速发展，以高技术为特征的战略性新兴产业、高技术产业发展略显缓慢。究其原因，一方面源于市场需求不足，另一方面是企业创新能力有待增强。以新能源汽车产业为例，关键性核心部件的技术研发能力不足，核心材料仍需要进口。

因此，应大力推动支持企业创新相关政策和工作的落地，提高企业竞争力。**一是用政策引导企业创新**。结合《<中国制造 2025>北京行动纲要》，力争在新一代信息技术、新材料技术、智能制造、生命科学等创新前沿领域取得突破，落实国家“工业强基工程”，重点发展关键基础材料和核心基础零部件产品，形成核心竞争力和新的增长点，增强产业和产品竞争力。**二是用制度保障企业创新**。切实落实《北京市人民政府关于加快知识产权首善之区建设的实施意见》等相关政策措施，营造公平竞争、规范有序的市场环境，消除企业创新的后顾之忧。**三是用平台支持企业创新**。借助北京高校院所的研发优势，搭建高校院所与企业的创新合作平台，提升企业创新能力，将更多的高校院所创新成果应用于生产。

（二）“新”“老”融合不足，需进一步提升新模式带动力

培育新动能，一方面要培育新产业、新业态、新模式；另一方面还要加快改造升级传统动能的步伐，将“新”更多地与传统行业融合，通过转型升级产生更大的带动力量。以商业为例，近年，传统零售业受网上零售冲击较大，表现低迷。2016 年，占比近 7 成的传统零售业零售额仅增长 2.2%。而与此同时，“触电”的老字号增势强劲，表明传统商业亟需通过转型升级获得新动力。目前，传统零售业与互联网的融合发展仍有较大空间，以百货店为例，只有 1 成的法人单位有网络销售，实现

网上零售额不足企业零售额的1%。

因此,应加快利用新模式对传统商业企业进行改造升级的步伐。一是落实国家《关于推进线上线下互动加快商贸流通创新发展转型升级的意见》,大力发展线上线下互动,鼓励和引导企业通过多种方式与互联网融合,拓宽实体店发展空间。二是引导部分传统商业企业结合实际条件,打造集购物、餐饮、娱乐为一体的商业综合体,更加契合消费需求。并可由此推而广之,依据不同行业特点,将更多的新模式、新技术与传统行业进行融合,让"老"行业焕发"新"活力。

(三)新领域监管工作有待加强,需促管结合提升新业态可持续发展能力

近几年,互联网相关新产业、新业态发展迅猛,对经济发展发挥了稳增长和调结构的双重作用。但在发展过程中也出现了一些问题,包括P2P网贷平台"跑路"事件、网上订餐食品安全问题、网络约车安全问题等,不利于新生事物的健康、可持续发展,需要加强管理和规范。

建议一是发挥行业协会作用,加强自律管理,强化企业内部控制、信息披露、风险揭示,通过行业协会自我约束的"软性立法",形成对政府监管"硬性约束"的有效补充;二是加强对新业态、新模式的研究与跟踪监测,了解和熟悉新领域发展特点,实施科学有效管理。

(四)区域产业协作仍待加强,需细分工促创新提升核心竞争力

近年来,京津冀三地持续推进产业结构升级、加强产业对接合作,但尚缺乏更为统一、细化的分工协作,传统产业转型升级也显得非常急迫。

建议一是在已明确各地功能定位的基础上,通过统筹协调,由三地对其所辖区及地级市进行合理定位、职能分工和产业分工,制定各城市的产业发展规划和产业发展指南,明确各城市主导产业和优势产业;二是发挥重点企业或科研院所的牵引协调作用,吸引区域同类行业或关联行业企业介入、参与,以电子信息、高端装备、生物医药为重点,形成产业链与创新链高效衔接、良性互动、价值共享的模式和路径,打造区域特色的产业创新高地。

(作者:杨爽 北京市统计局综合处)

上海：创新动能加速积聚

2008年国际金融危机爆发以来，世界经济艰难复苏，国际贸易增长乏力，世界主要经济体经济增长情况分化严重。中国经济进入新常态，“三期叠加”效应仍在延续。李克强总理明确提出，经济发展到一定阶段后传统动能出现减弱是规律，需要新动能异军突起来适应产业革命的趋势。

上海作为国内市场化和国际化程度最高的地区之一，“三期叠加”的效应出现早于国内其他地区，作用更加明显，影响更加深远，转型发展的要求更加迫切。在“十二五”之初，上海按照当好改革开放排头兵、创新发展先行者的要求，提出了“创新驱动发展、经济转型升级”的发展理念，先后提出重点发展九大高新技术领域、加快发展新产业、新业态、新技术和新模式等目标。近年来，为落实中央赋予上海的深化改革、先行先试的任务要求，上海以自贸区改革推动制度创新，以建设具有国际影响力的科创中心推动科技进步，深入推进供给侧结构性改革，积极打造适合新动能孕育发展的制度环境和技术基础，加快推动城市发展新旧动能的转换。上海经济发展新动能加速积聚，对支撑上海经济增长、促进转型升级发挥了日益重要的作用。

上海自贸区

一、上海经济发展新动能加速积聚

近年来，上海经济发展的新动能稳步发展壮大，新产业、新业态、新商业模式等新兴经济呈现出增长快、比重升、创新多、质量好的发展特征，涌现了大批行业领先的企业，为上海经济保持合理增长区间和转型升级提供了有力支撑。

（一）新动能拉动经济增长

2016年，上海GDP增速为6.8%，为2008年

以来首次超过全国，服务业占 GDP 比重为 70.5%，人均 GDP 为 11.36 万元。上海经济保持平稳增长的背后，是以新兴产业为表现形式的新动能发展壮大的有力拉动。

从行业看，新兴产业蓬勃发展的行业对全市经济增长的贡献率较大，2016 年金融业、信息传输、软件和信息技术服务业对 GDP 的贡献率分别为 31.2%和 12.2%，而传统的建筑业和房地产业对 GDP 的贡献率分别为 1.6%和 4.5%。

从重点产业领域看，新兴产业较为集聚的产业增加值在全市经济总量中的比重持续提升。2016 年，上海战略性新兴产业增加值为 4182.26 亿元，占全市 GDP 的比重为 15.2%，比 2012 年提高 2.8 个百分点；信息产业实现增加值 2994.33 亿元，比上年增长 8.5%，占全市 GDP 的 10.9%，比 2012 年提高 0.8 个百分点；文化创意产业实现增加值 3310.39 亿元，比上年增长 7.9%，占全市 GDP 的 12.1%，比 2012 年提高 0.8 个百分点；旅游业实现增加值 1689.7 亿元，比上年增长 6.9%，占全市 GDP 的 6.2%（见图 1）。

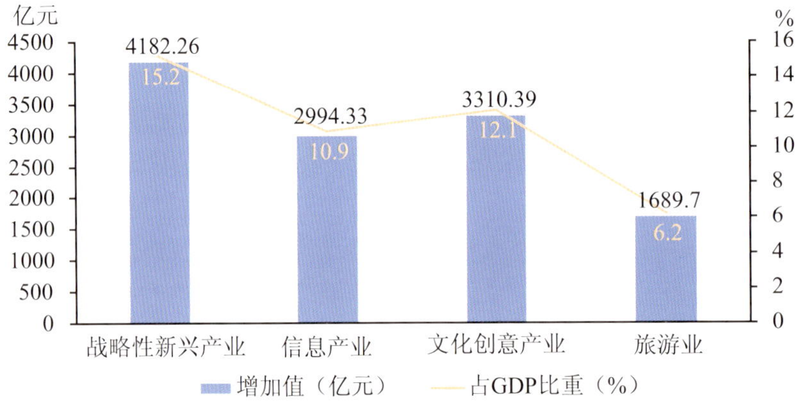

图 1　2016 年上海主要产业增加值及其占 GDP 比重

（二）新动能助推转型升级

近年来，上海高端制造业、互联网商业、互联网金融等兼具科技创新和引领未来的领域异军突起，呈现集聚增长的态势，不断为上海经济转型升级积蓄新能量。

1. 高端制造业快速壮大，孕育先进制造业增长新动力。2016 年，上海战略性新兴制造业增加值 1807.75 亿元，比上年增长 2.7%，增速高于全市工业 1.7 个百分点。其中，新能源汽车制造增加值 37.93 亿元，增速高达 29.0%。2016 年，汽车制造业和电子信息产品制造业投资明显复苏，分别比上年增长 10.5%和 11.4%。中芯国际、华力微电子、和辉光电为代表的高端电子信息制造业项目加快推进，为未来上海先进制造业的快速发展积蓄了新的动力。

2. 互联网商业发展迅速，引领商业发展新时尚。2016 年，上海实现电子商务交易额 20049.3 亿元，比上年增长 21.9%。其中，B2B 交易额 14445.6 亿元，增长 17.3%；网络购物交易额（B2C/C2C）5603.7 亿元，增长 35.4%，增速均明显高于全市社会消费品零售总额（8.0%）和商品销售额（7.9%）。受互联网商业发展的带动，2016 年，上海快递业实现营业收入 486.39 亿元，比上年增长 37.0%。

3. 互联网金融集聚扩张，打造金融发展新高地。互联网支付、网络信贷、股权众筹融资等新金融活动发展迅速。截至 2016 年底，上海互联网支付企业 54 家，其中，39 家重点调查企业 2016 年资产总额合计增长 63.1%、营业收入增长 39.9%，增速明显高于同期金融业发展速度。网贷之家数据显示，2016 年上海正常运营的网络信贷平台数量 331 家，网贷成交量 4575.07 亿元，同比增长 3 倍。2016 年，上海众筹行业正常运营平台数 48 家，全国排名第四；全年行业合计筹资 16.26 亿元，比上年增长 11.8%，占全国总筹资金额的 7.23%。

4. 文化领域创投活跃，带动文化产业新发展。近年来，上海新兴文化集聚发展，初步形成了规模效应。2016 年，上海网络文学全国市场占有率超过 70%。截至 2016 年底，115 家新三板挂牌游戏企业中，上海挂牌游戏企业占 21.7%，数量和规模仅次于北京地区。上海电影备案、出品量大幅增长，2016年出品影片总票房增长近3倍，票房过亿的上海影片12部，其中，上影联合出品和发行的电影《美人鱼》创造了中国电影史近34亿元票房新纪录。2016年，上海文化企业发生股权投融资141起，涉及资金规模182.6亿元；发生并购数21起，涉及资金规模83.4亿元。

（三）新动能涌现行业龙头

龙头企业在产业和行业发展中具有较强的示范引领作用，对促进整个行业的发展以及地区主导产业的集聚形成具有很强的积极作用。

扶持龙头企业的发展壮大，贯穿上海新动能培育的整个过程。近年来，中芯国际计划投资791亿元的12英寸芯片生产线和配套光掩模生产线项目，华力微电子计划投资352亿元的12英寸先进生产线建设项目，和辉光电计划投资273亿元的第6代低温多晶硅AMOLED显示项目等，均是聚焦尖端技术领域、创新能力强、带动能力强的龙头项目。2016年6月，上海迪士尼正式开园迎客，截至2016年12月31日，入园游客达560万人。携程网已经成为中国最大的在线旅游公司，全球合作伙伴突破20000家，提供2000多个出发城市和目的地超过70万条旅游度假产品。2016年，京东和1号店累计实现零售额664.39亿元，占全市网上零售额的53.2%，增长19.2%。国家会展中心作为世界上面积第二大的建筑单体和会展综合体，2016年营业收入突破7亿元，同比增长10%。银联商务、支付宝、汇付数据、快钱和通联支付是全国最为领先的互联网支付企业。阅文集团是目前国内最大的IP源头之一，拥有白金作家500人，普通作家400万人，作品数量达到1000万部，注册用户数突破6亿，订阅销售同比增长140%，付费率高达20%，已经覆盖网络文学几乎全部的主流用户。

上海浦东陆家嘴

二、上海经济发展新动能集聚壮大的动力

创新是经济转型发展的本质要求，也是上海新动能集聚壮大的核心推动力。近年来，上海着力推进“创新驱动发展、经济转型升级”发展战略，加快建设具有国际影响力的科创中心，积极发挥营改增和自贸区制度创新优势，营造更加适应创新要素跨境流动的便利环境，科技创新、模式创新不断涌现，创新的文化和氛围日益浓厚，有力促进了经济发展新动能的发展壮大。

（一）科技创新加快推进

习近平总书记强调，上海要努力在推进科技创新、实施创新驱动发展战略方面走在全国前头、走在世界前列，加快向具有全球影响力的科技创新中心进军。在推进全球科创中心建设的带领下，上海不断加快科技创新的步伐，科技创新逐步成为上海经济转型发展的重要推动力。

2016年，上海研究与试验发展（R&D）经费支出为1030亿元，相当于GDP的比例为3.80%，比全国高1.72个百分点（见图2）；全年受理专利申请11.20万件，比上年增长19.9%，每万人口拥有发明专利数35.2件。比如：大飞机、高端处理器芯片、集成电路芯片制造及配套装备材料、智能汽车和新能源汽车、智能制造与机器人等若干重大产业创新战略项目陆续实施；脑科学与人工智能、干细胞与组织功能修复、材料基因组、量子通信等一批重大科技前沿基础工程部署推进①；张江、临港、紫竹、杨浦、嘉定、徐汇等6个重点科技创新集聚区急剧壮大；越来越多的战略性新兴企业研发人员数占到企业员工总数的三分之一左右，研发投入占到年主营业务收入的30%以上。

量子通信走在世界前列

量子是能量的最小单位，利用量子态的叠加原理和基本纠缠，可以让我们的通信实现绝对安全，让我们的导航更为精准，让计算机的计算能力出现质的飞跃。更神奇的是，利用量子隐形传态，未来人类往返世界各地，甚至进行星际旅行也可能做到瞬间即达。近年来，以中科大潘建伟院士研究团队为代表的我国科研人员在量子科学研究和量子通信领域取得一系列举世瞩目的成就。

2012年在国际上首次实现了八光子薛定谔猫态；2013年首次观测到量子反常霍尔效应；2014年将可以抵御黑客攻击的远程量子密钥分发系统的安全距离扩展至200公里，将成码率提高了3个数量级，创下新的世界纪录；2015年在国际上首次成功实现多自由度量子体系的隐形传态，位列年度国际物理学十大突破榜首；2016年我国量子通信技术再次取得跨越式发展，世界上第一条量子通信保密干线“京沪干线”全面建成，世界首颗量子科学实验卫星“墨子号”发射升空，使我国在世界上首次实现卫星和地面之间的量子通信，构建了天地一体化的量子保密通信与科学实验体系。从实验室演示到产业化和实用化应用，从跟踪到领跑，短短几年时间，中国的量子通信技术已达到世界顶尖水平，领先欧美国家。以前我们在科学技术发展方面总是向世界去寻求答案，但这次，我们已有能力给世界一个提问的机会。

近年来，跨国公司纷纷加大了在上海的研发投入。2016年末上海外资研发中心411家，当年新增15家。英特尔、好时、葛兰素史克、罗氏、埃克森美孚、德尔福、丰田等众多跨国企业陆续实施“研发在上海，生产在外地”的发展战略。

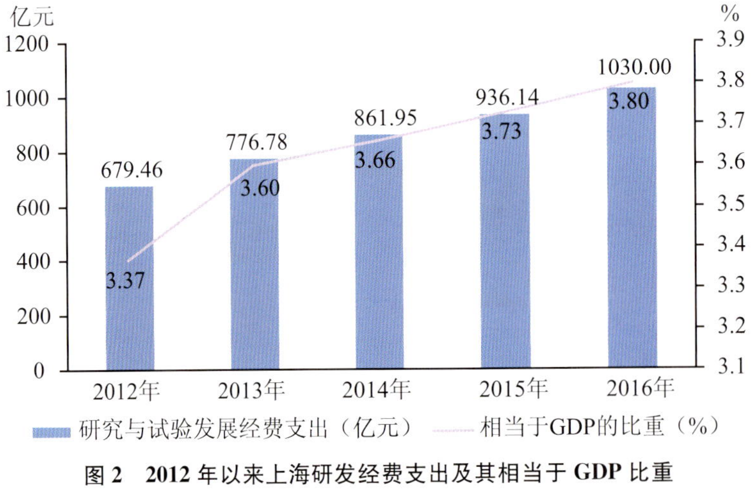

图2　2012年以来上海研发经费支出及其相当于GDP比重

① 其中，量子通信在重大科技前沿领域成绩显著。中科院上海分院积极参与墨子号量子卫星的实验研发，中科院上海微小卫星创新研究院抓总研制卫星系统，中科院上海技术物理研究所联合中科大研制有效载荷分系统，为墨子号的发射升空贡献了力量。

（二）产业融合有序深入

产业融合是企业商业模式不断创新发展的结果，也是经济发展新动能的驱动力。近年来，上海产业融合的进程不断加快。

1. 制造业与服务业融合趋势加快。在智能制造、工业机器人、3D打印等战略性新兴产业领域，上海已经聚集了一批“智造与服务”相结合的新型工业企业。比如：上海新松机器人、盟立自动化、伟本智能机电、明匠智能等一大批企业均将企业发展目标定位于可以提供智能化整体解决方案的制造商，企业专注智能制造核心控制技术领域的软件研发、设计和应用，产品制造多采取零部件和主要核心部件OEM原厂委托制造、ODM厂商设计方案代制的供应方式；上海宝信软件将信息化、自动化、智能化服务贯穿生产流程各个环节，形成生产与服务的深度融合，服务对象从最初的钢铁企业扩展到制造业企业，继而又扩展到智慧城市整体解决方案，2016年营业收入已经由2001年起步时的3.97亿元增长到33.14亿元。

2. 网络经济和实体经济融合逐步深入。以大数据、云计算、一体化电商平台等“互联网+”手段为代表的网络经济对实体经济的介入程度进一步加深，互联网成为实体经济转型的重要平台。2016年“双十二”期间，支付宝平台共实现交易金额128亿元，上海作为“双十二”主战场之一，三天总共参与人数750万人，带动消费金额8.75亿元。2016年“双十一”当日，百联集团有效订单突破14313单，刷新了“联华线上”单日订单的历史纪录。上海找钢网通过搭建在线供需信息发布和交易平台，在钢材线下市场需求不振、价格“跌跌不休”的市场环境中，交易量逆势猛增1.8倍，2012年成立至今短短4年多时间内，年营业收入已经突破300亿元，从业人员超过1200人。

3. 文化与金融、科技、信息融合深入推进。近年来，上海不断加快探索文化与金融、科技、信息融合的发展路径。2016年，上海市级文化产业创业投资引导基金先后与旌灏投资、创客天地创业投资、联创君潭投资等6家第二批创投机构签订合伙协议，星湾创业、探针（上海）创业、国灏创业、无穹创业等4家第一批创投机构共投资项目33个，投资金额1.07亿元，其中文化产业项目22个，投资金额6614万元，占投资金额61.45%。2016年上海互联网相关的文化信息类企业投融资事件占文化企业投融资事件总数的三分之二。在4K超高清电视领域，上海文广集团、上海交通大学、数字电视国家工程研究中心、东方有线等7家单位组织成立专项工作组，与央视等机构共同开展产业技术研究和标准制定。目前，上海已基本掌握4K超高清全产业链的关键技术，具备4K超高清电视广播级播出的技术能力和产业环境，建成国内领先的4K超高清试验播出平台。

（三）创新文化日益浓厚

在加快科创中心战略布局的同时，上海更加注重激活民间力量、草根力量。上海发挥自贸区制度创新优势，营造更加适应创新要素跨境流动的便利环境，吸引世界一流创新人才、机构和资金汇聚上海；推动大众创业、万众创新，培育良好创新生态。近两年新增7家国家级科技企业孵化器、20家国家级众创空间，并成立了国内第一家区域性众创空间组织——上海众创空间联盟。2016年，中国（上海）自由贸易试验区新增内资企业注册户10298个、注册资本6423.38亿元。2016年，全市民间投资2394.99亿元，比上年增长11.9%，增速高出全市投资5.6个百分点；民间投资占全市投资的比重为35.5%，同比提高1.8个百分点。

三、上海经济发展新动能加快培育的政策建议

新动能在本质上是对传统经济形态和模式的创新和突破，对创新创业有天然的本能，对市场需求有灵敏的嗅觉，对宽松环境有热切的期盼。因此，要打造经济增长新动能，还须不断加强创新驱动发展战略，积极营造适合新动能发展的制度环境和市场环境，并科学准确地衡量新动能对经济增长的重要贡献。

（一）牢牢把握创新驱动发展战略，提高新动能的市场竞争力

上海经济发展新动能普遍存在规模较小、核心技术欠缺、未来发展不确定性较大等问题。比如：新能源汽车制造等战略性新兴行业过于依赖政策扶持；工业机器人制造80%以上的核心零部

件依赖进口，特别是高性能交流伺服电机和高精密减速器基本全部从日本、德国进口；具有国际影响力和竞争力的企业数量较少，等等。上海要坚定不移地实施创新驱动发展战略，通过加大研发投入力度，着力打造以高技能人才为核心的创新团队，提升企业的生产和研发能力，实现产品结构由低端向高端的转变，增强企业的核心竞争力。加大面向云计算、大数据、移动互联网等新一代基础软件的研发及产业化力度；加强云计算、大数据、物联网等新兴信息技术在实体经济中的融合应用；积极扶持龙头企业做大做强，切实提升新动能行业的市场竞争优势。

（二）积极完善法规政策，优化新动能发展壮大的制度环境

新动能的形成壮大，往往伴随着知识产权问题凸显、行业管理矛盾加剧、市场竞争无序等新问题。比如：网上销售假货现象层出不穷；专门针对电商企业的“职业差评师”大量出现；互联网金融风险时有爆发；滴滴打车、共享单车新生事物对行业管理提出新挑战，等等。一方面，政府要主动适应新动能带来的变化，及时加强调研，完善实施相关法律法规，积极解决新动能发展中存在的问题。另一方面，政府要鼓励企业创新、宽容失败，稳定企业预期，维护公平的市场环境；进一步放宽行业准入标准，实质上降低企业进入门槛，鼓励创新型企业，特别是民营资本进入竞争性领域参与市场竞争；进一步减少行政审批项目和环节，减少政府对微观经济活动的直接干预，加强知识产权保护，让“看不见的手”在资源配置中发挥决定作用；进一步加强诚信体系建设，从而坚定企业创新创业的信心与决心。

（三）尽快完善统计方法制度，加强新动能的统计监测

新动能的基本特征是融合与多元，现有的统计制度方法还难以适应反映新动能发展态势的要求和需求，因此，统计部门还须加紧探索研究，逐步建立完善能够反映新动能发展态势的统计方法和工作机制。近两年，上海市统计部门将“三新”内容纳入现有统计框架中，加强新兴产业、新动能的研究探索，取得了一定的成效。初步搭建了新兴产业统计制度基本框架；通过创新统计方法，研究探索新兴经济、新动能统计标准；以上海自贸区政府管理体制改革创新为契机，提出“社会化大数据+政府部门信息共享+统计部门重点调查”的工作思路，创新统计数据采集方式。但在实践过程中，仍然面临新动能概念界定困难、市场发展变化较快、部门数据质量参差不齐等问题。统计部门应继续发挥现有数据采集渠道优势，在社会化大数据领域，加强与电信、电商以及金融机构的合作，及时通过市场变化研判经济运行情况和新动能发展态势；在政府部门信息共享方面，与税务、工商、商务、金融监管等部门密切合作，及时掌握新兴产业类型企业名录的动态变化和发展趋势；选择新动能发展重点领域开展典型调查，加强新动能的统计监测，跟踪评估新动能对上海经济转型升级的贡献和影响。

（作者：张志远　上海市统计局国民经济核算处）

天津：定位高层次战略部署

当前，以新产业、新业态、新商业模式为代表的新兴经济悄然崛起，日益成为支撑经济转型升级、提质增效的重要力量。以打造全国先进制造业研发基地和建设国家自主创新示范区为契机，天津瞄准更高层次部署新产业，加快发展新兴经济，培育壮大新动能。

一、天津经济发展的新动能

2016 年，天津生产总值增长 9.0%，虽然与上年 9.3%的增速相比略有回落，但波动很小。新兴经济的蓬勃发展，有效减缓了传统产业下滑带来的影响，对支撑经济稳定增长发挥了重要作用。

（一）新产业新服务积聚转型升级新动能

2016 年，天津市工业保持平稳增长，规模以上工业增加值增长 8.4%，产业和产品结构持续优化，高技术产业增加值占规上工业比重保持在 13%左右，新产品产量较快增长。

1. 新产业快速成长。在石油化工和冶金等传统行业对工业增长拉动力减弱的情况下，航空航天、医疗设备制造等战略性新兴产业蓬勃发展，占全市工业增加值的比重接近 20%，正在形成工业稳增长的新动力。2016 年，高技术制造业增加值增长 5.7%，占规模以上工业的比重达 12.6%。其中，航空航天器及设备制造业增加值增长 13.6%，医疗仪器设备及仪器仪表制造业增长 7.2%。

2. 新产品发展良好。在电子信息、智能制造、节能环保等新技术的推动下，符合转型升级趋势的高附加值产品产量较快增长。2016 年，生产节能与新能源汽车 4.79 万辆，增长 8.1 倍；城市轨道车辆实现从无到有，生产 311 辆；工业机器人 33 套，增长 26.9%；光纤、光缆、太阳能电池产量分别增长 28.2%、23.1%和 8.8%。

天津滨海新区于家堡

3. 新服务层出不穷。"互联网+"快速发展，网络约车、远程教育、在线医疗等新服务模式不断涌现，带动"互联网+"相关服务业较快增长。2016年，规模以上营利性服务业中，互联网和相关服务、软件和信息技术服务业营业收入分别增长73.4%和10.7%。如今日头条抢占移动互联网发展先机，利用机器学习和数据挖掘算法，打造智能推荐引擎，通过分析阅读者的兴趣爱好从而提供精准、个性化的信息服务，累计激活用户超过5亿，营业收入为互联网和相关服务业平均水平的8.6倍。

(二)新业态新模式开启消费增长新引擎

2016年，天津市商贸经济运行总体平稳，社会消费品零售总额增长7.2%，消费升级态势明显，网络消费比重突破10%，商业综合体快速发展。

2016年，全市开展网上零售业务的限额以上批发零售企业增至43家，零售额达到383.14亿元，增长44.6%，快于社会消费品零售总额增速37.4个百分点，占限上社零额的比重达到12.1%，比上年提高3.2个百分点。网购活跃带动快递业快速发展，完成业务量4.10亿件，增长60.0%。

新商业模式加速发展。集购物、餐饮、娱乐为一体的商业综合体实现快速发展，商户数量、营业面积、销售规模较快增长。截至2015年末，全市共有18个商业综合体，综合体内商户(自营联营和租赁)共计2731个，有11个综合体拥有商户超过100个，其中2个综合体的入驻商户超过300个；综合体共计实现销售额(营业额)132.10亿元，增长40.3%；全年客流量达到1.31亿人次，增长14.5%。

(三)新主体新成果孕育经济发展新活力

2016年，天津市新登记市场主体同比多增2万多户，科技型企业快速成长，专利拥有量较快增长。

1. 新市场主体大量涌现。随着商事制度改革加快落实，大众创业、万众创新的氛围日趋浓厚。2016年，全市新登记市场主体16.93万户，同比增长18.2%，平均每天新登记市场主体463户，同比增加71户。新增市场主体"井喷式"增长，在吸纳就业的同时，也促进了就业结构优化。服务业新登记市场主体14.70万户，占全市增量的近九成，其中，科技服务、租赁和商务服务等新兴服务业领域新增主体占服务业的比重接近三成，两个行业新增主体增速分别达到33.2%和31.7%。

表1 2016年全市服务业新登记市场主体

单位：户、%

	2016年	2015年	增速
服务业	146994	124804	17.8
其中：交通运输、仓储和邮政业	4844	4241	14.2
信息传输、计算机服务和软件业	2395	2549	-6.0
批发和零售业	62882	59136	6.3
住宿和餐饮业	12515	9723	28.7
金融业	1029	973	5.8
房地产业	4005	2253	77.8
租赁和商务服务业	21808	16560	31.7
科学研究、技术服务和地质勘查业	22181	16654	33.2
水利、环境和公共设施管理业	285	249	14.5
居民服务和其他服务业	9965	8487	17.4
教育	88	13	576.9
卫生、社会保障和社会福利业	458	408	12.3
文化、体育和娱乐业	4539	3558	27.6

2. 新成果增长迅猛。创新驱动战略深入实施，社会创造力进一步激发和释放，企业更重视创新投入、技术研发，创新产出数量不断提升，为创新发展提供科技支撑。2016年，全市发明专利申

请量38153件、授权量5185件，分别比上年增长33.8%和12.1%；年末有效发明专利22663件，增长22.5%，每万人口发明专利拥有量达14.7件。

（四）新产业投资积蓄产业发展新动力

2016年，天津市投资平稳较快增长，全社会固定资产投资增长12.0%，在工业投资和基础设施投资增长乏力的情况下，“三新”产业投资势头迅猛，为经济转型升级积蓄后劲。

高技术产业投资快速增长。“中国制造2025”“大众创业、万众创新”“互联网+”等一系列引导政策，为高技术产业的发展创造了良好的环境和条件，相关投资积极性提升。2016年，高技术制造业投资444.76亿元，占全市投资的3.0%，增长34.8%，其中医药制造、电子及通信设备制造、计算机及办公设备制造业投资分别增长7.1%、90.3%和38.2%。高技术服务业投资530.39亿元，占全市投资的3.6%，增长39.8%，其中高级技术服务、科技成果转化服务、环境监测与治理服务投资分别增长5.7倍、1.4倍和63.0%。

天津之眼

（五）跨界融合呈现“四不像”特点

新兴经济使传统的行业、产业之间的边界不断被打破，呈现出彼此嵌入、辐射带动、交错融合的特点。如天津弘羊生物工程技术有限公司，是一家提供动物疫病诊断预警、养殖管理、金融及生猪交易服务的综合性养殖全产业链服务解决方案供应商。一方面利用先进技术，推动“智慧养殖”，另一方面，应用大数据分析，创新金融服务。通过自行研发的生物资产风险评估系统，帮助保险公司和银行等金融机构甄别优质生物资产，为养殖户提供保险和贷款业务，实现了“互联网+生物高科技+畜牧业+金融”的多产业跨界融合。目前已为分布在14个省的近千家养殖场提供服务。又如天津先进院，作为新型研发机构，跳出了传统的行政管理模式，参照企业管理的体制机制，运行机制既不像企业，又不像事业单位；既不像科研院所，又不像高校。正是这种灵活的机制，让这类新型研发机构成为科技成果与市场对接过程中的“粘合剂”，有效推进了产学研的结合。

（六）“独角兽”企业爆发式增长

“独角兽”企业是新兴经济爆发式成长的最集中体现，按照“成立10年以内，获得过私募投资，尚未上市，估值超过10亿美元”的标准，目前，天津高新区已经拥有两家独角兽企业，分别是五八到家和乐道互动。乐道互动是国内领先的集研发、发行于一体的网络游戏公司，具有理念先进的多款自主研发引擎技术，致力于向用户提供一流体验的游戏产品，多款手游在上市后成功登顶App Store榜单榜首。五八到家利用互联网平台，把相对分散的劳动力资源整合聚集，提供家政、丽人、速运、洗车等多档细化服务，目前已覆盖全国30余个城市，打造线下线上相融合的新型服务模式。天津潜在独角兽企业还有10余家，涉及新能源电池、云计算、游戏、大数据、生物技术、物联网、工业机器人等行业，大部分企业成立时间在5年以内，企业收入增速超过50%的达到9家。

二、新动能培育面临的挑战

新兴经济正日益成为促进经济转型升级、提质增效的生力军，但在发展的具体实践中，也遇到了一些问题和挑战，对现有的支持政策、监管方式和统计制度提出了新的要求。

（一）有效明确的新兴经济支持政策较少

面对蓬勃发展的新兴经济，一些省市也制定了相关政策措施，在人才结构调整、加大城市便利性、完善人才流动机制等方面予以政策支持。天津市应牢牢把握新兴经济发展热潮，加强宏观政策指引，从财税政策、金融政策、产业政策、人才政策等多方面提供必要的政策扶持，支持众多新兴经济中小企业度过初创期，进一步做大做强。

（二）新兴经济市场监管方式尚需转变

新兴经济的发展突破了传统的行业边界，开辟了新的领域，传统的部门分割管理体制已经不能完全满足新兴经济的快速发展，部分法律法规、行业标准的缺失，也对行业监管造成了不利影响。比如弘羊生物这类“四不像”企业很难确定归口的管理部门；针对五八到家的互联网+生活服务的新商业模式，目前还没有相对应的法律法规和行业标准。因此，我们要逐步改变管理思维，根据新兴经济的特点“量体裁衣”，创新监管方式，加强组织形态、组织方式、决策机制等方面的深刻变革，为新兴经济创造更多的发展空间和创新空间。

（三）新兴经济统计监测体系有待完善

目前，为满足统计上观察、测算“三新”经济活动发展规模、结构和质量等需要，国家统计局印发《新产业新业态新商业模式统计分类（试行）》，确定“三新”活动的范围和分类。但新兴经济具有跨界、共生、渗透、融和等特征，现有的统计调查方法难以完整反映其发展情况，全国都在进行探索和尝试。我们应在借鉴先进地区经验的基础上，进一步加大调研力度，完善体制机制，创新工作方法，尝试对主导型新兴经济类别建立专项、动态监测制度，加强统计分析和预警预判，全面准确及时地反映和揭示新兴经济在增速换挡、结构优化、动力转换的进展和成效，充分发挥统计服务经济发展的作用，更好地为党委政府科学决策提供参考。

三、加快培育新动能的启示和建议

当前天津新兴经济迅速成长，加快孕育和积蓄发展新动力，推动新旧动能接续转换，日益成为促进经济稳定增长、引领产业转型升级的生力军和吸纳就业的蓄水池。但值得注意的是，目前天津市新兴经济仍处于起步阶段，企业规模普遍较小，尚未形成多领域优势互补的产业集群，与先进地区相比，还有不小的差距。要积极采取措施，不断增大新兴经济体量，将对天津市经济社会发展产生更加重要的推动作用。

（一）新兴经济拉动经济稳定增长

在当前经济下行压力较大的情况下，新兴经济发展为天津市经济稳定增长提供了有力支撑。下一步，要继续加大新动能培育力度，落实《国家创新驱动发展战略纲要》，培育更多科技型企业和国家高新技术企业，增强企业核心竞争力；紧紧抓住京津冀协同发展重大战略机遇，积极承接北京新兴经济资源，努力吸引新兴经济企业总部和研发中心落户天津，为天津经济加快发展增添新的动力。

（二）新兴经济推动产业转型升级

近年来，天津市积极调整经济结构，加快转型升级步伐，新兴经济的蓬勃发展，发挥了有力的推动作用。新兴经济虽然发展迅速，但不可能脱离传统产业凭空成长。新兴经济“互联网+”特征明显，如果没有传统产业做基础，其发展就会成为无源之水、无本之木。转型时期的传统产业不是包袱而是巨大财富。去年底中央经济工作会议明确提出“大力振兴实体经济，培育壮大新动能”。天津要牢牢把握有利于新兴经济发展的多重机遇，深入落实“中国制造2025”，依托传统产业的雄厚基础，充分利用新兴经济的技术优势、商业模式优势、平台优势，带动传统产业更好地转型升级，加快建设以战略性新兴产业为引领、以先进制造业为支撑、生产性服务业协同发展的全国先进制造研发基地。

（三）新兴经济带动就业结构优化

新兴经济企业大多是智力密集型行业，人力资本是其最核心的要素。在调研中我们发现，新兴经济企业对简单的资金奖励、房屋补贴等传统产业政策的敏感度并不大,他们更为关注人才引进和发展环境。与企业需求相比,天津市高端人才储备和吸引力与北上广深等城市尚有差距。天津市关于人才引进方面,也出台了一系列政策,但是大都是传统的手段和方法,政策优势并不明显。要积极搭建招才引智平台,落实好双创示范基地就业即落户政策,对创新创业团队给予科研经费、金融政策等多方面支持,采用多种灵活方式引进高水平的复合型人才,为新兴经济发展储备高层次创新创业人才。

(四)新兴经济促进政府职能转变

孕育于传统行业中的新兴经济,更多是市场自发形成的结果,它改变了过去政府主导产业定位的发展路径,企业从跟着政府走转为跟着市场走,不锁定发展内容、不固定推进模式,更加突出市场的决定性和企业的主体性。助推新兴经济发展,要在转变政府职能方面进一步探索,最大可能减少政府管制和干预,充分发挥市场在资源配置中的作用,让企业唱主角,将政府的精力更多的放在市场监管、企业服务和环境营造方面,以政府改革的红利释放,打造良好的营商环境,从而形成整个城市强有力的吸附作用。

(作者:黄瑛、李娜、刘永明　天津市统计局)

重庆:科技创新引领全面创新

近年来,在大众创业、万众创新等一系列政策措施带动下,重庆加快实施创新驱动战略,加快推进以科技创新为核心的全面创新,着力培育以高新技术产业、新能源、"互联网+"、新金融为代表的新经济发展,不断激发经济增长新动能。

一、重庆新动能新产业快速成长

(一)工业新动能多点开花

重庆工业着力推进新产业在转型升级中快速成长,新一代信息技术产业、生物产业、新材料、节能环保、新能源及新能源汽车等战略性新兴产业和高技术制造业发展态势良好,成为重庆工业增长新亮点。

1. 战略性新兴产业快速发展。2016 年,重庆工业七大战略性新兴产业实现增加值 986.10 亿元,增长 27.2%,高于全市规模以上工业 16.9 个百分点,拉动全市规模以上工业增长 3.5 个百分点,贡献率达 34.3%。

2016 年,重庆新一代信息技术产业实现增加值 450.36 亿元,增长 41.4%,占全市战略性新兴产业的 45.7%。以京东方、SK 海力士、万代(AOS)、奥特斯等企业为代表的新一代信息高技术企业构成了重庆集成电路、新型显示器等核心产业链。其中生产液晶面板的京东方 2017 年 1 月大尺寸液晶面板出货量登顶全球,以 22.3%的市场占有率成为液晶面板行业的龙头企业,电子信息技术产业成为重庆经济发展的重要支柱。

2016 年,重庆生物产业实现增加值 184.65 亿元,增长 17.4%,占全市战略性新兴产业的 18.7%。重庆作为我国十大化学原料药生产出口城市之一,基于太极、莱美、华邦等多家上市龙头医药企业以及第三军医大学、重庆医科大学、重庆医药工业研究院等一批高水平科研队伍的雄厚实力,着力打造两江新区水土高端医药及医疗器械产业基地、巴南化学药产业基地、合川生物药及医用耗材产业基地等 3 个生物医药集聚区,生物产业增量近年来持续扩大。

2016 年,重庆新材料产业实现增加值 147.12 亿元,增长 18.3%,占全市战略性新兴产业的 14.9%。重庆超硅半导体有限公司"抛光硅片"在重庆两江新区生产下线,35 万吨新材料七连轧项目落户梁平,美国康宁公司在渝投资的 8.5 代 LCD 玻璃基板后段加工工厂等工业项目,有力促进重庆新材料产业的快速发展。

2016 年,重庆节能环保、新能源及新能源汽车产业实现增加值 155.80 亿元,占全市战略性新兴产业的 15.8%。重庆 12 条水泥企业协同处置生产线运行,风力发电场的建立,垃圾燃烧技术推广应用,高效节能新材料研发机构设立以及由长安汽车等汽车制造企业和近 20 家零部件企业组成的"2+2+1+20"的新能源汽车生产体系形成等,推动了重庆节能环保、新能源及新能源汽车产业有序发展。

作为工业经济增长的先行指标,战略性新兴产业的投资快速增长,为未来重庆工业发展注入更多的新动能。2016 年全市战略性新兴产业完成投资 1124 亿元,占全市工业投资的 20%。电子、化医等新兴产业的投资增长较快,电子制造业完成投资 970.16 亿元,增长 37.7%;化医行业投资达到 363.27 亿元,增长 42.5%。

2. 高技术产业发展势头强劲。近年来,重庆坚持以"中国制造 2025"为指引,实施"100 项重点新产品产业化计划",重点推动自主品牌轿车、自动变速器、高铁齿轮传动系统、新型纯电动车、页岩气专用压裂设备等一批重点新产品加快研发并实现产业化，新产品产值率保持20%以上。2016年，工业高技术产业实现增加值919.71亿元，增长24.2%，高于规模以上工业13.9个百分点，占全市工业比重为15.0%。其中电子器件制造业增长1.2倍，电子元件制造业增长40.8%，通信设备制造增长32.0%，医药制造业增长15.2%。高端电子信息产品、智能化、自动化设备等新兴产品产量也呈现高速增长势头，智能手机增长47.7%，工业机器人增长1.8倍，数控金属切削机床增长16.9%，大气污染防治设备增长31.4%。

重庆

（二）服务业新动能加速发展

近年来，在“互联网+”、物流、新金融等新动能升级的有力推动下，重庆以服务贸易五大专项行动为重点，加快以众创空间、众包分享、网络服务、资信中介等为主的高端服务业发展，全方位推进国家级战略性新兴服务业基地建设，全市多个服务业新经济领域迎来蓬勃发展机遇期，新动能转换加速，成为助推全市服务业经济良好发展的重要力量。

1. 新金融发展异军突起。近年来，重庆紧抓“一带一路”、长江经济带、自贸试验区、中新（重庆）互联互通项目等重大战略机遇，提出打造中国内陆“五个最低”的城市战略（即让企业承担最低的税负成本、最低的物流成本、最低的要素成本、最低的土地房产成本、最低的金融融通成本），加快政策创新、机构设立和资金融通，金融业发展势头良好，金融活动不断创新，融资渠道由传统的银行贷款方式向多元化转变，金融业创新走在了全国前列，是全国唯一一个银、证、保系统新金融牌照全覆盖的地区。

2016年，重庆新金融运行效能进一步优化，实现增加值318.11亿元，占金融业比重达19.4%，比上年提高2.1个百分点；增长29.9%，比金融业增速高19.6个百分点。其中结算类企业增长迅速，全年实现增加值54.39亿元，增长140.6%，拉动新金融增长13.0个百分点，以惠普结算中心为代表的加工贸易离岸金融结算机构拉动7.7个百分点，以钱宝为代表的金融结算机构拉动5.3个百分点；要素市场功能提升，资源配置增强。保险资产登记交易系统等3大全国性市场的打造，咖啡交易中心等特色要素市场的发展，联交所等原有平台的整合升级，使天津市要素市场的集聚辐射能力迈上新台阶。2016年，14家要素市场成交额1.39万亿元，是2015年的3.2倍；融资租赁公司实现增加值30.28亿元，增长51.6%，拉动新金融增长4.2个百分点。私募股权投资、保理等领域保持高速增长。

在新金融的有力推动下，重庆金融业发展快速。2016年，全市金融业实现增加值1642.59亿元，增长10.3%，金融业增加值占GDP比重达9.4%，有力支撑了全市经济平稳较快发展。反映传统融资活动的人民币贷款余额占社会融资规模的比重逐渐下降，2016年重庆人民币贷款余额占社会融资规模存量的66.6%，较2010年下降了12.9个百分点，比全国多下降了7.5个百分点。与此同时，重庆持续较快的发展也吸引了众多涉外投资者，企业通过海外融资的方式获取到更便宜的资金。

2. 新兴服务业蓬勃发展。随着“互联网+”、新能源、高端制造和生物、医药科技等经济领域的快速发展,重庆以科研技术服务、信息传输软件服务、商务服务等为主的新兴服务业保持稳定较快发展。互联网云计算大数据快速推进,共签约中国联通"互联网+"等73个项目,两江水土高等级数据中心建设运营,中国联通数据中心(一期)等数据中心正式运营,具备了5万台服务器的运营支撑能力。2016年,全市科学研究和技术服务业、信息传输软件和信息技术服务业、租赁和商务服务业规模以上企业实现营业收入1342.94亿元,增长26.1%,增速高于全市规模以上服务业5.9个百分点,对全市规模以上服务业贡献率达55.6%;实现利润总额178.43亿元,增长17.1%;完成各项税收41.12亿元,吸纳从业人员23.64万人。其中,商务服务业拉动力最强,实现营业收入654.04亿元,增长38.8%;以新能源汽车和汽车电子产品研发设计为主的研究和试验发展业近两年持续高增长,实现营业收入33.30亿元,增长70.9%。

投资数据显示,2016年互联网和相关服务业的民间投资增长263.4%,除腾讯云计算、欧鹏智汇城、凯泽人脸识别产业园等大型项目作为领头羊外,还有各种云计算服务平台、游戏产业创新空间、智能停车、手机广告平台等开发项目,新兴服务业呈蓬勃发展之势。

3. 新服务业态发展迅猛。在"互联网+"经济热潮的持续引领下,重庆大力助推互联网和信息技术与传统产业深度融合,催生了一批以互联网、大数据、云计算技术为支撑的新业态企业,一批信息技术服务企业快速发展,在全市服务业企业中表现十分瞩目。2013年,重庆率先在全国出台了加快网络零售产业发展的意见,编制实施了电子商务应用规划和网络零售产业发展规划,电子商务发展迅猛。短短几年时间,全市培育电子商务市场主体已达14万户,网站(网店)数量近21万个,猪八戒网、博拉网等5家企业为国家级年度电商示范企业,全市1万多家规模以上工业企业和限额以上商贸流通企业中已有68.7%的企业开展电子商务应用。2016年,新培育注册资本超过100万元的本土电商企业近200家,并成功获批国家跨境电商综合试验区。保税商品展示交易全面展开,初步形成保税商品展示交易中心"1+3"布局。同时,农村电商快速发展,已获批17个国家级农村电子商务综合示范区县,涉农电子商务平台超过230家、涉农网商超过2.5万户,秀山土鸡、开州猕猴桃、梁平柚等特色农产品打开了广阔市场。

2016年前三季度,全市电子商务交易额达到4673.34亿元,同比增长24.1%,高于全国平均增速3.3个百分点;2016年,全市限额以上法人企业实现网上零售额245.99亿元,增长45.3%,比限额以上法人企业非网上商品零售额增速高29.9个百分点。

4. 现代商贸物流加快发展。重庆不断建立完善商贸物流体系,重点布局全国性、区域性的现代市场物流集群,依托产业和交通枢纽优势布局发展"三环"商贸物流集群,长江上游地区商贸物流中心聚集辐射带动功能显著增强。在主城二环"三基地三港区"国家级物流枢纽规划建设一级物流分拨中心,在区县建设二级分中心,在乡镇和城市社区建设末端配送网点,现已建成配送网点3200个,其中"网订店取"集成配送点230个。发展城市电商物流,建立智慧物流配送体系。推进仓储业发展,打造辐射西部的区域性仓储物流中心。推进农产品冷链物流发展,建设农产品产地集配中心66个,形成冷库能力106万吨,支持有特色农产品的地方建设农产品产地集配中心。

二、重庆新动能新产业发展的重要支撑

重庆市坚持实施创新驱动战略,出台一系列税收、楼宇租赁、融资和人才引进、科技创新奖励等方面的优惠政策,着力打造产业园区、城市综合体、"双创"平台空间和孵化器等平台,提高服务科技创新企业能力,培育经济发展创新动能。

(一)产业园区聚集效应发挥明显

近年来,重庆大力打造行业特色及高新技术产业园区,积极发挥产业园区优势,坚持创新、协调、绿色、开放、共享发展理念,突出创新驱动发展、转型升级发展、绿色和谐发展,着力推动主导产业转型升级、新兴产业发展壮大,园区产业聚集效应发挥明显,经济快速发展。重庆现有2个国家级高新技术开发园区,3个经济技术开发园区。除国家级产业园区外,重庆也立足自身产业实际,积

极打造各类具有行业特色的产业园区。调查数据显示，2015 年，全市市级开发园区已经达到 64 个，注册企业 25587 个，其中高新技术企业 472 个，研发机构 455 个，创新服务机构 102 个。2015 年全年市级产业园区共实现营业收入 1.65 万亿元，其中高新技术企业营业收入达 2617 亿元，占园区的 15.9%。

（二）城市商业综合体助力服务业转型升级

近年来，重庆着力分层级打造中央商务区、区县城市核心商圈、社区和乡镇便民商圈，逐步形成错位发展的新格局，城市商业综合体发展态势良好。全市城市商业综合体由 2003 年的 2 个发展到 2015 年的 46 个，年均增长 29.9%，其中 2010 年以后开业 30 个，平均每年新增 6 个，总体呈现出“存量促转型、增量调结构”的发展态势，综合体个数及营业收入在西部地区均位居前列。城市商业综合体作为多功能、高效率、复杂而统一的商业体，商品零售业态丰富，服务功能齐全，有效促进了服务业新动能快速发展。2015 年，全市城市商业综合体全部可出租（使用）面积 338.27 万平方米，营业面积 279.89 万平方米，吸纳从业人员 7.29 万人，实现营业收入 258.62 亿元，增长 27.7%，车位数 5.03 万个，日均客流量 2.13 万人次/个。城市商业综合体的快速发展极大地丰富了消费品市场、提升了城乡居民生活品质。同时，重庆还加快推进智慧商圈建设，规划建设智慧停车设施，推动产业跨界融合，商旅文金融联动打造城市商圈，加快发展体验式消费、服务消费、时尚消费、品质消费，逐步推动城市商圈向商业创意产业集聚区转型，智慧商圈试点经验被商务部作为示范向全国推广。

重庆朝天门大桥夜景

（三）“双创”新政激发经济活力

近年来，重庆坚持把商事制度改革作为助推大众创业万众创新的重要抓手，持续激发市场活力和发展动力。大力实施“五证合一、一照一码”登记制度改革，全面落实注册资本认缴登记制、“先照后证”、放宽住所（经营场所）登记条件等改革举措，进一步激发了市场活力和社会动力，全市市场主体突破 200 万户。重庆顺利获批国家自主创新示范区、国家首批“双创”示范基地；“众创新谷”创业大厦、“YOU+”国际青年创业社区等一批众创空间基本建成并投入运营。

着力激发大众创新创业积极性，推进落实科技成果转化。通过股权和分红激励政策，中科院重庆研究院、市科研院等 10 余家科研院所成立科技成果转化公司 16 家，实现技术入股资本近 10 亿元。引进美国佐治亚理工学院 3D 打印重庆技术中心等高端研发平台 20 个。设立各 10 亿元的种子投资、天使投资、风险投资 3 支政府创业引导基金。加强对创投引导基金的政策支持和管理运营，基金规模达到 172 亿元。建立知识产权融资增信、银行坏账风险补偿等机制，新增知识产权质押融资 14.2 亿元。

（四）企业孵化器成为创新摇篮

重庆加快培育科技型企业提升孵化载体服务功能，引导孵化载体转型发展服务实体经济，孵化器得到了快速发展。经过近两年的努力，先后涌现出一大批典型的商业模式新颖、服务能力强、服务成效明显的孵化器平台和企业。赛伯乐投资集团、飞马旅创业机构、华启迪创新孵化器和美国硅谷孵化器 Plug&Play 等落户重庆。

2016 年，全市拥有国家级科技企业孵化器 15 家，国家级众创空间 33 家，市级科技企业孵化器 77 家，市级众创空间 297 家。孵化培育创客团队达到 4815 个，增长 66%；服务企业 9400 家，增长 22%；入驻企业获得投融资 74.68 亿元，同比增长 13.2%；服务团队、企业年销售收入 101 亿元。

三、加快重庆新动能新产业发展的几点建议

创新，引领方向，汇聚力量。近年来，虽然创新驱动在推进供给侧结构性改革，实现经济转型升级过程中为重庆经济发展打开了一扇新窗，更为结构调整注入了不竭动力。但要确保重庆经济继续持续平稳增长，仍需进一步加快实施创新驱动发展战略，以大众创业、万众创新为抓手，更大激发市场活力，依托“互联网+”，促进新技术、新业态、新模式蓬勃兴起，促进新就业形态发展，促进新动能成长，带动传统产业改造提升，加速新旧动能转换，培育新的经济结构。

一是要加大研发投入力度。科技投入是科学研究和技术创新的物质基础，是技术进步和生产率提高的根本保证。从近年来重庆科技经费投入来看，虽然保持了稳定增长，但力度并不算大。2015 年，重庆全社会 R&D 经费投入 247 亿元，仅占全国 R&D 经费总量的 1.74%，居全国第 17 位。因此，应采取有效措施，通过加大财政科技支出比重和政策、税收等优惠措施吸引企业、个人以及各种社会组织的科技投入，形成全社会、多元化、多渠道的科技投入格局。

二是要强化企业主体地位。目前，重庆企业创新的主体地位还不够明显，进一步明确企业创新主体地位，推进企业成为技术创新决策、投入、研发和成果应用转化的主体，建立企业主导产业技术创新的体制机制，是创新驱动发展的关键。要积极支持行业龙头企业牵头建设工程技术研究中心、重点实验室、产业技术研究院等科研平台；鼓励中小企业根据企业发展需要，与高校、科研院所共建企业技术中心、工业设计中心、工程实验室等企业技术研发机构，增强企业技术创新和成果转化的能力。

三是要推动产业结构优化升级。重庆三次产业结构虽逐渐优化，但产业内部结构依然有很大提升空间。要大力发展高新技术产业，进一步抓好高新技术产业园区配套施建设，鼓励企业申请高新技术企业认定，落实高新技术企业奖励和优惠政策，围绕特色优势产业，着力打造一批高新技术企业，加快高新技术产业集聚发展，形成较强的综合实力。要进一步改造提升传统优势产业，促进产业转型升级。鼓励企业加大引进和运用高新技术和先进实用技术提升传统优势产业力度，推进传统产业的技术创新、工艺创新和产品创新，推动企业产品通过研发创新提高科技含量增加附加值。同时，要依托现有产业优势，进一步加大战略性新兴产业发展力度，重点围绕高端装备制造、生物医药产业、节能环保产业、新能源新材料等领域，着力打造在技术上有重大突破、产业上有重大需求、能迅速形成市场竞争力的重大关键产品、重点产品和地方特色产品，推动产业结构优化升级。

四是要完善科技创新服务体系。科技创新服务是实现科技成果转化的桥梁。要进一步完善产学研协同创新机制，鼓励企业与科研院所、高等学校共建学科专业，共同培养人才，共建研发机构，合资合作建立研发型企业；大力支持支持企业与科研院所、高等学校签订战略性合作协议，组建产业技术创新战略联盟，形成技术创新项目主要由企业提出、经费主要由企业负担、任务由各方分担、知识产权合理分享、创新风险合理承担、创新收益合理分配的产学研协同创新机制。积极发展科技中介服务机构，鼓励和支持企业孵化、科技评估、知识产权代理、技术交易、融资担保等科技中介服务机构，培育技术经纪人队伍，完善科技成果与专利技术的实体交易市场，进一步发挥和利用大学城科技创新力量积聚的优势，促进技术、人

才、资本等要素有机结合，推动科技成果转移和转化。探索建立大型科学仪器设备、科研文献、科技数据等科技创新基础条件共享平台，探索提高科技资源所有者和使用者积极性的共享机制。

五是要加强科技创新人才队伍培育。围绕产业发展方向和发展需要，加快培养企业紧缺人才，提高人才培养质量；重点抓好科技领军人才培养工程，加强本土科技创新人才和团队的培养。优化科技人才资源配置。鼓励和支持拥有核心技术或自知识产权的科技人才来渝创办科技型企业，开展科技成果转化；鼓励科研院所和高校科技人员到企业开展兼职工作或直接工作；鼓励企业采用各种灵活方式吸引人才尤其是外籍人才。健全科技人才激励机制。建立完善的科技人才创新激励体系，在福利待遇、税收、职位、荣誉等方面给予做出科技贡献的科研人员政策倾斜。

（作者：秦瑶、周先东　重庆市统计局）

江苏：创造新型供需模式

当前，江苏经济正处于增速换挡、结构调整的过程中，旧动能有所弱化，新动能正在孕育和发展。省十三次党代会指出，要加快产业结构调整和发展动力转换，努力实现更高质量和效益的发展。为积极适应和引领经济发展新常态，江苏大力释放新需求，创造新供给，加快实现新旧动力转换，深入推进供给侧结构性改革，江苏经济发展新动能正在不断积聚。

一、江苏经济发展中的新动能加快孕育

（一）从产业供给侧看，新产业、新业态加快发展

1. 新兴产业稳定发展。2016 年，江苏战略性新兴产业销售收入 4.9 万亿元，增长 10.5%，高于规上工业 3 个百分点；占规上工业总产值的比重达 30.2%，较 2015 年提高 0.8 个百分点。战略性新兴产品出口呈现快速增长，部分产品爆发式增长。2016 年，江苏航空航天技术、计算机集成制造技术、生命科学技术产品出口同比增长 16.6%、14.5%和 10.9%；风力发电组、中央处理器、液晶电视机、液货船出口增长 717.7%、32.0%、26.3%和 81.4%。战略性新兴产业产品在外贸持续低迷的背景下保持快速增长，彰显新兴产业发展的坚韧后劲和巨大空间。

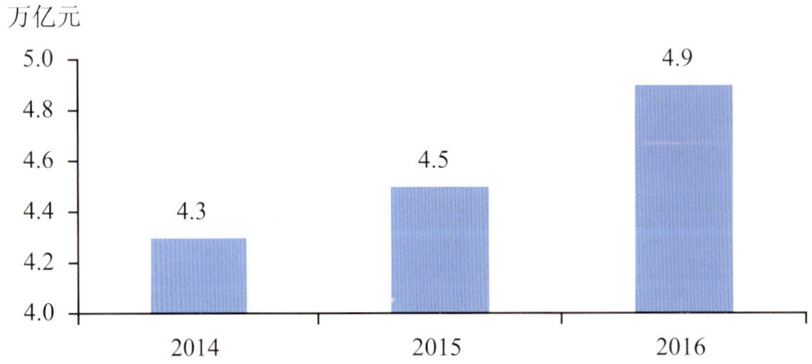

图 1　江苏战略性新兴产业销售收入

2. 高新技术产业乘势而上。2016 年，全省高新技术产业实现产值 6.7 万亿元，同比增长 8.0%，高于规上工业 1 个百分点；占规上工业产值的 41.5%，较 2015 年提高 1.4 个百分点。其中，仪器仪表增幅 14.3%，居首位；生物医药制造业、新能源产业、新材料产业、智能装备制造业增长 13.2%、9.4%、9.3% 和 8.7%。从细分行业看，中药饮片加工、雷达及配套设备、信息化学品、电动机等制造业产值增长 25.0%、41.7%、25.6% 和 37.3%，增势强劲。

3. "互联网+"经济异军突起。2016 年，江苏互联网和相关服务业营业收入 438.3 亿元，同比增长 98.3%，对规上服务业增长贡献率达 13.6%；软件和信息技术服务业营业收入增长 18%，营业利润增长 40%。互联网和信息技术推动电子商务加快发展，网上消费蓬勃兴起，近两年江苏网上零售额始终保持 30%－50% 的高速增长，2016 年增长 40.1%，其中实物商品零售额增长 40.4%。互联网和信息技术促进邮政快递业较快发展。2016 年，全省邮政业营业收入增长 19.8%，营业利润大幅

增长71.6%。江苏顺丰作为省内控股母公司收到子公司分配的股利4.7亿元，营业利润大幅增长。“互联网+”相关产业蓬勃发展有效支撑了就业规模的扩大，2016年以现代物流为代表的“互联网+”新产业，提供了全省8.9%的城镇新增就业岗位。

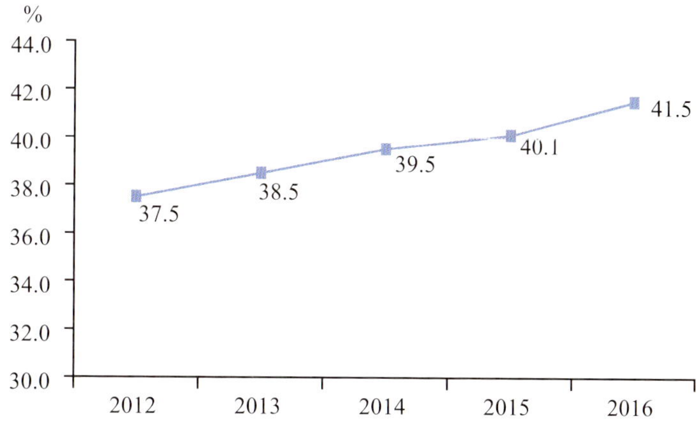

图2 2012年以来江苏高新技术产业产值占规上工业比重

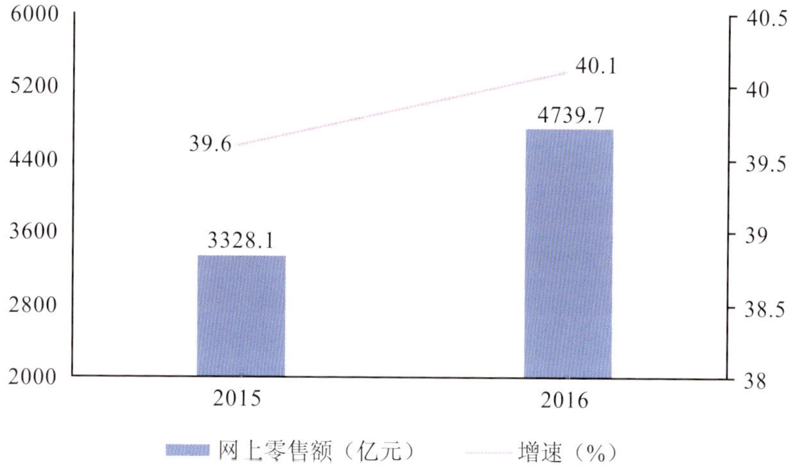

图3 江苏网上零售额及增长情况

4. 新产品产量增势强劲。2016年，江苏工业机器人产量增长90.6%，服务器增长50.2%，碳纤维增强复合材料增长36.6%，智能电视增长21.0%，太阳能电池增长22.6%。从高新技术产业新产品看，2016年江苏高新技术产业新产品产值7683.0亿元，占规上工业新产品产值的56.8%，比2015年末提高6.8个百分点；新产品产值率11.5%，比2015年提高0.2个百分点，高于规上工业新产品产值率3.1个百分点。从行业看，电子计算机及办公设备制造业新产品产值率最高，达到33.2%；其次是航空航天制造业达23.0%，新产业高附加值的特征比较明显。

（二）从生产要素供给侧看，创新驱动力不断增强

随着简政放权、优化政府服务等政策措施向着纵深推进，“大众创业、万众创新”的热潮持续涌动，成为新动能孕育发展的重要动力源泉。2016年，全省R&D经费投入达1985亿元左右，居全国前列，占GDP比重达2.61%，较2015年提高0.04个百分点。全省科技进步贡献率达61.0%，区域创新能力连续八年位居全国首位。全省大中型工业企业及规模以上高新技术企业研发机构建有率达90%以上，国家级众创空间94家，省级众创空间384家。2016年，全年城镇新增就业143.22万人，同比增加3.38万人、增长2.42%，连续4年保持增长，达到历史最高水平。城镇登记失业率为3%，全年走势稳定在3.02%以内的较低水平。2016年，全省共扶持城乡劳动者成功创业22.82万人，带动就业89.31万人，分别同比增长16.8%

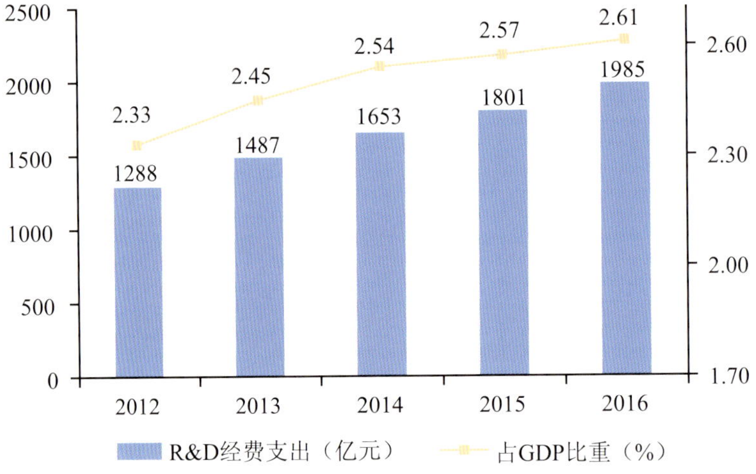

图 4　2012 年以来江苏 R&D 经费支出及占 GDP 比重

和 20.1%；创业带动就业比达 1∶3.9，同比提高 0.1 个百分点。

（三）从投资需求侧看，新兴投资需求快速增长

一是技术改造投入保持较快增长。2016 年，全省技改投资完成 14570.0 亿元，同比增长 14.8%，增速比全部快 7.3 个百分点，比项目快 7.7 个百分点，占全部投资总量的比重达 29.5%，比 2015 年提升 1.8 个百分点；其中工业技改投资完成 13603.9 亿元，同比增长 10.2 %，增速比同期工业快 2.3 个百分点，占工业投资总量的比重为 55.4%，同比提升 1.2 个百分点。技改投资对项目投资增长的贡献率为 70.5%，拉动项目投资增长 5 个百分点，其中工业技改投资对工业投资的贡献率为 70.4%，拉动工业投资增长 5.6 个百分点，技改投资成为项目投资增长的主要动力。二是江苏高新技术产业投入持续增加。2016 年，全省计算机及办公设备、医药、新能源制造业投资分别增长 25.2%，23.5%和 24.0%，比全部制造业投资增速高 17.5、15.8 和 16.3 个百分点。

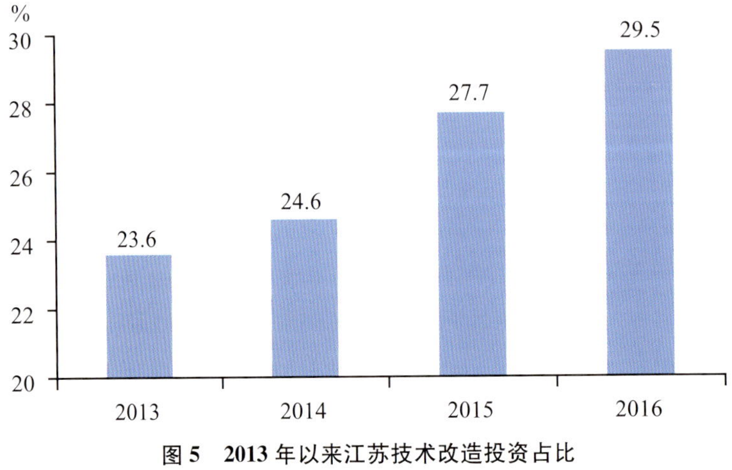

图 5　2013 年以来江苏技术改造投资占比

（四）从消费需求侧看，新兴消费需求持续扩大

受人们消费观念改变、消费结构改善以及产品更新换代加快等因素影响，符合消费升级方向的消费品类零售额保持较快增长。一是文化办公用品、通讯器材等商品销售保持快速增长，消费品升级步伐加快。2016 年，全省限上书报杂志类、文化及办公用品和通讯器材类商品同比分别增长 10.2%、26.2%和 16.9%，增速比限上批零增速分别快 0.1 个、16.1 个和 6.8 个百分点。二是网上零售快速增长。随着居民消费习惯的转变、电商零售平台（苏宁易购、唯品会等）的涌现以及网购流量红利的逐渐普及，网络零售依然保持快速增长势头。2016 年，全省限上批发和零售业通过公共网络实现零售额 630.9 亿元，同比增长 45.3%，快于限上批发和零售业增速 35.2 个百分点，占限上零售额比重为 4.4%，比 2015 年提高 1.1 个百分点。三是家电类消费品增长较快。2016 年，全省家电类实现限上零售额 847 亿元，同比增长 9.2%。四是汽车类增长加快。2016 年，全省限上汽车类实现零售额 3779.8 亿元，同比增长 10.5%，增速比上年回升 5.8 个百分点。

（五）从外部需求侧看，国际新兴市场需求快速壮大

江苏积极践行国家“一带一路”发展战略，紧扣带、路交汇点优势，着力推进沿海地区进一步发展和沿江地区融合发展，充分利用开放型经济平台，深化与“一带一路”沿线国家的外贸合作与交流。数据显示，2016 年，全省对“一带一路”沿线国家出口额 5098.1 亿元，同比增长 6.1%，高出全省出口额增幅 5.9 个百分点；对“一带一路”国家出口额占全省出口额的 24.2%，比 2015 年提升 1.3 个百分点。从出口国别看，在出口额 100 亿元以上国家中，对巴基斯坦、泰国、菲律宾、土耳其、波兰的出口额较多，增幅分别为 16.7%、14.8%、12.3%、4.3% 和 3%；30-100 亿元国家中，对乌克兰、罗马尼亚、斯洛伐克、以色列的出口额分别增长 41.4%、24%、21.6% 和 8.2%；10-30 亿元国家中，对也门、立陶宛、约旦、斯洛文尼亚、乌兹别克斯坦的出口额增速较快，分别达到 47%、31.4%、14.1%、12.4% 和 10.8%。

当前，江苏培养和孕育新动能面临的突出挑战有：一是新产业整体自主创新核心能力比较缺乏，具有自主知识产权的核心关键技术和重大装备不多，核心技术受制于人的情况较为明显。二是部分领域新动能规模效应偏弱。当前，全省部分新产业总体规模较小，产业链不够完善，还没有形成规模效应。比如，2016 年江苏航空航天制造业产值仅占高新技术产业产值的 0.49%，新能源制造业占 5.4%，生物医药制造业占 7.0%，比重偏低现象明显。三是新产业领域普遍缺乏创新型旗舰型企业，美国波士顿咨询公司发布《2016 年度全球最创新企业 50 强》，其中北京和广东各有一家企业上榜，而江苏无企业上榜。新产业企业技术创新主体的地位还有待加强，江苏地区发明专利前十申请人一般都为高校，入榜江苏企业发明专利授权数量与国内知识产权龙头企业仍有较大差距，新产业科技产出能力亟待增强。

二、江苏培育经济增长新动能的方向

（一）从供给侧看，新产业、新业态、生产要素新供给将成为经济增长新动力

1. 从新产业供给侧看，新一代信息技术产业、智能装备制造业等产业有望成为增长新动能。一是新一代信息技术产业。江苏新一代信息技术产业基础较好，2015 年新一代信息技术和软件业销售收入达 12705.3 亿元，增幅达 19.2%；物联网和云计算产业销售收入达 2170.4 亿元，增幅达 21.3%。2016 年，江苏出台《关于加快推进“互联网+”行动的实施意见》，促进互联网与经济社会各领域深度融合，预计新一代信息技术和软件产业将成为江苏经济增长新动能的重要支撑。二是智能装备制造业。江苏智能装备制造业增长较快，2016 年江苏智能装备制造业实现产值 1.86 万亿元，占全部高新技术产业产值的 27.8%。近年来，江苏围绕智能机器人、数控机床、海工装备等高端智能制造领域，大力发展产业带动性强的战略性产品，高端智能装备制造业将成为江苏经济增长新动能。

2. 从新业态供给侧看，互联网经济、众创众包众扶众筹等新商业模式有望成为增长新动能。一是互联网经济。随着互联网经济的快速发展，全省互联网交易总量将稳步提高。互联网技术和信息化的快速发展，将成为推动经济发展的新引擎。二是众创众包众扶众筹等新商业模式经济。根据江苏众创众包众扶众筹发展态势，结合众创空间推进大众创新创业的实施方案，预计到 2020 年江苏将建成国内知名、特色鲜明的众创空间等新型创业服务平台 500 家以上，集聚创业人才 30 万人以上，带动就业 300 万人以上，将成为经济增长的新动能。

3. 从生产要素供给侧看，创新驱动、新人口红

利有望成为增长新动能。一是创新驱动助推经济增长。随着创新驱动发展战略的深入实施，预计到 2020 年全省研究与发展活动经费支出占 GDP 比重约为 2.8%左右，比 2016 年提高约 0.2 个百分点；科技进步贡献率约为 65%，提高 4 个百分点左右；创新驱动将成为推动经济发展的主动力。二是人力资本质量提升催生“新人口红利”。当前，江苏正由人口红利向人才红利转变。根据江苏省中长期人才发展规划纲要，预计到 2020 年全省人才资源总量达 1300 万人，年均增长 5%左右；人力资本总投入达 14500 亿元，占 GDP 比例达到 17%；专业技术人才总量达 712 万人。随着人力资本质量的提升，新人口红利将成为经济增长新动能。

（二）从需求侧看，新消费、新投资、新外部需求将成为经济增长新动能

1. 从新消费需求侧看，服务类消费、信息类消费等有望成为增长新动能。一是服务类消费。近年来，在吃穿用等基本生活消费得到满足后，江苏居民消费呈现出品质化、个性化新特征，文化、旅游、养老、医疗保健等服务消费正成为新的消费热点。二是信息消费。江苏将促进制造业企业、软件与信息服务企业及信息内容服务企业深化合作，推进信息服务商业模式创新，基于移动互联网、云计算、物联网、大数据等新技术应用，积极培育、拓展新兴信息服务业态，信息消费将成为新消费增长点。

2. 从新投资需求侧看，工业技改、信息通信基础设施等投资有望成为增长新动能。一是工业技改投资。根据中国制造 2025 江苏行动方案，结合近年来技术改造投资的增速情况，预计“十三五”时期全省技术改造投资年均增加 1500 亿元左右，年均增长 15%左右，占工业投资比重将达到 55%左右。二是信息通信基础设施投资。江苏将大力培育网络服务平台，实施大数据战略，加强网络信息安全体系建设，发展物联网技术和应用，这些都需要大量的信息通信基础设施投资，信息技术的投资将支撑江苏新兴投资需求。

3. 从新外部需求侧看，服务外包、高附加值产品出口等有望成为增长新动能。一是服务贸易。根据“十二五”时期全省服务外包发展势头和年均增速，预计 2020 年总量有望达 1000 亿美元左右，保持全国领先。二是高附加值产品出口。江苏将大力实施“优进优出”计划，增强对外投资和扩大出口结合度，培育以技术、标准、品牌、质量、服务为核心的对外经济新优势。预计高附加值产品出口占出口总额比重仍将提升，出口产品结构将进一步优化。三是对外投资。江苏将推动企业更大步伐“走出去”，开展绿地投资、并购投资、证券投资、联合投资等，开展科技创新、项目对接、信息交流、人力资源开发等多方面国际合作，培育一批具有国际竞争力的跨国企业，确保江苏对外直接投资规模稳步扩大。

南京河西

三、加快培育经济增长新动能的政策建议

（一）供给和需求两端发力，加大结构性改革力度

一是加快供给侧改革。大力实施创新驱动发展战略和“中国制造 2025”“互联网+”等行动计划，加快促进战略性新兴产业、先进制造业、现代服务业等行业发展，提高供给的质量和水平，增加有效供给，满足和引领新消费。二是创造新需求。围绕新型工业化、城镇化、信息化、农业现代化和绿色化，进一步加大有效投资力度。同时，不断增加居民收入，提升消费需求和档次。还要积极支持企业走出去，加强国际产能合作，培育外部新需求。

（二）新兴产业与传统产业齐抓，推动产业迈向中高端

一是提升新兴产业核心竞争力。着力推动现有战略性新兴产业向产业链、价值链高端攀升。高起点规划实施一批高水平的新产业基地，实现新兴产业在空间、资源等方面有效聚集。二是利用新技术改造传统产业。充分利用先进技术对传统工业改造升级，提高传统产业的技术和装备水平，增强传统产业产品的时尚度和耐用度，增强传统工业产品的竞争力，进一步挖掘传统产业的发展潜力。

（三）实体经济与虚拟经济良性循环，夯实经济增长基础

在培育增长新动能的过程中，一方面要通过虚拟经济嫁接实体经济，提升实体经济信息化水平。支持基于互联网开拓市场、供应链管理及创新服务的企业实施转型升级。另一方面，充分发挥虚拟经济的杠杆作用，为实体经济发展提供融资支持，降低交易成本，支持经济结构调整，特别是引导金融机构优化信贷结构，加大对产业转型升级的信贷支持，更多投向能够提升产业层次、带动产业发展、引领产业转型升级的技术改造项目，切实增强金融对实体经济的支撑能力。

（四）硬环境与软环境并重，协同支撑经济增长

一是提升经济发展硬环境水平。实施重大公共设施和基础设施工程，构建顺畅衔接、便捷高效的现代综合交通运输体系。实施网络强省战略，加快建设高速、移动、安全、泛在的新一代信息基础设施。继续推进“互联网+”行动计划，大力培育网络服务平台，提高平台的集聚效应和市场价值。二是持续推进“放管服”改革。进一步转变政府职能，提高政府效能，努力营造高效、便捷、法治的营商环境。

（作者：何招蕾　江苏统计局综合处）

浙江：全面创新推动经济转型升级

新动能发展已经成为浙江经济增长的新引擎，在“大众创业、万众创新”的生态环境下，浙江新产业、新业态、新商业模式等新动能迅猛发展，呈现出巨大的潜能。浙江深入贯彻落实党中央、国务院部署，加快培育壮大新动能、改造提升传统动能以促进经济结构转型和实体经济升级，按照习总书记“秉持浙江精神，干在实处、走在前列、勇立潮头”的新要求，深化供给侧结构性改革，进一步促进政府职能优化，为新动能发展提供强大的制度支撑。

在省委省政府打造创新型省份重大战略的引领和推动下，浙江新动能发展如火如荼，新产业、新业态、新商业模式层出不穷。一方面，更加注重发挥市场这只无形之手的作用，激发各行各业市场主体活力，抓住“互联网+”机遇，助力产业焕发新的生机，传统产业形态、生产形式、组织方式、商业模式等发生深刻变革；另一方面，积极发挥政府这只有形之手的作用，深化供给侧结构性改革，推进“放管服”，努力营造“大众创业、万众创新”的社会氛围和良好生态，为新动能发展提供最优化的制度资源。

一、新产业、新业态、新商业模式等新动能蓬勃发展

浙江新动能发展正成为经济发展的新常态，各行各业都呈现出巨大的发展潜力和敢为人先的创新素养，下文择选浙江较为突出的几个领域作一简介。

（一）信息产业快速发展

浙江高度重视信息经济发展，早在2013年，就提出大力发展信息经济，是全国首个提出打造信息经济大省的省份。2016年，浙江信息经济核心产业增加值3910.85亿元，比上年增长15.9%（现价），占全省GDP比重8.4%，对全省GDP的贡献率达到15%。一方面，浙江信息经济核心产业稳步增长。2016年，从规模以上信息经济六大核心产业来看，信息网络传输及其服务业利润总额894.42亿元，比上年增长40.4%，拉动规模以上信息经济核心产业利润增长19个点；软件及其服务业利润总额191.44亿元，比上年增长31.8%，拉动规模以上信息经济核心产业利润增长3个点；计算机、通信和其他电子设备制造业利润总额295.06亿元，电子信息机电制造业利润总额179.93亿元；广播影视数字内容及其服务业、专用电子设备制造业利润总额分别为81.94亿元和59.11亿元。

另一方面，浙江电子商务生态圈初步形成。2016年，浙江电子商务交易额突破3万亿元，网络零售额10306.74亿元，总量均居全国第二。列入全国电子商务百强县和淘宝村的数量分别为41个和506个，均居全国第一。共集聚千余家电子商务平台，拥有全球最大的中小企业电子商务平台、网络零售平台，建有电商产业基地301个。跨境电子商务突破发展，跨境电商进出口额约占全国的20%，居全国第二，杭州获批全国首个跨境电子商务综合试验区。电子商务对全省经济社会发展的效应不断凸显，直接解决就业超过235万人，间接带动就业约605万人。同时，电子商务支撑服务体系逐步完善，物流配送能力持续提升，全省快递量和业务收入分别居全国第二和第三位。互联网金融快速发展，涌现出国内首家“云”上银行浙江网商银行和首家互联网金融资产交易中心，形成具有全国影响力的第三方支付、互联网征信等金融服务体系。

支付宝公司总部大楼

（二）旅游业态跨界多元

浙江旅游信息中心数据显示，2015 年浙江居民在线旅游交易额超 4 亿，在线旅游渗透率大于 12%，互联网旅游企业数量和规模位列全国第二，大量传统旅游企业通过众筹、PPP 等投融资模式吸引社会资本介入“互联网+旅游”。

一方面，旅游新业态、新模式在产融互动的推动下蓬勃发展，“互联网+旅游”促使旅游产业在更大程度上实现跨界，让更为多元化的主体参与到旅游产业。如居民通过互联网相关住宿经营平台租赁闲置住宅，实时掌握住宅房态、销售价格，与游客直接进行沟通交流。另一方面，以政府引导为前提、企业主体为关键、用户体验为核心、共建共享为目标的旅游新发展理念逐步形成，“互联网+旅游”促使旅游管理和公共服务效率大大提升。2016 年 1 月，浙江出台《浙江省“互联网+”行动计划》，提出着力提升“互联网+旅游”服务水平，推行智慧景区服务、发展智慧旅游企业和加强智慧旅游综合服务平台建设。7 月举办的“全域旅游+互联网”高峰论坛上，浙江更进一步提出“全域旅游+互联网”理念，探索政府、企业、居民间的良性互动，寻求各方共同需求点，实现全域旅游快速健康持续发展。

目前，浙江旅游大数据平台共收录 3A 级及以上景区 440 家，三星级及以上酒店 566 家，旅行社 2349 家，旅游度假区 48 家，景区、宾馆酒店、餐饮、农家乐、购物、休闲娱乐、旅行社、公共服务旅游资源采集量达 27782 家，为全省各级政府、旅游机构在政策导向、旅游营销、安全监测、应用服务等方面提供决策支持。

（三）健康模式链群重塑

浙江的健康产业起步较早，2015 年，浙江健康产业总产出 5391.52 亿元，增加值 1977.85 亿元，增速 12.1%，占 GDP 比重约为 4.6%。但相较美国、日本等发达国家而言，美国的健康产业占 GDP 比重超过 15%，加拿大、日本等国家的健康产业占 GDP 比重超过 10%，浙江的健康产业依然处于起步阶段，具有广阔的发展前景和动能提升空间。

目前，浙江着力推动传统医疗服务模式和健康管理模式的深刻变革，催生远程诊断、智慧医疗、个体化治疗等新型健康服务业态和新模式，完善健康服务产业链，打造健康服务产业集群。一是公立医院综合改革取得快速进展，“智慧医疗”覆盖医院各就诊环节。大医院全面推进“一体化”入院准备和“一站式”检查预约，为就医患者提供便利。比如，患者可以通过掌上 APP 在第一时间进行咨询、挂号、预约、查询和就诊导航等。二是充分发挥互联网+健康的信息科技优势，大力推进基层首诊“健康云”服务，开创了以实体医院为后盾，以“纳里健康云平台”为载体，通过手机 APP 联结医患、医医、医药服务的新模式。通过搭建在社区卫生服务中心的“云诊室”以及移动端的纳里医生、纳里健康应用，连接到省、市属医院组建的“医联体”，免费获取心电、影像、检验、视频会诊等“四大中心”会诊服务。三是积极促进健康管理模式创新，推行医养护一体化签约服务，将社区全科医生和社区居民更加紧密地联结在一起。社区卫生服务中心应用智慧医疗技术，优化“自助挂号、自主选医生、诊间结算”的全科门诊流程。

（四）特色小镇载体创新

2015 年 1 月，浙江省政府工作报告首次提出特色小镇概念，随后出台的《关于加快特色小镇规划建设的指导意见》中进一步明确，通过 3 年的培育创建，规划建设一批产业特色鲜明、体制机制灵活、人文气息浓厚、生态环境优美、多种功能叠加的特色小镇。经过两年多的建设发展，浙江先后共创建 78 个特色小镇，另有 52 个特色小镇列入培育名单。2016 年 10 月，国家住建部公布第一批中国特色小镇名单，涉及 32 个省份共 127 个中国特色小镇，其中，浙江有 8 个小镇入围，是全国入围数量最多的一个省。

2016 年，浙江特色小镇固定资产投资（不包括商品住宅和商业综合体）1127.7 亿元，比上年增长 19.7%，镇均投资 14.5 亿元，其中，时尚产业、高端装备制造、金融产业、信息经济类小镇镇均投资较大，分别为 18.6 亿元、18.3 亿元、17.3 亿元、16.8 亿元。就产业布局而言，更注重特色产业的资源整合，特色产业投资 699.7 亿元，比上年增长 15.6%，占投资总额的 62.0%。充分发挥小空间大集聚的作用，吸引民间投资 625.2 亿元，比上年增长 31.8%，占投资总额的 55.4%。

杭州钱江新城

二、新动能助推浙江经济转型升级

管中窥豹，以信息、技术、数据云等新生产要素为核心的新动能正为浙江带来稳健革新的新变化。新动能加快壮大的同时，浙江经济结构也随之呈现转型升级。

（一）八大万亿产业较快发展

信息经济核心产业总产出和金融产业总收入连续三年超万亿。2016 年，信息经济核心产业增加值 3911 亿元，比上年增长 15.9%（现价），占 GDP 的 8.4%，对 GDP 的增长贡献率达 15.0%。金融产业增加值 3057 亿元，占 GDP 的 6.6%。年末境内上市公司 329 家，累计融资 7484 亿元。在境内上市公司中，中小板、创业板上市公司占全国的 15.9% 和 10.5%，居全国前列。旅游产业增加值 3305 亿元，比上年增长 12.8%，占 GDP 的 7.1%，比重比上年提高 0.3 个百分点。在规模以上工业中，2016 年与上年相比，环保、健康、高端装备制造业增加值分别增长 7.2%、8.9% 和 9.6%，均高于规模以上工业 6.2% 的平均增速。2015 年，文化及相关特色产业增加值 2490 亿元，比上年增长 13.8%，占 GDP 的 5.8%，比重比 2013 年提高 0.8 个百分点。

（二）工业内部结构优化

2016 年，全部工业增加值 17974 亿元，按可比价计算，比 2011 年年均增长 6.6%。规模以上工业增加值 14009 亿元，年均增长 6.6%。高新技术、装备制造、战略性新兴产业增加值年均分别增长 9.1%、8.5%和 8.3%，增速明显快于规模以上工业。高新技术产业和装备制造业增加值占规模以上工业的比重分别为 40.1%和 38.8%，比 2011 年分别提升 16.0 和 5.7 个百分点；八大高耗能产业比重从 2011 年的 39.8%下降到 34.0%。去产能进展顺利。坚决落实国家下达的 303 万吨压减钢铁产能计划，杭钢集团半山钢铁基地顺利关停，五年目标任务一年完成。2016 年淘汰落后和严重过剩产能企业 2000 多家，整治“脏乱差”和“低小散”企业（作坊）3 万多家，处置“僵尸企业”555 家。2016 年四季度，浙江工业企业平均产能利用率为 80.7%，比一至三季度分别提高 2.4、0.7 和 1.8 个百分点。

（三）新兴服务业发展迅速

高技术服务业是驱动科技发展的新兴行业，比其它行业发展更为迅速。2016 年，规模以上服务业营业收入 10573 亿元，比 2013 年增长 61.3%，年均增长 17.3%。其中，高技术产业服务业企业营业收入 5336 亿元，比 2013 年增长 1.1 倍，年均增长 28.4%，占规模以上服务业企业营业收入的 50.5%，比重比 2013 年提高 12.0 个百分点。科技服务业营业收入 6291 亿元，比上年增长 27.4%。细分行业看，信息传输、软件和信息技术服务业增长最快，营业收入 4297 亿元，比 2013 年增长 1.3 倍，占规模以上服务业企业的 40.6%，比重比 2013 年提高 12.4 个百分点。据初步核算，批发零售业增加值 5611 亿元，比 2011 年年均增长 9.4%，占服务业的 23.4%，仍是服务业中占比最高的行业；交通运输业发展平稳，年均增长 6.2%；房地产业在调控中稳步发展，年均增长 7.6%。

（四）现代农业加快发展

农业内部结构进一步调整，2016 年，农、林、牧、渔业增加值的比例为 54.6∶5.7∶9.7∶28.2，与 2011 年相比，农业和渔业比重分别提高 2.1 和 4.0 个百分点，牧业比重下降 6.0 个百分点。新型经营主体、经营方式、新业态正在加快形成，农业产业化规模化态势良好。至 2016 年，累计建成粮食生产功能区 9131 个，面积 760 万亩；现代农业园区 818 个，总面积 516 万亩，其中，现代农业综合区 107 个，主导产业示范区 200 个，特色农业精品园 511 个。2016 年，农业产业化组织 5.5 万家，农业龙头企业 7600 多家，销售收入 3500 多亿元。经工商注册登记的家庭农场 2.9 万家，农村土地承包经营权流转率达 53%。农业领域“机器换人”进程加快，高性能机械逐步取代传统机具。2016 年农业科技贡献率达 62%以上。

三、浙江新动能发展前景

（一）大力促进科技创新

归根结底，科技创新是新动能发展的第一竞争力。**一是提升自主创新能力。**促进企业加大科技投入，加强研发及知识产权保护力度，着力提高原始创新、集成创新、引进消化吸收再创新能力，促进大中型企业和小微企业协同创新、共同发展。发挥高校和科研院在科技创新中的人才、科技优势，加强资源共享与合作，加速科技成果转化，构建开放式创业创新体系；**二是推进科技创新市场化。**深化政府“放管服”改革，突出市场对资源配置的决定作用，形成政府引导+市场化运作的平台建设模式。积极规划建设特色小镇，加快构建杭州城西科创大走廊、钱塘江金融港湾和中心城市科技城。加快“两化”深度融合国家示范区、国家信息经济示范区等示范点建设，深入实施高新技术企业和科技型中小微企业“双倍增”计划；**三是牢固树立质量第一理念意识。**全面实施标准化战略，构建标准强省、质量强省、品牌强省，加快推进中国制造 2025 浙江行动计划、工业机器人行动计划、十万企业上云行动计划和绿色农业行动计划。

（二）聚焦产业转型升级

从供给侧推动产业结构调整和优化升级已成为现阶段经济发展的根本。**一是加强区域经济产业支撑。**牢牢把握国家实施“一带一路”战略的发展契机，积极融入长江经济带，主动对接上海全球科技创新中心建设，促进长三角地区产业创新联动发展。积极打造都市经济、海洋经济、开放经济、美丽经济交通走廊，加快形成“一体两翼”区域发展新格局。**二是加大新兴产业创新引领。**大力实施创新驱动发展战略，积极发展信息、环保、健康、旅游、时尚、金融、高端装备制造和文化产业，推动信息经济与各产业的融合发展，促进产业集聚、产业创新和产业升级，为新动能发展提供新的动力和增长点。**三是加快传统产业改造升级。**用高新技术改造升级传统产业，推动产业迈向中高端水平，增强经济发展的内生动力和活力。加大“四换三名”“互联网+”“机器人+”“标准化+”力度，积极探索以特色小镇理念和方式分块改造提升开发区的有效途径。

（三）着力制度创新优质保障

制度创新是持续创新的保障，是激发科技创新主体活力的关键，充分发挥创新这个引领发展的第一动力，必须要有全面深化改革为其提供良好的条件和氛围。深入贯彻落实“五位一体”总体布局和“四个全面”战略布局，以“五大发展”为引领，以“八八战略”为总纲，以推进供给侧结构性改革为主线，强化创新驱动，振兴实体经济，打造“浙商回归”“五水共治”“三改一拆”“四换三名”、八大产业、特色小镇等一系列转型升级组合拳[①]，出台一系列向新技术、新产业、新业态、新商业模式倾斜的政策，促进新动能发展。**一是构建更有效率的政务生态系统。**以“四张清单一张网”[②]为抓手，大力推进简政放权、放管结合、优化服务，打造“互联网+政务服务”，推进智慧政府建设，聚焦企业服务。**二是构建更有活力的创业创新生态系统。**力争在3年内培育和建设100个左右的特色小镇，建成一批科技企业孵化器和创业创新平台，聚焦信息经济、环保、健康、旅游、时尚、金融、高端装备制造、文化产业等八大产业。**三是构建更有魅力的自然生态系统。**习近平总书记在浙工作期间曾明确提出，“绿水青山就是金山银山”。一个良好的自然生态系统，是经济可持续发展的有效载体，也是吸引创新创业者的一大要素。全面推进“五水共治”工程，以水环境治理为突破口，倒逼经济转型升级，将生态优势转化为浙江新一轮发展的竞争优势。**四是构建更加和谐的社会生态系统。**早在2004年，时任浙江省委书记的习近平同志就提出建设“平安浙江”的构想，此后，浙江始终把平安浙江建设作为各级党委政府“第一责任”“一把手”工程。推进政府治理体系和治理能力现代化，加快推进政府职能转变、深化机构改革和提升法制建设，着力构建更为和谐的社会生态系统。

（作者：张斌、傅吉青、周琳　浙江省统计局）

① “五水共治”指的是治污水、防洪水、排涝水、保供水、抓节水。“三改一拆”指的是开展旧住宅区、旧厂区、城中村改造和拆除违法建筑。“四换三名”指的是腾笼换鸟、机器换人、空间换地、电商换市，培育名企名家名品。

② “四张清单一张网”指的是政府权力清单、企业投资负面清单、政府责任清单、省级部门专项资金管理清单以及浙江政务服务网。

山东：营造高效体制环境

近年来，在外部经济环境复杂多变和全国经济下行压力较大的背景下，山东积极适应和引领经济发展新常态，以供给侧结构性改革为主线，始终坚持深入实施创新驱动发展战略，大力推进大众创业、万众创新，精心培育新的增长点，力争创造宽松高效的创新体制和政策环境，不断强化企业创新主体地位。今年4月底，山东正式启动新旧动能转换重大工程，经济增长动力转换不断加快，新的增长动能正在积聚。

一、新动能发展迅猛

（一）新兴产业快速增长

山东深入实施高端高质高效发展战略，按照“敲开核桃，一业一策”的要求，通过传统产业转型升级、围绕产业链部署创新链等多措并举，助推新动能全面发力。

1. 现代农业夯实新基础。按照“提质增效转方式、稳粮增收可持续”的现代农业发展思路，山东相继编制完成了46个农业提质增效转型升级实施方案，着力构建现代农业产业体系、生产体系和经营体系，扎实推进千亿斤粮食产能建设，加快农业结构战略性调整，农业“新六产”带动三次产业融合发展，农业基础地位持续巩固，粮食生产再获丰收，2016年粮食总产量940.1亿斤，截至2015年末，主要农业机械拥有量同比增长1.9%，原值同比增长4.8%。

2. 新兴工业走出新路子。山东大力推进“1+22”重点行业转型升级，引领企业改革发展。2016年，全省高技术产业增加值增长7.8%，占规模以上工业的比重为8.8%，比上年提高0.4个百分点；装备制造业增长7.6%，占规模以上工业的比重为29.4%，比上年提高0.6个百分点。高技术产业和装备制造业增加值分别比工业高出1.0和0.8个百分点。新能源汽车、智能电视、运动型多用途乘用车（SUV）等产品产量分别增长100.0%、58.8%和32.3%，代表高端先进制造的工业机器人、微波终端机产量分别增长49.1%和71.1%。今年1月，山东又出台了55条关于加快推进工业创新发展转型升级提质增效的实施意见。山东企业把握经济新常态下的新机遇，积极探索发展新方向。如中车青岛四方公司自主研发高速动车组；浪潮集团研发出了SmartRack整机柜服务器，同时正在研发64路高端容错计算机技术；万华化学公司正在搭建涵盖热熔成型、激光烧结、光固化

现代农业

三类成型方式的3D打印材料平台;睿创微纳技术公司成功研制出非制冷红外焦平面探测器;康平纳公司研制出了筒子纱数字化自动染色成套技术与装备;中通客车公司自主研发制造了国内首款网电耦合纯电动客车等,都是以新技术新产品适应新常态的典型代表。多家企业将视野拓展到海外,迈向产业高端。如海尔55.8亿美元并购通用家电;西王收购全球最大的运动营养保健品企业,都是寻求技术升级的新突破;如潍坊的歌尔声学公司、东海药业等企业都是在现有产业链基础上打造创新链,实现了产业链的延伸和价值链的提升。

表1 2016年主要工业新产品产量

指标名称	计量单位	生产量	增速(%)
碳纤维增强复合材料	吨	-	-
稀土磁性材料	吨	-	-
石墨烯	吨	-	-
工业机器人	套	82	49.09
新能源汽车	辆	24000	100.00
动车组	辆	2005	-3.14
城市轨道车辆	辆	708	-14.80
光纤	千米	741000	3.20
光缆	芯千米	22201000	24.57
太阳能电池(光伏电池)	千瓦	11000	-86.75
服务器	台	486000	19.70
3D打印设备	台	-	-
智能手机	台	45846000	0.52
智能电视	台	15809000	58.77

3. 现代服务业赢得新发展。2016年,山东深入实施服务业"17+6"转型升级行动,使其成为经济发展主导力量。全年服务业增加值占GDP的比重提升到47.3%,比上年提高2.0个百分点,高于第二产业1.9个百分点,产业结构实现了"二三一"向"三二一"的转变。全省规模以上服务业营业收入增长11.8%。其中,金融、房地产等现代服务业发展较快,增加值分别增长9.6%和7.9%;战略性新兴服务业企业数量占规模以上服务业企业的23.2%,营业收入同比增长10.8%;高技术服务业企业数量占规模以上服务业企业的21.5%,营业收入增长9.6%。山东服务业企业中的领头羊同样战绩斐然。中动文化传媒公司是全国最大的动漫出版发行代理商之一和全国签约编剧人数最多的动漫公司之一;青岛的泽灵文化传媒公司自主创作的《龙之重生》由世界最大独立出版商黑马漫画公司全球发行,目前共在创《仰望星空》等11部影视作品,获得了华盖资本等多家资本青睐。山东开创集团有限公司作为营销与云计算服务提供商,是通过工信部和山东省通信管理局认证的业界的互联网基础服务提供商之一,拥有多项自主知识产权和软件著作权产品,自主研发云计算技术打造开创云平台。

(二)新业态蓬勃兴起

2016年,山东全年商贸流通企业网上零售额增长45.3%;电子商务交易额达到2.65万亿元,增长31.1%;跨境电子商务出口额增长45.3%,拉动全省出口增长1.7个百分点。

1. 现代信息技术与现代农业快速融合。山东通过组建"山东省农业大数据交换管理中心",建立大数据标准体系,完善大数据的管理,规范大数据采集,推动大数据应用,加强服务体系建设等举措实现农业对大数据的应用。同时,重点培育一批特色电商镇、电商村,鼓励发展农村淘宝项目。截止 2016 年 8 月底,山东有 108 个淘宝村,仅次于浙江、广东和江苏;12 个淘宝镇,少于浙江、广东、江苏、福建。菏泽市曹县地处欠发达地区,是"互联网+"的典型受益者。仅曹县就有 6 个"中国淘宝镇",48 个"淘宝村"。全县电商产品大型加工户 1300 多户,网店 2.4 万个,从业人数 12 万人,截至 2017 年 1 月份,已带动 4000 余人稳定脱贫。

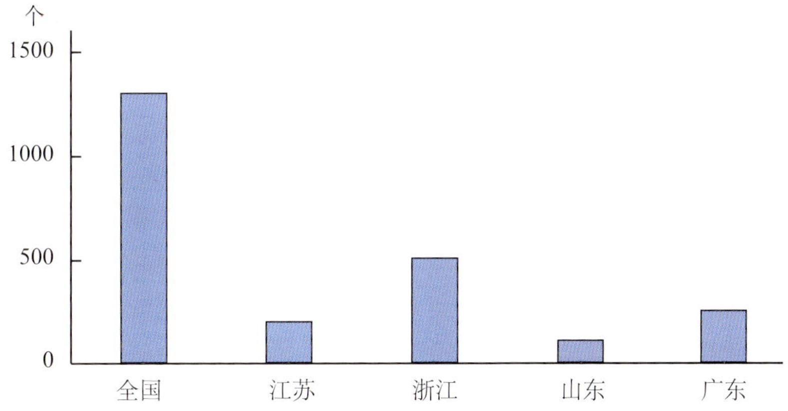

图 1 2016 年全国淘宝村前四名数量情况

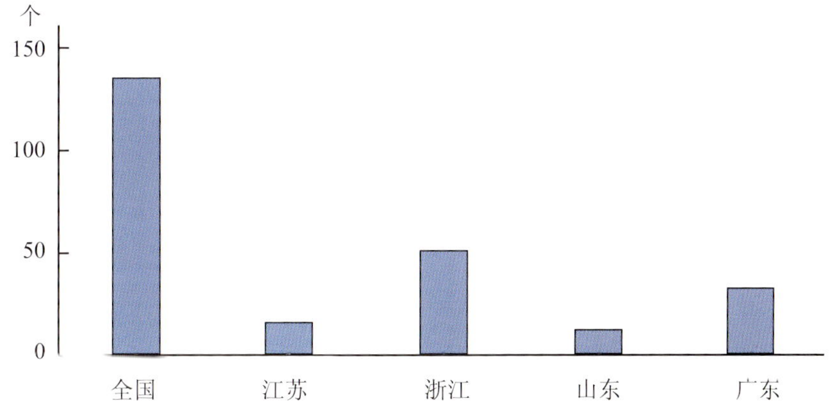

图 2 2016 年全国淘宝镇前五名数量情况

2. 现代信息技术与现代工业快速融合。积极推动和实践"工业 4.0",实现山东制造与"互联网+"结合,打造"智慧工业"。以海尔为例,海尔互联工厂就是通过与用户的交互、定制满足用户的个性化需求,通过用户从交互、设计、制造一直到物流配送的全流程参与,将虚拟设计、虚拟制造和实体制造结合起来,驱动整个制造转型为大规模定制。

3. 现代信息技术与现代服务业快速融合。2016 年,山东互联网和相关服务业营业收入增长 45.1%,营业利润增长 71.6%。山东率先携本地品牌发力电商,打造"互联网+"服务新样本。好品山东项目,落地 1688.com 平台,集结山东知名品牌企业及数百家源头大厂,推广山东产地的品质货源、为线下实力企业提供线上销售渠道及整体联合营销方案,将真正的品牌商、品质货导入到 1688 全链路多渠道中,让好货源通过电商渠道直供终端。与此同时,网络订单的快速增长,促使快递业蓬勃发展。2016 年,全省快递服务业企业业务量累计完成 12.1 亿件,同比增长 64.2%,业务收入累计完成 139 亿元,同比增长 43.2%。

今年,山东将全力开展"智慧山东"试点工作,进一步促进信息化与工业化、城镇化、农业现代化等融合发展。

(三)新商业模式不断涌现

移动互联网与传统行业加速渗透,通过分享经济、移动互联、移动支付等全方位多角度深层次向社会经济生活各个领域渗透,推动了商业模式的创新和发展,网络约车、在线医疗、远程教育、创意设计、网上银行等新型服务模式增长迅速。山东青岛的红领集团成功塑造了新的商业模式——C2M 模式。借助互联网搭建起消费者与制造商的直接交互平台,去除了商场、渠道等中间环节,从产品定制、设计生产到物流售后,全过程依托数据驱动和网络运作,通过这种模式,服装的个性化定制需求与规模化制造之间的矛盾才被不断调和,人均效益提高 30%,生产成本下降 30%,定制产品实现"零库存"。与此同时,城市商业综合体发展迅速,2016 年全省城市商业综合体近 60 家。

(四)"双创"展现新活力

山东多措并举推动科技创新。获批设立山东半岛国家自主创新示范区,黄河三角洲国家农业高新技术产业示范区、省级区域创新中心建设和新型城市加快推进。2016 年,研究和试验发展业营业收入增长 27.9%,营业利润增长 88.2%,专业技术服务业营业收入增长 5.5%,营业利润增长 7.1%,科技推广和应用服务业营业收入增长 11.1%,营业利润增长 15.7%。全年发明专利授权量 19404 件,比上年增长 14.9%。万人拥有有效发明专利 6.33 件,比上年增加 1.43 件。全省国家企业技术中心达到 179 家,省级技术中心达到 1524 家。工业技改投资 1.5 万亿元,总量全国第一。首届世界工业设计大会上,山东获金奖 4 件,占全国近五成。山东企业在全国首批制造业单项冠军中数量最多。**营造良好环境打造创业高地。**年末实有市场主体突破 700 万户,达到 710 万户,比上年末增长 14.8%。列全国各省市第二位。新登记各类企业 51.3 万户,比上年增长 26.8%。出口企业增加 23.2%。山东 2016 年全年城镇新增就业 120.98 万人,完成年度计划的 109.98%,"双创"的拉动作用不容忽视。

表 2　双创主要情况

类　别		绝对量	增速(%)
发明专利授权量(件)		19404	14.9
万人拥有有效发明专利(件)		6.33	比上年增加 1.43 件
国家企业技术中心(家)		179	-
省级技术中心(家)		1524	-
年末实有市场主体(万户)		710	14.8
新登记各类企业(万户)		51.3	26.8
其中:出口企业		-	23.2
研究和试验发展服务业(亿元)		营业收入	27.9
		利　润	88.2
专业技术服务业(亿元)		营业收入	5.5
		利　润	7.1
科技推广和应用服务业(亿元)		营业收入	11.1
		利　润	15.7

当前,山东科技创新的方向是智能制造、纳米技术、深海技术、基因编辑技术等前瞻性领域。我们将继续打造制造业"双创"平台和面向制造业的"双创"服务平台,争取完成 2018 年重点行业骨干企业"双创"平台普及率超过 85%的目标任务。到"十三五"末,力争使高新技术企业数量达到 8000 家左右,高新技术产业产值占规模以上工业总产值比重在 38%左右。

二、新动能发展仍任重道远

一是自主创新意识相对欠缺,创新能力相对落后。技术创新大多需要长期大量的资金和人力投入,见效慢,具有一定的风险,缺乏高级研发人才,加之经济大环境不是很景气,企业创新积极性相对不足。在发展新业态、新商业模式等新动能方面,相对落后于浙江、广东、北京和上海等省市。例如，虽然近几年山东电子商务、电子支付、网上服务等“互联网+”行业快速发展，但由于起步晚，市场已趋饱和，很难发展起大型自主电子商务平台。

二是专业人才引进相对乏力，高级人才相对不足。与北、上、广、深等地区相比，山东省在人才引进上没有地缘优势，特别是对于具有特殊专业知识的新产业人才引进更难。青岛泽灵文化传媒公司反映，由于尚未形成显著的动漫影视创业氛围，主动到山东省创业甚至就业的文化传媒人才偏少，即使是青岛高校毕业的学生也不愿留在青岛工作，引进人才只能更多依赖于打“亲情”“乡情”和“爱情”牌。

三是扶持政策相对滞后，政策落地相对困难。对新的发展动能方面，山东行业相对缺乏顶层设计，针对企业研发、制造、服务等不同环节分类管理和服务的政策不具体，缺少可操作性、难落地。比如，潍坊的迈赫机器人公司反映，山东省尚未制定出台机器人发展的意见，容易导致行业盲目无序发展。青岛东海药业公司反映国家8年未增补医保目录，山东省也没从省情出发进行修订，严重影响了新药的推广应用。

四是新动能体量相对较小，中小企业融资相对较难。新旧动能转换发展仍处于初期阶段，服务业结构中占主导地位的仍是传统型服务业，增加值增速整体高于新兴和现代服务业；工业结构中，战略性新兴企业和高技术企业的规模较小，与当前经济发展，尤其是新动能发展需求的差距较大。同时，“三新”企业抗风险能力较弱，部分新动能企业“无形资产”占较大比重，可用于抵押的有形资产较少，很难受到金融机构的青睐，尤其是中小企业和初创企业资金压力较大。

五是区域发展不够平衡，相对差异较为明显。从山东来看，不论从“三新”企业个数、规模，还是从营业收入、营业利润等方面来看，“三新”经济发展较好的企业主要集中在济南、青岛等政治、经济中心，其他地区发展相对滞后；但从增加值、营业收入、营业利润等的增速上看，其他地市的增速明显提高，“三新”经济正在这些地方迅速崛起。

六是新旧动能转换在统计过程中仍有难点，分类标准仍难界定。当前，多元化经营企业从行业上分劈有较大难度，很多企业在认定新动能产业、产品和服务时也出现问题，统计部门的筛查认定、新旧动能转换统计全面推行、数据核算等也较为被动。

海信广场

三、新动能发展对策建议

“新动能”正成为推动山东传统产业向中高端迈进、经济增长的新引擎，也是重塑经济生态系统的重要力量。为使新旧动能转换能够把握当前大好机遇，从山东遇到的困难和正在推行的政策中，提炼出以下建议。

（一）引领企业提升创新能力

完善和落实激励企业自主创新的相关政策，让企业承担更多国家及地方重大科技项目，建设面向企业的技术创新服务平台，构建产业技术创新战略联盟，组织和动员科研院所和高校的科技人员深入企业开展多元化的创新创业服务等多种途径帮助、引领企业提升创新能力。

（二）加大引进先进人才力度

打破人才发展的天花板，研究制定支持青年人才创新创业的政策措施，组织实施各类培养工程；加大对博士后青年创新人才、海外留学回国人才等青年人才创新创业的扶持力度，充分释放青年人才创新创业潜能；从居留签证、子女入学、服务保障等方面创新政策，吸引更多海内外“高精尖缺”人才，让人才引得进，留得住。

（三）降低新兴经济融资门槛

加大对科技型企业，尤其是中小企业技术创新的财政支持力度，建立和完善支持中小企业发展的科技投融资体系和风险投资机制，发展科技中介服务机构，扶持和壮大一批具有创新能力和自主知识产权的中小企业。

（四）发挥大企业的创新引领作用

实施大企业和大项目带动计划，培育国内领先的大数据核心龙头企业，吸引有实力的国内外大数据企业落户当地。

（五）提高新旧动能转换的服务能力

打造“早、快、细、严、实”的统计基础，细化明确新动能指标体系目录，确保不重不漏、严密扎实。

四、统计工作开展情况

2017年，为实时跟进山东省新动能发展情况，满足全省新旧动能转换重大工程进展监测、评价及决策需求，引导和促进山东经济“由大变强”，山东省统计局高度重视，将服务、引领这一重大工程，作为当前和今后一个时期全省统计系统工作的重中之重，集全局之智，举全局之力，主动作为、超前谋划、快速跟进，全力助推新旧动能转换，为实现旧动能的改造提升、新动能的壮大培育提供优质服务。

（一）积极开展专题调研

由局主要领导带队到枣庄、潍坊、济宁调研新旧动能转换情况，与发改、经信、科技、统计等部门以及多家新旧动能转换代表性企业进行座谈交流，及时准确把握新旧动能转换现状，紧密跟踪监测经济运行趋势。由省统计局分管领导带队，围绕经济转型升级的新举措和新机制、新动能培育、创新驱动和品牌培育等，赴浙江、江苏和重庆进行了专题调研，两篇调研报告已报省委、省政府和有关部门领导参阅，并获得省领导重要批示。

（二）组织开展一系列统计监测工作

一是制定《新旧动能转换监测评价体系》。围绕创新驱动、新动能培育、转型升级、转换成效四个模块，运用科学计算方法，测算全省及各市经济发展新动能培育综合指数，并以此监测评价全省和17市新旧动能转换工作进展情况。**二是加强亿元以上重大项目的统计监测。**充分利用现有联网直报制度中的项目库和项目直报平台，对全省战略性新兴产业重大项目以及高铁、机场、港口、电力等事关长远发展的重大基础设施项目，进行重点跟踪监测，为分析研究重大项目支撑推动新旧动能接续转换成效提供决策依据。**三是建立“四新”统计调查制度。**为全面及时反映新技术、新产业、新业态、新模式发展成效，山东省统计局联合省发改委制定了“四新”统计制度初步方案，目前正在抓紧测算新经济增加值。**四是建立《健康山东监测指标体系》。**为全面推进健康山东建设，我们紧紧围绕《“健康中国2030”规划纲要》《健康山东行动方案（2014－2016年）》《山东省“十三五”卫生与健康规划》提出的目标任务，结合山东实际，研究制定了“健康山东监测指标体系”初步方案。

（三）及时对接国家统计局，加快统计制度方法改革

分管局领导带队到国家统计局对接汇报，争取国家统计局对建立新动能相关统计方法制度的支持。进一步优化统计调查方案，调整调查重点。对还没有建立统计方法制度的，比如新经济发展情况、现代农业发展情况、互联网相关产业、开放型经济新优势、科技创新成效等，争取及早建立相关统计调查制度并组织实施。

（四）主动沟通对接有关部门，为重大调研题目和重大项目推进工作提供优质统计服务

根据职能分工，明确相关处室，主动沟通对接10个重点专题调研和10+1个重点项目牵头部门，组织测算了十大产业基础数据并按时提供给重大工程推进办公室，先后为省经信委、质监局、商务厅、研究室等有关部门加工提供了大量统计资料，为新旧动能转换重点调研课题提供优质统计服务和数据支撑。

（五）梳理筛选新旧动能转换典型案例

围绕制度创新与技术创新的融合互动、新动能培育与传统动能的改造提升、供给与需求的有效衔接等内容，从全省已经上报的典型案例中，梳理筛选出近年来山东省传统行业转型升级、新兴产业加快培育、产业跨界融合等新动能发展的好典型。编印成册后，报省领导和有关部门研究参考。

（六）开设新旧动能转换专报，及时报告我局最新研究成果

加强新旧动能转换的统计分析和信息报送工作，加强对重点调研题目和建设项目的调研，弄清现状，查找存在问题，剖析原因，适时提出对策建议。对于山东省统计局在落实新旧动能转换重大工程方面所做重点工作和取得的研究成果，及时推出一批短平快精的工作信息和研究成果，以新旧动能转换专报形式编发，呈报省领导参阅。目前已经编发12期，其中获省主要领导批示6期，后续成果将陆续上报。

（作者：贾文飞、赵善胜　山东省统计局）

深圳：创新驱动市场经济走向成熟

深圳处于我国改革开放前沿，市场化程度高，经济发展活跃。尤其是近年加快实施创新驱动发展战略，深化供给侧结构性改革，深圳经济在产业转型升级、新旧动能转换方面取得积极成效，新经济日益成为推动深圳经济有质量的稳定增长和可持续全面发展的重要力量。

一、深圳新动能新产业发展情况

深圳创新型经济快速发展，以新兴产业为代表的新动能强劲迸发，引领和成就了深圳经济的高质量。

（一）新兴产业成经济增长新引擎

通过产业的前瞻布局，深圳以结构优化促进供给升级，不断提高供给结构对需求结构的适应性。目前，深圳已规划布局了生物、新能源和互联网产业、新材料、文化创意、新一代信息技术产业和节能环保等战略性新兴产业，以及海洋、航空航天、生命健康、机器人、可穿戴设备和智能装备等未来产业，并出台了相关产业振兴发展规划。深圳新旧动能转换力量日渐显现，战略性新兴产业和未来产业成为推动经济增长的新引擎。

深圳湾创业广场

2016年，深圳全面贯彻落实“创新、协调、绿色、开放、共享”五大发展理念，以供给侧结构性改革培育发展新动力。全市新兴产业实现增加值7847.72亿元，比上年增长10.6%（现价），占GDP比重为40.3%，较上年提高了0.3个百分点，对GDP现价增长的贡献率达到37.8%。新兴产业的发展是深圳经济增长的一个亮点，也是创新驱动战略、大众创业、万众创新的一个重要标志，产业类别由2008年的3个扩大到如今的11个，占GDP比重由2009年的26.7%攀升至2016年的40.3%，已形成一批技术领先、市场前景广阔的龙头企业,打造出多个具有深圳特色的优势新兴产业集聚区。

从增加值规模看,战略性新兴产业中新一代信息技术产业规模最大,新能源产业增长最快。新一代信息技术产业实现增加值4052.33亿元,占全市七大战略性新兴产业增加值比重48.5%,较上年同期提高了3.2个百分点,占全市七大战略性新兴产业净增加值的64.9%;文化创意产业1949.70亿元,占比23.3%;两者合计占全市七大战略性新兴产业增加值的比重超过七成,达到71.8%,成为战略性新兴产业规模扩张的主导力量。新能源产业增加值增长29.3%,比上年加快19.2个百分点,成为引领战略性新兴产业增长的一个重要推动力。未来产业中机器人、可穿戴设备和智能装备产业贡献突出,生命健康产业活力显现。机器人、可穿戴设备和智能装备产业增加值486.42亿元,占全市未来产业增加值比重47.4%,接近五成,对全市未来产业增加值增长贡献突出,贡献率为137.34%。从增加值增速看,机器人、可穿戴设备和智能装备产业增速高,同比增长20.2%,稳居四大未来产业之首;生命健康产业增长17.9%,活力逐渐显现,拉高全市未来产业增加值增速1.1个百分点。

2016年,全市新兴产业实现利润总额2483.36亿元,增长13.3%。分行业看,新兴工业企业实现利润总额1493.77亿元,占全市新兴产业利润总额比重60.2%,增长6.7%;新兴服务业企业831.27亿元,占比33.5%,增长22.6%;新兴批发和零售业企业116.99亿元,占比4.7%,增长56.0%;新兴建筑业企业41.32亿元,占比1.7%,增长4.3%。根据深圳市国家税务局反馈的新兴产业税收收入的情况,2016年全市新兴产业企业实现税收总额695.75亿元,增长15.2%,其中增值税增长13.4%,均保持两位数增长。

(二)新业态、新模式蓬勃发展

供应链企业、电子商务和商业综合体等新兴业态和新模式蓬勃发展,为经济发展增添了新活力。

2016年,全市72家商业供应链企业共实现销售额2485.29亿元,增长13.7%,高于全市商品销售额增速7.9百分点。供应链企业主要分布贸易经纪与代理、计算机及其配套产品、五金产品及电子产品批发等行业,规模大、增速快。作为一种新的业态,其对深圳商贸发展注入新活力,带动行业持续健康发展。

电子商务推动了大众消费方式的转变,促进了消费便利,释放了消费潜力,据市电子商务中心测算,2016年深圳电子商务交易额2.03万亿元,增长18%。

2016年,全市共有城市商业综合体46家,商户数8215家,比上年增加1008家,商户从业人员7.47万人,共实现营业额378.29亿元,增长18.9%。通过对深圳华强北电子市场、水贝珠宝市场、大芬村油画市场等专业市场的大个体户调查,大个体户实现商品销售额5562.28亿元,增长14.3%,增速高于全市商品销售额8.5个百分点。

深圳全年新纳入"四上"单位库企业3522家,入库单位数继续居全省首位,在库单位净增量超过前两年。工业、批发零售业、重点服务业是入库企业的主要行业,其中工业949家,占27.7%;建筑业100家,占2.8%;批发零售业1291家,占37.6%;住宿餐饮业92家,占2.7%;房地产经营企业80家,占2.3%;重点服务业920家,占26.8%;投资90家,占2.6%。尤其是一大批具有新产业、新业态、新模式特征的企业被纳入"四上"单位库,如新入库的供应链企业有近百家,年主营业务收入超过880亿元;新入库的软件和信息服务入库企业超过300家,年主营业务超过300亿元。

(三)高新技术产业支柱地位显著

深圳高新技术产业已具备相当规模,形成了以电子信息产业为主导的高新技术产业集群,成为全国高新技术成果产业化的重要基地。2016年,全市高新技术产业实现增加值6560.02亿元,增长12.2%,占GDP比重33.7%。2016年新增市高新技术企业679家,新增国家高新技术企业2513家,国家级高新技术企业总数达到8037家,占到广东省的半壁江山。深圳累计集聚高科技企业超过3万家,约占广东省科技型企业总数的六成。深圳在计算机及外设制造、通信设备制造、二次电池、平板显示、数字电视、生物制药等产业领域形成了具有较强竞争力的高新技术产业集群,出现了一大批具有较强创新能力的行业龙头企业，比如华为稳居全球通信设备市场榜首、智能手机市场第三，是我国首个跻身全球研发支出50强的企业；华大基因成为全球最大的基因测序机构；大疆成为全球占有率最高的消费级无人机企业，销量占全球一半以上；光启完成了全球超材料领域85%的专利覆盖，在空间科技、光子技术领域开启了全新的产业空间；普联公司无线设备的全球市场占有率第一，甚至超过第2至第5名的总和，连续5年蝉联全球第一。

深圳机场航站楼

（四）发明创造源头引领创新

2016年，深圳市国内专利申请量为145294件，同比增长37.7%；其中，发明专利申请56336件，申请量居全国副省级城市第一名，同比增长40.7%，远高于同期全国平均增长率21.5%。国内专利授权75043件，同比增长4.1%；其中，发明专利授权17666件，同比增长4.2%，授权量居全国副省级城市第一名。城市PCT专利申请态势是体现其产业在全球战略布局的重要方面，只有30多年城市史的深圳已连续12年位居全国各大城市首位，2016年达到19648件，同比增长了47.6%，申请量占广东省申请总量（23574件）的83.4%，占国内企业和个人申请总量的46.6%，居全国各大城市中第一名。在发明专利井喷的背后，深圳自2013年以来每年全社会研发投入经费都占GDP的4%以上，与韩国、以色列相当。2016年全市全社会研发投入超过800亿，占GDP比重4.1%，超过欧美发达国家水平。深圳研发资金投入强度位居国内大中城市前列，且研发经费大部分来自于企业的自主研发投入，因此产出更高。

（五）创新载体孵化新经济

各类创新载体是创新发展的重要摇篮，在推动创新驱动发展过程中，深圳围绕新产业大力培育创新型企业和新型研发机构，通过打造众创、众筹、众包、众扶平台，构建起大中小企业、高校、科研机构、众创空间齐参与的复合型双创孵化机制，超常规建设创新载体，加大核心关键技术攻关力度。截至2016年11月，深圳已累计建成国家、省、市级重点实验室、工程实验室、工程研究中心、企业技术中心等各类创新载体1439家，培育了44家创客服务平台和180家创业孵化载体，涌现出了柴火空间、中科创客学院、赛格创客中心、HAX国际硬件创客空间等知名众创空间。此外，还培育了深圳市留学生创业园、罗湖水贝黄金珠宝创业园、布吉大芬油画村创业孵化基地、南岭中国丝绸文化创意园等一批特色鲜明的双创服务机构。通过全力促进产学研资用协同创新，深圳正孵化出一个多要素联动、多领域协同的综合创新生态体系，作为双创主体的企业队伍不断扩容。深圳市中小企业数量突破140万家，累计实有商事主体2619028户。按深圳2016年底常住人口1190.84万人计算，深圳每千人拥有商事主体220户，每千人拥有企业118户，创业密度居全国前列。

（六）“双创”激发新动能

2016年10月，正在打造全球创客之都的深圳举办以“发展新经济，培育新动能”为主题的2016年全国大众创业万众创新活动周暨第二届深圳国际创客周主体活动，全球众多知名创客齐聚鹏城，库克、马云、马化腾等全球顶级创客大咖齐聚一堂。来自全球IT业界巨头的苹果公司，决定在深圳建立研发中心。“双创周”成果超出预期，期间67万人参加创客工坊、创客马拉松等169场活动，累计接待参展商、创客、观众超过50万人次，参与的创新企业超过200家，各类科技成果展品超过400项，涉及全国26个省市地区，意向交易额超过100亿元。

作为全国双创周主会场的深圳湾创业广场，已成为深圳乃至全国“双创”的亮丽名片。如今，在创客圈里流行一句话——“北有中关村创业大街，南有深圳湾创业广场”。这个创业广场主要聚集孵化器机构和银行、证券等金融服务机构，提供“专业孵化+创业投融资+种子交易市场”三大核心功能，服务创新创业。迄今为止，该创业广场已引入联想之星、腾讯众创空间、3W咖啡、京东智能、中美创投、创新工场、“北斗+”众创空间等45家国内外一流专业孵化及创业服务机构，涵盖创业全行业类别资源。进驻各类互联网、智能硬件等创新创业项目团队200多个，近百个项目获得融资，近50个项目团队已取得A轮或A+轮融资。

深圳举行的高交会、电子信息产业博览会、国际人才交流大会、“BT+IT”领袖双峰会等展会及会议的国际化、专业化水平不断提升，已成为深圳链接国外科技交流的关键平台，吸引更多国家和地区前来寻求商机，同时成为推进大众创新的重要平台。

二、深圳新动能新产业发展特点

（一）政策创新推动供给侧改革

2016年，深圳连续出台了《关于促进科技创新的若干措施》《关于支持企业提升竞争力的若干措施》和《关于促进人才优先发展的若干措施》三份文件，以政策创新深入推进供给侧结构性改革。

在促进科技创新方面，深圳出台了62条措施，从“创新科技管理机制，打造科技体制改革先行区”“提升产业创新能力，打造新兴产业聚集区”“强化对外合作，打造开放创新引领区”“优化综合创新生态体系，打造创新创业生态区”四个方面，全力打造深圳创新驱动发展的升级版，加速深圳科技创新从“跟跑”向“领跑”转变的进程。

针对创业者起步阶段的融资难痛点，深圳还深化金融体制改革，创新科技金融服务形式，为初创型企业的上路扶一程。通过持续的改革发力，深圳充分发挥市场决定性作用，全面深化金融改革创新，从加强科技金融专营机构建设、探索开展高新技术企业风险信贷、促进民间资本支持高新技术企业发展、实现投贷联动、创新知识产权交易模式、大力发展科技保险、强化社区金融重点支持创业带动就业项目等方面，提高对双创重点领域的金融支持力度。

在支持企业提升竞争力方面，深圳出台了八大方面共37条措施，包括支持企业做大做强做优、支持企业提升创新能力、支持企业提升质量品牌保护知识产权、支持企业开拓市场、强化产业用地和空间保障、创新财政金融政策支持、优化企业发展环境等。为深圳创新驱动发展的主体加码鼓劲，推动“深圳制造”向“深圳智造”转变。

在促进人才优先发展方面，深圳共从20个方面提出了81条具体措施，通过实行更具竞争力的高精尖人才培养引进政策、大力引进培养紧缺专业人才、强化博士后“人才战略储备库”功能、加快培养和引进国际化人才、提高技能人才培养水平、加快建设人才培养载体等方面，努力营造人尽其才、人才辈出的政策环境和社会土壤，提升深圳的核心竞争力。

为了让创新人才在深圳安居乐业，深圳还出台了《关于促进人才优先发展的若干措施》《关于完善人才住房制度的若干措施》和《关于加快高等教育发展的若干意见》等，从创新和完善人才住房制度顶层设计、加大人才住房建设和供应力度、建立健全人才住房工作保障机制三大部分，进一步缓解人才住房困难、改善人才居住条件、增强人才吸引力。

知识产权制度成为激励创新的基本保障

2015年3月13日，中共中央、国务院印发《关于深化体制机制改革 加快实施创新驱动发展战略的若干意见》(以下简称《意见》)。《意见》从制度保障、营造环境、激励创新、纳入指标、先行先试等五方面对知识产权工作进行全面、有重点地部署，体现了知识产权对创新驱动发展的重要支撑作用。

在制度保障方面，《意见》提出，要把握好技术创新的市场规律，让市场成为优化配置创新资源的主要手段，让知识产权制度成为激励创新的基本保障。在营造环境方面，《意见》明确，实行严格的知识产权保护制度，完善知识产权保护相关法律，研究降低侵权行为追究刑事责任门槛，调整损害赔偿标准，探索实施惩罚性赔偿制度，完善商业秘密保护法律制度，明确商业秘密和侵权行为界定，完善知识产权审判工作机制，推进知识产权民事、刑事、行政案件的“三审合一”，积极发挥知识产权法院的作用，探索跨地区知识产权案件异地审理机制，打破对侵权行为的地方保护，健全知识产权侵权查处机制，强化行政执法与司法衔接，加强知识产权综合行政执法，健全知识产权维权援助体系，将侵权行为信息纳入社会信用记录。在激励创新方面，《意见》提出，完善职务发明制度，推动修订专利法、公司法等相关内容，完善科技成果、知识产权归属和利益分享机制，提高骨干团队、主要发明人受益比例，完善奖励报酬制度，健全职务发明的争议仲裁和法律救济制度。在纳入指标方面，《意见》明确，完善创新驱动导向评价体系，改进和完善国内生产总值核算方法，体现创新的经济价值，研究建立科技创新、知识产权与产业发展相结合的创新驱动发展评价指标，并纳入国民经济和社会发展规划。在先行先试方面，《意见》指出，遵循创新区域高度集聚的规律，在有条件的省(自治区、直辖市)系统推进全面创新改革试验，授权开展知识产权、科研院所等改革试验，努力在重要领域和关键环节取得新突破。

(二)人才助力经济新动能

人是生产力的第一要素，经济结构的转型升级需要“人才供给侧改革”做配套。深圳是一座年轻的城市，是能吸引年轻人的城市，创新创业就是这座城市的基因，“鼓励创新，宽容失败”的城市精神，如同磁场般，为深圳源源不断输送人才，为深圳经济社会转型创新不断注入内生动力。

截至2016年10月，深圳已累计引进孔雀团队和广东省创新科研团队95个，团队涵盖电子信息、生物医药、新材料、医疗器械、先进制造及新能源等众多新兴产业领域。同时通过认定和评审，引进孔雀计划人才1800余人。截至2016年上半年，累计引进博士1.2万多人，累计引进硕士11万多人，拥有博士后工作站(含流动站)109个，在站人数超1100人，入选“千人计划”人才累计达到200多人，占全省的40%，入选省“珠江计划”领军人才累计占全省的24%，入选省创新科研团队累计达到33个，占全省的28%。一批批海外高层次人才来深创新创业，有效提升了深圳原始创新能力和产业核心竞争力。

在培育本土人才方面，深圳大力推动高等教育跨越式发展，在深圳大学、南方科技大学、香港中文大学(深圳)的基础上，深圳北理莫斯科大学、清华伯克利深圳学院等进展顺利。2016年11月，深圳北理莫斯科大学正式拿到了教育部的批文，2017年开始面向全球招收本科生和硕士研究生，并计划2018年启动博士招生工作。一批专业化、开放式、国际化特色学院正成为深圳科技创新人才的重要孵化基地。

开放包容的创新环境、大量高素质人才和多元开放的文化吸引大量高端人才纷至沓来，人才队伍不断扩大，“以才引才”效果显著，这一生态的聚集和形成吸引了全球众多高科技人才前来创业，从而诞生了大疆、超多维、优必选、光峰光电、柔宇科技、奥比中光等一大批研发型科创企业。这些企业研发生产的机器人、无人机、超薄彩色柔性显示器、3D传感设备等高技术产品，是行业前沿技术的引领者，代表了未来产业的发展方向。

三、加快培育新动能的几点建议

一是积极营造激励创新的公平环境，壮大发

展新动能。通过建立公开透明、长期稳定的激励机制,鼓励投资者进行长期技术创新投入。通过制定激励创新的普惠性政策,形成各类技术路线和企业公平竞争的环境。为激发全社会创新活力、壮大发展新动能提供良好的社会环境。

二是努力打造小政府,大市场。深圳90%的研发人员、90%的研发机构、90%的科研投入、90%的专利产出都来自企业,企业是创新的主体,因此要充分尊重市场规律和企业自主权,进一步发挥市场的作用,激发企业活力,政府对企业始终保持一种良好的服务意识,营造适合创新的文化环境,构建良好的市场环境,从而使市场的活力、人才创新的激情充分释放出来。

三是推动高等教育跨越式发展,加大创新人才培养力度。深圳高校与科研机构的数量有限,导致高端研发支撑不足,知识产权创造仍依赖大中型企业,小微企业知识产权管理能力和创造能力有待提升。因此急需建立国际化开放式创新型的高等教育体系,加大高校的引进力度,增设科研机构,为经济发展提供强力人才保证和科技支撑。

四是抢抓信息经济、网络经济战略机遇,加快发展新经济。建议更加注重以互联网思维、大数据和云计算的架构思考谋划新的经济形态,发挥信息经济的渗透性、带动性和倍增性作用,形成分布式、扁平化、分享型的生态链,催生更多的新产业、新业态、新模式,抢占新经济发展先机。

五是加快推动与港澳深化合作。纽约湾区、旧金山湾区、东京湾区等世界一流湾区,都具有湾区经济典型特征,成为带动全球经济发展的重要增长极和引领科技创新的领头羊。具有独特地理优势的深圳,需要在全球坐标系下谋划开放布局,主动融入粤港澳大湾区发展大潮中来,发挥港澳独特优势,重塑开放发展新优势。

(作者:杨新洪、李立红　深圳市统计局)

青岛:坚定“三中心一基地”建设

2016年,青岛市按照打造“三中心一基地”的“十三五”等中长期规划设计,积极适用经济发展新常态,增创发展新优势,培育壮大新动能,以“创新驱动”之力打造经济发展的“新引擎”,抢占未来发展制高点,以知识、技术、信息、数据等新生产要素为支撑的经济新动能加速勃兴,为促进经济转型升级、提高经济发展质量和效益提供了“源头活水”,为青岛经济这艘“万亿巨轮”破浪前行注入持续动力。

一、新动能成为青岛转型升级的新蓝海

(一)青岛新动能综述

青岛未来的发展重心是建设国家东部沿海重要的创新中心、国家重要的区域服务中心、国际先进的海洋发展中心和具有国际竞争力的先进制造业基地。2016年是“十三五”规划的开局之年,青岛市聚集发展新动能以助推“三中心一基地”建设,取得显著成效,全市实现生产总值10011.3亿元,挺进“万亿俱乐部”,第三产业比重达54.7%,比去年同期提高2个百分点,产业结构趋于优化,经济运行稳中有进、进中向好,新动能支撑作用明显。

1. 市场主体不断扩大。随着“放管服”商事制度改革,大众创业万众创新不断深化,“五证合一、一照一码”顺利推进,全市创业激情全面迸发。2016年,青岛产生新动能的重点法人达30759户,占全市法人单位比重为11.6%,比去年同期提高1.2个百分点,经济发展活力不断释放。

2. 创新能力持续增强。为打造国家东部沿海重要的创新中心,青岛市深入实施创新驱动战略,科技创新不断取得新突破,科技创新供给能力进一步增强。2016年,全市发明专利授权6561件,授权量同比增长26.9%;PCT国际专利申请906件,同比增长167.3%,总量占全省64.8%;全年技术合同交易额104.1亿元,同比增长16.3%,首次突破百亿元大关。全市国家级创业孵化载体总数达96家,已建成并投入运营的创业街区12个。截至2016年底,全市孵化器累计竣工面积1274万平方米,投入使用面积882万平方米,累计入驻企业7200家,在孵企业5000余家,毕业企业689家,入驻企业成功上市51家。

3. 投资结构趋于优化。高技术制造业投资“高端”特色显现,为工业经济转方式、调结构带来生机和活力。2016年,全市高技术制造业项目304个,比去年同期增加15个;完成投资208.2亿元,同比增长14.6%,快于全市工业投资增速3个百分点。高技术服务业投资成效显著,成为企业积极开展科技研发、技术创新、挖潜改造、提质增效的突破点。全市高技术服务业投资253.1亿元,同比增长53.8%,快于全市服务业投资增速35.8个百分点。“互联网+亿元”项目投资693.8亿元,同比增长44.7%,快于全市服务业投资增速26.7个百分点。

表 1 青岛“新产业”投资情况

指标名称	项目（个）	比上年同期增减（个）	投资额（亿元）	增速（%）
高技术制造业项目	304	15	208.2	14.6
高技术服务业项目	247	91	253.1	53.8
“互联网+亿元”项目	134	66	693.8	44.7

（二）新产业加速发展，释放转型升级新动能

2016 年，全市先进制造、战略性新兴、高技术等产业继续保持良好的发展势头，成为引领产业结构优化蝶变的关键力量，对经济增长的贡献与日俱增。

1. 十大新型工业千亿级产业成果丰硕。为打造具有国际竞争力的先进制造业基地。近年来，全市积极打造家电、石化、服装、食品等十条工业千亿级产业链，力图构建特色鲜明、产业集聚、链式发展的现代工业体系，壮大经济总量提高产品层级。2016 年，全市规模以上（简称“规上”）十大新型工业千亿级产业企业有 3151 家，占规上工业的（4829 家）的 65.3%；实现产值 1.4 万亿元，占规上工业比重为 75.7%。其中，机械装备、食品、家电、石化、服装等 5 大产业产值已超千亿，分别达 3209.6 亿元、2088.9 亿元、1891.4 亿元、1738 亿元和 1330.9 亿元。规上工业十大新型工业千亿级产业产销率为 98.9%，比去年同期提高 0.6 个百分点；实现出口交货值 1796.6 亿元，同比增长 2.6%。

2. 战略性新兴产业发展快速。以新能源汽车、新能源产业、高端装备制造业等为主要代表的战略性新兴产业也表现抢眼，增速明显高于全市规上工业平均水平。2016 年，全市工业战略性新兴产业实现产值 3741.9 亿元，同比增长 12.7%。其中，高端装备制造产业块头足、品质优，实现产值 1544.6 亿元，占规上工业战略性新兴产业总产值比重达 41.3%，增速为 11.6%，拉动工业战略性新兴产业增速提升 4.8 个百分点。新能源汽车产业虽发展较晚，但 2016 年呈爆发式增长，完成产值 21.1 亿元，较 2015 年翻两番。风能、太阳能、生物质能、海洋能等新能源开发利用加快推进，全市 30 户新能源产业规上企业完成产值 125.2 亿元，同比增长 22.3%。

表 2 2016 年青岛市制造业战略性新兴产业发展情况

指标名称	工业总产值（现价）		企业数量（个）	各领域占新兴产业产值比重（%）
	总量（亿元）	增速（%）		
规模以上工业战略性新兴产业	3741.9	12.7	628	100.0
1. 新材料产业	624.7	14.7	182	16.7
2. 生物产业	250.0	16.7	55	6.7
3. 高端装备制造产业	1544.6	11.6	201	41.3
4. 新能源产业	125.2	22.3	30	3.3
5. 节能环保产业	151.2	13.8	60	4.0
6. 新一代信息技术产业	1025.1	8.0	95	27.4
7. 新能源汽车产业	21.1	420.0	5	-

3. 高技术服务业潜力凸显。突出蓝色、高端、新兴的特点，大力发展技术含量高、创新性强、发展潜力大的高技术服务业，国家重要的区域服务中心建设稳步推进。2016 年，全市 343 家规上高技术服务业企业，实现营业收入 313.85 亿元，同比增长 9.3%。其中，信息服务领域搭乘“互联网+”的快车，实现营业收入 205.9 亿元，同比增长 14.6%，对全市高技术服务业收入的贡献率为

96.8%，是全市高技术服务业的重要支撑；电子商务服务虽起步较晚，全年实现营业收入1.3亿元，同比增长30.8%，显示出良好的发展潜力；科技成果转化服务和研发与设计服务也分别以20.8%和16.7%的较高增速，成为拉动高技术服务业发展的重要力量。

4. 新服务企业发展势头良好。新服务企业依托新技术、符合新业态、顺应新模式，为社会提供新动能服务活动，呈现良好发展势头。2016年，全市1041家规上新服务企业实现营业收入1074.2亿元，同比增长10.6%，快于全市平均增速0.1个百分点。商务服务领域持续保持较快发展，实现营业收入176亿元，同比增长25.9%，对新服务企业的贡献率达60.1%，拉动规上新服务企业增长6.4个百分点，领军地位凸显；租赁服务和生物技术服务增速分别为35%和33.6%，呈现较快增长态势；运输与快递服务和新一代信息技术服务实现营业收入分别为400.9亿元和179.3亿元，为规上新服务健康发展提供坚实基础。

（三）新业态层出不穷，焕发经济发展新活力

伴随着互联网、云计算、物联网等信息技术在各个领域广泛应用，电子商务、网络约车、互联网金融、在线医疗等一批新兴业态层出不穷，新兴业态在为人们日常生活带来便捷的同时，也极大地释放了消费潜力，成为助推经济社会转型发展的"新引擎"。

1. "互联网+工业"深度融合。近年来，全市利用互联网促进传统制造业转型升级、提质增效，形成新的经济增长点，使青岛成为优势突出、特色鲜明的互联网工业领军城市。截至目前，青岛"两化"（工业化、信息化）融合指数达74，比上年提高3.8个点，在全国居领先水平。规上工业企业CAD（计算机辅助设计）等设计信息化普及率达69%，ERP（企业资源计划）上线率达65%。工业企业利用互联网降低成本，提高利润率的成效明显。2016年，全市第一批规上互联网示范工业企业共实现主营业务收入3054.3亿元，同比增长5.4%；主营业务成本2364.2亿元，同比增长3.3%，低于收入增幅2.1个百分点；每百元主营业务收入中的成本为77.4元，低于全市平均水平6.7元；主营业务收入利润率为7.4%，同比提高0.4个百分点，高于规上工业1.5个百分点。

2. "互联网+新兴服务业"蓬勃发展。互联网技术的全面普及，为其提供基础配套服务和技术支持的软件信息技术服务、互联网相关服务等行业提供了难得的发展机遇。2016年，应用互联网技术开展营销和市场推广等业务的"互联网应用企业"和提供信息技术服务业的"互联网服务企业"达948家，占全市规上服务业企业数量的63.4%，实现营业收入1366.4亿元，同比增长12.3%，比全市规上服务业平均增速高1.8个百分点；实现营业利润169.2亿元，同比增长13.5%，高于全市规上服务业0.4个百分点。

表3 "互联网+"新兴服务业发展情况

行业	企数量数（个）	营业收入（亿元）	增速（%）	营业利润（亿元）	增速（%）
合计	948	1366.39	12.3	169.17	13.5
交通运输、仓储和邮政业	307	727.67	7.9	81.15	18.6
信息传输、软件和信息技术服务业	83	201.25	13.6	45.38	6.8
房地产中介及物业管理	40	13.95	38.5	1.31	367
租赁和商务服务业	199	157.25	11.4	21.51	1.2
科学研究和技术服务业	150	70.41	12.7	9.15	25.3
水利、环境和公共设施管理业	42	19.31	21.4	2.82	34.9
居民服务、修理和其他服务业	26	22.79	11.9	1.81	16
教育	32	12.83	8	2.23	-1
卫生和社会工作	26	95.76	16.3	0.44	12.1
文化、体育和娱乐业	43	45.17	14.9	3.37	12.3

3.“互联网+金融”发展迅猛。随着互联网使用带来的快捷，线上网络支付发展迅猛。移动支付占网购支付方式的七成以上，扫码付款成为常态，出门只带手机日渐成为生活习惯。2016年，全市第三方支付公司实现增加值3200万元，同比增长10.5%；实现营业收入10667万元，同比增长61.5%；新增ATM、POS机24799台，同比增长7.1%；新约特约商户16950个，同比增长46.9%。ATM/POS清算资金2051万笔，同比增长103%；清算金额879.5亿元，同比增长135%。通过支付系统支付的清算资金876万笔，同比增长397%；清算金额752亿元，同比增长196%。

4.“互联网+亿元项目”投资强劲。投资领域植入的互联网概念逐渐深入，“互联网+物流产业”“互联网+高新技术”等领域的大项目投资表现活跃，带动全市“互联网+”亿元项目投资强劲增长。2016年，全市计划总投资亿元以上产业类项目中，“互联网+亿元项目”共有134个，比去年同期增加66个，完成投资688.7亿元，同比增长44.7%，高于全市产业类亿元项目投资增速20.7个百分点；占全市产业类亿元项目投资比重为25.4%，比去年提高3.7个百分点。其中，“互联网+”亿元新开项目43个，比去年同期增加18个；完成投资284亿元，同比增长204.1%，高于全市产业类亿元新开工项目投资增速174个百分点；占全市亿元新开工产业类项目投资比重为27.4%，比去年同期提高15.7个百分点。

青岛奥帆中心

（四）新模式竞相涌现，孕育青岛发展新希望

1. 电子商务交易平台龙头地位突出。2016年，全市电商平台数量不断增多，规模日益扩大，共有72家电子商务交易平台，占全省平台数量的20.8%。电子商务交易平台实现交易额9273.5亿元，占全省平台交易额的51.6%，居全省首位，增速为35.1%，高于全省平均水平8.5个分点。其中，电商平台销售额8915.7亿元，同比增长35.4%；电商平台采购额357.79亿元，同比增长28.1%。

2. 网上零售贡献率显著提升。随着线上线下融合发展，网络销售成为经济增长的新力量，为实体经济注入新活力。2016年，全市限上法人企业“网售”业务继续保持迅猛的发展势头，网上零售额对限上法人企业零售额增长的贡献率达46.8%，比去年同期提高20.2个百分点，限上法人企业通过互联网实现的零售额占全市限上法人企业零售额的比重为13.4%，对全市限上零售额拉动作用显著。

3. 跨境电商进出口不断壮大。跨境电商作为进出口的新兴模式在青岛发展迅速，跨境电商平台和跨进电商企业不断壮大。2016年，全市实现跨境电商进出口总额120亿元，其中出口98.4亿元，进口21.6亿元。其中通过B2B（企业对企业）

形式实现进出口 111.2 亿元，B2C(企业对消费者)形式实现进出口 8.8 亿元。跨境电商进出口已占全市进出口总额 4.3%，对外贸增长拉动作用明显增强。

4. 消费综合体健康发展。2016 年，全市 11 家城市消费综合体实现销售额 48.9 亿元，同比增长 25.4%，其中，自营、联营部分实现销售额 1.3 亿元，同比增长 25.9%；租赁部分实现销售额 47.5 亿元，同比增长 25.4%。城市消费综合体营业面积达到 64.8 万平方米，吸纳商户 1697 个。

当前，青岛正深入实施"互联网+""海洋+""标准化+""国际化+"战略，稳步推进"创新之城、创业之都、创客之岛"行动，以新技术、新产业、新业态、新模式、新产品、新服务、新消费等为代表的新动能正在崛起，以知识、技术、信息、数据等新生产要求为支撑的经济发展新动能正在形成，日益成为支撑青岛经济结构转型和实体经济升级的关键力量。下一步，市统计局将充分发挥好"数库""智库"作用，密切跟踪新动能，动态监测新动能，及时反映新动能，为经济社会发展做出更大贡献。

二、青岛先行先试建立新动能统计监测体系

青岛市坚持新理念，进一步深耕统计调查制度、优化调查方法，结合新常态下统计指标新特点，创新统计方式方法，率先建立新动能统计监测制度，构建起具有青岛经济运行特色的新动能统计指标体系。该体系立足反映供给侧结构性改革成效，强化"三去一降一补"预期监督，突出量化新动能在增速换挡、结构优化、动力转换等方面的"动态"，为全市经济持续健康发展提供精新统计、精准服务，为建设国家中心城市和领导决策提供"数库"和"智库"。

(一)建立符合青岛特色的新动能统计制度

围绕青岛市"十三五"服务业发展规划和交通运输业、物流业等各个专项规划的核心内容，新增了青岛创新发展高地统计、新动能投资、新动能重点企业等 11 个方面 21 张报表，突出产业、行业间的跨越式、融合式发展特征，从五大发展理念的角度反映青岛新动能发展特点。如新增的青岛蓝谷报表，动态反映创新高地发展情况，主要包括驻谷单位、从业人员、科技活动及投资情况。

(二)明晰部分领域新动能统计界定

在部分新动能领域国家暂时没有统计制度、没有统计标准的前提下，根据监测所需，首次提出并明晰了"新经济重点法人""服务业供应链门户企业"等统计界定和资料获取方式方法，补充丰富了现行的国家新动能统计内涵。

(三)创建新动能点线面多维度统计指标体系

点即从单体企业反映微观领域发展情况，如新增互联网示范工业企业、新能源重点企业、高技术制造业和服务业重点项目等；线即从新产业、新业态、新模式等方面反映行业发展情况，如建立互联网+相关行业、十大新兴产业、十大新型工业千亿级产业、快递业发展等行业发展情况；面即从区域、整体等方面反映全市宏观领域发展情况，如新增青西新区新经济发展情况等，力求客观、准确、全面反映青岛新动能发展变化，取得了阶段性多维统计监测成果。

(四)建立新动能生产数据使用平台

发挥数据资源丰富的优势，牢固树立大数据理念，依托金宏网办公系统建立"数据青岛"——青岛综合信息数据平台，方便相关业务处室加载、查询、使用、开发新动能数据，同时注重新动能数据解读，利用平台加载数据，分析青岛新动能发展形势、举办新动能新闻发布等。2017 年春节后，青岛市给国办报送的第一条信息就是利用该平台加工整理相关数据，阐述新动能有关发展情况。

三、加快经济新动能统计的意见建议

(一)完善新动能统计监测制度

由于新动能覆盖面广、内容多，建议补充完善新动能相关活动内容，建立全覆盖、多领域的新动能监测制度，为新动能发展孕育提供统计支撑。

(二)统一新动能统计口径

由于当前统计口径、统计方法存在多样性，统计数据不具有可比性，建议国家明确统计口径，尽快出台反映新动能的综合指标，建立统一标准的指标体系，准确衡量新动能发展状况，体现新旧动

能的转换，确保国家、省及15个副省级城市数据可比。

（三）修订完善《国民经济行业分类》及有关分类标准

当前实行的《国民经济行业分类》是2011年的版本，不能准确反映国民经济活动，制约了行业统计的发展，需尽快出台适用我国经济社会发展的行业分类标准。

（四）科学规范统一行业小类比重为核算提供依据

“三新”分类与国民经济行业分类对应的行业小类，大多数是带“*”号的，仅部分活动属于“三新”统计分类。由于经济结构不同，各地区的行业小类比重有所差异，不宜使用统一分劈系数。因此，建议通过对国家和部分地区的相关数据测算评估，找出科学规范统一对行业小类比重计算依据。

（五）制度设计要细致兼顾地方需求

国家局在明确数据生产者责任、义务的同时，更要明确权利，要让地方享受数据共享的果实。如地方获取不到淘宝、京东、当当等电子商务平台数据，建议国家局积极协调，确保地方电商平台的分成数据，进而全面反映地方电商规模发展情况。

（作者：马奇　青岛市统计局）

厦门：全力打造“五大发展”城市

当前，厦门经济正处于产业转型升级、动能新旧转换的进程中，新经济的特征明显、表现活跃，各种新产业、新业态、新模式不断涌现、蓬勃发展。面对不断变化的经济形势，厦门深入推进供给侧结构性改革，实施创新驱动发展战略，加快培育新经济，构筑发展新优势，建设“五大发展”示范市，推动厦门经济社会又好又快发展。

一、厦门新经济发展现状及特点

（一）新兴产业优势不断集聚

2016 年，厦门市战略性新兴产业实现产值 2352.23 亿元，占全市工业总产值比重 45%，新一代信息技术、高端装备制造业、新能源汽车、新材料、节能环保、生物医药等新兴产业快速发展，对推动厦门市产业升级、结构调整发挥重要作用。其中部分领域发展全国领先，光电产业规模超千亿元，厦门成为全国仅有的两个 A 类半导体照明基地之一；金龙新能源汽车品牌连续三年获得中国客车业推荐，厦门成为全国首批新能源汽车试点城市；麦克奥迪远程病理会诊平台成为全国最大会诊平台，厦门被列为国家生物医药区域集聚试点城市之一；集成电路产业发展强劲，厦门正全力打造华南集成电路产业聚集中心；高端装备制造业的 ABB 系列产品市场占有国内居首；国内首家单层石墨烯工业化量产基地落户厦门。

（二）高新产业领衔工业增长

2016 年，厦门高新技术企业达到 1225 家，规模以上高新技术产业实现产值 3429.7 亿元，实现工业增加值 751.83 亿元，增长 7.6%，比全市工业平均水平高出 2.2 个百分点；同时，高新技术产业占全市工业增加值比重近 60%，主要集中于计算机、通信和其他电子设备制造业、橡胶和塑料制品业和电气机械和器材制造业三个行业，工业结构持续优化，发展质量不断提升。

厦门市貌

（三）“互联网+”带来无限可能

“互联网+新产业”带来无限可能，有效地促进传统产业升级。以“互联网+零售”为例，2016 年厦门限额以上企业通过互联网实现零售额 127.15 亿元，近两年保持在 20%-40%的高速增长，厦门企业加大互联网营销投入，通过“互联网+零售”改变销售方式，带来销售业绩和利润的大幅增长。

“共享经济”释放经济活力。借助云计算、大数据的应用，软件信息产业呈现量增质优发展态势。2016 年，厦门电信业务总量达 209.90 亿元，增长 47.5%；其中固定互联网宽带接入用户数达 168.81 万户，增长 14.4%；规模以上信息传输、软件和信息技术服务业实现营业收入 297.07 亿元，实现营业利润 37.98 亿元，分别增长 26.8%和 1.0 倍。软件开发、动漫游戏、第三方平台快速发展，吉比特、美图移动成为上市公司；亿力科技入围中国软件业务收入百强；四三九九、趣游、绿网等 3 家企业入选中国互联网企业百强。家政、租车等企业转型升级效果显著，好慷家政营业收入增长

17.6倍,神州租车增长1.8倍。

(四)新业态、新模式不断涌现

幸福产业保持高速增长。伴随居民消费结构升级,旅游、文化、体育、健康等幸福产业快速发展,2016年,体育服务业营业收入增长74.1%;健康服务业营业收入增长25.0%;文化创意产业营业收入增长15%,举办了一系列创意、艺术、时尚活动,不断提升厦门文化影响力。

旅游会展体现厦门特色。厦门获评为国家旅游休闲示范城市和最具创新力国际会展城市,全年共接待境内外游客6770.16万人次,增长12.2%;旅游总收入968.26亿元,增长16.3%。全年举办各类展览总面积215万平方米,增长13.0%;举办会议参会人数162万人,增长20.0%;成功举办第十九届中国国际投资贸洽会,第十二届旅博会等。

融资租赁实现合作共赢。金融服务助力实体经济,2016年末,金融机构分别实现本外币存、贷款余额9788.27亿元和8617.24亿元,增长10.3%和13.9%。积极培育融资租赁等新兴业态,开展31架飞机租赁业务,金额近31亿美元。厦门国际金融资产交易中心获批开业,全年共新增两岸股权交易中心挂牌企业312家。

跨境电商成为新的亮点。2016年厦门电子商务交易额2619亿元,增长36.8%;2016年厦门完成跨境电商交易额约1100亿元。据海关部门数据显示,2015年全市进出境邮快件2172万,其中出口2037万件,进口135万件。2016年全市进出境邮快件3690万件,其中出口3440万件,进口250万件。

二、新动能引领厦门新经济发展

(一)供给侧结构性改革增强经济竞争力

厦门深入推进供给侧结构性改革,通过“三去一降一补”,减轻企业负担,增强经济竞争力。

1. 去产能、去库存效果明显。2016年工业产成品存货比上年下降5.7%,部分工业产能过剩行业的产品产量下降,钢材下降78.2%、日用塑料制品下降29.7%、纺织面鞋下降20.5%、服装下降8.0%。

2. 去杠杆有序推进。2016年末,个人中长期住房贷款增量连续两月维持低位,企业贷款有所减少,规上工业资产负债率50.6%,比上年减少0.74个百分点。

3. 企业生产成本不断下降。实施“降成本、优环境”专项行动,两年累计为企业减负近200亿元;2016年,工业企业主营业务税金及附加、销售费用、财务费用比上年分别下降8.2%、3.9%、20.8%,规上工业每百元主营业务收入成本84.5元,比上年减少0.5元;“营改增”实施范围扩大后,企业减负降税效果显著,规上服务业税金总额下降10.2%,规上服务业单位税金下降26.6%。

(二)自主创新激发经济内生动力

厦门大力实施创新驱动发展战略,先后获批国家自主创新示范区、国家级创新型试点城市、海洋经济创新发展示范市、全国首个科技领军人才创新创业基地等,创新发展取得重大突破,创新成为引领经济社会发展的第一动力。

1. 研发投入力度持续加大。2016年,厦门研发投入(R&D)占生产总值(GDP)的比重超3%,居十五个副省级城市前列;2016年,高新技术企业数占全省48.32%;规模以上高新技术产业产值占全市规上工业总产值65.3%;每万人有效发明专利拥有量达到18.75件,增加4.3件,PCT专利申请量占全省42.2%;技术合同交易额占全省42.7%。

2.“双创四众”蓬勃发展。厦门共投入资金111.71亿元(其中中央资金7.2亿元,地方配套资金19.57亿元,社会资本85.95亿元)打造双创平台。共认定众创空间165家,其中国家级14家、省级23家,累计众创空间总面积34万平方米,创业团队2250个,创业者12000人。共认定双创示范基地17个,其中4个已列为国家级基地,17个示范基地面积近133万平方米,入驻企业超过2000家,吸纳就业人员超过3万人。

3. 创新载体与服务更加完备。持续推进厦门自贸区建设,不断加强厦门的制度创新;加快建设福厦泉国家自主创新示范区,不断强化园区、平台带动效应,为厦门打造一个良好的创新创业生态体系。2016年,厦门承担国家级科技项目380项,新培育国家级高新技术企业281家;建设科技企业孵化器13个,国家、省市级重点实验室81个,工程技术研究中心114个,企业技术中心135个,企业博士后工作站25个,全国首个科技领军人才创新创业基地加快建设。

（三）新兴“三大马车”增强经济发展后劲

1. *新兴投资积蓄经济发展后劲*。厦门将新产业、新业态、新模式作为投资重点，实施精准投资，扩大有效投资，优化投资结构，增强投资效益，为经济发展提供了强大后劲。

一是投向高新、高端行业。2016 年，厦门医药制造业投资增长 92.2%；专用设备制造业投资增长 21.0%；计算机、通信和其他电子设备制造业投资增长 9.2%；仪器仪表制造业投资增长 1.5 倍。

二是投向现代服务业。2016 年，厦门服务业完成投资 1756.36 亿元，增长 14.9%，占整体投资比重超八成，远远高于第二产业，大量资本积聚为服务业长远发展奠定了坚实的基础。

三是投向工业技改。2016 年，厦门工业改建和技术改造完成投资 57.30 亿元，增长 41.6%，占工业投资比重为 14.4%，增速高出全市工业投资 29.4 个百分点，拉动全市工业投资增长 4.7 个百分点，改建和技术改造投资成为传统工业转型升级、持续增长的主要动力。

厦门市区全景图

2. *新兴消费扩大新的市场需求*。随着经济社会发展、生活水平提高，消费需求也发生了很大的变化，出现了由生存型消费向发展型消费、由物质消费向服务消费、由传统消费向新型消费转变的特征，消费层次不断从低端向中高端升级。

一是服务型、健康型消费需求扩大。人们从过去满足温饱的基本需求，逐步增加对医疗、旅游、文化等服务和精神的需求，出国就医就学、出境旅游购物市场火爆，出境的人数连年增长，出境目的地呈多元化，大批消费者到境外寻找更好的“消费体验”。如健康型消费方面，2016 年全市中西药品类实现零售额 49.42 亿元，增长 36.3%，而伴随市民对健康重视程度的提升，健康型消费还有较大的增长空间。

二是升级类消费增长较快。2016 年，限额以上汽车类实现零售额 292.99 亿元，增长 12.0%，通讯器材类实现零售额 36.06 亿元，增长 23.4%。消费升级是建立在市民收入增加的基础上，随着经济的发展和收入的提高，消费升级类商品有望持续增长。

三是网络平台消费、虚拟经济消费、智慧家庭消费等形式多样。智慧城市建设提升了市民智慧家庭的消费水平，通过推广网络平台消费、虚拟经济消费、城市消费综合体等新的消费模式，促进人们消费观念的转变，不断开拓厦门的商品、服务消费市场。

3. *新兴进出口成为发展持续动力*。近年来，厦门充分利用政策、地缘、营商环境等有利条件，大力推进自贸试验区建设，积极融入“一带一路”合作发展，不断强化对台经贸往来，使开放成为厦门的比较优势，为经济发展带来持续动力。

一是自贸区建设成为厦门经济的强劲发动机。厦门自贸区 33 项改革举措属全国首创，率先推进“多规合一”、商事登记、国际贸易“单一窗口”，常态化开展关检“三互合作”和一站式查验，船舶通关效率提高 50%以上；自贸区挂牌以来累计注册资本 3743.8 亿元，聚集了飞机发动机维修、跨境电商、融资租赁等新兴业态，航空维修产业产值增长 23.0%，跨境电商货值增长 40.0%，引进金融、类金融和投资公司 3400 家，文化保税等新兴业态加快发展。经第三方评估，厦门营商环境排名从自贸区挂牌前的全球第 61 位提升至 49 位，自贸区已成为厦门改革创新的高地和推动厦门转型发展的引擎。

二是融入“一带一路”为厦门经济带来新机遇。厦门作为“一带一路”战略支点城市（“海丝”

核心区),2016年合同利用外资增长81.8%,新批境外投资额突破55.95亿美元,增长1.5倍;其中对"海丝"沿线国家和地区投资10.66亿美元,增长1.3倍;中欧(厦门)班列开行超百列,累计货值14.10亿元,并通过海峡联运延伸至台湾。

三是对台经贸不断增强厦门的比较优势。2016年,全市新批台资企业(含转第三地)740个,增长1.1倍;合同利用台资16.15亿美元,增长84.7%;实际利用台资4.87亿美元,增长30.8%;主要投向光电、投资管理、科技推广服务、投资咨询等领域;加快推进人民币跨境使用,对台跨境人民币贷款4.9亿元,占全国总量的70.0%以上。

三、加快培育新动能、发展新经济的对策研究

(一)全面深化改革,打造国际一流营商环境

进一步转变政府职能,持续深化"放管服"改革,以自贸区为试点,推进流程创新、技术创新、监管创新为特征的制度创新,促进适合新产业发展的营商环境更加法治化、国际化、便利化。构建有利于各种生产要素向新经济自由流动的体制,完善市场机制,放宽市场准入,营造公平竞争、宽松便利的市场环境,让人才、技术、资金、创意、信息等各种生产要素能够自由充分地流向新经济领域。对标国际一流,打造国际一流营商环境。

(二)发展新兴产业,推动产业、业态和模式的创新

一是推动业态创新,大力扶持和发展跨境电商、保税展示交易等新型业态,积极争取国内外电商龙头企业在厦设立区域性、功能性总部;加快供应链金融、航运贸易金融、巨灾保险等金融业务创新。二是推动产业创新,加快发展服务型制造,支持企业智能化技术改造;围绕创建国家信息消费、下一代互联网试点示范城市,加快发展物联网、云计算与大数据等新兴产业。三是推动模式创新,在设备租赁、交通出行、旅游等领域发展分享经济和个性化服务;发展平台经济,加快建设国际金融资产交易中心、租赁与保理资产交易中心等新型交易平台。

(三)培育高端市场,结合厦门特色形成新供给

一是培育体育休闲,拓展体育休闲消费,结合环东海域浪漫海岸线文化体育产业带建设,发展帆船、沙滩足球、房车露营地等高端休闲项目。二是培育健康养老,推进个性化多层次健康服务业发展,推动公立医院与社会办医院在人才培训、学科共建等领域开展合作,推进公建民营、政府和社会资本合作(PPP)等多种社会办医模式创新,试点台湾医师在自贸区内开设门诊部或诊所;提高医养结合服务能力,将符合条件的养老机构内设医疗机构纳入医保服务范围,加强高端养老服务供给,推动同安区高端养老项目建设。三是培育教育培训,加强教育培训与"双创"的有效衔接,鼓励企业、高等院校、专业培训机构等合作开展产业高层次人才培训或实训。

(四)集聚发展元素,为经济转型升级提供有利条件

一是加强基础设施建设。实施重大公共设施和基础设施工程,加快建设高速、移动、安全、泛在的新一代信息基础设施,促进互联网、物联网、云计算与经济社会融合发展。二是加强技术改造升级。充分利用先进技术对传统工业改造升级,提高传统产业的技术和装备水平;大力推动传统服务产业营销模式变革,提升信息化水平,支持基于互联网开拓市场、供应链管理及创新服务的企业实施转型升级。三是加强人才的引进交流。新经济的发展、新动能的培育离不开人才的支撑,着重解决科技人员离岗离职创业、社保转移接续、知识产权保护、科研成果转化中的个人收益等突出问题,着力降低就业创业门槛,维护有利于创业创新的良好环境。

(五)打造载体、平台,增强经济发展的动力、优势

搭建各种经济发展平台,从自贸区、自主创新示范区,到工业园区、"双创"平台,联结政府、企业、高校、科研、创客等资源,为经济发展、企业壮大提供一个生产、创新、转化的良好环境。充分利用现代科技支持,促进分享经济成长,调动民间资本、民营企业的积极性,使创新"基因"更加广泛地植入各行各业,推动经济提质增效升级,为新经济发展提供坚强支撑。

(作者:张绍勇 厦门市统计局)

苏州:“双新”推动外向型经济发展

改革开放以来,苏州共经历了两次重要的新旧增长动力转换。第一次是伴随农村实行土地承包制改革,以农村剩余劳动力大规模就地转移,兴办乡镇企业和发展小城镇为主线的新旧增长动力转换,创造了著名的“苏南模式”。第二次是抓住沿海地区对外开放的重大契机,形成了以大力引进外商投资,发展外向型经济为主线的新旧增长动力转换,创造了开放型经济新特质。当前,苏州经济进入到一个新的发展阶段,支撑增长的传统源泉正在衰减。同时,制度改革、结构调整、创新驱动等新动力不断增强。新旧增长动力加速转换之下,新技术、新产业、新商业模式不断涌现,为经济增长释放出新能量、新空间、新优势。

一、苏州经济发展新动能加速培育

(一)新技术、新产业带动产业结构调整优化

1. *战略性新兴产业撑起经济增长极*。2016年以新材料、新能源、生物医药、新一代信息技术、高端装备制造、节能环保等产业为代表的制造业新兴产业实现产值15265亿元,占规模以上工业产值的比重达到49.8%,比上年提高1.1个百分点。其中新能源、新材料、高端装备制造、智能电网和物联网已成为千亿元级的新兴主导产业。在纳米技术、太阳能光伏、锂电池、云计算、机器人、生物医药、医疗器械等前沿技术领域已经培育了一批拥有核心技术和自主知识产权的科技型企业。2016年全市工业机器人、光伏、轨道交通、生物技术和新医药、新能源汽车五大新业态实现产值1915亿元,比上年增长5.2%,高于规模以上工业4.1个百分点。高技术、高附加值的新产品增势迅猛。2016年工业机器人产量比上年增长171.3%;运动型多用途乘用车(SUV)产量增长110.7%;锂电池产量增长67.9%;光电子器件产量增长25%;医疗仪器设备及器械产量增长29.2%。

2. *现代服务业成为经济增长新动力*。以生产性服务业为支撑、高端服务业为引领、消费性服务业和公共服务业为基础的现代服务业产业体系逐渐形成。2016年服务业增加值7975.8亿元,比上年增长9.7%,服务业占比达到51.5%,比上年提高1.6个百分点,服务业对经济增长的贡献达64.8%。现代服务业发展潜力凸显。物流、金融、软件和信息技术服务、商务租赁、知识产权服务、检验检测认证等生产性服务业占服务业增加值的比重超过55%。高技术服务发展态势良好。2016年全市规模以上高技术服务业企业营业收入694.3亿元,比上年增长17.2%;规模以上高技术服务业企业实现营业利润112.6亿元,比上年增长31%,高技术服务企业营业利润率16.2%,高出规模以上服务业企业8.7个百分点。

3. *传统产业升级激发新活力*。传统产业的提档升级为发展注入活力。近年来苏州钢铁行业技术改造投入逐年增加,技术改良、新产品不断推成出新,沙钢、永钢、浦项不锈钢、龙腾特钢等企业不断通过技术革新和管理创新,让本身具有高耗能的传统产业发出蓬勃的生机。如张家港沙钢集团主导建立的玖隆钢铁物流园,已初步建立起“五大中心、六大平台”的一站式园区服务体系,具备电子商务、仓储物流、金融服务、保税物流、期货交割等各项功能,是目前江苏省乃至国内规模、功能配套最为齐全的钢铁物流园区之一。盛虹、天玺纺织品等企业通过智能制造技术和自动化装备改造等“机器换人”方式实现产业创新和获得规模效率。如天玺纺织品从法国引进了史陶比尔自动穿

综机，替代了传统的手工穿综，一台机器相当于 20 个工人的工作量，引进一台机器每年可节省企业人力成本近 200 万元。

苏州东方之门

（二）需求动力转换引领内涵式发展

1. 投资结构逐步优化。投资领域由制造业项目向服务业项目、由低端项目向高端项目、由重资产向轻资产、由新建项目向技术改造项目转变，产业投资和公共服务投资实现均衡发展。2016 年全市完成服务业投资 3660 亿元，占全社会投资的 64.8%，比上年提高 0.9 个百分点。工业新兴产业投资 1290 亿元，占工业投资的 65.1%，比上年提高 4.8 个百分点。其中智能电网和物联网、新型平板显示、生物技术和新医药投资分别增长 36.2%、17.5% 和 16.9%。全市工业技术改造投资占工业投资的比重达 72%，比上年提高 2.6 个百分点。

2. 消费驱动明显增强。随着居民收入水平的提高和消费观念的转变，居民消费正从必需型向发展型、享受型转变，多元化消费、服务性消费、个性化消费、文化消费和健康消费成为激发供给侧改革带动产业结构变化的重要推动力量。**改善型消费增长提速**。2016 年全市限额以上批发和零售企业实现汽车类、中西药品类、通讯器材类和化妆品类商品零售额分别比上年增长 10.6%、8.9%、12.1% 和 26.0%，市场占比均比上年有不同程度提高。**教育文化娱乐支出较快增长**。随着科学技术的进步和社会生产力的发展，城镇居民对教育支出的观念发生根本性改变，教育投资成为城镇居民的一项重要基本开支。在文化娱乐支出中，旅游支出异军突起，节假日外出旅行越来越成为市民所热衷的休闲娱乐方式。2016 年全市城镇居民人均教育文化娱乐支出同比增长 7.4%。其中教育支出同比增长 13%。

3. 外贸方式加快转变。2016 年全市一般贸易进出口 924.1 亿美元，增长 3.1%，占比为 33.8%，比上年提升 4.4 个百分点。服务贸易发展良好。2016 年服务贸易总额 141.2 亿美元，增长 15%，增速比上年提升 13.2 个百分点。七大试点行业中，国际维护和维修服务增长 304.5%，旅游服务增长 25%。外资结构和质量进一步提高，转型优化的特征进一步凸显。2016 年全市服务业新设项目数、新增注册外资分别占总数的 71% 和 38%，其中四成为现代服务业项目。高技术产业和现代制造业新设项目数、新增注册外资分别占制造业的 42% 和 51%，外资制造业新型产业链逐渐形成。年末累计已有具有地区总部特征或各类共享功能的外资企业 260 余家。“走出去”步伐明显加快。全年新批境外投资项目中方协议投资额 32.1 亿美元，比上年增长 56.8%，其中第三产业项目中方协议投资额占比 58.6%。“一带一路”战略效应进一步显现。2016 年，苏州企业对“一带一路”沿线 18 个国家的 60 个项目协议出资 6 亿美元，占比达18.7%。

(三)新商业模式打开产业发展新空间

"互联网+"经济增势良好。2016年全市互联网和相关服务、软件和信息技术服务业营业收入分别增长33.3%和17.2%。全市限额以上批发和零售业共实现互联网零售额286亿元,比上年增长29.1%,高出限上批零业平均增速21.2个百分点,占全市限额以上批零业零售额的比重为12.8%,较上年提高3.4个百分点。抽样调查显示,2016年全市城乡居民人均通过互联网购买的商品和服务支出584元,比上年增长33%。在线订餐、网络约车、在线医疗等新服务模式带动"互联网+"相关服务业较快增长。**平台企业加快发展**。2016年电子商务交易额达9000亿元,比上年增长30%,参与B2B、B2C和C2C的电子商务企业超过25万家,覆盖了传统商业、制造业、地方特色产业、生鲜农产品、旅游、外贸等各领域。目前已形成以同程网、绸都网等为代表的特色产业垂直平台,以江苏化工品交易中心、东方市场交易中心、西本新干线等为代表的大宗交易市场平台,以食行生鲜、家易乐为代表的社区服务平台,以江苏一达通、慧贸通为代表的外贸综合服务平台,以亚马逊(昆山)、唯品会(昆山)、淘豆网为代表的网络销售平台等。**跨境电子商务快速发展**。出台《关于促进中国(苏州)跨境电子商务综合试验区建设的若干政策意见》,完善"单一窗口"平台系统。2016年末窗口备案登记的企业已超过100家,涵盖自营电商、第三方平台、外贸综合服务平台以及物流、金融等配套服务企业。累计备案商品1.35万,货值超过3000万美元。

(四)创新驱动促进发展方式根本转变

创新成为经济发展主要动力源。2016年全市科技进步贡献率63%,全社会研究与试验发展经费支出占地区生产总值的比重提高到2.7%。全市专利申请量达10.67万件,专利授权量达5.35万件,发明专利申请和授权量占比分别达到44.5%和24.8%,比上年分别提高0.7和8个百分点。年末万人有效发明专利拥有量达到38.4件。**企业创新能力不断增强**。基本形成研发投入、研发机构、科技人员、科技成果"四个90%在企业"的创新格局。2016年全市新增高新技术企业920家,累计达4133家,高新技术产业产值占规上工业产值比重达到46.9%,比上年提高1个百分点。2016年末,苏州拥有各级企业技术中心1415家,其中省级企业技术中心357家,国家级技术中心24家,国家级企业技术中心数量占全省的比重达23.1%,居全国地级市首位。**重大创新载体加快建设**。在创新模式从"封闭竞争"走向"开放合作"趋势下,一大批科技创新载体和服务平台应运而生。中科院纳米所、中科院医工所、中科院电子所分所、浙大工研院等载体相继落户苏州,"纳米真空互联实验站"大科学装置启动建设。2016年末全市拥有省级以上工程技术研究中心620家、省级以上企业技术中心381家、省级以上工程中心68家、

苏州博物馆

省级以上公共技术服务平台60家。积极推动大众创业、万众创新，新增24家国家级众创空间，全市共有国家级众创空间32家、省级众创空间88家。**创新环境持续优化**。大力发展科技金融服务平台，苏州已构建东沙湖创投中心、财富广场投资中心以及城区创投中心等三大创投服务平台。苏州市科技金融超市平台入库企业达12480家，“科贷通”项目已累计为2786家科技型企业发放贷款211.33亿元。着力加强人才体制机制创新，努力实现各类人才引得来、留得住、发展好。2016年末，全市人才总量突破244.21万人，其中高层次人才数为20.05万人。国家“千人计划”总数达219人，其中创业类120人，位列全国大中城市首位。

二、苏州经济增长动力方向

在全球经济呈缓慢复苏，新技术革命冲击重塑制造业格局，国际合作深化等复杂环境下，苏州经济发展既面临很多挑战也存在很多机遇。苏州必须立足新起点、顺应新趋势，把握新常态、寻求新突破，为发展拓展空间、为发展寻找长期动力。

1. 从“规模导向”向“质量导向”转变。围绕创新驱动发展的国家战略部署，着力强化供给需求双侧联动，制度供给、要素供给双管齐下，围绕提高经济发展质量和效益为中心，布局产业链、价值链、创新链、技术链、资金链、生态链，大力培育造就经济增长新动能，提高全要素劳动生产率，实现由“苏州制造”到“苏州创造”“苏州智造”的根本转变。

2. 从“生产型经济”向“服务型经济”转变。形成先进制造业和现代服务业双轮驱动、融合协调的发展局面。既要提高制造业的“技术硬度”，也要加速产业结构的“服务软化”，更要促进服务业和制造业的“渗透融合”。

3. 从“价值链低端”向“价值链中高端”跃升。苏州产业结构要降低低端产业、低附加值产业、低效产业的比重，逐步由高技术、高附加值、高加工度化的产业取代。努力改变在国际分工体系中的地位，把现有的规模优势、配套优势、开放优势，转化为技术优势、品牌优势、创新优势，变产业垂直分工为水平分工甚至上游控制，实现苏州工业由“短链条”向“长链条”转变、由“承包者”向“发包者”转变、由“外资为主”向“内外兼融”转变。

4. 从“传统经济”向“现代新经济”转变。要将新技术、新产品、新商业模式为代表的新经济作为经济增长的新引擎。要把握互联网和大数据产业的发展机遇，加快推进制造业与互联网融合发展。促进实体经济与互联网融合催生，全力打造苏州智能工业新名片；在服务业领域聚焦新兴金融、大数据产业、科技创新、生产服务、文化旅游、现代物流、电子商务等重点领域，发展壮大平台经济、分享经济，互联网经济。

5. 从“投资出口”拉动向“消费投资出口协同”转变。苏州经济增长要由传统投资出口的拉动向消费引领，投资、出口协同拉动的转变，使消费成为经济增长最重要的推动力，通过新消费引领，加快培育形成新产业、新供给、新动力。投资领域要由总量扩张转向增量优化，形成轻资产、高端化、集约化、低碳化的投资发展方向。

6. 从“人力优势”向“人才优势”转变。人才是创新发展的关键资源，创新驱动本质上是人才驱动。苏州作为拥有千万人口的大城市和典型人口流入型城市，要善于把“人口红利”转化为“人才红利”，通过产业转移、技术提升和结构优化，适当减少和转移低端劳动力，大力培育和吸引高素质人才，以人才高地打造创新高地、产业高地、竞争高地。

三、苏州培育经济新动能的路径选择

苏州将按照“强富美高”的总要求，牢固树立并自觉践行创新、协调、绿色、开放、共享的发展理念，坚持发展是第一要务和稳中求进工作总基调，加快形成顺应和引领经济发展新常态的体制机制和发展方式，努力建设具有国际竞争力的先进制造业基地、具有全球影响力的产业科技创新高地。

1. 创新驱动，向创新发展要动力。紧紧抓住苏南国家自主创新示范区和“一基地一高地”建设的重大机遇，大力推动大众创业、万众创新，激发创新创业活力，加快发展新技术、新产业、新业态，开拓发展新领域新空间，加快实现从主要依靠资源和低成本劳动力等要素投入转向创新驱动，真正使创新成为引领发展的第一动力。**一是增强自主创新能力。**充分发挥政府引导推动作用，进一步增加政府科技投入，加大知识产权保护力度，强化企业创新主体地位和主导作用，鼓励和引导科技型企业健康发展，支持企业、高校、科研院所合作研发创新，加快建立以企业为主体、市场为导向、产学研紧密结合的区域技术创新体系，增强自主创新能力。**二是构建创新创业人才高地。**进一步完善多元化人才培养、人才引进和人才服务体系，加大科技人才尤其是领军人才培养和引进力度，创新人才使用激励机制，促进人才落地生根、开花结果，构筑创新创业人才高地，为苏州增创新优势、再创新辉煌提供智力支持。

2. *双轮驱动，向优化结构要潜力。*抓住“转方式、调结构”这一关键，坚持调高、调轻、调优、调强、调绿的导向，做强先进制造业和现代服务业，推动现代农业建设迈上新台阶，实现产业优化升级。**一是提升制造业竞争力。①确立新兴产业的战略先导。**大力发展新一代电子信息、高端装备制造、新材料、软件和集成电路、新能源与节能环保、医疗器械和生物医药等战略性新兴产业，通过植入“技术芯片”“质量芯片”“价值芯片”，避免重走加工组装、配套生产的传统老路，在壮大规模的同时，增强新兴产业的核心技术能力、系统集成能力、品牌影响能力。**②加快传统产业智能化改造。**加快传统产业智能化改造，通过企业设计、流程再造、自动化应用、智能化装备，促进传统制造业加快向价值链高端发展。**③ 加快促进智能制造发展。**通过工业机器人、物联网、信息控制装备和技术创新，加快发展人机智能交互、柔性敏捷生产等为特征的智能制造方式，积极培育龙头型智能装备企业，广泛推行智能制造和绿色制造，促进企业生产模式创新。**二是高起点发展现代服务业。①重点发展生产性服务业。**突出发展现代物流、现代金融、电子商务、创意设计、软件和信息技术服务等生产性服务业，建立和壮大生产性服务业领域产业集群，推动生产性服务业向专业化和价值链高端延伸，推动制造业由生产型向生产服务型转变。**②做优提升生活性服务业。**顺应居民消费崇尚绿色环保、讲求质量品质、注重文化内涵、追求健康休闲的理念转变，大力发展健康、养老、旅游、体育、文化、法律、教育培训等新型生活服务业，积极培育新业态新模式，推动生活性服务业便利化、精细化、品质化、多元化发展。

3. *低碳生态，向绿色发展要长力。*强化大生态理念，深入实施生态文明建设工程，切实加强环境综合整治，加快建设资源节约型、环境友好型社会，形成绿色发展方式和生活方式，让天堂苏州的自然环境之美、景观特色之美、城乡协调之美更加突出和鲜明。**一是**注重绿色发展。牢固树立节约集约循环利用的理念，提高节能、节水、节地、节材水平。大力发展循环经济、低碳经济和绿色清洁生产，推动建立绿色低碳循环发展产业体系。**二是**注重生态安全。根据资源环境承载力、城市形态和功能，科学划定城市开发边界。扎紧耕地和基本农田保护的“篱笆”，将良田沃土、绿色田园留给子孙后代。实施山水林田湖生态系统性保护和修复工程，发挥生态系统的自我调节、恢复、净化功能，筑牢生态安全屏障，促进人与自然和谐共生。**三是**注重环境保护。加大环保投入，全面实施大气、水、土壤污染防治行动和工业污染源全面达标排放计划，加强对重点地区、重点企业的监管力度，加强对重大环境风险源的动态监控与风险控制，提高监管水平、防范应对能力和环境治理效率，使苏州的天更蓝地更绿水更清，擦亮“鱼米之乡”“人间天堂”的苏州城市名片。

4. *双向拓展，向扩大开放要引力。*放大向东开放优势，做好向西开放文章，更好利用国际国内两个市场、两种资源，坚定不移推进企业、城市、人才国际化，发展更高层次的开放型经济。**一是**大力推进工业园区开放创新综合试验和昆山深化两岸产业合作试验区建设，促进开放与创新互动发展，构筑开放创新优势；**二是**积极参与“一带一路”和长江经济带建设，深入打造中新、两岸、中德等开放合作平台，全面拓展对内对外开放新空间，构筑开放格局优势；**三是**推进自贸区功能落实，优化营商环境，构建开放体制优势；**四是**着力加快转型，重点推进内外贸一体化发展，扩大服务业开放，促进“走出去”与“引进来”平衡互动发展，构建开放结构优势。

5. 创新机制，向深化改革要活力。继续勇当改革的先行军排头兵，通过深化改革加快完善各方面体制机制，更好地发挥市场的资源配置决定性作用和政府的引导作用。**一是**深化行政体制改革。按照小政府大服务的理念，以政府职能转变为核心，以深化行政审批制度改革为主要抓手，大力推动简政放权，积极推行政府购买服务改革，着力提升政府效能。**二是**深化经济体制改革。加大供给侧改革力度，构建发展新体制，加快形成有利于创新发展的市场环境、产权制度、投融资体制、分配制度、人才培养引进使用机制，增强市场主体活力和竞争力。**三是**深化社会体制改革。推进教育卫生文化民政等社会领域体制机制改革，为推动民生建设迈上新台阶提供有力支撑。

（作者：苏州市统计局）

第四部分

创新驱动　巅峰争雄

（企业篇）

中粮集团:新动能催生农业产业化新模式

一、中粮集团发展历程

中粮集团成立于1949年,从成立至今经历了以下几个主要发展阶段:

1952-1987年,履行了国家赋予的专业化经营和行业性管理的双重职责;

1988-1991年,经历了从经营结构到经营方式,从商品结构到管理架构的重要转型、调整期;

1992-2004年,建立现代企业制度,完成由单一的外贸代理公司向产业化经营的转型;

2005-2015年,进入全产业链探索阶段;

2016年开始,进入国有资本投资公司阶段,明晰战略定位,突出粮油糖棉主业;实施资本与资产分离,集团总部向"管资本"转型;坚持专业化发展模式,设立18家专业化公司;创新监控模式,实现财务统一、董事专职、审计垂直、纪检专设。

目前,中粮集团已成为集农产品贸易、物流、加工和粮油食品生产销售为一体的国际化大粮商,旗下拥有11家上市公司。2016年,中粮总资产和营收分别达到5374亿元和4427亿元,在国际大粮商中分别排名第一和第三。中粮连续23年入围《财富》世界500强,2016年名列第121位。

作为全球领先的全产业链粮油食品企业,中粮集团牢牢占据中国粮油食品市场领先地位,通过全球布局,将企业发展与整个世界的粮食和食品供需情况连在一起,为全球近1/4的人口提供粮油食品。中粮集团拥有全球仓储能力3100万吨,年加工能力8950万吨,港口中转能力5400万吨,业务涉及140多个国家,在全球最大的粮食产地南美、黑海等地和拥有全球最大粮食需求增量的亚洲新兴市场间建立起稳定的粮食走廊,1.5亿吨的年经营量领先于全球粮食行业。此外,中粮集团致力为农业发展提供金融服务,已经形成信托、期货交易代理、保险、风险管理咨询、银行、基金等金融业务链;致力成为卓越生活空间的建设者,建设商业地产、住宅地产、酒店、旅游地产以及区域综合开发。

二、中粮农业产业化新模式的探索和实践

近年来,中粮集团凭借体系优势,在粮食作物、糖料、畜牧三大涉农领域开展农业产业化创新实践,形成"农业综合服务平台""一站式服务订单农业""生态农业循环经济""智慧农业"等新商业模式,发挥对现代农业的示范引领作用。

(一)粮食作物"农业综合服务平台"模式

1. 商业模式。中粮集团积极建立连接"农民""消费者""政府"和"合作伙伴"等四方需求的农业产业化生态圈,促进粮食生产由"生产导向"向"消费导向"转变。这种新型商业模式,即"农业综合服务平台"模式(见图1),为粮食专业种植合作社、种植大户、农业服务公司等提供产前、产中、产后组合式农业服务,建立"公司+农户"新的收储模式和新型农企关系,不断增加农企合作黏性;通过样板试点和惠农服务,牵头组织或整合零散农户土地适度集约化经营,引导新型农村经营组织发展;优化提升传统粮食经纪人功能,变赚取粮食差价利润为赚取农业服务利润,成为农村土地集约

化经营的领头人和企业对农服务的组织者，切实发挥“在建设现代农业中的引领作用”。创建中粮农业产业化“生态圈”，促进产业资源融合，打造服务上游种植和下游消费两端需求的农业综合服务体系，加快粮食生产由“生产导向”向“消费导向”的转变，“帮种粮农民增加收益，为用粮企业保障粮源”，引领和促进我国农业现代化发展。

2. 重点业务项目。

订单农业：重点推进优质强筋弱筋小麦、高品质粳稻、专用饲料玉米、非转国产大豆等品种，采取品种选育、统一供种、连片种植、农业服务、优质优价回收、分品种存放和销售等供应链管理模式，形成业务闭环，提高种植效率和优质粮食作物产量，提升我国粮食产品市场竞争力。

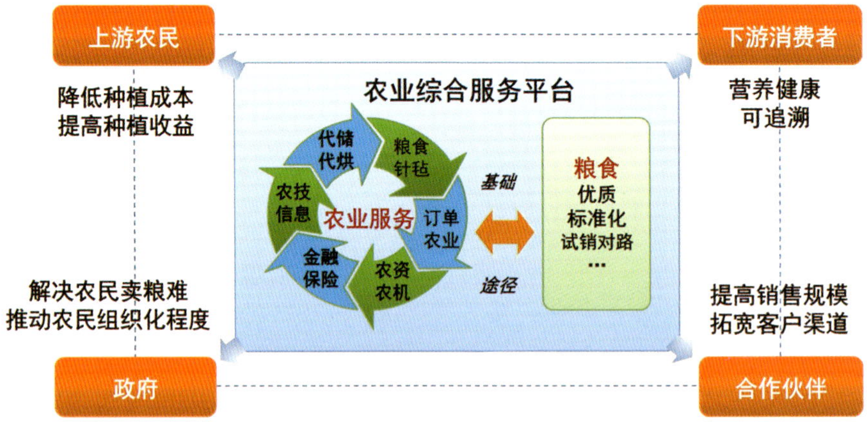

图 1　粮食作物“农业综合服务平台”模式示意图

粮食银行：利用粮食收割、启动收储、下游用户需求的时间差，通过粮食银行将上游销售、下游需求有效联结起来，规避上游损失、满足下游的用粮需求。利用中粮收储资源，为农户提供粮食保管、烘干等服务，降低仓储物流成本，保证粮食品质；创新粮食所有权与经营权分离的购销模式和农民结价体系，让农民分享市场机遇；探索粮权质押贷款等新型金融支农方式，解决生产者资金需要；服务下游终端用户，成为粮食销售的“蓄水池”，确保稳定供应。

农机服务：探索农机购买或租赁经营，整合农机手、运输队、烘干塔等社会资源，形成与粮食银行相辅相成的经营机制，打造粮食产后不落地的收储模式和交售方式，降低粮食损耗，节约物流成本，提高生产效率。

农资服务：与农资企业、农技组织建立合作联盟，统一农药、种子、化肥供应，引导农民合理施肥施药、科学种植、把控成本，服务好下游消费市场对品种、品质的需求，既保护了环境，又从源头上确保了食品安全。

农业金融：与第三方金融机构合作，促进产融结合，帮助农户解决农业生产“融资难、融资贵”等难题；与保险公司合作，创新种植业附加险、天气指数保险、价格/产值险、产量险等新险种。

增值服务：推进与科研机构、政府部门合作，为农户提供农技、信息、气象等服务。

农业大数据平台：整合上游客户、种植情况、农资经营、金融保险、仓储运输、销售需求等数据资源，支持农业产业化发展；引进大数据、云计算等信息化合作伙伴，驱动传统农业向智慧农业发展。

3. 工作成效。中粮主要在东北、华北两个区域，聚焦玉米、小麦两个品种开展农业产业化的探索，惠及 40 万户农民、315 万亩土地。根据东北、华北等不同区域、不同品种特点，本着“先试点、后推广”的原则，推进业务链条延伸，不断优化服务内容，建立了农业产业化运营管理体系和 300 家种植者客户、42 家供应商、18 家金融保障类客户的服务体系，为合作社农户提供逾 100 场专业培训和业务宣讲，加强与政府部门、农业合作社、科研机构以及银行、保险、农资、农机企业间交流合作，发挥中粮资源整合者、组织者的作用，促进产业融合。

表1 中粮贸易2016年东北、华北农业产业化实践效果

粮食银行	农机服务	农资服务	农业金融	订单农业
228万亩	48万亩	4.55万亩	2.29万亩	26万亩

（二）糖料作物农业产业化“一站式服务订单农业”模式

1. 商业模式。发挥中粮糖业国家级农业产业化龙头企业专业化的引领作用，在新疆地区的业务聚焦甜菜品种，打造以平台为支撑、以科技为牵引、以金融为纽带、以体系为保障的“农户+农业订单+公司”新型一站式服务订单农业模式，带动农户开展专业化、标准化、规模化、集约化种植，促进产销衔接和深加工产业发展，提升综合效益和产业竞争力，服务农民持续增收和农村经济全面发展。

2. 工作重点。

加强平台建设。以订单农业为切入点，积极引导并培养甜菜种植大户、专业化农业合作社及农机服务组织（大户），先后培养专业化农业合作社21个、农机专业服务组织32个。2016年，1200户100亩以上大户种植面积达39.01万亩，占中粮糖业总原料面积的60.96%。加强与新疆生产建设兵团的合作，建立紧密且长效的合作机制；与新疆农业大学等科研院所、中信保等金融机构以及本地物流企业、行业协会等产业服务机构建立紧密的产学研合作关系，构建产业网络，巩固发展原料生产基地。

重视科技引领。重视良种培育与种植，推进**良种化**：成立专业的甜菜品种研发团队，形成“引种-试验鉴定-示范筛选-应用建议-用户反馈-引种”循环的持续优化品种结构的模式；通过农业订单的约定，推广丸粒化单粒种，逐步使用稳产、高糖的新品种代替退化的老品种，扩大中粮糖业选择的甜菜品种。围绕种植和采收，推进**机械化**：统一标准，对甜菜种植过程中的播种、除草、灌水、施肥、病虫害防治、采收等各环节的操作给予统一要求和指导，形成从种到收的全程机械化模式。2016年，公司采用GPS导航播种机播种面积25.5万亩，占中粮糖业总播种面积的39.85%；机采面积58.9万亩，占公司总种植面积的92.38%。目前，中粮糖业自有甜菜采收机42台，通过引导，可控社会采收机50台，基本满足机采需求。探索推广合理的种植管理，提高**专业化**：对标国际先进技术，控制播种期，提前5-11天完成播种，把控好播种质量；推广测土配方施肥、化学除草以及节水双带滴灌技术，测土配方施肥面积27.03万亩，化学除草面积46.15万亩，节水双带滴灌种植面积5.5万亩。创新农业服务管理，提升**信息化**水平：利用微信平台成立甜菜网络学校，进行农业技能知识培训；自主开发“病虫害防治图谱”手机APP软件，免费给农户使用，提高农户病虫害的防控意识和水平；大力推广无人机植保技术，为未来甜菜病虫害的有效防治奠定基础。

创新金融服务。结合订单农业和种子销售，通过担保贷款、抵押融资等形式，在种植期间发放预付款，并向300亩以上的种植大户给予政策倾斜，通过协助落实银行贷款、农业补贴和购买农业保险等方式提供种植金融支持。2016年，共发放甜菜预付款4377.8万，农业投保面积10.4万亩；改良价款机制，实行优质优价、含糖计价、分区定价价款机制，保证原料质量和农民稳定增收。

推动体系建设。建立常态培训机制，培育新型职业农民。2016年，共组织各类专业技术培训上百场，受训人数超过2.1万人次，得到了农户的普遍认可及好评；安排专业人员，提供全程跟踪服务，对300亩以上的甜菜种植户建立甜菜种植档案及服务记录卡，确保服务的有效性和及时性；收集气象资料，建立预警预报机制，指导农户进行病虫害防治；加强种子研发和代理销售，争取市场话语权，探索引导基准价格。

3. 工作成效。

促进规模发展，提升竞争能力。2016年，中粮甜菜原料基地平均单产达到4.42吨/亩，较2013年提高了0.52吨/亩，每亩成本降低60元左右，产量逐步接近发达国家水平（如欧洲第二大甜菜生产国德国的单产为4.73吨/亩），为确保食糖自给能力提供了保障。

提高种植收益，实现农民增收。2016年，通过

发展订单农业模式，带动了集约化经营的发展，种植甜菜成为农民稳定增收重要来源。中粮糖业累计支付农民甜菜款 12.94 亿元，农户纯收入约为 5.19 亿元（付地租款前），惠及 6127 户订单农户，其中少数民族占 50%。还带动了与此相关的运输、养殖等关联产业的发展，保障了农民利益，促进了农民增收。

创新农业管理，促进“三农”改革。订单农业模式的实施，解决了农产品“卖难”问题；通过科技引领，全疆采收机数量达到 157 台，机采种植模式已经基本普及；为地方发展注入智力资本，年培训 1.8 万人次，培养各级人才和新型职业农民 6000 余人；依托甜菜糖产业发展，农村经济从单一的种植逐步向种植、运输、养殖、商贸等多个领域延展。

表 2　2013-2016 年中粮新疆地区农业产业化实践效果

项　目	2013 年	2014 年	2015 年	2016 年
大户种植面积（万亩）	20.85	27.25	28.22	39.01
大户种植面积占比（%）	37.62	45.26	51.52	60.96
自控种子占比（%）	41.07	55.75	67.91	75.16
丸粒化单粒种占比（%）	31.00	50.15	71.27	80.00
机械化采收面积（万亩）	22.78	28.70	43.54	58.90
机械化采收占比（%）	41.65	49.17	80.10	92.38
甜菜种植单产量（吨/亩）	3.60	3.86	4.18	4.42

（三）奶牛养殖农业产业化“循环经济”模式

1. 商业模式。现代牧业是全球第一家以奶牛养殖资源上市的企业，依托全球首创“牧草种植、奶牛养殖、牛奶加工一体化”模式，通过“青贮种植-牛粪发酵-优质沼肥-青贮施肥-回购青贮”，实现企业增效、农民增收、环境改良，打造“牛-沼-草”生态农业循环经济模式，将动物粪便从“无害化处理”升级为“资源化利用”（见图 2）。现代牧业已经发展成为国内规模最大的奶牛养殖企业、高品质原奶供应商及优质乳加工制造者，在全国 8 个省共建万头规模奶牛养殖牧场 27 个，奶牛存栏数 23 万头，日产原奶 3300 吨。

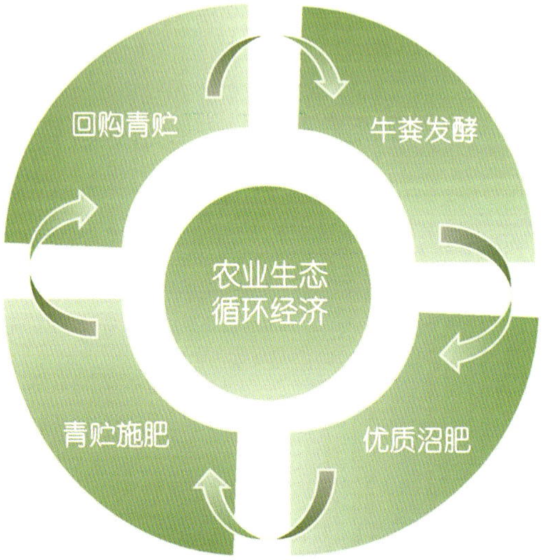

图 2　现代牧业“生态农业循环经济”模式示意图

2. 工作进展。推动青贮玉米与苜蓿等饲草料种植，掌控饲草资源，打造稳固粗饲料基地。建立“青贮+沼肥稳固粗饲料基地”模式，沼肥经发酵处理达到无害化标准后，利用施肥车、管网、喷管设备等对农作物进行施肥，减少化肥、农药使用，降低沼肥单吨成本，逐步改良土壤结构，提升饲草质量，实现环境改善，农民增收。回收青贮玉米秸秆，解决因焚烧秸秆带来的环境污染问题。在牛粪资源化处理过程中，沼气经脱硫净化后，用于发电和锅炉使用。沼气锅炉的蒸汽用于发酵池内盘管加热、挤奶厅供热和牛奶加工车间供热。沼渣发酵池出料经固液分离并达到指定的水分要求后，使用卧床抛料车回填于牛舍内的卧床。通过定期翻刨并补充沼渣来改善牛舍卧床环境，其杀菌效果、舒适度及经济成本远远优于其他垫料。

3. 工作成效。2016 年，现代牧业与 219 家合作社签订 50 余万亩青贮玉米种植协议，收购青贮玉米（约 110 万吨）和秸秆，对牧场周边 30 公里内农作物配套使用 564.2 万方有机沼肥，100%用于农业种植，每亩减少化肥用量 20-25 公斤，为农户带来直接收益 5.7 亿元；沼肥变废为宝，仅通辽、和林、双城、汶上四家牧场 2016 年沼肥销售额就达 531.6 万元。施用沼肥促进作物增产农户增收效果显著，如，宝鸡牧场有奶牛存栏量 1.84 万头，年产沼肥 39 万立方米，该牧场投入 500 万余元建设管道，服务周边 1 万余亩猕猴桃和苗木种植，旺果期猕猴桃树亩产 5000 公斤，每亩增产 400 公斤，增幅达 10%－15%，给每户农户直接增收 2000 元。另外，蚌埠和洪雅牧场的产量、质量和农民收入都得到一定程度的提升。

（四）农业科技园“智慧农业”模式

1. 商业模式。中粮集团将根据国家京津冀一体化战略的总体部署，按照北京市“四个中心”的新定位和发展核心功能的要求，发挥中粮集团在农业、健康、商业运作方面的成功经验和品牌优势，打造国际一流水平的农业科技、生态健康、首都生态小镇三大支柱型产业，形成一、二、三产业融合发展的良好局面，打造集现代农业、休闲旅游、田园社区于一体的田园综合体典范。计划总投资 560 亿元，预计 2021 年初具规模，届时入驻企业将达到 1500 多家，解决就业 3 万余人，创造产值 300 多亿元、税收 30 多亿元。

中粮智慧农场

农业科技产业。加强农业新品种、新技术和新装备引进和研发，通过示范推广、技术服务、模式服务等形式，大力发展标准化、专业化和高效化生产，实现主导产业提质增效，带动园区农民增收；着力发展高科技农业及休闲农业等都市型现代农业，成为中国科技农业示范及首都示范农业窗口。在已拥有 7 项世界领先技术①、20 项国内领先技术②的基础上，搭建农业高科技技术集成及转化平台，致力于成为中国农业科技转化示范区及国际交流窗口，推进农业科研的升级转化和农业供给侧改革。

健康科技产业。以科技创新为重点，构建产业平台联盟，发展高精尖产业，实践供给侧改革。导入中粮营养健康研究院等中粮资源，借助北京农科院等外部优质资源，吸引主动健康产业企业规模入驻，形成大健康产业生态圈。项目拟于 2017 年底引入 5 至 8 家龙头企业入驻，致力于成

① 即：垂直农业技术、LED 补光技术、农业物联网技术、劳动力智能管理技术、人工光植物工厂技术、温室叶菜多层追光栽培技术、食用菌工厂化栽培技术。

② 即：清洁能源技术、温室全自动立体无土栽培技术、蔬菜和食用菌自动化包装技术、潮汐式栽培技术、垂直绿化技术、设施环境自动控制技术、大田环境动态监测技术、智能化采收技术、LED 补光技术、人工光植物工厂技术、设施立体栽培技术、果菜长季节栽培技术、食用菌工厂化栽培技术、家庭治污工厂技术、垂直绿化技术、阳台农业技术、家庭绿化技术。

为国内最高端的健康科技城和国家"健康中国2030战略"的示范基地，推进健康北京建设和健康产业转型升级。

首都生态小镇。拟建设高水平基础配套设施，完成5个村的整理，建设安置房41万平方米，安置8256人，市政建设总长约9.7公里，建设3所学校和2家医院，整体提升区域面貌，推动乡村复兴，促进城镇化建设；以生态健康为主题，集居住、度假、养生、运动、文化于一体的功能完善、特色鲜明的和谐宜居主题社区，打造100~200万平方米的新型社区，改善人居环境，建设优质公共服务与配套，提升区域发展质量。

2. 目前进展。生态谷的支柱性项目——中粮智慧农场已于2015年10月开园，目前已成为中国农业科技示范的窗口，获得良好的社会效益。中粮智慧农场位于生态谷中心区域，总面积750亩，由中粮集团与中国农业科学院联手打造。智慧农场以"农业科技高精尖、农业休闲高品位"为战略目标，着力打造世界领先的、有商业模式的、可复制的现代都市农业示范中心，打造中国第一个世界级生态农场。重点建设"一心六园"，即以"智慧农业"为中心，以建立"都市休闲农业示范园、多样新品种新技术试验园、农民农场试验园、农耕文化休闲体验园、蔬菜新品种试验园、葡萄种植改良试验园"为工作重点。

三、中粮农业产业化的未来发展方向

一方面，中粮集团将在认真总结现有模式成功经验基础上，按"公司+农户+品牌"模式，建设米、面、油、糖、棉、乳、肉、茶、玉米化工、蕃茄、饲料、酒类等12大粮油食品产业链，提升产业链价值；按"生产+加工+科技"模式，建设示范农业生产科技园区、观光农业园区和食品研发科技园区，引导中国种植结构调整，促进中国农业产业化水平提升。

另一方面，今年以来，伴随着我国"一带一路"愿景与行动规划的出台，中国食品企业迎来黄金发展时期。面对国际贸易的技术壁垒，食品安全是最好的"敲门砖"，如何抓住机遇，走好舌尖上的"一带一路"，是中粮面临的新课题。

（作者：赵双连　中粮集团）

海尔：以模式创新推动转型升级

一、海尔发展历程

海尔1984年创业到现在经历了名牌战略、多元化战略、国际化战略、全球化品牌战略和网络化战略五个发展战略阶段（见图1）。名牌战略阶段，海尔抓住改革开放的机遇，以过硬的质量创出冰箱行业第一个中国名牌；多元化战略阶段，海尔从冰箱单一产品发展为多元化产品，兼并国内多家家电企业，以海尔文化激活“休克鱼”①；国际化战略阶段，海尔按照“三步走”思路打造国际化品牌，成为中国品牌走向全球的代表者；全球化品牌战略阶段，海尔从创造用户满意体验的角度出发，努力推进“以企业为中心”向“以用户个性化需求为中心”的根本转变。

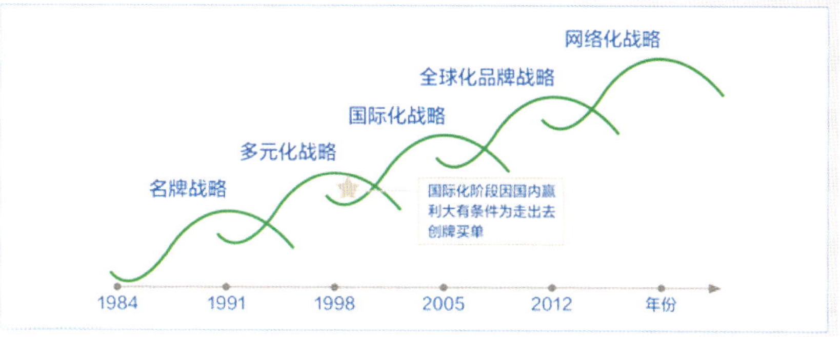

图1 海尔五个发展阶段体现“第二曲线思维”

进入网络化战略阶段，海尔已不仅仅是一家制造家电的企业，而是孵化创客的平台，为全社会的创客搭建了开放的创业创新平台。为了实现转型互联网企业的目标，海尔颠覆传统企业自成体系的封闭系统，变成网络互联中的节点，通过互联互通各种资源，打造后电商时代基于用户价值交互、以诚信为核心竞争力的共创共赢生态圈，并以社群经济为中心，聚焦物联网引爆。

与创业初期的资不抵债相比，到2004年的二十年时间，海尔实现了1000亿元的销售收入；从2004到2016年，十二年时间，海尔实现了2000亿元销售收入（见图2）。② 海尔的创新探索和取得的业绩吸引了全球一流的商学院和管理学者的广泛关注。

作为最早走出国门的企业之一，海尔始终坚持实践在海外市场本土化研发、本土化制造、本土化营销的“三位一体”运营模式。2016年，随着GEA加入到海尔大家庭中来，海尔已经形成了以海尔、卡萨帝、日日顺、GEA、AQUA、斐雪派克、统帅、DCS、MONOGRAM等十几个大品牌为核心的全

① 休克鱼：硬件条件很好，但管理不行的企业。
② 资料来源：海尔集团公布数据。

球化品牌体系。据英国市场调查机构欧睿国际（Euromonitor）发布的2016年全球大型家用电器品牌零售量数据显示，海尔大型家用电器2016年品牌零售量占全球市场的10.3%，居全球第一，这是自2009年以来海尔第8次蝉联全球第一（见图3）。此外，冰箱、洗衣机、酒柜、冷柜也分别以大幅度领先第二名的品牌零售量继续蝉联全球第一。

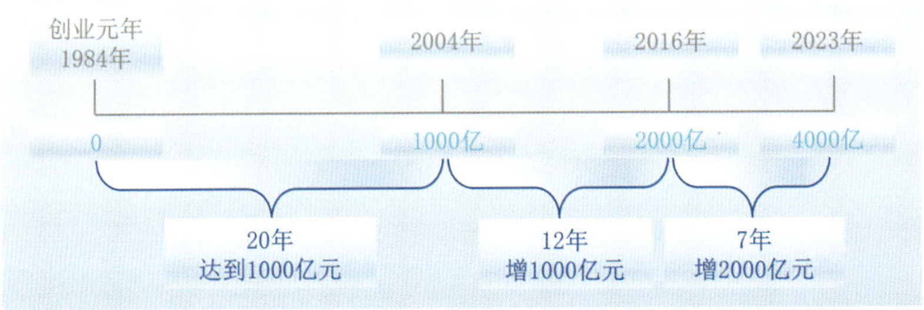

图2　海尔创业以来发展数据

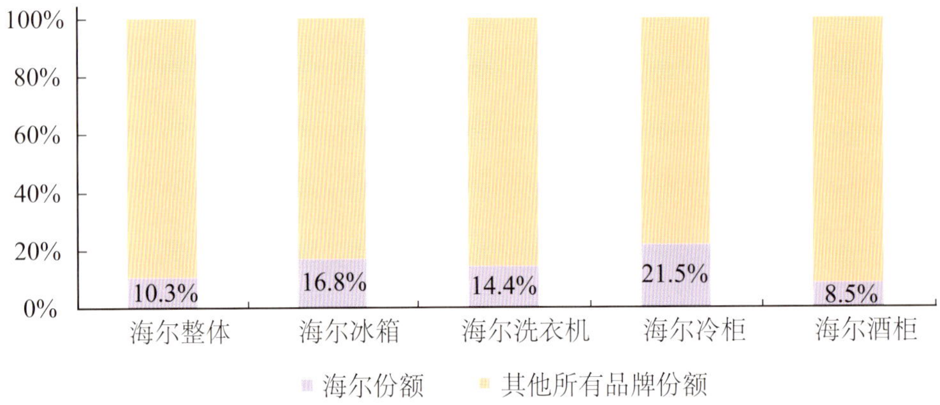

图3　2016年海尔大型家用电器品牌占全球市场份额

资料来源：英国市场调查机构欧睿国际（Euromonitor）

经过十几年的发展，海尔逐渐在全球市场确立起中国品牌的话语权。数据显示，2016年海尔海外营业额44.5亿美元，近10年复合增长率20%（不含GEA），海尔家电已经销往全球160多个国家和地区。①

二、海尔"人单合一"模式下的创新

海尔在转型发展过程中成绩斐然，这得益于海尔进行的"人单合一"模式创新。早在2005年，为适应互联网经济的发展，海尔就探索出"人单合一"的1.0模式，将员工和用户连接到一起，从"以企业为中心卖产品"转变为"以用户为中心卖服务"，满足用户个性化的需求。2016年，随着我国新动能新产业的进一步发展，海尔拓展出"人单合一"的2.0模式，即共创共赢的生态圈模式，进一步将企业变为平台、员工变为创客、顾客变为交互用户。在经济新常态背景下，海尔从五个方面完成了对传统模式的颠覆（见图4）：

（一）物联网引爆：从"规模与范围"思维到"套圈换道"

传统经济下，企业追求做大规模，拓展行业领域，行业竞争往往聚焦在价格上。物联网时代，客观上要求用户与企业的零距离接触，满足用户全流程及时交互，从提供完美的产品和服务转向创造用户最佳体验。基于此，海尔打造出社群经济生态圈，以"诚信生态，共享平台"的方式，实现自身套圈引领、换道超车。"套圈引领"即是通过创

① 资料来源：海尔官方数据。

造价值超越竞争对手,通过技术创新赋予产品更大的价值,颠覆性的技术变革形成海尔的技术“套圈”;而用户驱动的“即需即供”模式则改变了先生产再库存再促销的传统模式,实现了生产与供给无缝衔接下大规模定制和用户个性化需求的满足。“换道超车”则是通过平台化和生态圈的建立,从原来的产品收入转变为生态收入和生态增值,产生营收新模式和新的增长点。

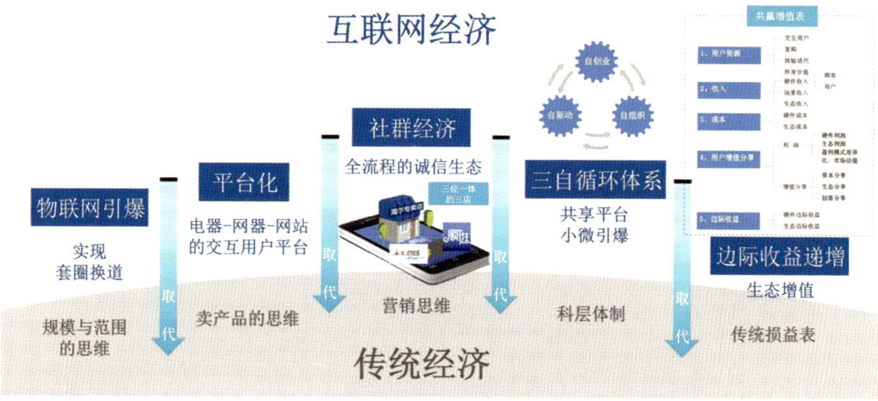

图 4 互联网经济对传统经济的颠覆

(二)平台化转型:企业从封闭组织转型为互联网节点

海尔突破企业边界和产业边界,打破封闭的组织形式,演变成一家平台型企业。通过组织变革,海尔完成了去中层的分布式改革,形成了包含平台主、小微主和创客的共创共赢生态系统。海尔平台由创客资源、创客小微资源、用户资源、第三方资源和服务支持资源等五类要素平台以及所依存的创业生态环境构成。通过交互机制帮助创客小微挖掘用户需求,发现创意;通过孵化机制帮助创客小微引入风投资金,帮助小微快速产业化;通过对接机制帮助创客小微与第三方资源建立连接,从而整合全球一流资源帮助创新创业;通过市场机制支持创客小微与海尔服务支持系统建立关系,为用户提供最佳服务。目前,海尔平台可链接到全球一流资源达 320~370 万户,注册用户 37~41 万户,平均每年产生创意超过 6000 个,从小微孵化到引入 A 轮融资的成功率高达 40.4%。

(三)社群经济:从营销到全流程的诚信生态

在社群经济中,做用户关系是市场竞争的核心。海尔通过平台化转型建立起全流程的诚信生态,以社群经济平台与用户建立长期交互,建立起消费者的情感连接和价值反哺,构成了自生长、自循环的范围经济系统。为达到物联网持续引爆的效果,海尔进一步做到三店合一,即线上电商,线下三万家专卖店以及微店相融合,并进一步把这些店转变为体验店,力求拥有社群终身用户。例如,海尔的创客小微基于用户口碑在全新的市场上实现了引爆引领。在诚信模式下,日日顺众小微在市场表现上均取得突破。其中,日日顺乐家实现 A+轮融资,估值 12 亿元,形成 12000 多个城市社群触点;水站搭建起以小顺管家为核心的农村社群平台,2016 年进驻 5000 家村镇,惠及百万农村家庭;车小微基于云仓云配体系累计送达 2000 万用户,为乐家、水站等平台链接近亿元收入。

(四)“三自”循环体系:从被动执行到自我演进的社会模式

海尔生态系的驱动机制就是自创业、自组织、自驱动的三自循环体系(见图 5)。通过“人单合一”,海尔打造的创业平台构建起并联生态圈,驱动员工从执行者转型为创业者,实现人人创客,使小微企业从管理模式进入创业模式,进而进入自演进模式。自创业是指创客自己寻求市场机会,并进行抢单;自组织是指通过海尔开放式的创业平台整合全球资源,满足创业目标,做到持续优化下的按单聚散,保证引领的单的实现;自驱动是指在没有领导和上级主管指令的前提下,以用户付薪为准则,通过外部风投社会化驱动,员工跟投,做到同一薪酬来源的共赢共享。自创业、自组织、自驱动相互促进,解决了企业持续健康发展的动力问题。

图 5　三自循环体系是"人单合一"模式拓展为社会模式的关键

(五)边际收益递增:从损益表到共赢增值表

传统经济条件下,生产的边际收入递减。而在互联网共享经济下,"人单合一"模式探索出突破技术约束和要素投入约束的边际收益递增模式,通过搭建平台汇聚、整合全球知识、技术和信息资源,高效利用资源,与相关各方利益分享、风险共担、共创共赢。为此,海尔还创造出"共赢增值表"以代替传统的损益表。"共赢增值表"的创新之处在于包含了用户资源,既体现了收入、成本,更体现了用户增值和分享,改变了传统损益表只能事后算账的情况。小微企业以用户评价作为决策依据,员工薪酬由用户说了算,使得用户付薪量化为可操作的指标。

三、"人单合一"创新模式的企业成就

海尔对"人单合一"模式的探索既是处于企业自身发展逻辑的思考,也是顺应经济发展新常态的转型。在不断的探索与创新中,海尔"人单合一"模式创新与我国新旧动能转换这一宏观经济发展环境高度契合,并迸发出助力新动能新产业发展的活力。

(一)大范围跨界创新促进产业融合

海尔"人单合一"模式完成了技术创新、商业模式创新和组织创新的转型发展,实现了大范围跨界创新(见图 6)。在我国经济发展新常态的背景下,海尔建立线上线下融合的开放式创新平台,吸引全球资源和用户参与,形成自驱动的创新生态系统,持续产出颠覆性创新成果,将互联网、物联网、云计算、电子商务等新产业、新业态融入到智能制造、农业三产融合以及服务业模式创新的发展中去,并实现了产业间的互联互通,探索出产业生态融合发展的新范式。例如,海尔产业金融平台布局现代农业,实现了"种养结合、产销一体"的全产业链农业金融服务,打通了农机生产运营、农业物资供应、农业种植饲养以及食品经销服务的各个环节,提升了农业生产效率、保障了食品安全、提高了农民收入。海尔平台虽然不从事农业生产,却构筑起 100 亿枚产能的鸡蛋生态圈和 10 万头母牛的所有权。

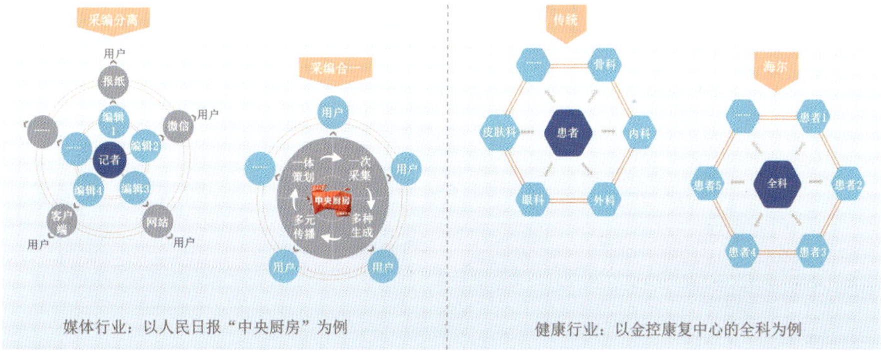

图 6 “人单合一”模式适应于不同行业

（二）“双创”模式释放新动能，推动供给侧结构性改革

共创共赢生态圈实际上搭建起创业创新的双创平台。海尔通过组织创新和商业模式创新，完成了技术升级和开放式创新系统的构建。从供给端来说，信息化、工业化的深度融合促成了数字化智能制造、网络化协同制造、大规模个性化定制以及柔性生产，从而实现了新旧动能的转化。从需求端来说，以户体验为出发点，将用户个性化需求与大规模定制有效结合。供给与需求的高度耦合实现了生产端和需求端零距离结合，到达了供给与需求的最佳匹配，体现了供给侧结构性改革的核心要义。

（三）创客所有制激发创业活力，创造新型就业

经济创新发展需要机制保障，这个机制就是创客所有制。海尔基于“人单合一”打造了迥异于传统激励机制（见图 7）的创客所有制，其以用户付薪为核心，每个创客的薪酬与创造的用户价值对应；在股份上，其多寡与创客自身价值对应，并以跟投的形式体现利益共享、风险共担；组织形态上，创客们按单聚散，其始终随着单在引领目标下实现优化，不断聚散。本质是让每一个创客成为企业的主人，在为用户创造价值过程中实现自身价值，并分享收益和成果。创客所有制激发了全员创业激情，使组织充满创新活力，有效保障了双创的实施效果。

图 7 传统经济的激励机制

海尔双创平台作为第一批国家级双创示范基地，汇聚了外部一流资源创业、“有根”创业、草根创业和农民创业四类创业形态。在创客所有制的保障下为社会创造 160 多万个就业机会，其中包括因平台应运而生的新型职业。

（四）“人单合一”模式的国际化成为跨文化、跨国界的新社会模式

海尔“人单合一”模式经过十几年的发展逐步形成可复制、可操作的手册，并在与国际知名学者和优秀企业的交互中推向全球。伦敦政治经济学院创新共创实验室研究院克里斯蒂安·布施认为海尔“人单合一”模式具有跨文化、跨国界的特征，不仅是商业模式的创新，还将创造下一个社会模式（见图 8）。海尔共创共赢平台不仅吸引了全球创客，拓展到多个行业和领域，其开放模式同时打通了包含国内新经济与国际经济的大循环。每年

有几千家国内外大中小企业来海尔学习交流“人单合一”模式，目前“人单合一”模式已在农业、医疗界进行了试水和改造。美国哈佛商学院、沃顿商学院等已将海尔收入案例库进行教学研究。

图 8　国际知名学者和优秀企业在全球推广“人单合一”模式

四、海尔发展的远景规划

海尔所有的创造性集中体现在“人单合一”模式上。在新海尔精神、海尔作风的指引下，未来“人单合一”模式将进一步增强可操作性，使其适用于不同国家、不同文化；并通过社群经济平台上的物联网引爆，让“人单合一”在不同国家建立因地制宜的体系，从而达到引爆引领再引爆的过程（见图 9）。

图 9　2017 年成为“人单合一”模式生根、开花、结果的元年

目前，在智能制造领域，海尔研发出中国第一个最大自主知识产权的“工业互联网”平台——COSMO 平台，自主研发、自主创新引领全球的工业互联网平台和生态系统。海尔的战略目标是，形成全球第三极占领全球智能制造的制高点和话语权。

在未来的发展中，海尔将进一步构建生态系统的热带雨林模式，营造适合创新自主生长的文化和环境，促进整个生态系统的整体迭代，完善生态系统与外部经济环境的外循环，实现共创业、共组织、共驱动的联动，进一步助力我国经济发展。

在开启“人单合一”全新阶段后，海尔也为自身定下了全新的目标，即 2016 年至 2023 年，海尔的营收及利润复合增长率均力争 10% 以上，着力实现全球营业额 4000 亿元的目标。

（作者：李芳　中共山东省委党校；
独方圆　海尔集团）

制造业与互联网融合发展

经李克强总理签批，国务院日前印发《关于深化制造业与互联网融合发展的指导意见》（以下简称《意见》），部署深化制造业与互联网融合发展，协同推进“中国制造2025”和“互联网+”行动，加快制造强国建设。

《意见》指出，制造业是国民经济的主体，是实施“互联网+”行动的主战场。推动制造业与互联网融合，有利于形成叠加效应、聚合效应、倍增效应，加快新旧发展动能和生产体系转换。要以激发制造企业创新活力、发展潜力和转型动力为主线，以建设制造业与互联网融合“双创”平台为抓手，围绕制造业与互联网融合关键环节，积极培育新模式新业态，强化信息技术产业支撑，完善信息安全保障，夯实融合发展基础，营造融合发展新生态，充分释放“互联网+”的力量，发展新经济，加快推动“中国制造”提质增效升级。

《意见》提出，要坚持创新驱动，激发转型新动能；坚持融合发展，催生制造新模式；坚持分业施策，培育竞争新优势；坚持企业主体，构筑发展新环境。到2018年，制造业重点行业骨干企业互联网“双创”平台普及率达到80%，成为促进制造业转型升级的新动能来源，制造业数字化、网络化、智能化取得明显进展；到2025年，力争实现制造业与互联网融合“双创”体系基本完备，融合发展新模式广泛普及，新型制造体系基本形成，制造业综合竞争实力大幅提升。

《意见》明确了深化制造业与互联网融合发展的7项主要任务，包括打造制造企业互联网“双创”平台，推动互联网企业构建制造业“双创”服务体系，支持制造企业与互联网企业跨界融合，培育制造业与互联网融合新模式，强化融合发展基础支撑，提升融合发展系统解决方案能力，提高工业信息系统安全水平。

《意见》提出了完善体制机制、深化国有企业改革、加大财政支持力度、完善税收和金融政策、强化用地用房等服务、健全人才培养体系、推动国际合作交流等7个方面的政策支撑和保障措施。要求各地区、各部门高度重视深化制造业与互联网融合发展工作，统一思想，提高认识，加大工作力度，切实抓好政策落实。

海信：全方位创新绘就智造蓝图

一、海信的发展历程

海信成立于1969年，是一家涵盖多媒体、家电、IT信息服务等多领域的电子信息产业集团。成立48年以来，海信坚持“技术立企”的发展战略，每年将销售收入的5%投入研发，并积极调整产业结构、加速全球化进程。中国外文局对外发布的《中国国家形象全球调查报告》中，海信2014、2015连续两年成为海外民众最熟悉的排名前十位的中国品牌；在国家质监总局发布的2016年中国品牌价值榜单上，海信居创新品牌价值第一。

依靠创新推动新旧动能转换和结构优化升级一直是海信探索和追求的产业调整之路。海信传统的家电产业不断创新升级，而新兴智能交通、光通信、智慧医疗更是动能强劲。

（一）结构调整阶段

“结构调整当前看是一碗饭，长远看就是一条命。”这是海信对产业优化调整的理解。细数产业调整的过程，海信经历了以下三个阶段：

第一阶段，盯住主业做减法。1999年，海信主动砍掉盈利的非主营业务，明确了以电子为主的核心产业。

第二阶段，盯住主业做加法。2001年，面对当时主业单薄的问题，海信大力丰富3C产业结构①，形成技术结构合理的产业平台。

第三阶段，主业由低向高转变。2004年，海信结构调整的重点是传统板块向高端产品靠拢、产业链向高技术延伸、产业架构向高科技转移。在海信的产业结构中，除了“看得见”的家电产业，还有很多人并不了解的智能交通、光通信、多媒体等产业，这样，一显一隐彼此之间能够起到相互支撑作用。

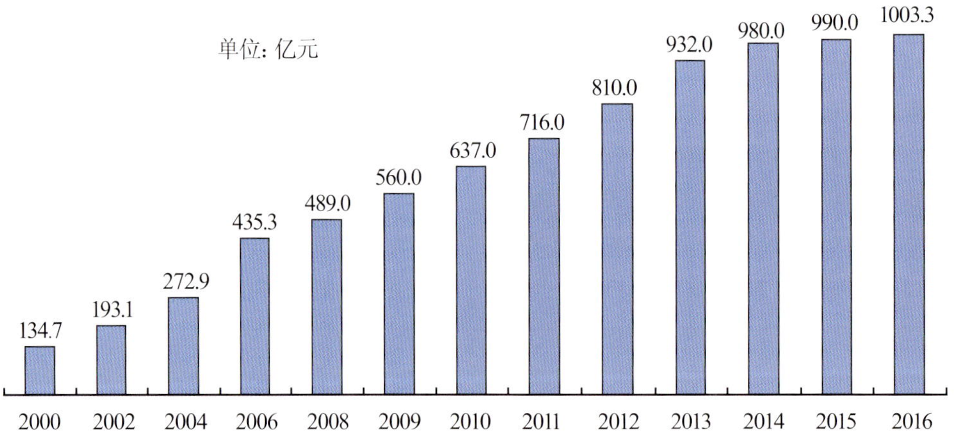

图1　2000-2016年海信销售总额

① 3C行业：电脑Computer、通讯Communication和消费性电子Consumer Electronic的统称。

(二)结构调整成效

在经济发展的新常态下,多数企业受制于市场的巨大压力,极力寻找实现有效供给的良方。置身中国竞争最为激烈、利润已薄如蝉翼的家电电子行业的海信,为顺利度过这一关口,实现发展动能的转换、产业结构的升级,不断用新的有效供应来适应需求甚至创造需求。

转换动能、重塑格局,海信的产业结构优化并没有引起产品在销售市场的大幅的震荡,具体体现在三个方面:

一是没有牺牲增长。海信销售额连续多年增长的势头得以延续,企业规模已强势扩张至千亿级。

二是旧引擎没有失速。即使利润薄如蝉翼,以彩电为核心的既有产业却不是要甩掉的包袱,反而通过技术升级形成新的优势。依靠自主研发的 ULED 显示技术,海信在液晶电视领域实现了技术上与国际巨头的“齐头并进”。而全新的激光电视产业,则让海信在技术层面实现了对液晶电视的彻底颠覆,进而有了重新定义电视行业游戏规则的可能。

三是新供给动能强劲。新产业正在用强劲的利润贡献,实现对海信的重塑。目前,在智能交通方面,海信已经位居全国第一,且在 2016 年实现 32 亿多元的中标总额;海信主推的医疗显示和海信计算机辅助手术(Computer Assisted Surgery,简称 CAS)系统已达世界级水准;海信的光模块市场份额排名全球第五、中国第一,宽带接入网光模块领域市场份额更是排名全球第一,年收入超过 50 亿元;多功能销售终端(POS)产品连续 12 年国内第一。这些成就已为中国企业的转型和产业升级提供了极好的参考。

海信一直遵循这样的原则:决策产品和业务内容时,不仅要准确找到其竞争优势所在,更要随着行业竞争结构的变化及时调整。面对这种变化,海信一直力争提前认识、准备,并加大技术上的投入。

二、海信 T 型模式下的产业创新

纵观海信近十年的发展脉络,海信的确在“变”,而这种变是基于多年的积累,海信已经深耕智能交通领域 18 年,涉足光通信产业也已超过 13 年。在产业调整的过程中,海信更擅长以技术的创新获取稳定的市场。

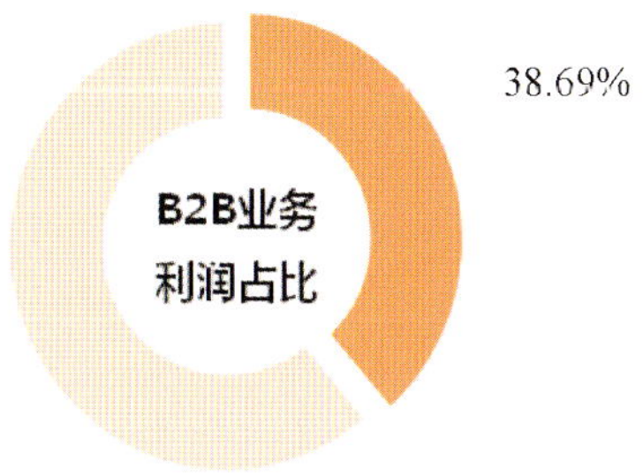

图 2 海信 B2B 产业在全集团的销售/利润占比

2016 年,海信 B2B 业务以 26.28% 的收入占比,为全集团贡献了 38.69% 的利润。可以说,海信的家电与科技两个板块相得益彰,已构成海信防御经济环境变化的拳头板块。也正是不断加大技术含量高的产业投入,海信成功避开了中小企业的颠覆式冲击,实现了“民用消费和基础投资”两大产业的均衡布局。在产业结构合理化基础上,实现“产业结构高级化”。形象地说,海信的产业调整模式是以技术带动业务发展的“T”型模式(见图 3),T 既代表技术 technology,也代表发展的路径形态,以基础市场为横轴、以技术为纵轴推动消费升级。

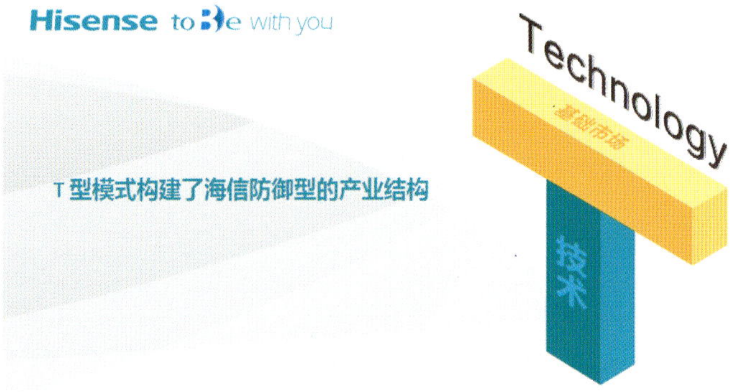

图3 海信T型模式产业结构

(一)交通创新——打破垄断的"隐性冠军"

1998年,海信网络科技开始进军智能交通市场,当时国内智能交通市场被西门子、美国泰科(Tyco)等国际巨头垄断。经过18年的努力,海信不断研发出更加适合中国国情的智能交通系统,打破了国际垄断,并直接把相关产品的价格降低三分之二,其工程技术中心是智能交通领域唯一一家落户于企业的国家级实验室。

推进"互联网+"便捷交通促进智能交通发展的实施方案

为贯彻落实《国务院关于积极推进"互联网+"行动的指导意见》,促进交通与互联网深度融合,推动交通智能化发展,发改委和交通部2016年7月30日印发《推进"互联网+"便捷交通促进智能交通发展的实施方案》。

《实施方案》明确,实施"互联网+"便捷交通重点示范项目27项,到2018年基本实现公众通过移动互联终端及时获取交通动态信息,掌上完成导航、票务和支付等客运全程"一站式"服务,提升用户出行体验;基本实现重点城市群内"交通一卡通"互联互通,重点营运车辆(船舶)"一网联控";线上线下企业加快融合,在全国骨干物流通道率先实现"一单到底";基本实现交通基础设施、载运工具、运行信息等互联网化,系统运行更加安全高效。

在完善智能运输服务系统方面,《实施方案》提出,打造"畅行中国"信息服务,形成涵盖运输、停车、租赁、修理、救援、衍生服务等领域的综合出行信息服务平台,实现实时、多样化的信息查询、发布与反馈。

加强智能交通基础设施支撑是关键基础。根据《实施方案》,我国将建设先进感知监测系统,形成动态感知、全面覆盖、泛在互联的交通运输运行监控体系。

目前,海信智能交通实现对突发拥堵状态报警,报警准确率达90%以上,突发拥堵发现时间由20分钟缩减到5分钟,警情响应时间缩短75%,对缓解交通拥堵、提高交通效率具有重大贡献。

在城市拥堵治理方面,过去检索1天(约2200万条)的数据库查询时间超过10分钟,而现在10亿规模交通大数据30秒内即可完成可视化分析。

在涉车犯罪打击方面,查询车牌时可实现100亿规模过车数据(相当于青岛2年过车记录的总和)精确查询1秒完成、模糊查询3秒完成。海信自主研发的HiSMART交通信号系统,更是在国际上继泰科SCATS、西门子SCOOT后广泛应用的世界第三大信号控制系统。

正是这些科技背景,海信先后成功中标北京

奥运村、2009年济南全运会、2010年上海世博会和广州亚运会、2016年杭州G20峰会等承建城市及区域的智能交通管理系统。

在实施建设的100多个城市中，海信以扎实的技术、严谨的调研，结合不同城市的特点和需求开展城市建设，竭力打造各具特色的智慧平安之城。2012年，海信协助贵阳市建设“天网”系统一期工程后，其监控系统仅2013年即为警方提供破案线索6697条，帮助破获案件2554起，处理交通违法410万条。目前，贵阳市的信号控制和高清视频监控是全国规模最大、功能最先进的高清视频监控系统。

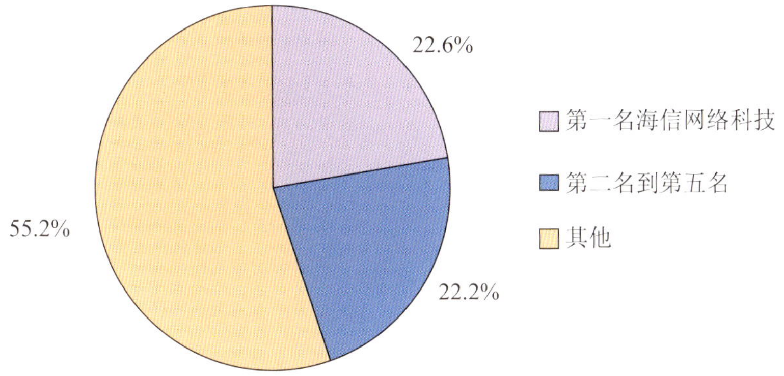

图4 海信智能交通市场占有率

海信智慧城市项目实施一年之后，在高德地图发布《2016年度中国主要城市交通分析报告》中，2016年青岛退出10大“堵城”排名。据公安部交通管理科研所对智能交通应用效果进行测算，青岛每年节约交通行车成本7800万元、节约车辆出行时间10793.8万小时、提高社会经济效益56.35亿元。

据赛文交通网于2017年2月发布的《2016年中国城市智能交通市场研究报告》，2011－2016年海信居智能公交市场总业绩排名第一，2013－2016年交通信号控制器出货总量排名第一。

（二）光通信创新——填补国内技术空白

2016年9月15日，中国“天宫二号”空间实验室发射成功，人类航天探索再次进入“中国时刻”。与此同时，海信宇航级光模块在天宫二号上的成功应用，也标志着我国在光通信器件特种应用领域取得重要突破。

光通信行业属于高新技术领域，技术发展快、应用范围广。因应用场景的不同，各种技术参数指标苛刻、可靠性要求高。一直以来，以美、法为首的西方国家严格限制向中国出口特种应用领域的光器件。从国家安全角度考虑，应用于特种行业的这种关键器件也必须由中国人自己掌握。

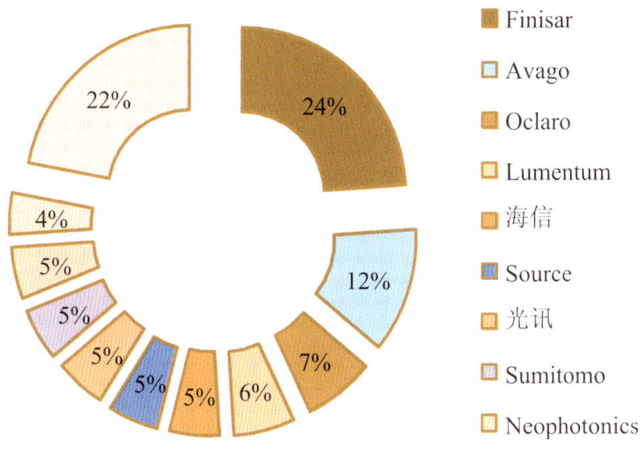

图5 2015年全球前十大光模块厂商份额

资料来源：ICCSZ 2016.3

注：海信代工业务未包含在内，光讯BOX业务未包含在内

为此，海信在宽带多媒体方面于2008年开始承接国家政府专项，研发专门用于特种行业的并行光电转换集成器件，并实现产业化。海信这项拥有完全独立自主知识产权的技术突破，打破了西方在特种光通信器件上对中国的技术封锁，解决了我国新一代飞机、卫星等国家重大研制项目上光器件技术难题。

海信于2003年进入光通信产业，逐渐成长为光纤接入网领域的专家。海信宽带公司全球首家推出商业化GPON OLT（下行2.5 Gbps的无源光网络技术）光模块产品，推动互联网迈入光纤接入时代；全球首创10G PON（下行10Gbps的无源光网络技术）高速光模块，大大加快了10G PON技术的商业化进程；目前已率先突破100G EPON技术，引领超宽带时代的到来。至2016年，海信在接入网领域的市场占有率已连续6年蝉联全球第一，其中全球市场占有率高达38%，国内市场占有率超过50%。

（三）医疗创新——实现核心技术产权自主

海信的核心技术优势是显示技术和图像处理技术，这也是医疗设备显示器的关键。

海信CAS是在国家“十二五”科技支撑计划课题支持下，以肝脏增强CT影像为基础进行深度数据挖掘、研发成功并已临床应用的计算机辅助手术系统。海信对该仪器、系统拥有完全自主知识产权和核心技术，在青岛市科技局的《科学技术成果评价报告》中已证明CAS具有国际领先水平，并已拿到国家医疗器械产品认证证书和生产许可证。这套系统解决了外科临床手术需求的一个难点，实现了数字化精准医疗，改写了外科医生手术的思维模式和方法，打破了中国高科技数字医疗设备完全依赖进口的窘境。

截至2016年，海信CAS已在清华长庚医院等全国30多家三甲医院临床使用，协助完成手术千余例，其中病患多为儿童。由于传统手术的困难之处在于儿童的内脏、血管相比成人更加难以在传统CT片中清晰显现，而海信的三维重建系统可以帮助医生更直观地判断儿童病情。2016年，复旦大学附属儿科医院首次在国内应用CAS系统实现了连体婴儿分离手术。

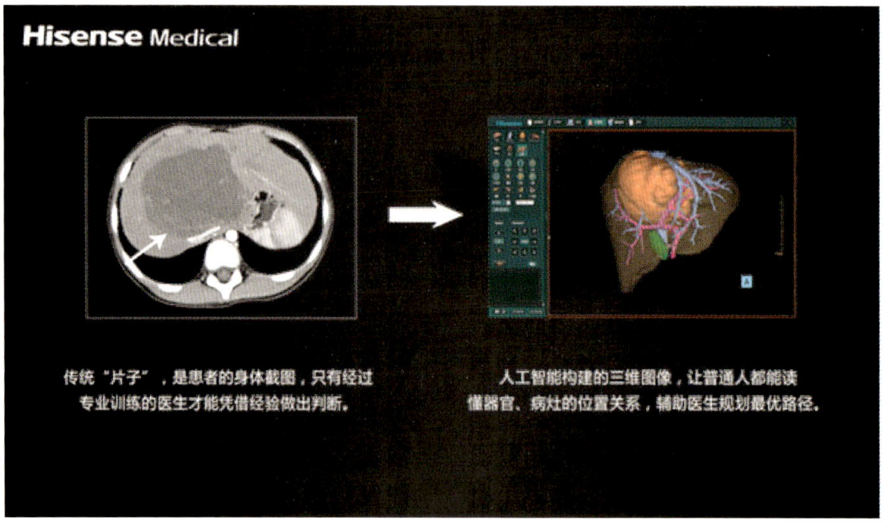

图6 海信CAS计算机辅助手术系统

（四）彩电布局创新——率先实施“互联网+战略”

随着宽带中国战略的推进，从桌面网络经济到移动网络经济，下一个热点或将是客厅网络经济。基于这种清晰的认识，海信围绕电视这块大屏而衍生的视频、游戏、电商、教育、智能家居、远程医疗等全新的应用场景进行产业布局。

2010年，海信云服务平台上线运营，为智能电视、智能手机、智能OTT[①]机顶盒提供运营服务。截至2016年，海信已成为国内传统电视厂家中唯

① 指基于开放互联网的视频服务。

一具有自主运营云服务平台的企业，其智能电视用户数量已经达到 2343 万用户，日均活跃用户超过 900 万，并保持持续增长态势。通过与华数传媒、未来电视等牌照方的合作，海信云服务平台已经实现 100%院线大片和 99%热剧的全网首播，在线内容为全网第一。海信已经形成了自己的“终端+服务”的完整生态圈。

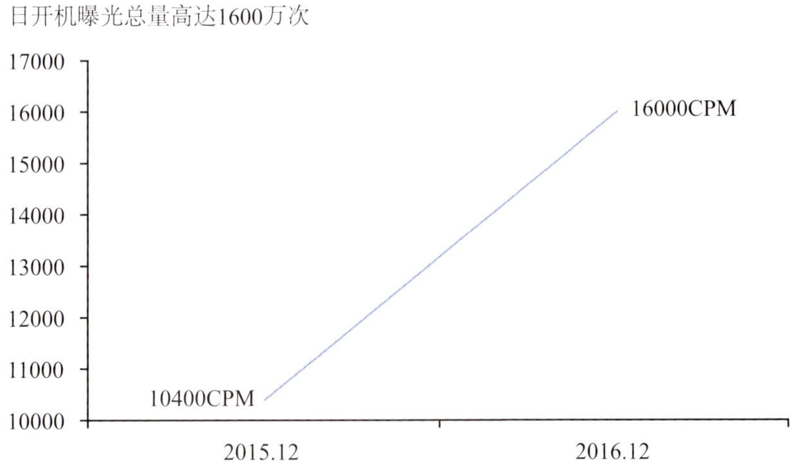

图 7 海信互联网电视开机率趋势

三、海信技术智造下的企业成就

海信之所以能在 B2B 业务领域做得风生水起，一个关键因素是质量，另一个关键因素是智造。

（一）智造引领产业升级

光通信是海信增长非常迅猛的行业，其中在接入网方面已连续多年保持了世界第一，光电业务年增长始终保持在 20%左右，2016 年产品销量的增幅更是超过 75%。这种超常规的发展，正是得益于对封装、组件安装等每一个制造环节的智能化升级。

海信的智能制造水平已成为了国内行业标杆。2015 年，海信成为首批通过工信部“两化融合”体系评定的企业，以及国家首批智能制造综合标准化类专项试点示范企业。2016 年又成为国家智能制造试点示范企业，还入选了发改委《中国“互联网+”行动百佳实践》案例。除研发外，海信投资最大的就是制造，而中高端制造恰恰是产业不断提升和优化的重要保障。

海信 IFA 展厅

（二）研发引领技术升级

2017 年 2 月，海信正式宣布扩容硅谷研发机构，并升级为研发中心，其研发任务也从单一的数字音视频芯片所需的模拟电路做突破性预研设计，扩增到显示技术、芯片、光通信及人工智能核心技术研究。加上亚特兰大海信美国总部及新泽西，海信在美国已拥有 3 个研发中心，分别侧重于预研和应市产品研发。截至 2017 年 3 月，海信在德国、美国、日本、加拿大及以色列设立了 7 处海外研发机构，海外研发团队的规模化、国际化、品牌化已经初步形成。

四、海信智造之路的展望

未来，海信的产业架构是由点到面，从家庭到社区再到城市，以通讯产品和家庭智能终端为入口，以技术联通社区，服务于整个智慧城市。这将是一个万亿级的市场，是海信产业发展并最终合围的路径。正是基于对未来产业扩张的信心，海信也在内部确定了这样的发展目标：十年后，海信要成为世界一流企业，其中电视机出货量进入全球前二，产生 4 家收入过 500 亿元的企业，新增 4 家企业级业务收入过百亿元的公司。

产业结构的调整和新旧动能的转化，将继续在海信蓝图中起到关键的推动作用。

（作者：王薇薇　海信集团）

滴滴：前沿创新筑就共享之路

一、滴滴的发展历程

滴滴是一家起始于2012年的年轻公司，创业至今先后推出出租车、专车、快车、顺风车、代驾、试驾、公交、租车和企业用车等出行服务，经历了发展起步、扩张收购、加速成长和提升影响力四个发展阶段。

2012年6月，嘀嘀打车成立，主打出租在线召车业务。早期发展起步阶段，主要依靠地推实现拉新。2014年1月，嘀嘀与微信达成战略合作，开启微信支付打车费“补贴”营销活动。这场与同期竞争对手快的的“补贴大战”，为网约车吸引了大量用户，在开辟行业市场的同时，也同步完成了用户教育。2014年3月，嘀嘀用户数突破1亿。2014年5月，嘀嘀打车更名为滴滴打车。2015年2月，滴滴打车与快的实施战略合并，出租召车市场占有率达到99.8%，完成了扩张阶段的初期目标。2015年9月，滴滴打车更名为滴滴出行（以下简称滴滴），彰显了技术布局全行业，打造出行生态圈的战略雄心，开启了加速成长阶段。2016年7月，交通部颁发《网络预约出租汽车经营服务管理暂行办法》，网约车首次在国家层面上合法；8月，滴滴并购优步中国。而在各地相继出台网约车新政后，滴滴平台积极拿证，推进在地合法化；开启全球化战略，首站出海巴西，提升本土品牌海外影响力。同时，滴滴深入技术前沿，聚焦无人驾驶，成立滴滴美国研究院，吸引技术人才，塑造核心竞争力。

目前，滴滴在中国400余座城市为近4亿用户提供服务，在用户量和订单量上已经成为全球最大的“互联网+出行”的一站式服务平台，在技术实力、资金实力、人员储备等方面也与国际同行企业并驾齐驱。滴滴通过分享经济的模式，统筹社会闲散资源，便捷人民群众绿色安全出行，几年来高速发展成为大众创业、万众创新的先锋，成全球第二的独角兽公司，在就业、环保、便民等方面创造着更多的社会价值。

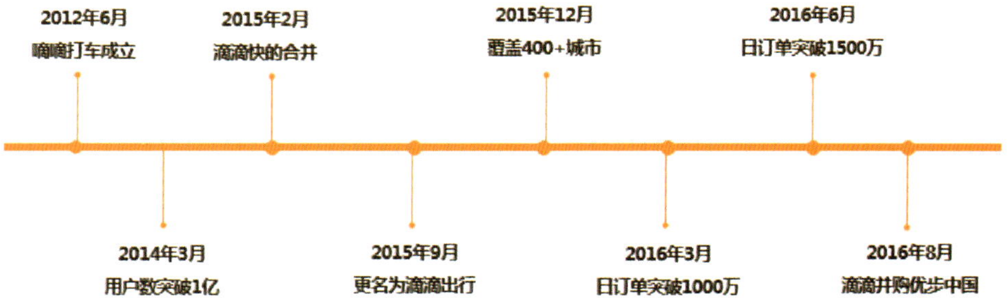

图1 滴滴发展历程图

二、"互联网+"模式下创新驱动实践

(一)商业模式创新——塑造新型一站式平台

作为在移动互联网时代蓬勃发展起来的一站式出行平台,滴滴的商业模式创新主要体现在三个方面。第一,突破传统模式,实现了出租车行业的互联网化,通过"互联网+交通",滴滴把线下需求供应链接到线上,提高了效率;第二,通过市场化方式,打破了出租车行业的牌照和价格垄断;第三,通过分享经济的模式,综合私家车闲置运力,用"全职+兼职"方式有效满足了部分出行需求。

(二)技术创新——兼顾数据与安全

1. 大数据技术

当前滴滴在交通领域的数据量全球第一,每日峰值订单超过 2000 万单、每日处理数据超过 2000TB,覆盖了交通路况、司机驾驶行为、车辆数据等多个维度,这些海量数据信息正在产生巨大社会价值。

滴滴的大数据创新体现在两个方面。第一,以机器学习为核心,发展人工智能技术。滴滴搭建的核心算法模型,可以帮助实现更准确的预测能力、智能的调配能力,能降低成本、提高效率,达到最优运力调度。滴滴的业务场景对计算要求和实时性均非常高,用户输入一个目的地,最佳合理调度都由滴滴大脑以毫秒级速度来计算。第二,通过云计算,精确供需匹配。通过滴滴云计算,搭建了大规模实时分单处理平台,可以实现多维度最佳订单匹配。

目前,滴滴已经解决多个技术难题,包括供需预测、路径规划、智能派单、预计到达时间(ETA)等;滴滴还引入人工智能技术,提高用户乘车体验,如服务评分和机器判责等功能,都是通过复杂的机器学习算法技术来实现的。

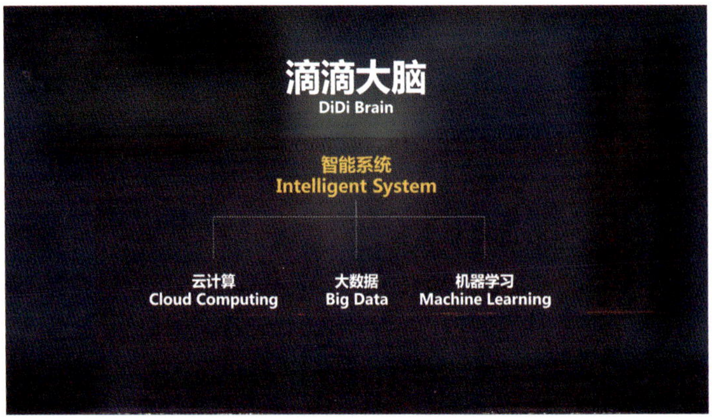

图 2 滴滴大脑展示图

2. 安全技术创新

在交通出行领域,安全始终是乘客、服务提供者和政府最为关心的问题。滴滴秉承"科技让出行更安全"的理念,多次对安全举措进行创新升级,陆续上线包括三证验真、人像认证、背景筛查、车型一致、号码保护、紧急求助、行程分享、7×24 安全响应、驾驶行为监测和行程记录等多项安全功能举措,通过打造事前高门槛准入、事中全程可追溯、事后保险和保障基金完善的平台安全体系,保障司乘权益,提供最安全可靠的出行体验。

(三)业务模式创新——响应共享经济号召

在商业模式、技术创新的基础上,滴滴也一直在创新业务发展模式。值得一提的是,"快车拼车"是滴滴出行旗下通过大数据算法,将路线相近、同方向的乘客进行即时匹配,帮助乘客拼车共乘、分担费用的出行产品。随着"快车拼车"的发展和分享经济概念的普及,越来越多的人开始接受并习惯拼车出行。此外,2016 年 9 月上线的第 9 个出行业务"滴滴租车",首创全程线上服务及免费上门送取车模式,简化了用户租车流程并降低费用,极大优化用户体验。2016 年 1 月,滴滴为江西上饶市提供"互联网+政务用车"服务解决方案,并推出行业内首个针对政务用车的"滴滴政务版"APP。

三、共享之路创新创造价值

随着滴滴的不断发展，“互联网+交通”新业态的社会价值不断显现。在促进就业、新旧业态融合发展、便民利民、智慧城市建设和环境保护等多个方面展现出了巨大的社会价值。

（一）滴滴平台发挥了就业“蓄水池”的作用，吸纳千万人就业

滴滴所代表的新业态就业潜力巨大，为千万人提供了灵活的就业机会，对社会稳定起到了重要作用。以滴滴为例，2016 年滴滴为全社会创造了 1750.9 万灵活就业和收入机会①。其中 238.4 万（13.6%）来自去产能行业，87.5 万（4.9%）为退伍/转业军人。有 207.2 万司机人均每天收入超过 160 元②。滴滴平台司机年龄以 70 后和 80 后的占比最大，超过 80%，他们是社会中坚力量和家庭中流砥柱。

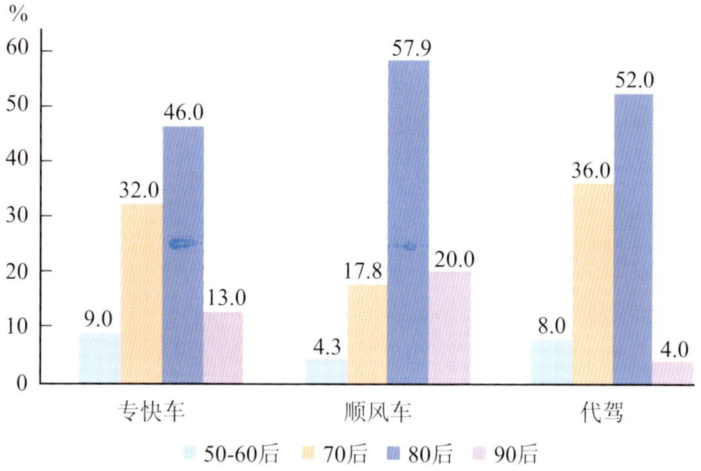

图 3 专快车、顺风车、代驾司机的年龄分布情况

（二）滴滴为传统行业的转型升级带来了机遇

新兴业态的发展对传统交通运输服务业态形成了巨大挑战，带来了网约车与传统出租车的竞争，引发对传统交通运输管理体制与管理方式的冲突。但是，新旧业态的冲突也为交通运输行业解决遗留问题和提升行业服务水平带来了前所未有的契机，网约车新业态的发展更是为传统出租车行业转型升级带来了机遇。

为促进出租车行业的转型发展，滴滴从流量融合、服务融合和技术融合三个方面进行探索，试图把网约车的制度优势、管理模式以及应用成熟的技术经验，逐步融合到出租车体系中，通过网约车的流量入口为符合条件的出租车引流，同时用智能拼车算法进一步提高出租车的运营效率。

在此基础上，滴滴已经形成一整套多元化的融合发展解决方案，能为出租车企业提供出租车智能派单企业版、出租车接网约车单企业版、加盟滴滴快车、加盟滴滴专车等多种合作方式，从而帮助提升传统出租车企业的运营效率，为出租车企业和司机提供多渠道的订单和收入来源。目前全国范围内已经有超过 150 多家出租车企业与滴滴出行达成合作。

（三）滴滴创造了增量市场，解决了人民群众出行难问题，是“惠民生”的典型代表

移动出行平台减少了用车的不确定性，市民出行更加从容有序。滴滴平台打车成功率③较传统路边打车提升了 50%。与此同时，网约车也成为公共出行的重要补充，特别是在公共交通因突发事件暂时不能完全满足出行需求的情况下，网约车能够通过运力补充，满足出行需求。例如，2015 年 10 月 23 日早高峰期间北京地铁 10 号线

① 本报告主要探讨那些通过移动出行平台，凭借个体的劳动增加个体经济收入实现灵活就业的司机群体。相应的业务为滴滴出行平台上较为成熟的专快车、顺风车和代驾。由于出租司机算已有就业，滴滴仅对平台上非出租车业务进行统计。

② 资料来源：滴滴内部数据，根据 2016 年 8 月司机收入数据测算。

③ 指应答率，即有司机抢单的订单数/乘客发出的所有订单数。

发生故障，滴滴为沿线6万人次提供了出行保障。

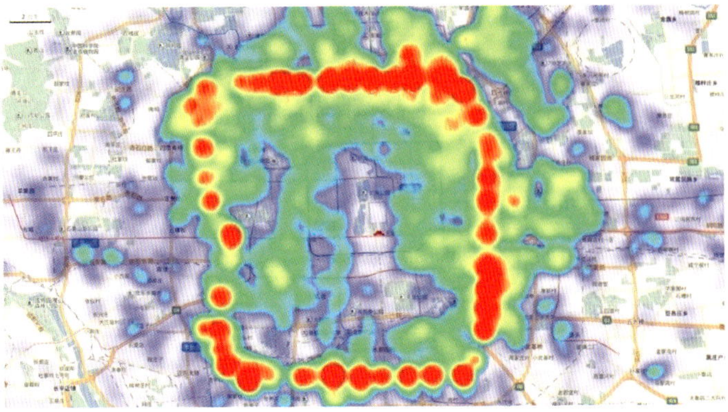

图4　2015年10月23日8:00-9:00,10号线沿线打车需求热力图

网约车还在空间上覆盖了城市公交和出租车服务不足的区域，解决了城市居民“最后一公里”和“门到门”的出行难题，极大地方便了这些区域的居民出行。移动出行平台还解决了重大节假日跨城出行难题。2017年春运，滴滴跨城顺风车，共运送848万人次返程返乡，成为春运出行的新方式，在一定程度上分流了春运压力。

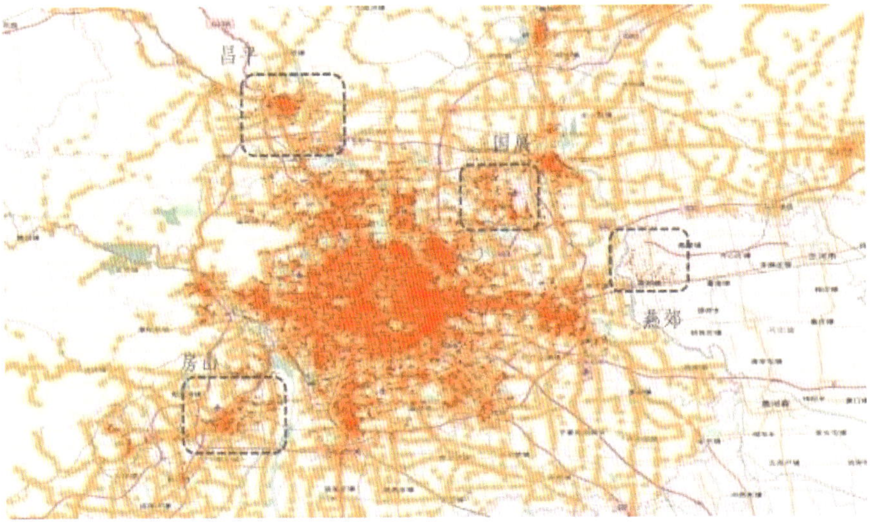

图5　北京公交车站服务覆盖和专快车订单起点分布的对比

此外，为了解决特殊群体的用车服务问题，滴滴已经开通敬老专线和滴滴敬老版打车服务，为数十万老人提供安全便捷的出行服务；成立专项小组，为视障人群特别推出了信息无障碍版。

（四）滴滴正在发挥大数据和交通云优势，致力于打造智慧城市，解决城市交通拥堵问题

互联网平台拥有大数据技术优势，能够快速匹配用户的出行需求，并确保服务安全、透明、高效，有效解决了“出行难”，充分挖掘利用网约车“大数据”可逐步解决公共交通领域存在的相关难题。在交通大数据领域，滴滴数据量最大、数据分析处理能力和可信度最强。这些海量数据正实时上传到滴滴的大数据平台滴滴交通云上，滴滴交通云可以利用智能调度优势帮助改善城市交通拥堵问题，未来还可协助设计智能交通管控方案，提高道路利用率，并为城市的路网优化提供决策依据。

目前，滴滴已与深圳、贵阳、沈阳、济南等城市签署了合作协议，希望共享数据，协作设计高效的智能交通管控方案，并提供基于数据的交通信息公众服务。

（五）滴滴平台通过释放社会化运力，以共享出行的方式，实现绿色出行

“快车拼车”虽然推行时间不长，但切实为改

善大气环境，减少环境污染出了一份力。据统计，2016年，滴滴顺风车和专快车（含拼车）全年直接和间接减少144.3万吨二氧化碳排放。其中，北京、成都和杭州效果最显著。此外，多样化的出行选择，也降低了民众的车辆购买意愿。据调查，滴滴平台72.2%的用户可能会改变购车或换车计划，其中25.7%的用户决策会受到强烈影响。①

生活方式和消费模式绿色化

2016年3月1日，由国家发展改革委等10个部门制定的《关于促进绿色消费的指导意见》全文对外发布。今后五年，中国将力推“绿色化”的生活方式和消费模式。

意见提出，加快推动消费向绿色转型。到2020年，绿色消费理念成为社会共识，长效机制基本建立，奢侈浪费行为得到有效遏制，绿色产品市场占有率大幅提高，勤俭节约、绿色低碳、文明健康的生活方式和消费模式基本形成。

意见提出，积极引导居民践行绿色生活方式和消费模式。

在绿色生活方式方面，意见提出，鼓励步行、自行车和公共交通等低碳出行。制定发布绿色旅游消费公约和消费指南。支持发展共享经济，鼓励个人闲置资源有效利用，有序发展网络预约拼车、自有车辆租赁、民宿出租、旧物交换利用等，创新监管方式，完善信用体系。

四、展望未来，滴滴引领行业变革

随着新能源汽车、共享汽车和无人驾驶的普及，共享出行的影响力将会进一步提升。未来30年是云端的大数据、深度学习、人工智能驱动一切的时代，滴滴通过技术创新，提供多层次的服务和价格体系，形成新的市场供给，匹配真实的需求，带动新动能新产业发展。

到2022年，滴滴期望能够成为一家引领汽车和交通行业变革的世界顶级科技公司，做全球移动出行领导者、全球最大汽车运营商、全球智能交通技术引领者。

（作者：滴滴政策研究院）

① 数据来源：滴滴和北京理工大学的联合研究报告。

京东：鼎力打造智慧物流及供应链

一、京东集团的发展历程

京东集团（以下简称京东）于2004年涉足电商领域以来，始终保持高速增长，商品交易总额（GMV）[①]年复合增长率超过150%。2014年5月，京东在美国纳斯达克证券交易所正式挂牌上市，2016年GMV达到9392亿元，净收入达到2602亿元，并于2016年7月入榜2016《财富》全球500强，成为中国首家且唯一入选的互联网企业。经过12年的发展，京东现已成为中国领先的自营式B2C电商，占中国B2C市场份额的33.8%[②]，自营商品交易额占比近60%，第三方平台商家约12万个，拥有活跃用户数2.3亿，业务涉及电商、金融和技术三大领域。京东自2007年开始自建物流，现已建成国内规模最大、效率领先的智慧物流配送体系。在此基础上，京东的供应链管理打破了企业的边界，将供应链上的各个信息孤岛连接在一起，形成完整的业务链，建立了企业间一种双赢的业务联盟。

经过10年的建设，京东致力于成为全球唯一拥有中小件、大件、冷藏冷冻物流设施的电商企业。目前，京东在全国范围内拥有7大物流中心和263个大型仓库，仓储设施占地面积约560万平方米，拥有6906个配送站和自提点，覆盖全国范围内的2655个区县，全国超过85%的自营订单可以实现当日或次日达配送，甚至创造了从下单到送到客户手里8分钟的记录。为保障优质农产品供给，京东在北京等7个城市建设了先进的多温层冷库，可为消费者提供1000多种生鲜农产品的当日送达服务。

京东的供应链的发展也日臻成熟。在供应链发展的三个阶段——物流管理阶段、价值增值阶段和网链阶段中，京东处于第三个发展阶段。京东供应链通过对信息流、物流及资金流的控制，从采购、仓储、配送，到把产品送到消费者手中，将制造商、供应商、零售商，直到最终用户连成一个整体的功能网链结构。当前，京东正在不断优化和提升，着重打造“智慧供应链”，全面走向技术化，大力发展人工智能和机器人自动化技术，将过去十二年以传统方式构筑的优势全面升级。

二、物流和供应链的创新模式

（一）智慧物流：逐渐实现全面自动化运作

京东创建“仓配一体化”运营模式，尽可能减少货物搬运次数，极大地提高了拣货、配送效率，并依托自主研发的“全过程控制技术系统”，与北斗导航系统通力合作，为消费者提供一系列专业配送服务，如211限时达、次日达、夜间配和2小时极速达，地理信息系统包裹实时追踪、快速退换货等服务，保障用户享受到卓越、全面的物流配送和完整的“端对端”购物体验。完善的物流配送体系极大地提高了效率，截至2016年底，京东自营在售商品为400万个SKU[③]，库存周转天数仅为37天，

① GMV：商品交易总额（Gross Merchandise Volume）为电商的重要成交类指标，指一定时间段内网站成交金额或拍下订单金额，包含付款和未付款的部分。

② 资料来源：艾瑞咨询2016年第二季度数据。

③ SKU：库存量单位（Stock Keeping Unit）也被用来计算单一商品数量。

应付账款周转期仅为53天，而通常传统零售企业在售商品为5万个左右时，库存周转天数为60~70天，应付账款周转期近120天。

目前京东在全国范围内拥有263个大型仓库，已经运营了7个大型智能化物流中心——“亚洲一号”，自营配送覆盖了全国98%的人口。京东的“亚洲一号”是当今中国最大、最先进的电商物流中心之一，其立体库区利用自动存取系统，实现了自动化高密度的储存和高速拣货的能力；其多层阁楼拣货区实现了自动补货、快速拣货和多层阁楼自动输送能力；其生产作业区采用京东自主开发的任务分配系统和自动化输送设备，实现了每一个生产工位任务分配的自动化和合理化，极大地提高了劳动效率；其出货分拣区采用了自动化输送系统和代表目前全球最高水平的分拣系统，分拣准确率高达99.99%。

1. 物流配送信息系统：青龙

京东的物流配送系统实现了商品的预分拣，货物交接、分拣理货、发货、验货、司机配送、站点收货、验货、配送员收货、送货，以及上门换新、取件，取件完成、订单入站、退货装箱等逆向物流的全流程管理，如同一条龙贯穿全链条，故名“青龙”。京东物流是京东商城的核心竞争力之一，青龙系统正是在背后支持这一庞大的物流体系的核心系统。

京东自营体系的核心要素包括：仓库、分拣中心、配送站、配送员，货物在这几个核心要素间流转（见图1）。在整个配送网络中，物流、信息流与资金流的快速流转以保证优质的物流服务。

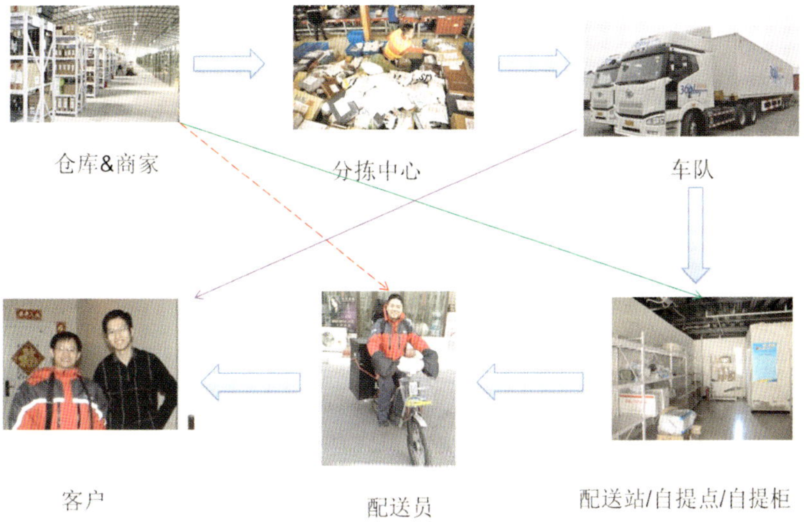

图1 京东配送核心业务流程

青龙系统从2012年开始构建1.0系统和进行全国推广。经过不断的迭代和更新，2016年青龙系统已升级至6.0。结合京东大数据（京东大脑）、LBS①、机器学习、智能硬件、移动互联等技术，京东智慧物流开始大放异彩。配送电子签收项目与客户交接全环节实现线上化和无纸化，实现绿色物流的落地；百万级订单处理中心“京东一号”智能分拣中心项目通过智能化设备与系统融合，实现智慧物流在分拣领域的落地；终端众包智能管家、便民乐加等项目实现了智慧物流在终端层面的落地；仓配一体的干、支、传、摆多模式信息化运输体系——京东大运输项目都为智能物流夯实基地、降本增效；同时通过物流开放平台的构建，外单全流程优化、渠道下沉的乡村、校园精细化项目以及生鲜运营精细化，降本增效的同时实现多渠道增收益。

2. 物流系统的自动化设备

京东自动化设备和系统广泛用于仓储、运输、配送等各个环节，包括视觉识别、自动码垛设备、

① LBS：在地理信息系统平台下的基于位置的服务。

搬运机器人、AGV①、AS/RS②、货架穿梭机等。京东在局部自动化、整体自动化方面已有较大建树，包括亚洲一号、机器人仓库等。为进一步引领最前沿的物流技术，2016 年 5 月，京东专门成立了 X 事业部，重点开展无人机、无人车、无人仓的研发和应用。

图 2 京东仓库的搬运机器人

（1）实现自动化、智能化仓储。京东除在全国投入 7 个“亚洲一号”现代化物流中心外，还大力开展机器人分拣中心和无人仓的研发和应用，其中，京东对无人仓拥有完全的自主知识产权。目前，京东机器人分拣中心的分拣量已达到 3 万件，比传统人力分拣提升了 2 倍。京东无人仓的存储效率是传统横梁货架存储效率的 10 倍以上，并联机器人拣选速度为 3600 件/小时，相当于传统人工的 5~6 倍，仓储单位面积效率提升 5 倍以上。

图 3 京东机器人分拣中心

① AGV：自动导引运输车（Automated Guided Vehicle）。

② AS/RS：自动存取系统（Automated Storage and Retrieval System），就是通常所说的自动化仓储系统。

（2）应用无人机破解农村“最后一公里”终端配送难题。京东 X 事业部组建至今，已累计申请百余项无人机方面的专利，并且在飞行控制、主动避障、智能化和集群飞行等方面进行了大量技术积累，更是为智慧物流领域培养出百余名专业人才，甚至被称为智慧物流领域的“黄埔军校”。

继 2016 年 6 月 8 日在宿迁开展无人机试运营完成首单配送以来，截至 2016 年底，京东无人机已完成超过 1 万分钟的飞行总时长、近万公里的飞行里程、超过 1000 架次的飞行次数，勘测确定超过 10 条航线。技术方面，京东已开发出包括多旋翼、垂直起落以及电动、油动或油电混合动力等多形态、多动力的无人机机型，能够执行最大 30 公斤载货量、30 公里飞行距离的配送任务。2016 年双 11 期间，京东无人机已在宿迁、西安、北京等多地同时投入运营。

2017 年 6 月 6 日，全球首个无人机运营调度中心——京东智慧物流全国运营调度中心在宿迁正式落成并投入使用。随着该中心的建成，标志着京东无人机常态化运营将逐步开展，无人机项目已进入实际应用的快车道，更多的乡村用户可以享受到便捷的“最后一公里”配送服务。此举也进一步完善了京东智慧物流体系的建设，实现了智慧物流项目全面落地运营。

图 4　京东无人机

（3）应用无人车解决城市“最后一公里”终端配送问题。目前中国城市物流体系严重依赖人力，特别是从配送站到用户手中的这段距离，需要大量配送员。城市环境下办公楼、小区便利店等订单集中场所，有比较集中的小批量订单，但目前经常会占用配送员较多的时间，效率不够高。无人车送货的研发就是要解决这个问题。无人车调度系统是一款智能分配、调度无人车配送订单的系统，它与青龙系统连接就可以实现智能化、去人工化的无人车调度订单和货物配送了。中型车可载重 50~80 公斤，小型车可载重 20~30 公斤，行驶速度目前为 3.6 公里/小时。无人车内建有导航系统，具备识别红绿灯，定制路线，躲避行人的功能，能够实现完全自动配送。在 2017 年“618 购物节”，无人车已经投入使用。

（二）智慧供应链：利用人工智能驱动零售革新

1. 京东 Y 事业部打造智慧供应链

京东的智慧供应链带动京东与上游生产商、供应商产业协同。2016 年 11 月，京东宣布正式成立京东 Y 事业部，将以服务零售业为核心，着重智慧供应链能力的打造，核心使命是利用人工智能技术驱动零售革新。京东 Y 事业部打造的京东智慧供应链依靠流程再造和大数据驱动，打造“智能补货，智能调拨，智能退货”整体的智能管理解决方案。

多年来，京东不断推进与供应商的产业协同，目前京东供应商超过 4 万家，每月与京东发生采购交易的活跃供应商超过 1 万家，95%以上通过“京东供应商协同平台”与京东建立了产业协同。通过全方位的产业协同，帮助京东内部采销年节省 26000 人/天的工作量。此外，近 3000 家供应商开通了自主售后服务功能，直接为客户提供商品售后服务，通过自主售后平台，供应商不仅可以提升自己品牌用户的客户体验满意度，还可以第一手了解用户的需求。

另一方面，京东正在试点与战略品牌供应商的深度协同，包括销量的联合预测、联合商业计划、协同的库存管理等方面。京东与美的深度协同在行业中树立了标杆；同时，京东将与美的合作经验推广到更多的知名供应商协作中，力求促进行业的持续、健康发展。

在智能库存管理领域，京东的长尾商品[①]自动化采纳率超过65%，自动化采购订单覆盖率接近60%。此外，商品在京东的内部调拨全部由系统自动化驱动；自动化的滞销清理退货在消费品品类占比超过50%。

京东Y事业部将全面开发供应链智慧协同平台，开放京东自营供应链的人工智能技术能力，与供应商一同制定联合商业计划，协作进行预测和补货，降低零售商流的整体成本，提升商流效率，最终为消费者创造便利和实惠。

2. 推出Y-SMART SC智慧供应链解决方案[②]

京东商城正在借助自己的数字化供应链领先优势，依托数据挖掘、人工智能、流程再造和技术驱动等能力，整合形成智慧供应链，逐步打造和优化"好商品、好价格、好计划、好库存及智慧协同"的科技泛零售解决方案。简单来说，就是要帮助零售管理者解决卖什么、卖多少钱、怎么卖的问题，并协同品牌商与合作伙伴，共同减少商品搬运次数，降低全链条的成本。

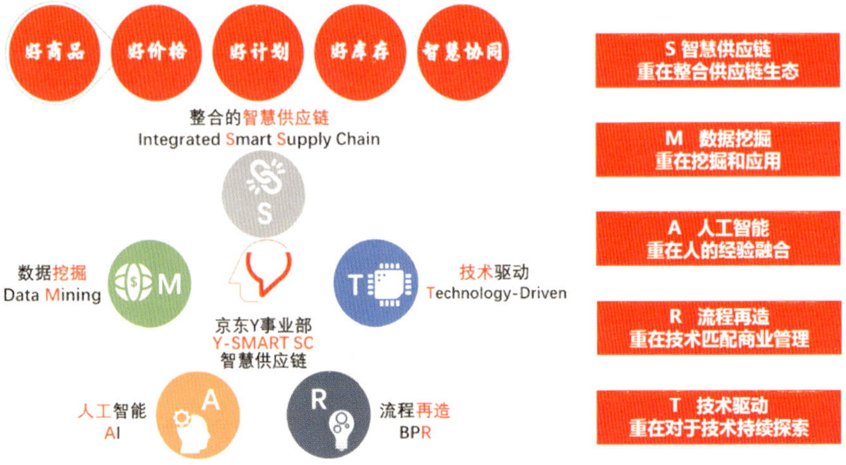

图5 Y-SMART SC智慧供应链解决方案

京东智慧供应链的五大模块并非相互独立，在京东未来的零售供应链管理系统蓝图中，"好商品"将成为端到端供应链管理策略制定的依据和算法建模的参考；"好价格"在帮助商城平衡销售跟利润关系的同时，将成为治理库存的有效杠杆工具；"好计划"和"好库存"将实现联动，将商城的资源分配到正确的方向；"智慧协同"将使京东与品牌商联手，持续打造中国最好的零售供应链生态。2017年6月7日，中国高效消费者响应（ECR）委员会公布了"2016中国ECR优秀案例"评选结果，京东智慧供应链方案获得2016年中国ECR优秀案例最高规格奖项白金奖。

三、履行社会责任，创造社会价值

（一）促进消费增长，拉动就业

京东采取自营模式，在业内首倡"品质电商"，通过专业买手采购优质商品，支持品牌厂商发展，引导"品质消费"，并通过平台大数据分析向生产端传导消费需求信息，推进供需精准匹配，助力供给侧结构性改革和促进消费增长。作为一家大型的现代企业，京东集团也当仁不让地履行企业的社会责任。

在国家经济转型及产业调整的关键时期，京东集团积极发挥电子商务将消费向供给侧传导的作

① 长尾商品：主流需求以外的小众商品。
② 资料来源：《京东智慧供应链2017战略白皮书》。

用，带动生态链上下游企业共同促进社会就业，为社会和谐稳定做出了积极贡献。截至2016年底，京东集团共为社会直接和间接拉动了超过410万个就业机会①，其中包括京东的全职员工，众包配送员，乡村推广员和产业链上下游的其他就业机会。

（二）践行环保，坚持可持续发展

除了拉动就业之外，京东通过一系列技术创新，研发并推广创新环保材料，全方位打造“时效、环保、创新、智能”的绿色物流体系。数据显示，仅电子面单一项，京东2016年累计为社会节省十几亿张面单纸；通过在行业内率先推广电子发票，京东2016年共为社会节省近5亿张纸质发票，降低碳排放200吨。

2016年6月，京东物流与联合利华共同发起了回程车项目，目的是降低双方回程空车浪费和交货排队空耗。据统计，回程车项目运行7个月时间便完成了150次运输，不仅节省了端对端的物流成本，还减少二氧化碳排放215吨。截至2017年5月底，京东物流—联合利华回程车月均运输量比2016年增长31%。此外，回程车项目的实行，还能够提高物流运作的效率，提高京东库房的现货率，进而带动整个销量的提升。

（三）支持国家政策，开展电商精准扶贫

2016年1月京东集团与国务院扶贫办签署战略合作协议，在全国开展电商精准扶贫计划。京东电商扶贫战略包含了产业扶贫、用工扶贫、创业扶贫和金融扶贫四大策略，并在实际扶贫工作中建立起培训、金融、农资、安全、运输、销售、品牌、招工等八个环节的帮扶体系，把重心放在“农产品进城”上，以农副产品、生鲜冷链物流为突破口，给予流量资源支持，帮助帮扶对象把优质农副商品以最快的速度卖给城市消费者，从而带动脱贫。

“互联网+流通”行动

国务院办公厅2016年04月21日印发《关于深入实施“互联网+流通”行动计划的意见》（以下简称《意见》），部署推进“互联网+流通”行动，促进流通创新发展和实体商业转型升级相关工作。

《意见》指出，“互联网+流通”正在成为大众创业、万众创新最具活力的领域，成为经济社会实现创新、协调、绿色、开放、共享发展的重要途径。实施“互联网+流通”行动计划，有利于推进流通创新发展、推动实体商业转型升级、拓展消费新领域、促进创业就业、增强经济发展新动能，是流通领域实现稳增长、扩消费、强优势、补短板、降成本、提效益的重要举措。

《意见》明确了7项工作任务。一是加快流通转型升级。支持企业全渠道经营，大力发展体验消费，着力提高供应链管理控制能力，增强老字号等传统品牌影响力，推动商品交易市场创新商业模式。二是推进流通创新发展。鼓励发展分享经济新模式，支持发展协同经济新模式，大力发展流通创新基地。三是加强智慧流通基础设施建设。加大流通基础设施投入，推动智慧物流、冷链物流建设，推进电子商务与物流快递协同发展。加大农村宽带建设投入，加快提速降费进程。四是鼓励拓展智能消费新领域。鼓励构建线上线下融合发展的体验式智慧商圈，实施特色商业街区示范建设工程，拓展智能消费新产品、新技术、新服务。五是大力发展绿色流通和消费。推广绿色商品，开展绿色商场示范活动，推动“互联网+回收”模式创新，开展“绿色产品进商场、绿色消费进社区、绿色回收进校园”主题宣传活动。六是深入推进农村电子商务。着力促进农产品网络销售，引导电子商务企业拓展农村消费市场，鼓励各类市场主体整合农村物流资源。七是积极促进电子商务进社区。大力发展社区电子商务，完善“一站式”便民服务消费功能，增加门店数量，提升居民生活便利性和生活品质。

《意见》提出5个方面的保障措施。一是加快完善流通保障制度。组织开展道路货运无车承运人试点工作，落实“互联网+流通”企业申报认定高新技术企业，推进工商用电同价，引导降低实体店铺租

① 资料来源：京东集团发布《2016年企业公民报告》。

金，阶段性适当降低困难流通企业住房公积金缴存比例。二是发挥财政资金引导带动作用。鼓励有条件的地方设立“互联网+流通”发展基金，引导社会资本、境外资本加大对流通领域互联网等信息技术应用的投入。三是增强流通领域公共服务支撑能力。鼓励整合建设商务公共服务云平台，加快建立健全电子商务统计监测体系，加强电子商务人才培养，指导支持各类电子商务创新创意创业大赛。四是健全流通法规标准体系。加快修订完善流通领域相关法律法规，推动线上线下规则统一，健全批发、零售、物流、生活服务、商务服务领域标准体系，加大标准贯彻实施力度，引导企业规范化发展。五是营造诚信经营公平竞争环境。加强事中事后监管，严厉打击商家侵权假冒、无证无照经营、虚假交易行为和平台型服务企业包庇、纵容等违法违规行为，推进商务信用体系建设。

四、肩负社会责任，科技开创未来

面对未来，京东将更加注重融合联动，坚持创新、协调、绿色环保、开放、共享的发展理念，依托人工智能、大数据等先进技术，推进智慧物流和供应链的新蓝图。

（一）推动绿色环保，联合打造“青流计划”

6 月 5 日世界环境日，京东物流携手九大品牌商共同发起一项针对绿色供应链的联合行动——“青流计划”，预计到 2020 年将减少供应链中一次性包装纸箱使用量 100 亿个，这相当于 2015 年全国快递纸箱的使用数量。该计划得到国际环保组织世界自然基金会（WWF）的大力支持，并在现场与京东物流签署了《中国纸制品可持续发展倡议书》。与此同时，中国包装联合会、中国快递协会等 10 余家业界知名机构也参加了此次行动。京东还将在五年之内把全国五万辆配送车更换为电动车，在北京市三年之内就可完成替换，为全国环境保护做出自己的贡献。

（二）推进开放共享，走品牌化、社会化之路

2016 年 11 月，京东对外推出“京东物流”全新的品牌标识，并宣布京东物流将以品牌化运营的方式全面对社会开放，开通海外仓、国际运输、国内保税仓为商家提供跨境物流服务，开放大件运营能力，为大件商品卖到全国向商家提供解决方案，使用大数据为商家提供库存健康分析，京东物流对供应商日均单量、销售额、仓库存储效率均有显著提升。

（三）坚持技术引领，大力推进智能物流和智慧供应链战略

京东集团已正式对外公布了未来十二年战略，提出在以人工智能为代表的第四次商业革命来临之际，京东将坚定地朝着技术转型，用技术将第一个十二年建立的商业模式进行提升和改造，打造一个包括智能商业、智能金融、智能保险业务在内的全球领先的智能商业体，京东物流的智慧战略也将更明确更坚定。京东物流智慧化布局主要是打造一个由机器人、人工智能算法和数据感知网络打造的全自动仓储场景，依靠的是搬运机器人、货架穿梭车、分拣机器人、堆垛机器人、六轴机器人、无人叉车等一系列物流机器人的相互协作，并通过加强大数据网络规划和供应链的深度协同等技术，让京东供应链有自我学习、自我迭代、自我决策的能力，让京东的成本、效率、用户体验到达一个全新的台阶。

供应链方面，京东已经汇聚了从零售计划、销量预测、智能选品、库存执行、动态定价、供应链协同等智能化的产品矩阵，其中智慧选品、智能补货、智能定价等产品系统已经在京东商城各事业部内部有了创新的应用实践，并取得了非常好的效果。在不远的将来，京东智慧供应链解决方案将联合内部各体系的资源和力量，全面开放给供应商及外部合作者，真正实现京东供应链的生态融合，全面助力一个更加崭新的供应链生态体系的构建，提升全行业的效率。

（作者：于跃成　京东战略研究院）

顺丰：管理创新+科技创新 开辟速运通途

一、顺丰的发展历程

顺丰自成立以来，经历了创业起步期、高速成长期、管理优化期、竞争领先期和战略转型期五个阶段。1993 年，依托珠三角城市群，顺丰起步成长；1997 年开始走出华南、走向全国，迎来高速增长；2002 至 2007 年为管理优化期，2002 年顺丰集团总部在深圳成立，全面提升管理能力、规范服务；2008 年开始进入竞争领先期，建立自有航空公司、逐步开拓国际市场；2012 年至今，对顺丰而言，是重要的战略转型期，优化组织职责分工，围绕客户经营转型，提供一体化供应链解决方案、巩固 B2B 快递领先地位、发力电商快递。

由于激烈的市场竞争背景，顺丰自成立以来始终专注于服务质量的提升。在基建方面，顺丰持续加强基础建设，积极研发和引进具有高科技含量的信息技术与设备以提升作业自动化水平，在国内外建立了庞大的信息采集、市场开发、物流配送、快件收派等速运业务机构及服务网络；在拓展业务方面，顺丰在持续强化快递业务的同时，坚持以客户需求为核心，积极拓展多元化业务；在整体供应方面，顺丰用"供应链+"的发展思路整合产业生态，构建集物流、资金流和信息流为一体的开放生态系统。依托强大的干线运输能力、发达的信息系统和中高端客户基础，打通物流全产业链，融合仓配、重货运输、冷链运输服务等，延伸至供应链价值前端的一体化综合物流领域。

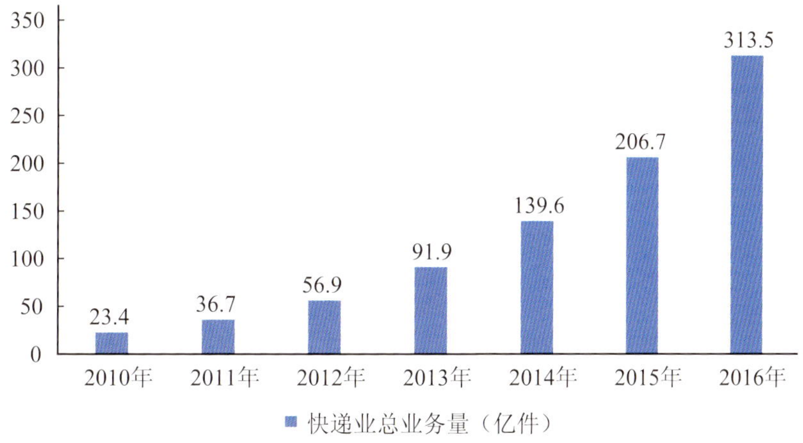

图 1 2010-2016 年中国快递行业总体业务量规模

资料来源：国家邮政局

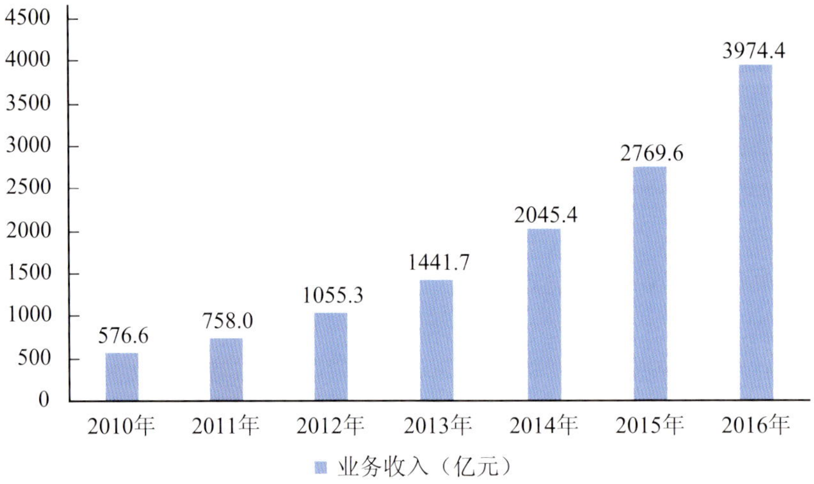

图 2 2010-2016 年中国快递行业总体业务收入

资料来源：国家邮政局

（一）发展背景：中国快递行业发展现状

我国快递行业持续快速发展，行业整体规模扩张迅速、业务收入也持续保持增长态势。2010-2016 年，中国快递行业总体业务量自 23.4 亿件上升至 313.5 亿件，业务收入从 574.6 亿元上升至 3974.4 亿元，发展迅猛。

但目前，快递行业日渐呈现出竞争不断加剧，行业集中度下降的格局特点。在电商市场爆发的 2009 年，以三通一达和顺丰为代表的民营快递企业快速发力，市场占有率（按业务量）开始超越国有快递企业，到 2016 年，民营快递企业的市场份额达到了 90.3%，远超国有企业的 9.1%。

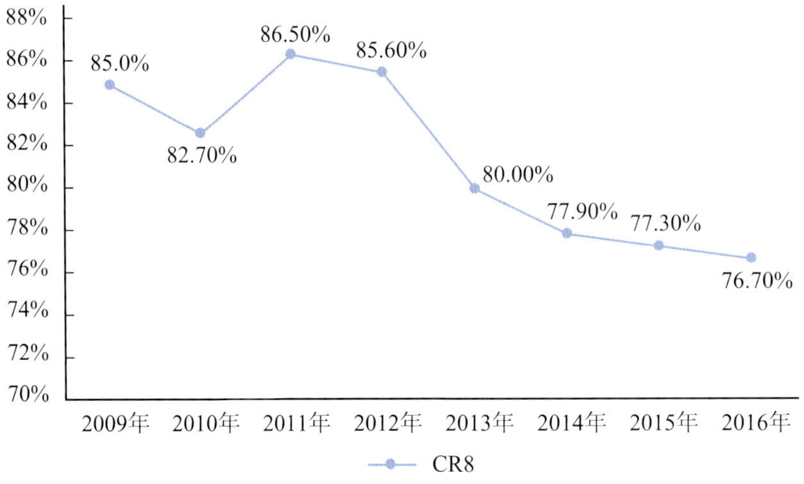

图 3 2009-2016 年中国快递行业市场集中度

资料来源：国家邮政局

快递行业 CR8① 从 2009 年的 85.0% 下降至 76.7%，表明行业龙头竞争激烈，激烈的行业竞争挤压了利润空间。

随着快递市场增速减缓，行业进入整合期，各大快递企业或借助资本的力量实现规模扩张，或通过并购实现跨越式发展，或通过联盟实现资源整合。

（二）顺丰的结构发展历程

1. 发展现状：收入持续增长，底盘能力稳扎稳打

顺丰控股（顺丰上市部分）营业收入持续增

① CR8：行业集中度（Concentration Ratio），是指某行业的相关市场内前八家最大的企业所占市场份额（产值、产量、销售额、销售量、职工人数、资产总额等）的总和，是对整个行业的市场结构集中程度的测量指标，用来衡量企业的数目和相对规模的差异。

长，各项底盘能力稳健增长，业务布局全面打开：

航空运输方面，顺丰拥有完善的航空运输网络，自营全货机36架，外包全货机15架；通航城市覆盖含香港、台北在内的35个一二级机场。除自有航空网络外，顺丰还构建了通达境内外的散航网络，考虑散航运力，顺丰航空网络每日开航航班约3000架次，可覆盖中国大陆、中国香港、中国台湾以及海外等24个国家和地区。

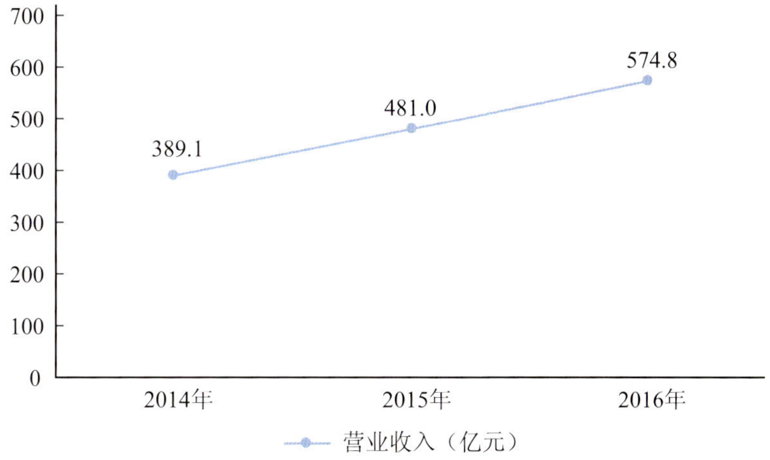

图4 2014-2016年顺丰控股营业收入

资料来源：顺丰控股年报

公路运输方面，顺丰运营中使用的自有车辆约1.5万辆，开通9600多条运输干线和68000多条运输支线，运输线路遍布全国。

中转分拨方面，顺丰拥有12个枢纽级中转场，19个航空、铁路站点，127个综合中转场，133个简易中转场，其中部分已投入使用全自动高效分拣系统，确保快件准时、安全送达。终端客服网络方面，9个独立呼叫中心，约7140个坐席，每天提供115万人次的话务服务，亲切可靠；95338交互式语音应答系统、顺丰官网、大客户发件系统、会员系统、APP手机客户端、微信公众号、在线客服等多渠道提供7×24的自助服务。

最后一公里方面，顺丰控股通过与顺丰商业网点、合作代理点、物业管理及智能快递柜的合作实现最后一公里的覆盖。顺丰控股与近3万个合作代办点及552个物业管理公司网点展开合作，顺丰参股的丰巢科技已在社区及写字楼安装运营的智能快递柜超过35150个，覆盖国内深圳、广州、北京、上海、武汉等75个城市。

总之，顺丰覆盖国内外的快递网络，加上公司在智能物流方面的一贯注重和持续投入，最终形成"天网+地网+信息网"组合的智能物流核心竞争力，从而为更多的客户提供安全、可靠、稳定、高效的物流服务，进一步巩固行业领先地位和扩大优势。

2. 客户致胜：客户体验为主，建立良好品牌形象

顺丰在快递服务总体满意度和服务时效上排名第一，已建立良好的市场口碑和品牌形象。

（1）快递服务总体满意度得分最高。根据国家邮政局发布的《2016年快递服务满意度调查结果》，在"快递企业总体满意度和得分"榜上，顺丰排名第一，得分84.6。这是自国家邮政局2009年首次公布快递服务满意度排名以来，顺丰连续第8年蝉联第一，且得分远超其他国内竞争对手。

（2）顺丰的快递服务申诉率为国内同行最低。根据国家邮政局《关于邮政业消费者申诉情况的通告》数据统计，2016年度顺丰月平均申诉率为3.42件（每百万件快递有效申诉数量），远低于全国平均的9.32件。近两年顺丰申诉率连续处于国内同行最低水平。

（3）快递服务时效排名第一。2017年1月，国家邮政局发布《2016年快递服务时限准时率测试结果》，对比了行业中10家快递公司全程时限、寄出地处理时限、运输时限等6个指标情况，顺丰在6项指标排名中全部位列第一。这是国家邮政局自2013年首次公布快递全程时效排名以来，顺丰连续第四年蝉联第一。

二、"管理创新"与"科技创新"构建顺丰发展新动能

(一)管理创新

与国内其他几大快递企业的运营模式有所不同,顺丰业务采用的是直营模式。顺丰自1999年以来一直采用差别化战略,定位中高端市场,且很快建立总部统一投资、统一管理的直营模式。在直营模式下,管理规范化、服务标准化对公司长期发展、积攒口碑更有益;其二,管理效率高,指令能快速下达传导至各分支机构;其三,有助于从整体提升信息化水平,操作规范且投递速度快;其四,在人才培养使用、新技术产品开发推广、信息和管理现代化方面,易于发挥整体优势;其五,可以统一调动资金,统一经营战略,统一从总部到各地区进行多元化业务布局。

在直营模式下,顺丰自有的庞大网络、IT系统、运力尤其是自有全货机保证了速递业务的速度与安全,也帮助顺丰在服务水平方面获得了客户的认可。

(二)科技和效率创新

1. 移动终端"巴枪"开创行业先河

顺丰是国内快递企业中最早自主研发电子巴枪的企业。"巴枪"可以方便快递员快速扫描快件条码,使快件信息实时传递到后台操作系统。

"巴枪"系统利用中国成熟的移动网络平台,以手机或PDA终端作为数据存储的载体,连接条码扫描枪,形成一套数据采集传输系统。实现方式是将外置扫描枪通过数据线或直连的方式连接到支持"巴枪"功能的手机上,在物品配送至客户处后,首先外勤人员对运单号上的条码进行扫描,由PDA/手机作为数据收集的载体,将相关信息进行存储,如客户姓名、签收时间、货物状态、异常信息等,并可使用客户电子签名签收功能,及时更新后台系统货物签收,电子签名保留的笔记可便于识别客户身份,提高了客户的安全性。

2. 航空全货机:从尝试到民营航空公司再到航空枢纽

为满足商务急件、生鲜等时效要求高的托寄物的运输需求,顺丰持续引进自有全货机布局航空运力资源,加上合理的航线规划,结合地面配套业务自营,为华东、华南等货源充足地区的快件空运时效持续提供保障。

未来,顺丰将持续专注于干线网络、航空机队的建设。顺丰在鄂州建立的航空枢纽将作为基点覆盖全国的航空货运网络,将会为公司进一步提升核心能力。

3. 支线中转及末端派送环节启用新能源汽车

为响应政府关于控制机动车污染排放的政策号召、应对当下多个城市执行的"禁摩限电"政策,顺丰积极关注并引入新能源物流车。目前,顺丰已经在北京等城市使用一定规模的纯电动汽车进行支线的中转及末端的派送服务。

2016年中国快递"最后一公里"峰会上发布的《中国快递领域新能源汽车发展现状及趋势报告》指出,未来新能源汽车在快递用车市场的推广应用将提速,新能源物流车将帮助快递企业降本增效。

结合目前政府对新能源汽车的补贴不断加大、新能源汽车办证程序简化等利好因素,顺丰将继续关注新能源物流车在解决"最后一公里配送"难题的重要作用,探讨向全国一、二线重点城市推广新能源物流车的可行性。

三、"供应链+"速运的企业创新成果

(一)定制化行业解决方案助力企业客户发展

自2016年开始,顺丰将重点转向针对各个行业的发展趋势和物流痛点,制定个性化的行业解决方案。目前,顺丰已经成功为医疗、生鲜、快消、3C电子等多个行业提供行业解决方案服务。

2016年7月,顺丰在苏州阳澄湖发布了《大闸蟹寄递行业解决方案》,从包装保障、揽收保障、中转运输保障、派件保障、售后保障五大方面提供物流服务保障,并提供销售、推广、金融三大延展服务。其中,为了提升大闸蟹在运输过程中的存活率、延长存活时间,顺丰采用了全程冷链的运输方式,使用"专业包材、科学保鲜措施、专业包装方案、冷链运输、快速揽件中转派送"的综合举措提升消费者满意度。

2016年11月，顺丰旗下成都顺意丰医药有限公司与赛诺菲达成了以仓储、运输、配送为基础的战略合作，顺丰冷运以专业的医药冷链运输能力和行业领先的资源平台、科技化水平通过了赛诺菲重重审计考核。在双方合作的第一阶段，赛诺菲把制药药品的运输交付给顺丰，后期根据业务推进或将疫苗配送业务一起交付给顺丰冷运承运。这是顺丰冷运成为值得信赖的医药冷链物流品牌的一大里程碑事件。

（二）线上线下融通，探索“新零售”模式

顺丰优选定位为社区家庭的美食生活馆，以“优选商品，服务到家”为宗旨，依托线上电商平台与线下社区门店，为周边用户提供日常所需的全球优质美食。

顺丰优选集合全渠道平台，为客户提供“线上+线下”的消费方式；与传统电商相比，一方面多了线下社区入口，通过门店实物展示，增加顾客对线上商品的实体感知体验和便捷的售后服务；另一方面，通过线上线下系统打通和商品共享，利用微信和APP的LBS定位①，可为消费者提供线上下单，线下门店1.5公里范围内1小时配送的服务体验。

（三）持续科技创新发展投入，取得显著创新成果

顺丰已经获得数百项发明专利，比如，基于智能吊舱的无人机货运执飞方法及智能吊舱；一种车辆监控系统和方法；一种电磁锁的控制方法、电磁锁及快递柜等等。

开发及在建各类系统40余个，典型的系统包括：

智慧云仓：建立大数据驱动的销量预测机制、分仓策略和智能调拨方案，实现分散集中化（仓库分散、数据集中）、智能化（自动分拣、预警预测、路径优化、信息反馈）、可视化（库存可视、状态可视、信息跟踪）的供应链管理，提供信息、仓储、运输、配送全景供应链协同服务，实现单未下货先行。

大数据商业化：数据灯塔是快递行业面向企业客户的首款大数据产品，融合顺丰海量数据和外部广泛数据源，运用大数据计算与分析技术，做到实时统计、即时分析、专业模型、清晰呈现，聚焦智慧物流和智慧商业，为客户提供物流仓储、市场开发、精准营销、产品运营管理等方面的决策支持，助力客户优化物流和拓展生意。

顺丰车联网：智能管车服务包括车辆定位、里程/油耗自动计算、车辆故障提醒、驾驶员驾驶行为分析、实时告警、智能调度、以车辆/驾驶员为维度的多报表等功能。

正在装货的顺丰航运飞机

① LBS定位（Location Based Service）一般应用于手机用户，通过电信、移动运营商的无线电通讯网络（如GSM网、CDMA网）或外部定位方式（如GPS）获取移动终端用户的位置信息，在地理信息系统平台的支持下，为用户提供相应服务的一种增值业务。

（四）利用新技术、新模式提高运力资源利用效率、降低资源消耗

应用“物流优化和导航集成系统”，根据大量的在线地图数据和优化算法，实时调配驾驶员配送路线，节省送货时间和燃油消耗。

应用“车载信息系统”，更好地掌控运输系统，通过检测时速、发动机转速、油压、安全带使用情况、倒车和挂空档停车次数等各种指标，来衡量在途运输车辆的表现。同时，对于外包车辆，实时监控司机驾驶表现可以有效降低燃油消耗及货车维修费用。

应用“智能快递柜”，在城市社区实现平台化快递收寄交互业务，提升最后一公里配送效率。

四、顺丰未来发展展望

（一）新技术实现智能运营

未来，顺丰将通过对大数据、云计算等新一代计算机技术与新一代智能交互设备、无人机等设备的投入，提前布局下一代前瞻性物流信息化技术，以支持未来快递物流业务的进一步增长。

顺丰对于无人机、机器人、大数据等符合未来行业发展趋势的先进技术的部署是全面以及系统化的，通过近10年不断的研发、迭代，已建立了完善的新型技术研发和管理体系，并产出大量的先进成果，将继续支持并推动创新发展，支撑企业战略转型，为顺丰全面跨入“互联网+”时代，实现企业运营的智能化、自动化、信息化提供良好的支持。

（二）多元化迈向综合物流

近年来顺丰持续加大自动化、信息化投入，并关注新模式、新业态、新技术，探索企业发展新动能。未来，在持续强化快递业务的基础上，顺丰将继续拓展多元化业务，针对电商、食品、医药、汽配、电子等不同类型客户开发出一站式供应链解决方案，提供支付、融资、理财、保价等综合性的金融服务，并通过顺丰优选进军零售，打造全方位的顺丰生态圈，加快步伐引领创新，拓展基于物流的新产业，逐步向“基于物流、融通金融、流通商业”的综合物流服务商转变，以新动能引领发展。

（作者：顺丰控股股份有限公司）

携程："互联网+"旅行重塑服务新模式

一、携程的发展历程

携程自1999年创立到现在经历了由OTA向MTA转变的发展过程。在2013年之前的OTA阶段，携程以"鼠标+水泥"①的服务模式，利用互联网打造集酒店预订、机票预订、旅游度假、商旅管理为一体的在线旅行服务平台，在同行业中取得了全国领先地位；在2013年经历转型之后的MTA阶段，依托智能手机的快速发展，携程将互联网预订平台迁移至移动互联网，以"拇指+水泥"②为主要服务模式，并添加了火车票、汽车票、门票等多种类的新时代旅游服务产品预订服务。

携程在2001年明确了企业发展三大目标：成为中国最成功的旅行服务公司、领先的旅行电子商务网站、领先的宾馆分销商和商旅服务公司。2002第一季度，携程首次实现盈利，其中订房数量达到每月10万间夜；2002年末，酒店预订量增长到160万间夜，机票售出总数达到60万张。2002年携程净利润达到1419万元。

目前，携程的用户群体已经接近3亿，约120万家国内和国际会员酒店遍布在全球200多个国家和地区；携程的票务服务已经拓展至全球，服务网络包含国内外2000多个城市，涉及全球100多

山西悬空寺

① "鼠标"是指呼叫中心员工为客人在网上实现酒店和机票的预订；而"水泥"是指携程目前已在北京、广州、深圳、成都等12个城市设立的分公司，负责线下销售、商旅管理等业务。

② "拇指"是指移动客户端。

个国家和地区。作为"互联网+"旅游行业的最早实践者，携程始终坚持"一应俱全""一丝不苟""一诺千金"的"三个一"原则，力争为用户提供最优质的旅游服务。2016 年，携程投资印度最大的 OTA 企业 MakeMyTri，对美国三大华人地接社（海鸥、途风、纵横）进行战略投资并与其开展友好合作，收购欧洲最大的机票搜索引擎 Skyscanner，构建起涵盖全球的商业版图。

与 18 年前相比，携程的营业收入实现高速增长。携程已经成为全球市值排行前三、亚洲领先的在线旅游服务企业，并且连续三年蝉联中国旅游集团第一位。携程正逐渐树立起中国在线旅游品牌在全球旅客心目中的形象，也在国际化的道路上越走越稳。

二、新产业背景下的携程"个性化"产品与服务创新

18 年的发展历程中，携程始终对用户需求保持着高度关注，这是携程以用户的"个性化"为起点的创新模式。自 2012 年开始，携程就着手收集用户的数据信息，通过分析研究用户的旅行习惯变化来调整既有产品和服务模式，推陈出新，抓住用户痛点，满足用户需求。为了更加有效地收集用户的相关数据信息，2016 年携程 APP 推出发现频道，进一步帮助携程收集用户的行为习惯，及时发现用户相关习惯的变化，为高效改善产品打下良好基础。

（一）大交通联运：从"单一预订"到"联程预订"

在大交通联运方面，携程的目标是：通过联运产品进一步打通三、四线城市的交通路网，方便当地居民出行；进而加快解决偏远地区居民交通、出行不便的问题，实现全国交通路网互联网订票的完全贯通。

2016 年春运，携程被国家交通运输部列为春运联程运输试点单位。为此，携程利用"互联网+"对现有的航空、铁路、公路、水路客运模式进行改革创新，推出多种类型的联程中转方式，为全面建设国内交通客运路网贡献自己的一份力量。

2016 年，国家交通运输部提出要进一步加强"互联网+"便捷交通的体系建设，为旅客的购票、出行提供便利。因此，携程在关注自身发展的同时，开始积极研究"机票+火车票"打包的联程产品预订模式，并最终实现。目前，用户已经可以通过携程平台直接预订"机票+火车票"组合产品前往暂无机场的城市，为人们的出行提供了极大的便利。

携程与交通运输部联合发布的 2016 年春运试点工作统计数据显示，2016 年第一季度，携程"空铁联运"预订量同比增长 121%，涵盖 179 个国内机场和 62 个无机场城市。以上海为例，通过铁路衔接其周边城市如嘉兴、苏州等地的"空铁联运"产品第一季度同比增长 200%以上。

除此之外，携程也在积极打造更多的大交通联运产品。在中国，还有很多城市的铁路交通没有那么发达，前往这些城市的过程中还需要公路交通作为对"空铁联运"产品的重要补充。携程于 2016 年 8 月下旬上线"空巴通"，目前已实现"空巴通"系统对接，线路覆盖全国 59 个车站与 46 个机场。

可以说，大交通联运的模式，是携程平台从"单一预订"到"联程预订"过渡的一个缩影。在携程平台上，越来越多的旅客倾向于预订打包的行程，诸如"酒店+机票""酒店+门票"等，这一倾向性持续推动携程在产品和服务方面做出更多的创新和尝试。

（二）"Easy 住"战略：从关注预订到关注预订体验

携程在 2001 年已经实现了成为国内领先宾馆分销商的目标，因此，在发展的第二个十年里，携程将关注点从预订本身转移至预订体验方面。简而言之，当前平台上虽然有足够多的产品供用户挑选，但携程要做的是让用户用最短的时间找到最需要的产品，并获得最优质的体验，这是一个从量到质的变化。2016 年，携程提出酒店"Easy 住"战略，主要包含三个部分：在线选房、"闪住 2.0"以及高科技终端自助入离机。

在线选房功能是通过酒店数字化室内地图、VR 等技术手段实现的。用户可以提前了解酒店的室内外分布，选择心仪的楼层和房间。**该创新功能**让旅客实现了从"订酒店"到"订房间"的体验

飞跃。

“闪住2.0”在提供“到店免押金、离店免查房、离店后再扣款”服务的基础上，引入了提前预约发票功能。**该创新服务**既减轻了酒店在离店高峰期开具发票的压力，又节省了消费者前台等待时间，用户体验更佳。

携程推出的自助入离机智能终端，让用户能够像使用自助存取款机一样自助办理入住、离店等业务。目前，自助入离机能够在各大酒店管理系统（PMS）顺利使用，所有渠道都可以通过其办理入住手续。此外，**该创新设备**还配备了人脸识别系统，只需在终端上刷身份证，不仅自动查验其身份信息，也会同步匹配订单信息。

随着这三项服务逐渐在国内酒店业中不断普及，旅客能够获得更优质的入住体验。携程的服务理念在业内得到越来越多的认可，携程的创新发展为行业内部及相关领域的改革创新提供了良好的参考。

（三）全球SOS系统：从“遇事找领队”到“遇事大家帮”

十年前，国人旅游还是跟团游时代，旅客遇事都习惯于找领队或导游，而现在50%的人会选择自由行。因此，携程站在客户的角度来考虑他们在遇到问题时如何寻求帮助，并通过研究发现，移动互联网的载体不仅改变了用户预订的途径，也缩短了用户间的距离，通过移动互联，可以让用户轻易地寻找到求助对象。

2017年，携程APP上线7×24小时“全球旅行SOS”服务处理行程中的突发状况。“全球旅行SOS”服务体系针对所有在行程中遇到紧急状况的携程用户，随时可以通过携程的7×24小时应急支援服务人员来处理行程中突发状况。

针对旅客的多样化和个性化需求，“全球旅行SOS”主要提供三大服务：一是自然灾害、恐怖袭击等突发情况下的支援；二是旅客受伤或生病时的求助，包括“协助就医”“协助快递药品”“协调翻译服务”；三是旅途遗落贵重物品时，提供“协助物品找回”“协助物品带回国”服务。

携程还为SOS服务体系设立了三大支援机制：一是旅行中的“微领队”服务和群内客人互助；二是5000多名携程“当地向导”，在全球旅行目的地都能提供帮助；三是遍布全球的携程海外领队，每天在世界各地有上千个携程旅游团的专业领队可以为附近的旅客提供相关帮助。

在携程看来，大众旅游时代的到来，让旅客之间不再陌生，更多人愿意向同伴伸出援手。携程作为见证者，也愿意进一步打造和完善这一旅客互帮互助的平台，为旅客创造一个交流、互动的生态圈。

（四）全程X计划：从“单一订单服务”到“自动打包订单”

目前，在亚洲还没有第二个像携程一样提供全产品线的OTA，这是携程在未来进一步发展、壮大的核心竞争力，也是帮助携程做到从“单一预订”到“打包预订”转变的基础。为了夯实这一基础，携程努力打造“全程X计划”，将“打包”的概念从“预订端”延伸至“服务端”。

2016年年中，携程联结了公司内部的信息共享渠道，在用户预订机票、酒店、接送机等多个产品后，携程的系统后台会自动把这些行程相关联的订单进行打包，一旦其中的某一行程出现问题，携程将同步关联订单内的相关客服，注意可能发生的延误、noshow（误机）等情况。例如在出现航班取消或者长时间延误时，携程将提醒旅客是否取消酒店、接送机等订单。旅客既可以在携程APP上自助操作取消订单；也可以直接致电客服立即取消订单，省去了重复沟通的繁琐，大大减少耗时。更重要的是，由于航班变动造成旅客无法出行，无论酒店还是接送机等订单均免费取消，损失由携程承担。

据携程测算，随着一站式联动服务的投入使用，每年至少有2万名消费者从中受益。

三、携程一站式服务平台推动产业新动能

携程的一站式服务平台为用户提供酒店、机票、旅游、商旅、火车票、汽车票、门票、用车、全球购、团购等预订服务以及查询、分享、攻略等旅行周边服务项目，旅客不需要切换多个网站即能完成出行的全部操作。携程的一站式服务平台不仅是中国在线旅游业的领先平台，还是全球范围内

数一数二的在线旅行商务平台。

（一）一站式出行平台，构筑优质生态圈

随着消费时代的升级，国人对旅游质量的要求也越来越高。自2012年起，携程开始引入平台发展模式，并逐步在平台中接入供应商，目前携程平台上已经有数万家供应商。

携程在发展过程中发现，仅仅依靠自营产品已经无法满足国内旅客多样化的旅行需求，同时，很多个性化线下旅行产品供应商由于各种条件限制使得联网推广无法实现，导致游客数量下降。携程将平台模式与自身发展机制相结合，吸引更多线上、线下供应商加盟，在丰富自身产品形式的同时，也为业内下游加盟商带来更多、更优质的客源。

对于携程而言，对平台的不断优化就意味着每年超过1亿人次的预订、出行体验不断优化。携程正在通过业内领先的平台，构筑其独具特色的新时代旅行生态圈。在这个生态圈内，酒店、民宿、客栈、景区、旅游供应商等都能找到自己的发展空间和方向，获得更广阔的发展前景。携程将以这个生态圈为基础，推动国内旅游业的持续高速发展。

（二）一站式服务平台创造就业机会

在不断引进、培养人才的过程中，携程发现，随着中国三四线城市经济发展提速，越来越多的人才想要返乡就业。为了减少人才流失，2012年携程率先在员工比较集中的河南省信阳市实行“远程办公项目”。

“远程办公项目”是根据携程呼叫中心的用工需求，创新客服岗位用工模式，把部分岗位带到员工家乡比较集中的三四线城市，这一项目实现了创新式的云办公与远程办公，解决了部分员工家门口就业的需求。

经过多年运营发展，借助信阳服务联络中心积累的大量实践经验，携程“远程办公项目”先后在黑龙江穆棱、重庆永川以及山东威海三地落地。目前，携程已在这4个城市建成服务坐席近3000个，创造就业岗位近1400个，绝大多数就业人员为本地人员。

此外，在平台创新发展的过程中，携程呼叫中心起到了不可或缺的作用，呼叫中心员工数量最多时超过12000名，除上海之外，主要分布在南通等地区，极大推动了当地人就业。

四、未来展望——打造新时代旅行新体验

（一）重点部署移动互联网市场

未来携程将继续重点部署移动互联网市场。智能手机带动了包括旅游在内的各类“移动应用”

英国伦敦塔桥

的多样化发展，移动旅游在行业中的地位快速上升。“得移动市场者得天下”已经成为OTA巨头的共识，旅游预订APP未来必将成为旅游预订的核心渠道。

在线旅游行业在经历长期价格战后，一线企业纷纷转战无线市场，抢占新的客户资源以寻求突破。要应对瞬息万变的行业格局以及愈演愈烈的行业竞争，毫无疑问，携程只有将重心放在移动互联网市场上，整合运用已有的在线旅游资源，才有机会保持行业老大的地位。如果坚持这个方向，继续保持并扩大领先优势的话，携程的发展前景将会更加广阔。

（二）为顾客提供一条龙服务

未来，携程依旧把用户需求放在首位，在不断关注市场变化的同时推出创新发展的产品，以创新作为企业发展的契机，推动企业进步。携程将进一步完善一站式服务平台，丰富产品、改进服务，用最先进的互联网技术手段服务用户。

携程将设立专业的旅游指导，根据顾客的旅费要求、景色要求以及潜在的美食要求、商务需求、导游或驴友需求等提供不同价位的旅游线路，并提供最佳线路和最佳旅游时间，满足顾客最大价值的旅游需求。

同时，携程也将始终把推动中国旅游业的平稳健康发展放在重要的战略位置上，为所有旅客提供更加优质的旅行环境和旅行体验。

（作者：郭志浩　携程旅行网）

腾讯:全领域创新培育微信新生态

一、微信的发展历程

腾讯公司成立于1998年11月,是中国最大的互联网综合服务提供商之一,也是中国服务用户最多的互联网企业。成立十八年以来,腾讯一直秉承"一切以用户价值为依归"的经营理念,始终处于稳健发展的状态。截至目前,腾讯是亚洲市值最高的公司,是继谷歌、亚马逊、Facebook之后的世界第四大互联网公司。其中,微信是腾讯旗下的一款移动消息应用,拥有近十亿的用户数,影响力巨大。

微信自2010年11月启动、2011年1月1.0版发布,走过了六年多的发展历程,经历了原生、开放和生态三个发展阶段,正朝着更远大的目标发展。

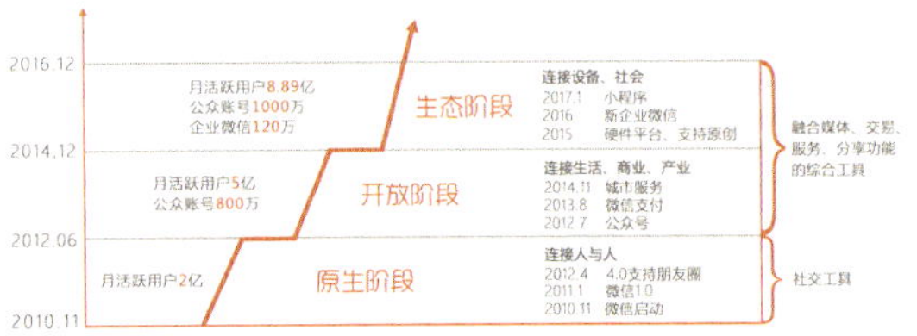

图1 微信的发展阶段

原生阶段(2010年11月至2012年6月):作为私密社交、即时通信的社交通信工具,微信不断完善文字、图片、语音、视频等多媒体聊天以及朋友圈、摇一摇、扫一扫等原生功能,以连接人与人为主,实现用户快速汇集。

开放阶段(2012年6月至2014年):作为协同创新、合作共赢的开放平台,微信先后推出公众号、微信支付、企业号等战略级核心平台,开放能力,共享资源,实现人与生活、商业以及产业间的连接。

生态阶段(2015年至目前):构建互利共生、万物生长的生态系统,微信深化开放与融合,协同线上线下,推进智慧解决方案,深度融入经济社会各领域,实现人与设备、万物、社会的连接。

六年来,微信坚持升级功能、完善服务、支持原创、开放平台、提升用户体验,保持了全球领先的用户规模和发展速度。截至2016年底,微信及WeChat合并月活跃用户数达8.89亿,同比增长28%;并持续提升海外市场的用户参与度,目前已支持20种外语版本,遍及200多个国家和地区。

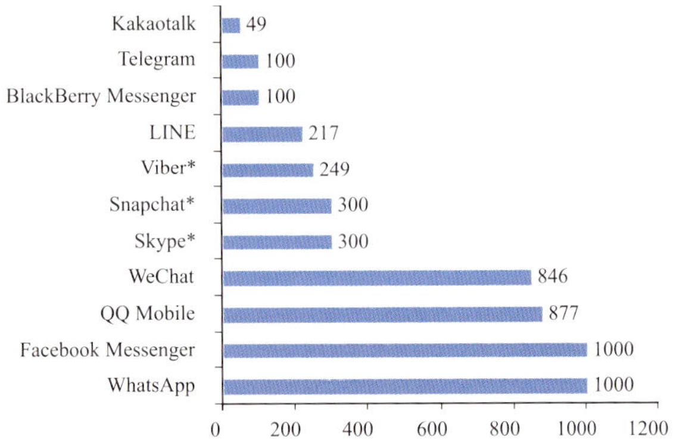

图2 2017年1月世界移动消息应用月活跃用户数(单位:百万)

资料来源:Statista.com

微信是全球领先的移动消息应用,在华人圈中具有绝对的优势地位。根据Statista.com统计,截至今年1月,WhatsApp和Facebook Messenger的月活跃用户数均达到10亿,居全球前二位;手机QQ和微信分别以8.77亿和8.46亿的月活跃用户数分居全球第三和第四位。这四个应用位居第一梯队。Skype和Snapchat在第二梯队中居领先位置，均拥有3亿月活跃用户。

二、“五位一体”创新体系

微信践行创新驱动，实现自身快速发展，推动产业变革与经济社会升级，并产生深远影响。微信的创新体系可以总结为“五位一体”：思维创新为本，技术创新为基，应用创新和模式创新为翼，集成推进业态创新。

（一）思维创新：生态思维，协同进化

思维创新是发展本源，自启动之始，微信便实践“用户、体验、极致、迭代、简约、平台、数据、跨界”等互联网思维，并引领这些思维内涵与外延不断拓展。随着发展演化，逐步集成与创新，形成了与发展阶段相适配的以“协同、开放、共享、进化、可持续”为特征的生态思维。

生态思维的基石是一切以用户价值为依归，通过微信用户能够便捷高效的获取价值、创造价值；核心是微信与用户、产业及社会共同构建互利共生的生态系统，在这里所有参与主体能够协同进化与和谐发展。微信生态思维，体现在行动上，做好“连接一切”，功能和信息有所为有所不为，更高效帮助用户完成任务；体现在机制上，坚持规则透明、能力开放与资源共享，各主体基于平台创造更多价值；体现在成果上，成为生态系统的基础设施与创新要素，激发活力与动能，推动整体可持续发展。

（二）技术创新：技术先行，引领发展

技术创新是发展基础，微信坚持技术先行，强调技术前瞻性，在行业中尤其是即时通信、移动支付、社交网络等领域处于领先地位。截至2017年3月，微信共申请超过1200件国内专利，授权超过400件；申请800件国外专利，授权超过200件，其中仅美国地区，专利申请就超过350件，授权超过100件。2015年12月，腾讯公司的“一种绑定即时通信识别码与无线通信识别码的方法”①获得第十七届中国专利金奖。

目前，微信正积极布局推进模式识别、人工智能、大数据等未来信息通信关键技术。微信成立了模式识别中心，研究方向包含语音识别、图像识别、生物认证、语音合成、音频指纹、语义理解、数据挖掘等，部分成果已广泛应用，如语音输入和大数据支撑朋友圈广告等。

（三）应用创新：拓展连接，完善生态

应用创新是发展牵引力，微信采用迭代、集成、渐进等方式持续创新应用，丰富功能形态，提升体验感知。聚焦连接的基础设施与发展的生态系统，是微信应用创新的两大核心方向。

应用创新拓展连接边界，从人人互联到万物互联：语音、视频交互不断升级聊天、群组、朋友圈等社交体验；微信支付、二维码实现线上与线下有机协同；WiFi连接、卡包打造新型的消费者与商家连接纽带；扫一扫除了扫码还可以扫封面、扫街景、实时翻译；摇一摇从人与人的连接，延伸到歌曲、电视等媒体互动；硬件平台立志人、设备、厂家的共赢互联等。应用创新完善组织生态的互联网化，从万物互联到万物生长。订阅号、朋友圈广告等拓展了信息传播的新路径；服务号、企业号助力企业及各类组织营销服务、运营管理提高效率、降低成本；城市服务让政府管理、公共服务更便捷、更智慧。小程序让应用的开发、使用更加便捷，帮助企业和政府更好地提供优质服务。

（四）模式创新：自组织式，生态协同

模式创新是发展的另一牵引力，微信通过自组织、生态协同等方式推动经营模式、生产模式与组织模式创新。以海量连接为基础，支付、平台、数据等核心能力为支撑，模式创新从理念到实践不断向水平宽度与垂直深度演进。

微信以二维码、公众号、微信支付为内核打通接入、平台、交易、分享等环节，丰富卡包、WiFi、摇一摇等能力整合与应用，构建完善的O2O模式闭环，深入商业服务线下场景，实现服务全流程的数据化和在线化，线上线下互动推动商业服务全面走向数据驱动的个性化精准服务，O2O模式创新从衣食住行到教育、医疗、公共服务等领域范围扩展，激发新消费、塑造新创业。社交平台、开放平台及硬件平台，紧密联系消费者与生产企业，推动

① 该技术把移动即时通信（QQ、微信等）的识别码与短信服务的识别码进行绑定，通过绑定关系实现即时通信和无线用户之间的通信服务，实现了移动电话网络和传统互联网的互联互通。目前，该专利技术已成功应用于微信、手机QQ、微信电话本、滴滴打车等产品。

C2B模式及众筹模式创新，消费者需求、行为大数据聚合分析以及用户参与机制，帮助企业寻求规模化生产和个性化定制的均衡点，转变生产和组织方式增加有效投资和供给，提高供给结构适应性和灵活性。

（五）业态创新：创新集成，经济新形态

业态创新是集思维、技术、应用、模式等要素之大成者，微信以创新驱动与产业融合，催生数字社会的经济新形态：加速电子商务去中心化、革新互联网金融、普及共享经济，注入经济转型升级新动力。

微信集成电子商务所需的运营、管理、渠道、交易、应用开发等一体化能力工具，构建去中心化模式，极致简化流程、减低能力门槛，推动微店等社会化电商及自媒体的蓬勃发展，加速个人创业。微众银行提供微粒贷，“无抵押、无担保，随借随还、按日计息”，以用户微信支付和互联网行为作为征信补充，满足小微贷款需求，实时审批发放。以社交和开放平台为依托，促进供需匹配，激活闲置资源，实现个体间人力、物资等商品和服务的共享交换，从滴滴出行到餐饮、家政、房产等，微信积极推动共享经济普及发展。

三、微信的经济社会价值

（一）加快新旧动能转换

新常态下我国经济正处于结构调整和转型升级的关键时期、攻坚阶段。加快培育壮大新动能、改造提升传统动能是促进经济结构转型和实体经济升级的重要途径，也是推进供给侧结构性改革的重要着力点。新旧动能实现平稳接续、协同发力，提升资源配置效率和全要素生产率，是支撑经济保持中高速增长、迈向中高端水平的重要支点。

微信与经济社会各领域融合发展，完善“互联网+”生态体系，成为加快新旧动能接续转换的重要力量。一方面，通过开放接口、开放平台，推动创业创新、打造生产新工具、集聚生产要素、促进业态融合，壮大经济新动能。另一方面，打造企业微信，连通传统产业链上下游、打通数据交互和创新应用服务，在生产、运营、营销、管理等多环节提升效率、降低成本，发展农业新业态、创新工业新模式、拓展服务业新领域，重塑传统产业，改造提升传统动能。

（二）持续拉动信息消费

信息消费是促进数字经济发展，提升人民生活水平的主要动力。微信拉动的信息消费规模不断增大、消费来源不断增多，拉动作用持续升级。据中国信通院测算，2016年微信直接拉动信息消费达1743亿元，同比增长26.2%，相当于2016年中国信息消费总规模的4.54%。一方面，微信生态系统促进流量消费，推动产业流量经营模式不断创新，带动信息消费快速增长；另一方面，微信平台促进丰富多样的优质内容及增值服务产生，拓展信息消费领域，为信息消费长期可持续增长提供动力。

（三）不断优化就业结构

以互联网为代表的信息技术产业是新旧动能转换的重要引擎，具备很强的吸纳就业能力。微信深入连接经济社会各领域，加快产业分工协作，从供需两端发力，不断优化就业结构。供给侧，微信开放技术、平台资源，组织“微信公开课”，协同打造众创空间，提供众包服务，提升创业带动就业能力、强化劳动者素质，促进更多人群向数字经济就业转移；需求侧，微信培育新的就业机会，如基于微信公众平台、小程序、企业微信的开发、维护、运营、管理等人员，公众号及电子商务催生的营销、售后、客服、快递等人员需求。

据中国信通院测算，2016年微信带动社会就业规模达1881万人，同比增长7.7%，其中直接就业466万人，增长6.2%；间接就业1415万人，增长8.2%，带动就业结构与新动能新产业协调发展。

（四）提升社会治理水平

微信“公众号+企业微信+城市服务+小程序”构建一体化在线服务平台，推进新型智慧城市建设，协助公共服务部门优化服务流程，创新服务方式。通过政务微信，推动各级党政机关积极运用移动新媒体发布政务信息，集中全面公开政务服务相关事项，缩短办理时限，提高信息公开、公共服务和社会治理水平。2016年11月，在由发改委、工信部等部门主办的中国“互联网+”峰会上，微信“城市服务”平台入选中国“互联网+”行动百佳实践案例。

微信在证件办理、交通出行、医疗健康、境外服务等领域依托移动互联网广泛覆盖和精准定位等优势加快向全国中小城市延伸等延伸，促进基本公共服务均等化。证件办理方面，广州公安出入境业务全程上线微信端。交通出行方面，微信连接实时公共交通信息，加快交通事故处理速度。据腾讯研究院测算，深圳交警微信处理交通事务，累计为车主节省查询和办理时间长达133万小时，减少城市车辆出行油耗64万升，节能减排2160吨。医疗健康方面，微信创建虚拟电子就诊卡，打造智慧医疗流程，节约患者看病时间，提高医疗服务效率；与人社局合作，打通医保支付环节，患者挂号就诊直接微信实现医保结算。境外服务方面，外交部上线12308小程序，提供安全提醒、在线客服、一键求助功能，帮助中国公民在境外快速获取帮助。

四、腾讯微信的未来展望

腾讯的梦想是打造一站式在线生活平台。近年来，腾讯在生态系统上通过不断建立合作伙伴来连接一切生态系统，微信的重要功能“小程序”就是一个最好案例。小程序于2017年1月9日正式上线，是一种不需要下载安装即可使用的应用，实现了应用“触手可及”的梦想，用户通过微信扫一扫或搜一下即可打开应用；也体现了“用完即走”的理念，用户不用关心是否安装太多应用的问题。小程序应用无处不在，随时可用，但又无需安装卸载。目前，微信小程序正在不断扩大入口，增加授权托管方，上线更多功能。通过这些去中心化的应用以及丰富的应用场景，微信将更加快速便捷地为用户提供全方位服务。

未来，腾讯要建设一个没有疆界、开放共享、健康的互联网新生态，为用户和合作伙伴带来更高的价值。作为腾讯旗下影响力巨大的移动消息应用，微信将致力于做好“连接一切”的智能连接器，连接人、设备、服务、产业乃至万物互联，构建整体统一、开放循环、协同进化的生态系统，携手社会各界力量创造更多价值。

（作者：孟昭莉、闫德利　腾讯研究院）

神州控股：大数据开启“新城”之旅

一、神州控股的发展历程

神州数码控股有限公司（以下简称神州控股）成立于2000年，是国内最大整合IT服务提供商，拥有5家上市公司，在全国50多个城市设有机构，拥有20000多名员工，总资产500多亿元，年营业规模达700多亿元。

神州控股是中国IT核心企业，北京市“十百千工程”中四家千亿核心企业之一，国家安全可靠计算机信息系统集成重点企业，863计划承载企业，荣获国家级高新技术企业称号。

神州控股自成立以来共经历两次重要转型。从“十五”期间以提供基础网络建设、信息化基础建设、应用软件服务等产品服务为重点逐渐过渡至“十一五”期间以提供基于金融、能源、医疗卫生、税务、国防、教育行业等的IT服务为工作重心，再到“十三五”期间以提供信用信息平台、大数据、城市资源管理平台、企业服务平台、市民卡、城市一卡通等与市民息息相关、同时构建智慧城市所必不可少的云服务以及智慧城市业务为企业发展重点。

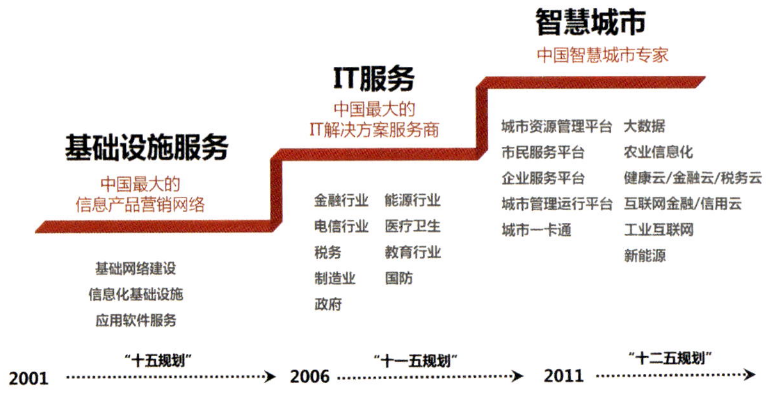

图1 神州控股转型历程

上市十六年来，神州控股实现了从中国IT产品分销的龙头，到中国最大的整合IT服务提供商和中国最具影响力的智慧城市专家的跨越。目前神州控股具有459项自主知识产权的软件著作权及产品专利，952项应用解决方案，成立3个区域研发中心和1个专业交付基地，拥有超过5000人的技术研发团队。

二、大数据“新城”的双向创新

（一）商业模式创新——解决“新城市人”的生活难题

李明是一个小白领，毕业之后留在北京，如今租住在北京昌平的一个小区。每个月，李明都疲于应对多张银行卡，多家银行，以完成房租、水费、电费、燃气费、有线电视费等的缴纳，还需要办理公积金以及医保卡余额的提取。近期，他又办理了北京市居住证，手头又多了张卡。卡越来越多，因为户籍不在北京，婚育情况、住房情况等均需要回原籍开具证明。李明常常烦恼，信息化时代下，数据的互联互通难道真的那么难吗？

1. 城镇化进程加快，“新城市人”问题突出

李明的烦恼绝不是个例。随着城镇化进程的加快，越来越多的人涌入城市，在各行各业争当淘金客，他们分布在城市的各个行业，对城市的建设起到至关重要的作用，这类人群被称为“新城市人”。据国家卫生计生委 2016 年流动人口报告显示，截至 2015 年年底，我国流动人口数量达 2.47 亿人，占全国总人口的 18%，相当于每六个人中就有一个流动人口，而且近几年仍有上涨趋势。北上广等大型城市，流动人口所占的比重更大。因为各个部门、地市之间的数据不均等、信息不互通，外来人口的管理受到了一定的限制。“新城市人”数量的逐渐增多带来越来越多的社会问题，住房、就业、生育、教育、医疗、交通等问题较为突出。由于“新城市人”存在流动性大、不确定因素多等弊端，给城市管理及社会问题的治理带来极大困难。

如何打破信息孤岛、实现信息互联互通、更好解决“新城市人”的诸多问题日渐成为国家及一些企业关注的焦点，也是神州控股一直以来为之奋斗的目标。

2. 解决“新城市人”问题的关键要素

2015 年 9 月，经李克强总理签批，国务院印发《促进大数据发展行动纲要》（以下简称《纲要》），系统部署大数据发展工作。

纲要中明确提出：大数据应用能够揭示传统技术方式难以展现的关联关系，推动政府数据开放共享，促进社会事业数据融合和资源整合，将极大提升政府整体数据分析能力，为有效处理复杂社会问题提供新的手段。建立“用数据说话、用数据决策、用数据管理、用数据创新”的管理机制，实现基于数据的科学决策，将推动政府管理理念和社会治理模式进步，加快建设与社会主义市场经济体制和中国特色社会主义事业发展相适应的法治政府、创新政府、廉洁政府和服务型政府，逐步实现政府治理能力现代化。

大数据发展行动纲要

《纲要》提出，要加强顶层设计和统筹协调，大力推动政府信息系统和公共数据互联开放共享，加快政府信息平台整合，消除信息孤岛，推进数据资源向社会开放，增强政府公信力，引导社会发展，服务公众企业；以企业为主体，营造宽松公平环境，加大大数据关键技术研发、产业发展和人才培养力度，着力推进数据汇集和发掘，深化大数据在各行业创新应用，促进大数据产业健康发展；完善法规制度和标准体系，科学规范利用大数据，切实保障数据安全。《纲要》明确，推动大数据发展和应用，在未来 5 至 10 年打造精准治理、多方协作的社会治理新模式，建立运行平稳、安全高效的经济运行新机制，构建以人为本、惠及全民的民生服务新体系，开启大众创业、万众创新的创新驱动新格局，培育高端智能、新兴繁荣的产业发展新生态。

《纲要》部署三方面主要任务。一要加快政府数据开放共享，推动资源整合，提升治理能力。大力推动政府部门数据共享，稳步推动公共数据资源开放，统筹规划大数据基础设施建设，支持宏观调控科学化，推动政府治理精准化，推进商事服务便捷化，促进安全保障高效化，加快民生服务普惠化。二要推动产业创新发展，培育新兴业态，助力经济转型。发展大数据在工业、新兴产业、农业农村等行业领域应用，推动大数据发展与科研创新有机结合，推进基础研究和核心技术攻关，形成大数据产品体系，完善大数据产业链。三要强化安全保障，提高管理水平，促进健康发展。健全大数据安全保障体系，强化安全支撑。《纲要》还明确七方面政策机制。一是建立国家大数据发展和应用统筹协调机制。二是加快法规制度建设，积极研究数据开放、保护等方面制度。三是健全市场发展机制，鼓励政府与企业、社会机构开展合作。四是建立标准规范体系，积极参与相关国际标准制定工作。五是加大财政金融支持，推动建设一批国际领先的重大示范工程。六是加强专业人才培养，建立健全多层次、多类型的大数据人才培养体系。七是促进国际交流合作，建立完善国际合作机制。

如今，越来越多的机构开始认识到大数据的重要性。大数据思维逐渐替代传统思维，帮助人们从信息社会海量数据中发现新知识、创造新价值、提升新能力，但没有工具和应用的数据是缺乏生命力的。只有把数据打造成数据服务，变成可使用的工具，多个工具组装成应用或被其它应用调用，释放数据红利、打造数据优势、提升全民数据意识、发展数据文化，数据的价值才能得以展现。

3. 新商业模式链接供需双方

基于以上情况，神州控股提出了一种新的商业模式。即通过平台直接对接供需双方，让城市大数据、API①、微服务、SaaS②应用等资源在确权、授权等安全及交易机制下快速流通，简化中间环节，实现大数据的资产增值。这种新的商业模式有助于政府、企业及社会全局实现共赢，也为解决“新城市人”问题创造了条件。

从政府角度看，该模式促进政府的服务创新、管理创新，促进当地经济、社会发展，同时盘活本地的大数据资产、孵化器资源、云服务机房等，创造增值效益。

从企业角度看，数据资源提供方、数据服务提供方、创新应用开发方以及平台运营方实现四方共赢。各类企业依托平台进行供需对接、产品变现、成果转化助力企业发展。

从社会全局来看，资源开放激活应用需求，促进资源流通及再生产，应用过程中进一步反哺资源，丰富城市大数据战略资源。

（二）技术创新——提出新型智慧城市操作系统

1. 智慧城市操作系统（OS）构建城市发展新生态

基于大量数据、API资源及新的商业模式，神州控股通过深入研究，提出了新型智慧城市操作系统的概念。即对城市IT基础设施（网络、计算、存储、城市数据、系统软件、中间件）进行统筹管理、对接适配、自动调度，提供智慧城市应用运行环境，聚合API、微服务、模型、算法、外部数据等资源，形成智慧城市应用开发的工具集，方便应用快速构建，支撑应用可靠、安全、高效运行。

新型智慧城市操作系统将构建城市发展的新生态，通过将企事业单位、政府部门、社会机构等大量数据进行有机整合和API封装，通过直接数据集、数据API、应用API、模型API等方式，为创新企业、开发者、管理者等城市不同角色提供基于微服务、微应用等的智慧交通、智慧医疗、智慧园区、智慧民生多种应用服务模式。

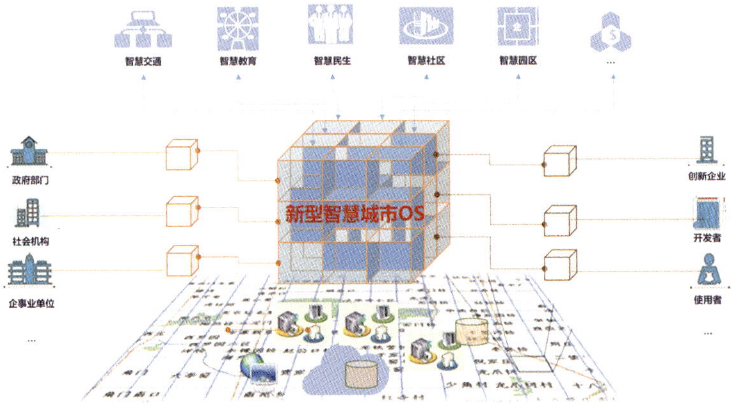

图2 新型智慧城市操作系统

目前，神州控股已经与19家大数据公司、2家研究机构建立合作关系；汇聚10类211项数据集、10类343个数据API、8类102个工具API、5类30个模型API；形成1个平台、2个工具、50个微服

① API：应用程序编程接口（Application Programming Interface）。

② SaaS：软件即服务（Software-as-a-Service），是一种通过Internet提供软件的模式，厂商将应用软件统一部署在自己的服务器上，客户可以根据自己实际需求，通过互联网向厂商定购所需的应用软件服务，按定购的服务多少和时间长短向厂商支付费用，并通过互联网获得厂商提供的服务。

务；赴 8 个城市开展调研，广州、贵阳两个平台正在落地。

2. 对“新城市人”的全方位管理更直观

“新城市人”是神州控股的新型智慧城市操作系统中一个重要的角色，对城市的运营和管理起到非常重要的作用。

API 平台以数据为抓手、服务为展现形式，可以为“新城市人”提供从出生、教育、医疗、婚育、就业、住房、医疗、养老等整个生命周期的一站式、一体式全链条的观察和服务，对“新城市人”进行全景画像描述。除此之外，还可以进行数据的深层次挖掘，通过内部构建多种模型，实现诸如出生与受教情况对比、环境与健康情况对比、营养与成长情况对比、居住与交通情况对比等多项数据的增值与服务，内容涵盖民政、扶贫、交通、公安、教育等多个行业和部门，为其进行政策制定、行业研究、扶贫保障等提供有力的参考。

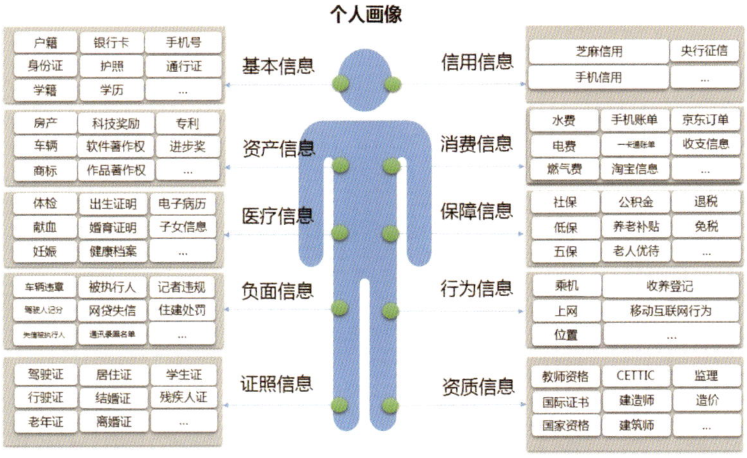

图 3　神州控股 API 平台个人 N 维画像图谱

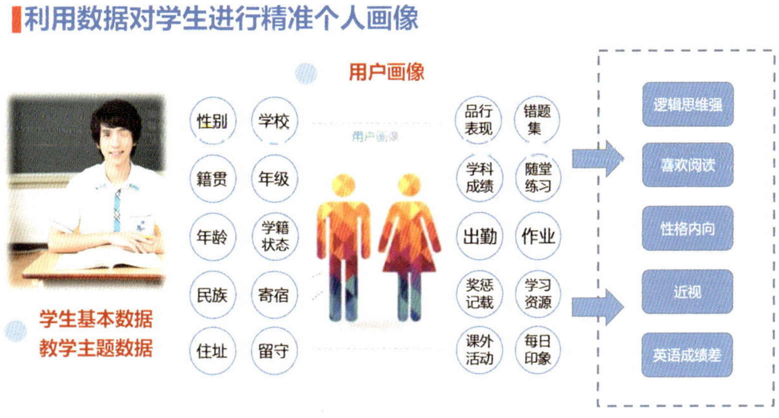

图 4　神州控股 API 平台个人教育画像

三、“新城”之路筑造新民生，创造新“红利”

对于“新城市人”来说，民生与之贴近程度最高。2017 年 2 月，由贵阳市政府与神州控股共同打造的“筑民生”平台上线。平台以实名制为基础，利用新一代信息技术搭建，集政务服务、生活服务和社交网络等功能于一体，以开放式的服务方式，按照信息化、数据化、自流程化和融合化的工作方式，让市民通过“一个网”“一个号”“一个窗”，获得更加安全便捷的民生服务。相比传统的政府服务平台，“筑民生”平台充分利用对大数据的运用和理解，创造了新服务、新融合、新红利：

（一）新服务——服务诊断与优化升级

贵阳市政府通过“筑民生”平台启动“民生需

求公开征集”活动,对市民进行需求调查与意愿收集。市民可以通过“问卷调查”“议题回答”两种方式,向“筑民生”平台提交自己对政府服务、城市建设等方面的需求、意见和建议,还有机会获取现金奖励。政府也更有针对性地完成民生类诉求的汇总。与此同时,大数据民生服务平台自身也通过市民对民生服务的需求和建议进行定期升级和优化。

“筑民生”平台上的所有民生服务,将告别过去“一把抓”的粗放型服务模式。所有从民意中收集的服务需求,都将交由政府部门审核、批准;所有平台已上线和计划上线的民生服务,都将根据民声民意,利用大数据进行定期的自我诊断、修复与升级优化。

(二)新融合——数据做“红娘”

“筑民生”平台通过数据开放共享,打破了以往大数据创业需求与创新应用成果供需匹配不畅的局面,将城市数据资源、应用资源与全国性数据资源有机融合,为创业者提供数据、工具、模型以及运行支撑环境等资源,进行创新应用的孵化。

(三)新红利——大数据也可以有“红利”

“筑民生”平台可以推进民生服务精准对接,真正让大数据的发展红利惠及大众民生,做到“让数据贴近民生,让服务改变生活”。同时,它将有效地链接政府、企业、市民,为优化民生服务、提高办事效能、搭建大数据共创模式提供重要媒介和推力。未来,还将通过市民需求公开征集、数据创新应用大赛等系列民生活动,构建大数据服务、大民生创新创业的新生态。

“筑民生”平台不仅是神州控股解决“新城市人”问题的便民举措,也是神州控股API平台服务的一个实例。未来,神州控股将利用“筑民生”平台打造API平台应用示范的样板,业务范围从民生领域逐步过渡至企业征信、肿瘤诊断、经济运行等,寻找契合点,不断探索优化商业模式及盈利模式。同时,以市场需求为导向,通过“大步快走,小步迭代”的互联网思维,优化及丰富产品功能,占领制高点。

四、神州控股的发展展望

曾经的神州控股在顺应时代发展,不断突破创新方面走在了时代的前列。如今在现实世界与虚拟世界逐渐融合的背景下,神州控股将重点立足云计算与大数据,借助多年积累的经验和优势,努力在大数据领域取得领先地位。通过把公共数据市场化,市场数据公共化,把大数据、API变成社会发展的基础平台,成为国内最大的大数据服务商,实现数字神州的梦想。通过数字神州引领万亿级大数据工业化革命,成为未来世界的创造者。

在物理世界与虚拟世界加速融合的今天,神州控股主动变革,借助多年的行业经验积累,通过运用云计算、大数据技术,构建未来智能时代的应用场景,推动中国产业的创新发展和数字经济生态建设,成为中国最大的大数据服务商,实现“数字中国”之理想。

(作者:马碧波　神州控股智慧城市服务集团API平台中心)

小米:多元创新打造科技生态圈

一、小米的发展历程

小米科技有限责任公司(以下简称小米)成立于2010年4月,是一家专注于智能手机、智能家居、互联网电视的创新型科技公司。

2011年7月12日,小米创始团队正式宣布进军手机市场并预告三款产品:操作系统MIUI、米聊APP、小米手机。2011年9月5日小米手机正式开放网络预订,两天内预订超过30万台,在2012年3月初第100万台小米手机售出。2015年2月13日,小米首次在美国旧金山举行媒体沟通会,正式宣布小米网美国站即将启动,并开始销售小米手环、小米移动电源、小米耳机等产品。

除了在手机领域的成长外,小米的发展也是多元的。自2013年起,小米启动"生态链计划",准备在五年内投资100家硬件创业公司,初衷是在它们身上复制小米模式,2016年小米智能硬件生态链年收入能达到150亿元。截至2016年底,小米已完成对77家智能硬件生态链公司的投资,其中30余家已发布产品。

自成立以来,小米紧紧抓住产业变革机遇,运用互联网开发模式和极客精神研发产品,利用"铁人三项"(硬件+新零售+互联网服务)的创新优势,通过技术和商业模式创新,迅速成长为我国"互联网+"领域创新型企业的代表。近年来,小米更是积极在互联网金融(支付、信贷、保险、理财等)、互娱和影业等领域展开探索尝试,致力于让每个人都能享受科技带来的乐趣。

二、小米多元化模式下的创新

小米的多元化发展为小米模式的繁衍生息奠定了基础,是可以复制的。但是,小米的成功源于其核心技术和商业模式的创新,这是小米所独有的。

(一)核心技术创新

2016年小米在全球率先发布了全面屏的手机,屏占比高达91.3%,手机前面基本上都是屏幕。其实早在三年前,小米就着手开展研发全面屏手机。这一创新成就得到了国外媒体的高度评价。这项技术的实现,源于持续的科研力量与经费投入。截至2016年底,小米已经在屏幕方面获得了102项发明专利。

小米作为一家创业公司,在过去三年的时间里一直致力于加大投资研发。2017年2月份,小米发布了中高端芯片"澎湃S1",成为继苹果、三星、华为之后第四家拥有自主研发中高端手机芯片技术的手机公司。芯片发布以后,小米迅速推出首款搭载自主研发处理器的手机——小米5C,并得到用户的热烈好评。

(二)商业模式创新

1. 生态链计划

为了提升商业效率,小米首先是做手机,然后直接做电商直销产品,同时再做互联网应用。这个理念的核心是让小米能够把足够多的钱花在产品上,始终坚持高品质、高性价比的产品战略。

在手机市场取得成绩以后,小米启动了生态链计划,拓展到更多的生态链产品。当时小米提出的目标是5年时间孵化100家小米模式的智能硬件公司,从"大船"到"舰队",截至2016年底共孵化77家。

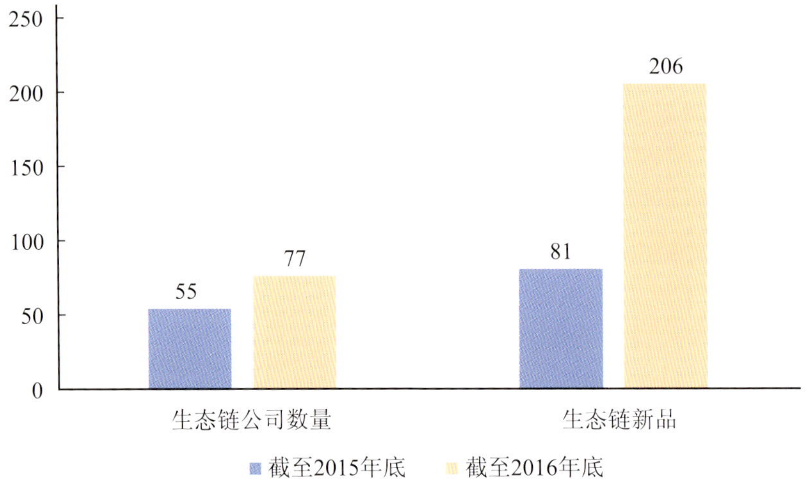

图 1　小米生态链公司和产品趋势

相比传统品类扩张模式，小米生态链的核心特征主要表现在两个方面：

一是管理赋能。小米实行共同责任制，为生态链中的每家公司分配一名公司负责人和一位产品经理。公司负责人以生态链公司[①]利益为出发点，对被孵化企业负责；产品经理以小米长期利益为出发点，对小米负责。共同责任制既保证生态链公司与小米价值观和利益的一致性，也最大程度地激发了生态链公司的发展潜力。

二是资源赋能。经过几年的发展，小米在品牌、活跃用户群等多个方面有了一定的积累，这些资源对于生态链公司尤其早期创业公司而言，是快速进入和占领市场的关键。同样对小米而言，这也是批量孵化生态链公司的可靠保障。

图 2　小米之家商场店

2. 小米新零售探索

“新零售”是指用电商的经验和优势改善实体购物体验，提升流通效率，以此实现消费升级的创新零售模式。“新零售”的实现，不是简单地将互联网和实体的零售渠道相融合，而是在原有的基础上加入了研发设计环节的创新、生产制造环节的优化、供应链的改造、基于大数据能力的消费需求分析等。因此“新零售”不是空谈，而是中国经济新常态下的零售模式创新，是传统零售与电子商务相互竞争、彼此融合的必然结果。

2015 年 9 月，小米第一家官方商场店“小米之家”开业。“小米之家”以无打扰式的服务，为用户提供科技乐趣体验。从“小米之家”的实践看，小米自身具备产品研发和品牌打造的实力，其线上的营销体系以及生态建设已十分完善，并且具备超强的把控力。纯粹的互联网公司在普通消费者心目中并不十分接地气，没有线下实体店的深厚

① 生态链公司：与小米形成合作关系的企业被称为生态链公司。

积累,更是难以打通消费者信任的防线。而"小米之家"依托先进的产品生态和线上运营模式,将体验和服务功能做到线下自营,自然而然地在同一流程和标准下完成线上线下的融合和互动。截至2017年7月,"小米之家"已经超过140余家,受到了线下消费者的认可。未来三年,小米计划开设1000家"小米之家"。

三、供给侧结构性改革探索成就

过去七年,小米的产品在十几个细分领域成为了中国第一,在四、五个领域成为了世界第一。之所以能够取得这样的成绩,源自于小米在整个供给侧结构性改革中所坚持的几个关键原则:品质为先,重视设计,提升商业效率,在研发创新上取得突破。

(一)"互联网+"理念推动企业转型升级

小米自创办以来,其产品销量始终保持较高速度增长,2012年全年手机销量为719万台,2013年为1870万台,2014年为6112万台,2015年则超过7000万台。此外,小米也在电视、路由器及小米盒子[①]等多个领域着力发展。

除取得较高市场份额外,"互联网+"理念也同样被小米应用到业务中。2011年10月,电子商务平台小米网正式上线直接销售产品,这一举措节约了传统代理渠道的流通成本,提高了商品流通效率,为消费者获得质高价优的产品提供了便利。2016年8月,据Internet Retailer网站公布的全球十大电商平台排名,小米已成为世界第八大电商平台。可见,互联网在小米业务效率的提升方面成效显著。基于在手机产销量上取得的巨大成功,小米积极总结方法和经验,将"互联网+手机"模式推广到小米其他产品领域加速推动企业转型升级。例如,小米以"投资+孵化"的方式将核心资源和优势,包括产品服务、生产要素、经营要素、经营能力、投融资关系等,赋能创业企业、中小企业、以及传统制造业企业,帮助生态链公司迅速做大做强。在这种模式下推出的产品,一定程度上具有核心技术强、性价比高、设计美观的特点。

(二)小米国际化布局日渐广泛

小米在2014年开始国际化布局。从第一次海外产品销售到第一场海外发布会,从第一家海外零售店到第一次海外合作建厂,小米逐步探索和积极创新,以求更好地为海外"米粉"及消费者提供优质产品和服务。

2014年,小米宣布在印度销售手机的同时,也宣布计划在印度建厂生产,工厂于2015年8月正式投入使用。2017年3月,小米又宣布在印度建设第二座手机工厂。2017年2月,小米宣布在雅加达和当地合作伙伴共同开启印度尼西亚的本地生产。

截至2017年5月,小米产品已经进入全球三十多个国家。据美国国际数据集团(IDG)发布的2017年第一季度手机跟踪报告显示,小米在印度市场份额排名第二,在印度尼西亚、乌克兰、缅甸市场份额均排名第三。在"一带一路"的利好倡议下,小米将为更多的国际用户提供优质产品和服务。

四、小米科技乐趣探索中的发展展望

小米以"让每个人享受科技的乐趣"为企业愿景,致力于为用户提供质高价优、感动人心的产品,以及便捷、安全、智能的科技体验。在此愿景下,小米希望在金融服务和人工智能方面继续探索。

(一)金融服务

通过用心做产品、与用户互动并提升创新效率,小米在7年的发展过程中积累了大量的数据、场景和用户。有了这些天然优势,加上用户的需求,小米金融成为水到渠成的发展方向。

小米将自己的金融服务定位成小米金融平台,并打通与其他平台之间的对接。用户只要登录小米金融,就可以管理所有资产如银行账户,未来还希望对接证券账户、保险账户等。在消费升级和科技高速发展的背景下,小米将挖掘更多的

① 小米盒子:由小米设计销售的高清互联网电视机顶盒。

促进跨境电子商务健康快速发展

2015 年 06 月 20 日，国务院办公厅印发《关于促进跨境电子商务健康快速发展的指导意见》（以下简称《意见》）。这是新形势下，促进跨境电子商务加快发展的指导性文件。

《意见》指出，近年来我国跨境电子商务快速发展，已经形成了一定的产业集群和交易规模。支持跨境电子商务发展，有利于用“互联网+外贸”实现优进优出，发挥我国制造业大国优势，扩大海外营销渠道；有利于增加就业，推进大众创业、万众创新，打造新的经济增长点；有利于加快实施共建“一带一路”等国家战略，推动开放型经济发展升级。针对制约跨境电子商务发展的问题，有必要加快建立适应其特点的政策体系和监管体系，营造更加便利的发展环境，促进跨境电子商务健康快速发展。

《意见》提出了五个方面的支持措施。一是优化海关监管措施，进一步完善跨境电子商务进出境货物、物品管理模式，优化跨境电子商务海关进出口通关作业流程。二是完善检验检疫监管政策措施，对跨境电子商务进出口商品实施集中申报、查验和放行，对跨境电子商务经营主体及商品实施备案管理制度。三是明确规范进出口税收政策，继续落实现行跨境电子商务零售出口税收政策，按照有利于拉动国内消费、公平竞争、促进发展和加强进口税收管理的原则，制订跨境电子商务零售进口税收政策。四是完善电子商务支付结算管理，稳妥推进支付机构跨境外汇支付业务试点，鼓励境内银行、支付机构依法合规开展跨境电子支付业务。五是提供财政金融支持，对跨境电子商务企业走出去重点项目给予必要资金支持，为跨境电子商务提供适合的信用保险服务。向跨境电子商务外贸综合服务企业提供有效的融资、保险支持。

金融服务场景，让消费者获得更好的科技金融和消费金融的体验。

（二）人工智能

在人工智能（AI）迅速发展的背景下，小米也顺应潮流，未来将产品设计重点聚焦在 AI 领域。小米在 AI 上有三大优势：

第一，涵盖设计、制造、销售、打造平台等方面的硬件产品能力。小米在硬件上的优势在国内较为突出；

第二，大数据获取能力。小米不仅仅是一家移动互联网公司，更是一家大数据公司，目前已存储大量数据。与其他互联网公司相比，小米的大数据除了数量较大以外，更具有全生态、多样性的特征。

第三，生态链的深广布局。小米已经发布了 200 多款硬件产品，AI 技术在小米有非常广阔的应用空间，语音识别（ASR）、语音合成（TTS）、自然语言处理与理解（NLP/NLU）、计算机视觉、深度学习，甚至包括机器人等所有 AI 技术在小米都可能用到。

过去几年，小米云平台代表了小米后台所有互联网服务，小米的技术路线就是沿着 C—B—A 一路走下来的，C 就是云计算（Cloud），B 就是大数据（Big data），A 就是人工智能（AI）。AI 将是小米未来的重要战略之一。

（作者：小米新经济研究中心）

陆金所：以金融科技创新推动服务升级

一、陆金所发展历程

（一）发展阶段

于2011年9月注册成立的上海陆家嘴国际金融资产交易市场股份有限公司（以下简称陆金所）是平安集团旗下成员，中国最大的网络投融资平台之一。

陆金所涉及的业务范围主要有：金融产品的研究开发、组合设计、咨询服务，非公开发行的股权投资基金等各类交易相关配套服务，金融和经济咨询服务，市场调研及数据分析服务，金融类应用软件开发，电子商务，会务服务，商务咨询，财务咨询（不包括代理记账业务）等。陆金所旗下www.lu.com作为中国平安集团倾力打造的网络投融资平台，在健全的风险管控体系基础上，为中小企业及个人客户提供专业、可信赖的投融资服务，帮助他们实现便捷高效的低成本融资和财富增值。

2011年成立至今，陆金所已经从1.0时代的单纯网贷平台转变为3.0时代的一站式线上财富管理平台：1.0时代，陆金所业务以自营模式运营网络借贷为主，以高效率、低成本的方式实现个人直接投融资，连结不同地区间投融资需求，实现资源高效配置，助推区域金融和经济发展；2.0时代，陆金所聚焦“开放”与“跨业”两大关键词，横跨银行、保险、证券、公募基金、不动产以及网贷等九大市场，提出打造满足不同投资者以及投资者不同人生阶段不同需求的一站式财富管理平台理念，引领包括网贷等互联网金融平台在内的整体转型升级；目前，陆金所已经进入3.0时代，聚焦“O2O”和“跨境”两大方面，着力打造综合财富管理平台，在服务方面提供基于大数据的资产组合管理及推荐功能等，上线更丰富的资产类别，实现更高效、更低成本融资，并且致力实现资产与资金精确匹配（见图1）。

图1　3.0时代陆金所运营模式图

（二）行业地位

作为行业标杆和全球领先的线上财富管理平台，截至2016年12月31日，陆金所平台累计注册用户数达到2,838万，较上年末增长55.0%；活跃投资用户数740万，较上年末增长103.9%；2016年新增投资用户数445万，同比增长33.3%。与此同时，通过陆金所平台交易的资产规模保持高速增长，2016年零售端交易量15351.63亿元，同比增长 137.5%；期末零售端资产管理规模达4383.79 亿元，较 2015 年底增长 74.7%，继续保持行业领先地位。另外，2016 年零售端通过手机移动端进行的交易占比超过 82%，陆金所已成为互联网用户便捷理财的利器。①

陆金所一直在成长的道路上砥砺前进，历经 5 年发展，在基础实力、运营能力、风险控制、社会责任、信息披露、创新能力、团队管理等方面均有卓越表现，引领行业创新发展。

二、陆金所的创新实践

陆金所作为中国金融科技领域的标杆型企业，每一次升级和转型都是在不断探索创新，期间不仅完善了自身的业务体系，还带领全行业共同探寻更高效、更符合当前社会环境的行业模式，推动互联网财富管理平台的高效发展。

（一）服务创新，推进普惠金融服务

随着经济的多元化发展，中小企业的“融资难、生存难、发展难”等问题引起了中央政府的高度关注，“鼓励引导和规范民间资本进入金融服务领域”的政策支持也应运而生。

陆金所围绕“用先进互联网技术和理念满足投融资需求，成为中国最佳的线上财富管理平台”的企业愿景，从降低融资成本、提高交易效率和市场透明度，满足普通大众财富管理需求等方面进行服务创新。

目前，大银行普遍追求贷款规模效益和风险平衡，大多不愿为中小企业提供贷款，从而使得 90%以上民营中小微企业无法从银行获得贷款，为了解决这个难题，2012 年 3 月陆金所推出首款服务“稳盈-安 e”。“稳盈-安 e”在国际网络借贷模式的基础上进行创新，连接投融资双方，为投资人提供相当高的预期年化利率，并引入第三方担保机制，由第三方专业担保公司提供本息“全额担保”，切实保障投资人投资安全。陆金所还在市场中创造性地推出债权转让服务，凡持有“稳盈-安 e”一定期限并符合转让条件的投资者，都可以在陆金所二级市场中随时转让，大大提高了投资流动性（见图 2）。

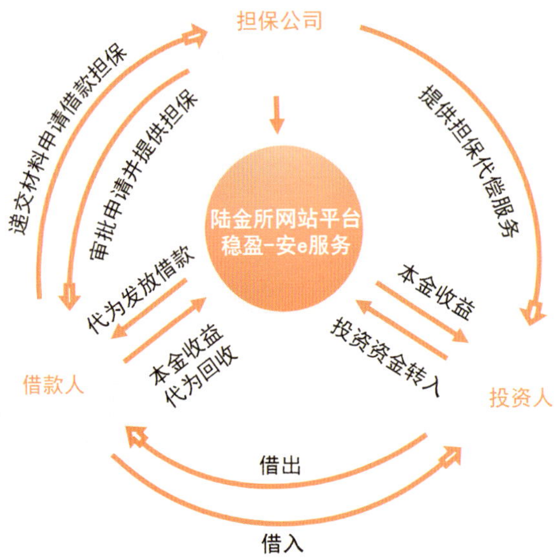

图 2　稳盈-安 e 运营模式图

（二）技术创新，建立行业领先的投资者适当性管理体系

随着互联网财富管理的推广普及，互联网金融“投资者适当性管理”的重要性日益凸现。投资者适当性管理的含义有狭义和广义之分，狭义的投资者适当性管理是指金融机构根据投资者的财

① 资料来源：《中国平安 2016 年年度报告》。

务状况、投资需求、风险承受能力、投资经验等为投资者提供合适的产品与服务；广义的投资者适当性管理包括产品风险评估（KYP，Know Your Product）、投资者评估（KYC，Know Your Custom）、信息披露、产品与投资者的匹配、投资者教育、资产管理机构或中介机构的责任义务等一系列环节工作，力求实现资产/产品端与资金/投资者端的精确匹配。[①] 陆金所投资者适当性管理体系属于广义范畴。

2016年底，陆金所平台全面上线投资者适当性管理体系（以下简称KYC2.0系统），率先在互联网金融行业投资者适当性管理方面做出实质举措。陆金所投资者适当性管理体系，是利用各项风控技术对资产进行风险分类，利用大数据、机器学习等新技术对投资者进行风险承受能力分类，根据既定的适配系统对两者进行匹配，辅之以清晰的信息披露、投资者教育，实现资产和资金的精准匹配和产品全生命周期风险管理，确保合适的产品卖给合适的投资人。

KYC2.0系统的最大特点是更多地利用了大数据技术、机器学习等在资金端对投资者进行“精准画像”，并提供智能推荐服务：

一是利用大数据技术测评，评估结果更加客观。传统单纯调查问卷评估结果容易受到投资者主观意愿影响，如果投资者没有如实填写问卷，评估结果将难以反映实际情况。在KYC2.0系统中，一方面使用优化后的问卷重点测评用户主观风险偏好，另一方面利用大数据技术评估用户真实客观实力。KYC2.0系统在综合用户主观风险偏好和客观实力后，给予用户“坚果财智分”[②]，综合评价其风险承受能力。

二是利用机器学习，对用户“坚果财智分”进行实时动态调整以反映用户风险承受能力的变化。在用户后续使用过程中，KYC2.0系统将根据用户不断积累的投资行为等数据对指标及参数自动进行调整，从而更准确反映用户风险承受能力。此外，该系统能够根据客户投资经验的累积、投资知识的学习等动态更新测评结果。特别值得注意的是，KYC2.0系统不仅有用户风险承受能力提升机制，还有相应的减分机制。例如，对于70岁以上高龄投资人，随着年龄增加，KYC2.0系统会对其主观偏好得分进行相应调减，从而更好地保护投资者。

三是服务智能化。KYC2.0系统不仅能够严格执行匹配规则，限制投资者购买不匹配的产品，还能为用户分析现有资产配置比例，根据用户风险测评结果为其提供投资组合建议，向用户推荐符合其风险承受能力的产品，供投资者参考。

（三）组织创新，打造开放平台服务

“互联网+”鼓励开放共享和融合创新，最大限度优化资源配置，加快形成以开放、共享为特征的经济社会运行新模式。陆金所认为，用户财富管理需求是多样的，仅靠一、两家机构很难满足，因此要打造开放平台，让一切能够提供服务并满足风控要求的公司和机构参与为用户服务，最终形成完备的金融科技生态体系。

2015年以来，陆金所已经陆续推出了网络借贷开放平台、基金平台、跨境交易平台、保险平台等多个领域的开放平台，与超过500家机构建立了紧密合作。陆金所在其中承担平台功能，以公开、透明的第三方平台角色为各方提供基础设施、销售渠道支持以及机构间的咨询及顾问等服务。

三、创新模式下的企业成就

金融科技是“互联网+”行动战略重点行动之一。陆金所作为金融科技的代表型企业，从多个层面体现了“互联网+”特征，坚持开放共享、融合创新、坚持变革转型等原则，在金融原则下进行多种创新，以行业标杆企业形象引领行业发展。

（一）助力实体经济发展和区域经济平衡发展

“互联网+”是要把互联网的创新成果与经济社会各领域深度融合，推动技术进步、效率提升和组织变革，提升实体经济创新力和生产力，形成更广泛的以互联网为基础设施和创新要素的经济社会发展新形态。

---

① 资料来源：《投资者适当性管理实践》（《中国金融》2016年第18期）。

② 陆金所KYC2.0系统在原有的保守、稳健、平衡、成长、进取五大类型基础上对投资者风险承受力评估结果进行量化，每位用户都会获得专属的风险承受能力分值，又称“坚果财智分”。

陆金所各类创新与服务，首先是满足实体经济目前还没被满足的需求，为普通客户提供更多安全可靠的投资渠道。例如在“稳盈-安e”服务中，投资人有2/3来自于北上广一线城市，而借款人则大部分来自二、三、四线城市，特别是中西部地区，多是普通个人、个体工商户以及小微企业主。通过陆金所平台，资金在区域之间产生流动，将一线城市投资者中的闲置资金转移至中西部地区急需资金的小微企业及个人，在服务实体经济的同时，也推动了二、三、四线城市发展。

（二）为行业创新发展提供参照

陆金所作为行业标杆，始终坚持在符合监管要求的条件下进行各类创新，取得了众多成果。

2013年，时任央行副行长的刘士余带队互联网金融发展与监管研究小组在深圳调研网络借贷，刘士余就陆金所的创新模式给予了肯定及鼓励。

2015年，陆金所“稳盈-安e”有效解决了网络借贷行业投资回报与安全性的平衡问题，这在国内和国际上均为首创，因而荣获上海市政府鼓励辖区内金融行业企业创新发展所设立的上海金融创新奖。

从2016年开始，陆金所开始运用投资者适当性管理体系，实现资产和资金的精准匹配。即遵循风险匹配原则，原则上只向客户销售风险评级与其风险承受能力等级匹配的产品，禁止误导客户购买与其风险承受能力不相符合的产品，最终实现“投资者与投资产品精准匹配”，确保合适的产品卖给合适的投资人，切实保护投资者利益，为行业做出表率。

（三）提高金融资产交易效率和透明度

陆金所的重要目标是提高市场流动性和交易效率，增加市场透明度。陆金所不仅在互联网金融行业领域首创债权转让“二级市场”，从而大大提高市场流动性；而且借助金融科技信息披露、交易撮合和技术上的实时传输，使交易效率也得到大幅度提升。

陆金所一直以行业最高标准要求自己，积极履行信息中介的职能，实行投资前、投资时、投资后全流程的信息披露，极大提高了投资理财服务及金融资产交易的透明度。为了保证信息披露的及时性、真实性，陆金所对产品信息披露的内容、流程、管理机构等做了明确的规定。用户在陆金所平台享受的投资理财服务，都可以获得清晰的合同。

四、陆金所发展的未来展望

近几年，金融科技行业发展迅猛，金融与科技相结合的各类创新产品层出不穷，但仍存在诸多问题。例如，部分机构偏离了正确的创新方向，风险意识、合规意识、消费者权益保护意识不强，有的甚至打着“金融创新”的幌子进行非法集资、金融诈骗等违法犯罪行为。特别是近期接连发生的跑路、兑付危机等风险事件，引起社会各界高度关注，引发了社会公众对金融科技行业的质疑，因此规范金融科技行业的发展成为了行业内部及社会各界的共同目标。

随着监管法律法规的出台、监管力度的进一步加强，市场将会进行重新整合。金融科技企业应积极对自己提供的金融科技产品、服务，甚至企业的系统、人员做出调整。这是个阵痛的过程，一些企业会倒闭，被清洗出市场，一些企业会被兼并，但从长远来讲，只有夯实基础，不断创新，金融科技企业和行业才能更健康、更长久地发展。

陆金所希望通过先进的互联网科技、健全的风控体系，以及不断创新的企业精神，为各类机构及个人客户提供多元的金融信息服务，提高市场流动性和交易效率，增加市场透明度，使交易更公平、更安全，树立行业正面声誉，带领行业正向发展，持续为服务实体经济、促进金融普惠添砖加瓦。

（作者：徐扬、李明珠　上海陆家嘴国际金融资产交易市场股份有限公司）

蚂蚁金服:以数字科技造就普惠金融

一、蚂蚁金服的发展历程

蚂蚁金融服务集团(以下简称蚂蚁金服)是伴随着中国经济新常态、尤其是电子商务大潮兴起而快速发展起来的金融服务公司。自2004年支付宝成立以来,蚂蚁金服从服务电商起步,专注于为普通消费者和小微企业提供普惠金融服务,并将普惠金融中国模式向全球推广。支付宝作为蚂蚁金服的前身,创造性地推出担保交易,解决买卖双方不信任的难题,促使中国网络交易井喷式增长。在探索普惠金融过程中,蚂蚁金服通过数字技术创新陆续孵化出解决小微企业融资难问题的网商贷、开创大众理财先河的余额宝、减少买卖双方消费摩擦的退货运费险等消费保险、助力社会信用体系建设的芝麻信用、让普通消费者也能参与绿色数字金融的蚂蚁森林,并且将中国数字普惠金融模式成功推广至全球。在印度、印尼、泰国等"一带一路"沿线国家以技术出海方式,帮助其建立起面向本地的普惠金融基础设施,促进了跨境贸易的开展。与支付宝成立初期相比,蚂蚁金服已经成长为一家依托移动互联、大数据和云计算技术,提供普惠金融服务的金融服务集团。

蚂蚁金服自身不直接从事业务,而是通过旗下各独立的法人公司提供包括支付、银行、理财、保险、征信在内的互联网金融产品及服务,各业务主体之间相互独立,风险隔离。蚂蚁金服旗下及相关业务包括生活服务平台支付宝、智慧理财平台蚂蚁聚宝、云计算服务平台蚂蚁金融云、独立第三方信用评价体系芝麻信用以及网商银行等。其中,支付宝自2013年成为全球最大的移动支付平台,而2017年初余额宝成为全球最大货币市场基金。

蚂蚁金服于2015年7月和2016年4月先后完成A、B轮融资,加入了包括社保基金、中国人寿、国开金融等多个外部股东,企业估值超过600亿美元,是中国最大的独角兽企业。

二、以数字技术为核心的金融创新

作为数字普惠金融的实践者,蚂蚁金服致力于依托移动互联网、大数据、云计算及人工智能等技术,为数百万小微企业、上千万个体创业者及数亿个人消费者提供普惠金融服务。

(一)数字技术重构金融服务

蚂蚁金服坚持以数据、技术驱动,探索数据处理技术(DT)时代下的数字普惠金融新模式,显著提高了效率、降低了成本,初步解决了服务小微企业和普通消费者时遇到的商业发展不可持续的难题,推动了普惠金融在全球实践的进程。数字普惠金融蚂蚁模式的核心任务是服务好每一个普通人,保证服务是低门槛、触手可及的,是安全、可信赖的以及经济、可负担的。这一模式以科技创新为基础,推动信用体系建设,提高安全能力,其中金融科技是发展普惠金融的关键驱动力(见图1)。移动互联网改变了金融行业服务用户的方式,促进了金融的普及;大数据能够帮助甄别和计量风险,使长尾用户获得更好服务;云计算极大提升了计算效率,降低了交易处理成本;人工智能让普通用户也可以享受智能个性化的金融服务;生物识别促进了偏远地区特别是农村的金融服务普及,降低了服务成本,提升了安全性。以支付宝和网商银行为例,其账户年服务成本低于1元,单笔支付交易成本少于2分钱,单笔贷款成本低于1元。

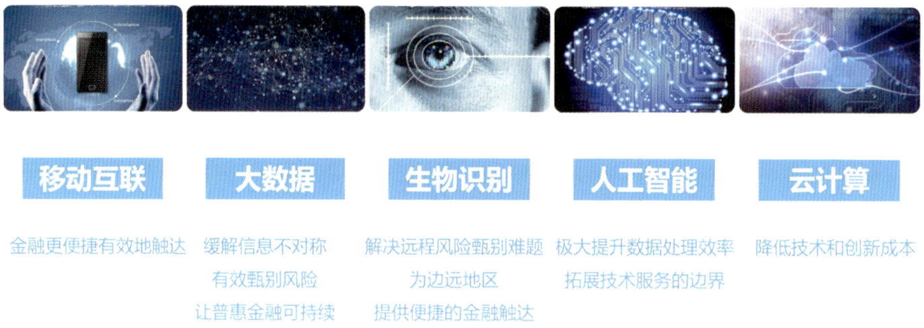

图 1　以数字技术重构金融服务

(二)坚持与传统金融相互补充、相互促进

蚂蚁金服将自己定位为金融行业的毛细血管,坚持与传统金融机构相互协作、互利共赢。蚂蚁金服主要服务于传统金融服务难以覆盖的长尾客户,以小额、高频的业务场景为重点,挖掘客户潜在金融需求,开拓增量市场,与传统金融机构相辅相成,共同丰富完善金融服务体系。自 2015 年以来,蚂蚁金服通过开放渠道、数据、技术等能力,帮助传统金融机构向新金融转型。现已与 200 多家银行类金融机构、100 多家基金公司、70 多家保险公司合作,共同提升普惠金融服务能力。

(三)坚持技术和风控方面自主创新

蚂蚁金服长期致力于用自主研发的云计算与大数据技术支撑金融级业务的开展。

一是在系统处理性能和可用性方面创新。蚂蚁金服具备 12 万笔/秒的交易处理能力,亿级移动客户端在线触达能力,百万级每秒的核心账务处理能力;通过异地多活容灾架构①,使系统在连续多年的全年可用率达到 99.9%;具备 EB② 级的数据存储能力和每天上百 PB 的数据处理能力。蚂蚁金服的互联网金融平台采用全分布式金融架构,利用自主研发的符合国家可控信息系统发展战略的金融云计算平台、移动互联平台、金融大数据平台和 OceanBase 数据库,有效降低了平台的运行成本。截至目前,蚂蚁金服已累计申请互联网金融领域的专利近 2000 项。

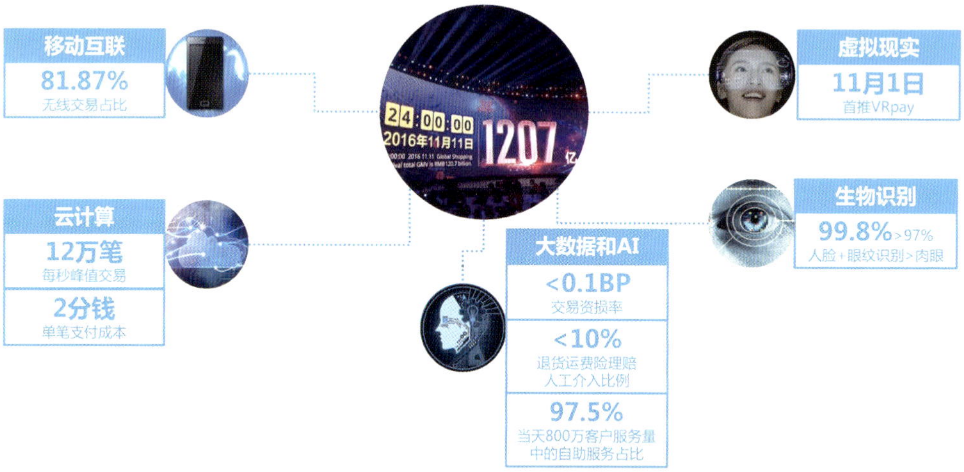

图 2　以 2016 年"双 11"为例,数字技术让金融服务与日常生活和生产紧密结合

二是在安全风控方面创新。传统风控需要大量的人工参与,但面对网络黑灰产的新形势,这种

① 异地多活容灾架构:全球领先的数据容灾备份技术,大大提升了数据中心容灾能力和恢复效率。

② 大数据存储单位:Bit(比特)是量度信息的单位,也是表示信息量的最小单位,只有 0、1 两种二进制状态,8 个 Bit 组成一个 Byte(字节)。从字节开始往上按照千分位递进,分别是 KiloByte(KB)、MegaByte(MB)、GigaByte(GB)、TeraByte(TB)、PetaByte(PB)、ExaByte(EB)、ZettaByte(ZB)、YottaByte(YB)。1KB 就是 1024 个字节。

方式面临的挑战越来越大。蚂蚁金服自主研发的智能风控系统从2004年上线后就在不断优化升级，构建了立体、多层次的金融安全体系，确保业务运行安全稳定。蚂蚁金服旗下所有从事国内业务的经营主体，业务系统和数据存储都部署在中国境内，中国用户在海外商户发生的交易都是由部署在国内的业务系统处理并存储于国内。蚂蚁金服参考信息安全管理体系ISO27001要求，按照“组织独立、人员独立、系统独立、数据隔离”的原则，进行信息安全管理体系建设。蚂蚁金服负责交易安全和信息安全工作的员工约1500人，约占员工总数五分之一。蚂蚁金服还建立了安全运营平台，实时检测、防御外部攻击。风险管理中心开发并部署了数十套风控模型，建立了数千条风控规则，对所有的交易进行7×24小时实时监控，通过实时智能风控系统进行可疑交易的识别和处理。根据银联数据，2014年我国银行卡总体欺诈率约为万分之二，贷记卡欺诈损失率约为万分之一，与全球风险水平相比处于低位。而支付宝资损率小于十万分之一，国外最著名的第三方支付公司Paypal资损率是支付宝的数百倍。[①]

三、数字普惠金融服务小微，拉动经济脱虚向实

（一）以支付宝为载体，积极完善支付体系

支付宝率先开创了担保交易的模式，带动互联网第三方支付行业蓬勃发展，推动电商持续快速发展。目前，蚂蚁金服为超过4.5亿的实名制用户提供支付服务，支付宝日均交易量已超过2亿笔，为超过2亿用户提供水电煤缴费等便捷民生支付服务，较好地满足了互联网场景下安全、快捷、方便的支付需求。

（二）以网商银行为载体，探索解决小微企业融资难、融资贵问题

小微企业以及个体电商创业者业务规模小、缺乏合格抵押物，难以在传统的金融体系下获得贷款。蚂蚁金服作为股东的网商银行探索以大数据分析为基础的全流程风险管理模式，为小微企业和个体工商户提供纯信用无抵押。网商银行的大数据信贷模式大大简化了信贷流程，让小微企业及个体创业者享受“310”信贷体验——即3分钟填写申请、1秒钟放贷、全程0人工干预。网商银行目前已累计为500多万家小微企业和个体创业者提供9000多亿元信用贷款，积极促进了大众创业和网络经济新业态的发展，增加了就业。

（三）以余额宝等为载体，推动储蓄型经济向消费型经济转型

针对广大中低收入者碎片化的现金管理及金融理财需求，蚂蚁金服推出了“余额宝”等产品及服务。以余额宝为例，其推出将理财门槛降低至一元、让众多中低收入者也能享受的便捷理财服务，并且理财资金能够灵活方便地用于购物、消费等特性，深受广大用户欢迎。余额宝及其它理财产品累计服务用户3.2亿，为用户创造财富超800亿元。而这些收益绝大部分又投向消费领域，促进了消费。

（四）以蚂蚁保险平台为载体，探索保险释放经济潜能新途径

蚂蚁金服依托保险平台，与近80家保险公司合作，累计为3.5亿客户提供保险保障。在蚂蚁保险平台上，以退货运费险为代表的消费保险服务，一方面提升用户消费信心，帮助商户提高18%的消费转化率，另一方面减少交易摩擦。数据显示，消费保险帮助商户提升18%消费转化率的同时降低20%的商户经营成本。除此之外，针对电子账户的资金损失风险，蚂蚁保险平台提供保费0.88至2.88元、保额最高达100万的账户安全险，在保用户达1.59亿，有效解除了客户网上购物、储值的后顾之忧。

（五）以“芝麻信用”为载体探索支持社会信用体系建设

2015年初，蚂蚁金服获批筹建芝麻征信，借助大数据和人工智能等技术，助力社会信用体系建设。自2015年年初试点以来，累计开通芝麻信用的客户数超过1.5亿人。蚂蚁金服与发改委合作，共同推进信用社会建设；与最高法合作，敦促2万多名“老赖”在较短的时间内还清欠款。

① 资料来源：蚂蚁金服研究院。

（六）积极推进国际化战略

蚂蚁金服与境外机构合作，在线和移动支付服务已覆盖美国、日本、澳大利亚等200多个国家和地区。2015年，蚂蚁金服投资印度最大的支付公司Paytm，向其提供一整套金融和技术解决方案。Paytm获得蚂蚁金服的投资及技术输出后，业务快速增长，在一年多的时间中，客户数从1760万增加到1.8亿，使Paytm成为印度最大、世界第四大的电子钱包。蚂蚁金服联合韩国电信等公司共同发起设立的互联网银行K Bank已获韩国政府批准筹建。

（七）全力推动农村普惠金融服务

蚂蚁金服现已为超过1.7亿的农村用户提供支付服务，为超过1.4亿农村用户提供保险服务，为160余万农村用户提供经营性贷款超过2000亿元。在内蒙古，针对农户在牛的养殖和增产上存在的资金不够，融资困难及销售渠道不畅通等问题，蚂蚁金服与内蒙古科尔沁牛业股份有限公司（“科尔沁”）合作发展供应链金融，解决了融资难问题。蚂蚁金服跟金融机构合作给农户贷款，但并不直接将资金给农户，而是由科尔沁采购总部采购种牛给农户，目的是专款专用，降低风险。牛长大了以后科尔沁就会收购，加工成农业产品后可以通过天猫卖给消费者。这不但帮助农户解决了资金的问题，还解决了销售问题（见图3）。农村经济供应链正在发生重大变革，而金融在其中起着关键作用，这是整体供给侧改革的一个缩影。

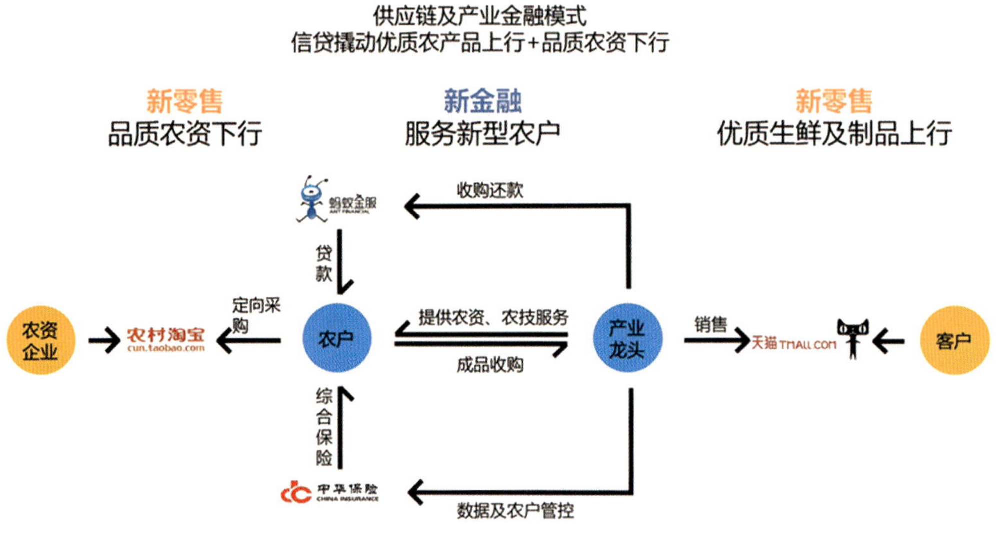

图3 供应链及产业金融模式

四、蚂蚁金服未来发展趋势

（一）继续推动数字普惠金融发展，助力包容性经济增长

数字技术是发展普惠金融的优先选择，这已成为国际共识。G20杭州峰会上发布的《数字普惠金融高级原则》中明确指出：“以推动数字金融服务为首要工作，促进普惠金融体系的发展。”在未来发展过程中，蚂蚁金服致力于为个人消费者提供“我的”四个个性化账户——资金账户、信用账户、碳账户、亲情账户；另一方面，对小微企业提供基于数据洞察的智能化、个性化、综合化服务，让小微企业也有自己的“首席财务官（CFO）”（见图4）。同时，蚂蚁金服将与农村电商结合，依托大数据和生物识别等数字技术，依托农业龙头企业与农户供应链关系和不断完善的信用体系，推动农村普惠金融发展。

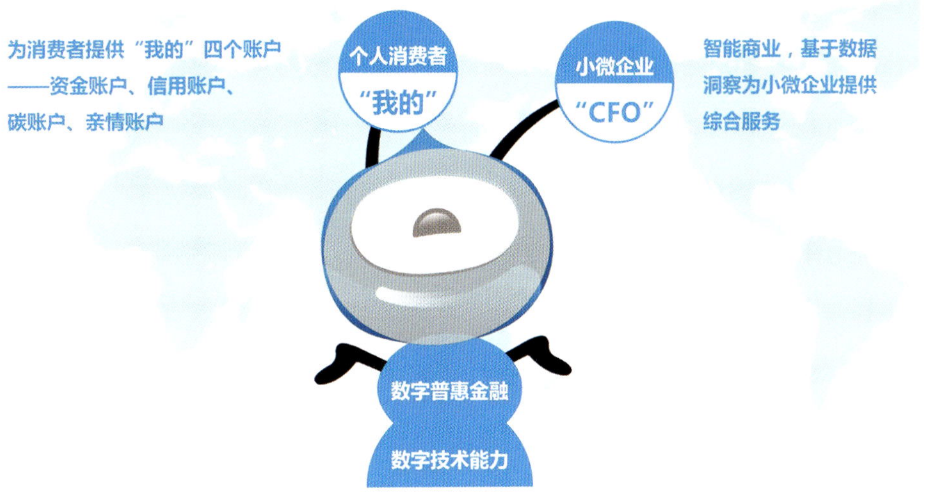

图 4　未来蚂蚁金服将为个人消费者提供“我的”四个账户，并成为小微企业“CFO”

(二)积极探索绿色数字金融，助力可持续经济增长

联合国环境规划署执行主任索尔海姆在 2016 年国际货币基金组织(IMF)年会上指出，绿色金融需要解决的问题不是政府和金融机构自身为绿色经济融了多少钱，而是金融是否真正起到了推动世界向绿色经济转型的作用。根据联合国环境规划署的报告，为了向绿色经济转型，全球每年需要 5 至 7 万亿美元的投入，其中发展中国家需要 2.5 万亿美元在基础设施、清洁能源、水和卫生体系以及农业方面的投入。但是政府能够提供和主导的资金不到十分之一，超过 90%的资金必须通过市场机制解决。如果没有一个市场化的资源配置机制，这个任务就不可能完成。“蚂蚁森林”是市场配置机制的另外一个实践，是蚂蚁金服 2016 年 8 月在支付宝推出的一款绿色公益活动项目。在征得消费者同意的情况下，消费者的地铁出行、电子缴费、行走等低碳行为可以被衡量，进而经科学测算积累成一棵棵虚拟成长的树。这棵树“长大”后，愿意投资环保的公益组织和企业可以“买走”，在现实某个地域替用户种下一棵实体的树。截至 2017 年 1 月底，“蚂蚁森林”用户已超过 2 亿，用户低碳行动所减少的碳排放量为内蒙古阿拉善等地区新栽种超过 100 万棵梭梭树。目前，“蚂蚁森林”一方面在继续接入更多的低碳消费场景，另一方面也让更多愿意投资低碳经济的机构参与进来。“蚂蚁森林”的本质，是让绿色生活可衡量，进而变成真实的可“交易”的树。当数亿消费者和越来越多的企业参与进来的时候，经济中越来越多的和绿色相关的部分将被赋予金融属性；用户的低碳行为将被鼓励，环保意识将增强；用户的行为反过来也会影响产品和服务，从而推动整个经济向绿色转型。社会各界共同构建的，其实是一片有干净空气、水和土壤的绿色森林。2017 年 1 月份，蚂蚁金服还跟联合国环境署在达沃斯一起推出了全球首家绿色数字金融联盟，让金融科技公司一起用技术的力量参与绿色金融，让绿色经济可持续发展。

蚂蚁金服希望继续以数字技术为驱动力，构建基于信用体系的新金融生态，与日常生活和生产紧密结合，为世界带来普惠、绿色的金融服务，促进经济包容性、可持续性增长。

(作者：蚂蚁金融服务集团)

华大基因："双实力"创新铺就生物科技坦途

一、华大基因发展历程

深圳华大基因科技有限公司（以下简称华大基因）前身为北京华大基因研究院，成立于1999年9月9日，因承担国际人类基因计划而生。通过全球领先的基因科技及其掌握的大数据，华大基因为医疗机构、科研院所等提供精准医学和科研服务；其自主研发了系列高通量基因组测序平台，并承担着国家基因库运营管理任务，为中国在生命科学领域的领跑发展加油助力。经历18年的开拓与坚持，华大基因现已成为全球最大的基因组研究与产业示范机构，引领着该领域的创新与发展，其分支及办事机构覆盖全球60个国家和地区，业务网络覆盖全球超过10000家科研、医疗等合作机构。

多年在基因科技前沿领域的研发积累，不但奠定了华大基因的技术领先优势，也推动我国相关行业政策的不断进步与完善，使华大基因多项科研成果得以在临床应用，创造了我国百亿规模的基因检测与基因测序分析市场。随着基因科技与医疗健康领域的深度融合，一个万亿级的新兴产业市场正在形成。由于在基础研究与测序设备研发活动的大量投入，华大基因营业收入连续多年高速增长并达到较大规模，旗下深圳华大基因股份有限公司IPO公开材料显示，2016年实现营业收入17.1亿元，归属于母公司华大基因的净利润为3.3亿元；2012-2016年营业收入复合增长率达到21.1%，远远高于其它行业平均水平；生育健康服务是其近年快速增长的核心业务，收入最高，

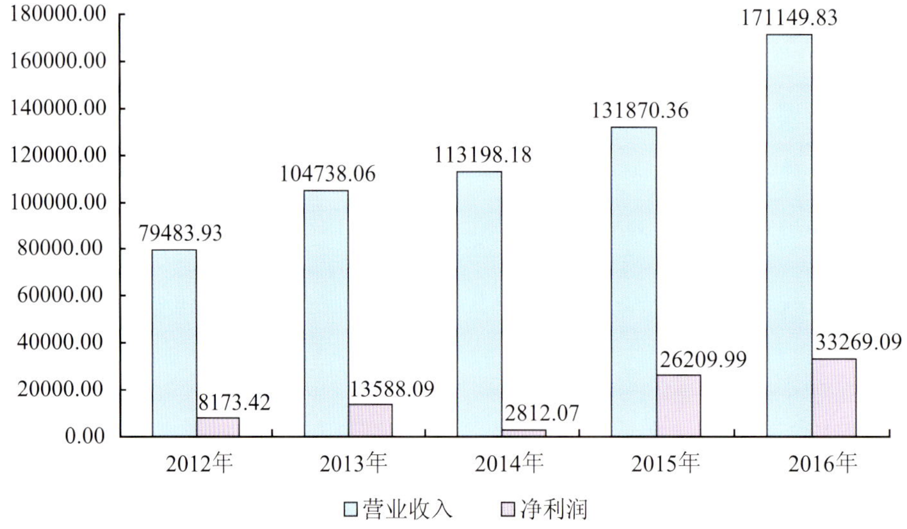

图1　2012-2016年华大股份营业收入及净利润（单位：万元）

资料来源：深圳华大基因股份有限公司招股说明书

注：该净利润为归属于母公司股东的净利润

基础科研服务收入规模保持基本稳定。

纵观华大基因的发展历程，经历了如下四个阶段：

第一个八年：跟踪/跟随（1990-1998 年）

第一阶段源于 1990 年美国启动的“人类基因组计划”[①]。1997 年 11 月，作为中国遗传学会青年委员会主席的杨焕明及来自海内外的青年遗传学家齐聚一堂，就中国人类基因组计划议题提出了一整套具有前瞻性的发展蓝图。1998 年 8 月，中科院遗传研究所人类基因组中心成立。1999 年，杨焕明、于军、汪建、刘斯奇等人（之后的华大基因联合创始人），将中科院遗传所人类基因组中心，以中国代表的身份，向人类基因组计划提交了注册申请并获得通过。该中心因此承担了人类基因组计划的 1%，使中国成为继美、英、日、德、法后第六个加入该组织的国家，拿到了全球顶尖基因科研圈的门票。

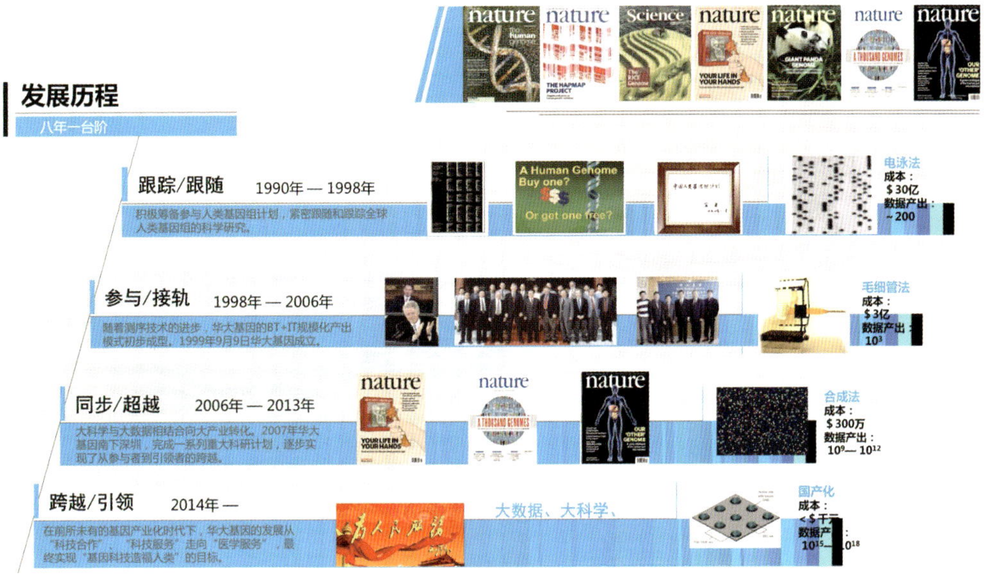

图 2 华大基因的四个发展阶段

人类基因组中心这八年的发展历程集中于生物技术科研积累，以及积极筹备参与人类基因组计划，这一阶段被时任国家科委主任称为“跟踪/跟随”。当时所接触的基因测序技术是早期的凝胶电泳[②]，效率低成本高，每天最多只能检测 200 个碱基。不过，正是这最初对全球人类基因组科学研究的紧密跟随和跟踪，为接下来的同步与超越，打下了坚实的基础。

第二个八年：参与/接轨（1998-2006 年）

1999 年 9 月 9 日，在社会各界的支持下，北京华大基因研究院正式注册成立。2000 年 6 月 26 日，在六国 16 个中心众多科学家和工作人员的共同努力下，人类基因组“工作框架图”绘制完成。

第二个八年中，随着测序技术的进步，华大基因的生物技术+信息技术（BT+IT）规模化产出模式初步成型。当时使用的是毛细管测序法[③]，效率已经比最初的凝胶电泳提高了十倍，已经具备了规模化产出的基础，但毛细血管测序技术和鸟枪法[④]成本范围固定，下降空间有限。

① 人类基因组计划（human genome project，HGP）：由美国科学家于 1985 年率先提出，于 1990 年正式启动。美国、英国、法国、德国、日本和中国科学家共同参与了这一预算达 30 亿美元的大型国际合作大科学工程。按照计划的设想，在 2005 年，要把人体内约 2.5 万个基因的密码全部解码，同时绘制出人类的基因图谱，揭开组成人体 30 亿个碱基对及 2.5 万个基因的秘密。人类基因组计划与曼哈顿原子弹计划和阿波罗计划并称为三大科学计划。被誉为生命科学的“登月计划”。

② 凝胶电泳：用于分离不同物理性质（如大小、形状、等电点等）的分子，通常用于分析用途，但也可以作为制备技术，在采用某些方法[如质谱（MS）、聚合酶链式反应（PCR）、克隆技术、DNA 测序或者免疫印迹]检测之前部分提纯分子。

③ 毛细管测序法：单纯的物质分离和检测的方法，具有分离效果好、灵敏度高等优点。

④ 鸟枪法：将目的 DNA 随机地处理成长度不同的片段，再将这些片段的序列连接起来的测序方法。其优点是速度快，简单易行，成本较低。但用它来测序，最终排序结果的拼接，还原正确排序不太容易。

第三个八年：同步/超越（2006-2013 年）

在这个八年，基因组学新技术的变革天翻地覆，新一代测序技术的通量达到了原有技术的一百倍。2007 年，华大基因总部南下深圳注册成立深圳华大基因科技有限公司，并组织开展了“第一个黄种人基因组图谱”项目及国际“千人基因组计划”“人类肠道基因组计划”等大型国际合作项目，华大基因实现了从参与者到引领者的跨越。

但是所有这些技术进步与发展成就，都存在一个软肋——所有的工具即基因测序设备都是由美国仪器商提供。

第四个八年：跨越/引领（2014-2022 年）

第四个八年，基因测序通量越来越大，准确度越来越高，个人基因组成本降到了千元以下。2013 年，华大基因斥巨资收购了美国上市公司、三大高通量测序仪制造商之一 Complete Genomics，不仅实现了基因测序仪器的国产及量产，使中国的核心设备不再受制于人，并且为华大基因引领全球基因组学的大数据和大产业进程带来了新的机遇，更为中国基因产业引领世界的历程写下浓重的一笔。

在这样一个伟大的产业化时代和引领过程中，华大基因的发展战略四部曲，也将从蓝图的第二步“科技服务”走向第三步“医学服务”。而最终的目的，则是基因测序和分析成本大幅度下降、生物大数据足够丰富后，每个人都可以享受基因科技产业化成果覆盖全生命周期的“人人服务”“终生服务”。

二、华大基因双实力创新

华大基因秉承“基因科技造福人类”愿景，以提高人民医疗健康水平为出发点，围绕基因科技领域研究最新成果及生物技术在民生健康方面的应用进行科技和产业布局，致力于减少出生缺陷，加强肿瘤防控，抑制重大疾病对人类的危害，助力精准医学及健康，实现基因科技等生命科学技术及其大数据支撑下的人人百岁健康。

（一）硬实力创新

1. 生命科技服务

提供定制化产品服务。华大基因凭借其世界领先的大规模测序、生物信息分析、细胞克隆、基因检测、分子育种等多种成熟技术平台，服务于生命科学研究的各个领域。

致力于精准医学。服务范围涵盖高通量、标准化和低成本的实时全景生命大数据（基因组、蛋白质组、免疫组、代谢组、影像组、电子病历等）、从孕前到终老的全生命周期监测、基因编辑与合成、精准用药等多个领域，大量新成果的应用都能够惠及大众健康，促进医疗质量和医疗技术水平的提高。华大基因从基因入手，结合心理、生活方式、环境、生态等因素，对疾病及亚健康状况进行早期预警、预测和干预，让大部分先天性遗传性、大部分致死致残性疾病不发生或少发生，让发生了的疾病有治疗方法甚至能够治愈。

图 3　全生命周期产品

2. 硬件技术平台

华大基因运用强大的基因测序平台、蛋白质分析平台及基于云端的生物信息分析平台，为临床诊断提供支持，以减少出生缺陷，预防重大疾病。

华大基因推出的技术平台涵盖：高通量基因组测序及辅助平台，测序涵盖核酸、宏基因组、甲基化、外显子捕获等领域；质谱平台，进行蛋白质组学和代谢组学的全谱分析、定量分析、蛋白修饰分析和目标蛋白、多肽和各种小分子的分析检测，也可以结合目前的基因组、转录组数据展开贯穿性科研项目；基于云端的生物信息分析平台（BGI-online），通过不断提升高效能计算、云计算服务能力，为海量生命健康大数据处理提供创新解决方案。

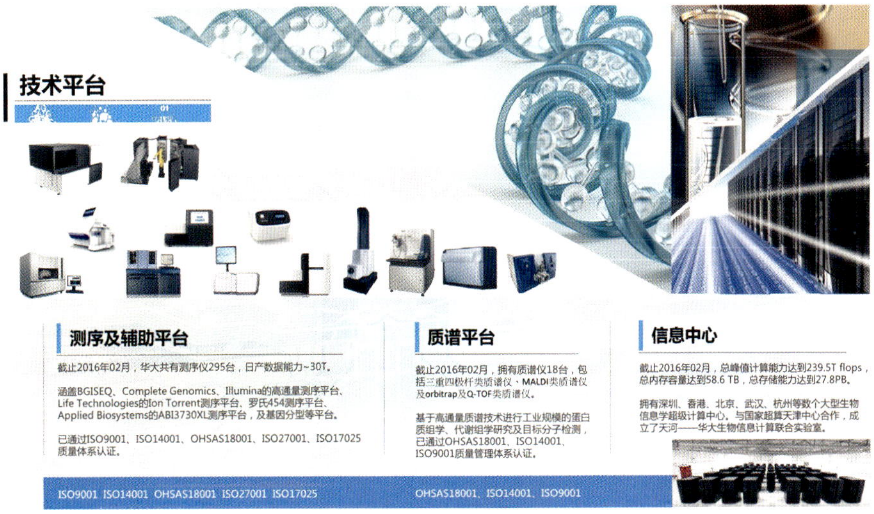

图 4 硬件技术平台

（二）软实力创新

1. 科学发展与人才培养

华大基因以“产、学、研”一体化，将“科学发现、技术发明、产业发展”有机结合，并逐步形成了以自主工具（国产基因测序仪）、国家基因库、研究院牵引，样本、数据、产业“一拖五”模式，形成了以任务带学科、带产业、带人才的“三发三带”式人才培养与学科建设的模式，形成比较新颖、有效的创新人才发展与培养体系。

华大基因的员工平均年龄只有 27 岁。在人员的聘用和晋升上，华大基因不以年龄、学位、资历论资格，大胆任用具有创新胆识和创新能力的年轻人，激发起创新意识和创业雄心。所有新员工必须通过严格的“铜人阵”[①]才能上岗工作，老员工则必须通过岗位相关“铜人阵回炉”才具备继续在原岗位上工作或升职的资格。

与此同时，华大基因采取国内外校联合培养的模式，与北京大学、武汉大学、华南理工大学在内的近 10 所国内知名高校建立了教育合作关系，采用“2.5+1.5+X”或“3+1+X”的模式开展本、硕博联合培养计划；与香港中文大学、哥本哈根大学等国际知名高校开展硕博联合培养计划。

华大基因采取的以项目带学科、带人才的这套新技术、人才培养结合的模式，不仅让华大基因的人才库始终充满朝气，还为其持续发展提供了源源不断的动力。

2. 生命伦理规范

2011 年 3 月，华大基因研究院生命伦理和生物安全审查委员会（BGI-IRB）正式成立，主要工作内容包括建立和完善伦理审查的工作规章制度、项目审查与审批、员工伦理意识培训、对外交流等。

① 铜人阵：主要指在工作“导师”（经验丰富的员工）指导下，以个人或 2-3 人小组，在 3 个月以内成功再现经典科研项目相关分析成果等，是比较高效的筛选和培训科研人员的方式。

图 5　人才培养与学科建设模式

华大基因从事基因科技方面的创新研究并坚持三点原则：科学技术研究和发展以保证人类的平等为基础；在以人为对象的科学研究中，保护个人受试者的利益和个人隐私及信息安全；绝对不将研究结果应用于不符合人类社会伦理道德的范畴。

在 BGI-IRB 成立之前，华大基因与其他合作单位一起共同遵守统一的伦理要求规范；BGI-IRB 正式成立后，华大基因生命伦理制度更加健全。BGI-IRB 将继续通过严格的项目审查制度，遵循国际公认的伦理原则，保证科学研究更好的进行。

三、华大基因成就社会责任与科学进步

（一）履行社会责任

1. 公共卫生防控

在国内外多起突发公共卫生事件中，华大基因在第一时间破译致病基因组，并研制出诊断试剂盒，提出应对方案，践行社会责任。

（1）抗击“非典”

2003 年 5 月，华大基因用十几个小时破译了 SARS 病毒密码，96 个小时就做出了 SARS 检测试剂盒，并向全国防治非典型肺炎指挥部捐赠了 30 万人份。同年，时任国家主席胡锦涛莅临华大基因考察，给予了“想中央之所想，急抗病之所急，办群众之所需”的高度评价。

（2）德国“毒黄瓜”疫情控制

2011 年 5 月 1 日前后，德国爆发肠出血性大肠杆菌（EHEC）疫情。2011 年 5 月 27 日，华大基因收到该病菌样本开展紧急检测流程，6 月 2 日完成病菌基因组测序并公布其序列。6 月 7 日，华大基因成功研制该病菌诊断试剂盒并无偿公开，使得整个科学界在第一时间共享了相关数据信息，为疫情快速控制奠定了重要的科学基础。

（3）支持高致病性禽流感防控

卫生部卫生应急办公室公布的数据，截至 2013 年 4 月 6 日 17 时，全国共报告 18 例人感染 H7N9 禽流感确诊病例，其中死亡 6 人。在人感染 H7N9 禽流感病例出现后，华大基因积极参与对病毒的研究，并立即开启应急通道，建立快速检测平台，可在 36 小时内对样本进行精确检测；并且构建了流感及重大传染病基因组数据库，可及时应对突发的公共卫生事件。

2. 抗灾救灾

在多起严重的自然灾害发生时，华大基因立即赶赴受灾现场提供积极有效的疫情监控及遇难者身份鉴定等专业援助。

（1）印度洋海啸

2004 年 12 月 26 日，印度洋发生海啸，突如其来的灾难给印尼、斯里兰卡、泰国、印度、马尔代夫等国造成巨大的人员伤亡和财产损失。2004 年 12 月 30 日，华大基因第一时间派出鉴定救援组赶赴泰国海啸灾区，为泰国免费鉴定逾千份的海啸遇难人员 DNA 样本。

（2）汶川地震

2008 年 5 月 18 日至 6 月 2 日，华大基因地震灾区疾控工作组赴四川灾区参与“5・12 汶川地震”灾后重建工作，检测可能的突发卫生和传染病事件。

(3)雅安地震

2013 年 4 月 20 日上午 08 时 02 分,四川省雅安市芦山县发生 7.0 级地震,灾情严重。在紧急关头,华大基因宣布无偿为地震灾区提供包括疫情监控、应急病原微生物检测、身份辨识、伤患治疗需要的 HLA 配型检测等各项技术服务,并将捐赠首批 10 万人份用于输血安全、病原检测的诊断试剂。

3. 民生健康提升

华大基因始终保持对民生改善的高度关注,切实从提升百姓健康出发,提供技术支撑与保障。

(1)区域民生全覆盖

秉承“基因科技造福人类”的愿景与目标,围绕“一个严控、三个远离、八项注意”,华大基因在安徽省阜阳、贵州省黔西南州、河南省长垣县、重庆渝北区等地开展“唐宝宝”[①]、耳聋、宫颈癌等多项基因筛查,提升当地健康水平。截至 2017 年 4 月底,政府主导的民生全覆盖筛查累计惠及 332.89 万人,其中筛查“唐宝宝”38 万,(全部无创样本已突破 200 万人),检测出 1700 余例阳性并采取干预措施(平均阳性率约 4.5‰)。[②] 有效避免这些孩子的出生,不仅可极大减轻家庭的精神痛苦,也可减少社会负担。

(2)健康公益计划

华大基因关注民生健康,针对我国出生缺陷发生率呈上升态势的现状,多次组织或参与大型公益活动,为弱势群体提供健康帮助,提高全民健康水平。随着基因科技的发展和临床应用以及仪器工具法规上的突破,基因技术可广泛用于遗传疾病的检测,精准预防出生缺陷。2014 年,华大基因在北京宣布启动“千万家庭远离遗传出生缺陷”计划,并陆续开展了一系列针对罕见病的“科技公益”项目,包括面向粘多糖病患者的“子琪计划”(免费提供 100 名粘多糖病患者 HLA 骨髓配型检测服务),面向地中海贫血的“春叔计划”(免费提供 HLA 配型及遗传咨询服务)和面向鱼鳞病的“晓明计划”(免费提供 100 名基因检测和遗传咨询服务)等,提高社会对罕见病患者群体的关注。

(3)捐助中华骨髓库

2010 年,华大基因向中华骨髓库捐助 4300 万元资金,并协助完成 9 万人份的 HLA 高分辨分型测序。2011 年 1 月 25 日,中国红十字会授予深圳华大基因研究院红十字最高荣誉——红十字勋章。

图 6 履行社会责任

(二)前沿科学研究突破

华大基因以“产、学、研”一体化的创新发展模式引领基因组学的发展,推动基因科技成果转化,实现基因科技造福人类。

① 唐宝宝:罹患唐氏综合症的孩子。唐氏综合症是最常见的一种人类染色体异常疾病,通常表现为智力及劳动能力低下,平均寿命较短。

② 资料来源:华大基因内部数据。

截至2017年6月9日，华大基因发表论文累计收录于美国《科学引文索引》(SCI)达1779篇；在国际四大顶尖学术期刊《自然》及其系列、《科学》《细胞》《新英格兰医学》上共发表科研论文256篇。全球学术影响力位列第87位(2014年)，盈利机构非盈利科研全球第一(2015年)，科研产出名列中国产业机构首位、全球产业机构第12名(2016年)。截至2016年12月，华大基因已获得授权发明专利378件，多数为美国及专利合作协定(PCT)专利。此外，还自主研发了多项软件工具、实验设备，并建立了庞大的数据库应用系统。

华大基因被《自然》杂志评为"世界领先的遗传学研究中心"和"基因组学、蛋白质组学和生物信息分析领域的领头羊"，其创新发展成为现代企业发展的典范，2013年名列Fast Company"2013年中国十大最具创新力企业"第二，入选麻省理工《科技创业》杂志"2013年全球最具创新力技术企业"50强，入选《环球科学》"2013年度最具影响力十大研发中心"，荣获2014世界技术奖生物技术类(企业)奖，入选2015年世界经济论坛全球成长型公司。2015年12月，自然出版集团发表《2015中国自然出版指数》增刊，分析了中国2012年至2014年期间的科研产出，华大基因在《自然》和《科学》的发表指数中排名全国第三，名列2015年《自然》全球产业机构合作排名首位。华大基因自主创办的大数据学术杂志Giga Science的SCI影响因子位列综合期刊全球第六，影响因子7.463。

国家科技创新规划

经李克强总理签批，国务院2016年8月8日印发《"十三五"国家科技创新规划》(以下简称《规划》)，明确提出了未来五年国家科技创新的指导思想、总体要求、战略任务和改革举措。

《规划》强调，坚持创新是引领发展的第一动力，以深入实施创新驱动发展战略、支撑供给侧结构性改革为主线，全面深化科技体制改革，大力推进以科技创新为核心的全面创新，塑造更多依靠创新驱动、更多发挥先发优势的引领型发展，确保如期进入创新型国家行列，为建成世界科技强国奠定坚实基础。

《规划》描绘了未来五年科技创新发展的蓝图，确立了"十三五"科技创新的总体目标。国家科技实力和创新能力大幅跃升，国家综合创新能力世界排名进入前15位，迈进创新型国家行列；创新驱动发展成效显著，与2015年相比，科技进步贡献率从55.3%提高到60%，知识密集型服务业增加值占国内生产总值的比例从15.6%提高到20%；科技创新能力显著增强，通过《专利合作条约》(PCT)途径提交的专利申请量比2015年翻一番，研发投入强度达到2.5%。

《规划》围绕支撑国家重大战略，充分发挥科技创新在推动产业迈向中高端、增添发展新动能、拓展发展新空间、提高发展质量和效益中的核心引领作用，重点强化六方面的任务部署。一是围绕构筑国家先发优势，加强兼顾当前和长远的重大战略布局。二是围绕增强原始创新能力，培育重要战略创新力量。三是围绕拓展创新发展空间，统筹国内国际两个大局。四是围绕推进大众创业万众创新，构建良好创新创业生态。五是围绕破除束缚创新和成果转化的制度障碍，全面深化科技体制改革。六是围绕夯实创新的群众和社会基础，加强科普和创新文化建设。

《规划》从落实和完善创新政策法规、完善科技创新投入机制、加强规划实施与管理等三方面提出了保障措施，强调完善支持创新的普惠性政策体系，深入实施知识产权战略和技术标准战略，建立多元化科技投入体系等。

四、华大基因的未来展望

华大基因推动实现“大目标”，聚焦健康与长寿，从服务员工健康做起，自觉践行健康生活方式，围绕“一个严控、三个远离、八项注意”，即精准医学支撑，严控传感染疾病，远离出生缺陷、肿瘤、心脑血管疾病；做到吃好、早存、健脑、静心、养颜、健身、微生、防疫等精准健康，提升生命质量，延长人类寿命。

华大基因管理与运营由国家国家发改委等四部委联合批复的深圳国家基因库，将资源保存与基础研究能力结合，存天下可存之生物，将前沿的基因组及多组学科研成果应用于医疗健康、未来农业等领域，示范及推动基因科技成果转化，实现基因科技造福人类。通过世界领先的高端仪器研发和智造平台，实现大规模数字化人生与地球，支撑建立以基因为学科分类基础，跨越“以疾病和病人为中心”到“以人和人的健康为中心”，注重个性化诊断和用药的“精准医院”；支撑出生缺陷和肿瘤等的防治，实现精准医疗，并助力生物多样性保护与重塑。基因合成与编辑平台，超级物种、干细胞等技术的利用，濒危/灭绝物种的保护等，与基因测序技术等结合，带动形成万亿的市场空间。华大基因灵活的体制机制，保障了重大战略项目的实施，在生命产业大发展的同时，也承担着更多、更重的社会责任。

图 7 华大基因三大优势和保障

未来，华大基因希望通过大科学（科研支撑）、大平台（工具拉动）、大资源（国家基因库），实现科技（面向前沿科技）、民生（面向民生重大需求）、产业（面向国民经济主战场）三联互动，一拖五式发展，最终实现科技极限支撑下人类的终极追求。这一“大目标”愿景将创新推动基因产业这一社会经济新动能的发展壮大，推动我国生命经济的形成与腾飞发展。

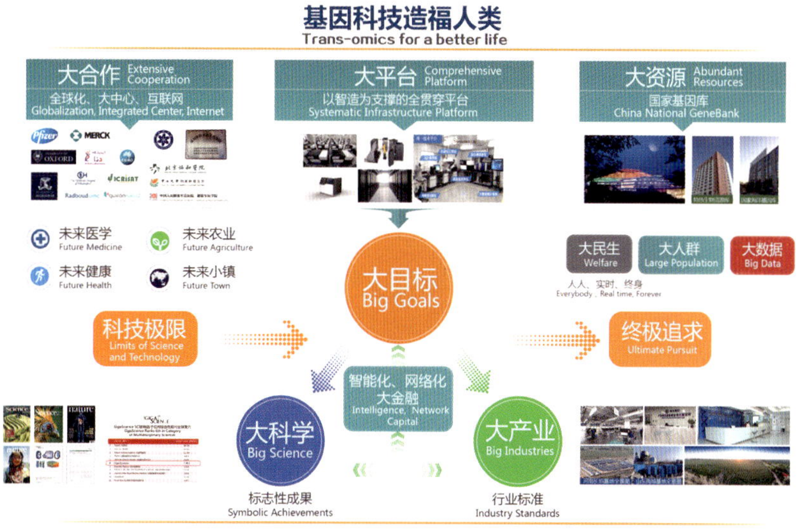

图 8 华大基因未来展望

（作者：高鹏、周锐　华大基因）

沪江：创新引领打造互联网教育新模板

一、沪江发展之路

（一）沪江的发展历程

沪江是国内最早从事互联网教育的企业，从2001年成立到现在经历了公益化运营、商业化尝试、平台化实践、移动化转型、生态化发展五个阶段（见图1）。公益化运营阶段，沪江作为一个免费的外语学习网站，成为众多网友分享学习资料、交流学习经验的聚集地；商业化尝试阶段，沪江坚持内容免费的思路，通过网站的流量进行商业变现；平台化实践阶段，沪江砍掉全部广告业务，自主研发推出B2C在线学习平台沪江网校，培养用户为优质内容付费的习惯；移动化转型阶段，沪江在原有PC端业务的基础上，重点打造移动端应用，开始探索微课教学等适应移动化、碎片化学习需求的课程产品；生态化发展阶段，沪江大力扶持互联网教育创业团队，积极打造互联网教育生态圈，实现产业共赢。

图1 沪江的五个发展阶段

经过十六年发展，沪江建立了学习资讯、学习工具、社群学习平台和优质课程平台四大业务体系，涵盖升学、留学、语言、职场、兴趣等丰富内容，成为国内最大的专业互联网学习平台。据科技部火炬中心于2017年3月发布的《2016年中国独角兽企业发展报告》显示，沪江以10.8亿美元的企业估值成为中国互联网教育领域的领跑者。

（二）发展背景：互联网教育时代

互联网教育方兴未艾，沪江正逢其时。根据Analysys易观监测数据显示，2016年中国互联网教育市场规模达到1601亿元，同比增长43.3%。易观预测，未来三年内互联网教育市场将以30%左右的增速稳定增长，预计2019年的市场规模将突破3700亿元。

与此同时，互联网教育的用户群体正在崛起，在线学习成为新的学习方式。中国互联网络信息中心（CNNIC）于2017年1月发布第39次《中国互联网络发展状况统计报告》显示，截至2016年12月，中国在线教育用户规模达1.38亿人，较2015年底增加2750万人，年增长率为25.0%；在线教育用户使用率为18.8%，在2015年基础上增加2.7个百分点。

行业的蓬勃发展推动了沪江的成长。截至2017年4月，沪江已经拥有1600名全职员工、2000名兼职员工，用户已达1.4亿，其中移动端用户超过1.1亿。同时，已经有2.6万名老师、1500

家优质内容机构入驻沪江,包括国际出版巨擘麦格劳-希尔教育集团、牛津大学出版社、哈珀·柯林斯集团等,直播、录播课程共计132万节次。

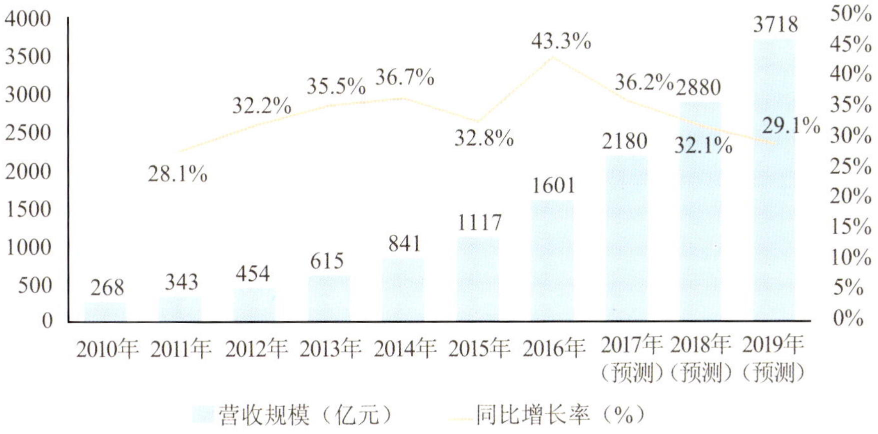

图2 中国互联网教育市场交易规模发展情况

资料来源:Analysys易观

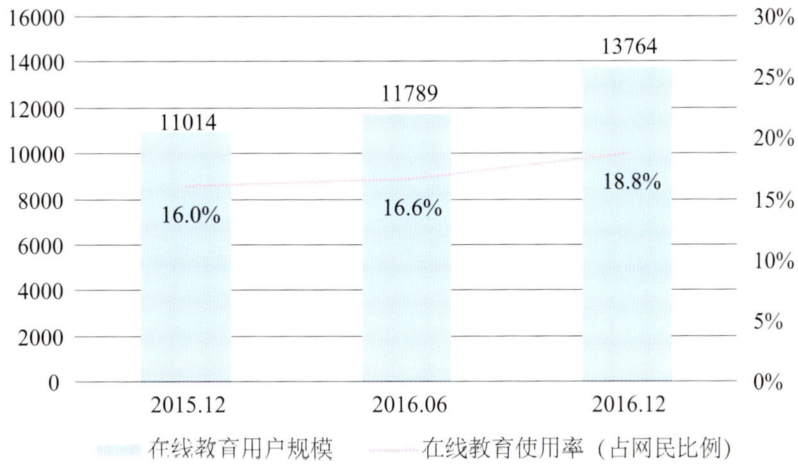

图3 2015年12月-2016年12月在线教育用户规模及使用率

资料来源:中国互联网络信息中心

二、创新引领,打造"互联网教育生态"

(一)理念创新:沪江提出互联网教育的四大特征

互联网教育是跨界融合的产物,没有统一的标准和规范。沪江基于十多年的行业耕耘与探索,提出了互联网教育的四大基本特征,奠定了中国互联网教育的发展方向:

第一,大规模复杂交互。互联网教育要实现多向并发,通过使用文本、图像、音频、视频等多种载体实时互动的学习场景,将学习记录和学习成果无缝串联在一起。

第二,普惠性、低门槛。互联网教育让学习的边际成本趋近于0,任何人在任何时间、任何地点都能用低成本进行在线学习。

第三,高度重视C端体验。用户至上,无论是产品设计还是业务拓展,都要从用户的角度出发;无论用户是否付费,都要为其提供优质的教育服务。

第四,社群化教育。互联网教育的本质是社群化教育,将一大群有着共同兴趣的人汇聚在一起学习。当人的自驱力在同类人群中找到共鸣和激发,更能高效地刺激自身的提升。

(二)自营网校,开教育行业风气之先

创业初期,沪江依托网站流量带来广告收入,走的是传统互联网企业的营收道路。2009 年前后,沪江砍掉全部网页广告,坚持打造纯粹的教育平台,依靠自产的教育产品、课程创收,成为中国极少数没有一分广告收入的互联网企业,这是沪江对商业模式的大胆尝试。截至 2017 年 4 月,沪江自营课程达到 2124 门。

2012 年,沪江自营的 B2C 平台沪江网校实现盈利;2014 年,沪江网校试水"12.12 学习趴",营收 657 万元;2016 年,"12.12 学习趴"总营收突破 1.02 亿元。沪江网校的自营模式开行业风气之先河,为后来的众多创业公司所借鉴。

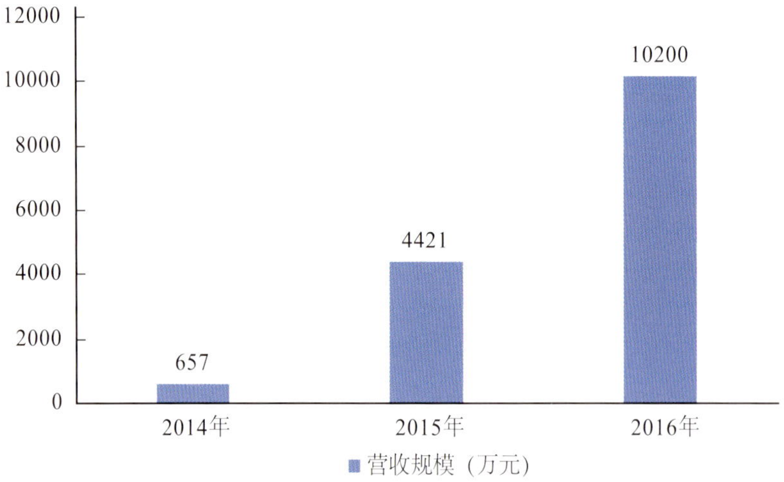

图 4 2014-2016 年沪江网校"12.12 学习趴"营收增长图

资料来源:沪江网校

(三)以"教育"为核心的商业模式

互联网教育的核心是"教育",沪江的所有产品和业务都围绕用户的学习问题来设计。发展至今,沪江确立了四大业务体系:一是专注于为用户提供学习资讯的沪江网;二是丰富多样的学习工具,如沪江学习 APP、开心词场、小 D 词典、听力酷等;三是优质课程平台沪江网校,提供全面的课程和教学服务;四是社群学习平台,包括 CCtalk 和沪江社团,前者是实时互动教育平台,后者是网络学习社区,鼓励用户在群组学习中,创造内容、学习分享。

其中,CCtalk 是沪江开放合作的重要载体,在 CCtalk 平台上崛起的"网师"[①]群体为用户提供了丰富多样的学习资源。截至 2017 年 4 月,CCtalk 入驻网师 2.6 万名,机构 1454 个,产生的直播课程和活动累计达到 131.6 万节次。CCtalk 通过运营支持、基金资助、逆向出版等多元手段支持网师成长;同时,通过增值服务、版权分成等方式获取收入,实现网师个人与教育平台的互利共赢。

四大业务体系全面覆盖了语言、留学、升学、职场、兴趣等教育领域和学习方式,共同构成了沪江的产品矩阵和一个闭环生态链:"流量及用户导入—获取资讯—购买课程—社区分享和传播—吸引更多用户。"这一生态链帮助沪江保持稳定的资金流状态,逐步确立清晰的盈利模式,是沪江可持续发展的基础。

(四)人工智能技术和产品,让学习更简单、更有效

沪江建成了国内最大的在线学习数据库[②],基于大数据和人工智能技术,结合对教育的洞察与理解,沪江推出了自身在技术和产品创新领域的集大成者——智能教育云平台。

---

① 网师主要是指那些能够充分利用互联网进行教学,并能在平台上获得持续的收入,能在教学过程中收获尊严和乐趣,拥有独立人格的群体。

② 沪江构建起"教学练测"的完整学习生态,用户在平台上使用各种功能和服务时产生了大量的数据,基于庞大的用户基数,沪江建成了国内最大的在线学习数据库,数据平台有过万的数据处理任务对每日学习数据(TB 级)进行实时分析。

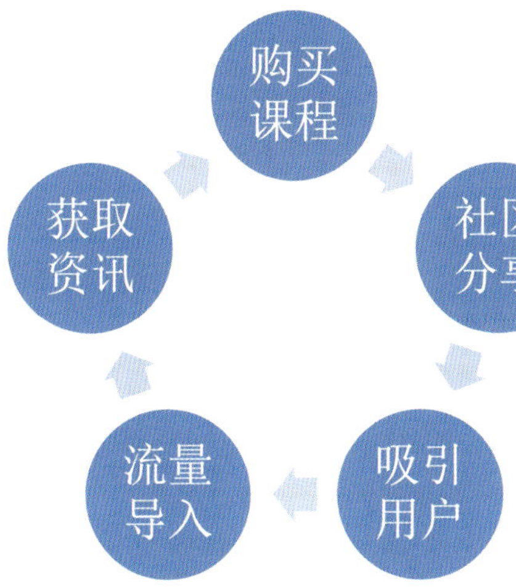

图5 沪江商业闭环生态链示意图

沪江智能教育云平台是一个打通线上学习场景、集聚海量学习者和教师、内容提供商、教育技术开发者等多方资源的完整生态，提供“大数据分析—用户画像—能力评估—路径规划—个性化教学—学习效果评估”的智能学习“大循环”，帮助学习者提升学习效率和体验，赋能网师成就自我。

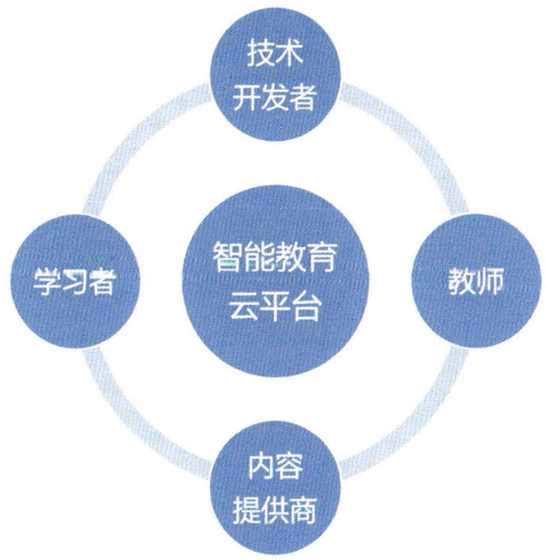

图6 智能教育云平台构成示意图

内容商提供的学习内容通过智能平台对其进行识别和打标①后，能够被精准推送给需要这些内容的学习者，实现学习内容的产品化和商品化。

教育技术开发者则通过平台的开放接口与教学场景深度融合，让其提供的技术工具能转换成有价值的教学产品，从而服务于学习者。

对于教师，平台通过一系列的工具和数据赋能教师。以CCtalk的网师群体为例，平台为教师提供双向白板、课件制作、即时测评等各种专业工具方便教学。同时，实时监测、收集、分析教师和学生的行为和交互数据，生成“直播教学指数”的分析反馈，帮助教师诊断学情，实现数据驱动的精细化教学管理和个性化教学。

学习者可以享受智能导学服务带来的个性化学习体验。通过大数据和人工智能技术，为学员量身定制学习方案，动态进行路径调整，做到“千人千面”，让学习更有针对性，使得学习效率和效果得到大幅提高。

三、互利共赢，兼顾商业发展和社会效益

（一）联合出版社共同开发版权内容，让版权增值

沪江一直重视对优秀教材版权的采购、开发和保护。截至2017年4月，沪江已经与国内外36家出版机构、教育集团达成深度的版权合作，共同开发了25种不同类型的版权产品。

一方面，沪江引入优质版权内容，组建团队将其打造成体系健全的全新课程内容，这些内容也会与沪江现有的其他同类别课程搭配使用，补充、完善已有的课程体系和内容。另一方面，沪江每年也产出大量优质的自制版权内容，通过出版社等渠道向市场推出出版形态的产品。最终，沪江和出版社形成“内容互通共享、平台渠道互通共享、用户互通共享”的发展模式。

以沪江和人民教育出版社经典产品《标准日本语》的合作为例。《标准日本语》在2014年改版时与沪江合作，双方共同开发了一个日语学习APP，并将二维码印在书上，读者购买图书后通过扫码可进入沪江网校在线学习，体验便捷、附加价值高的学习方式。“纸质图书+APP+在线课程”的合作形式，不仅丰富了优质版权内容的产品形态，还为《标准日本语》实现了增值。仅仅一年，《标准日本语》初级版和中级版扫码下载使用的用户累

① 智能程序通过机器学习的方式给内容打不同维度、不同主题的标签。

计达到150万；到沪江网校学习这门课程的用户/读者达到5.6万人，人手购买一册纸质版图书作为配套教材使用。同时，扫码后用户数据的采集为出版社提供后续服务、图书的再版有着更大的帮助。这一系列的二次开发和共享价值远大于出版社在传统渠道上获得的销售价值。

（二）发挥互联网教育优势，帮助线下培训机构实现互联网转型

传统的线下教育培训机构正面临互联网冲击。沪江经过十六年发展，深具互联网思维，且基本完成了互联网教育所需的技术架构。与线下培训机构达成战略合作后，沪江会通过技术研发、品牌推广、资源共享等支持手段，帮助其进行互联网转型，形成线上流量与线下教学模式的深度融合。

以苏州研途教育科技有限公司为例（以下简称考研VIP团队）为例，2016年4月，双方签署战略合作协议。考研VIP团队专注打造研究生考试考前辅导课程体系，沪江对课程的在线开发和运营提供全程支持，双方合作将线下分校与线上授课打通。而沪江平台对用户学习数据的采集与分析，成为考研VIP团队后续课程研发和名师IP打造的基础。与沪江合作触网后，考研VIP团队的营收迎来飞速增长，2016年业绩同比增长近300%。

（三）教育扶智，网络扶贫新举措

2015年10月，沪江推出支持中小学公益项目"互+计划"，在全国各地共建共享网络课程，让偏远地区的小规模学校也能享有优质教育资源。

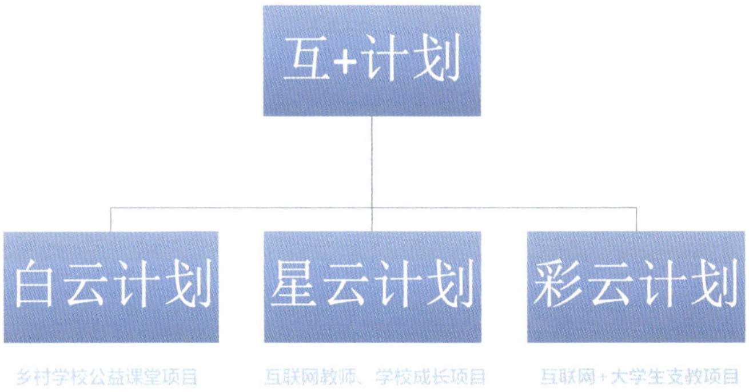

图7 "互+计划"项目构成图

扶贫先扶智。"互+计划"充分发挥互联网的"连接"优势，连接政府、企业、学校、机构和热心教育公益的个人，再通过互联网的大规模复杂交互，叠加形成逐级放大的扶智效应，最终实现价值的最大化，让轻量级、高效率、大规模、可持续的教育扶贫成为可能。

目前，"互+计划"有三大项目：

白云项目，乡村学校公益课堂项目。联合名校、名师和教育机构、公益组织，通过"双师教学"① "网师课堂"②等模式，把优质的网络课程送到全国各地的乡村学校，建立乡村学校联盟抱团发展，协助留守儿童通过互联网建立亲子沟通关爱体系。

星云项目，互联网教师、学校成长项目。联合各大教育智库、公益组织、研究院等单位建立系统的教师成长的O2O培养方式，挖掘开展互联网教育创新的学校和教师，并给予运营支持，重构学习和教育模式。

彩云项目，"互联网+"大学生支教项目。联合各个大学的支教团队对各地乡村学校进行点对点网络支教，搭建系统的大学生网络支教的教师培训、教学设计、学习服务平台，利用大学生空闲时间将支教课程纳入乡村学校课表常态运营，降低支教成本，提高支教质量。

截至2016年年底，"互+计划"覆盖了全国30个省级行政区（除青藏港澳四地）的1000多所中小学，举办超过10000次的课程与活动，初步统计

① 双师教学：教师通过互联网远程直播教学，当地配备另一名教师在线下作为助教协助课堂教学。
② 网师课堂：教师通过互联网远程教学，学生以自主学习为主，教师、家长或同学可以作为学习助理参与辅导。

受益教师超过3万名，影响50多万学生[①]。

其中，甘肃省武威市天祝县、江苏省南京市栖霞区、河南省三门峡市卢氏县等地整合区域教育资源，整体推进“互联网+教育”发展；四川省广元市利州区、河南省三门峡市和河北省邢台市等地建立起农村小规模学校联盟，走上“小而美”“小而优”的发展道路。

2016年11月，“互+计划”入选国家互联网信息办公室网络扶贫“双百”项目名单。

（四）扶持教育创业，共建产业生态圈

2014年，沪江发起成立专项基金用于扶持互联网教育创业团队。2016年6月开始，沪江陆续公开了10笔教育投资标的，累计投入2亿元人民币，涵盖语言培训、K12教育、IT技能培训、考研教育、留学服务、STEAM教育、教育IP孵化等领域，间接促成了1.8万人的就业机会[②]。

表1 沪江投资布局

公布时间	投资对象	标的领域
2016年6月	italki	线上语言培训
2016年7月	海风教育	K12
2016年9月	学无国界 myOffer	留学服务
2016年9月	首尔教育	线下语言培训
2016年10月	Boolan 博览网	IT技能
2016年11月	考研VIP	考研
2016年12月	大嘴外教	线下语言培训
2017年1月	见教传媒	教育IP运营
2017年3月	小音咖	STEAM教育
2017年4月	abc360	线上语言培训

沪江十六年来坚持线上发展，自成体系，能够调动大量的上下游资源，对被投企业进行精准的资源匹配和业务整合，包括技术研发、品牌包装、市场推广、内容合作、人才招聘、客服支持等方面，帮助创业公司更好更快发展，共建互联网教育的生态圈。

四、未来愿景：让学习更简单，更快乐，更公平

随着增强现实（AR）、虚拟现实（VR）、人工智能、全息显示等技术形态的兴起，教育与科技的结合将越来越紧密。沪江将继续加强技术创新，加强开放合作，推动互联网教育向更高技术层面发展，让学习更简单、更快乐、更公平。

未来一段时间，沪江将加强以下两个方面的发展：

第一，聚焦人工智能教育。通过完善的平台工具和开放接口，帮助更多人工智能技术真正应用到教学场景中，加速全行业智能学习内容和工具的产品化、商品化，打造更加丰富、有效、有趣的线上学习体验。

第二，推动教育优质均衡发展。以互联网为推手，在全国各地共建共享教育资源，打造名师精品课堂，推动优质教育资源覆盖欠发达地区。同时，结合新兴技术，创新教育服务，满足广大学员的个性化学习需求，从“普惠教育”迈向“普优教育”。

未来，沪江希望成长为一家世界领先的教育科技公司，做全球最大的在线学习服务商、教育科技引领者、教育公平推动者。

（作者：戴洪明、张乙岚　沪江教育科技（上海）股份有限公司）

① 数据由农村小规模学校、城市学校和思源实验学校系统三方面数据综合测算得到，取各校学生人数和师生比的中位数进行粗略统计。

② 数据由各被投企业的全职和兼职员工的数量统计得到。

澎湃：以新媒体再塑“原创新闻”

一、澎湃新闻发展历程

澎湃新闻于2014年7月22日正式上线，是国内第一个直接切入移动客户端的新闻转型产品，并首创国内原创新闻客户端模式。澎湃新闻是上海报业集团推出的第一个媒体转型产品，也是全国第一个由传统媒体向新媒体全面转型的移动互联网产品。

（一）创设背景

澎湃新闻创设前，国内媒体运营正面临前所未有的挑战，传统媒体经营业绩出现“断崖式”下降，清华大学举办的“传媒发展论坛（2014）”发布《中国传媒产业发展报告（2014）》显示，2013年，纸媒业绩延续了2012年的大幅下滑，并有蔓延态势。在下降背后更深层次的问题是，移动互联网的发展对舆论传播方式和用户阅读习惯产生了深远影响。内容承载形式的高成本、生产流程的低效率、用户数量的大幅减少，倒逼着传统媒体必须直面改革。

2014年8月，中央全面深化改革领导小组第四次会议审议通过了《关于推动传统媒体和新兴媒体融合发展的指导意见》，提出着力打造一批形态多样、手段先进、具有竞争力的新型主流媒体。澎湃新闻在这样的大背景下应运而生，它是上海按照中央精神拓展新媒体领域的重要探索，是落实习近平总书记关于加快媒体融合、抢占互联网舆论主阵地要求的产物。

（二）转型发展阶段

第一阶段：报网融合。澎湃新闻的前身《东方早报》锻炼并培养了一大批具有丰富新闻操作能力的采编人员，这使澎湃新闻设立之初就拥有一支精英采编团队。在筹备阶段，《东方早报》以兴趣为单位建立小组，在此基础上建立“饭局阅读”“一号专案”等几十个微信公众号，成为澎湃新闻栏目的雏形。

澎湃新闻并没有采用当时传统媒体的普遍做法，即划出小部分人成立一个新媒体中心，而是明确了全员整建制转型的方向。在此基础上，澎湃新闻探索了一套独特的融合发展方式，实行新媒体“澎湃”和传统媒体《东方早报》双品牌并行策略，新闻团队整合传统媒体和互联网媒体采编理念，实施组织再造和流程再造。在报网融合改革方面，这是一个全新的探索。

澎湃新闻上线后，迅速打开影响力，打破原有互联网舆论传播格局，成为新媒体领域重要的舆论阵地。其独特的媒体融合发展方式亦备受瞩目，成为传统媒体向新媒体转型的样本。

第二阶段：彻底转型。经过两年多的发展，澎湃新闻将互联网创新成果与自身行业特点相结合，实现原创力、传播力、影响力等媒体核心指标方面的完全覆盖和超越，逐步打造中国互联网原创新闻第一品牌。

2016年12月31日，澎湃新闻正式告别纸质版《东方早报》，完成了传统媒体向新型媒体的彻底转型。

目前，澎湃新闻客户端下载量超8600万，移动端日活用户超过680万，用户主要集中于一、二线城市，北京、广东和上海位列用户数量前三。澎湃新闻的传播力和影响力稳居国内新媒体第一阵营，成为备受瞩目的现象级新媒体。

二、打造互联网领域的“澎湃模式”

（一）互联网思维，直接切入移动客户端

彻底告别纸张走向互联网只是转型的第一步，下一步是思维方式、运作方式上的彻底转型。澎湃新闻自上线起就对自身发展进行明确定位，不是简单地将纸张上的新闻复制到互联网，而要直接切入移动互联网，实现移动客户端、WAP 移动网页版、社交公众号全覆盖格局，打破原有移动互联网新闻传播格局。

在品牌推广和渠道运营方面，澎湃新闻注重运用移动互联网工具和市场渠道，从互联网企业引进成熟的专业人才，在产品渠道分发、搜索引擎优化等多个领域加大投入。

澎湃新闻的创新踩准了移动互联网迅速发展的时间点，顺应了公众阅读习惯的改变，紧紧抓住一批高质量用户，实现了下载量、阅读量的持续飞速增长。2015 年底，澎湃新闻客户端下载量超过 2000 万，2016 年突破 5500 万，目前已超过 8600 万。

（二）首个定位互联网原创新闻的新媒体

即使在自媒体如此发达的时代，深度原创的好内容依然需要专业媒体、机构媒体才能做。澎湃新闻以《东方早报》为基础，坚持做专业和严谨的互联网原创新闻报道，创造了互联网产品的一个新门类，即原创新闻客户端。与腾讯、网易、今日头条等门户类新闻客户端抓取新闻的模式不同，澎湃凭借强大的新闻采编团队，强势介入“时政与思想”这一垂直细分领域，为用户提供高质量的原创新闻。

由于移动互联网上时政思想类新闻品牌极度稀缺，澎湃新闻原创新闻的质量、发稿量又占绝对优势，在互联网上迅速掌握了话语权，稿件被其他网站转载比例几乎达到 100%，已成为国内互联网重要门户网站原创新闻的主要供应商。

在中央网信办主办的《网络传播》杂志最新发布的“省级网站传播力 2017 年 5 月榜”上，澎湃新闻网移动端的传播力、微博传播力、微信传播力均位列榜首。上海市网信办每月的上海市主要媒体原创文章传播影响力评估分析报告显示，澎湃新闻的原创影响力十倍于第二梯队。

（三）开创网络媒体三审制先河

澎湃新闻编辑部发现，多数新闻网站没有像传统媒体一样严格三审发稿流程，为了抢新闻时效，网络编辑就具有签发权。由于互联网传播具有更快的爆发力、更大的影响力，稍有不慎便会带来以讹传讹的传播效应，因此在新闻把关上更应该慎之又慎。澎湃新闻在新闻运作和编辑规范上，继承了传统媒体的严谨与严肃作风，开网络媒体三审制的工作流程先河，以保证网络新闻的品质，提高网络媒体的新闻公信力。

澎湃新闻三审制的流程为：记者编辑初审—栏目主编复审—中心总监终审签发，分管副总编对重点稿件进行审读把握导向，每一个栏目都责任到人，总编辑对网站的总体导向把关。

（四）技术与内容并进完善产品设计

澎湃新闻坚持紧跟互联网技术发展，将新闻优势与技术创新相结合，在新版本推进方面，澎湃新闻从 1.0 升级到了 4.4，在 UI 设计、结构设置、字体选择等方面均大胆突破，为用户提供与众不同又使用舒适的模式。

在新闻产品设计上，澎湃新闻也不断寻求突破。2015 年，澎湃新闻在客户端中率先推出了“澎湃问吧”。这是区别于“跟帖”的一个 UGC 新尝试，也是第一个互动式的新闻专业问答社区。各领域的专业人士或者达人在“问吧”开设话题，满足了用户对资讯的深层次需求和兴趣，吸引了不少粉丝。

“问吧”的最大优势在于能够邀请到重大新闻事件的当事人、见证者、知情者、专家精英，由他们解答与新闻事件相关的问题，让“问吧”成为新闻的一种延伸阅读平台。“问吧”版块使主流媒体在转型新媒体中改变了传统以报人为中心的内容生产思维，更好地满足用户需求，完善社交化的用户内容生产平台。

目前，“问吧”共推出话题一千余个，在 2016 年一系列受关注的新闻事件，例如白银案、玉林狗肉节、网戒学校事件等，“问吧”均有开设话题。

目前，“问吧”栏目承担了澎湃新闻 80% 的互动量，每周话题总点击量达近 200 万。最活跃的题主在“问吧”获得了 7000 多个提问，进行了 4000 多个回答。最热门题主话题被 66 万用户关注，例

如"雨伞爸爸"刘侨、资深金融人吴小平等,他们长期活跃在"澎湃问吧"平台,进行着高质量的回答。

(五)实现资本多元化

2016 年 12 月 28 日,六家国有独资或全资企业正式签约,对澎湃新闻网运营主体——上海东方报业有限公司(以下简称"东方报业公司")战略入股,增资总额为 6.1 亿元。

一方面,上海报业集团继续保持对澎湃新闻内容导向总体把握上的管理;另一方面,通过引入国有战略投资者,实现资本多元化,进一步健全了东方报业公司的治理结构,促进澎湃新闻发展。

由于澎湃新闻在原创力、传播力、影响力等媒体核心指标方面都已经完全覆盖并超越了《东方早报》,从 2017 年 1 月 1 日起《东方早报》休刊,澎湃新闻网最终实现了传统媒体向新媒体彻底的迭代。《东方早报》和澎湃新闻的这次"一休一增",再领媒体融合之先河,成为传统媒体向新媒体整体转型的标志性案例。

三、融合转型标杆,积累改革经验

(一)重拾主流媒体网络话语权和影响力,为传统媒体转型提供参考

在新媒体环境下,移动成为新闻的入口,社交建立用户的通道。传统媒体拥抱互联网,向新媒体转型发展,是媒体自身发展亟待解决的问题。

澎湃新闻尊重互联网特别是移动互联网的传播规律,研究用户的需求,突破传统媒体内容表达的僵化老套,坚持内容的创新和技术的进化,打造移动互联网情境下的原创产品和新型平台,不但为主流媒体重新取得网络话语权和影响力,也为传统媒体向互联网转型提供了可借鉴的经验。

2017 年全国两会上,澎湃新闻在包括外长记者会和总理记者会等 7 个重量级的活动中成功提问,创造了新媒体参与国家重大政治活动的历史。目前,澎湃新闻已与越来越多的国家机关建立了信息互通和合作机制,外交部、公安部、中央政法委、国资委等二十几个部委与澎湃新闻建立了包括联合发布资讯、共建栏目、共同线上线下举办活动等在内的多种合作机制。

澎湃新闻改革成功后,全国各地宣传部门和党媒纷纷前来考察取经,启动自身改革进程,在国内逐步上线了一批转型的互联网新闻品牌。

(二)坚持原创,坚持生产优质新闻产品,为行业重树信心

在人人都是媒体的时代,互联网上出现了诸多唱衰媒体的言论,媒体人自身也开始感叹"新闻已死",甚至一些传统媒体开始放弃了内容生产这一强项。在这样的风口浪尖,澎湃新闻认为,在媒体融合发展的过程中,新闻报道的基本属性几乎从未改变,改变的只是其依托的介质和传播渠道,关键在于研究各自的传播特性,坚定自己的核心竞争力。

因此,澎湃新闻始终坚持内容为王的原则,把

最主要的人力、财力和精力都放在内容生产上。目前,澎湃新闻团队中有80%都是采编或与采编相关的人员,澎湃新闻每年总成本的80%是花在采编或与内容相关的部分。澎湃新闻以优质的内容在传播中获得良好的口碑,打响了自身品牌,也为媒体行业重树了信心。

澎湃新闻在全网率先推出《致敬|好人耀仔:一位宁德村支书的45岁人生》报道,对先进典型人物报道的栏目进行了大胆创新探索,在澎湃新闻平台上相关报道阅读和点击数超千万,还获得与"荷赛""普利策奖"齐名的新闻视觉设计大赛专题类优秀设计奖。

澎湃新闻推出直播连续报道《千里骑行,回家过年》,全程直播5位打工伙伴骑行返乡过年之路,全网总播放量(含其他网转载点击)最终达到6202.5万。

澎湃新闻"山东疫苗案"系列报道引发高度关注,国务院总理李克强等多位国家领导人批示、过问,促使二类疫苗的流通及监管制度发生巨大转变。

(三)在媒体版权维护和运营领域取得突破,解决传统媒体知识产权维护的困境

在新媒体改革的过程中,澎湃新闻还在内容运营、商业模式的革新上进行了跨前一步的探索。

国内新闻媒体的版权意识和版权维护运营一直处于很不成熟的状态,传统纸媒的新闻资源普遍被各大门户网站廉价获取。澎湃新闻上线后,立即在版权保护方面进行探索,包括:建立完善内部的知识产权保护架构;对部分侵权行为采取维权行动;加大知识产权宣传和培训力度,提高全员的版权保护意识;在澎湃网站专门页面发布版权声明等。

同时,澎湃新闻市场部门积极推动版权市场化合作,通过商业谈判成功地与数家大型平台达成了版权使用协议。目前,澎湃新闻的版权销售单价是普通报刊报道的3-7倍,是国内新闻版权市场的突破者和较高值。在年度整体版权销售的基础上,澎湃新闻正在进行局部版权、单篇转载版权销售模式的探索。

四、澎湃新闻的未来展望

(一)力争年底用户过亿,成为一个平台级产品

在经历用户爆发式增长之后,澎湃新闻遇到了进一步发展的瓶颈。互联网的开放性决定了互联网舆论场上的竞争不分商业网站与非商业网站,不分主流媒体和非主流媒体。传统媒体向新媒体转型诞生的新媒体产品,下一步需要与强大的商业网站正面竞争,争夺用户和流量。这种竞争体现在资本、人才、技术、产品等方方面面。因此,澎湃新闻在产品创新、技术更新、市场推广等方面还需要更进一步努力。

澎湃新闻的发展目标是,在今年底明年初,发展成为一个用户数过亿的平台级产品,拥有更大的用户规模和流量,进而掌握互联网主流舆论阵地。同时,澎湃新闻在营收方面力争翻番。

(二)进一步深化改革,引入完整规范的现代互联网企业管理模式和治理规范

澎湃新闻将以国资入股为契机,进一步深化改革,这是上海贯彻落实中央要求、推动传统媒体和新兴媒体融合发展的重要探索,也是上海市委、市政府推进文化产业改革发展的重大举措。

目前,澎湃新闻的运营主体东方报业公司已按照规范的现代企业制度的要求,初步建立了产权明晰的法人治理结构,构筑了权责明确的经营管理平台,这是澎湃新闻网走向规范化、规模化发展的一个重要标志。下一步,澎湃新闻将引入完整的现代互联网企业管理模式和治理规范,探索一条新型主流媒体的规范治理、良性发展之道。

通过改革,澎湃新闻希望进一步提升澎湃团队的归属感、创造力,打造自己的互联网人才队伍,也希望形成一系列主流媒体转型可复制、可推广的制度经验。

(作者:澎湃新闻)

永乐文化:“泛娱乐化”推动业界创新

一、永乐文化发展历程

(一)整合资源,从永乐票务到永乐文化

永乐文化集团(以下简称永乐文化)前身为永乐票务,成立于2003年,2016年7月7日正式挂牌新三板。经过14年的发展,永乐文化的业务范围涉及票务代理、演艺产业投资、影视投资、影视宣发制作和体育赛事运营等领域,同时还整合了包括艺人推广、IP[①]孵化和互动娱乐等周边产业,为客户提供整合营销、咨询、宣传等增值服务。现在,永乐文化已经发展成为国内领先的娱乐营销及产业投资平台。

近年来,票务市场竞争愈加激烈,从传统票务公司到电商和社交平台,丰富的销售渠道满足了消费者多样化的需求,但票品同质化也暴露出票务公司内容资源匮乏、长期受上游内容[②]制约等问题。要想改变这一现状,提升差异化竞争力,避免陷入“无米之炊”的窘境,票务公司必须挣脱内容的限制,打通上下游产业链,从代理销售的角色转为内容生产方,掌握更多的主动权。作为国内首家曾经以票务业务为主挂牌新三板的企业,永乐文化通过整合自身优势资源成功突破瓶颈,完成了从单纯的票务公司向综合性娱乐文化企业的转型。

(二)拓宽领域,从永乐票务到娱乐产业投资

永乐票务自2003年永乐票务成立以来,已累计运营超过15万个文体娱乐项目,业务覆盖150多个城市,服务观众8000多万人,售票1.12亿张,营销网络遍布全国,稳居行业领军地位。2013年诞生的永乐演艺,凭借全面的风控体系、精准的市场营销、专业的执行团队和丰富的行业资源,已成为国内最大的演艺机构之一,投资运营了近300场海内外顶级艺人的各类演出。随着电影市场的不断繁荣,于2014年成立的永乐影业深入电影制片投资领域,完成了对160余座城市的地网覆盖,建立了广而深的发行营销体系。同时,永乐影业与永乐演艺联合打造“演影互动”模式,以各种形式的演出作为电影宣发的落地公关活动,通过对一个IP的多元化开发,实现IP价值最大化。2015年从永乐票务技术研发部门独立出来的永乐科技拥有14年的行业运营和技术支撑经验及40余个软件著作权,其研发的票务营销系统已在全国500多个场馆、5万多场演出赛事得到应用,同时还为剧院场馆、旅游景区等提供专业的行业解决方案。2016年成立的永乐体育则致力于开发自有赛事IP,将丰富的娱乐资源与体育相结合,成功打造出“中国大众滑雪技术大奖赛”,并已成为国内规模最大的大众滑雪赛事。

永乐文化以票务为渠道基础、以科技为技术支撑,对演艺、影业和体育三方面进行内容输出(见图1),同时还与其他周边业务相互联动,最终形成了上游内容制作体系、中间服务保障体系和

① IP:知识产权(Intellectual Property)。

② 无论是演出票、电影票还是体育票,用户决定是否购买的最大因素是内容本身,而非售票平台。票务公司对内容质量、数量、销售时间都没有主导权,且经常需要和其他平台共享资源,在优质内容匮乏的情况下,用户很容易流失。

下游推广营销体系的泛娱乐产业服务平台（见图2）。

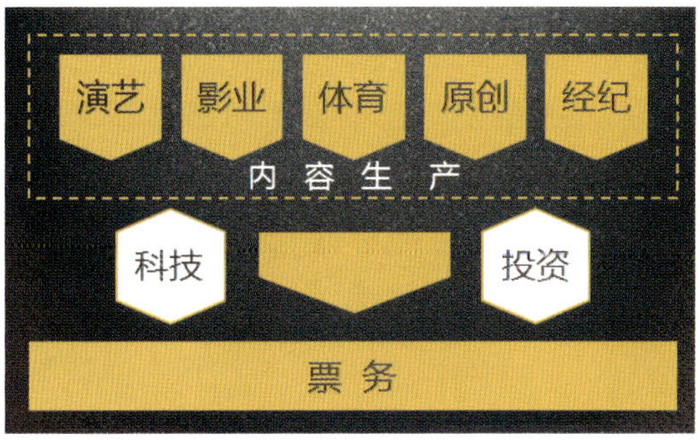

图 1　永乐文化产业结构

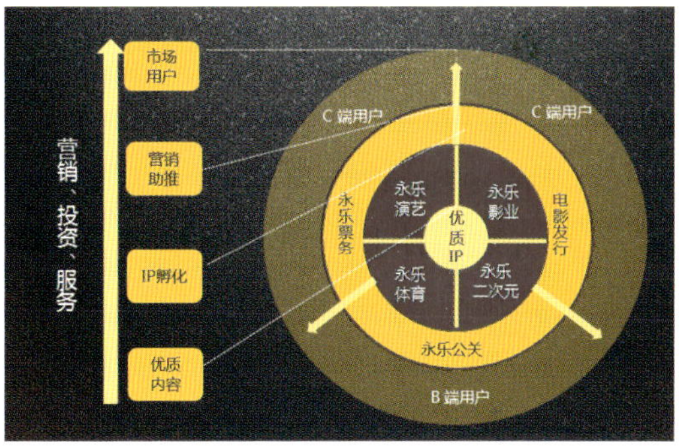

图 2　永乐文化泛娱乐生态图

二、永乐文化泛娱乐模式下的产业创新

现阶段中国文化创意产业迅猛发展，作为新的经济增长点，其战略性支柱产业的地位日益突出。2017 年 3 月 5 日，国务院总理李克强在政府工作报告中明确指出，要“推动服务业模式创新和跨界融合，发展医养结合、文化创意等新兴消费。完善旅游设施和服务，大力发展乡村、休闲、全域旅游”。这些目标的实现与文化创新息息相关，同时也需要强大的科技实力作支撑。永乐文化作为新生产业的代表，涉足的业务领域广泛，并已取得了不少创新成果，为推动产业发展提供助力。

（一）票务创新——国内统一化票务营销管理系统

永乐文化于 2003 年率先在国内推出统一化票务营销管理系统，现已拥有国家高新技术企业资质和 40 余个软件著作权，成功研发由“联网售票系统、移动端票务系统、自助售取票机系统、无线联网验票管理系统等”组成的专业票务电子商务营销及管理平台。基于成熟的技术平台及业务经验，永乐文化开始致力于为剧院、场馆和景区等提供专业的全套行业解决方案，陆续推出的电子票、身份证识别、掌静脉识别和人脸识别等技术也得以应用。智能剧院、智能场馆、智慧景区的深入建设，为消费者提供更便捷服务的同时，也提高了周边产业及服务的收入水平。

以智慧景区为例，永乐智能售票管理系统支持多点统一管理，联票、套票、推荐线路的票种组合和自定义；对景区自属的各种消费项目如餐饮、文创商品、纪念品等，也可使用芯片卡预充值的方式进行刷卡消费；相关优惠和折扣政策景区可进行灵活调整。大型景区，尤其户外景区，由于其地域广阔、游客众多的特点，对电力和网络的依赖程度高。为此，永乐采用业内独创的离线应急方案，可以在临时断网断电的情况下保证售检票系统的正常运行，并在网络恢复后同步续传所有数据，为景区安全开放保驾护航。此外，永乐智能售票管理系统后台所有数据实时同步，并可定期输出统计报表，按照不同时段（日、月、季、年）进行同/环比比较，方便追踪景区经营状况。永乐还拥有成熟的渠道对接管理方案及资源，可为景区营销提供支持，有助于提高景区收入和品牌影响力。

（二）出游创新——量身定做专属票务系统

据故宫博物院官方数据统计，2011 年 8 月，故宫最高峰排队时间超过 2 小时，现场积压过万人，进出客流混杂交织，大量游客、小贩、黄牛掺杂其中。2012 年 10 月 2 日，故宫游客达到 18.2 万，创下历史最高纪录。而现在，故宫每日限流 8 万人，并且实现了手机扫二维码现场购票，平均排队时间减少至 7 分钟以内，最高峰排队时间不超过 20 分钟，大大减少了游客现场排队买票的时间，网上购票的游客可直接刷身份证入院，现场秩序井然。这些翻天覆地的变化都与永乐文化息息相关。

从 2011 年初开始，永乐对故宫进行了多次实地考察，最初提出南进北出方案，以实现游客单向流动，降低客流管理难度；同年 7 月为故宫搭建网络预售预约系统，有效缓解排队游客大量积压；随后的十一黄金周，永乐又为故宫引入二代身份证作为票品介质，全面推进无纸化、电子化的门票体系，开创票务行业先河。2012 年，永乐提出设置初检区方案，限制无票游客进入午门广场，限流雏形初步实现。2013 年，永乐建议完善检票系统，将检票区整体前移（外延），扩大检票口和安检口的缓冲区，进一步完善游客限流；之后又为故宫重建整体票务系统，并自此实现门票改签和（全部或部分）退票服务。2014 年，永乐再次为故宫升级改造网络预售系统，以满足故宫的票务运营需求。2015 年 6 月 13 日，故宫开始全面推行售票实名制且每日限流 8 万人；同年 7 月，永乐承接了故宫现场售票服务工作，最终形成线上线下一体化的票务运营服务。

图 3　2011 年 8 月故宫购票现场

图 4　2015 年 8 月新系统下故宫购票现场

由于故宫属于古建筑，要求安装的设备具有“可逆性”，同时必须满足检票环节的快速通过性和安全性，永乐专门为故宫研发设计了一体式检票工作台（专利产品）。独特的机体设计，解决了传统闸机设备通过性慢等问题，并支持二维码及中国二代身份证等门票介质，同时具备户外防雨、防尘、防高温及防雷等功能。网络预售订单可凭二代身份证直接入院参观，优于传统电子票现场换票方式，避免观众排队换票，同时也减少了服务窗口和服务人员等运营成本。

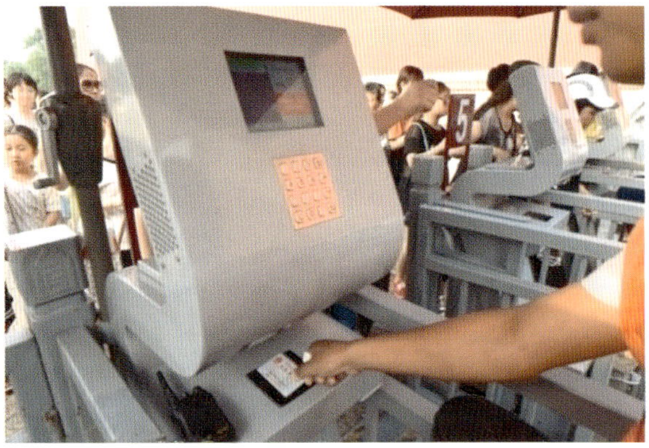

图 5　一体式检票工作台

另外，故宫博物院作为全额拨款事业单位，门票款均须当日上缴国库。为此，永乐又专门为故宫设计了一套资金管理系统：每日闭馆后，将当日入院金额全部通过系统直接转入国库，确保每日 24 点前将网络预售票款转入国库指定账号。

（三）合作创新——奠定与第三方合作基础

永乐文化还为故宫制定了营销渠道管理方案，帮助故宫统一了标准化技术接口，同时还能控制渠道可售库存，提供渠道分配预警，并实时划扣预付款，为故宫与第三方合作奠定了基础，并提供了更多的资源。目前，故宫已经与携程、美团、去哪儿、驴妈妈、飞猪 5 家 OTA[①] 网站和 1500 家旅行社展开了网上购票合作，并携手阿里巴巴开设了故宫博物院门票旗舰店。故宫营销渠道管理方案的实施，将进一步规范渠道销售行为，促进多元化旅游服务质量的提升，为故宫在国内景区的巨大影响力提供了扩展空间，也为后续文创纪念品和出版物的发行提供了条件。

① OTA：在线旅行社（Online Travel Agent），泛指旅游服务类网站。

三、永乐文化深化泛娱乐下的企业成就

（一）收效显著的新版联网售票系统

根据《故宫新版实名制票务系统运营分析报告2016》数据显示，2016年全年，故宫博物院累计接待观众1601.9万人次，相比2015年接待的1508.4万人次实现同比增长6.2%，说明以新版联网售票管理系统为基础，实名制和限流政策的推行，对故宫博物院客流“削峰填谷”起到显著作用。由入院人数统计可得，月度曲线较之前更趋平缓，极大改善了游客体验和服务质量。通过网络预约的方式，新版实名制票务系统有效缓解了现场售票窗口的压力。随着互联网工具普及，未来故宫接待人数和网络购票的比例还将提高。2016年入院游客通过网络购票达659.0万人次，占故宫接待量的41.1%，比2015年提高10.1个百分点①。2017年过半，这一比例已经超过70%。越来越多的游客倾向于在网上预约故宫门票后直接刷身份证入院，既符合互联网的数字化精神，又为游客出行和现场管理提供了便利。

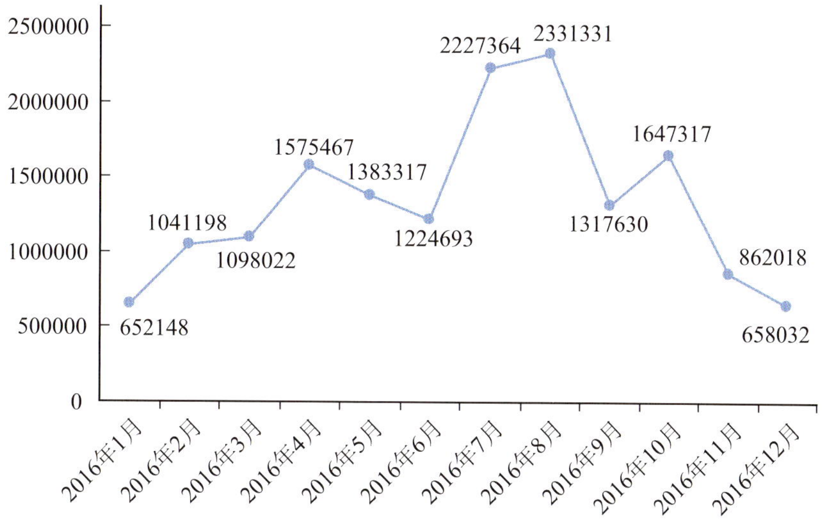

图6 2016年度大门票人数统计

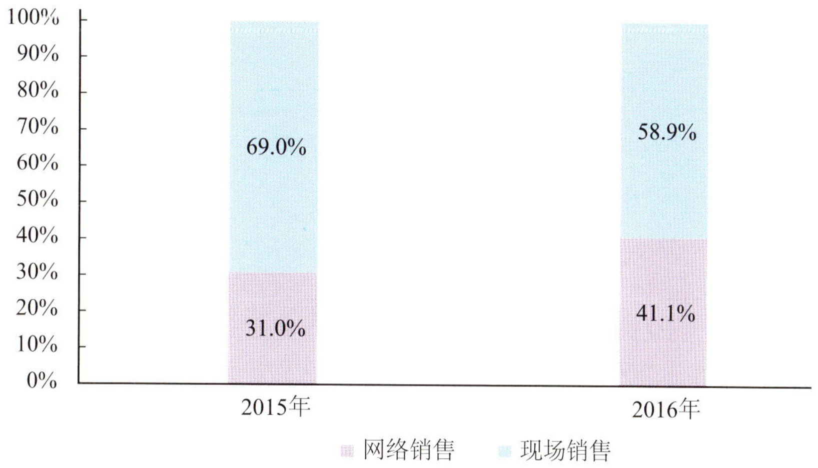

图7 2015与2016年度大门票销售比例对比图

① 资料来源：《故宫新版实名制票务系统运营分析报告2016》。

（二）助力传统文化推广

故宫被誉为世界五大宫之首，同时也是世界文化遗产、全国重点文物保护单位和国家AAAAA级旅游景区，吸引了来自世界各地的游客。无论是雄伟的建筑、秀丽的景观，还是故宫本身的文化、艺术和历史底蕴，对于传播中华民族传统文化都具有无与伦比的价值。这些得天独厚的宝贵资源，使故宫在周边衍生品的开发上享有独一无二的优势。文化创新是文化传承的重要动力，故宫的文创纪念品根植于传统文化的同时紧扣流行文化元素，让传统文化焕发了新的生命力。近年来，故宫推出的文创纪念品多次成为话题热点，这也得益于永乐文化为其提供的线上售卖营销和联动支持。在门票、文创、出版领域全面铺设故宫文化品牌业务，扩大了传统文化的传播范围，让更多人特别是青少年感受到传统文化的魅力，助力推进我国的传统文化教育。而门票作为景区的入口和服务基础，在此之上可衍生出动线规划、电子讲解、智能导览、一站式购物等贴近游客行为的服务功能，将进一步扩大故宫的文化价值和影响力。

四、永乐文化的未来展望

（一）深化智慧场馆、景区建设，以科技创新引领行业变革

除了故宫博物院，永乐文化目前还成功为国家大剧院、天安门城楼、中国人民革命军事博物馆、清华大学艺术博物馆、中国科学技术馆、上海科技馆、北京自然博物馆、江苏大剧院及北京国安足球俱乐部等行业翘楚量身打造了专属的票务系统平台和运营解决方案。永乐文化深入智能剧院场馆、智慧景区建设，以最前沿的技术应用优化运营模式，革新经营理念，使管理工作系统化、规范化，提升了服务水平，同时也塑造了品牌形象。这些改变将带动更多的剧院场馆和旅游景区向智能化发展，让消费者在未来的旅游和演出活动中能获得更丰富、舒适的体验，激发更多的热情和兴趣，从而进一步促进消费，推动产业发展，最终以科技创新的力量引领整个行业变革。

（二）寻求新的发展方向，深化泛娱乐布局

传统票务公司单一的业务模式已经不再适应当下的市场趋势，不少票务公司都开始寻求新的发展方向，永乐文化则选择了从服务和内容入手，拓展出更多元的业务，并已初步完成泛娱乐布局。面对激烈的市场竞争，永乐文化未来将会以打造连接最上端IP和最终端用户之间的全产业链服务平台为目标，充分整合上下游产业资源，优化产业结构，实现多样性产品转化，进一步深化泛娱乐布局，不断提升企业综合竞争力，为永乐赢得更多的行业话语权。

（作者：屈曼丽　永乐文化）

第五部分

全球竞合　百舸争流

（国际篇）

20 国集团互联网经济赢先机[1]

——波士顿咨询公司的互联网经济报告

从 1985 年第一个域名注册那天开始，互联网就一直在不断成长。2016 年，全球的互联网用户达到了 30 亿，几乎占世界人口的一半，其中 20 国集团（G20）网民数量占全球网民总量的 70%。在当前全球经济增长动力不足，迫切需要找到新的增长点的背景下，互联网经济成为很多国家关注的热点。近年来，关于互联网方面的议题在 G20 各类会议中被经常提及，历届 G20 会议也推出了一些阶段性成果文件。2016 年，G20 杭州峰会宣布将数字经济作为全球经济增长日益重要的驱动力；OECD 召开的数字经济部长会议确认了数字化议程的四个关键政策领域。在此背景下，本文在波士顿咨询公司发布的《20 国集团互联网经济发展报告》的基础上，对 20 国集团的互联网经济发展趋势进行了梳理，对各国互联网经济发展现状和模式进行了国际比较。

一、互联网发展轨迹概述

2005 年到 2015 年这 10 年间，互联网的发展主要有三条轨迹（见图 1）：

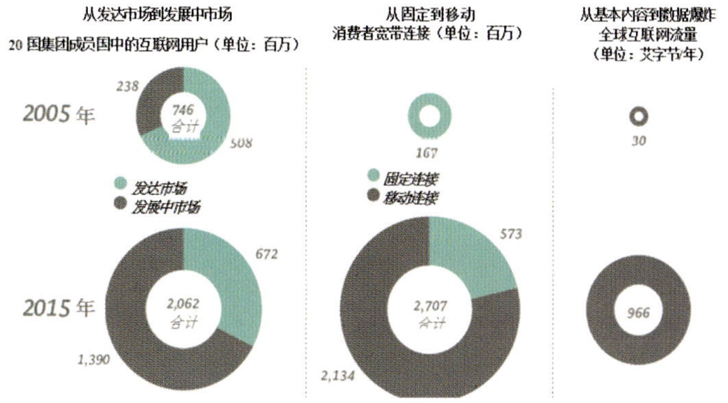

图 1 互联网的发展进程

资料来源：经济学人智库（Economist Intelligence Unit）；思科系统公司（Cisco）；Ovum 公司；波士顿咨询集团（BCG）的分析

注：虽然欧洲联盟是 20 国集团的成员，但是数据却只包括独立的欧洲成员国：法国、德国、意大利和英国。发展中国家包括阿根廷、中国、印度、印度尼西亚、墨西哥、俄罗斯、巴西、沙特阿拉伯、南非和土耳其。发达国家包括澳大利亚、加拿大、法国、德国、意大利、日本、韩国、英国和美国

① G20 国家包括 19 个独立国家和 1 个国家组织，分别是中国、日本、韩国、印度、印度尼西亚、澳大利亚、美国、加拿大、墨西哥、阿根廷、巴西、德国、法国、英国、意大利、土耳其、俄罗斯、南非、沙特阿拉伯和欧盟。

一是从发达国家向发展中国家普及。虽然发达国家互联网和高科技产品优势依然明显,但是发展中国家正在努力追赶、缩小差距。2015 年 20 国集团中的发展中国家已拥有 14 亿互联网用户,是 10 年前的 6 倍,是 20 国集团中发达国家互联网用户的 2 倍。发达国家互联网的普及率多在 80%-90%之间,基本到达饱和,上升空间有限。但发展中国家,如中国、印度的经济还在中、高速发展,中国的互联网普及率还在 50%上下,印度在 30%上下,还有较大的提升空间。未来网民数量的增长点会集中在发展中国家。

二是 PC 端向移动端发展。2005 年 20 国集团有 1 亿 6 千多的消费者通过 PC 端接入互联网,而 2015 年,通过移动端接入互联网的消费者人数达到了 21 亿多人,是 PC 端的四倍,移动设备如智能手机和平板电脑占了宽带连接的五分之四。以中国为例,根据中国互联网络信息中心(CNNIC)数据,2016 年中国的手机网民占比达 95.1%。目前至少 94%的全球人口能收到手机信号。移动互联网覆盖至少 48%的全球人口,到现在已有超过 28%的全球人口使用移动互联网。

三是全球的信息总量正呈现爆炸式增长。2015 年全球互联网流量是 2005 年的 32 倍,信息量呈指数型增长。数据创造的主体也由企业逐渐转向个人用户。移动网络和社交媒体的普及将进一步增强互联网的影响力。

二、20 国集团互联网经济发展现状的国际比较

互联网经济占 GDP 比重是综合反映一个国家互联网产业发展的重要指标。随着信息技术的不断成熟和深入,互联网的创新成果已深度融合于 20 国集团经济社会各领域之中,对各国经济产生了重大而深远的影响。2010 年 20 国集团的互联网经济占到 GDP 总和的 4.1%,达 2.3 万亿美元,这个数字超过了意大利和巴西的 GDP 之和。波士顿咨询公司预测 2016 年 20 国集团的互联网经济有望达到 4.2 万亿美元,将比 2010 年翻一番。若把互联网当作一个实体国家,互联网经济规模排名将会挤进前五,仅次于美国、中国、日本和印度,把德国甩在身后。互联网经济创造了财富和工作机会。2016 年从事互联网经济相关工作的人员比 2010 年多出了 3200 万,在增进就业方面做出了贡献。从国别比较来看:

1. 英国互联网经济发展程度全球领先。在 20 国集团中,英国互联网经济发展水平最高(见图 2)。

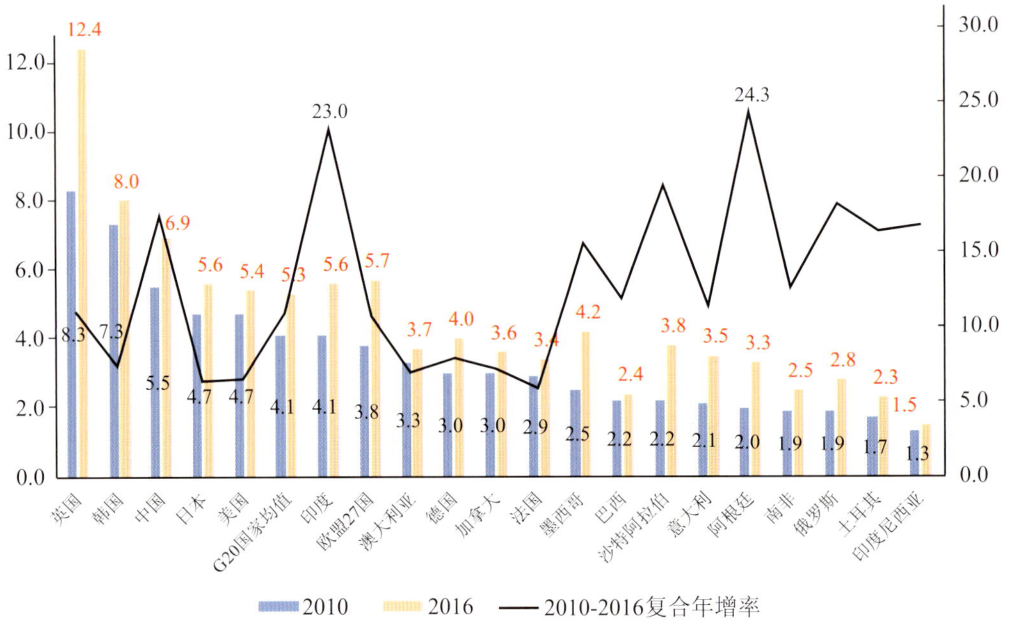

图 2　20 国集团互联网占 GDP 的比重

2010 年互联网经济在英国 GDP 中的占比超过 8 个百分点，大于建设和教育的占比。2016 年英国互联网经济占 GDP 比重将达到 12.4%，居所有国家之首，英国已成为名副其实的数字经济王国。韩国和中国紧随其后，在 20 国集团中分列第 2、3 位，互联网经济分别位列于中、韩六大行业部门之一。

2. 阿根廷和印度的互联网经济发展速度最快。2010 年到 2016 年间，20 国集团中发达国家的互联网经济以 8%的年增长率增长，远远超越传统经济部门。而发展中国家互联网经济发展的年增长率高达 18%，是发达国家的两倍多。20 国集团中，阿根廷的互联网经济以 24.3%的年增长率快速增长，在 20 国集团中排名第一。印度的年增长率为 23%，在所有国家中排名第二，预计 2016 年印度互联网经济占 GDP 比重将超过日本和美国，达到 5.6%，在 20 国集团中排名第五。而除中国、印度之外的其他三个金砖国家，俄罗斯、南非和巴西尽管互联网经济占整体经济比重排名相对靠后（占比均不到本国 GDP 的 3 个百分点），但年增长速度均超过 10%，还存在很大的发展空间和潜力。

3. 中国的互联网经济占比超发达国家均线。2016 年 G20 国家中发达国家的互联网经济占 GDP 的比重平均水平为 5.5%，发展中国家平均水平为 4.9%。波士顿咨询公司预测（见图 3），2016 年中国的互联网经济将从 2010 年的 3260 亿美元升至 2016 年的 8520 亿美元，规模增长 161%，占 GDP 的比重将达从 2010 年的 5.5%增长到 2016 年的 6.9%，超过了发达国家的平均水平。从增长速度来看，2010－2016 年中国互联网经济年增长率为 17.4%，年增长率在所有国家中排名第 5，位居阿根廷（24.3%）、印度（23%）、沙特阿拉伯（19.5%）和俄罗斯（18.3%）之后。中国的消费、净出口从互联网发展中的获益最多，2016 年互联网经济中的消费、净出口将分别比 2010 年增长 417% 和 109%。从行业来看，2010 年中国互联网经济已成为仅次于传统行业中的制造业、农牧渔、批发零售、采矿和建筑业的第六大行业，互联网经济已成中国经济增长的新动力。

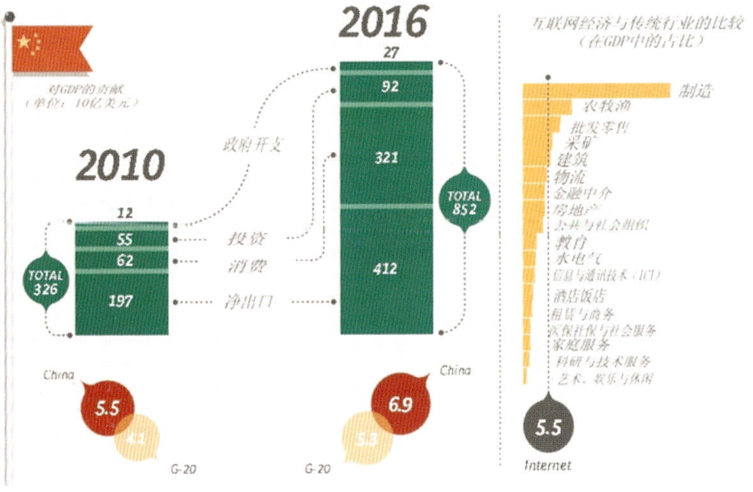

图 3　中国的互联网经济

三、互联网经济模式国际比较

1. 对大多数 G20 国家而言，消费是互联网经济的根本驱动力。消费是大多数国家经济发展的主要推动力，通常占 GDP 总量的 50%以上。在 20 国集团中，零售约占总 GDP 的三分之一。互联网对各国的零售业的促进不可忽视。在很多国家，在线零售所占比例较大且呈不断上升态势（见图 4）。尤其是英国，凭借较高的互联网普及率、高效的互联网基础设施、有竞争性的零售市场和较高的信用卡使用率，已成为一个数字零售商王国。预计 2016 年英国的在线零售收入将占其全部零售收入的四分之一左右，是排名第二的德国的两倍。

线上搜索线下购买的模式也带动了传统消费。除英国外的 20 国集团国家，线上搜索线下购买(ROPO)的消费额都比在线零售额高。2010年,20国集团的消费者线上搜索线下购买商品消费超过1.3万亿美元,相当于消费支出的7.8%左右。以消费额计算,相当于每位消费者支出900美元以上。倘若线上搜索线下购买也被算作互联网经济的一部分,则20国集团互联网经济占GDP的百分比将再增加2.7%。

2. 各国互联网经济竞争优势比较。美国和日本在B2B(企业对企业)电子商务领域领先,2010年的消费额已经达到3万亿美元左右。美国2015年的电子商务规模为6.58万亿美元,其中B2B份额占据9成以上。日本和美国一样, 以B2B交易为主。而在中国,B2C(企业对消费者)和C2C(消费者对消费者)的网络商务是大的版块,2010年淘宝上交易量就已经超过中国五大实体零售商交易量之和。2015年,从中国网络购物市场结构来看,B2C占比达到51.9%,首次超过C2C。社交平台方面,Facebook和Whatsapp获得G20经济体的市场优势,但是在中国、日本、韩国和俄罗斯,本土社交工具在本国占有优势地位,其中,中国社交市场的TOP3(QQ、微信、微博)产品均为本土品牌。

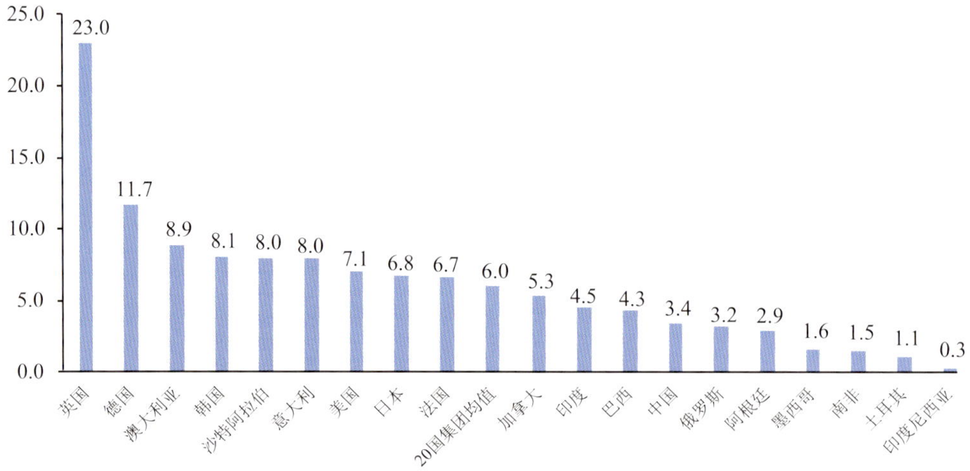

图4 2016年20国集团在线零售占所有零售的比重

注:中国在线零售数据只包括B2C数据(企业对消费者)

3. 一些传统业务正逐渐向互联网转移。以广告业务为例,2010年20国集团有价值650亿美元的网络广告业务,以年增长率12%计算,到2016年网络广告产业将增至1250亿美元左右。在互联网经济比较发达的国家,广告支出的15%至30%已转移到网上。2011年,英国的网络广告支出开始超过电视广告支出,目前英国的网络广告超过了其他所有媒体类别的支出。

4. 互联网推动中小企业成长。2012年,波士顿咨询集团调查了20国集团中员工人数少于250人(在美国少于500人)的15000家公司。将这些公司分为四类:网络利用率高、网络利用率中等、网络利用率低和网络利用率为零。结果显示:在过去三年,20国集团中有11个高网络利用率国家的中小企业收入增加,比网络利用率低或为零的中小企业的收入增长高出22%。在美国、韩国等互联网普及程度高的国家,网络利用率低的中小企业销售额都出现了负增长(见图5),能否高效的利用网络营销渠道成为这些国家中小企业生存的关键。更高的网络利用率为中小企业创造了更多工作机会。在过去三年,德国93%的高网络利用率公司和82%的中等网络利用率公司的雇佣人数增加,而网络利用率为零的公司中只有50%的雇佣人数增加,日本、韩国也出现了类似的结果。因此,尽快实现数字化是未来中小企业发展的重要路径。

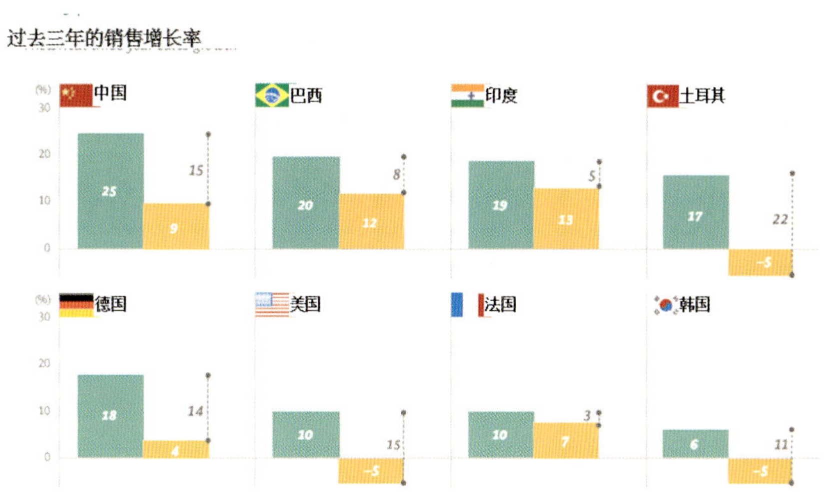

图 5　中小企业使网络的广泛应用快速增长

资料来源：对大约 4,700 家中小企业的调查；波士顿咨询集团的分析

注：绿色代表网络利用率高的中小企业，黄色代表网络利用率低下和为零的中小企业。网络利用率高的企业运用各种各样的互联网工具做推销、销售和支持客户、与供应商互动以及授权予雇员；网络利用率中等的企业在网上推销或销售商品和服务；网络利用率低的企业拥有一个网站或社交网站；网络利用率为零的企业没有网站。

由于凑整的缘故，一些国家的数据可能并未计入总数。

（翻译整理：国际统计信息中心课题组　国家统计局）

信息基础设施助力“一带一路”

网络互联、信息互通是“一带一路”沿线国家加强沟通、扩大共识、深化合作的强韧纽带。推进“一带一路”沿线国家网络和信息基础设施建设,提高互联互通水平,是“一带一路”建设的重要内容。2015 年 3 月,国家发展改革委、外交部、商务部联合发布了《推动共建丝绸之路经济带和 21 世纪海上丝绸之路的愿景与行动》,提出要“共同推进跨境光缆等通信干线网络建设,提高国际通信互联互通水平,畅通信息丝绸之路”。2015 年 12 月,习近平主席在出席第二届世界互联网大会上指出,“网络的本质在于互联,信息的价值在于互通。只有加强信息基础设施建设,铺就信息畅通之路,不断缩小不同国家、地区、人群间的信息鸿沟,才能让信息资源充分涌流”。2016 年 7 月颁布的《国家信息化发展战略纲要》也明确提出要“围绕‘一带一路’建设,加强网络互联、促进信息互通,加快构建网络空间命运共同体”。“一带一路”沿线国家众多,其经济、社会、文化发展水平差异较大,信息化发展水平更是千差万别。要消除信息壁垒,缩小数字鸿沟,构建一条畅通的“信息丝绸之路”,就需要对沿线各国信息基础设施水平有一个较为全面的了解。为此,本文以国家信息中心“一带一路”大数据中心所建设的“一带一路”综合数据库为基础,构建了“一带一路”沿线国家信息基础设施发展水平测评体系(Information Infrastructure Development Index,简称 IIDI),从信息通信设施的基础环境和普及应用两个视角,对“一带一路”沿线国家的信息基础设施发展水平进行测评与分析。

一、测评指标及方法

有关信息化测评的研究一直是国内外研究机构和学者的关注重点。国际上比较著名的信息化评估体系主要有加拿大“信息技术和电信(ITT)分类”的测度指标体系、美国国际数据公司(IDC)“信息社会指数”、澳大利亚“信息经济办公室指数”、俄罗斯联邦各地区信息化建设评估指标体系、韩国“信息化指数”[1-4]、世界经济论坛的网络就绪指数(NRI)[5-6]、国际电信联盟的信息化发展指数(IDI)[7]等。国内比较著名的信息化测评体系主要有国家统计局的信息化发展指数(IDI_{CN})[8-9]、国家信息中心的信息社会指数(ISI)[10]等。此外,国内学者周江明等选取 5 个维度共 20 个指标,构建了信息化综合发展指数,对全世界 132 个国家或地区的信息化发展进行了测评[11];宋周莺通过模糊层次分析法建立了包括 3 个维度共 11 个指标的信息化评价指标体系,对全球 154 个国家和地区的信息化发展水平进行了测算[12]。这些研究为本文测评体系设计提供了参考和借鉴。

(一)指标设计思路

本文在充分参考已有相关测评体系的基础上,提出一套衡量“一带一路”沿线国家信息基础设施建设和应用水平的指标体系。指标设计主要遵循以下两点:

一是重在反映信息基础设施建设及应用情况。由于“一带一路”沿线各国经济、社会、文化基础迥异,为了充分反映各国发展实际,同时兼顾信息化发展水平的现实差异,指标体系重点从信息通信基础环境(ICT 基础)和信息通信技术应用(ICT 应用)两个维度设计具体指标,在鼓励 ICT 应用的同时，强调基础环境对提升信息基础设施发展水平的重要性。

二是指标成熟、数据可采。在具体指标设计时，尽可能选取当前被国际社会普遍认可的通用性指标，一方面这类指标相对成熟，指标含义指向明确；另一方面这类指标有权威机构的科学统计，数据较易获取，且全部为定量指标，避免了定性指标的人为主观性影响。

（二）指标体系框架

本文从 ICT 基础、ICT 应用两个维度入手，构建了包括 2 个一级指标，9 个二级指标在内的测评指标体系。其中，ICT 基础主要从人均 GDP、成人识字、宽带速度、宽带资费四个角度考察被测评国家的信息化基础环境，ICT 应用主要从固定电话普及率、移动电话普及率、电脑普及率、固定宽带普及率、移动宽带普及率五个角度考察被测评国家在电话、电脑、互联网方面的应用情况，反映其信息基础设施接入和普及水平。指标框架及具体说明如下（见图 1 和表 1）：

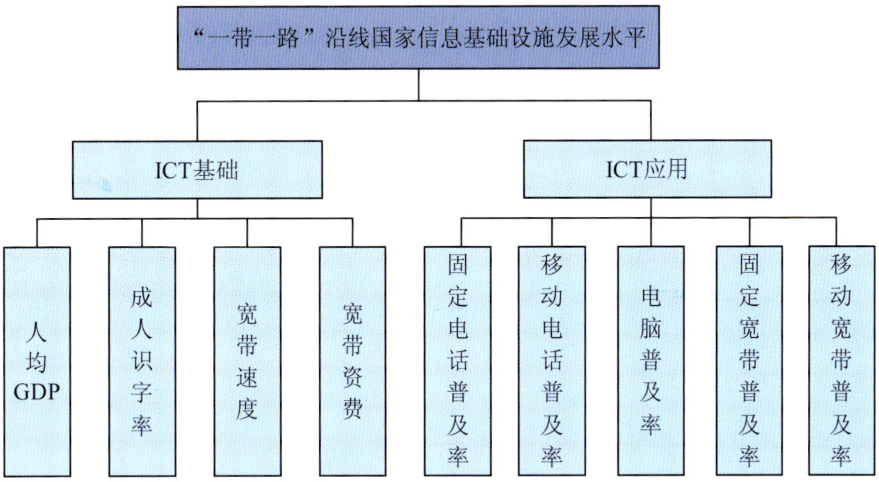

图 1 “一带一路”沿线国家信息基础设施发展水平测评指标体系框架图

表 1 “一带一路”沿线国家信息基础设施发展水平测评指标体系

一级指标	二级指标	权重	指标说明	数据来源
1. ICT 基础（40 分）	人均 GDP	10	考察人均国内生产总值，反映该国的经济基础与实力。	世界银行
	成人识字率	10	考察该国 15 岁以上成人识字人口的比重，反映居民应用信息通信技术的基本能力。	国际电信联盟
	宽带速度	10	考察该国固定宽带的速度（单位为 Mbit/s），反映该国为居民提供的上网基础环境质量。	国际电信联盟
	宽带资费	10	考察固定宽带价格占人均国民收入的比例，反映该国宽带价格的可承受性。	国际电信联盟
2. ICT 应用（60 分）	固定电话普及率	12	考察每百人固定电话的普及情况，反映居民使用固定电话进行通信的能力。	国际电信联盟
	移动电话普及率	12	考察每百人移动电话的普及情况，反映居民使用移动电话进行通信的能力。	国际电信联盟
	电脑普及率	12	考察每百户家庭电脑的普及情况，反映居民购买电脑及使用电脑的能力。	国际电信联盟
	固定宽带普及率	12	考察每百人固定宽带的普及情况，反映通过固定宽带接入方式使用互联网的能力。	国际电信联盟
	移动宽带普及率	12	考察每百人移动宽带的普及情况，反映通过移动宽带接入方式使用互联网的能力。	国际电信联盟

(三)指标测评方法

考虑到指标的稳定性和数据的可采性等因素,并参照商务部等有关部门发布"一带一路"相关公报时的国别范围,本次测评选择了沿线的64个国家作为参评对象(见表2)。

表2 64个参评国家及所属区域

所属区域	国家	国家数量
东北亚	蒙古、俄罗斯	2
东南亚	新加坡、印度尼西亚、马来西亚、泰国、越南、菲律宾、柬埔寨、缅甸、老挝、文莱、东帝汶	11
南亚	印度、巴基斯坦、斯里兰卡、孟加拉国、尼泊尔、马尔代夫、不丹	7
西亚北非	阿联酋、科威特、土耳其、卡塔尔、阿曼、黎巴嫩、沙特阿拉伯、巴林、以色列、也门、埃及、伊朗、约旦、叙利亚、伊拉克、阿富汗、巴勒斯坦、阿塞拜疆、格鲁吉亚、亚美尼亚	20
中东欧	波兰、阿尔巴尼亚、爱沙尼亚、立陶宛、斯洛文尼亚、保加利亚、捷克共和国、匈牙利、马其顿、塞尔维亚、罗马尼亚、斯洛伐克、克罗地亚、拉脱维亚、波黑、黑山、乌克兰、白俄罗斯、摩尔多瓦	19
中亚	哈萨克斯坦、吉尔吉斯斯坦、土库曼斯坦、塔吉克斯坦、乌兹别克斯坦	5

为确保测评数据的真实、准确、客观,本文中使用的数据均来自国际电信联盟及世界银行。根据指标及数据情况,本次测评采用三种评分方法对指标进行量化,最后通过加权计算得到综合得分。

(1)标杆法。该方法主要应用于本指标体系中的7个正指标。所谓正指标是指其对总目标的贡献率随着数值的增大而增大,具体包括人均GDP、成人识字率、固定电话普及率、移动电话普及率、电脑普及率、固定宽带普及率、移动宽带普及率。计算时,选取所有参评国家中该指标数值的最大值作为标杆,依比例计算其他参评对象该指标的得分。

(2)无量纲化。该方法主要用于"宽带资费"指标的评分。一般情况下,宽带资费越高,越不利于居民对互联网的接入使用,因此该指标是一个逆指标,即其对总目标的贡献率随着数值的增大而减小。对于该指标采取逆指标的无量纲方法计算得分。其量化公式如下:

$$R_j(x)=\begin{cases}\dfrac{X_{j\max}-X_j}{X_{j\max}-X_{j\min}}\times 10, & x_{j\min}<x_j<x_{j\max}\\ 10, & x_j\leqslant x_{j\min}\\ 0, & x_j\geqslant X_{j\max}\end{cases}$$

R_j—标准化后的分值　　$X_{j\,max}$—最大值

X_j—实际值　　$X_{j\,min}$—最小值

(3)栅格法。又称分档打分法,对数值分布极其不均匀的指标依据实际数值划分若干个区间进行评分,考虑到"宽带速度"的数值分布在0到100之间且较为分散,该指标采用栅格法。

在各指标的得分基础上,采用线性加权方法计算得到每一个测评对象的综合得分。

(四)发展水平的划分方法

国际电信联盟IDI指数的划分方法是:根据IDI值(满分为10)将所有国家分为四个等级,即"高"(大于7.5)、"较高"(5-7.5)、"中等"(2.5-5)、"低"(低于2.5)[13]。联合国电子政务发展指数(EGDI)的划分方法是:根据EGDI值(满分为1)将所有国家分为四个等级,即"极高"(大于0.75)、"高"(0.50-0.75)、"中等"(0.25-0.50)、"低"(低于0.25)[14]。在参考上述关于分布区间划分方法的基础上,我们将IIDI指数划分为"高"

"较高""中等""较低""低"五个等级。其中:

"高"(80-100分):处于该水平的国家拥有较好的信息基础环境,信息通信基础设施建设较为完善,通信工具和互联网接入普及率非常高,信息能够得到有效的传播和使用。

"较高"(60-80分):处于该水平的国家信息基础环境相对较好,信息通信基础设施基本完善,通信工具和互联网普及率较高,信息能够得到较快的传播和使用。

"中等"(40-60分):处于该阶段的国家信息基础环境一般,信息通信基础设施在不断完善中,通信工具和互联网接入普及率逐步提高,信息能够在一定程度上得到传播和使用。

"较低"(20-40分):处于该阶段的国家信息基础环境薄弱,信息通信基础设施正在建设当中,通信工具和互联网接入开始普及,信息在传播和使用过程中还存在一定的障碍。

"低"(0-20分):处于这一阶段的国家信息基础环境非常薄弱,信息通信基础设施建设刚刚起步,通信工具和互联网接入普及率很低,信息不能得到有效传播和使用。

二、测评结果分析

(一)"一带一路"沿线国家信息基础设施发展

总体情况

从测评结果来看,"一带一路"沿线国家信息基础设施发展总体上处于"中等"水平,IIDI平均值为55.39。新加坡、爱沙尼亚、以色列等3个国家处于"高"水平,占总参评数的4.69%,其中新加坡位列第一,得分遥遥领先;26个国家处于"较高"水平,占比40.63%;21个国家处于"中等"水平,占比32.81%;13个国家处于"较低"水平,占比20.31%;1个国家处于"低"水平,占比1.56%(见表3和图2)。

总体来看,"一带一路"沿线国家信息基础设施发展水平差异较大。信息基础设施发展水平最高的新加坡得分为90.44,而得分最低的阿富汗仅为14.08,前者是后者的6.4倍。为进一步反映彼此间差距,我们引入了"相对差距指数"[10]。该指数是指最低水平与最高水平之间的相对差距,介于0-1之间,数值越大,表明差距越大,旨在反映二者之间的差距程度。沿线64个国家的信息基础设施发展最大相对差距指数为0.844(即最低国家比最高国家落后84.4%),最低得分与64国平均水平之间也存在较大的差距,相对差距为0.746(即最低得分比64国平均水平落后74.6%)。排名后十位国家IIDI平均为27.84,与排前十名国家平均得分相比落后64.5%(见表4)。

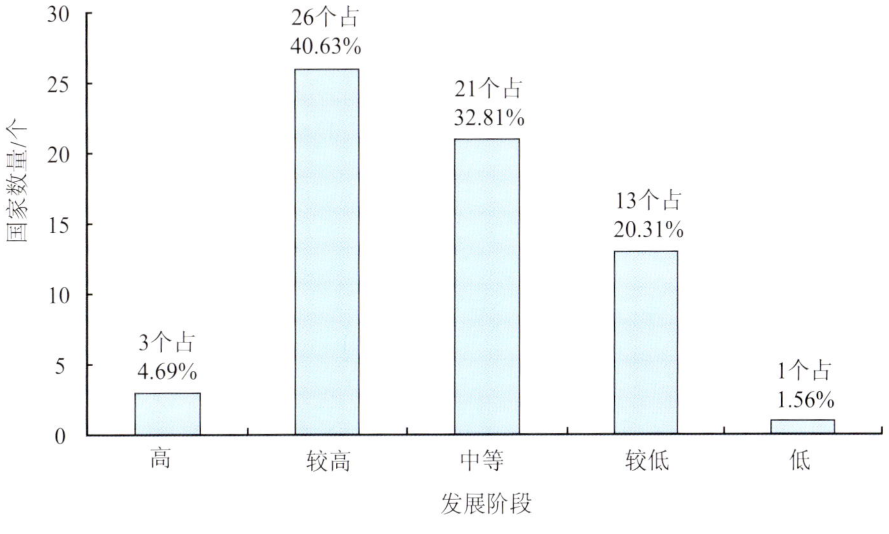

图2 "一带一路"沿线国家IIDI各区间占比分布情况

表 3 “一带一路”沿线国家 IIDI 得分情况

排名	国家	分数	等级	排名	国家	分数	等级
1	新加坡	90. 44	高	33	乌克兰	57. 22	中等
2	爱沙尼亚	82. 59	高	34	波黑	56. 99	中等
3	以色列	81. 75	高	35	土耳其	56. 46	中等
4	卡塔尔	77. 9	较高	36	马尔代夫	56. 26	中等
5	白俄罗斯	76. 41	较高	37	亚美尼亚	54. 32	中等
6	巴林	76. 31	较高	38	伊朗	53. 94	中等
7	克罗地亚	75. 25	较高	39	埃及	53. 19	中等
8	匈牙利	74. 75	较高	40	越南	50. 21	中等
9	立陶宛	74. 31	较高	41	蒙古	48. 86	中等
10	拉脱维亚	73. 63	较高	42	巴勒斯坦	46. 4	中等
11	斯洛文尼亚	73. 37	较高	43	菲律宾	45. 83	中等
12	俄罗斯	73. 24	较高	44	约旦	45. 7	中等
13	捷克	72. 36	较高	45	斯里兰卡	45. 34	中等
14	阿联酋	71. 83	较高	46	阿尔巴尼亚	45. 16	中等
15	保加利亚	71. 73	较高	47	吉尔吉斯斯坦	44. 92	中等
16	塞尔维亚	70. 41	较高	48	土库曼斯坦	43. 35	中等
17	斯洛伐克	69. 72	较高	49	印度尼西亚	42. 02	中等
18	沙特阿拉伯	69. 41	较高	50	不丹	40. 32	中等
19	罗马尼亚	69. 08	较高	51	乌兹别克斯坦	37. 29	较低
20	摩尔多瓦	67. 72	较高	52	塔吉克斯坦	36. 31	较低
21	黎巴嫩	66. 27	较高	53	柬埔寨	36. 21	较低
22	科威特	66. 16	较高	54	印度	34. 74	较低
23	马其顿	64. 94	较高	55	叙利亚	33. 04	较低
24	哈萨克斯坦	63. 39	较高	56	东帝汶	31. 54	较低
25	阿曼	62. 89	较高	57	尼泊尔	31. 5	较低
26	波兰	62. 68	较高	58	巴基斯坦	30. 26	较低
27	泰国	60. 82	较高	59	孟加拉国	29. 68	较低
28	格鲁吉亚	60. 58	较高	60	老挝	28. 95	较低
29	阿塞拜疆	60. 39	较高	61	也门	28. 24	较低
30	黑山	59. 46	中等	62	伊拉克	25. 77	较低
31	马来西亚	58. 19	中等	63	缅甸	25. 38	较低
32	文莱	57. 46	中等	64	阿富汗	14. 08	低
平均值		**55. 39**				**中等**	

表 4 “一带一路”沿线国家信息基础设施发展差距测算

	ICT 基础	ICT 应用	总分
最高得分	36.66	53.78	90.44
64 国平均分	24.61	30.78	55.39
最低得分	5.9	8.18	14.08
最大相对差距指数	0.839	0.848	0.844
最低值与平均值的相对差距指数	0.760	0.734	0.746
前十名平均值	31.71	48.08	78.33
后十名平均值	14.77	12.34	27.84
前十名与后十名的相对差距指数	0.534	0.743	0.645

从地域分布来看，IIDI 处于“较高”及以上水平（60-100 分）的国家有 29 个，主要分布在中东欧和西亚北非等地区（见图 3）。中东欧 19 国信息基础设施发展水平整体较高，IIDI 平均为 68.30，高于 64 国平均水平（55.39）；东北亚两国中，俄罗斯处于“较高”水平，蒙古处于“中等”水平；东南亚 11 国发展参差不齐，最大相对差距指数为 0.72；西亚北非 20 国间发展差距最大，最大相对差距指数为 0.83；南亚 7 国信息基础设施发展普遍滞后，IIDI 平均仅为 38.3，远低于 64 国平均水平；中亚 5 国中除哈萨克斯坦处于“较高”水平外，其余 4 国信息基础设施发展水平相对较低（见图 4）。

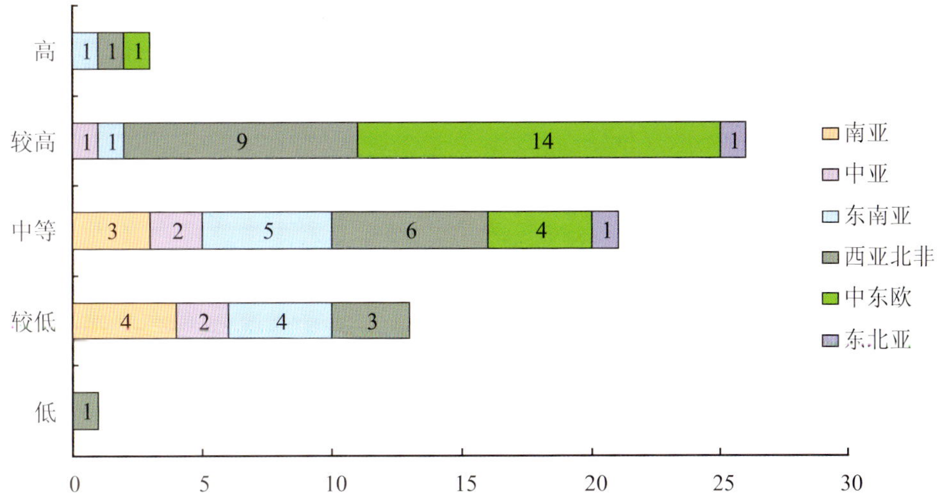

图 3 各地区不同 IIDI 等级的国家数量

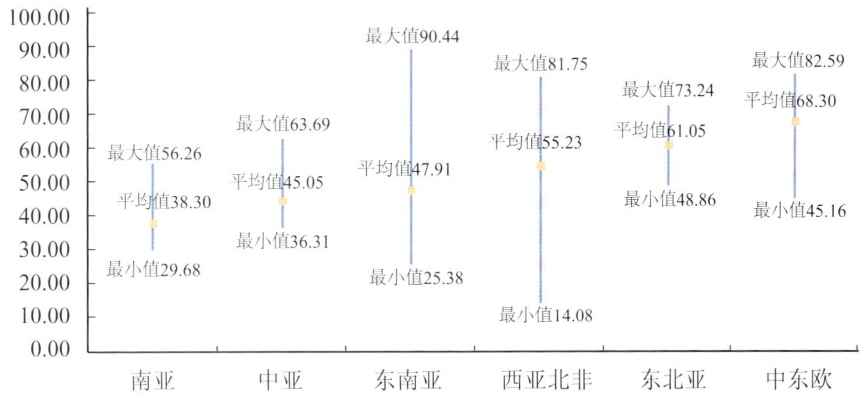

图 4 IIDI 在不同地区的相对差距

（二）分项指标测评结果分析

为进一步分析“一带一路”沿线国家信息基础设施发展现状及潜力，本文从ICT基础、ICT应用两个方面对测评结果进行展开分析。

1. ICT基础测评结果分析

“一带一路”沿线国家ICT基础评分为24.61（满分为40）。排名前五的国家依次是新加坡、卡塔尔、以色列、立陶宛和俄罗斯。排名前20的国家中，**有超过一半（55%）的国家来自中东欧**（见表5）。阿富汗、伊拉克和叙利亚的ICT基础评分较低。

表5 ICT基础得分前20的国家分布

排名	国家	得分	排名	国家	得分
1	新加坡	36.66	11	泰国	29.57
2	卡塔尔	33.58	12	格鲁吉亚	29.31
3	以色列	32.28	13	克罗地亚	29.02
4	立陶宛	31.64	14	摩尔多瓦	28.81
5	俄罗斯	31.09	15	巴林	28.49
6	匈牙利	31.05	16	文莱	28.09
7	罗马尼亚	30.86	17	乌克兰	28.04
8	保加利亚	30.34	18	捷克	28.02
9	爱沙尼亚	30.01	19	沙特阿拉伯	27.98
10	拉脱维亚	29.6	20	斯洛伐克	27.82

（1）高度发达的经济水平是信息基础设施发展的基础

“一带一路”沿线国家经济发展水平差距较大，按世界银行图表集法计算，2015年，卡塔尔的人均GDP最高，达74667.2美元，其次是新加坡（52888.74美元）和阿联酋（40438.38美元），人均GDP在10000美元以上的国家有19个，主要来自西亚和中东欧。阿富汗、尼泊尔、塔吉克斯坦的人均GDP最低，低于1000美元（见图5）。

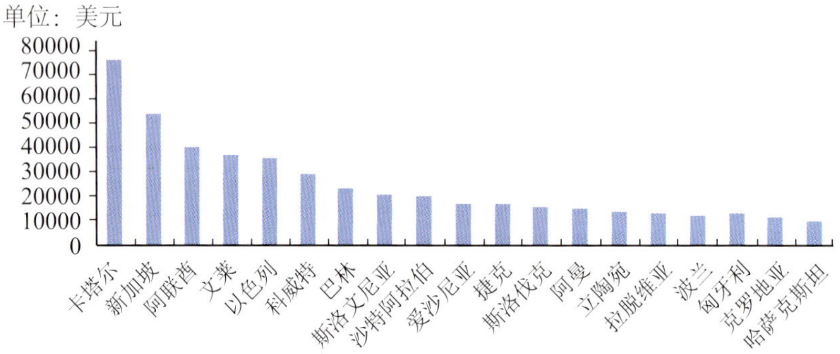

图5 人均GDP在10000美元以上的国家

信息基础设施发展水平得分与人均GDP之间呈现显著的正相关关系。测算结果表明，随着人均GDP的提升，信息基础设施发展水平也有所提高。同时，在人均GDP水平较低时，经济增长对信息基础设施发展的拉动作用较大，随着人均GDP的不断提升，经济增长对信息基础设施发展的拉动作用将会相对减弱（见图6）。

（2）沿线国家成人识字率总体较高，具备推进ICT应用的潜力

76.56%的国家成人识字率在90%以上，拥有较好地使用信息通信技术的能力。其中，拉脱维亚的成人识字率最高，达99.9%；成人识字率最低的是东帝汶（58.31%）、巴基斯坦（57.9%）和阿富汗（38.2%）（见图7）。

（3）近一半国家宽带接入速度小于或等于1Mbit/s

根据国际电信联盟2015年最新数据，发达国家大部分入门级固定宽带速度维持在5Mbit/s，发展中国家为1Mbit/s。测评结果显示（见图8），46.88%的国家提供的宽带接入速度小于或等于1Mbit/s，新加坡、立陶宛、罗马尼亚的速度最高，达100Mbit/s。阿富汗、孟加拉国、乌兹别克斯坦可提供的宽带速度最慢，仅有0.25Mbit/s。

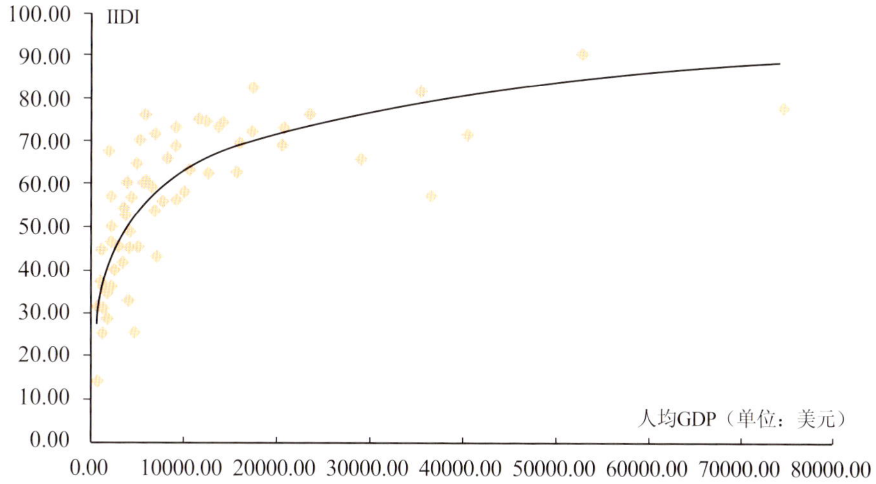

图6 信息基础设施发展水平与人均GDP的相关性

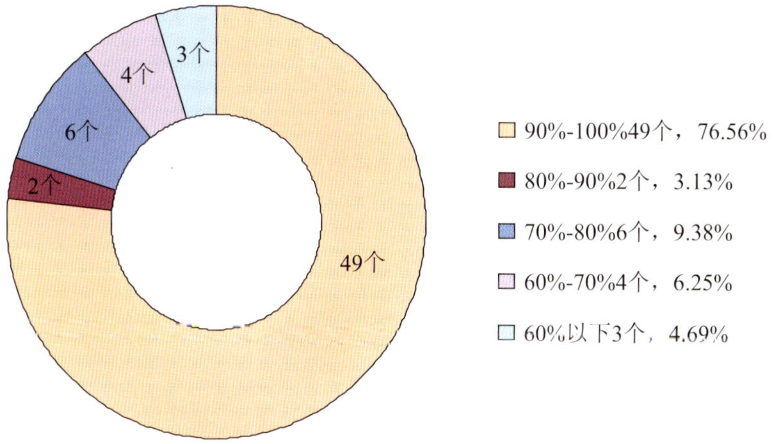

图7 "一带一路"沿线国家成人识字率各区间占比分布情况

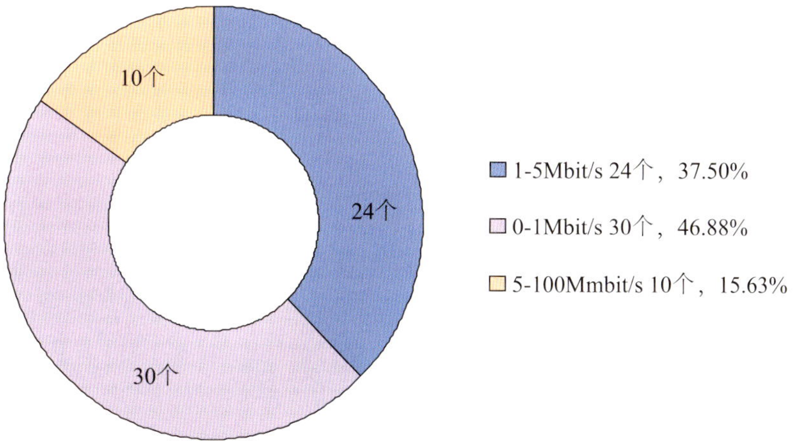

图8 "一带一路"沿线国家提供宽带接入速度各区间占比分布情况

(4)绝大多数国家的宽带资费低于全球平均值

根据国际电信联盟2015年最新数据,五个地区(欧洲、独联体地区、美洲、阿拉伯国家、亚太地区)固定宽带价格占人均国民收入的平均比例为7.5%。“一带一路”沿线国家中,82.81%的国家固定宽带价格占比在7.5%以下(见图9)。其中,科威特的宽带价格占比最低,仅为0.29%,其次是俄罗斯(0.68%)和新加坡(0.7%),费用占比最高的是阿富汗(38.01%)和伊拉克(34.49%),上网的资费过高,会对互联网普及应用造成障碍。

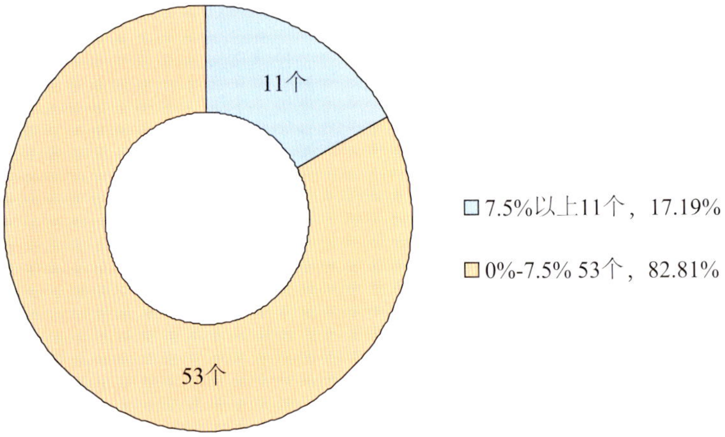

图9 “一带一路”沿线国家宽带资费各区间占比分布情况

2. ICT应用测评结果分析

“一带一路”沿线国家ICT应用评分为30.78(满分为60)。排名前十的国家依次是新加坡、爱沙尼亚、白俄罗斯、以色列、巴林、斯洛文尼亚、克罗地亚、阿联酋、捷克和卡塔尔。排名前20的国家中,有60%的国家来自中东欧,30%的国家来自西亚。阿富汗、巴基斯坦和也门的ICT应用得分最低。

表6 ICT应用得分排名前20的国家

排名	国家	分数	排名	国家	分数
1	新加坡	53.79	11	拉脱维亚	44.05
2	爱沙尼亚	52.57	12	匈牙利	43.70
3	白俄罗斯	50.00	13	塞尔维亚	42.75
4	以色列	49.48	14	立陶宛	42.66
5	巴林	47.82	15	俄罗斯	42.15
6	斯洛文尼亚	46.89	16	斯洛伐克	41.90
7	克罗地亚	46.24	17	沙特阿拉伯	41.42
8	阿联酋	45.40	18	保加利亚	41.39
9	捷克	44.33	19	黎巴嫩	40.28
10	卡塔尔	44.32	20	波兰	39.24

(1)固定电话普及程度总体较低

64个国家的固定电话普及率平均仅为15.87%,普及率相对较高的是白俄罗斯(49.04%)、以色列(43.08%),而东帝汶(0.23%)、阿富汗(0.34%)、孟加拉国(0.52%)和缅甸(0.97%)等国普及率均不及1%。当然,随着移动电话的普及,固定电话的应用在一定程度上被移动电话所替代(见图10)。

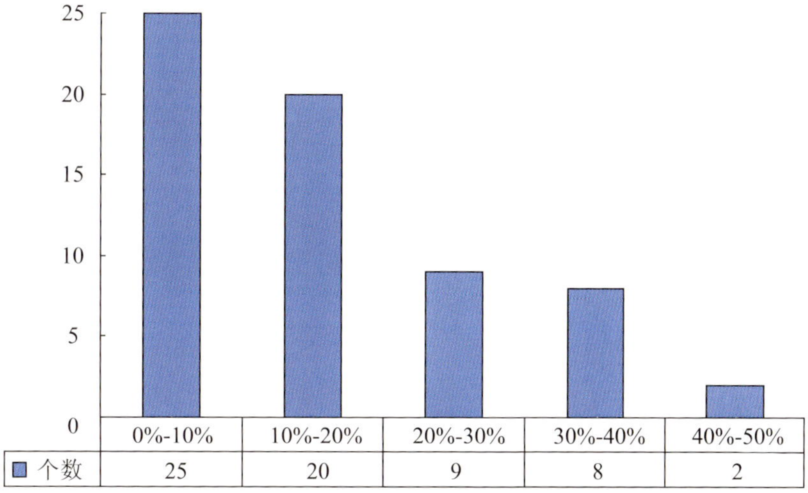

图 10　固定电话普及率各区间分布情况

(2)移动电话已成为主要信息通信工具,移动宽带是互联网接入的主要方式

测评发现,“一带一路”沿线国家移动电话平均普及率高达 121.6%,远高于固定电话平均普及率(15.87%)。46 个国家(占 71.9%)的移动电话普及率高于 100%(见图 11),其中科威特和马尔代夫的移动电话普及率分别高达 231.76%、206.66%。

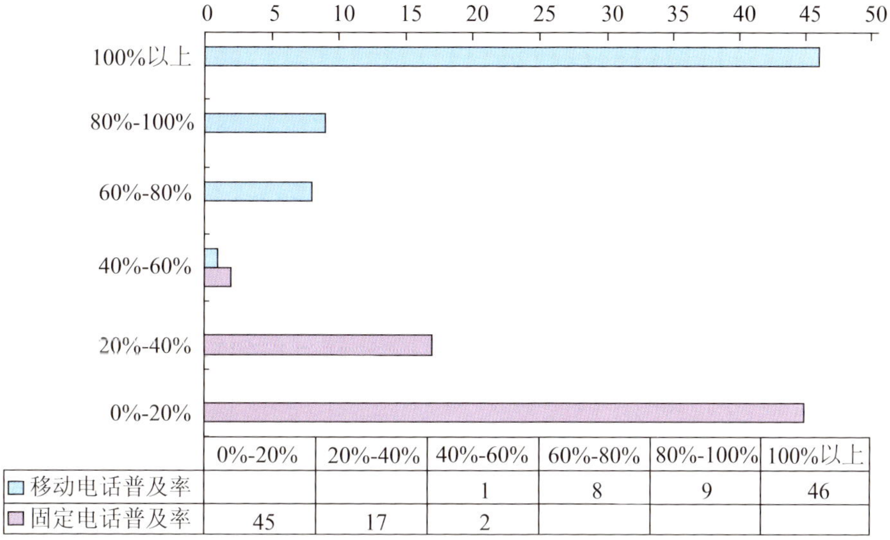

图 11　移动电话普及率和固定电话普及率各区间分布对比情况

移动宽带是互联网接入的主要方式,移动宽带平均普及率(45.01%)远高于固定宽带平均普及率(11.51%)(见图 12 和图 14)。其中,新加坡、科威特、巴林、爱沙尼亚、阿联酋和卡塔尔的移动带宽普及率均在 100%以上。

(3)家庭电脑普及率较高,但固定宽带普及率普遍较低

超过一半(56%)的国家家庭电脑普及率在 50%以上,平均普及率为 49.03%(见图 13)。卡塔尔(97.2%)、巴林(94.6%)和文莱(92%)的普及率最高,阿富汗(2.7%)、缅甸(3.4%)和孟加拉国(6.9%)的普及率最低。与家庭电脑普及率相比,固定宽带接入互联网的普及程度普遍较低,64 个国家的固定带宽平均普及率仅为 11.51%(见图 14),普及率相对较高的国家是白俄罗斯(31.35%)、爱沙尼亚(28.68%)和捷克(27.9%),阿富汗、伊拉克、土库曼斯坦、塔吉克斯坦和东帝汶的普及率最低,不及 0.1%。

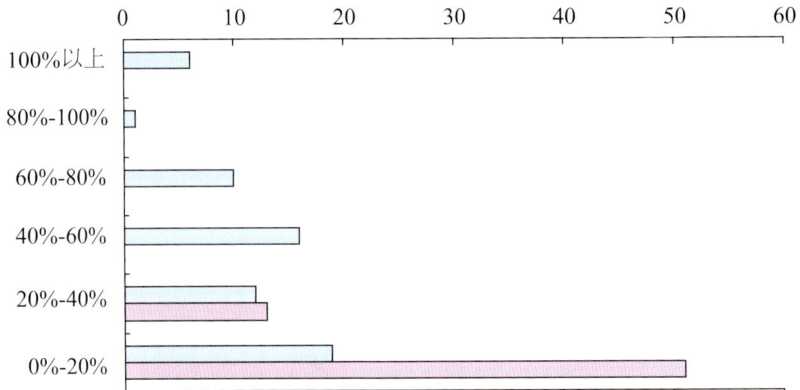

	0%-20%	20%-40%	40%-60%	60%-80%	80%-100%	100%以上
□ 移动电话普及率	19	12	16	10	1	6
□ 固定电话普及率	51	13				

图 12 移动宽带普及率和固定宽带普及率各区间分布对比情况

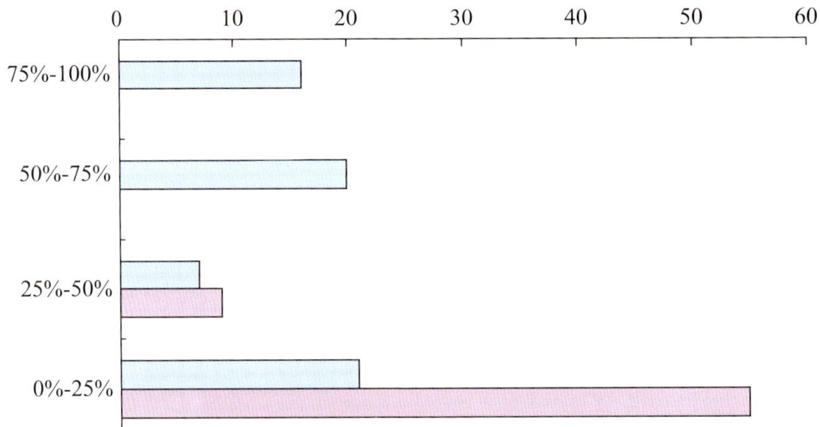

	0%-25%	25%-50%	50%-75%	75%-100%
□电脑普及率	21	7	20	16
□固定电话普及率	55	9		

图 13 电脑普及率和固定宽带普及率各区间分布对比情况

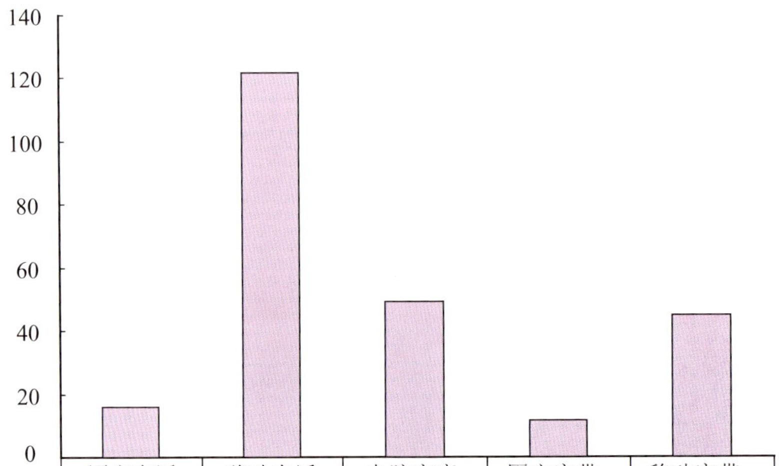

	固定电话普及率	移动电话普及率	电脑家庭普及率	固定宽带普及率	移动宽带普及率
□平均普及率	15.87	121.6	49.03	11.51	45.01

图 14 “一带一路”沿线国家信息基础设施应用普及情况

三、对策建议

提升“一带一路”沿线国家信息基础设施发展水平是实现“一带一路”网络互联、信息互通的重要基础性工作。根据各国 IIDI 测评结果，提出如下建议：

第一，强化政府间沟通与交流，加快推动与沿线国家信息基础设施共建共享。加强与沿线国家的沟通磋商，积极推进与“一带一路”周边国家签署信息基础设施互联互通合作协议，推动与沿线国家信息化发展规划、技术标准体系对接，统筹规划海底光缆和跨境陆地光缆建设，优化国际通信网络布局，提高国际信息互联互通水平。

第二，建立专项基金，支持我国信息企业参与“一带一路”沿线国家信息基础设施建设。建立以企业为主体、以项目为基础、各类基金引导、企业和机构参与的多元化融资模式。在亚洲基础设施投资银行和丝路基金中设立专项，为信息通信企业“走出去”提供资金保障，同时发挥我国信息龙头企业的带动作用，支持信息企业广泛参与沿线国家信息基础设施建设，发挥我国信息技术优势，促进通信设备出口，形成信息产业“走出去”的中国军团。

第三，充分考虑各国信息化发展现状，拓宽合作领域、创新合作机制。针对不同国家信息化建设的不同需求，深化多领域信息合作，着力打造信息通信基础设施、互联网应用、信息内容运营、大数据运营、智能制造等信息产业，设计适合各国的合作机制及建设推进机制，充分发挥企业主体作用，加强国际合作，共同推动沿线信息化建设顺利进行。

第四，加快“一带一路”综合信息平台建设，促进信息共享与合作。加快建设中国-阿拉伯国家等网上丝绸之路、中国-东盟信息港，加强与沿线国家信息交流，消除信息不对称壁垒，为“一带一路”建设打通信息畅通之路。采取更加灵活的方式和机制建设诚信基础好、权威性强、开放共享的“一带一路”信息综合服务平台，广泛汇聚沿线各国政治经济、商贸物流、文化旅游等海量数据，充分释放数据价值，加强信息共享和交流，为沿线各国参与“一带一路”建设提供有效的信息和服务。

附：“一带一路”沿线国家 IIDI 总表

排名	国家	ICT 基础				ICT 应用					总分
		人均GDP	成人识字率	宽带速度	宽带资费	固定电话普及率	移动电话普及率	电脑普及率	固定宽带普及率	移动宽带普及率	
1	新加坡	7.08	9.69	10.00	9.89	8.80	12.00	10.86	10.12	12.00	90.44
2	爱沙尼亚	2.32	9.99	8.00	9.70	7.41	12.00	10.19	10.98	12.00	82.59
3	以色列	4.73	9.79	8.00	9.76	10.54	12.00	10.17	10.50	6.26	81.75
4	卡塔尔	10.00	9.74	4.00	9.84	4.47	12.00	12.00	3.85	12.00	77.90
5	白俄罗斯	0.77	9.98	6.00	9.66	12.00	12.00	7.40	12.00	6.60	76.41
6	巴林	3.13	9.58	6.00	9.78	5.02	12.00	11.68	7.12	12.00	76.31
7	克罗地亚	1.54	9.94	8.00	9.54	8.49	12.00	8.65	8.87	8.22	75.25
8	匈牙利	1.64	9.92	10.00	9.49	7.64	12.00	9.48	10.50	4.08	74.75
9	立陶宛	1.90	9.99	10.00	9.75	4.59	12.00	8.41	10.64	7.03	74.31
10	拉脱维亚	1.83	10.00	8.00	9.77	4.76	12.00	9.07	9.60	8.60	73.63
11	斯洛文尼亚	2.77	9.98	4.00	9.73	8.86	12.00	9.85	10.58	5.60	73.37
12	俄罗斯	1.21	9.98	10.00	9.90	6.29	12.00	8.77	7.18	7.91	73.24
13	捷克	2.31	9.91	6.00	9.80	4.43	12.00	9.69	10.68	7.54	72.36
14	阿联酋	5.42	9.39	2.00	9.63	5.64	12.00	10.85	4.90	12.00	71.83

续表

排名	国家	ICT 基础				ICT 应用					总分
		人均GDP	成人识字率	宽带速度	宽带资费	固定电话普及率	移动电话普及率	电脑普及率	固定宽带普及率	移动宽带普及率	
15	保加利亚	0.91	9.85	10.00	9.58	5.69	12.00	7.15	8.58	7.97	71.73
16	塞尔维亚	0.69	9.82	8.00	9.15	8.92	12.00	8.09	6.41	7.33	70.41
17	斯洛伐克	2.14	9.96	6.00	9.72	3.89	12.00	9.94	8.93	7.14	69.72
18	沙特阿拉伯	2.74	9.48	6.00	9.76	3.07	12.00	9.88	4.60	11.88	69.41
19	罗马尼亚	1.20	9.89	10.00	9.77	4.84	12.00	7.88	7.57	5.93	69.08
20	摩尔多瓦	0.25	9.95	10.00	8.61	8.56	12.00	6.47	5.95	5.93	67.72
21	黎巴嫩	1.08	9.40	6.00	9.51	4.70	10.45	10.00	8.71	6.42	66.27
22	科威特	3.88	9.64	4.00	10.00	3.28	12.00	10.84	0.52	12.00	66.16
23	马其顿	0.65	9.79	8.00	9.23	4.32	12.00	8.65	6.58	5.72	64.94
24	哈萨克斯坦	1.41	9.99	4.00	9.78	6.04	12.00	7.99	5.00	7.18	63.39
25	阿曼	2.10	9.12	6.00	9.75	2.56	12.00	10.37	2.15	8.84	62.89
26	波兰	1.67	9.99	2.00	9.78	2.72	12.00	9.59	7.45	7.48	62.68
27	泰国	0.78	9.68	10.00	9.11	1.93	12.00	4.19	3.54	9.59	60.82
28	格鲁吉亚	0.51	9.99	10.00	8.81	5.40	12.00	5.65	5.60	2.62	60.58
29	阿塞拜疆	0.74	9.99	4.00	9.53	4.57	12.00	6.38	7.56	5.62	60.39
30	黑山	0.86	9.88	4.00	9.25	6.08	12.00	6.75	6.92	3.72	59.46
31	马来西亚	1.31	9.47	4.00	9.26	3.51	12.00	8.21	3.43	7.00	58.19
32	文莱	4.90	9.61	4.00	9.58	2.19	12.00	11.36	3.06	0.76	57.46
33	乌克兰	0.28	9.99	8.00	9.77	5.29	12.00	6.47	4.52	0.90	57.22
34	波黑	0.56	9.86	6.00	9.55	4.94	10.82	5.56	6.36	3.34	56.99
35	土耳其	1.22	9.51	4.00	9.77	3.67	11.52	6.91	4.74	5.12	56.46
36	马尔代夫	1.03	9.94	6.00	9.30	1.50	12.00	8.14	2.48	5.87	56.26
37	亚美尼亚	0.47	9.98	4.00	9.23	4.51	12.00	6.36	3.67	4.10	54.32
38	伊朗	0.91	8.70	2.00	9.84	9.36	11.21	6.48	4.16	1.28	53.94
39	埃及	0.48	7.39	10.00	9.00	1.80	12.00	5.57	1.73	5.22	53.19
40	越南	0.28	9.46	8.00	9.55	1.55	12.00	2.53	3.12	3.72	50.21
41	蒙古	0.53	9.85	4.00	9.47	2.14	12.00	4.42	2.73	3.72	48.86
42	巴勒斯坦	0.27	8.01	4.00	8.75	2.19	9.31	5.56	2.31	6.00	46.4
43	菲律宾	0.39	9.64	8.00	7.88	0.73	12.00	2.53	1.30	3.36	45.83
44	约旦	0.66	9.55	4.00	8.13	1.17	12.00	6.31	1.59	2.29	45.7
45	斯里兰卡	0.53	9.27	6.00	9.64	2.95	12.00	2.20	1.19	1.56	45.34
46	阿尔巴尼亚	0.53	9.77	2.00	9.61	1.73	12.00	2.90	2.91	3.71	45.16
47	吉尔吉斯斯坦	0.15	9.96	2.00	7.25	1.75	12.00	2.17	1.42	8.22	44.92
48	土库曼斯坦	0.93	9.97	6.00	8.94	2.95	12.00	1.23	0.02	1.31	43.35
49	印度尼西亚	0.45	9.40	2.00	9.25	2.14	12.00	2.20	0.42	4.16	42.02
50	不丹	0.34	6.50	6.00	8.90	0.69	10.45	2.70	1.36	3.38	40.32

续表

排名	国家	ICT 基础				ICT 应用					总分
		人均GDP	成人识字率	宽带速度	宽带资费	固定电话普及率	移动电话普及率	电脑普及率	固定宽带普及率	移动宽带普及率	
51	乌兹别克斯坦	0. 29	9. 96	2. 00	8. 82	2. 07	8. 80	1. 11	1. 37	2. 87	37. 29
52	塔吉克斯坦	0. 12	9. 98	2. 00	8. 68	1. 30	11. 83	1. 23	0. 03	1. 14	36. 31
53	柬埔寨	0. 16	7. 73	6. 00	6. 73	0. 40	12. 00	1. 31	0. 20	1. 68	36. 21
54	印度	0. 21	7. 13	6. 00	8. 68	0. 49	9. 46	1. 60	0. 51	0. 66	34. 74
55	叙利亚	0. 53	8. 65	2. 00	2. 12	4. 49	7. 49	5. 88	1. 20	0. 68	33. 04
56	东帝汶	0. 15	5. 84	6. 00	6. 16	0. 06	12. 00	1. 23	0. 03	0. 07	31. 54
57	尼泊尔	0. 10	6. 41	2. 00	7. 14	0. 73	11. 61	1. 01	0. 41	2. 09	31. 5
58	巴基斯坦	0. 19	5. 80	4. 00	8. 92	0. 39	8. 03	1. 96	0. 36	0. 61	30. 26
59	孟加拉国	0. 16	6. 17	2. 00	8. 68	0. 13	10. 00	0. 85	0. 92	0. 77	29. 68
60	老挝	0. 24	8. 00	2. 00	6. 94	3. 35	6. 37	1. 30	0. 20	0. 55	28. 95
61	也门	0. 19	6. 77	2. 00	7. 57	1. 15	8. 16	1. 23	0. 59	0. 58	28. 24
62	伊拉克	0. 62	7. 93	2. 00	0. 93	1. 37	11. 26	1. 23	0. 00	0. 43	25. 77
63	缅甸	0. 16	9. 32	2. 00	2. 12	0. 24	9. 20	0. 42	0. 13	1. 79	25. 38
64	阿富汗	0. 08	3. 82	2. 00	0. 00	0. 08	7. 39	0. 33	0. 00	0. 38	14. 08
平均值		**1. 37**	**9. 12**	**5. 47**	**8. 65**	**3. 88**	**11. 33**	**6. 05**	**4. 41**	**5. 10**	**55. 39**

（作者：杨道玲、王璟璇、李祥丽　国家信息中心）

新经济助推经济全球化新格局

20世纪90年代以来，在信息技术革命的驱动下，全球化的浪潮出现了势不可挡的趋势。经济全球化是指“通过贸易、资金流动、技术涌现、信息网络和文化交流，世界范围的经济高速融合”①。在经济全球化中，各国经济已不仅仅是一般的相互联系和交往，而是互相交织，互相融合，形成了全球经济的整体。“新经济”就是在经济全球化的大背景下应运而生，其根本驱动力是信息技术革命。

一、经济全球化历程简要介绍

1989年柏林墙倒塌到2007年国际金融危机爆发之前的近20年间，全球化迅速发展，资本、商品和人力的跨境流动空前繁荣。资本流量从全球GDP的5%上升到21%，贸易量从39%上升至59%，移民人数增加了四分之一以上。但2008年金融危机之后，国际资本流动骤降，贸易停滞，只有移民潮还在继续。近期英国脱欧、意大利公投、特朗普竞选成功等政治事件表现出一些欧美国家的孤立主义与逆全球化倾向。WTO数据显示，WTO成员国自从2008年国际金融危机以来已经推出了2100多项限制贸易的措施。从2008年到2016年，美国对其他国家共采取贸易保护措施600多项，大约每4天出台一项，成为限制贸易自由化最激进的国家。

二、“新经济”与经济全球化的关系

（一）经济全球化是新经济产生和发展的重要外部条件

“新经济”是全球化经济。历史上看，新经济正是在经济全球化大背景下产生的。美国是最早提出新经济概念的国家。1990年至2000年初期美国的高增长率、高劳动生产率、低失业率、低通胀，即“两高两低”的“新经济”成为美国有经济周期记录以来最长的经济扩张期。从某种意义上说，正是经济全球化促成了美国的新经济奇迹。首先，全球生产分工格局促进美国产业结构升级。美国在全球性的产业结构分工中主要致力于发展高科技产业，将低技术水平的产业向发展中国家转移，这些举措推动了美国产业向更高级的技术密集型发展，从而使其在国际竞争占据了有利地位；其次，全球扩张的市场为美国新经济提供了广阔的发展空间。全球化促进国际贸易规模的不断扩大，而作为全球最大的进出口国，美国的新经济在世界经济全球化过程中取得了巨大的收益；最后，资本的全球配置为美国新经济注入活力。新经济发展时期，美国始终是全球最大的资本输出国和资本流入国，充足的投资极大地推动了美国新经济的发展。

（二）“新经济”是经济全球化变革的重要推动力

2008年金融危机之后全球经济增速下降，全球贸易增速明显下滑，经济全球化显示出动能不足的态势。从原因分析，上一轮世界经济贸易的快速发展有赖于科技革命推动的国际分工的深化、细化，而当这一分工体系接近尾声时，整个经济贸易活动自然就减速了。推动经济全球化的传统因素均在减弱，但由新一轮科技和产业革命孕育的新经济却有巨大的发展潜力。现在新经济已

① 国际货币基金组织（IMF）的定义。

不再是主要指美国的经济现象，而是指世界范围新一轮科技和产业革命所驱动的经济活动和经济形态，其技术革命基础虽然还是以互联网、物联网、云计算、大数据、新一代通信等信息技术为主，但还包括智能机器人、增材制造、无人驾驶汽车等智能制造技术，以及纳米、石墨烯等新材料技术，氢能、燃料电池等清洁能源技术，基因组、干细胞、合成生物等生物技术。新经济既表现为基于这些新技术产生的各类新产业、新业态和新模式，还表现为传统产业与新技术融合发展。

1.“新经济”打破了传统的发达国家主导全球化的模式。

传统的经济全球化模式主要为：美、欧、日三大经济体向全球输出资本，资本输入国如中东和南美等资源类国家、金砖国家、东南亚等出口导向型国家等利用三大经济体的投资生产各种商品并出口到美、日、欧等终端消费市场，再将赚取的巨额外汇储备通过购买国债、公司债等方式流回三大经济体，从而完成了全球经济的再生产循环。这种模式的弊端在于，一旦美、日、欧等发达经济体的资本输出和消费需求减少，那么新兴市场和发展中国家的经济必将受到严重冲击。而当前新技术推动的新兴市场国家的消费潜力被充分挖掘，以中国为代表的新兴国家内部产生了一大批中产阶级，其需求结构逐步趋于高级化和国际化，在需求端为全球化提供广阔市场。与发达国家相比，中国等新兴市场国家在电子商务等新经济方面的发展空间更为广阔。根据瑞信研究院 2015 年发布的《新兴市场消费者调查报告》，在调研的九个新兴经济体[①]中，电子商务在这九个新兴国家零售总额的比重高于发达经济体。原因主要有，新兴经济体通过智能手机接入互联网的消费者比重迅速增长，创造了新的垂直消费，尤其是传统的零售业在农村地区相对落后，智能手机弥补了这块空白，在互联网平台上，消费者可选择的不仅仅是本国市场和本国商品，还有国际市场和国外产品，由此使消费者选择商品的范围得到极大的扩展。报告数据显示，九个调研国家 2014 年网上零售额可以达到 3 万亿美元，这将为零售、金融、信息安全和科技等多个领域的公司带来深远影响。

2. 打破了全球化以跨国公司为主要推动力的模式。

传统的经济全球化主要由大型跨国公司推动。尽管中小企业在发明新技术、新产品的效率方面很有优势，但由于跨国公司对生产、贸易、投资、信息以及市场的垄断，使中小企业在与跨国企业的竞争中长期处于不利地位。新经济改变了这个局面，被经济全球化边缘化的中小企业，成为了经济全球化的主力。首先，新技术打破了信息不对称，从而实现了广大中小企业进入全球化中心环节的历史性的转变。其次，新的经济运营机制和方式的形成，给中小企业发展提供新的平台。如跨境电商将分散在全球的经济活动通过互联网平台联系起来，把商品深入到全世界的每个角落，尤其是可以帮助发展中国家和中小企业参与全球化，使以跨国企业为主体的全球贸易转变到跨国企业和中小企业共同主导全球普惠贸易的时代。

3. 带来国际分工体系的深度变革。

“新经济”下全球价值链日益碎片化和分散化。最终商品和服务的形成不仅不再是单一国家或者某几个国家生产，而是将其价值链的各个环节分布在全球众多国家和地区，成为融合更多国家和地区优势要素和资源的混合体。以苹果手机为例，一部 iPhone 手机的生产要环绕地球一周，全球超过 30 多个国家或地区为其提供原材料及零部件，由美国设计，日本、韩国、马来西亚、菲律宾、泰国、新加坡和德国等国提供零部件，并最终在中国组装完成。苹果公司的外部价值网节点企业包括了多个行业的合作伙伴，而苹果通过完美的产品平台，将这些合作伙伴的资源能力整合起来，进而搭建基于全球价值链生产的新兴国际分工体系。这种新型的国际分工体系使各国经济更加深度融合到一起，人才、资本、技术、产品和信息等创新要素全球流动，速度、范围和规模都将达到空前水平，形成“你中有我、我中有你”的局面。

① 巴西、中国、印度、印度尼西亚、墨西哥、俄罗斯、沙特阿拉伯、南非和土耳其。

4. 为当前“逆全球化”思潮提供新的解决方案。

逆全球化的主要观点认为：经济全球化中，只有少数行业、地区、企业及人群获益。如世界银行的分析文章就称，过去20多年贸易全球化进程只有两个群体主要受益：一是发展中国家如中国、印度等接近全球中下收入的群体；二是在全球收入处于最高1%的人群，对应了发达国家的企业主，而受益最少的是发达国家的中等收入阶层，发达国家内部贫富差异加大，使发达国家普通百姓反对贸易全球化的民意上升。针对此种观点，中国国家主席习近平表示，“逆全球化”是国际规则制度、经济金融分配机制和各经济体内部结构调整与经济全球化深入发展不相适应造成的，当前世界反全球化的呼声，正是反映了经济全球化进程的不足，值得我们重视和深思。与逆全球化中鼓吹的“全球化助长不平等”相反，新经济的特点就是“共享、普惠、包容”，这正是消解经济全球化负面影响的良方。新经济对旧体制不断冲击，迫使各国要加强合作、不断改革，推动全球治理结构的升级，使得国际贸易规范化向着更全面、更完善的方向迈进，最终引领经济全球化向更加包容、普惠的方向发展，让不同国家、不同阶层、不同人群共享经济全球化的发展成果。

（翻译整理：国际统计信息中心课题组　国家统计局）

新经济助推经济全球化

美国鼓励全民创新战略

美国一直是世界范围内的创新领跑者。它是互联网的发源地，完成了对人类基因组的排序工作；发明了半导体；并首次将人类送上了月球。对于一个像美国一样的发达经济体，创新是其经济增长的源泉。

《2015 年美国创新战略》显示，现今美国在多项领域走在世界前沿：工程化白细胞以破坏癌症患者肿瘤，并保持健康细胞不受影响；实时翻译消除全球商业障碍；为人类开拓外层空间文明创造技术基础；发展太阳能技术，力求十年内与煤炭价格一样便宜；对设计和制造所需的任何工具进行民主化；创造条件使美国工作人员能够在自己偏好的时间、地点以及速度下，接受新技能并走向中产阶级群体。美国在这些领域的发展以及无数创新使其在世界上居于领先地位，这个国家拥有 16 所世界前 20 的研究型大学，丰富的企业文化以及灵活的劳动力市场；美国吸引了全球 40% 的风险投资，其创新热点令世人羡慕。

2009 年，美国总统奥巴马首次发布了“美国创新战略”，2011 年又进行了更新。最新版本的美国创新战略，制定了创新系统持续发展政策，并明确了其目标：使每位国民受益。该战略的提出是为了顺应创新态势的新变化，应对国家和全球面临的新挑战。

目前，创新过程走势大致呈现两大特征，一是开放创新日益活跃，企业、大学以及前沿技术用户共同参与新产品和新服务的开发；二是创业的障碍趋于减小，孵化器、加速器等为创业提供便利。创新战略提出要加大政府对创新的投入，并依靠政府投资推动企业创新，鼓励全民创新，确保全民参与到创新经济中来；《战略》主要包含如下图六个关键要素（见图 1）。该战略认识到加强创新基础要素投资的重要作用，刺激私营部门创新的动力，激励全民创新；在社会的不断创新下，能够创造高质量就业机会以及经济的持续增长、实现国家在优先领域的重大突破、构建创新型政府。

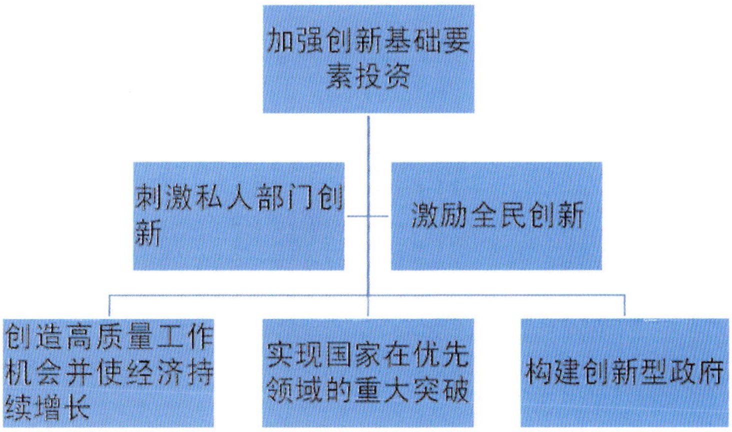

图 1　美国创新战略六要素

一、六要素概述

（一）加强创新基础要素投资

加强创新基础要素投资，即服务于创新基础要素的投资领域。重点加大包括基础性研究、STEM（科学、技术、工程和数学）教育、领先全球的物质基础设施和数字基础设施等四方面的投资力度，为创新过程提供基础保障；还包括为移民扫除障碍。

（二）刺激私人部门创新的动力

通过加大研发支出税收抵免力度，向创新者开放联邦数据，支持区域化创新生态系统发展，支持并帮助创新型企业参与海外竞争，在政策上给予创新企业家支持，支持研究从实验室走向市场，商业化研究成果等措施来构建有利于研发和创新的环境，促进私人部门的创新。

（三）激励全民创新

联邦政府将实施重大措施，使奖励措施成为标准工具，以激发全民的创造力。通过寻找新的途径，利用全民创新来解决现实问题，同时让更多的学生参与到 STEM 学习和创业中来等措施激发全民创新创业热情。

（四）创造高质量工作机会和经济的持续增长

技术创新是美国经济增长的主要来源。政府通过巩固美国在先进制造业中的领先地位，投资未来新兴产业，构建包容性创新经济等措施对国民经济增长产生重大影响。

自由女神像

（五）促进国家优先领域的重大突破

最大限度地发挥创新对国家重大事项的影响，以应对国家和世界面临的挑战。创新战略提出了科技创新应对重大挑战、精准医疗、通过脑计划加快新神经技术的发展、推动医疗保障突破性创新、推广使用先进汽车、智能化城市、清洁能源、教育技术改革、空间技术开放、探索计算技术新前沿、到 2030 年消除全球极端贫困 11 项战略目标。

6. 构建创新型政府

通过人才、创新思维以及科技工具的恰当结合运用，政府可以为人民带来更大福祉。创新战略提出要采用创新型工具解决公共部门的问题，通过联邦实验室创新网络培育创新文化，通过提供更有效的数字服务为美国人民提供更好的、更有效率的服务，利用实证来推动社会创新，等等。

经济学家一致认为，创新以及技术变革是经济最重要的增长驱动因素，也是经济持续增长的保障。科学、技术以及创新也是解决国家治理中许多现实问题的有力工具，如让人们拥有更健康的生活，更长的寿命；促进经济向低碳型转变，以减少气候变化的风险；构建透明、高效型政府，公民参与政府决策；实施教育均等化，为学生创造新的学习机会；加强军事技术，应对国家安全的新挑战；拓展人类知识前沿，等等。

二、美国总统的创新战略侧重点和新领域

(一)创新战略两大侧重点

一是创新促进经济增长和实现国家优先事项的重大突破。新技术、新产品、新流程和新的商业模式可以推动经济增长、增加就业机会以及提高生产率。这些创新不仅来自新技术的发展(如云计算、物联网、预测性数据分析、先进材料、能量储存、拯救生命的药物等),而且来自这些技术的创新应用及其所能产生的社会价值。

二是政府和公共部门的创新。历史上,一些最重要的创新往往是体制创新,例如建立专利制度、农业推广服务、创建研究型大学以及支持基础研究的同行评审系统。实施机构创新以改善联邦政府效率,为私营经济以及民间社会创造更好的创新环境。

(二)创新活动新领域

除了《美国创新战略》描述的以上六个要素外,在2015年以后,美国将在以下几个新领域展开创新活动:

1. 制定更完善的制度来支持新技术。

在创新进程中存在诸多制度缺陷,如新技术测试阶段监管途径缺失等。随着创新的不断推进,联邦政府需要制定新的监管制度,在促进创新的同时也要保护积极和健康的公共价值观;使用尖端技术来分析并减轻监管工作量,更好地让公众参与到监管过程中来。

2. 利用金融创新解决国家优先事项。

金融工具包括证券化、合同标准化以及促进新市场形成的其他活动。金融工具可以用来克服市场失灵,对包括前期研究、可再生能源开发等社会优先事项进行投资。通过促进资产证券化等金融市场创新,能够聚集更多的私人资本投资于国家优先事项。

3. 以需求拉动促进创新。

传统意义上的创新,强调的是“技术推动”,即通过资助研发来解决机构和国家优先事项。现在强调需求推动创新,尽管一些方法和工具已经在使用,但政府还需要深入分析出更有效的工具来解决其他国家优先事项。

(翻译整理:国际统计信息中心课题组 国家统计局)

德国保持国际竞争力新战略

德国工业产品以总工精细、品质优良、技术过硬著称，是世界八大工业国之一，其主要工业有电子、精密机械、航天、装备制造、汽车、军工等生产部门。2013 年，在汉诺威工业博览会上，德国联邦经济技术部和联邦教研部第一次提出了“工业 4.0”的概念。“工业 4.0”的目标是建立一个高度灵活的个性化和数字化的产品与服务的生产体系。在这种生产模式和生产体系下，传统的行业界限将逐渐模糊，行业间的融合将会孕育新的合作领域和新合作形式。

一、德国“工业 4.0”定义

德国政府于 2013 年在《德国高技术战略 2020》中提出“工业 4.0”，是德国政府提出的新一轮高技术战略，该战略的提出预示着德国第四次工业革命的到来。

根据德国学术界和相关产业界定义，德国前三次工业革命的兴起分别源于机械化、电力、信息技术的发展。

1. 工业 1.0。18 世纪末，蒸汽机的发明和应用，实现了工业制造用各种机床代替手工劳动来生产机械产品，这是历史上的第一次工业革命，这一时期被称作“工业 1.0”。

2. 工业 2.0。从 20 世纪初到 20 世纪 60 年代末，电力的发明，开启了电气化和大规模流水线生产时代，这一时期被称作“工业 2.0”。

3. 工业 3.0。从 20 世纪 70 年代初期至现在，通过信息技术和电气化的结合，实现了自动化生产，这一时期被称作“工业 3.0”。

4. 工业 4.0。从现在至今后相当长一段时期，将充分融合“工业 1.0”和“工业 2.0”创造的“物理系统”，以及“工业 3.0”创建的“信息系统”实现智能化生产；即把物理系统链接到互联网，使物理系统具有计算、通信、监控、远程协调和自我管理功能，实现虚拟互联网世界与现实世界的真正融合。

二、德国“工业 4.0”战略主要内容

德国“工业 4.0”战略的目标是打造智能化生产方式并使其数字化、灵活化、个性化，引领德国未来的产业发展和制造技术。该战略的主要内容体现在以下几个方面：

（一）建设信息物理系统网络

作为“工业 4.0”实施的基础，信息物理系统网络将物理系统链接互联网，使物理系统具有计算、通信、监控、远程协调和自我管理等五大功能，从而实现智能化生产。创建信息物理系统网络包括以下四个环节：①部署各类传感元件以实现信息采集；②各类制造设备嵌入智能控件以使制造设备智能化；③借助高速通信技术实现数据运输；④借助软件系统处理数据并发送指令，实现生产过程的智能化。

（二）致力于智能工厂和智能生产

德国“工业 4.0”战略的实施要求投入资源于研究建设智能工厂和智能生产中。智能工厂是“工业 4.0”战略实施的基础设施建设保障，重点针对智能化生产系统以及生产设施分布网络化进行研究。智能生产旨在行程个性化、网络化、灵活化的智能产业链；致力于将 3D 打印技术、人机互联、智能物流等顶尖技术应用于日常生产过程中。

（三）注重市场战略和供应商战略

制定并实施先进市场战略；强调通过建设遍布国家不同地区、不同行业、不同企业的告诉互联

网络，实现各类信息能够快速分享、进行有效率的分工合作，以达到提高正产效率、对国内制造业市场进行有效的整合的目的。制定并实施先进供应商战略；制造商必须秉承“工业 4.0”理念，以实现“德国制造”质的飞越为目标，通过先进科技与传统生产技术的融合，制造智能化生产设备。此外，“工业 4.0”战略还强调，通过互联网技术的发展，进一步促进生产单位和商业企业的无缝恰接，从而拉近制造商与市场之间的距离。

（四）关注产品的价值形成和价值实现

关注产品的生产，使生产在智能工厂内通过互联网进行信息共享，达成纵向集成。关注产品的设计研发、安排生产计划、管控生产过程以及产品售后维护等各个阶段的信息共享，达成工程数字化集成。关注全社会价值网络的实现，从产品的研发与应用拓展至建立标准化策略、提高社会分工合作的有效性、探索新的商业模式以及考虑社会的可持续发展等，达成制造业的横向集成。

（五）八项具体举措

一是建立完善的数据运输基础设施，保障数据传送的安全、高效、稳定。二是完善监督机制，即对“工业 4.0”实施过程中遇到的个人与企业信息泄露、国际贸易规则协调等诸多问题建立全新的监管机制。三是研究新的生产协作模式；激发企业员工智能生产的积极性。四是注重人才培养，为战略实施奠定人力资源基础。五是建立科学的绩效评价体系，激励企业进行智能生产以及充分利用资源。六是完善管理机制，为管理日益复杂的制造业生产提供支持。七是建立安全保障机制，确保企业员工以及环境不受安全威胁，保障产权不受侵害。八是建立信息共享技术标准化和信息开放标准的参考体系，实现全社会参与。

德国能够在制造装备领域走在世界最前沿，很大程度上依靠研发创新以及对复杂工业过程的管理。德国拥有世界领先的车间制造业及设备。“工业 4.0”战略旨在突破制造业发展瓶颈，实现制造业的再升级。通过“工业 4.0”的实施，使德国成为信息物理系统的主导市场，继续保持在工业制造方面的国际领先地位，提升国家的国际竞争力。

德国提出“工业 4.0”，是其工业史上的一场战略性革命。在世界经济形势严峻的大背景下，不仅是德国，世界其他主要发达经济体也相继出台了工业化战略改革措施。如，一直被困扰在虚拟经济与实体经济失衡问题下的美国，推出再工业化战略措施，以推进经济发展的智能化、高端化、绿色化、服务化，旨在通过升级制造业工业来振兴本土经济。欧盟于 2010 年提出其再工业化战略，以 10 月份《指向增长与经济复苏的更强大的欧洲工业》的发布为标志，意在提高欧盟国家工业占欧盟国内生产总值比重。英国则于 2011 年提出再工业化战略，其在《强劲、可持续和平衡增长之路》中提到，高端制造将列为英国六大优先发展的行业之首。法国于 2012 年着手再工业化战略，旨在用建设工业项目重振法国工业，稳固法国工业最强国的地位。日本于 2013 年制定其“再兴战略”，产业再兴战略成为该国未来三大重要战略之一。世界主要发达经济体的再工业化战略标明，推动工业产业结构优化升级，是解决世界经济疲软问题的有效手段，同时再工业化战略也是抢占未来产业竞争制高点的必然选择。

正处于经济发展关键期的中国，也需要再工业化战略，为此中国政府提出了《中国制造 2025》，即通过制定三个十年计划，使中国工业与国际前沿接轨，以实现使中国工业走向世界先进领域、建设世界领先水平的技术和产业体系的目标，最终使我国实现由“中国制造”转向“中国创造”，由世界制造大国转变为世界制造强国。

（翻译整理：国际统计信息中心课题组
国家统计局）

法国重塑工业实力新战略

“工业强则国家强”，面对伴随“去工业化”而来的工业增加值和就业比重的持续下降，法国政府于2013年9月推出了《新工业法国》战略，旨在通过创新重塑工业实力，使法国处于全球工业竞争力第一梯队。该战略为期十年，主要解决三大问题（能源、数字革命和经济生活），共包含34项具体计划，展现了法国在第三次工业革命中实现工业转型的决心和实力。

一、具体内容

34项计划分别是：可再生能源、百公里油耗2升以内的汽车、充电桩、电池自主自强、无人驾驶汽车、电动飞机和新一代飞行器、重载飞艇、软件和嵌入式系统、全电推进卫星、未来高速铁路、绿色船舶、智能创新纺织技术、现代创新的木材工业、回收和绿色材料、建筑物节能改造、智能电网、智能水管理、生物燃料和绿色化学、医学生物技术、数字化医院、新型医疗卫生设备、安全健康和可持续的创新食品、大数据、云计算、电化教育、电信主权、纳米电子学、物联网、增强现实技术、非接触式服务、超级计算机、机器人、网络安全、未来工厂。具体内容如下：

1. 可再生能源。该项计划致力于以可再生能源为燃料，减少对石油和天然气的依赖，加强相关技术的创新。

2. 百公里油耗2升以内的汽车。该计划将允许开发新的节油技术，包括发动机、轻型车辆的混合，以及减少由机械原因和轮胎滚动阻力引起的功率损失。有关车辆连接性的工作将会带来更好的驾驶体验和安全性。

3. 充电桩。该项计划的目标是将充电终端网络覆盖全国各地，使公民可以在任何地方使用电动汽车。电动车非常环保，不排放任何污染物，并且十分经济。

4. 电池。能量存储市场的发展需要适应不断增长的需求，在重量、功率、能量和成本方面都对电池提出了更高标准的要求。

5. 无人驾驶汽车。该项计划将彻底改变个人交通。通过配备传感器和嵌入式软件，汽车可以与环境互动并与其他车辆通信，另外，可以通过消除司机的人为错误来提高道路安全指数。

6. 电动飞机和新一代飞行器。该计划以民用航空研究委员会确定的优先事项为基础，包括实施新的生产方法，研发噪声更小、更节约的飞机，以及开发更有效的驾驶系统。

7. 重载飞艇。该计划致力于民用航空设备、无人直升机、无人机、飞艇以及基于这种设备的新服务的发展。

8. 软件和嵌入式系统。飞机的自动飞行、汽车的牵引和火力发电厂的控制系统都依赖于嵌入式软件。该计划旨在巩固和发展该领域，鼓励创新，促进强大的出口实体的出现。

9. 全电推进卫星。该领域有很好的发展前景，主要体现在出口市场方面。该计划旨在支持平台和相关工业过程的设计、开发和技术发展。

10. 未来高速铁路。作为高速列车的先驱，法国正面临着亚洲、中东和巴西等新市场的挑战，法国必须完成铁路网革命，并研发下一代TGV。该领域的发展可以依靠高铁公认的全球领导者Alstom、组织良好的分包商网络、积极的研发环境以及尖端的公共研究实验室。

11. 绿色船舶。第一个目标是预测环境保护法规（减少二氧化碳、硫氧化物、氮氧化物和细颗粒的排放，减少废水和废物产生），在整个生命周期减少船舶对环境的影响。第二个目标是整合创新方法，以改善货物和船员的安全，并提高乘客的舒适度。第三个目标是嵌入式创新，使船员能够优化导航、消耗、排放和关键作业。

12. 智能创新纺织技术。作为第一次工业革命的象征，纺织工业仍然具有很好的发展前景和高度的创新性。在政府的支持下，要完成该领域的复兴，需要使现有的纺织品种类更加多样化，开发新的纤维，通过监测个人生物特征使服装不走形。

13. 现代创新的木材工业。法国是欧洲第三大森林地区的所在地，应进一步利用这个优势。该计划旨在使法国的森林成为现代化，负有创新性的可再生资源。

14. 回收和绿色材料。减少对自然资源和能源的浪费，减少经济对环境的影响是新世纪的主要挑战。该计划旨在将我们的消费、生产和分销模式转变为循环经济模式，工业和农业部门须进一步推广废物回收。

15. 建筑物节能改造。法国温室气体排放量的三分之一来自建筑物中的能源浪费，城市生活须平衡生活质量与经济活动。建筑物节能改造将有助于建设可持续发展的城市，改善人们的生活，并将有助于对抗全球变暖问题。

16. 智能电网。我们的发电方法应随着可再生能源的发展以及能源结构的变化而发展，电力系统须朝着更具灵活性、高效率和弹性方向发展。将新的信息和通信技术集成到电力系统中，有助于创建智能电网，更好地测量消耗。

17. 智能水管理。法国须将智能网络应用到水管理中，并继续开发一项旨在满足饮用水和卫生设施需求的产品，以巩固和提高其在新兴市场环境卫生控制中的地位。

18. 生物燃料和绿色化学。该行业需要转向研制绿色和可持续的化学品，以满足市场对节能、环境保护和经济发展的需求。该计划旨在实现第二代生物燃料的工业化和第三代的大量投资。它将支持生物炼制技术的发展，以及高附加值分子和材料的销售。

19. 医学生物技术。法国希望根据病人的个人情况建立特定的医疗体系。该计划旨在加强对合作伙伴关系的研究，帮助生物技术公司推广产品，以此来巩固法国在合成生物技术和细胞治疗领域的地位。

20. 数字化医院。该计划融合了三个挑战：提高医疗卫生服务质量，控制医疗成本，为法国工业部门提供发展机会。这种由数字革命实现的现代化包括医院信息系统的发展，以及与健康相关的所有数字工具的开发。

21. 新型医疗卫生设备。医疗器械是创新的主要领域，其发展可以提升健康和护理质量。医学成像、机器人手术辅助技术、植入治疗和智能敷药是在医院和家庭诊断方面的新技术，应进一步发展。

22. 安全健康和可持续的创新食品。该计划旨在降低糖和盐的投入比例，优化蛋白质的功能以减少或替换添加剂，改进包装质量以保持更长的时间，避免浪费，巩固法国和欧洲市场以及出口产品的开发。

23. 大数据。大数据包括大量数据的处理、收集和存储，以及它们的可视化分析。该计划涵盖了多项内容：培训数据科学家、开放技术资源中心以加快企业的发展、支持研发并提供专门的基金。

24. 云计算。云计算模型具有通过电信网络远程访问的能力，行业参与者将围绕云的增长，包括标准化和数据安全的关键问题进行结构化。

25. 电化教育。将数字技术应用于教育正在彻底改变教育实践，这场革命涉及远程教育的发展。电子学习将改进传统教育形式，是加强互动和提升创造力的一个很好的机会。

26. 电信主权。该计划旨在确保公司生态系统的发展，使法国掌握和推出必要的基础设施，促进数字经济的发展。基础设施正在经历不断的技术变革，这些技术将使网络使用更安全，移动网络升级到5G等。

27. 纳米电子学。纳米电子元件和集成电路在我们的日常生活中无所不在：它们在USB闪存驱动器上存储信息，运行我们的计算机，确保我们汽车的安全，调节起搏器以适应每个患者的需求，优化我们的能源消耗等。纳米技术的进步正在重塑许多行业，它处在许多社会和经济挑战的核心。

28. 物联网。由于传感器和嵌入式软件，这些对象正在逐渐变得更加智能。这一发展将通过健康、教育、交通、家居安全和日常生活的许多其他方面改变我们的生活。

29. 增强现实技术。增强现实正在改变我们的日常生活，开辟新的前景。增强现实技术将虚拟信息和图像叠加在我们对现实的自然感知之上。该计划旨在进一步发展增强现实技术，提供更个性化的服务。

30. 非接触式服务。“非接触式”技术的推出开辟了一个新的数字服务领域，使每个人的生活更简单。该计划旨在使法国成为更加智能的城市，鼓励中央政府、地方当局和企业共同推广。

31. 超级计算机。法国长期以来一直将自己定位为高性能计算和数字仿真领域的领导者，其在应用数学专业知识方面的成就是全世界公认的。构建强大的超级计算机需要加强创新，通过建模实现复杂的创新和预测。

32. 机器人。该计划旨在使法国成为研究机器人技术的主要参与者，支持相关的研发项目，提供资金和援助。法国拥有优秀的中小企业、尖端创业公司和一些世界上最好的公共研究实验室，已经在专业市场上得到认可，有潜力进一步发展。

33. 网络安全。该计划旨在为未来的一些关键问题提供答案，例如如何更好地评估国内需求，以指导市场的发展、如何制定网络安全问题的解决方案，以及如何在新兴市场使公司更好的发展。

34. 未来工厂。未来的工厂需要更环保，减少资源的消耗和浪费；需要更智能，使用复杂有效的生产方法，重新定义人机界面；需要更灵活，能够生产更适应市场发展的产品。

二、法国重振工业的模式的鲜明特征

第一，注重实用性和渐进性。优先立项的三个标准清晰地反映出这一特点：首先，这个项目必须属于朝阳产业，前景远大；其次，涉及的顶尖技术必须是由法国掌握的，不会到头来为他人作“嫁衣”；再者，在相关市场上法国企业已取得领先，或有可能脱颖而出。一言以蔽之：法国重振工业的着眼点并不立足于开发出颠覆性的成果，而是在既有成果的基础上深耕细作，以求再进一步。历览34个优先立项，也确实如此：比如新一代高速列车、电动飞机，显然是继承了法国在交通、航空航天等领域的优势；而节能建筑、食品加工等领域，法国更是早已全球领先。这个计划里甚至包括智能纺织、木材加工等传统行业的项目，其实用性导向可见一斑。

第二，注重“两只手”平衡搭配。奥朗德的理念是，政府这只“有形的手”负责搭台，市场这只“无形的手”负责唱戏。那么，两只手具体怎样配合呢？“新工业法国”计划的准备和落实架构是这样的：在前期调研中，由法国国家工业理事会牵头，邀请工业方面各行业的领军人物以及麦肯锡这样的国际咨询公司进行规划。需要明确的是，法国国家工业理事会里，政府和非政府人士的比例大约是1:1，后者甚至可能略多，这就大大限制了政府意志的膨胀。在后期落实中，每个项目的带头人绝大多数都是行业内专家或企业负责人，极少由政府官员担任。这个项目带头人的一个重要职责就是召集业内人士、政府官员和金融机构共同制订本项目落实计划的路线图，路线图制订之后要由新设的指导委员会进行审批。而这个指导委员会的成员，也是行业人士为主，政府官员为辅。由此，各道环节保证市场足以发力，政府不会失位。

第三，注重及时跟进金融配套措施。法国人深谙“兵马未动，资本先行”的道理，围绕“新工业法国”计划，前前后后出台了各种金融辅助举措，重点举措之一就是改革“研发抵税”机制，通过简化抵税减免的计算办法以及大幅提高抵税上限，调动中小企业，尤其是小微企业参与工业研发创新的积极性。

（翻译整理：国际统计信息中心课题组
国家统计局）

英国分享经济发展新战略

互联网对于经济生活的渗透和影响与日俱增，依托互联网而生的分享经济正显示出强大的发展势头和潜力。目前，全球分享经济的总产值约为90亿英镑（约合135亿美元）。英国的分享经济发展走在世界的前列。根据英国商务部公布的数据，大约四分之一的英国成年人有过网上分享彼此的财产、技能、时间等闲置资源的经历，这一人数还在快速上涨。在此背景下，英国政府决心"把英国打造成分享经济的全球中心"，并从政策等层面予以支持，鼓励发展分享经济。该报告通过三个方面对英国分享经济进行介绍，第一部分简要介绍英国分享经济发展情况，第二部分指出分享经济给政府监管带来的挑战，第三部分介绍英国政府所提出的一些解决方案。

一、英国分享经济简介

"分享经济"，是指通过互联网等技术平台，帮助人们以高效的方式分享彼此的财产、时间和技能等闲置资源。英国分享经济的发展较早，速度较快。据JUSTPARK调研公司的报告，仅伦敦的分享经济初创企业就有72家，在全球范围仅次于纽约（89家）和旧金山（131家）。英国分享经济最强的企业主要集中在P2P借贷和融资领域，Funding Circle是全球第一家允许融资资金超过1亿英镑的股权融资网络平台；2005年成立的Zopa则是同行业中最古老的P2P借贷平台。除了金融领域外，英国分享经济在交通、二手物品交易、教育和知识领域表现形式良好，如线上家居平台FRN、兴趣交换和出售平台SORTED。2014年初，英国政府宣布决心把英国打造成分享经济的全球中心以及欧洲分享经济之都，并从政策等层面予以鼓励支持。同年，在政府的支持下，Sharing Economy UK（SEUK）成立，这是一家与政府紧密合作的独立机构，采用会员制，对新加入的公司实行人员培训、保障消费者交易安全及处理投诉建议，是一个规范及监管分享经济的行业平台。

英国根据分享经济的发展目的，将分享经济分为四个类型：

1. 分享消费。通过租赁、贷款、贸易、交换和转售获得货物或服务，包括：（1）再分配市场，例如二手家具网络等，将某地闲置的物品通过转售或重新分配到需要的地方；（2）产品服务系统，拥有产品的使用权而不是拥有权，例如会员制分享闲置汽车网站Zipcar；（3）分享生活方式，人们分享和交换无形资产，如时间、技能、金钱和空间，例如分享美食资讯的网站Grub Club。

2. 协作生产。通过网络将个人组成团体或网络共同设计、生产或分发商品，包括：（1）协作设计，共同协作设计产品或服务，设计众包类型的网站Quirky是其中代表；（2）协作制作，人们在某个平台上联系或组织来合作制作项目和产品，例如网上地图协作计划OpenStreetMap，目标是创造一个内容自由且能让所有人编辑的世界地图；（3）合作配送，例如Nimber公司，将快递的供需双方撮合起来，让相同路径的普通人为用户配送包裹。

3. 协作学习。向任何人开放学习体验，大家分享资源和知识，一起学习。主要包括：（1）开放课程和课件：任何人都可以免费和公开地获得课程，讲座和教育内容，例如教育网站FutureLearn。（2）分享技能：人们愿意教授或分享他们拥有的技能，例如Skilio。（3）分享知识：人们在公共平台聚合自己的知识或集体解决问题，例如维基百科。

4. 合作金融。在传统金融机构之外提供的融资、贷款和投资服务。主要包括:(1)众筹:直接贡献于特定项目的融资目标,例如 Crowdfunder。(2)P2P 贷款:投资商直接与想要借款的人联系,例如 Zopa。(3)补充货币:国家管理的法定货币的替代品,例如 ECHO(小时经济)。(4)合作保险:人们聚在一起形成自己的保险库,例如"Bought By Many"。

二、分享经济发展给政府部门带来的挑战

分享经济的发展遭遇到人们观念保守、政府监管法规滞后、行业从业者受冲击等方面的制约,遇到了一些问题。比如,即便可以带来收入的增加和使用率的提高,许多人仍然不习惯于将自己的东西与别人分享使用。分享经济为政策制定者和监管者也出了一些问题,最显著的问题是如何管理分享经济的直接风险。

1. 在合作消费方面,分享交通模式(如 Uber)越来越流行,可能冲击传统经营者。近些年以来,伦敦、巴黎、马德里、米兰等多个欧洲城市的出租车司机都发起了大规模联合罢工。原因很简单,就是优步以及类似的手机打车软件的兴起导致大量私家车进入出租车行业,影响了正规出租车司机的正常运营和收入。出租车司机指出,这种缺乏规管和认证的模式给合作平台一个不公平的竞争优势,乘客和公众都面临风险。

2. 在合作金融方面,有众筹平台种类繁多,门类不一。尽管众筹已经成为英国监管的重点,但是随着提供高风险、高回报业务项目的众筹平台越来越多,金融监管机构如何进行有效监管,实现公共风险管理是一项巨大的挑战。

3. 协作生产中,人们可以通过在网络上接受指导,利用自己的生产设备(如 3D 打印机)共同设计和生产产品,但是产品的质量和安全的监管问题,以及非法产品的生产问题(如利用 3D 打印机生产枪支)都会给政府部门带来挑战。

4. 协作学习中,大多数在线课程均没有获得教育部门的认证。当前,人民大学等新机构已经开始提供不同形式的认证,但仍存在很多问题,如在线课程学习的专业性和学习质量如何衡量。另外,在线学习还面临身份验证和身份欺诈的问题。随着这些在线学习模式的发展,不同的部门是否愿意承认其合法性,并将其作为同等学力还存在问题。

随着时间的推移,政府将有一些超越法规层面的更大的问题要思考。比如,如果分享经济会降低某些部门的工资,引起社会问题的时候要如何处理;分享经济对环境的影响是什么,是否可以成为减少过度消费的工具。可见,分享经济相关的政策和监管问题变得越来越重要和难以忽视。提供有效的监督,鼓励积极的创新,同时管理公众关注和潜在风险,对于政府来说,三管齐下,可能是非常困难的。哪些政策领域可能受到分享经济的影响,决策者和监管机构如何做出适当的反应,这些都是值得探讨的话题。

英国街头的共享单车

三、英国政府为分享经济的施行所做出的努力

总体来说,英国政府十分重视分享经济这个领域,从政策环境上予以大力支持,为"分享经济"设计更多的保障服务,以及鼓励开放更多分享经济的业务等,这对企业和创业者起到很大的鼓励作用,从而吸引其汇聚于此。有代表性的政策

包括：

（一）加强短期租赁和住宿方面的监管

短期租赁（STR）是分享经济中最热门的政策领域之一。STR政策问题通常涉及税收、邻里规划、对旅游业的影响、以及整体住房供给。在世界很多城市规定房产租赁的租赁期不得少于30天，而在一些旅游业强劲的地方则没有这样的限制。英国住房建设部长Brandon Lewis表示，限制短租供给是“过时的和不可行的”，必须努力建立一个“更公平，更灵活的私人租赁部门”来支持分享空间与住宿领域的发展。英国政府施行的具体政策包括：第一，调整现行法律，解除短租限制。伦敦有一条实行了42年之久的法律规定，即任何居民的房屋租赁少于90天都必须获得许可，否则将面临2万英镑的处罚，现在英国政府废除了这项规定。政府支持房东将闲置房屋出租给房客，并提供税收减免。现已在试行的“租一间屋计划”（The Rent a Room Scheme）允许房东每年额外享有4250英镑的免税优惠。第二，政府将对分享房屋的消防安全与设备提出具体的要求。第三，地方政府有权进入并检查那些居住人数过多的分享房屋。房东若不能遵守规定，地方政府有权提出起诉，同时政府将为租客提供一份“房东犯罪记录指南”，并有可能限制某些有犯罪记录的人出租自己的房屋。第四，政府将修改标准化的租赁合同，允许租客进行短期转租。第五，允许民众将非住宅区的停车空间自由出租，而无需获得规划许可。

（二）加强政府和企业的合作

政府开始与分享经济中的组织和服务提供商建立合作关系。如英国克罗伊登市议会与分享汽车企业Zipcar合作，致力于节省成本和降低碳排放。从传统的汽车车队模式转向分享车辆，使商业里程和旅行成本均大幅降低。采用这种合作模式后，克罗伊登市议会的汽车旅行费用减少了42%，有效节约开支。该计划还增加了克罗伊登居民获得Zipcar车辆的机会，从而鼓励社区分享车辆。其他地方政府正在与像Liftshare这样的公司合作开发汽车分享，鼓励本地区分享绿色旅行计划。

（三）鼓励分享经济全面发展

将分享经济模式与城市发展结合起来，即建立“分享城市”。英国政府决定2015-2016年在利兹市和大曼彻斯特区设立两个实验区，重点支持在交通、住宿和社会保障领域的分享尝试。利兹市（Leeds City Region），以发展分享交通为主。大曼彻斯特地区（Greater Manchester），以发展医疗与社会保险的分享项目为主。

（翻译整理：国际统计信息中心课题组
国家统计局）

重要文件

让工程科技造福人类、创造未来

——习近平主席在国际工程科技大会上的主旨演讲

（2014年6月3日）

女士们，先生们，朋友们：

在这个美好的时节，国际工程科技大会在北京隆重召开，这是世界工程科技界和中国工程科技界的一件盛事。我很高兴有机会同来自世界各地的工程科技专家学者见面，也很愿意聆听大家对工程科技发展、人类社会未来的高见。

首先，我谨代表中国政府和中国人民，并以我个人的名义，向大会的召开，表示衷心的祝贺！向出席大会的全体代表，表示诚挚的欢迎！向国际工程与技术科学院理事会会议的召开，表示衷心的祝贺！

工程科技与人类生存息息相关。温故而知新。回顾人类文明历史，人类生存与社会生产力发展水平密切相关，而社会生产力发展的一个重要源头就是工程科技。工程造福人类，科技创造未来。工程科技是改变世界的重要力量，它源于生活需要，又归于生活之中。历史证明，工程科技创新驱动着历史车轮飞速旋转，为人类文明进步提供了不竭动力源泉，推动人类从蒙昧走向文明、从游牧文明走向农业文明、工业文明，走向信息化时代。

古往今来，人类创造了无数令人惊叹的工程科技成果。古代工程科技创造的许多成果至今仍存在着，见证着人类文明编年史。如古埃及金字塔、古希腊帕提农神庙、古罗马斗兽场、印第安人太阳神庙、柬埔寨吴哥窟、印度泰姬陵等古代建筑奇迹，如中国的造纸术、火药、印刷术、指南针等重大技术创造和万里长城、都江堰、京杭大运河等重大工程，都是当时人类文明形成的关键因素和重要标志，都对人类文明发展产生了重大影响，都对世界历史演进具有深远意义。

近代以来，工程科技更直接地把科学发现同产业发展联系在一起，成为经济社会发展的主要驱动力。每一次产业革命都同技术革命密不可分。18世纪，蒸汽机引发了第一次产业革命，导致了从手工劳动向动力机器生产转变的重大飞跃，使人类进入了机械化时代。19世纪末至20世纪上半叶，电机和化工引发了第二次产业革命，使人类进入了电气化、原子能、航空航天时代，极大提高了社会生产力和人类生活水平，缩小了国与国、地区与地区、人与人的空间和时间距离，地球变成了一个“村庄”。20世纪下半叶，信息技术引发了第三次产业革命，使社会生产和消费从工业化向自动化、智能化转变，社会生产力再次大提高，劳动生产率再次大飞跃。工程科技的每一次重大突破，都会催发社会生产力的深刻变革，都会推动人类文明迈向新的更高的台阶。

新中国成立60多年特别是改革开放30多年来，中国经济社会快速发展，其中工程科技创新驱动功不可没。“两弹一星”、载人航天、探月工程等一批重大工程科技成就，大幅度提升了中国的综合国力和国际地位。三峡工程、西气东输、西电东送、南水北调、青藏铁路、高速铁路等一大批重大工程建设成功，大幅度提升了中国的基础工业、制造业、新兴产业等领域创新能力和水平，加快了中国现代化进程。农业科技、人口健康、资源环境、公共安全、防灾减灾等领域工程科技发展，大幅度提高了13亿多中国人的生活水平和质量，使中国的面貌、中国人民的面貌发生了历史性变化。

时至今日，人类生活各个方面无不打上了工程科技的印记。从铁路横贯、大桥飞架、堤坝高筑、汽车奔驰、飞机穿梭、飞船遨游、巨舰破浪、通信畅通，到成千上万的各种机械、自动化生产线、电视、电话，再到洗衣机、冰箱、微波炉、空调、吸尘器等家用电器，工程科技给人类生产生活带来了空前便利。

进入本世纪以来，工程科技在人类社会发展中的角色愈益突出。我在浙江省工作了5年，亲历了全长36公里的杭州湾跨海大桥的修建。这一工程不仅促进了当地从交通末梢到交通枢纽的飞跃，更通过物流、资金流、信息流的汇聚和扩散影响了经济社会发展各个领域，促进了苏浙沪经济圈发展。可以说，当今世界，科学技术作为第一生产力的作用愈益凸显，工程科技进步和创新对经济社会发展的主导作用更加突出，不仅成为推动社会生产力发展和劳动生产率提升的决定性因素，而且成为推动教育、文化、体育、卫生、艺术等事业发展的重要力量。

女士们、先生们、朋友们！

对幸福生活的追求是推动人类文明进步最持久的力量。享有更好的教育、更稳定的工作、更满意的收入、更可靠的社会保障、更高水平的医疗卫生服务、更舒适的居住条件、更优美的生产生活环境，是中国人民和世界人民的共同梦想。

当前，世界多极化、经济全球化深入发展，文化多样化、社会信息化持续推进。粮食不足、资源短缺、能源紧张、环境污染、气候异常、人口膨胀、贫困、疾病流行、经济危机等诸多全球性难题，对人类生存和发展构成严峻挑战。

实现梦想、应对挑战、创造未来，动力从哪里来？只能从发展中来、从改革中来、从创新中来。地球上的物质资源必然越用越少，大量耗费物质资源的传统发展方式显然难以为继。面向未来，世界现代化人口将快速增长，如果大家依照现存资源消耗模式生活的话，那是不可想象的。中国拥有4200多万人的工程科技人才队伍，这是中国开创未来最可宝贵的资源。发展科学技术是人类应对全球挑战、实现可持续发展的战略选择。这一切，对工程科技进步和创新提出了新的使命。

一项工程科技创新，可以催生一个产业，可以影响乃至改变世界。袁隆平院士的团队发明了杂交水稻，促进中国粮食亩产提升到800公斤以上，不仅为中国解决13亿多人口吃饭问题作出了突出贡献，而且推广到印度、孟加拉国、印度尼西亚、巴基斯坦、埃及、马达加斯加、利比里亚等众多国家，使那些地方的水稻产量提高15%-20%，为人类保障粮食安全、减少贫困发挥了重要作用。

当今世界，新发现、新技术、新产品、新材料更新换代周期越来越短，工程科技创新成果层出不穷，社会经济发展的需求动力远远超出预测，人类创新潜能也远远超出想象。信息技术、生物技术、新能源技术、新材料技术等交叉融合正在引发新一轮科技革命和产业变革。这将给人类社会发展带来新的机遇。任何一个领域的重大工程科技突破，都可能为世界发展注入新的活力，引发新的产业变革和社会变革。

未来几十年，新一轮科技革命和产业变革将同人类社会发展形成历史性交汇，工程科技进步和创新将成为推动人类社会发展的重要引擎。信息技术成为率先渗透到经济社会生活各领域的先导技术，将促进以物质生产、物质服务为主的经济发展模式向以信息生产、信息服务为主的经济发展模式转变，世界正在进入以信息产业为主导的新经济发展时期。生物学相关技术将创造新的经济增长点，基因技术、蛋白质工程、空间利用、海洋开发以及新能源、新材料发展将产生一系列重大创新成果，拓展生产和发展空间，提高人类生活水平和质量。绿色科技成为科技为社会服务的基本方向，是人类建设美丽地球的重要手段。能源技术发展将为解决能源问题提供主要途径。

共创人类美好未来，是工程科技发展的强大动力，全球工程科技人员要切实承担起这个历史使命。

女士们、先生们、朋友们！

“一花独放不是春，百花齐放春满园。”今天，人类生活在同一个地球村，各国相互联系、相互依存、相互合作、相互促进的程度空前加深，国际社会日益成为一个你中有我、我中有你的命运共同体。中国人民和各国人民休戚与共，中国人民的梦想和各国人民的梦想紧紧相连。

现在，各国都在深入思考今后的发展前景。中国已经明确了今后一个时期的发展蓝图，我们的奋斗目标是，到2020年国内生产总值和城乡居民人均收入比2010年翻一番，全面建成小康社会；到本世纪中叶，建成富强民主文明和谐的社会主义现代化国家。中国正在全面深化改革，统筹推进经济、政治、文化、社会、生态文明等领域改革，努力破解发展难题，消除影响经济社会发展的体制机制障碍，不断为发展增添新动力。

中国是世界上最大的发展中国家，发展是解决中国所有问题的关键。要发展就必须充分发挥科学技术第一生产力的作用。我们把创新驱动发展战略作为国家重大战略，着力推动工程科技创新，实现从以要素驱动、投资规模驱动发展为主转向以创新驱动发展为主。我们将继续实施可持续发展战略，优化国土空间开发格局，全面促进资源节约，加大自然生态系统和环境保护力度，着力解决雾霾等一系列问题，努力建设天蓝地绿水净的美丽中国。我们将高度关注民生，着力解决人民的衣食住行、教育、医疗、养老等问题，让人民过上更好的日子。我们将承担负责任大国的使命，通过建设一个和平发展、蓬勃发展的中国，造福中国人民，造福世界人民，造福子孙后代。

女士们、先生们、朋友们！

工程科技的灵魂在于开放，在和平、发展、合作、共赢的时代潮流中，提高工程科技发展国际化水平已成为各国推动工程科技创新的普遍共识和重要手段，共享工程科技成果是推动共同发展、促进共同繁荣的重要途径。我们要通过加强国际工程科技合作，相互借鉴，相互启发，推动工程科技进步和创新，应对人类共同挑战，实现各国共同发展。

改革开放30多年来，中国已经同150多个国家和地区建立了科技合作关系，开展了广泛的工程科技人才交流，参与了国际热核聚变实验反应堆计划、人类基因组计划、伽利略计划等一大批反映当代工程科技前沿的重大科技工程，对中国经济社会发展和工程科技进步起到重要促进作用。

前不久，我到联合国教科文组织进行访问，同博科娃女士谈到了世界文明交流互鉴问题。联合国教科文组织在推动文明交流互鉴方面进行了不懈努力，在推动国与国、人与人增进理解、加强合作方面发挥了不可替代的作用。工程科技国际合作是推动人类文明进步的重要动力。国际工程与技术科学院理事会是国际工程科技界最重要的学术组织，在促进工程技术国际合作方面发挥了重要作用，有效促进了各国工程科技进步。中国工程院同各国开展了十分活跃的工程科技交流，取得了很好的效果。

在座各国代表和各位院士专家学者，是国际工程科技界的领军人才，是工程科技传播的使者、人才交流的纽带，你们为中国科技事业和现代化建设付出了心血、作出了贡献，中国政府和中国人民对此表示衷心的感谢！

中国人民热爱和平、渴望发展。中国将在更大范围深化工程科技领域国际交流合作，愿意同世界各国携手努力，共同解决问题，共同创造未来。我们将加强政府间工程科技战略合作，以更开放的胸怀支持工程科技国际交流合作。我们将加强半官方及民间工程科技合作，促进国内外科研机构、高等学校、科技学术组织、企业、城市、科学家个人的交流。我们将加强重大科技工程合作，继续参加或牵头开展对未来发展、人类健康、应对气候变化等更有利的国际大科技合作工程。我们将加强工程科技信息交流，同世界各国和国际性组织共同建立大型工程科技数据库、网络系统和虚拟研究中心等，促进实现信息共享、技术共享、资源共享。我们将加强工程科技人才培养，把国际交流合作作为聚集一流学者的重要平台，联合培养拔尖创新型工程科技人才。

工程科技是人类实现梦想的翅膀，承载着人类美好生活的向往，能够让明天充满希望、让未来更加辉煌。希望中外工程科技专家学者加强合作，共同为人类社会进步作出新的更大的贡献！

习近平主席在中国科学院第十七次院士大会、中国工程院第十二次院士大会上的讲话

（2014 年 6 月 9 日）

各位院士，同志们，朋友们：

今天，群英荟萃，群贤毕至，中国科学院第十七次院士大会、中国工程院第十二次院士大会开幕了。有机会同大家见面，感到十分高兴。首先，我代表党中央、国务院，对两院院士大会的召开，表示衷心的祝贺！向两院院士和全国广大科技工作者，表示诚挚的问候！向前来参加会议的外籍院士和国际科学界的朋友们，表示热烈的欢迎！

中国科学院院士、中国工程院院士是我国科学技术界、工程技术界的杰出代表，是国家的财富、人民的骄傲、民族的光荣。长期以来，广大院士胸怀报国为民的理想追求，发扬不懈创新的科学精神，秉持淡泊名利的品德风范，聚焦国家战略需求，勇攀科学技术高峰，创造了举世瞩目的成就，为提高我国自主创新能力、增强我国综合国力，为推动我国科技进步、经济发展、人民生活水平提高、国防建设和优化国家决策作出了重大贡献。

我看了不少两院的咨询报告和院士们的建议，从报告的字里行间，从建议的思考研究中，都能体会到院士们忧国忧民的情怀、求真务实的精神。大家为党和国家决策提供了重要依据。在此，我向各位院士表示衷心的感谢！

各位院士、同志们、朋友们！

今年是甲午年。甲午，对中国人民和中华民族具有特殊的含义，在我国近代史上也具有特殊的含义。回首我国近代史，中华民族遭受的苦难之重、付出的牺牲之大，在世界历史上是罕见的。面对厄运和苦难，中国人民没有屈服，奋起抗争，前仆后继，终于在中国共产党领导下找到了实现中华民族伟大复兴的正确道路，掌握了自己的命运。今天，我们比历史上任何时期都更接近中华民族伟大复兴的目标，比历史上任何时期都更有信心、有能力实现这个目标。而要实现这个目标，我们就必须坚定不移贯彻科教兴国战略和创新驱动发展战略，坚定不移走科技强国之路。

科技是国家强盛之基，创新是民族进步之魂。自古以来，科学技术就以一种不可逆转、不可抗拒的力量推动着人类社会向前发展。16 世纪以来，世界发生了多次科技革命，每一次都深刻影响了世界力量格局。从某种意义上说，科技实力决定着世界政治经济力量对比的变化，也决定着各国各民族的前途命运。

拿我国来说，中华民族是富有创新精神的民族。我们的先人们早就提出："周虽旧邦，其命维新。""天行健，君子以自强不息。""苟日新，日日新，又日新。"可以说，创新精神是中华民族最鲜明的禀赋。在 5000 多年文明发展进程中，中华民族创造了高度发达的文明，我们的先人们发明了造纸术、火药、印刷术、指南针，在天文、算学、医学、农学等多个领域创造了累累硕果，为世界贡献了无数科技创新成果，对世界文明进步影响深远、贡献巨大，也使我国长期居于世界强国之列。

然而，明代以后，由于封建统治者闭关锁国、夜郎自大，中国同世界科技发展潮流渐行渐远，屡次错失富民强国的历史机遇。鸦片战争之后，中

国更是一次次被经济总量、人口规模、领土幅员远远不如自己的国家打败。历史告诉我们一个真理：一个国家是否强大不能单就经济总量大小而定，一个民族是否强盛也不能单凭人口规模、领土幅员多寡而定。近代史上，我国落后挨打的根子之一就是科技落后。

新中国成立以来，党中央高度重视科技事业，团结带领广大科技工作者和全国各族人民自力更生、艰苦奋斗，建立起全面独立的科研体系，形成了规模宏大的科学技术队伍，取得了一个又一个举世瞩目的科技成就。今天，“向科学进军”的伟大号召依然在我们的耳畔回响，“科学的春天”依然在祖国的天空上播洒阳光，科教兴国战略依然给我国科技事业发展提供着强大驱动。

“两弹一星”、多复变函数论、陆相成油理论、人工合成牛胰岛素等成就，高温超导、中微子物理、量子反常霍尔效应、纳米科技、干细胞研究、人类基因组测序等基础科学突破，超级杂交水稻、汉字激光照排、高性能计算机、三峡工程、载人航天、探月工程、移动通信、量子通讯、北斗导航、载人深潜、高速铁路、航空母舰等工程技术成果，为我国经济社会发展提供了坚强支撑，为国防安全作出了历史性贡献，也为我国作为一个有世界影响的大国奠定了重要基础。

各位院士、同志们、朋友们！

当前，全党全国各族人民正在为全面建成小康社会、实现中华民族伟大复兴的中国梦而团结奋斗。我们比以往任何时候都更加需要强大的科技创新力量。党的十八大作出了实施创新驱动发展战略的重大部署，强调科技创新是提高社会生产力和综合国力的战略支撑，必须摆在国家发展全局的核心位置。这是党中央综合分析国内外大势、立足我国发展全局作出的重大战略抉择。

进入21世纪以来，新一轮科技革命和产业变革正在孕育兴起，全球科技创新呈现出新的发展态势和特征。学科交叉融合加速，新兴学科不断涌现，前沿领域不断延伸，物质结构、宇宙演化、生命起源、意识本质等基础科学领域正在或有望取得重大突破性进展。信息技术、生物技术、新材料技术、新能源技术广泛渗透，带动几乎所有领域发生了以绿色、智能、泛在为特征的群体性技术革命。传统意义上的基础研究、应用研究、技术开发和产业化的边界日趋模糊，科技创新链条更加灵巧，技术更新和成果转化更加快捷，产业更新换代不断加快。科技创新活动不断突破地域、组织、技术的界限，演化为创新体系的竞争，创新战略竞争在综合国力竞争中的地位日益重要。科技创新，就像撬动地球的杠杆，总能创造令人意想不到的奇迹。当代科技发展历程充分证明了这个过程。

面对科技创新发展新趋势，世界主要国家都在寻找科技创新的突破口，抢占未来经济科技发展的先机。我们不能在这场科技创新的大赛场上落伍，必须迎头赶上、奋起直追、力争超越。

改革开放以来，我国经济社会发展取得了举世瞩目的成就，经济总量跃居世界第二，众多主要经济指标名列世界前列。同时，必须清醒地看到，我国经济规模很大、但依然大而不强，我国经济增速很快、但依然快而不优。主要依靠资源等要素投入推动经济增长和规模扩张的粗放型发展方式是不可持续的。现在，世界发达水平人口全部加起来是10亿人左右，而我国有13亿多人，全部进入现代化，那就意味着世界发达水平人口要翻一番多。不能想象我们能够以现有发达水平人口消耗资源的方式来生产生活，那全球现有资源都给我们也不够用！老路走不通，新路在哪里？就在科技创新上，就在加快从要素驱动、投资规模驱动发展为主向以创新驱动发展为主的转变上。

前几天，我看了一份材料，说“机器人革命”有望成为“第三次工业革命”的一个切入点和重要增长点，将影响全球制造业格局，而且我国将成为全球最大的机器人市场。国际机器人联合会预测，“机器人革命”将创造数万亿美元的市场。由于大数据、云计算、移动互联网等新一代信息技术同机器人技术相互融合步伐加快，3D打印、人工智能迅猛发展，制造机器人的软硬件技术日趋成熟，成本不断降低，性能不断提升，军用无人机、自动驾驶汽车、家政服务机器人已经成为现实，有的人工智能机器人已具有相当程度的自主思维和学习能力。国际上有舆论认为，机器人是“制造业皇冠顶端的明珠”，其研发、制造、应用是衡量一个国家科技创新和高端制造业水平的重要标志。机器人主要制造商和国家纷纷加紧布局，抢占技术和市场制高点。看到这里，我就在想，我国将成为机器人的最大市场，但我们的技术和制造能力能不能应对这场竞争？我们不仅要把我国机器人水平提高上去，而且要尽可能多地占领市场。这样的新技术新领域还很多，我们要审时度势、全盘考虑、抓紧谋划、扎实推进。

各位院士、同志们、朋友们！

实施创新驱动发展战略，最根本的是要增强自主创新能力，最紧迫的是要破除体制机制障碍，最大限度解放和激发科技作为第一生产力所蕴藏的巨大潜能。面向未来，增强自主创新能力，最重要的就是要坚定不移走中国特色自主创新道路，坚持自主创新、重点跨越、支撑发展、引领未来的方针，加快创新型国家建设步伐。

经过多年努力，我国科技整体水平大幅提升，一些重要领域跻身世界先进行列，某些领域正由"跟跑者"向"并行者"、"领跑者"转变。我国进入了新型工业化、信息化、城镇化、农业现代化同步发展、并联发展、叠加发展的关键时期，给自主创新带来了广阔发展空间、提供了前所未有的强劲动力。

我多次讲过，中华民族伟大复兴绝不是轻轻松松就能实现的，我国越发展壮大，遇到的阻力和压力就会越大。从这个经验看，关键是时机和决断。历史的机遇往往稍纵即逝，我们正面对着推进科技创新的重要历史机遇，机不可失，时不再来，必须紧紧抓住。

我们有改革开放30多年来积累的坚实物质基础，有持续创新形成的系列成果，实施创新驱动发展战略具备良好条件。因此，要下好先手棋，打好主动仗，对国家和民族具有重大战略意义的科技决策，想好了、想定了就要决断，不然就可能与历史机遇失之交臂，甚至可能付出更大代价。

2013年3月，我在参加全国政协十二届一次会议科协、科技界委员联组讨论时讲过这样一个意思，就是从总体上看，我国科技创新基础还不牢，自主创新特别是原创力还不强，关键领域核心技术受制于人的格局没有从根本上改变。只有把核心技术掌握在自己手中，才能真正掌握竞争和发展的主动权，才能从根本上保障国家经济安全、国防安全和其他安全。不能总是用别人的昨天来装扮自己的明天。不能总是指望依赖他人的科技成果来提高自己的科技水平，更不能做其他国家的技术附庸，永远跟在别人的后面亦步亦趋。我们没有别的选择，非走自主创新道路不可。

实践告诉我们，自力更生是中华民族自立于世界民族之林的奋斗基点，自主创新是我们攀登世界科技高峰的必由之路。问题看到了，就要以时不我待的精神，快马加鞭改变这个局面。不能说了很多年，最后老是没有根本改变。当然，自主创新不是闭门造车，不是单打独斗，不是排斥学习先进，不是把自己封闭于世界之外。我们要更加积极地开展国际科技交流合作，用好国际国内两种科技资源。

科学技术是世界性的、时代性的，发展科学技术必须具有全球视野。当前，科技创新的重大突破和加快应用极有可能重塑全球经济结构，使产业和经济竞争的赛场发生转换。在传统国际发展赛场上，规则别人都制定好了，我们可以加入，但必须按照已经设定的规则来赛，没有更多主动权。抓住新一轮科技革命和产业变革的重大机遇，就是要在新赛场建设之初就加入其中，甚至主导一些赛场建设，从而使我们成为新的竞赛规则的重要制定者、新的竞赛场地的重要主导者。如果我们没有一招鲜、几招鲜，没有参与或主导新赛场建设的能力，那我们就缺少了机会。机会总是留给有准备的人的，也总是留给有思路、有志向、有韧劲的人们的。我国能否在未来发展中后来居上、弯道超车，主要就看我们能否在创新驱动发展上迈出实实在在的步伐。

李四光说过："科学的存在全靠它的新发现，如果没有新发现，科学便死了。"法国作家雨果说过："已经创造出来的东西比起有待创造的东西来说，是微不足道的。"我国科技发展的方向就是创新、创新、再创新。要高度重视原始性专业基础理论突破，加强科学基础设施建设，保证基础性、系统性、前沿性技术研究和技术研发持续推进，强化自主创新成果的源头供给。要积极主动整合和利用好全球创新资源，从我国现实需求、发展需求出发，有选择、有重点地参加国际大科学装置和科研基地及其中心建设和利用。要准确把握重点领域科技发展的战略机遇，选准关系全局和长远发展的战略必争领域和优先方向，通过高效合理配置，深入推进协同创新和开放创新，构建高效强大的共性关键技术供给体系，努力实现关键技术重大突破，把关键技术掌握在自己手里。

“聪者听于无声，明者见于未形。”科技创新永无止境。科技竞争就像短道速滑，我们在加速，人家也在加速，最后要看谁速度更快、谁的速度更能持续。荀子说：“骐骥一跃，不能十步；驽马十驾，功在不舍。锲而舍之，朽木不折；锲而不舍，金石可镂。”意思是，骏马一跃，也不会达到十步；劣马跑十天，也能跑得很远；雕刻东西，如果刻了一下就放下，朽木也不会刻断；如果不停刻下去，金属和石头都可以雕空。我国广大科技工作者要敢于担当、勇于超越、找准方向、扭住不放，牢固树立敢为天下先的志向和信心，敢于走别人没有走过的路，在攻坚克难中追求卓越，勇于创造引领世界潮流的科技成果。

各位院士、同志们、朋友们！

实施创新驱动发展战略是一个系统工程。科技成果只有同国家需要、人民要求、市场需求相结合，完成从科学研究、实验开发、推广应用的三级跳，才能真正实现创新价值、实现创新驱动发展。

我一直在思考，为什么从明末清初开始，我国科技渐渐落伍了。有的学者研究表明，康熙曾经对西方科学技术很有兴趣，请了西方传教士给他讲西学，内容包括天文学、数学、地理学、动物学、解剖学、音乐，甚至包括哲学，光听讲解天文学的书就有100多本。是什么时候呢？学了多长时间呢？早期大概是1670年至1682年间，曾经连续两年零5个月不间断学习西学。时间不谓不早，学的不谓不多，但问题是当时虽然有人对西学感兴趣，也学了不少，却并没有让这些知识对我国经济社会发展起什么作用，大多是坐而论道、禁中清谈。1708年，清朝政府组织传教士们绘制中国地图，后用10年时间绘制了科学水平空前的《皇舆全览图》，走在了世界前列。但是，这样一个重要成果长期被作为密件收藏内府，社会上根本看不见，没有对经济社会发展起到什么作用。反倒是参加测绘的西方传教士把资料带回了西方整理发表，使西方在相当长一个时期内对我国地理的了解要超过中国人。这说明了一个什么问题呢？就是科学技术必须同社会发展相结合，学得再多，束之高阁，只是一种猎奇，只是一种雅兴，甚至当作奇技淫巧，那就不可能对现实社会产生作用。

多年来，我国一直存在着科技成果向现实生产力转化不力、不顺、不畅的痼疾，其中一个重要症结就在于科技创新链条上存在着诸多体制机制关卡，创新和转化各个环节衔接不够紧密。就像接力赛一样，第一棒跑到了，下一棒没有人接，或者接了不知道往哪儿跑。

要解决这个问题，就必须深化科技体制改革，破除一切制约科技创新的思想障碍和制度藩篱，处理好政府和市场的关系，推动科技和经济社会发展深度融合，打通从科技强到产业强、经济强、国家强的通道，以改革释放创新活力，加快建立健全国家创新体系，让一切创新源泉充分涌流。

如果把科技创新比作我国发展的新引擎，那么改革就是点燃这个新引擎必不可少的点火系。我们要采取更加有效的措施完善点火系，把创新驱动的新引擎全速发动起来。

科技体制改革要紧紧扭住“硬骨头”攻坚克难，加快把党的十八届三中全会确定的科技体制改革各项任务落到实处。要着力把科技创新摆在国家发展全局的核心位置，加快制定创新驱动发展战略的顶层设计，对重大任务要有路线图和时间表。要着力从科技体制改革和经济社会领域改革两个方面同步发力，改革国家科技创新战略规划和资源配置体制机制，完善政绩考核体系和激励政策，深化产学研合作，加快解决制约科技成果转移转化的关键问题。要着力加强科技创新统筹协调，努力克服各领域、各部门、各方面科技创新活动中存在的分散封闭、交叉重复等碎片化现象，避免创新中的“孤岛”现象，加快建立健全各主体、各方面、各环节有机互动、协同高效的国家创新体系。要着力完善科技创新基础制度，加快建立健全国家科技报告制度、创新调查制度、国家科技管理信息系统，大幅提高科技资源开放共享水平。要着力围绕产业链部署创新链、围绕创新链完善资金链，聚焦国家战略目标，集中资源、形成合力，突破关系国计民生和经济命脉的重大关键科技问题。要着力加快完善基础研究体制机制，把基础前沿、关键共性、社会公益和战略高技术研究作为重大基础工程来抓，实施好国家重大科学计划和科学工程，加快在国际科学前沿领域抢占制高点。要着力以科技创新为核心，全方位推进产品创新、品牌创新、产业组织创新、商业模式创新，把创新驱动发展战略落实到现代化建设整个进程和各个方面。

在推进科技体制改革的过程中，我们要注意一个问题，就是我国社会主义制度能够集中力量办大事是我们成就事业的重要法宝。我国很多重大科技成果都是依靠这个法宝搞出来的，千万不能丢了！要让市场在资源配置中起决定性作用，同时要更好发挥政府作用，加强统筹协调，大力开展协同创新，集中力量办大事，抓重大、抓尖端、抓基本，形成推进自主创新的强大合力。

各位院士、同志们、朋友们！

“盖有非常之功，必待非常之人。”人是科技创新最关键的因素。创新的事业呼唤创新的人才。尊重人才，是中华民族的悠久传统。“思皇多士，生此王国。王国克生，维周之桢；济济多士，文王以宁。”这是《诗经·大雅·文王》中的话，说的是周文王尊贤礼士，贤才济济，所以国势强盛。千秋基业，人才为先。实现中华民族伟大复兴，人才越多越好，本事越大越好。我国是一个人力资源大国，也是一个智力资源大国，我国13亿多人大脑中蕴藏的智慧资源是最可宝贵的。知识就是力量，人才就是未来。我国要在科技创新方面走在世界前列，必须在创新实践中发现人才、在创新活动中培育人才、在创新事业中凝聚人才，必须大力培养造就规模宏大、结构合理、素质优良的创新型科技人才。

我国科技队伍规模是世界上最大的，这是我们必须引以为豪的。但是，我们在科技队伍上也面对着严峻挑战，就是创新型科技人才结构性不足矛盾突出，世界级科技大师缺乏，领军人才、尖子人才不足，工程技术人才培养同生产和创新实践脱节。“一年之计，莫如树谷；十年之计，莫如树木；终身之计，莫如树人。”我们要把人才资源开发放在科技创新最优先的位置，改革人才培养、引进、使用等机制，努力造就一批世界水平的科学家、科技领军人才、工程师和高水平创新团队，注重培养一线创新人才和青年科技人才。

要按照人才成长规律改进人才培养机制，“顺木之天，以致其性”，避免急功近利、拔苗助长。要坚持竞争激励和崇尚合作相结合，促进人才资源合理有序流动。要广泛吸引海外优秀专家学者为我国科技创新事业服务。要在全社会积极营造鼓励大胆创新、勇于创新、包容创新的良好氛围，既要重视成功，更要宽容失败，完善好人才评价指挥棒作用，为人才发挥作用、施展才华提供更加广阔的天地。

未来总是属于年青人的。拥有一大批创新型青年人才，是国家创新活力之所在，也是科技发展希望之所在。“我劝天公重抖擞，不拘一格降人才。”广大院士不仅要做科技创新的开拓者，更要做提携后学的领路人。希望广大院士肩负起培养青年科技人才的责任，甘为人梯，言传身教，慧眼识才，不断发现、培养、举荐人才，为拔尖创新人才脱颖而出铺路搭桥。广大青年科技人才要树立科学精神、培养创新思维、挖掘创新潜能、提高创新能力，在继承前人的基础上不断超越。

各位院士、同志们、朋友们！

长期以来，我国院士制度在推动科技界出思想、出谋略、出成果、出人才方面发挥了重大作用。同时，我们也要看到，我国院士制度在实践过程中也存在一些社会关注、科技界反映较突出的问题，比如有时院士遴选受非学术因素干扰过多，有的地方和部门让院士称号承载了一些非学术的、带有明显功利性的负担，有的人把有多少院士当作出政绩的一个标志。如此等等，都背离了我国院士制度的本义，必须加以纠正。广大院士对这些现象也有意见。这些问题需要通过深化改革加以解决，使院士制度更加完善，真正守住学术性、荣誉性的本质。

根据广大院士和各方面意见，党的十八届三中全会提出了改革院士制度的要求，主要就是要突出学术导向，减少不必要的干预，改进和完善院士遴选机制、学科布局、年龄结构、兼职和待遇、退休退出制度等，以更好发挥广大院士作用，更好发现和培养拔尖人才，更好维护院士群体的荣誉和尊严，更好激励科技工作者特别是青年才俊的积极性和创造性。

两院院士在我国科技界拥有最高学术荣誉，

在全社会具有高度关注度，一言一行对学术风气和社会风尚都有极大的影响。希望广大院士坚守学术操守和道德理念，把学问和人格融合在一起，既赢得崇高学术声望，又展示高尚人格风范。

马克思说："科学绝不是一种自私自利的享乐，有幸能够致力于科学研究的人，首先应该拿自己的学识为人类服务。"这是一种很高的精神境界。长期以来，我国科技界涌现出许多受到人民爱戴的科学家，他们代表的是一种时代精神，影响的是一代又一代年轻人。今天，我们培育和践行社会主义核心价值观，需要两院院士发挥作用。希望广大院士善养浩然之气，发扬我国科技界爱国奉献、淡泊名利的优良传统，以身作则，严格自律，在攻坚克难、崇德向善中做到学为人师、行为世范，带动科技界乃至全社会践行社会主义核心价值观。

各级党委和政府要在政治上关怀院士、工作上支持院士、生活上关心院士，当好"后勤部长"。有关部门要加强相关政策保障，让包括院士在内的各类优秀人才在实施创新驱动发展战略中更好建功立业。

中国科学院、中国工程院是我国科学技术界和工程技术界最高学术机构，是国家科学技术思想库。两院要组织广大院士，围绕事关经济社会及科技发展的全局性问题，开展战略咨询研究，以科学咨询支撑科学决策，以科学决策引领科学发展。

各位院士、同志们、朋友们！

实施创新驱动发展战略，建设创新型国家，为实现"两个一百年"奋斗目标提供强大科技支撑，是时代赋予我国广大科技工作者的历史使命。希望同志们锐意进取、锐意创新，努力创造出无愧于时代的业绩，为实现中华民族伟大复兴作出新的更大的贡献！

为建设世界科技强国而奋斗

——习近平主席在全国科技创新大会、两院院士大会、中国科协第九次全国代表大会上的讲话

（2016 年 5 月 30 日）

各位院士，同志们，朋友们：

今天，我们在这里召开全国科技创新大会、两院院士大会、中国科协第九次全国代表大会。4000 名代表齐聚一堂，群英荟萃，少长咸集，共商国家科技创新大计。这是共和国历史上的又一次科技盛会。

1956 年 1 月，毛泽东同志等党和国家领导人以及 1300 多名领导干部，在中南海怀仁堂听取中国科学院 4 位学部主任关于国内外科技发展的报告，党中央向全党全国发出“向科学进军”的号召。其后 10 年，在各方共同努力下，我国建立了学科齐全的科学研究体系、工业技术体系、国防科技体系、地方科技体系，取得了以“两弹一星”为标志的一批重大科技成果。

1978 年，党中央召开全国科学大会，邓小平同志在大会上作出科学技术是生产力的重要论断，我国迎来“科学的春天”。1995 年，党中央、国务院召开全国科学技术大会，江泽民同志发表重要讲话，号召大力实施科教兴国战略，形成实施科教兴国战略热潮。2006 年，党中央、国务院再次召开全国科学技术大会，胡锦涛同志发表重要讲话，部署实施《国家中长期科学和技术发展规划纲要（2006-2020 年）》，动员全党全社会为建设创新型国家而努力奋斗。2012 年，党中央、国务院召开全国科技创新大会，号召我国科技界奋力创新、为全面建成小康社会提供有力科技支撑。

今天，我们在这里召开这个盛会，就是要在我国发展新的历史起点上，把科技创新摆在更加重要位置，吹响建设世界科技强国的号角。

我国现代化建设的目标是，到我们党成立 100 年时建成惠及十几亿人口的更高水平的小康社会，到新中国成立 100 年时基本实现现代化，建成富强民主文明和谐的社会主义现代化国家。党中央今年颁布的《国家创新驱动发展战略纲要》明确，我国科技事业发展的目标是，到 2020 年时使我国进入创新型国家行列，到 2030 年时使我国进入创新型国家前列，到新中国成立 100 年时使我国成为世界科技强国。

两院院士和广大科技工作者是国家的财富、人民的骄傲、民族的光荣，大家责任重大、使命重大，应该努力为建成创新型国家、建成世界科技强国作出新的更大的贡献！

各位院士，同志们、朋友们！

历史经验表明，科技革命总是能够深刻改变世界发展格局。16、17 世纪的科学革命标志着人类知识增长的重大转折。18 世纪出现了蒸汽机等重大发明，成就了第一次工业革命，开启了人类社会现代化历程。19 世纪，科学技术突飞猛进，催生了由机械化转向电气化的第二次工业革命。20 世纪前期，量子论、相对论的诞生形成了第二次科学革命，继而发生了信息科学、生命科学变革，基于新科学知识的重大技术突破层出不穷，引发了以航空、电子技术、核能、航天、计算机、互联网等为里程碑的技术革命，极大提高了人类认识自然、利用自然的能力和社会生产力水平。一些国家抓住科技革命的难得机遇，实现了经济实力、科技实

力、国防实力迅速增强，综合国力快速提升。

在绵延5000多年的文明发展进程中，中华民族创造了闻名于世的科技成果。我们的先人在农、医、天、算等方面形成了系统化的知识体系，取得了以四大发明为代表的一大批发明创造。马克思说："火药、指南针、印刷术——这是预告资产阶级社会到来的三大发明。火药把骑士阶层炸得粉碎，指南针打开了世界市场并建立了殖民地，而印刷术则变成新教的工具，总的来说变成科学复兴的手段，变成对精神发展创造必要前提的最强大的杠杆。"

近代以后，由于国内外各种原因，我国屡次与科技革命失之交臂，从世界强国变为任人欺凌的半殖民地半封建国家，我们的民族经历了一个多世纪列强侵略、战乱不止、社会动荡、人民流离失所的深重苦难。在那个国家积贫积弱的年代，多少怀抱科学救国、教育救国理想的人们报国无门，留下了深深的遗憾。

经过新中国成立以来特别是改革开放以来不懈努力，我国科技发展取得举世瞩目的伟大成就，科技整体能力持续提升，一些重要领域方向跻身世界先进行列，某些前沿方向开始进入并行、领跑阶段，正处于从量的积累向质的飞跃、点的突破向系统能力提升的重要时期。

多复变函数论、陆相成油理论、人工合成牛胰岛素等成就，高温超导、中微子物理、量子反常霍尔效应、纳米科技、干细胞研究、肿瘤早期诊断标志物、人类基因组测序等基础科学突破，"两弹一星"、超级杂交水稻、汉字激光照排、高性能计算机、三峡工程、载人航天、探月工程、移动通信、量子通讯、北斗导航、载人深潜、高速铁路、航空母舰等工程技术成果，为我国成为一个有世界影响的大国奠定了重要基础。从总体上看，我国在主要科技领域和方向上实现了邓小平同志提出的"占有一席之地"的战略目标，正处在跨越发展的关键时期。

现在，我们比历史上任何时期都更接近实现中华民族伟大复兴的目标，比历史上任何时期都更有信心、更有能力实现这个目标。我们要抓住这一历史机遇，同时我们要牢记，中华民族伟大复兴绝不是轻轻松松就能实现的。科技兴则民族兴，科技强则国家强。实现"两个一百年"奋斗目标，实现中华民族伟大复兴的中国梦，必须坚持走中国特色自主创新道路，面向世界科技前沿、面向经济主战场、面向国家重大需求，加快各领域科技创新，掌握全球科技竞争先机。这是我们提出建设世界科技强国的出发点。

各位院士，同志们、朋友们！

纵观人类发展历史，创新始终是一个国家、一个民族发展的重要力量，也始终是推动人类社会进步的重要力量。不创新不行，创新慢了也不行。如果我们不识变、不应变、不求变，就可能陷入战略被动，错失发展机遇，甚至错过整整一个时代。实施创新驱动发展战略，是应对发展环境变化、把握发展自主权、提高核心竞争力的必然选择，是加快转变经济发展方式、破解经济发展深层次矛盾和问题的必然选择，是更好引领我国经济发展新常态、保持我国经济持续健康发展的必然选择。

科技是国之利器，国家赖之以强，企业赖之以赢，人民生活赖之以好。中国要强，中国人民生活要好，必须有强大科技。新时期、新形势、新任务，要求我们在科技创新方面有新理念、新设计、新战略。我们要深入贯彻新发展理念，深入实施科教兴国战略和人才强国战略，深入实施创新驱动发展战略，统筹谋划，加强组织，优化我国科技事业发展总体布局。

第一，夯实科技基础，在重要科技领域跻身世界领先行列。推动科技发展，必须准确判断科技突破方向。判断准了就能抓住先机。"虽有智慧，不如乘势。"历史经验表明，那些抓住科技革命机遇走向现代化的国家，都是科学基础雄厚的国家；那些抓住科技革命机遇成为世界强国的国家，都是在重要科技领域处于领先行列的国家。

综合判断，我国已经成为具有重要影响力的科技大国，科技创新对经济社会发展的支撑和引领作用日益增强。同时，必须认识到，同建设世界科技强国的目标相比，我国发展还面临重大科技瓶颈，关键领域核心技术受制于人的格局没有从根本上改变，科技基础仍然薄弱，科技创新能力特别是原创能力还有很大差距。

科学技术是世界性、时代性的，发展科学技术必须具有全球视野、把握时代脉搏。当今世界，新一轮科技革命蓄势待发,物质结构、宇宙演化、生命起源、意识本质等一些重大科学问题的原创性突破正在开辟新前沿新方向,一些重大颠覆性技术创新正在创造新产业新业态,信息技术、生物技术、制造技术、新材料技术、新能源技术广泛渗透到几乎所有领域,带动了以绿色、智能、泛在为特征的群体性重大技术变革,大数据、云计算、移动互联网等新一代信息技术同机器人和智能制造技术相互融合步伐加快,科技创新链条更加灵巧,技术更新和成果转化更加快捷,产业更新换代不断加快,使社会生产和消费从工业化向自动化、智能化转变,社会生产力将再次大提高,劳动生产率将再次大飞跃。

抓科技创新,不能等待观望,不可亦步亦趋,当有只争朝夕的劲头。时不我待,我们必须增强紧迫感,及时确立发展战略,全面增强自主创新能力。我国科技界要坚定创新自信,坚定敢为天下先的志向,在独创独有上下功夫,勇于挑战最前沿的科学问题,提出更多原创理论,作出更多原创发现,力争在重要科技领域实现跨越发展,跟上甚至引领世界科技发展新方向,掌握新一轮全球科技竞争的战略主动。

第二,强化战略导向,破解创新发展科技难题。科技创新的战略导向十分紧要,必须抓准,以此带动科技难题的突破。当前,国家对战略科技支撑的需求比以往任何时期都更加迫切。这里,我举几个例子。从理论上讲,地球内部可利用的成矿空间分布在从地表到地下 1 万米,目前世界先进水平勘探开采深度已达 2500 米至 4000 米,而我国大多小于 500 米,向地球深部进军是我们必须解决的战略科技问题。材料是制造业的基础,目前我国在先进高端材料研发和生产方面差距甚大,关键高端材料远未实现自主供给。我国很多重要专利药物市场绝大多数被国外公司占据,高端医疗装备主要依赖进口,成为看病贵的主要原因之一,而创新药物研发集中体现了生命科学和生物技术领域前沿新成就和新突破,先进医疗设备研发体现了多学科交叉融合与系统集成。脑连接图谱研究是认知脑功能并进而探讨意识本质的科学前沿,这方面探索不仅有重要科学意义,而且对脑疾病防治、智能技术发展也具有引导作用。深海蕴藏着地球上远未认知和开发的宝藏,但要得到这些宝藏,就必须在深海进入、深海探测、深海开发方面掌握关键技术。空间技术深刻改变了人类对宇宙的认知,为人类社会进步提供了重要动力,同时浩瀚的空天还有许多未知的奥秘有待探索,必须推动空间科学、空间技术、空间应用全面发展。这样的领域还有很多。党中央已经确定了我国科技面向 2030 年的长远战略,决定实施一批重大科技项目和工程,要加快推进,围绕国家重大战略需求,着力攻破关键核心技术,抢占事关长远和全局的科技战略制高点。

成为世界科技强国,成为世界主要科学中心和创新高地,必须拥有一批世界一流科研机构、研究型大学、创新型企业,能够持续涌现一批重大原创性科学成果。党的十八届五中全会提出,要在重大创新领域组建一批国家实验室。这是一项对我国科技创新具有战略意义的举措。要以国家实验室建设为抓手,强化国家战略科技力量,在明确国家目标和紧迫战略需求的重大领域,在有望引领未来发展的战略制高点,以重大科技任务攻关和国家大型科技基础设施为主线,依托最有优势的创新单元,整合全国创新资源,建立目标导向、绩效管理、协同攻关、开放共享的新型运行机制,建设突破型、引领型、平台型一体的国家实验室。这样的国家实验室,应该成为攻坚克难、引领发展的战略科技力量,同其他各类科研机构、大学、企业研发机构形成功能互补、良性互动的协同创新新格局。

第三,加强科技供给,服务经济社会发展主战场。“穷理以致其知,反躬以践其实。”科学研究既要追求知识和真理,也要服务于经济社会发展和广大人民群众。广大科技工作者要把论文写在祖国的大地上,把科技成果应用在实现现代化的伟大事业中。

经过改革开放 30 多年努力,我国经济总量已经居世界第二。同时,我国经济发展不少领域大而不强、大而不优。新形势下,长期以来主要依靠资源、资本、劳动力等要素投入支撑经济增长和规模扩张的方式已不可持续,我国发展正面临着动力转换、方式转变、结构调整的繁重任务。现在,我国低成本资源和要素投入形成的驱动力明显减弱，需要依靠更多更好的科技创新为经济发展注入新动力；社会发展面临人口老龄化、消除贫困、保障人民健康等多方面挑战，需要依靠更多更好的科技创新实现经济社会协调发展；生态文明发展面临日益严峻的环境污染，需要依靠更多更好的科技创新建设天蓝、地绿、水清的美丽中国；能源安全、粮食安全、网络安全、生态安全、生物安全、国防安全等风险压力不断增加，需要依靠更多更好的科技创新保障国家安全。所以说，科技创新是核心，抓住了科技创新就抓住了牵动我国发展全局的牛鼻子。

推动我国经济社会持续健康发展，推进供给侧结构性改革，落实好“三去一降一补”任务，必须在推动发展的内生动力和活力上来一个根本性转变，塑造更多依靠创新驱动、更多发挥先发优势的引领性发展。要深入研究和解决经济和产业发展亟需的科技问题，围绕促进转方式调结构、建设现代产业体系、培育战略性新兴产业、发展现代服务业等方面需求，推动科技成果转移转化，推动产业和产品向价值链中高端跃升。

发展不协调是我国长期存在的突出问题，集中表现在区域、城乡、经济和社会、物质文明和精神文明、经济建设和国防建设等关系上。我们要立足于科技创新，释放创新驱动的原动力，让创新成为发展基点，拓展发展新空间，创造发展新机遇，打造发展新引擎，促进新型工业化、信息化、城镇化、农业现代化同步发展，提升发展整体效能，在新的发展水平上实现协调发展。

绿色发展是生态文明建设的必然要求，代表了当今科技和产业变革方向，是最有前途的发展领域。人类发展活动必须尊重自然、顺应自然、保护自然，否则就会受到大自然的报复。这个规律谁也无法抗拒。要加深对自然规律的认识，自觉以对规律的认识指导行动。不仅要研究生态恢复治理防护的措施，而且要加深对生物多样性等科学规律的认识；不仅要从政策上加强管理和保护，而且要从全球变化、碳循环机理等方面加深认识，依靠科技创新破解绿色发展难题，形成人与自然和谐发展新格局。

国际经济合作和竞争局面正在发生深刻变化，全球经济治理体系和规则正在面临重大调整。经济全球化表面上看是商品、资本、信息等在全球广泛流动，但本质上主导这种流动的力量是人才、是科技创新能力。要增强我们引领商品、资本、信息等全球流动的能力，推动形成对外开放新格局，增强参与全球经济、金融、贸易规则制订的实力和能力，在更高水平上开展国际经济和科技创新合作，在更广泛的利益共同体范围内参与全球治理，实现共同发展。

人民的需要和呼唤，是科技进步和创新的时代声音。随着经济社会不断发展，我国13亿多人民过上美好生活的新期待日益上升，提高社会发展水平、改善人民生活、增强人民健康素质对科技创新提出了更高要求。要想人民之所想、急人民之所急，聚焦重大疾病防控、食品药品安全、人口老龄化等重大民生问题，大幅增加公共科技供给，让人民享有更宜居的生活环境、更好的医疗卫生服务、更放心的食品药品。要依靠科技创新建设低成本、广覆盖、高质量的公共服务体系。要加强普惠和公共科技供给，发展低成本疾病防控和远程医疗技术，实现优质医疗卫生资源普惠共享。要发展信息网络技术，消除不同收入人群、不同地区间的数字鸿沟，努力实现优质文化教育资源均等化。

第四，深化改革创新，形成充满活力的科技管理和运行机制。创新是一个系统工程，创新链、产业链、资金链、政策链相互交织、相互支撑，改革只在一个环节或几个环节搞是不够的，必须全面部署，并坚定不移推进。科技创新、制度创新要协同发挥作用，两个轮子一起转。

我们最大的优势是我国社会主义制度能够集中力量办大事。这是我们成就事业的重要法宝。过去我们取得重大科技突破依靠这一法宝，今天我们推进科技创新跨越也要依靠这一法宝，形成社会主义市场经济条件下集中力量办大事的新机制。

要以推动科技创新为核心，引领科技体制及其相关体制深刻变革。要加快建立科技咨询支撑行政决策的科技决策机制，加强科技决策咨询系统，建设高水平科技智库。要加快推进重大科技决策制度化，解决好实际存在的部门领导拍脑袋、科技专家看眼色行事等问题。要完善符合科技创新规律的资源配置方式，解决简单套用行政预算和财务管理方法管理科技资源等问题，优化基础研究、战略高技术研究、社会公益类研究的支持方式，力求科技创新活动效率最大化。要着力改革和创新科研经费使用和管理方式，让经费为人的创造性活动服务，而不能让人的创造性活动为经费服务。要改革科技评价制度，建立以科技创新质量、贡献、绩效为导向的分类评价体系，正确评价科技创新成果的科学价值、技术价值、经济价值、社会价值、文化价值。

企业是科技和经济紧密结合的重要力量，应该成为技术创新决策、研发投入、科研组织、成果转化的主体。要制定和落实鼓励企业技术创新各项政策，强化企业创新倒逼机制，加强对中小企业技术创新支持力度，推动流通环节改革和反垄断反不正当竞争，引导企业加快发展研发力量。要加快完善科技成果使用、处置、收益管理制度，发挥市场在资源配置中的决定性作用，让机构、人才、装置、资金、项目都充分活跃起来，形成推动科技创新强大合力。要调整现有行业和地方的科研机构，充实企业研发力量，支持依托企业建设国家技术创新中心，培育有国际影响力的行业领军企业。

科研院所和研究型大学是我国科技发展的主要基础所在，也是科技创新人才的摇篮。要优化科研院所和研究型大学科研布局。科研院所要根据世界科技发展态势，优化自身科技布局，厚实学科基础，培育新兴交叉学科生长点，重点加强共性、公益、可持续发展相关研究，增加公共科技供给。研究型大学要加强学科建设，重点开展自由探索的基础研究。要加强科研院所和高校合作，使目标导向研究和自由探索相互衔接、优势互补，形成教研相长、协同育人新模式，打牢我国科技创新的科学和人才基础。

发挥各地在创新发展中的积极性和主动性，对形成国家科技创新合力十分重要。要围绕“一带一路”建设、长江经济带发展、京津冀协同发展等重大规划，尊重科技创新的区域集聚规律，因地制宜探索差异化的创新发展路径，加快打造具有全球影响力的科技创新中心，建设若干具有强大带动力的创新型城市和区域创新中心。

第五，弘扬创新精神，培育符合创新发展要求的人才队伍。“功以才成，业由才广。”科学技术是人类的伟大创造性活动。一切科技创新活动都是人做出来的。我国要建设世界科技强国，关键是要建设一支规模宏大、结构合理、素质优良的创新人才队伍，激发各类人才创新活力和潜力。要极大调动和充分尊重广大科技人员的创造精神，激励他们争当创新的推动者和实践者，使谋划创新、推动创新、落实创新成为自觉行动。

我国科技队伍规模是世界上最大的，这是产生世界级科技大师、领军人才、尖子人才的重要基础。科技人才培育和成长有其规律，要大兴识才爱才敬才用才之风，为科技人才发展提供良好环境，在创新实践中发现人才、在创新活动中培育人才、在创新事业中凝聚人才，聚天下英才而用之，让更多千里马竞相奔腾。要改革人才培养、引进、使用等机制，努力造就一大批能够把握世界科技大势、研判科技发展方向的战略科技人才，培养一大批善于凝聚力量、统筹协调的科技领军人才，培养一大批勇于创新、善于创新的企业家和高技能人才。要完善创新人才培养模式，强化科学精神和创造性思维培养，加强科教融合、校企联合等模式，培养造就一大批熟悉市场运作、具备科技背景的创新创业人才，培养造就一大批青年科技人才。要营造良好学术环境，弘扬学术道德和科研伦理，在全社会营造鼓励创新、宽容失败的氛围。要加强知识产权保护，积极实行以增加知识价值为导向的分配政策，包括提高科研人员成果转化收益分享比例，探索对创新人才实行股权、期权、分红等激励措施，让他们各得其所。

在基础研究领域，包括一些应用科技领域，要尊重科学研究灵感瞬间性、方式随意性、路径不确定性的特点，允许科学家自由畅想、大胆假设、认真求证。不要以出成果的名义干涉科学家的研究，不要用死板的制度约束科学家的研究活动。很多科学研究要着眼长远，不能急功近利，欲速则不达。要让领衔科技专家有职有权，有更大的技术路线决策权、更大的经费支配权、更大的资源调动权，防止瞎指挥、乱指挥。要建立相应责任制和问责制度，切实解决不同程度存在的一哄而起、搞大拼盘等问题。政府科技管理部门要抓战略、抓规划、抓政策、抓服务，发挥国家战略科技力量建制化优势。

科技创新、科学普及是实现创新发展的两翼，要把科学普及放在与科技创新同等重要的位置。没有全民科学素质普遍提高，就难以建立起宏大的高素质创新大军，难以实现科技成果快速转化。希望广大科技工作者以提高全民科学素质为己任，把普及科学知识、弘扬科学精神、传播科学思想、倡导科学方法作为义不容辞的责任，在全社会推动形成讲科学、爱科学、学科学、用科学的良好氛围，使蕴藏在亿万人民中间的创新智慧充分释放、创新力量充分涌流。

中国科学院、中国工程院是我国科技大师荟萃之地，要发挥好国家高端科技智库功能，组织广大院士围绕事关科技创新发展全局和长远问题，善于把握世界科技发展大势、研判世界科技革命新方向，为国家科技决策提供准确、前瞻、及时的建议。要发挥好最高学术机构学术引领作用，把握好世界科技发展大势，敏锐抓住科技革命新方向。“桐花万里丹山路，雏凤清于老凤声。”科技创新，贵在接力。希望广大院士发挥好科技领军作用，团结带领全国科技界特别是广大青年科技人才为建设世界科技强国建功立业。

中国科协各级组织要坚持为科技工作者服务、为创新驱动发展服务、为提高全民科学素质服务、为党和政府科学决策服务的职责定位，推动开放型、枢纽型、平台型科协组织建设，接长手臂，扎根基层，团结引领广大科技工作者积极进军科技创新，组织开展创新争先行动，促进科技繁荣发展，促进科学普及和推广，真正成为党领导下团结联系广大科技工作者的人民团体，成为科技创新的重要力量。

各级党委和政府要肩负起领导和组织创新发展的责任，善于调动各方面创新要素，善于发挥各类人才积极性，共同为建设创新型国家、建设世界科技强国凝心聚力。

各位院士，同志们、朋友们！

中国实现现代化，是人类历史上前所未有的大变革。中国实现了现代化，意味着比现在所有发达国家人口总和还要多的中国人民将进入现代化行列。从现在起到新中国成立100年只有30多年时间，我们的前景十分光明，我们的任务十分繁重。

有多大担当才能干多大事业，尽多大责任才能有多大成就。两院院士和广大科技工作者要发扬我国科技界追求真理、服务国家、造福人民的优良传统，勇担重任，勇攀高峰，当好建设世界科技强国的排头兵。

让我们扬起13亿多中国人民对美好生活憧憬的风帆，发动科技创新的强大引擎，让中国这艘航船，向着世界科技强国不断前进，向着中华民族伟大复兴不断前进，向着人类更加美好的未来不断前进！

李克强总理在国家科学技术奖励大会上的讲话

（2017 年 1 月 9 日）

同志们，朋友们：

今天，我们隆重召开国家科学技术奖励大会，表彰为我国科技事业和现代化建设作出突出贡献的科技工作者。刚才，习近平总书记等党和国家领导同志，向获得国家最高科学技术奖的赵忠贤院士、屠呦呦研究员和其他获奖代表颁了奖。在此，我代表党中央、国务院，向全体获奖人员表示热烈祝贺！向全国广大科技工作者致以崇高敬意和诚挚问候！向参与和支持中国科技事业的外国专家表示衷心感谢！

刚刚过去的一年，面对复杂严峻的国内外环境，在以习近平同志为核心的党中央坚强领导下，我国经济社会发展取得了显著成就，科技战线大事喜事多、创新成果多。党中央、国务院召开全国科技创新大会，明确提出要建设世界科技强国。创新驱动发展战略深入实施，《国家创新驱动发展战略纲要》颁布施行，面向 2030 年的科技创新重大项目部署启动，科技体制改革和管理方式创新加快推进，以增加知识价值为导向的分配政策制定实施，有效调动了广大科技人员的积极性。一批具有标志性意义的重大科技成果涌现，不少达到国际先进水平。神舟十一号载人飞船与天宫二号空间试验室成功交会对接，航天员实现中期驻留，世界最大单口径射电望远镜建成使用，世界首颗量子科学实验卫星“墨子号”发射升空，使用中国自主研发芯片的超级计算机“神威-太湖之光”再次刷新世界纪录。科技创新成果加速转化，大众创业、万众创新蓬勃兴起，创新作为引领发展的第一动力作用更加显现。中国创新令世界瞩目、让人民自豪。中华大地在创新中展现出勃勃生机与活力。

当前，世界新一轮科技革命和产业变革孕育兴起，抢占未来制高点的国际竞争日趋激烈。我国经济结构深度调整、新旧动能接续转换，已到了只有依靠创新驱动才能持续发展的新阶段，比以往任何时候都更加需要强大的科技创新力量。必须认真学习贯彻习近平总书记系列重要讲话精神，把创新摆在国家发展全局的核心位置，以新发展理念为引领，以供给侧结构性改革为主线，深入实施创新驱动发展战略，加快培育壮大新动能、改造提升传统动能，推动经济保持中高速增长、迈向中高端水平。

我们要全面提高科技创新能力，筑牢国家核心竞争力的基石。瞄准世界科技前沿，紧扣经济社会需求，在战略必争领域前瞻部署、超前研究，推进国家科技重大项目、重大工程和重大基础设施建设，夯实科技创新的基础支撑。要大力加强基础研究和原始创新，充分发挥科研院所和高校的主力军作用，建立长期稳定的支持机制，鼓励从事基础研究和原始创新的科研人员潜心研究，可以十年不鸣，争取一鸣惊人。要建立以企业为主体、以市场为导向的技术创新机制，引导社会各方面力量投入创新领域。推动开放式科技创新，深化国际科技合作，利用互联网等新平台新模式，加强产学研协同，集聚优化创新要素，提高科技创新和成果转化效率。

我们要深化科技体制改革，充分调动科技人员积极性。人才是科技创新最关键的因素。必须充分尊重科技人才，保障科技人才权益，最大限度激发科技人才的创造活力。要深入推进科技领域简政放权、放管结合、优化服务改革，推行科研管理清单制度，实施更加方便简约有效的规则，赋予科研院所和高校更大的科研自主权，赋予创新领军人才更大的人财物支配权。要加大成果处置、收益分配、股权激励、人才流动、兼职兼薪等政策落实力度，使创新者得到应有荣誉和回报，增强科技人员的持久创造动力。

我们要推动大众创业、万众创新，着力激发全社会创新潜能。人民群众是历史的创造者，也是推动创新的根本力量。我们有 1.7 亿多受过高等教育或拥有专业技能的人才，蕴藏着巨大的创新潜能，这是我国发展用之不竭的最大“富矿”。要不拘一格用好各方面创新人才，集众智、汇众力，提高社会创新效率。既要支持专业人才在创新上不断突破，也要激发普通民众的创造潜力；既要支持本土人才勇攀高峰，也要吸引海归人才、外国人才来华创业创新。我们要以海纳百川、求贤若渴的气度，为各类创新人才施展才华提供更大空间、更广阔的舞台。

我们要全面提高创新供给能力，推动科技创新成果向各行业各领域覆盖融合，加快新旧动能转换。新动能既来自新兴产业成长，也来自于传统产业的改造提升。在科技创新的推动下，我国新兴产业快速成长，数字经济、分享经济、平台经济等新业态方兴未艾，对这些产业要审慎监管，使之健康发展。同时，要促进新技术、新业态、新模式加快与一二三产业融合发展，推动实体经济升级，使传统产业焕发新的生机与活力。要实施普惠性创新政策，落实和完善研发费用加计扣除、固定资产加速折旧等措施，支持企业与高校、科研院所、创客合作建立协同创新平台，推广“小核心、大协作”的“双创”模式，促进源头创新、成果转化、市场开发齐头并进，重点围绕提升产业竞争力、满足多层次消费需求和助力破解医疗、环保等领域民生难题，大力研发新品、多出优品、打造精品，着力提升“中国制造”的品质和“中国创造”的影响力。

我们要加强知识产权保护，打造良好创新生态环境。保护知识产权就是保护和激励创新。要开展知识产权综合管理改革试点，构建知识产权创造、保护、运用体系，严厉打击侵权假冒行为，使创新者的合法权益得到切实有力的保护，使知识产权更多转化为现实生产力。要努力营造支持创新、追求卓越的社会氛围，让尊重劳动、尊重知识、尊重人才、尊重创造蔚然成风，让人人皆可创新、处处是创新之地，促进科学创新精神与企业家精神、工匠精神相结合，形成推动创新发展的强大动力。

同志们，朋友们，科技改变世界，创新决定未来。让我们更加紧密地团结在以习近平同志为核心的党中央周围，倍加珍惜荣誉，切实担当使命，奋力创造辉煌，推动科技事业更好更快发展，以优异成绩迎接党的十九大胜利召开，为实现“两个一百年”奋斗目标和中华民族伟大复兴的中国梦、建设富强民主文明和谐的社会主义现代化国家，作出新的更大贡献。

中共中央 国务院关于深化体制机制改革加快实施创新驱动发展战略的若干意见

（2015年03月23日）

创新是推动一个国家和民族向前发展的重要力量，也是推动整个人类社会向前发展的重要力量。面对全球新一轮科技革命与产业变革的重大机遇和挑战，面对经济发展新常态下的趋势变化和特点，面对实现“两个一百年”奋斗目标的历史任务和要求，必须深化体制机制改革，加快实施创新驱动发展战略，现提出如下意见。

一、总体思路和主要目标

加快实施创新驱动发展战略，就是要使市场在资源配置中起决定性作用和更好发挥政府作用，破除一切制约创新的思想障碍和制度藩篱，激发全社会创新活力和创造潜能，提升劳动、信息、知识、技术、管理、资本的效率和效益，强化科技同经济对接、创新成果同产业对接、创新项目同现实生产力对接、研发人员创新劳动同其利益收入对接，增强科技进步对经济发展的贡献度，营造大众创业、万众创新的政策环境和制度环境。

——坚持需求导向。紧扣经济社会发展重大需求，着力打通科技成果向现实生产力转化的通道，着力破除科学家、科技人员、企业家、创业者创新的障碍，着力解决要素驱动、投资驱动向创新驱动转变的制约，让创新真正落实到创造新的增长点上，把创新成果变成实实在在的产业活动。

——坚持人才为先。要把人才作为创新的第一资源，更加注重培养、用好、吸引各类人才，促进人才合理流动、优化配置，创新人才培养模式；更加注重强化激励机制，给予科技人员更多的利益回报和精神鼓励；更加注重发挥企业家和技术技能人才队伍创新作用，充分激发全社会的创新活力。

——坚持遵循规律。根据科学技术活动特点，把握好科学研究的探索发现规律，为科学家潜心研究、发明创造、技术突破创造良好条件和宽松环境；把握好技术创新的市场规律，让市场成为优化配置创新资源的主要手段，让企业成为技术创新的主体力量，让知识产权制度成为激励创新的基本保障；大力营造勇于探索、鼓励创新、宽容失败的文化和社会氛围。

——坚持全面创新。把科技创新摆在国家发展全局的核心位置，统筹推进科技体制改革和经济社会领域改革，统筹推进科技、管理、品牌、组织、商业模式创新，统筹推进军民融合创新，统筹推进引进来与走出去合作创新，实现科技创新、制度创新、开放创新的有机统一和协同发展。

到2020年，基本形成适应创新驱动发展要求的制度环境和政策法律体系，为进入创新型国家行列提供有力保障。人才、资本、技术、知识自由流动，企业、科研院所、高等学校协同创新，创新活力竞相迸发，创新成果得到充分保护，创新价值得到更大体现，创新资源配置效率大幅提高，创新人才合理分享创新收益，使创新驱动发展战略真正落地，进而打造促进经济增长和就业创业的新引擎，构筑参与国际竞争合作的新优势，推动形成可持续发展的新格局，促进经济发展方式的转变。

二、营造激励创新的公平竞争环境

发挥市场竞争激励创新的根本性作用，营造公平、开放、透明的市场环境，强化竞争政策和产业政策对创新的引导，促进优胜劣汰，增强市场主体创新动力。

（一）实行严格的知识产权保护制度

完善知识产权保护相关法律，研究降低侵权行为追究刑事责任门槛，调整损害赔偿标准，探索实施惩罚性赔偿制度。完善权利人维权机制，合理划分权利人举证责任。

完善商业秘密保护法律制度，明确商业秘密和侵权行为界定，研究制定相应保护措施，探索建立诉前保护制度。研究商业模式等新形态创新成果的知识产权保护办法。

完善知识产权审判工作机制，推进知识产权民事、刑事、行政案件的“三审合一”，积极发挥知识产权法院的作用，探索跨地区知识产权案件异地审理机制，打破对侵权行为的地方保护。

健全知识产权侵权查处机制，强化行政执法与司法衔接，加强知识产权综合行政执法，健全知识产权维权援助体系，将侵权行为信息纳入社会信用记录。

（二）打破制约创新的行业垄断和市场分割

加快推进垄断性行业改革，放开自然垄断行业竞争性业务，建立鼓励创新的统一透明、有序规范的市场环境。

切实加强反垄断执法，及时发现和制止垄断协议和滥用市场支配地位等垄断行为，为中小企业创新发展拓宽空间。

打破地方保护，清理和废除妨碍全国统一市场的规定和做法，纠正地方政府不当补贴或利用行政权力限制、排除竞争的行为，探索实施公平竞争审查制度。

（三）改进新技术新产品新商业模式的准入管理

改革产业准入制度，制定和实施产业准入负面清单，对未纳入负面清单管理的行业、领域、业务等，各类市场主体皆可依法平等进入。

破除限制新技术新产品新商业模式发展的不合理准入障碍。对药品、医疗器械等创新产品建立便捷高效的监管模式，深化审评审批制度改革，多种渠道增加审评资源，优化流程，缩短周期，支持委托生产等新的组织模式发展。对新能源汽车、风电、光伏等领域实行有针对性的准入政策。

改进互联网、金融、环保、医疗卫生、文化、教育等领域的监管，支持和鼓励新业态、新商业模式发展。

（四）健全产业技术政策和管理制度

改革产业监管制度，将前置审批为主转变为依法加强事中事后监管为主，形成有利于转型升级、鼓励创新的产业政策导向。

强化产业技术政策的引导和监督作用，明确并逐步提高生产环节和市场准入的环境、节能、节地、节水、节材、质量和安全指标及相关标准，形成统一权威、公开透明的市场准入标准体系。健全技术标准体系，强化强制性标准的制定和实施。

加强产业技术政策、标准执行的过程监管。强化环保、质检、工商、安全监管等部门的行政执法联动机制。

（五）形成要素价格倒逼创新机制

运用主要由市场决定要素价格的机制，促使企业从依靠过度消耗资源能源、低性能低成本竞争，向依靠创新、实施差别化竞争转变。

加快推进资源税改革，逐步将资源税扩展到占用各种自然生态空间，推进环境保护费改税。完善市场化的工业用地价格形成机制。健全企业职工工资正常增长机制，实现劳动力成本变化与经济提质增效相适应。

三、建立技术创新市场导向机制

发挥市场对技术研发方向、路线选择和各类创新资源配置的导向作用，调整创新决策和组织模式，强化普惠性政策支持，促进企业真正成为技术创新决策、研发投入、科研组织和成果转化的主体。

（六）扩大企业在国家创新决策中话语权

建立高层次、常态化的企业技术创新对话、咨询制度，发挥企业和企业家在国家创新决策中的重要作用。吸收更多企业参与研究制定国家技术创新规划、计划、政策和标准，相关专家咨询组中产业专家和企业家应占较大比例。

国家科技规划要聚焦战略需求，重点部署市场不能有效配置资源的关键领域研究，竞争类产业技术创新的研发方向、技术路线和要素配置模式由企业依据市场需求自主决策。

（七）完善企业为主体的产业技术创新机制

市场导向明确的科技项目由企业牵头、政府引导、联合高等学校和科研院所实施。鼓励构建以企业为主导、产学研合作的产业技术创新战略联盟。

更多运用财政后补助、间接投入等方式，支持企业自主决策、先行投入，开展重大产业关键共性技术、装备和标准的研发攻关。

开展龙头企业创新转型试点，探索政府支持企业技术创新、管理创新、商业模式创新的新机制。

完善中小企业创新服务体系，加快推进创业孵化、知识产权服务、第三方检验检测认证等机构的专业化、市场化改革，壮大技术交易市场。

优化国家实验室、重点实验室、工程实验室、工程（技术）研究中心布局，按功能定位分类整合，构建开放共享互动的创新网络，建立向企业特别是中小企业有效开放的机制。探索在战略性领域采取企业主导、院校协作、多元投资、军民融合、成果分享的新模式，整合形成若干产业创新中心。加大国家重大科研基础设施、大型科研仪器和专利基础信息资源等向社会开放力度。

（八）提高普惠性财税政策支持力度

坚持结构性减税方向，逐步将国家对企业技术创新的投入方式转变为以普惠性财税政策为主。

统筹研究企业所得税加计扣除政策，完善企业研发费用计核方法，调整目录管理方式，扩大研发费用加计扣除优惠政策适用范围。完善高新技术企业认定办法，重点鼓励中小企业加大研发力度。

（九）健全优先使用创新产品的采购政策

建立健全符合国际规则的支持采购创新产品和服务的政策体系，落实和完善政府采购促进中小企业创新发展的相关措施，加大创新产品和服务的采购力度。鼓励采用首购、订购等非招标采购方式，以及政府购买服务等方式予以支持，促进创新产品的研发和规模化应用。

研究完善使用首台（套）重大技术装备鼓励政策，健全研制、使用单位在产品创新、增值服务和示范应用等环节的激励和约束机制。

放宽民口企业和科研单位进入军品科研生产和维修采购范围。

四、强化金融创新的功能

发挥金融创新对技术创新的助推作用，培育壮大创业投资和资本市场，提高信贷支持创新的灵活性和便利性，形成各类金融工具协同支持创新发展的良好局面。

（十）壮大创业投资规模

研究制定天使投资相关法规。按照税制改革的方向与要求，对包括天使投资在内的投向种子期、初创期等创新活动的投资，统筹研究相关税收支持政策。

研究扩大促进创业投资企业发展的税收优惠政策，适当放宽创业投资企业投资高新技术企业的条件限制，并在试点基础上将享受投资抵扣政策的创业投资企业范围扩大到有限合伙制创业投资企业法人合伙人。

结合国有企业改革设立国有资本创业投资基金，完善国有创投机构激励约束机制。按照市场化原则研究设立国家新兴产业创业投资引导基金，带动社会资本支持战略性新兴产业和高技术产业早中期、初创期创新型企业发展。

完善外商投资创业投资企业规定，有效利用境外资本投向创新领域。研究保险资金投资创业投资基金的相关政策。

（十一）强化资本市场对技术创新的支持

加快创业板市场改革，健全适合创新型、成长型企业发展的制度安排，扩大服务实体经济覆盖面，强化全国中小企业股份转让系统融资、并购、交易等功能，规范发展服务小微企业的区域性股权市场。加强不同层次资本市场的有机联系。

发挥沪深交易所股权质押融资机制作用，支持符合条件的创新创业企业发行公司债券。支持符合条件的企业发行项目收益债，募集资金用于加大创新投入。

推动修订相关法律法规，探索开展知识产权证券化业务。开展股权众筹融资试点，积极探索和规范发展服务创新的互联网金融。

（十二）拓宽技术创新的间接融资渠道

完善商业银行相关法律。选择符合条件的银行业金融机构，探索试点为企业创新活动提供股权和债权相结合的融资服务方式，与创业投资、股权投资机构实现投贷联动。

政策性银行在有关部门及监管机构的指导下，加快业务范围内金融产品和服务方式创新，对符合条件的企业创新活动加大信贷支持力度。

稳步发展民营银行，建立与之相适应的监管制度，支持面向中小企业创新需求的金融产品创新。

建立知识产权质押融资市场化风险补偿机制，简化知识产权质押融资流程。加快发展科技保险，推进专利保险试点。

五、完善成果转化激励政策

强化尊重知识、尊重创新，充分体现智力劳动价值的分配导向，让科技人员在创新活动中得到合理回报，通过成果应用体现创新价值，通过成果转化创造财富。

（十三）加快下放科技成果使用、处置和收益权

不断总结试点经验，结合事业单位分类改革要求，尽快将财政资金支持形成的，不涉及国防、国家安全、国家利益、重大社会公共利益的科技成果的使用权、处置权和收益权，全部下放给符合条件的项目承担单位。单位主管部门和财政部门对科技成果在境内的使用、处置不再审批或备案，科技成果转移转化所得收入全部留归单位，纳入单位预算，实行统一管理，处置收入不上缴国库。

（十四）提高科研人员成果转化收益比例

完善职务发明制度，推动修订专利法、公司法等相关内容，完善科技成果、知识产权归属和利益分享机制，提高骨干团队、主要发明人受益比例。完善奖励报酬制度，健全职务发明的争议仲裁和法律救济制度。

修订相关法律和政策规定，在利用财政资金设立的高等学校和科研院所中，将职务发明成果转让收益在重要贡献人员、所属单位之间合理分配，对用于奖励科研负责人、骨干技术人员等重要贡献人员和团队的收益比例，可以从现行不低于20%提高到不低于50%。

国有企业事业单位对职务发明完成人、科技成果转化重要贡献人员和团队的奖励，计入当年单位工资总额，不作为工资总额基数。

（十五）加大科研人员股权激励力度

鼓励各类企业通过股权、期权、分红等激励方式，调动科研人员创新积极性。

对高等学校和科研院所等事业单位以科技成果作价入股的企业，放宽股权奖励、股权出售对企业设立年限和盈利水平的限制。

建立促进国有企业创新的激励制度，对在创新中作出重要贡献的技术人员实施股权和分红权激励。

积极总结试点经验，抓紧确定科技型中小企业的条件和标准。高新技术企业和科技型中小企业科研人员通过科技成果转化取得股权奖励收入时，原则上在5年内分期缴纳个人所得税。结合个人所得税制改革，研究进一步激励科研人员创新的政策。

六、构建更加高效的科研体系

发挥科学技术研究对创新驱动的引领和支撑作用，遵循规律、强化激励、合理分工、分类改革，增强高等学校、科研院所原始创新能力和转制科研院所的共性技术研发能力。

（十六）优化对基础研究的支持方式

切实加大对基础研究的财政投入，完善稳定支持和竞争性支持相协调的机制，加大稳定支持力度，支持研究机构自主布局科研项目，扩大高等学校、科研院所学术自主权和个人科研选题选择权。

改革基础研究领域科研计划管理方式，尊重科学规律，建立包容和支持“非共识”创新项目的制度。

改革高等学校和科研院所聘用制度，优化工资结构，保证科研人员合理工资待遇水平。完善内部分配机制，重点向关键岗位、业务骨干和作出突出成绩的人员倾斜。

（十七）加大对科研工作的绩效激励力度

完善事业单位绩效工资制度，健全鼓励创新创造的分配激励机制。完善科研项目间接费用管理制度，强化绩效激励，合理补偿项目承担单位间接成本和绩效支出。项目承担单位应结合一线科研人员实际贡献，公开公正安排绩效支出，充分体现科研人员的创新价值。

（十八）改革高等学校和科研院所科研评价制度

强化对高等学校和科研院所研究活动的分类考核。对基础和前沿技术研究实行同行评价，突出中长期目标导向，评价重点从研究成果数量转向研究质量、原创价值和实际贡献。

对公益性研究强化国家目标和社会责任评价，定期对公益性研究机构组织第三方评价，将评价结果作为财政支持的重要依据，引导建立公益性研究机构依托国家资源服务行业创新机制。

（十九）深化转制科研院所改革

坚持技术开发类科研机构企业化转制方向，对于承担较多行业共性科研任务的转制科研院所，可组建成产业技术研发集团，对行业共性技术研究和市场经营活动进行分类管理、分类考核。

推动以生产经营活动为主的转制科研院所深化市场化改革，通过引入社会资本或整体上市，积极发展混合所有制，推进产业技术联盟建设。

对于部分转制科研院所中基础研究能力较强的团队，在明确定位和标准的基础上，引导其回归公益，参与国家重点实验室建设，支持其继续承担国家任务。

（二十）建立高等学校和科研院所技术转移机制

逐步实现高等学校和科研院所与下属公司剥离，原则上高等学校、科研院所不再新办企业，强化科技成果以许可方式对外扩散。

加强高等学校和科研院所的知识产权管理，明确所属技术转移机构的功能定位，强化其知识产权申请、运营权责。

建立完善高等学校、科研院所的科技成果转移转化的统计和报告制度，财政资金支持形成的科技成果，除涉及国防、国家安全、国家利益、重大社会公共利益外，在合理期限内未能转化的，可由国家依法强制许可实施。

七、创新培养、用好和吸引人才机制

围绕建设一支规模宏大、富有创新精神、敢于承担风险的创新型人才队伍，按照创新规律培养和吸引人才，按照市场规律让人才自由流动，实现人尽其才、才尽其用、用有所成。

（二十一）构建创新型人才培养模式

开展启发式、探究式、研究式教学方法改革试点，弘扬科学精神，营造鼓励创新、宽容失败的创新文化。改革基础教育培养模式，尊重个性发展，强化兴趣爱好和创造性思维培养。

以人才培养为中心，着力提高本科教育质量，加快部分普通本科高等学校向应用技术型高等学校转型，开展校企联合招生、联合培养试点，拓展校企合作育人的途径与方式。

分类改革研究生培养模式，探索科教结合的学术学位研究生培养新模式，扩大专业学位研究生招生比例，增进教学与实践的融合。

鼓励高等学校以国际同类一流学科为参照，开展学科国际评估，扩大交流合作，稳步推进高等学校国际化进程。

（二十二）建立健全科研人才双向流动机制

改进科研人员薪酬和岗位管理制度，破除人才流动的体制机制障碍，促进科研人员在事业单位和企业间合理流动。

符合条件的科研院所的科研人员经所在单位批准，可带着科研项目和成果、保留基本待遇到企业开展创新工作或创办企业。

允许高等学校和科研院所设立一定比例流动岗位，吸引有创新实践经验的企业家和企业科技人才兼职。试点将企业任职经历作为高等学校新聘工程类教师的必要条件。

加快社会保障制度改革，完善科研人员在企业与事业单位之间流动时社保关系转移接续政策，促进人才双向自由流动。

（二十三）实行更具竞争力的人才吸引制度

制定外国人永久居留管理的意见，加快外国人永久居留管理立法，规范和放宽技术型人才取得外国人永久居留证的条件，探索建立技术移民制度。对持有外国人永久居留证的外籍高层次人才在创办科技型企业等创新活动方面，给予中国籍公民同等待遇。

加快制定外国人在中国工作管理条例，对符合条件的外国人才给予工作许可便利，对符合条件的外国人才及其随行家属给予签证和居留等便利。对满足一定条件的国外高层次科技创新人才取消来华工作许可的年龄限制。

围绕国家重大需求，面向全球引进首席科学家等高层次科技创新人才。建立访问学者制度。广泛吸引海外高层次人才回国（来华）从事创新研究。

稳步推进人力资源市场对外开放，逐步放宽外商投资人才中介服务机构的外资持股比例和最低注册资本金要求。鼓励有条件的国内人力资源服务机构走出去与国外人力资源服务机构开展合作，在境外设立分支机构，积极参与国际人才竞争与合作。

八、推动形成深度融合的开放创新局面

坚持引进来与走出去相结合，以更加主动的姿态融入全球创新网络，以更加开阔的胸怀吸纳全球创新资源，以更加积极的策略推动技术和标准输出，在更高层次上构建开放创新机制。

（二十四）鼓励创新要素跨境流动

对开展国际研发合作项目所需付汇，实行研发单位事先承诺，商务、科技、税务部门事后并联监管。

对科研人员因公出国进行分类管理，放宽因公临时出国批次限量管理政策。

改革检验管理，对研发所需设备、样本及样品进行分类管理，在保证安全前提下，采用重点审核、抽检、免检等方式，提高审核效率。

（二十五）优化境外创新投资管理制度

健全综合协调机制，协调解决重大问题，合力支持国内技术、产品、标准、品牌走出去，开拓国际市场。强化技术贸易措施评价和风险预警机制。

研究通过国有重点金融机构发起设立海外创新投资基金，外汇储备通过债权、股权等方式参与设立基金工作，更多更好利用全球创新资源。

鼓励上市公司海外投资创新类项目，改革投资信息披露制度，在相关部门确认不影响国家安全和经济安全前提下，按照中外企业商务谈判进展，适时披露有关信息。

（二十六）扩大科技计划对外开放

制定国家科技计划对外开放的管理办法，按照对等开放、保障安全的原则，积极鼓励和引导外资研发机构参与承担国家科技计划项目。

在基础研究和重大全球性问题研究等领域，统筹考虑国家科研发展需求和战略目标，研究发起国际大科学计划和工程，吸引海外顶尖科学家和团队参与。积极参与大型国际科技合作计划。引导外资研发中心开展高附加值原创性研发活动，吸引国际知名科研机构来华联合组建国际科技中心。

九、加强创新政策统筹协调

更好发挥政府推进创新的作用。改革科技管理体制，加强创新政策评估督查与绩效评价，形成职责明晰、积极作为、协调有力、长效管用的创新治理体系。

（二十七）加强创新政策的统筹

加强科技、经济、社会等方面的政策、规划和改革举措的统筹协调和有效衔接，强化军民融合创新。发挥好科技界和智库对创新决策的支撑作用。

建立创新政策协调审查机制，组织开展创新政策清理，及时废止有违创新规律、阻碍新兴产业和新兴业态发展的政策条款，对新制定政策是否制约创新进行审查。

建立创新政策调查和评价制度，广泛听取企业和社会公众意见，定期对政策落实情况进行跟踪分析，并及时调整完善。

（二十八）完善创新驱动导向评价体系

改进和完善国内生产总值核算方法，体现创

新的经济价值。研究建立科技创新、知识产权与产业发展相结合的创新驱动发展评价指标，并纳入国民经济和社会发展规划。

健全国有企业技术创新经营业绩考核制度，加大技术创新在国有企业经营业绩考核中的比重。对国有企业研发投入和产出进行分类考核，形成鼓励创新、宽容失败的考核机制。把创新驱动发展成效纳入对地方领导干部的考核范围。

（二十九）改革科技管理体制

转变政府科技管理职能，建立依托专业机构管理科研项目的机制，政府部门不再直接管理具体项目，主要负责科技发展战略、规划、政策、布局、评估和监管。

建立公开统一的国家科技管理平台，健全统筹协调的科技宏观决策机制，加强部门功能性分工，统筹衔接基础研究、应用开发、成果转化、产业发展等各环节工作。

进一步明晰中央和地方科技管理事权和职能定位，建立责权统一的协同联动机制，提高行政效能。

（三十）推进全面创新改革试验

遵循创新区域高度集聚的规律，在有条件的省（自治区、直辖市）系统推进全面创新改革试验，授权开展知识产权、科研院所、高等教育、人才流动、国际合作、金融创新、激励机制、市场准入等改革试验，努力在重要领域和关键环节取得新突破，及时总结推广经验，发挥示范和带动作用，促进创新驱动发展战略的深入实施。

各级党委和政府要高度重视，加强领导，把深化体制机制改革、加快实施创新驱动发展战略，作为落实党的十八大和十八届二中、三中、四中全会精神的重大任务，认真抓好落实。有关方面要密切配合，分解改革任务，明确时间表和路线图，确定责任部门和责任人。要加强对创新文化的宣传和舆论引导，宣传改革经验、回应社会关切、引导社会舆论，为创新营造良好的社会环境。

国务院关于印发“十三五”国家战略性新兴产业发展规划的通知

（2016年12月19日）

战略性新兴产业代表新一轮科技革命和产业变革的方向，是培育发展新动能、获取未来竞争新优势的关键领域。“十三五”时期，要把战略性新兴产业摆在经济社会发展更加突出的位置，大力构建现代产业新体系，推动经济社会持续健康发展。根据“十三五”规划纲要有关部署，特编制本规划，规划期为2016-2020年。

一、加快壮大战略性新兴产业，打造经济社会发展新引擎

（一）现状与形势

“十二五”期间，我国节能环保、新一代信息技术、生物、高端装备制造、新能源、新材料和新能源汽车等战略性新兴产业快速发展。2015年，战略性新兴产业增加值占国内生产总值比重达到8%左右，产业创新能力和盈利能力明显提升。新一代信息技术、生物、新能源等领域一批企业的竞争力进入国际市场第一方阵，高铁、通信、航天装备、核电设备等国际化发展实现突破，一批产值规模千亿元以上的新兴产业集群有力支撑了区域经济转型升级。大众创业、万众创新蓬勃兴起，战略性新兴产业广泛融合，加快推动了传统产业转型升级，涌现了大批新技术、新产品、新业态、新模式，创造了大量就业岗位，成为稳增长、促改革、调结构、惠民生的有力支撑。

未来5到10年，是全球新一轮科技革命和产业变革从蓄势待发到群体迸发的关键时期。信息革命进程持续快速演进，物联网、云计算、大数据、人工智能等技术广泛渗透于经济社会各个领域，信息经济繁荣程度成为国家实力的重要标志。增材制造（3D打印）、机器人与智能制造、超材料与纳米材料等领域技术不断取得重大突破，推动传统工业体系分化变革，将重塑制造业国际分工格局。基因组学及其关联技术迅猛发展，精准医学、生物合成、工业化育种等新模式加快演进推广，生物新经济有望引领人类生产生活迈入新天地。应对全球气候变化助推绿色低碳发展大潮，清洁生产技术应用规模持续拓展，新能源革命正在改变现有国际资源能源版图。数字技术与文化创意、设计服务深度融合，数字创意产业逐渐成为促进优质产品和服务有效供给的智力密集型产业，创意经济作为一种新的发展模式正在兴起。创新驱动的新兴产业逐渐成为推动全球经济复苏和增长的主要动力，引发国际分工和国际贸易格局重构，全球创新经济发展进入新时代。

“十三五”时期是我国全面建成小康社会的决胜阶段，也是战略性新兴产业大有可为的战略机遇期。我国创新驱动所需的体制机制环境更加完善，人才、技术、资本等要素配置持续优化，新兴消费升级加快，新兴产业投资需求旺盛，部分领域国际化拓展加速，产业体系渐趋完备，市场空间日益广阔。但也要看到，我国战略性新兴产业整体创新水平还不高，一些领域核心技术受制于人的情况仍然存在，一些改革举措和政策措施落实不到位，新兴产业监管方式创新和法规体系建设相对

滞后，还不适应经济发展新旧动能加快转换、产业结构加速升级的要求，迫切需要加强统筹规划和政策扶持，全面营造有利于新兴产业蓬勃发展的生态环境，创新发展思路，提升发展质量，加快发展壮大一批新兴支柱产业，推动战略性新兴产业成为促进经济社会发展的强大动力。

（二）指导思想

全面贯彻党的十八大和十八届三中、四中、五中、六中全会精神，深入学习贯彻习近平总书记系列重要讲话精神，认真落实党中央、国务院决策部署，按照"五位一体"总体布局和"四个全面"战略布局要求，积极适应把握引领经济发展新常态，牢固树立和贯彻落实创新、协调、绿色、开放、共享的发展理念，紧紧把握全球新一轮科技革命和产业变革重大机遇，培育发展新动能，推进供给侧结构性改革，构建现代产业体系，提升创新能力，深化国际合作，进一步发展壮大新一代信息技术、高端装备、新材料、生物、新能源汽车、新能源、节能环保、数字创意等战略性新兴产业，推动更广领域新技术、新产品、新业态、新模式蓬勃发展，建设制造强国，发展现代服务业，为全面建成小康社会提供有力支撑。

（三）主要原则

坚持供给创新。创新是战略性新兴产业发展的核心。要深入实施创新驱动发展战略，大力推进大众创业、万众创新，突出企业主体地位，全面提升技术、人才、资金的供给水平，营造创新要素互动融合的生态环境。聚焦突破核心关键技术，进一步提高自主创新能力，全面提升产品和服务的附加价值和国际竞争力。推进简政放权、放管结合、优化服务改革，破除旧管理方式对新兴产业发展的束缚，降低企业成本，激发企业活力，加快新兴企业成长壮大。

坚持需求引领。市场需求是拉动战略性新兴产业发展壮大的关键因素。要强化需求侧政策引导，加快推进新产品、新服务的应用示范，将潜在需求转化为现实供给，以消费升级带动产业升级。营造公平竞争的市场环境，激发市场活力。

坚持产业集聚。集约集聚是战略性新兴产业发展的基本模式。要以科技创新为源头，加快打造战略性新兴产业发展策源地，提升产业集群持续发展能力和国际竞争力。以产业链和创新链协同发展为途径，培育新业态、新模式，发展特色产业集群，带动区域经济转型，形成创新经济集聚发展新格局。

坚持人才兴业。人才是发展壮大战略性新兴产业的首要资源。要针对束缚人才创新活力的关键问题，加快推进人才发展政策和体制创新，保障人才以知识、技能、管理等创新要素参与利益分配，以市场价值回报人才价值，全面激发人才创业创新动力和活力。加大力度培养和吸引各类人才，弘扬工匠精神和企业家精神。

坚持开放融合。开放融合是加快战略性新兴产业发展的客观要求。要以更开放的理念、更包容的方式，搭建国际化创新合作平台，高效利用全球创新资源，大力推动我国优势技术和标准的国际化应用，加快推进产业链、创新链、价值链全球配置，全面提升战略性新兴产业发展能力。

（四）发展目标

到2020年，战略性新兴产业发展要实现以下目标：

产业规模持续壮大，成为经济社会发展的新动力。战略性新兴产业增加值占国内生产总值比重达到15%，形成新一代信息技术、高端制造、生物、绿色低碳、数字创意等5个产值规模10万亿元级的新支柱，并在更广领域形成大批跨界融合的新增长点，平均每年带动新增就业100万人以上。

创新能力和竞争力明显提高，形成全球产业发展新高地。攻克一批关键核心技术，发明专利拥有量年均增速达到15%以上，建成一批重大产业技术创新平台，产业创新能力跻身世界前列，在若干重要领域形成先发优势，产品质量明显提升。节能环保、新能源、生物等领域新产品和新服务的可及性大幅提升。知识产权保护更加严格，激励创新的政策法规更加健全。

产业结构进一步优化，形成产业新体系。发展一批原创能力强、具有国际影响力和品牌美誉度的行业排头兵企业，活力强劲、勇于开拓的中小企业持续涌现。中高端制造业、知识密集型服务业比重大幅提升，支撑产业迈向中高端水平。形成若干具有全球影响力的战略性新兴产业发展策源地和技术创新中心，打造百余个特色鲜明、创新能力强的新兴产业集群。

到2030年，战略性新兴产业发展成为推动我国经济持续健康发展的主导力量，我国成为世界战略性新兴产业重要的制造中心和创新中心，形成一批具有全球影响力和主导地位的创新型领军企业。

（五）总体部署

以创新、壮大、引领为核心，紧密结合“中国制造2025”战略实施，坚持走创新驱动发展道路，促进一批新兴领域发展壮大并成为支柱产业，持续引领产业中高端发展和经济社会高质量发展。立足发展需要和产业基础，大幅提升产业科技含量，加快发展壮大网络经济、高端制造、生物经济、绿色低碳和数字创意等五大领域，实现向创新经济的跨越。着眼全球新一轮科技革命和产业变革的新趋势、新方向，超前布局空天海洋、信息网络、生物技术和核技术领域一批战略性产业，打造未来发展新优势。遵循战略性新兴产业发展的基本规律，突出优势和特色，打造一批战略性新兴产业发展策源地、集聚区和特色产业集群，形成区域增长新格局。把握推进“一带一路”建设战略契机，以更开放的视野高效利用全球创新资源，提升战略性新兴产业国际化水平。加快推进重点领域和关键环节改革，持续完善有利于汇聚技术、资金、人才的政策措施，创造公平竞争的市场环境，全面营造适应新技术、新业态蓬勃涌现的生态环境，加快形成经济社会发展新动能。

二、推动信息技术产业跨越发展，拓展网络经济新空间

实施网络强国战略，加快建设“数字中国”，推动物联网、云计算和人工智能等技术向各行业全面融合渗透，构建万物互联、融合创新、智能协同、安全可控的新一代信息技术产业体系。到2020年，力争在新一代信息技术产业薄弱环节实现系统性突破，总产值规模超过12万亿元。

（一）构建网络强国基础设施。深入推进“宽带中国”战略，加快构建高速、移动、安全、泛在的新一代信息基础设施。

大力推进高速光纤网络建设。开展智能网络新技术规模应用试点，推动国家骨干网向高速传送、灵活调度、智能适配方向升级。全面实现向全光网络跨越，加快推进城镇地区光网覆盖，提供每秒1000兆比特（1000Mbps）以上接入服务，大中城市家庭用户实现带宽100Mbps以上灵活选择；多方协同推动提升农村光纤宽带覆盖率，98%以上的行政村实现光纤通达，有条件的地区提供100Mbps以上接入服务，半数以上农村家庭用户实现带宽50Mbps以上灵活选择。推动三网融合基础设施发展。推进互联网协议第六版（IPv6）演进升级和应用，推动骨干企业新增网络地址不再使用私有地址。

加快构建新一代无线宽带网。加快第四代移动通信（4G）网络建设，实现城镇及人口密集行政村深度覆盖和广域连续覆盖。在热点公共区域推广免费高速无线局域网。大力推进第五代移动通信（5G）联合研发、试验和预商用试点。优化国家频谱资源配置，提高频谱利用效率，保障频率资源供给。合理规划利用卫星频率和轨道资源，加快空间互联网部署，研制新型通信卫星和应用终端，探索建设天地一体化信息网络，研究平流层通信等高空覆盖新方式。

加快构建下一代广播电视网。推动有线无线卫星广播电视网智能协同覆盖，建设天地一体、互联互通、宽带交互、智能协同、可管可控的广播电视融合传输覆盖网。加速全国有线电视网络基础设施建设和双向化、智能化升级改造，推进全国有线电视网络整合和互联互通。推动下一代地面数字广播电视传输技术研发及产业化，加强地面无线广播电视与互联网的融合创新，创建移动、交互、便捷的地面无线广播电视新业态。

统筹发展应用基础设施。充分利用现有设施，统筹规划大型、超大型数据中心在全国适宜地区布局，有序推进绿色数据中心建设。推动基于现有各类通信网络实现物联网集约部署。持续强化应急通信能力建设。

加强国际合作。加强信息网络基础设施国际互联互通合作。加强海外海缆、陆缆、业务节点、数据中心、卫星通信等设施建设，优化国际通信网络布局。加快建设中国—阿拉伯国家等网上丝绸之路、中国—东盟信息港。

（二）推进“互联网+”行动。促进新一代信息技术与经济社会各领域融合发展，培育“互联网+”生态体系。

深化互联网在生产领域的融合应用。深化制造业与互联网融合发展，推动“中国制造+互联网”取得实质性突破，发展面向制造业的信息技术服务，构筑核心工业软硬件、工业云、智能服务平台等制造新基础，大力推广智能制造、网络化协同、个性化定制、服务化延伸等新业态、新模式。加快发展工业互联网，构建工业互联网体系架构，开展工业互联网创新应用示范。推进移动互联网、云计算、物联网等技术与农业、能源、金融、商务、物流快递等深度融合，支持面向网络协同的行业应用软件研发与系统集成，推动制造业向生产服务型转变、生产性服务业向价值链高端延伸。

拓展生活及公共服务领域的“互联网+”应用。加快行业管理体制创新，促进医疗、教育、社保、就业、交通、旅游等服务智慧化。拓展新型智慧城市应用，推动基于互联网的公共服务模式创新，推进基于云计算的信息服务公共平台建设，增强公共产品供给能力。加快实施“互联网+政务服务”，逐步实现政务服务“一号申请、一窗受理、一网通办”。

促进“互联网+”新业态创新。鼓励运用信息网络技术推动生产、管理和营销模式变革，重塑产业链、供应链、价值链，加快形成新的生产和流通交换模式。以体制机制创新推动分享经济发展，建立适应分享经济发展的监管方式，促进交通、旅游、养老、人力资源、日用品消费等领域共享平台企业规范发展，营造分享经济文化氛围。

（三）实施国家大数据战略。落实大数据发展行动纲要，全面推进重点领域大数据高效采集、有效整合、公开共享和应用拓展，完善监督管理制度，强化安全保障，推动相关产业创新发展。

加快数据资源开放共享。统筹布局建设国家大数据公共平台，制定出台数据资源开放共享管理办法，推动建立数据资源清单和开放目录，鼓励社会公众对开放数据进行增值性、公益性、创新性开发。加强大数据基础性制度建设，强化使用监管，建立健全数据资源交易机制和定价机制，保护数据资源权益。

发展大数据新应用新业态。加快推进政府大数据应用，建立国家宏观调控和社会治理数据体系，提高政府治理能力。发展大数据在工业、农业农村、创业创新、促进就业等领域的应用，促进数据服务业创新，推动数据探矿、数据化学、数据材料、数据制药等新业态、新模式发展。加强海量数据存储、数据清洗、数据分析挖掘、数据可视化等关键技术研发，形成一批具有国际竞争力的大数据处理、分析和可视化软硬件产品，培育大数据相关产业，完善产业链，促进相关产业集聚发展。推进大数据综合试验区建设。

强化大数据与网络信息安全保障。建立大数据安全管理制度，制定大数据安全管理办法和有关标准规范，建立数据跨境流动安全保障机制。加强数据安全、隐私保护等关键技术攻关，形成安全可靠的大数据技术体系。建立完善网络安全审查制度。采用安全可信产品和服务，提升基础设施关键设备安全可靠水平。建立关键信息基础设施保护制度，研究重要信息系统和基础设施网络安全整体解决方案。

（四）做强信息技术核心产业。顺应网络化、智能化、融合化等发展趋势，着力培育建立应用牵引、开放兼容的核心技术自主生态体系，全面梳理和加快推动信息技术关键领域新技术研发与产业化，推动电子信息产业转型升级取得突破性进展。

提升核心基础硬件供给能力。提升关键芯片设计水平，发展面向新应用的芯片。加快16/14纳米工艺产业化和存储器生产线建设，提升封装测试业技术水平和产业集中度，加紧布局后摩尔定律时代芯片相关领域。实现主动矩阵有机发光二极管（AMOLED）、超高清（4K/8K）量子点液晶显示、柔性显示等技术国产化突破及规模应用。推动智能传感器、电力电子、印刷电子、半导体照明、惯性导航等领域关键技术研发和产业化，提升新型片式元件、光通信器件、专用电子材料供给保障能力。

大力发展基础软件和高端信息技术服务。面向重点行业需求建立安全可靠的基础软件产品体系，支持开源社区发展，加强云计算、物联网、工业互联网、智能硬件等领域操作系统研发和应用，加快发展面向大数据应用的数据库系统和面向行业应用需求的中间件,支持发展面向网络协同优化的办公软件等通用软件。加强信息技术核心软硬件系统服务能力建设,推动国内企业在系统集成各环节向高端发展,规范服务交付,保证服务质量,鼓励探索前沿技术驱动的服务新业态,推动骨干企业在新兴领域加快行业解决方案研发和推广应用。大力发展基于新一代信息技术的高端软件外包业务。

加快发展高端整机产品。推进绿色计算、可信计算、数据和网络安全等信息技术产品的研发与产业化,加快高性能安全服务器、存储设备和工控产品、新型智能手机、下一代网络设备和数据中心成套装备、先进智能电视和智能家居系统、信息安全产品的创新与应用,发展面向金融、交通、医疗等行业应用的专业终端、设备和融合创新系统。大力提升产品品质,培育一批具有国际影响力的品牌。

(五)发展人工智能。培育人工智能产业生态,促进人工智能在经济社会重点领域推广应用,打造国际领先的技术体系。

加快人工智能支撑体系建设。推动类脑研究等基础理论和技术研究,加快基于人工智能的计算机视听觉、生物特征识别、新型人机交互、智能决策控制等应用技术研发和产业化,支持人工智能领域的基础软硬件开发。加快视频、地图及行业应用数据等人工智能海量训练资源库和基础资源服务公共平台建设,建设支撑大规模深度学习的新型计算集群。鼓励领先企业或机构提供人工智能研发工具以及检验评测、创业咨询、人才培养等创业创新服务。

推动人工智能技术在各领域应用。在制造、教育、环境保护、交通、商业、健康医疗、网络安全、社会治理等重要领域开展试点示范,推动人工智能规模化应用。发展多元化、个性化、定制化智能硬件和智能化系统,重点推进智能家居、智能汽车、智慧农业、智能安防、智慧健康、智能机器人、智能可穿戴设备等研发和产业化发展。鼓励各行业加强与人工智能融合,逐步实现智能化升级。利用人工智能创新城市管理,建设新型智慧城市。推动专业服务机器人和家用服务机器人应用,培育新型高端服务产业。

(六)完善网络经济管理方式。深化电信体制改革。全面推进三网融合,进一步放开基础电信领域竞争性业务,放宽融合性产品和服务的市场准入限制,推进国有电信企业混合所有制试点工作。破除行业壁垒,推动各行业、各领域在技术、标准、监管等方面充分对接,允许各类主体依法平等参与市场竞争。

加强相关法律法规建设。针对互联网与各行业融合发展的新特点,调整不适应发展要求的现行法规及政策规定。落实加强网络信息保护和信息公开有关规定,加快推动制定网络安全、电子商务等法律法规。

三、促进高端装备与新材料产业突破发展,引领中国制造新跨越

顺应制造业智能化、绿色化、服务化、国际化发展趋势,围绕“中国制造2025”战略实施,加快突破关键技术与核心部件,推进重大装备与系统的工程应用和产业化,促进产业链协调发展,塑造中国制造新形象,带动制造业水平全面提升。力争到2020年,高端装备与新材料产业产值规模超过12万亿元。

(一)打造智能制造高端品牌。着力提高智能制造核心装备与部件的性能和质量,打造智能制造体系,强化基础支撑,积极开展示范应用,形成若干国际知名品牌,推动智能制造装备迈上新台阶。

大力发展智能制造系统。加快推动新一代信息技术与制造技术的深度融合,开展集计算、通信与控制于一体的信息物理系统(CPS)顶层设计,探索构建贯穿生产制造全过程和产品全生命周期,具有信息深度自感知、智慧优化自决策、精准控制自执行等特征的智能制造系统,推动具有自主知识产权的机器人自动化生产线、数字化车间、智能工厂建设,提供重点行业整体解决方案,推进传统制造业智能化改造。建设测试验证平台,完善智能制造标准体系。

推动智能制造关键技术装备迈上新台阶。构建工业机器人产业体系,全面突破高精度减速器、高性能控制器、精密测量等关键技术与核心零部

件，重点发展高精度、高可靠性中高端工业机器人。加快高档数控机床与智能加工中心研发与产业化，突破多轴、多通道、高精度高档数控系统、伺服电机等主要功能部件及关键应用软件，开发和推广应用精密、高速、高效、柔性并具有网络通信等功能的高档数控机床、基础制造装备及集成制造系统。突破智能传感与控制装备、智能检测与装配装备、智能物流与仓储装备、智能农业机械装备，开展首台套装备研究开发和推广应用，提高质量与可靠性。

打造增材制造产业链。突破钛合金、高强合金钢、高温合金、耐高温高强度工程塑料等增材制造专用材料。搭建增材制造工艺技术研发平台，提升工艺技术水平。研制推广使用激光、电子束、离子束及其他能源驱动的主流增材制造工艺装备。加快研制高功率光纤激光器、扫描振镜、动态聚焦镜及高性能电子枪等配套核心器件和嵌入式软件系统，提升软硬件协同创新能力，建立增材制造标准体系。在航空航天、医疗器械、交通设备、文化创意、个性化制造等领域大力推动增材制造技术应用，加快发展增材制造服务业。

（二）实现航空产业新突破。加强自主创新，推进民用航空产品产业化、系列化发展，加强产业配套设施和安全运营保障能力建设，提高产品安全性、环保性、经济性和舒适性，全面构建覆盖航空发动机、飞机整机、产业配套和安全运营的航空产业体系。到2020年，民用大型客机、新型支线飞机完成取证交付，航空发动机研制实现重大突破，产业配套和示范运营体系基本建立。

加快航空发动机自主发展。依托航空发动机及燃气轮机重大专项，突破大涵道比大型涡扇发动机关键技术，支撑国产干线飞机发展。发展1000千瓦级涡轴发动机和5000千瓦级涡桨发动机，满足国产系列化直升机和中型运输机动力需求。发展使用重油的活塞式发动机和应用航空生物燃料的涡轮发动机，推进小型发动机市场化应用。

推进民用飞机产业化。加快实施大型飞机重大专项，完成大型客机研制，启动宽体客机研发，突破核心技术。加快新型支线飞机工程研制和系列化改进改型，开展新机型国内外先锋用户示范运营和设计优化，提高飞机航线适应性和竞争力。大力开发市场需求大的民用直升机、多用途飞机、特种飞机和工业级无人机。

完善产业配套体系建设。提高航空材料和基础元器件自主制造水平，掌握铝锂合金、复合材料等加工制造核心技术。大力发展高可靠性、长寿命、环境适应性强、标准化、低成本的航空设备和系统，实现适航取证。加快航空科研试验重大基础设施建设，加大结构强度、飞行控制、电磁兼容、环境试验等计量测试和验证条件投入，加强试飞条件建设。突破一批适航关键技术，加强适航审定条件和能力建设，加快完善运输类飞机等各类航空产品的适航审定政策，建成具有完善组织机构、充足人力资源、健全规章体系、先进硬件设施和较强国际合作能力的适航审定体系。加快建设一批专业化数字化示范工厂，显著提高航空产品制造质量稳定性和生产效率。积极推进构建国际风险合作伙伴关系，建成功能完备的航空产业配套体系。

发展航空运营新服务。落实促进通用航空业发展的各项政策措施，大力培育通用航空市场，促进通用航空制造与运营服务协调发展。大力发展航空租赁。利用互联网技术建立先进航空运营体系，促进服务模式创新。加强飞行培训，培育航空文化。开发综合化、通用化、智能化的通信、导航和控制系统，发展面向全面风险管控和多类空域融合运用的技术体系和装备，形成安全运营支撑体系。

（三）做大做强卫星及应用产业。建设自主开放、安全可靠、长期稳定运行的国家民用空间基础设施，加速卫星应用与基础设施融合发展。到2020年，基本建成主体功能完备的国家民用空间基础设施，满足我国各领域主要业务需求，基本实现空间信息应用自主保障，形成较为完善的卫星及应用产业链。

加快卫星及应用基础设施建设。构建星座和专题卫星组成的遥感卫星系统，形成"高中低"分辨率合理配置、空天地一体多层观测的全球数据获取能力；加强地面系统建设，汇集高精度、全要素、体系化的地球观测信息，构建"大数据地球"。打造国产高分辨率商业遥感卫星运营服务平台。

发展固定通信广播、移动通信广播和数据中继三个卫星系列,形成覆盖全球主要地区的卫星通信广播系统。实施第二代卫星导航系统国家科技重大专项,加快建设卫星导航空间系统和地面系统,建成北斗全球卫星导航系统,形成高精度全球服务能力。采用政府和社会资本合作(PPP)模式推进遥感卫星等建设。

提升卫星性能和技术水平。掌握长寿命、高稳定性、高定位精度、大承载量和强敏捷能力的卫星应用平台技术,突破高分辨率、高精度、高可靠性及综合探测等有效载荷技术。优先发展遥感卫星数据处理技术和业务应用技术。提升宽带通信卫星、移动多媒体广播卫星等技术性能。加强卫星平台型谱化建设,有序推进中小微卫星发展。

推进卫星全面应用。统筹军民空间基础设施,完善卫星数据共用共享机制,加强卫星大众化、区域化、国际化应用,加快卫星遥感、通信与导航融合化应用,利用物联网、移动互联网等新技术,创新"卫星+"应用模式。面向防灾减灾、应急、海洋等领域需求,开展典型区域综合应用示范。面向政府部门业务管理和社会服务需求,开展现代农业、新型城镇化、智慧城市、智慧海洋、边远地区等的卫星综合应用示范。围绕国家区域发展总体战略,推动"互联网+天基信息应用"深入发展,打造空间信息消费全新产业链和商业模式。推进商业卫星发展和卫星商业化应用。积极布局海外市场,建立"一带一路"空间信息走廊。

(四)强化轨道交通装备领先地位。推进轨道交通装备产业智能化、绿色化、轻量化、系列化、标准化、平台化发展,加快新技术、新工艺、新材料的应用,研制先进可靠的系列产品,完善相关技术标准体系,构建现代轨道交通装备产业创新体系,打造覆盖干线铁路、城际铁路、市域(郊)铁路、城市轨道交通的全产业链布局。

打造具有国际竞争力的轨道交通装备产业链。形成中国标准新型高速动车组、节能型永磁电机驱动高速列车、30吨轴重重载电力机车和车辆、大型养路机械等产品系列,推进时速500公里轮轨试验列车、时速600公里磁悬浮系统等新型列车研发和产业化,构建完整产业链。加强产品质量检验检测认证综合能力建设。加快"走出去"步伐,提升国际竞争力。

推进新型城市轨道交通装备研发及产业化。面向大城市复杂市域交通需求,推动时速120-160公里、与城市轨道交通无缝衔接的市域(郊)铁路装备,适应不同技术路线的跨座式单轨,自动导轨快捷运输系统等研发与应用,构建时速200公里及以下中低速磁悬浮系统的设计、制造、试验、检测技术平台,建立完善产品认证制度,建立新型城市轨道交通车辆技术标准和规范,领跑国际技术标准。

突破产业关键零部件及绿色智能化集成技术。进一步研发列车牵引制动系统、列车网络控制系统、通信信号系统、电传动系统、智能化系统、车钩缓冲系统、储能与节能系统、高速轮对、高性能转向架、齿轮箱、轴承、轻量化车体等关键系统和零部件,形成轨道交通装备完整产业链。加强永磁电机驱动、全自动运行、基于第四代移动通信的无线综合承载等技术研发和产业化。优化完善高速铁路列控系统和城际铁路列控技术标准体系。

(五)增强海洋工程装备国际竞争力。推动海洋工程装备向深远海、极地海域发展和多元化发展,实现主力装备结构升级,突破重点新型装备,提升设计能力和配套系统水平,形成覆盖科研开发、总装建造、设备供应、技术服务的完整产业体系。

重点发展主力海洋工程装备。加快推进物探船、深水半潜平台、钻井船、浮式生产储卸装置、海洋调查船、半潜运输船、起重铺管船、多功能海洋工程船等主力海工装备系列化研发,构建服务体系,设计建造能力居世界前列。

加快发展新型海洋工程装备。突破浮式钻井生产储卸装置、浮式液化天然气储存和再气化装置、深吃水立柱式平台、张力腿平台、极地钻井平台、海上试验场等研发设计和建造技术,建立规模化生产制造工艺体系,产品性能及可靠性达到国际先进水平。

加强关键配套系统和设备研发及产业化。产学研用相结合,提高升降锁紧系统、深水锚泊系统、动力定位系统、自动控制系统、水下钻井系统、柔性立管深海观测系统等关键配套设备设计制造水平，大力发展海洋工程用高性能发动机，提升专业化配套能力。

（六）提高新材料基础支撑能力。顺应新材料高性能化、多功能化、绿色化发展趋势，推动特色资源新材料可持续发展，加强前沿材料布局，以战略性新兴产业和重大工程建设需求为导向，优化新材料产业化及应用环境，加强新材料标准体系建设，提高新材料应用水平，推进新材料融入高端制造供应链。到2020年，力争使若干新材料品种进入全球供应链，重大关键材料自给率达到70%以上，初步实现我国从材料大国向材料强国的战略性转变。

推动新材料产业提质增效。面向航空航天、轨道交通、电力电子、新能源汽车等产业发展需求，扩大高强轻合金、高性能纤维、特种合金、先进无机非金属材料、高品质特殊钢、新型显示材料、动力电池材料、绿色印刷材料等规模化应用范围，逐步进入全球高端制造业采购体系。推动优势新材料企业“走出去”，加强与国内外知名高端制造企业的供应链协作，开展研发设计、生产贸易、标准制定等全方位合作。提高新材料附加值，打造新材料品牌，增强国际竞争力。建立新材料技术成熟度评价体系，研究建立新材料首批次应用保险补偿机制。组建新材料性能测试评价中心。细化完善新材料产品统计分类。

以应用为牵引构建新材料标准体系。围绕新一代信息技术、高端装备制造、节能环保等产业需求，加强新材料产品标准与下游行业设计规范的衔接配套，加快制定重点新材料标准，推动修订老旧标准，强化现有标准推广应用，加强前沿新材料标准预先研究，提前布局一批核心标准。加快新材料标准体系国际化进程，推动国内标准向国际标准转化。

促进特色资源新材料可持续发展。推动稀土、钨钼、钒钛、锂、石墨等特色资源高质化利用，加强专用工艺和技术研发，推进共伴生矿资源平衡利用，支持建立专业化的特色资源新材料回收利用基地、矿物功能材料制造基地。在特色资源新材料开采、冶炼分离、深加工各环节，推广应用智能化、绿色化生产设备与工艺。发展海洋生物来源的医学组织工程材料、生物环境材料等新材料。

前瞻布局前沿新材料研发。突破石墨烯产业化应用技术，拓展纳米材料在光电子、新能源、生物医药等领域应用范围，开发智能材料、仿生材料、超材料、低成本增材制造材料和新型超导材料，加大空天、深海、深地等极端环境所需材料研发力度，形成一批具有广泛带动性的创新成果。

四、加快生物产业创新发展步伐，培育生物经济新动力

把握生命科学纵深发展、生物新技术广泛应用和融合创新的新趋势，以基因技术快速发展为契机，推动医疗向精准医疗和个性化医疗发展，加快农业育种向高效精准育种升级转化，拓展海洋生物资源新领域、促进生物工艺和产品在更广泛领域替代应用，以新的发展模式助力生物能源大规模应用，培育高品质专业化生物服务新业态，将生物经济加速打造成为继信息经济后的重要新经济形态，为健康中国、美丽中国建设提供新支撑。到2020年，生物产业规模达到8-10万亿元，形成一批具有较强国际竞争力的新型生物技术企业和生物经济集群。

（一）构建生物医药新体系。加快开发具有重大临床需求的创新药物和生物制品，加快推广绿色化、智能化制药生产技术，强化科学高效监管和政策支持，推动产业国际化发展，加快建设生物医药强国。

推动生物医药行业跨越升级。加快基因测序、细胞规模化培养、靶向和长效释药、绿色智能生产等技术研发应用，支撑产业高端发展。开发新型抗体和疫苗、基因治疗、细胞治疗等生物制品和制剂，推动化学药物创新和高端制剂开发，加速特色创新中药研发，实现重大疾病防治药物原始创新。支持生物类似药规模化发展，开展专利到期药物大品种研发和生产，加快制药装备升级换代，提升制药自动化、数字化和智能化水平，进一步推动中药产品标准化发展，促进产业标准体系与国际接轨，加速国际化步伐。发展海洋创新药物，开发具有民族特色的现代海洋中药产品，推动试剂原料和中间体产业化，形成一批海洋生物医

药产业集群。

创新生物医药监管方式。建立更加科学高效的医药审评审批方式，加快推开药品上市许可持有人制度试点，加快仿制药质量和疗效一致性评价，探索开展医疗新技术临床实验研究认可制度试点。完善药品采购机制，全面推动医药价格和行业监管等领域体制机制改革。

（二）提升生物医学工程发展水平。深化生物医学工程技术与信息技术融合发展，加快行业规制改革，积极开发新型医疗器械，构建移动医疗、远程医疗等诊疗新模式，促进智慧医疗产业发展，推广应用高性能医疗器械，推进适应生命科学新技术发展的新仪器和试剂研发，提升我国生物医学工程产业整体竞争力。

发展智能化移动化新型医疗设备。开发智能医疗设备及其软件和配套试剂、全方位远程医疗服务平台和终端设备，发展移动医疗服务，制定相关数据标准，促进互联互通，初步建立信息技术与生物技术深度融合的现代智能医疗服务体系。

开发高性能医疗设备与核心部件。发展高品质医学影像设备、先进放射治疗设备、高通量低成本基因测序仪、基因编辑设备、康复类医疗器械等医学装备，大幅提升医疗设备稳定性、可靠性。利用增材制造等新技术，加快组织器官修复和替代材料及植介入医疗器械产品创新和产业化。加速发展体外诊断仪器、设备、试剂等新产品，推动高特异性分子诊断、生物芯片等新技术发展，支撑肿瘤、遗传疾病及罕见病等体外快速准确诊断筛查。

（三）加速生物农业产业化发展。以产出高效、产品安全、资源节约、环境友好为目标，创制生物农业新品种，开发动植物营养和绿色植保新产品，构建现代农业新体系，形成一批具有国际竞争力的生物育种企业，为加快农业发展方式转变提供新途径、新支撑。

构建生物种业自主创新体系。开展基因编辑、分子设计、细胞诱变等关键核心技术创新与育种应用，研制推广一批优质、高产、营养、安全、资源高效利用、适应标准化生产的农业动植物新品种，积极推进生物技术培育新品种产业化，形成一批以企业为主体的生物育种创新平台，打造具有核心竞争力的育繁推一体化现代生物种业企业，加快农业动植物新品种产业化和市场推广。发展动植物检疫新技术，加强国外优质动植物品种资源引进检疫平台建设。

开发一批新型农业生物制剂与重大产品。大力发展动植物病虫害防控新技术、新产品，建立基于病虫基因组信息的绿色农药、兽药创制技术体系，创制一批新型动物疫苗、生物兽药、植物新农药等重大产品，实现规模生产与应用，推动农业生产绿色转型。创制可替代抗生素的新型绿色生物饲料和高效生物肥料产品。深度挖掘海洋生物资源，开发绿色、安全、高效的新型海洋生物功能制品，开辟综合利用新途径。推动食品合成生物工程技术、食品生物高效转化技术、肠道微生物宏基因组学等关键技术创新与精准营养食品创制。

（四）推动生物制造规模化应用。加快发展微生物基因组工程、酶分子机器、细胞工厂等新技术，提升工业生物技术产品经济性，推进生物制造技术向化工、材料、能源等领域渗透应用，推动以清洁生物加工方式逐步替代传统化学加工方式，实现可再生资源逐步替代化石资源。

不断提升生物制造产品经济性和规模化发展水平。发展新生物工具创制与应用技术体系，实现一批有机酸、化工醇、烯烃、烷烃、有机胺等基础化工产品的生物法生产与应用，推动生物基聚酯、生物基聚氨酯、生物尼龙、生物橡胶、微生物多糖等生物基材料产业链条化、集聚化、规模化发展，提升氨基酸、维生素等大宗发酵产品自主创新能力和发展水平。

建立生态安全、绿色低碳、循环发展的生物法工艺体系。发展高效工业生物催化转化技术体系，提升绿色生物工艺应用水平。建立甾体药物、手性化合物、稀少糖醇等生物催化合成路线，实现医药化工等中间体绿色化、规模化生产。促进绿色生物工艺在农业、化工、食品、医药、轻纺、冶金、能源等领域全面进入和示范应用，显著降低物耗能耗和污染物排放。

（五）培育生物服务新业态。以专业化分工促进生物技术服务创新发展，构建新技术专业化服务模式，不断创造生物经济新增长点。

增强生物技术对消费者的专业化服务能力。发展专业化诊疗机构，培育符合规范的液体活检、基因诊断等新型技术诊疗服务机构。发展健康体检和咨询、移动医疗等健康管理服务，推动构建生物大数据、医疗健康大数据共享平台，试点建立居民健康影像档案，鼓励构建线上线下相结合的智能诊疗生态系统，推动医学检验检测、影像诊断等服务专业化发展。

提高生物技术服务对产业的支持水平。发展符合国际标准的药物研发与生产服务，鼓励医药企业加强与合同研发、委托制造企业的合作。推动基因检测和诊断等新兴技术在各领域应用转化，支持生物信息服务机构提升技术水平。为药品、医疗器械、种业、生物能源等生物产品提供检测、评价、认证等公共服务，加快产品上市进度，提升产品质量。鼓励生物技术在水污染控制、大气污染治理、有毒有害物质降解、废物资源化等领域拓展应用，积极引导生物环保技术企业跨地区、跨行业联合或兼并，实现做大做强。构建生物技术专业化双创平台，降低生物产业创新创业成本，支持各类人员开办虚拟研发企业，释放创新潜能。

（六）创新生物能源发展模式。着力发展新一代生物质液体和气体燃料，开发高性能生物质能源转化系统解决方案，拓展生物能源应用空间，力争在发电、供气、供热、燃油等领域实现全面规模化应用，生物能源利用技术和核心装备技术达到世界先进水平，形成较成熟的商业化市场。

促进生物质能源清洁应用。重点推进高寿命、低电耗生物质燃料成型设备、生物质供热锅炉、分布式生物质热电联产等关键技术和设备研发，促进生物质成型燃料替代燃煤集中供热、生物质热电联产。按照因地制宜、就近生产消纳原则，示范建设集中式规模化生物燃气应用工程，突破大型生物质集中供气原料处理、高效沼气厌氧发酵等关键技术瓶颈。探索建立多元、协同、共赢的市场化发展模式，鼓励多产品综合利用，为生产生活提供清洁优质能源。

推进先进生物液体燃料产业化。重点突破高效低成本的生物质液体燃料原料处理和制备技术瓶颈，建设万吨级生物质制备液体燃料及多产品联产综合利用示范工程。完善原料供应体系，有序发展生物柴油。推进油藻生物柴油、生物航空燃料等前沿技术研发与产业化。

五、推动新能源汽车、新能源和节能环保产业快速壮大，构建可持续发展新模式

把握全球能源变革发展趋势和我国产业绿色转型发展要求，着眼生态文明建设和应对气候变化，以绿色低碳技术创新和应用为重点，引导绿色消费，推广绿色产品，大幅提升新能源汽车和新能源的应用比例，全面推进高效节能、先进环保和资源循环利用产业体系建设，推动新能源汽车、新能源和节能环保等绿色低碳产业成为支柱产业，到2020年，产值规模达到10万亿元以上。

（一）实现新能源汽车规模应用。强化技术创新，完善产业链，优化配套环境，落实和完善扶持政策，提升纯电动汽车和插电式混合动力汽车产业化水平，推进燃料电池汽车产业化。到2020年，实现当年产销200万辆以上，累计产销超过500万辆，整体技术水平保持与国际同步，形成一批具有国际竞争力的新能源汽车整车和关键零部件企业。

全面提升电动汽车整车品质与性能。加快推进电动汽车系统集成技术创新与应用，重点开展整车安全性、可靠性研究和结构轻量化设计。提升关键零部件技术水平、配套能力与整车性能。加快电动汽车安全标准制定和应用。加速电动汽车智能化技术应用创新，发展智能自动驾驶汽车。开展电动汽车电力系统储能应用技术研发，实施分布式新能源与电动汽车联合应用示范，推动电动汽车与智能电网、新能源、储能、智能驾驶等融合发展。建设电动汽车联合创新平台和跨行业、跨领域的技术创新战略联盟，促进电动汽车重大关键技术协同创新。完善电动汽车生产准入政策，研究实施新能源汽车积分管理制度。到2020年，电动汽车力争具备商业化推广的市场竞争力。

建设具有全球竞争力的动力电池产业链。大力推进动力电池技术研发，着力突破电池成组和系统集成技术，超前布局研发下一代动力电池和新体系动力电池，实现电池材料技术突破性发展。加快推进高性能、高可靠性动力电池生产、控制和检测设备创新，提升动力电池工程化和产业化能

力。培育发展一批具有持续创新能力的动力电池企业和关键材料龙头企业。推进动力电池梯次利用,建立上下游企业联动的动力电池回收利用体系。到 2020 年,动力电池技术水平与国际水平同步,产能规模保持全球领先。

系统推进燃料电池汽车研发与产业化。加强燃料电池基础材料与过程机理研究,推动高性能低成本燃料电池材料和系统关键部件研发。加快提升燃料电池堆系统可靠性和工程化水平,完善相关技术标准。推动车载储氢系统以及氢制备、储运和加注技术发展,推进加氢站建设。到 2020 年,实现燃料电池汽车批量生产和规模化示范应用。

加速构建规范便捷的基础设施体系。按照“因地适宜、适度超前”原则,在城市发展中优先建设公共服务区域充电基础设施,积极推进居民区与单位停车位配建充电桩。完善充电设施标准规范,推进充电基础设施互联互通。加快推动高功率密度、高转换效率、高适用性、无线充电、移动充电等新型充换电技术及装备研发。加强检测认证、安全防护、与电网双向互动等关键技术研究。大力推动“互联网+充电基础设施”,提高充电服务智能化水平。鼓励充电服务企业创新商业模式,提升持续发展能力。到 2020 年,形成满足电动汽车需求的充电基础设施体系。

(二)推动新能源产业发展。加快发展先进核电、高效光电光热、大型风电、高效储能、分布式能源等,加速提升新能源产品经济性,加快构建适应新能源高比例发展的电力体制机制、新型电网和创新支撑体系,促进多能互补和协同优化,引领能源生产与消费革命。到 2020 年,核电、风电、太阳能、生物质能等占能源消费总量比重达到 8% 以上,产业产值规模超过 1.5 万亿元,打造世界领先的新能源产业。

推动核电安全高效发展。采用国际最高安全标准,坚持合作创新,重点发展大型先进压水堆、高温气冷堆、快堆及后处理技术装备,提升关键零部件配套能力,加快示范工程建设。提升核废料回收利用和安全处置能力。整合行业资源,形成系统服务能力,推动核电加快“走出去”。到 2020 年,核电装机规模达到 5800 万千瓦,在建规模达到 3000 万千瓦,形成国际先进的集技术开发、设计、装备制造、运营服务于一体的核电全产业链发展能力。

促进风电优质高效开发利用。大力发展智能电网技术,发展和挖掘系统调峰能力,大幅提升风电消纳能力。加快发展高塔长叶片、智能叶片、分散式和海上风电专用技术等,重点发展 5 兆瓦级以上风电机组、风电场智能化开发与运维、海上风电场施工、风热利用等领域关键技术与设备。建设风电技术测试与产业监测公共服务平台。到 2020 年,风电装机规模达到 2.1 亿千瓦以上,实现风电与煤电上网电价基本相当,风电装备技术创新能力达到国际先进水平。

推动太阳能多元化规模化发展。突破先进晶硅电池及关键设备技术瓶颈,提升薄膜太阳能电池效率,加强钙钛矿、染料敏化、有机等新型高效低成本太阳能电池技术研发,大力发展太阳能集成应用技术,推动高效低成本太阳能利用新技术和新材料产业化,建设太阳能光电光热产品测试与产业监测公共服务平台,大幅提升创新发展能力。统筹电力市场和外输通道,有序推进西部光伏光热发电开发,加快中东部分布式光伏发展,推动多种形式的太阳能综合开发利用。加快实施光伏领跑者计划,形成光热发电站系统集成和配套能力,促进先进太阳能技术产品应用和发电成本快速下降,引领全球太阳能产业发展。到 2020 年,太阳能发电装机规模达到 1.1 亿千瓦以上,力争实现用户侧平价上网。其中,分布式光伏发电、光伏电站、光热发电装机规模分别达到 6000 万千瓦、4500 万千瓦、500 万千瓦。

积极推动多种形式的新能源综合利用。突破风光互补、先进燃料电池、高效储能与海洋能发电等新能源电力技术瓶颈,加快发展生物质供气供热、生物质与燃煤耦合发电、地热能供热、空气能供热、生物液体燃料、海洋能供热制冷等,开展生物天然气多领域应用和区域示范,推进新能源多产品联产联供技术产业化。加速发展融合储能与微网应用的分布式能源,大力推动多能互补集成优化示范工程建设。建立健全新能源综合开发利用的技术创新、基础设施、运营模式及政策支撑体系。

大力发展“互联网+”智慧能源。加快研发分布式能源、储能、智能微网等关键技术，构建智能化电力运行监测管理技术平台，建设以可再生能源为主体的“源—网—荷—储—用”协调发展、集成互补的能源互联网，发展能源生产大数据预测、调度与运维技术，建立能源生产运行的监测、管理和调度信息公共服务网络，促进能源产业链上下游信息对接和生产消费智能化。推动融合储能设施、物联网、智能用电设施等硬件及碳交易、互联网金融等衍生服务于一体的绿色能源网络发展，促进用户端智能化用能、能源共享经济和能源自由交易发展，培育基于智慧能源的新业务、新业态，建设新型能源消费生态与产业体系。

加快形成适应新能源高比例发展的制度环境。围绕可再生能源比重大幅提高、弃风弃光率近零的目标，完善调度机制和运行管理方式，建立适应新能源电力大规模发展的电网运行管理体系。完善风电、太阳能、生物质能等新能源国家标准和清洁能源定价机制，建立新能源优先消纳机制。建立可再生能源发电补贴政策动态调整机制和配套管理体系。将分布式新能源纳入电力和供热规划以及国家新一轮配网改造计划，促进“源—网—用”协调发展，实现分布式新能源直供与无障碍入网。

(三)大力发展高效节能产业。适应建设资源节约型、环境友好型社会要求，树立节能为本理念，全面推进能源节约，提升高效节能装备技术及产品应用水平，推进节能技术系统集成和示范应用，支持节能服务产业做大做强，促进高效节能产业快速发展。到2020年，高效节能产业产值规模力争达到3万亿元。

大力提升高效节能装备技术及应用水平。鼓励研发高效节能设备(产品)及关键零部件，加大示范推广力度，加速推动降低综合成本。制修订强制性能效和能耗限额标准，加快节能科技成果转化应用。发布节能产品和技术推广目录，完善节能产品政府采购政策，推动提高节能产品市场占有率。完善能效标识制度和节能产品认证制度，在工业、建筑、交通和消费品等领域实施能效领跑者制度，推动用能企业和产品制造商跨越式提高能效。

大力推进节能技术系统集成及示范应用。在示范园区等重点区域和重点行业开展节能技术系统集成试点，整合高耗能企业的余热、余压、余气资源，鼓励利用余热采暖、利用余能和低温余热发电。鼓励重点用能单位及耗能设备配备智能能源计量和远程诊断设备，借助信息网络技术加强系统自动监控和智能分析能力，促进提高综合能效。深入推进流程工业系统优化工艺技术，推动工业企业能源管控中心建设，鼓励企业在低温加热段使用太阳能集热器，实现生产工艺和能源供应的综合优化。推进化石能源近零消耗建筑技术产业化，大力推广应用节能门窗、绿色节能建材等产品。鼓励风电、太阳能发电与企业能源供管系统综合集成，推动可再生能源就地消纳。

做大做强节能服务产业。支持合同能源管理、特许经营等业态快速发展，推动节能服务商业模式创新，推广节能服务整体解决方案。支持节能服务公司通过兼并、联合、重组等方式实现规模化、品牌化、网络化经营。搭建绿色融资平台，推动发行绿色债券，支持节能服务公司融资。制定相关标准，提高节能服务规范化水平。制定节能服务机构管理办法，建立健全节能第三方评估机制。搭建节能服务公司、重点用能单位、第三方评估机构履约登记和服务平台，营造诚实守信的市场环境。

(四)加快发展先进环保产业。大力推进实施水、大气、土壤污染防治行动计划，推动区域与流域污染防治整体联动，海陆统筹深入推进主要污染物减排，促进环保装备产业发展，推动主要污染物监测防治技术装备能力提升，加强先进适用环保技术装备推广应用和集成创新，积极推广应用先进环保产品，促进环境服务业发展，全面提升环保产业发展水平。到2020年，先进环保产业产值规模力争超过2万亿元。

提升污染防治技术装备能力。围绕水、大气、土壤污染防治，集中突破工业废水、雾霾、土壤农药残留、水体及土壤重金属污染等一批关键治理技术，加快形成成套装备、核心零部件及配套材料生产能力。建设一批技术先进、配套齐全、发展规范的重大环保技术装备产业化示范基地，形成以骨干企业为核心、专精特新中小企业快速成长的产业良性发展格局。支持危险废弃物防治技术研发,提高危险废弃物处理处置水平。支持环保产业资源优化整合,积极拓展国际市场。

加强先进适用环保技术装备推广应用和集成创新。定期更新《国家鼓励发展的重大环保技术装备目录》,强化供需对接,加强先进适用环保装备在冶金、化工、建材、食品等重点领域应用。加快环保产业与新一代信息技术、先进制造技术深度融合,强化先进环保装备制造能力,提高综合集成水平。支持建立产学研用相结合的环保技术创新联盟,加快技术集成创新研究与应用。

积极推广应用先进环保产品。大力推广应用离子交换树脂、生物滤料及填料、高效活性炭、循环冷却水处理药剂、杀菌灭藻剂、水处理消毒剂、固体废弃物处理固化剂和稳定剂等环保材料和环保药剂。扩大政府采购环保产品范围,不断提高环保产品采购比例。实施环保产品领跑者制度,提升环保产品标准,积极推广应用先进环保产品,组织实施先进环保装备技术进步与模式创新示范工程。

提升环境综合服务能力。基于各行业污染物大数据,推动建立环保装备与服务需求信息平台、技术创新转化交易平台、环保装备招投标信息平台,提高环保服务信息化水平。推动在环境监测中应用卫星和物联网技术,构建污染排放、环境质量基础数据与监控处置信息平台,提高环境监管智能化水平,深入推进环境服务业试点工作。发展环境修复服务,推广合同环境服务,促进环保服务整体解决方案推广应用。开展环境污染第三方治理试点和环境综合治理托管服务试点,在城镇污水垃圾处理、工业园区污染集中处理等重点领域深入探索第三方治理模式。推进产品绿色设计示范企业创建工作,支持企业开展绿色设计。

(五)深入推进资源循环利用。树立节约集约循环利用的资源观,大力推动共伴生矿和尾矿综合利用、“城市矿产”开发、农林废弃物回收利用和新品种废弃物回收利用,发展再制造产业,完善资源循环利用基础设施,提高政策保障水平,推动资源循环利用产业发展壮大。到2020年,力争当年替代原生资源13亿吨,资源循环利用产业产值规模达到3万亿元。

大力推动大宗固体废弃物和尾矿综合利用。推动冶金渣、化工渣、赤泥、磷石膏等产业废弃物综合利用,推广一批先进适用技术与装备,加强对工业固体废弃物中战略性稀贵金属的回收利用。研发尾矿深度加工和综合利用技术,促进尾矿中伴生有价元素回收和高技术含量尾矿产品开发,提高尾矿综合利用经济性。研发复杂多金属尾矿选冶联合关键技术与装备、清洁无害化综合利用关键技术,研发单套设备处理能力达到每年100—500万吨的尾矿高效浓缩及充填料制备、输送、充填成套工艺技术。开发低品位钛渣优化提质技术,提高钒钛磁铁矿资源综合利用率。

促进“城市矿产”开发和低值废弃物利用。提高废弃电器电子产品、报废汽车拆解利用技术装备水平,促进废有色金属、废塑料加工利用集聚化规模化发展。加快建设城市餐厨废弃物、建筑垃圾和废旧纺织品等资源化、无害化处理系统,协同发挥各类固体废弃物处理设施作用,打造城市低值废弃物协同处理基地。落实土地、财税等相关优惠政策。完善再生资源回收利用基础设施,支持现有再生资源回收集散地升级改造。

加强农林废弃物回收利用。基本实现畜禽粪便、残膜、农作物秸秆、林业三剩物等农林废弃物资源化利用。推广秸秆腐熟还田技术,支持秸秆代木、纤维原料、清洁制浆、生物质能、商品有机肥等新技术产业化发展。鼓励利用畜禽粪便、秸秆等多种农林废弃物,因地制宜实施农村户用沼气和集中供沼气工程。推广应用标准地膜,引导回收废旧地膜和使用可降解地膜。鼓励利用林业废弃物建设热、电、油、药等生物质联产项目。积极开发农林废弃物超低排放焚烧技术。

积极开展新品种废弃物循环利用。开展新品种废弃物回收利用体系示范,推动废弃太阳能电池、废旧动力蓄电池、废碳纤维材料、废节能灯等新型废弃物回收利用,推广稀贵金属高效富集与清洁回收利用、电动汽车动力蓄电池梯级利用等。支持碳捕集、利用和封存技术研发与应用,发展碳循环产业。

大力推动海水资源综合利用。加快海水淡化及利用技术研发和产业化,提高核心材料和关键装备的可靠性、先进性和配套能力。推动建设集聚发展的海水淡化装备制造基地。开展海水资源化利用示范工程建设，推进大型海水淡化工程总包与服务。开展海水淡化试点示范，鼓励生产海水淡化桶装水，推进海水淡化水依法进入市政供水管网。推进海水冷却技术在沿海高用水行业规模化应用。加快从海水中提取钾、溴、镁等产品，实现高值化利用。

发展再制造产业。加强机械产品再制造无损检测、绿色高效清洗、自动化表面与体积修复等技术攻关和装备研发，加快产业化应用。组织实施再制造技术工艺应用示范，推进再制造纳米电刷镀技术装备、电弧喷涂等成熟表面工程装备示范应用。开展发动机、盾构机等高值零部件再制造。建立再制造旧件溯源及产品追踪信息系统，促进再制造产业规范发展。

健全资源循环利用产业体系。推动物联网电子监管技术在危险废弃物、电子废弃物利用处置等领域应用，支持再生资源企业建立线上线下融合的回收网络。统筹国内外再生资源利用，加强生活垃圾分类回收与再生资源回收的衔接。建设资源循环利用第三方服务体系，鼓励通过合同管理方式，提供废弃物管理、回收、再生加工、循环利用的整体解决方案。全面落实生产者责任延伸制度，鼓励使用再生产品和原料。建立健全覆盖固体废弃物、危险废弃物、再生产品、污染物控制等方面的标准体系。

六、促进数字创意产业蓬勃发展，创造引领新消费

以数字技术和先进理念推动文化创意与创新设计等产业加快发展，促进文化科技深度融合、相关产业相互渗透。到2020年，形成文化引领、技术先进、链条完整的数字创意产业发展格局，相关行业产值规模达到8万亿元。

（一）创新数字文化创意技术和装备。适应沉浸式体验、智能互动等趋势，加强内容和技术装备协同创新，在内容生产技术领域紧跟世界潮流，在消费服务装备领域建立国际领先优势，鼓励深度应用相关领域最新创新成果。

提升创作生产技术装备水平。加大空间和情感感知等基础性技术研发力度，加快虚拟现实、增强现实、全息成像、裸眼三维图形显示（裸眼3D）、交互娱乐引擎开发、文化资源数字化处理、互动影视等核心技术创新发展，加强大数据、物联网、人工智能等技术在数字文化创意创作生产领域的应用，促进创新链和产业链紧密衔接。鼓励企业运用数字创作、网络协同等手段提升生产效率。

增强传播服务技术装备水平。研发具有自主知识产权的超感影院、混合现实娱乐、广播影视融合媒体制播等配套装备和平台，开拓消费新领域。大力研发数字艺术呈现技术，提升艺术展演展陈数字化、智能化、网络化应用水平，支持文物保护装备产业化及应用。研究制定数字文化创意技术装备关键标准，推动自主标准国际化，完善数字文化创意技术装备和相关服务的质量管理体系。

（二）丰富数字文化创意内容和形式。通过全民创意、创作联动等新方式，挖掘优秀文化资源，激发文化创意，适应互联网传播特点，创作优质、多样、个性化的数字创意内容产品。

促进优秀文化资源创造性转化。鼓励对艺术品、文物、非物质文化遗产等文化资源进行数字化转化和开发。依托地方特色文化，创造具有鲜明区域特点和民族特色的数字创意内容产品。加强现代设计与传统工艺对接，促进融合创新。提高图书馆、美术馆、文化馆、体验馆数字化、智能化水平，加强智慧博物馆和智慧文化遗产地建设，创新交互体验应用。

鼓励创作当代数字创意内容精品。强化高新技术支撑文化产品创作的力度，提高数字创意内容产品原创水平，加快出版发行、影视制作、演艺娱乐、艺术品、文化会展等行业数字化进程，提高动漫游戏、数字音乐、网络文学、网络视频、在线演出等文化品位和市场价值。鼓励多业态联动的创意开发模式，提高不同内容形式之间的融合程度和转换效率，努力形成具有世界影响力的数字创意品牌，支持中华文化“走出去”。

（三）提升创新设计水平。挖掘创新设计产业发展内生动力，推动设计创新成为制造业、服务业、城乡建设等领域的核心能力。

强化工业设计引领作用。积极发展第三方设计服务，支持设计成果转化。鼓励企业加大工业设计投入，推动工业设计与企业战略、品牌深度融

合，促进创新设计在产品设计、系统设计、工艺流程设计、商业模式和服务设计中的应用。支持企业通过创新设计提升传统工艺装备，推进工艺装备由单机向互联、机械化向自动化持续升级。以创意和设计引领商贸流通业创新，加强广告服务，健全品牌价值体系。制定推广行业标准，推动产业转型升级。支持建设工业设计公共服务平台。通过工业设计推动中国制造向中国创造、中国速度向中国质量转变。

提升人居环境设计水平。创新城市规划设计，促进测绘地理信息技术与城市规划相融合，利用大数据、虚拟现实等技术，建立覆盖区域、城乡、地上地下的规划信息平台，引导创新城市规划。从宏观、中观、微观等多层面加强城市设计，塑造地域特色鲜明的风貌。鼓励建筑设计创作，完善招投标制度和专家评标制度，扩展建筑师执业服务范围，引导建筑师参与项目策划、建筑设计、项目管理，形成激励建筑师创作的政策环境。加大建筑师培养力度，培育既有国际视野又有文化自信的建筑师队伍。倡导新型景观设计，改善人居环境。进一步提高装饰设计水平。

（四）推进相关产业融合发展。推动数字文化创意和创新设计在各领域应用，培育更多新产品、新服务以及多向交互融合的新业态，形成创意经济无边界渗透格局。

加快重点领域融合发展。推动数字创意在电子商务、社交网络中的应用，发展虚拟现实购物、社交电商、“粉丝经济”等营销新模式。推动数字创意在教育领域的应用，提升学习内容创意水平，加强数字文化教育产品开发和公共信息资源深度利用，推动教育服务创意化。提升旅游产品开发和旅游服务设计的文化内涵和数字化水平，促进虚拟旅游展示等新模式创新发展。挖掘创意“三农”发展潜力，提高休闲农业创意水平，促进地理标志农产品、乡村文化开发，以创意民宿推动乡村旅游发展和新农村建设。推动数字创意在医疗、展览展示、地理信息、公共管理等领域应用。构建数字创意相关项目资源库和对接服务平台，创新使用多种形式的线上线下推广手段，广泛开展会展活动，鼓励行业协会、研究机构积极开展跨领域交流合作。

推进数字创意生态体系建设。建立涵盖法律法规、行政手段、技术标准的数字创意知识产权保护体系，加大打击数字创意领域盗版侵权行为力度，保障权利人合法权益。积极研究解决虚拟现实、网络游戏等推广应用中存在的风险问题，切实保护用户生理和心理健康。改善数字创意相关行业管理规制，进一步放宽准入条件，简化审批程序，加强事中事后监管，促进融合发展。

七、超前布局战略性产业，培育未来发展新优势

以全球视野前瞻布局前沿技术研发，不断催生新产业，重点在空天海洋、信息网络、生命科学、核技术等核心领域取得突破，高度关注颠覆性技术和商业模式创新，在若干战略必争领域形成独特优势，掌握未来产业发展主动权，为经济社会持续发展提供战略储备、拓展战略空间。

（一）空天海洋领域

显著提升空间进入能力。突破大推力发动机、大直径箭体设计、制造与先进控制等关键技术，发展重型运载火箭，保障未来重大航天任务实施。发展快速、廉价、可重复使用的小载荷天地往返运输系统。超前部署具有高空间定位精度的空间飞行器自主导航和飞行技术。

加快发展新型航天器。加强超高分辨率、超高精度时空基准、超高速安全通信、高性能星上处理、大功率电源、新型材料等关键技术研发，研制新型应用卫星。建立先进的载人空间科学实验平台和生命支持系统。发展空间飞行器轻量化小型化技术，推进应用型微、纳、皮卫星规范有序发展。部署和发射新型试验卫星。加快发展临近空间飞行器、可重复使用航天器等面向未来任务的新型航天器。

加快航空领域关键技术突破和重大产品研发。超前部署氢燃料、全电、组合动力等新型发动机关键技术研究，提升未来航空产业自主发展能力。加快发展多用途无人机、新构型飞机等战略性航空装备。前瞻布局超音速商务机、新概念新构型总体气动技术、先进高可靠性机电技术、新一代航空电子系统、航空新材料及新型复合材料加

工技术。

发展新一代深海远海极地技术装备及系统。建立深海区域研究基地，发展海洋遥感与导航、水声探测、深海传感器、无人和载人深潜、深海空间站、深海观测系统、"空—海—底"一体化通信定位、新型海洋观测卫星等关键技术和装备。大力研发深远海油气矿产资源、可再生能源、生物资源等资源开发利用装备和系统，研究发展海上大型浮式结构物，支持海洋资源利用关键技术研发和产业化应用，培育海洋经济新增长点。大力研发极地资源开发利用装备和系统，发展极地机器人、核动力破冰船等装备。

(二)信息网络领域

构建未来网络新体系。着眼于提升当前网络体系架构可扩展性、安全性、可管控性、移动性和内容分发能力，系统布局新型网络架构、技术体系和安全保障体系研究，开展实验网络建设，研究构建泛在融合、绿色带宽、智能安全的新型网络。

加强关键技术和产品研发。面向万物互联需求，发展物联网搜索引擎、E级高性能计算、面向物端的边缘计算等技术和产品。开展深度学习、认知计算、虚拟现实、自然人机交互等领域前沿技术研发，提升信息服务智能化、个性化水平。布局太赫兹通信、可见光通信等技术研发，持续推动量子密钥技术应用。

推动电子器件变革性升级换代。加强低功耗高性能新原理硅基器件、硅基光电子、混合光电子、微波光电子等领域前沿技术和器件研发，形成一批专用关键制造设备，提升光网络通信元器件支撑能力。统筹布局量子芯片、量子编程、量子软件以及相关材料和装置制备关键技术研发，推动量子计算机的物理实现和量子仿真的应用。加强类脑芯片、超导芯片、石墨烯存储、非易失存储、忆阻器等新原理组件研发，推进后摩尔定律时代微电子技术开发与应用，实现产业跨越式发展。

(三)生物技术领域

构建基于干细胞与再生技术的医学新模式。加快布局体细胞重编程科学技术研发，开发功能细胞获取新技术。完善细胞、组织与器官的体内外生产技术平台与基地。规范干细胞与再生领域法律法规和标准体系，完善知识产权评估与转化机制，持续深化干细胞与再生技术临床应用。发展肿瘤免疫治疗技术。

推进基因编辑技术研发与应用。建立具有自主知识产权的基因编辑技术体系，开发针对重大遗传性疾病、感染性疾病、恶性肿瘤等的基因治疗新技术。建立相关动物资源平台、临床研究及转化应用基地，促进基于基因编辑研究的临床转化和产业化发展。

加强合成生物技术研发与应用。突破基因组化学合成、生物体系设计再造、人工生物调控等关键技术，研究推进人工生物及人工生物器件临床应用和产业化。推动生物育种、生态保护、能源生产等领域颠覆性技术创新，构建基础原料供给、物质转化合成、民生服务新模式，培育合成生物产业链。

(四)核技术领域

加快开发新一代核能装备系统。加快推动铅冷快堆、钍基熔盐堆等新核能系统试验验证和实验堆建设。支持小型和微型核动力堆研发设计和关键设备研制，开展实验堆建设和重点领域示范应用。积极参与国际热核聚变实验堆计划，不断完善全超导托卡马克核聚变实验装置等国家重大科技基础设施，开展实验堆概念设计、关键技术和重要部件研发。

发展非动力核技术。支持发展离子、中子等新型射线源，研究开发高分辨率辐射探测器和多维动态成像装置，发展精准治疗设备、医用放射性同位素、中子探伤、辐射改性等新技术和新产品，持续推动核技术在工业、农业、医疗健康、环境保护、资源勘探、公共安全等领域应用。

八、促进战略性新兴产业集聚发展，构建协调发展新格局

立足区域发展总体战略，围绕推进"一带一路"建设、京津冀协同发展、长江经济带发展，根据各地产业基础和特色优势，坚持因地制宜、因业布局、因时施策，加快形成点面结合、优势互补、错位发展、协调共享的战略性新兴产业发展格局。

(一)打造战略性新兴产业策源地。支持创新资源富集的中心城市形成以扩散知识技术为主要

特征的战略性新兴产业策源地。发挥策源地城市科研人才密集、学科齐全、国际交流频繁等优势，支持建设一批国际一流的大学和科研机构，强化重点领域基础研究，大力促进新兴学科、交叉学科发展，支持建设新兴交叉学科研究中心，推进信息、生命、医疗、能源等领域原创性、颠覆性、支撑性技术开发，推动产学研用联动融合，形成引领战略性新兴产业发展的“辐射源”。以推进全面创新改革试验为契机，加快改革攻坚，完善科研项目经费管理和科技成果转移转化机制，最大限度减少不利于创新人才发展的制度障碍，探索建立适应创新要素跨境流动的体制机制。发挥策源地城市改革创新示范带动作用，在全国范围内推广一批有力度、有特色、有影响的重大改革举措。大力推动科技中介新业态发展，支持海外人才、科研人员、高校师生在策源地城市创业创新，支持海外知名大学、科研机构、企业在策源地城市建设产业创新平台和孵化器，打造战略性新兴产业创业创新高地。鼓励策源地城市开展“知识产权强市”建设，加大知识产权保护力度，强化知识产权运用和管理，加快发展知识产权服务业，更好利用全球创新成果，加速科技成果向全国转移扩散。

（二）壮大一批世界级战略性新兴产业发展集聚区。依托城市群建设，以全面创新改革试验区为重点，发展知识密集型战略性新兴产业集群，打造10个左右具有全球影响力、引领我国战略性新兴产业发展的标志性产业集聚区，推动形成战略性新兴产业发展的体制机制创新区、产业链创新链融合区、国际合作承载区。在东部地区打造国际一流的战略性新兴产业城市群，围绕京津冀协同发展，加强京津冀经济与科技人才联动，形成辐射带动环渤海地区和北方腹地发展的战略性新兴产业发展共同体；发挥长三角城市群对长江经济带的引领作用，以上海、南京、杭州、合肥、苏锡常等都市圈为支点，构筑点面结合、链群交融的产业发展格局；以广州、深圳为核心，全面提升珠三角城市群战略性新兴产业的国际竞争力，延伸布局产业链和服务链，带动区域经济转型发展；推动山东半岛城市群重点发展生物医药、高端装备制造、新一代信息技术、新材料等产业和海洋经济；围绕福州、厦门等重点城市，推动海峡西岸地区生物、海洋、集成电路等产业发展。依托中西部地区产业基础，大力推进成渝地区、武汉都市圈、长株潭城市群、中原城市群、关中平原城市群等重点区域战略性新兴产业发展，积极创造条件承接东部地区产业转移；支持昆明、贵阳等城市发展具有比较优势的产业，促进长江经济带上中下游地区产业协同发展。对接丝绸之路经济带建设，促进天山北坡、兰州—西宁等西北地区城市群发展特色产业。推动东北地区大力发展机器人及智能装备、光电子、生物医药及医疗器械、信息服务等产业，以沈阳、大连、哈尔滨、长春为支点，支持东北地区城市群打造国内领先的战略性新兴产业集群，带动区域经济转型升级。

（三）培育战略性新兴产业特色集群。充分发挥现有产业集聚区作用，通过体制机制创新激发市场活力，采用市场化方式促进产业集聚，完善扶持政策，加大扶持力度，培育百余个特色鲜明、大中小企业协同发展的优势产业集群和特色产业链。完善政府引导产业集聚方式，由招商引资向引资、引智、引技并举转变，打造以人才和科技投入为主的新经济；由“引进来”向“引进来”“走出去”并重转变，充分整合利用全球创新资源和市场资源；由注重产业链发展向产业链、创新链协同转变，聚焦重点产业领域，依托科研机构和企业研发基础，提升产业创新能力；由产城分离向产城融合转变，推动研究机构、创新人才与企业相对集中，促进不同创新主体良性互动。避免对市场行为的过度干预，防止园区重复建设。鼓励战略性新兴产业向国家级新区等重点功能平台集聚。

九、推进战略性新兴产业开放发展，拓展合作新路径

贯彻国家开放发展战略部署，构建战略性新兴产业国际合作新机制，建设全球创新发展网络，推动产业链全球布局，拓展发展新路径。

（一）积极引入全球资源。抓住“一带一路”建设契机，推进国际产能合作，构建开放型创新体系，鼓励技术引进与合作研发，促进引进消化吸收与再创新。积极引导外商投资方向，鼓励外商投资战略性新兴产业，推动跨国公司、国际知名研究

机构在国内设立研发中心。加大海外高端人才引进力度，畅通吸纳海外高端人才的绿色通道，为海外人才来华工作和创业提供更多便利。

（二）打造国际合作新平台。积极建立国际合作机制，推动签署落实政府间新兴产业和创新领域合作协议。推动双边互认人员资质、产品标准、认证认可结果，参与国际多边合作互认机制。以发达国家和“一带一路”沿线国家为重点，建设双边特色产业国际合作园区，引导龙头企业到海外建设境外合作园区。创新合作方式，提升重点领域开放合作水平。加强国际科技成果转化和孵化、人才培训等公共服务体系建设。

（三）构建全球创新发展网络。建立健全国际化创新发展协调推进和服务机制，加强驻外机构服务能力，利用二十国集团（G20）、夏季达沃斯等平台开展新经济交流，充分发挥有关行业协会和商会作用，搭建各类国际经济技术交流与合作平台。引导社会资本设立一批战略性新兴产业跨国并购和投资基金，支持一批城市对接战略性新兴产业国际合作，建设一批国际合作创新中心，发展一批高水平国际化中介服务机构，建立一批海外研发中心，构建全球研发体系，形成政府、企业、投资机构、科研机构、法律机构、中介机构高效协同的国际化合作网络。支持企业和科研机构参与国际科技合作计划、国际大科学计划和大科学工程，承担和组织国际重大科技合作项目。鼓励企业积极参与国际技术标准制定。

（四）深度融入全球产业链。推动产业链全球布局，在高端装备、新一代信息技术、新能源等重点领域，针对重点国家和地区确定不同推进方式和实施路径，推动产业链资源优化整合。支持企业、行业协会和商会、地方政府和部门创新方式开展战略性新兴产业国际产能合作，推动国内企业、中外企业组团共同开拓国际市场，支持产业链“走出去”，将“走出去”获得的优质资产、技术、管理经验反哺国内，形成综合竞争优势。推动高端装备、新一代信息技术等领域龙头企业海外拓展，与国际大企业开展更高层次合作，实现优势互补、共赢发展。

十、完善体制机制和政策体系，营造发展新生态

加快落实创新驱动发展战略，深入推进政府职能转变，持续深化重点领域和关键环节改革，强化制度建设，汇聚知识、技术、资金、人才等创新要素，全面营造有利于战略性新兴产业发展壮大的生态环境。

（一）完善管理方式

推进简政放权、放管结合、优化服务改革。在电信、新药和医疗器械、新能源汽车生产准入等领域，进一步完善审批方式，最大限度减少事前准入限制，修改和废止有碍发展的行政法规和规范性文件，激发市场主体活力。坚持放管结合，区分不同情况，积极探索和创新适合新技术、新产品、新业态、新模式发展的监管方式，既激发创新创造活力，又防范可能引发的风险。对发展前景和潜在风险看得准的“互联网+”、分享经济等新业态，量身定制监管模式；对看不准的领域，加强监测分析，鼓励包容发展，避免管得过严过死；对潜在风险大、有可能造成严重不良社会后果的，切实加强监管；对以创新之名行非法经营之实的，坚决予以取缔。严格执行降低实体经济企业成本各项政策措施，落实中央财政科研项目资金管理相关政策措施，推进科技成果产权制度改革。全面落实深化国有企业改革各项部署，在战略性新兴产业领域国有企业中率先进行混合所有制改革试点示范，开展混合所有制企业员工持股试点。发布战略性新兴产业重点产品和服务指导目录。

营造公平竞争市场环境。完善反垄断法配套规则，进一步加大反垄断和反不正当竞争执法力度，严肃查处信息服务、医疗服务等领域企业违法行为。建立健全工作机制，保障公平竞争审查制度有序实施，打破可再生能源发电、医疗器械、药品招标等领域的地区封锁和行业垄断，加大对地方保护和行业垄断行为的查处力度。完善信用体系，充分发挥全国信用信息共享平台和国家企业信用信息公示系统等作用，推进各类信用信息平台建设、对接和服务创新，加强信用记录在线披露和共享，为经营者提供信用信息查询、企业身份网

上认证等服务。

加强政策协调。充分发挥战略性新兴产业发展部际联席会议制度作用，推动改革措施落地，加强工作沟通，避免相关政策碎片化。持续开展产业发展状况评估和前瞻性课题研究，准确定位改革发展方向。建立高层次政企对话咨询机制，在研究制订相关政策措施时积极听取企业意见。定期发布发展新经济培育新动能、壮大战略性新兴产业有关重点工作安排，统筹推进相关改革发展工作。

（二）构建产业创新体系

深入开展大众创业万众创新。打造众创、众包、众扶、众筹平台，依托“双创”资源集聚的区域、科研院所和创新型企业等载体，支持建设“双创”示范基地，发展专业化众创空间。依托互联网打造开放共享的创新机制和创新平台，推动企业、科研机构、高校、创客等创新主体协同创新。着力完善促进“双创”的法律和政策体系。持续强化“双创”宣传，办好全国“双创”活动周，营造全社会关注“双创”、理解“双创”、支持“双创”的良好氛围。

强化公共创新体系建设。实施一批重大科技项目和重大工程，加强颠覆性技术研发和产业化。创新重大项目组织实施方式，探索实行项目决策、执行、评价、监督相对分开的组织管理机制。构建企业主导、政产学研用相结合的产业技术创新联盟，支持建设关键技术研发平台，在重点产业领域采取新机制建立一批产业创新中心。围绕重点领域创新发展需求，统筹部署国家重大科技基础设施等创新平台建设，加强设施和平台开放共享。按照科研基地优化布局统筹部署，建设一批国家技术创新中心，支撑引领战略性新兴产业发展。加强相关计量测试、检验检测、认证认可、知识和数据中心等公共服务平台建设。成立战略性新兴产业计量科技创新联盟，加强认证认可创新。落实和完善战略性新兴产业标准化发展规划，完善标准体系，支持关键领域新技术标准应用。

支持企业创新能力建设。实施国家技术创新工程，加强企业技术中心能力建设，推进创新企业百强工程，培育一批具有国际影响力的创新型领导企业，引领带动上下游产业创新能力提升。加大对科技型中小企业创新支持力度，落实研发费用加计扣除等税收优惠政策，引导企业加大研发投入。

完善科技成果转移转化制度。落实相关法律法规政策，组织实施促进科技成果转移转化行动。落实科技成果转化有关改革措施，提高科研人员成果转化收益分享比例，加快建立科技成果转移转化绩效评价和年度报告制度。引导有条件的高校和科研院所建立专业化、市场化的技术转移机构，加强战略性新兴产业科技成果发布，探索在战略性新兴产业相关领域率先建立利用财政资金形成的科技成果限时转化制度。

（三）强化知识产权保护和运用

强化知识产权保护维权。积极推进专利法、著作权法修订工作。跟踪新技术、新业态、新模式发展创新，加强互联网、电子商务、大数据等领域知识产权保护规则研究，完善商业模式知识产权保护、商业秘密保护、实用艺术品外观设计专利保护等相关法律法规。完善知识产权快速维权机制，新建一批快速维权中心。将故意侵犯知识产权行为纳入社会信用记录，健全知识产权行政侵权查处机制，依法严厉打击侵犯知识产权犯罪行为，加大海关知识产权执法保护力度，推动提高知识产权侵权法定赔偿上限额度。

加强知识产权布局运用。大力推行知识产权标准化管理，提升创新主体知识产权管理能力。实施知识产权行业布局和区域布局工程，在战略性新兴产业集聚区和龙头企业引导设立知识产权布局设计中心。构建知识产权运营服务体系，推进全国知识产权运营公共服务平台建设，培育一批专业化、品牌化知识产权服务机构，鼓励高端检索分析工具等开发应用，引导知识产权联盟建设。聚焦战略性新兴产业，鼓励创新知识产权金融产品，开发知识产权投贷、投保、投债联动等新产品，探索知识产权股权化、证券化。鼓励企业综合运用专利、版权、商标等知识产权手段打造自有品牌。

完善知识产权发展机制。实施战略性新兴产业知识产权战略推进计划，围绕战略性新兴产业集聚区部署知识产权服务链，建立知识产权集群管理制度，推动形成一批知识产权优势集聚区。加强战略性新兴产业专利分析及动向监测。建立重大经济科技活动知识产权分析评议制度，鼓励企业建立知识产权分析评议机制。完善海外知识产权服务体系，研究发布海外知识产权环境信息，跟踪研究重点产业领域国际知识产权动向，引导建立海外知识产权案件信息提交机制，加强对重大知识产权案件的研究，建立海外知识产权风险预警机制，支持企业开展知识产权海外并购和维权行动。

（四）深入推进军民融合

构建军民融合的战略性新兴产业体系。促进军民科技创新体系相互兼容、协同发展，推进军民融合产业发展。依托国家军民融合创新示范区，促进军民两用技术产业化发展。建设一批军民融合创新平台。在军工单位集中、产业基础较好的地区，推进军民技术双向转移和转化应用。支持军工企业发挥优势向新能源、民用航空航天、物联网等新兴领域拓展业务，引导优势民营企业进入国防科研生产和维修领域，构建各类企业公平竞争的政策环境。

加强军民融合重大项目建设。面向建设航天强国，统筹规划军民卫星研发和使用，加强地面站网整合建设与信息共享，积极发展军民通用化程度高的动力系统、关键部件和基础材料。适应空域改革进程，加强空域管制系统技术和装备研发，推进航空产业军民深度融合发展。面向建设网络强国，加强新一代信息基础设施和系统军民合建共用，组织实施安全可靠信息网络产品和服务相关应用示范工程。面向建设海洋强国，适应军地海洋资源调查、海域使用、海洋观测预报、海洋环境保护和岛礁建设需求，发展军民两用高性能装备和材料技术。开展军民通用标准化工程，促进军民技术双向转移。

（五）加大金融财税支持

提高企业直接融资比重。积极支持符合条件的战略性新兴产业企业上市或挂牌融资，研究推出全国股份转让系统挂牌公司向创业板转板试点，建立全国股份转让系统与区域性股权市场合作对接机制。探索推进场外证券交易市场以及机构间私募产品报价与服务系统建设，支持战略性新兴产业创业企业发展。大力发展创业投资和天使投资，完善鼓励创业投资企业和天使投资人投资种子期、初创期科技型企业的税收支持政策，丰富并购融资和创业投资方式。积极支持符合条件的战略性新兴产业企业发行债券融资，扩大小微企业增信集合债券和中小企业集合票据发行规模，鼓励探索开发高收益债券和可转换债券等金融产品，稳步推进非金融企业债务融资工具发展。鼓励保险公司、社会保险基金和其他机构投资者合法合规参与战略性新兴产业创业投资和股权投资基金。推进投贷联动试点工作。

加强金融产品和服务创新。引导金融机构积极完善适应战略性新兴产业特点的信贷管理和贷款评审制度。探索建立战略性新兴产业投融资信息服务平台，促进银企对接。鼓励建设数字创意、软件等领域无形资产确权、评估、质押、流转体系，积极推进知识产权质押融资、股权质押融资、供应链融资、科技保险等金融产品创新。引导政策性、开发性金融机构加大对战略性新兴产业支持力度。推动发展一批为飞机、海洋工程装备、机器人等产业服务的融资租赁和金融租赁公司。加快设立国家融资担保基金，支持战略性新兴产业项目融资担保工作。

创新财税政策支持方式。发挥财政资金引导作用，创新方式吸引社会投资，大力支持战略性新兴产业发展。充分发挥国家新兴产业创业投资引导基金服务创业创新的作用，完善管理规则，做好风险防控，高效开展投资运作，带动社会资本设立一批创业投资基金，加大对战略性新兴产业的投入。鼓励有条件的地区设立战略性新兴产业发展基金，引导社会资金设立一批战略性新兴产业投资基金和国际化投资基金。积极运用政府和社会资本合作（PPP）等模式，引导社会资本参与重大项目建设。完善政府采购政策，加大对“双创”以及云计算、大数据、循环经济等支持力度，推进智慧城市、信息惠民、“城市矿山”、智能装备等示范应用。进一步完善光伏、风电、生物质等可再生能源发电补贴政策。调整完善新能源汽车推广补贴政策。完善战略性新兴产业企业股权激励个人所得税政策。

（六）加强人才培养与激励

培养产业紧缺人才。实施战略性新兴产业创新领军人才行动，聚焦重点领域，依托重大项目和重大工程建设一批创新人才培养示范基地，重点扶持一批科技创新创业人才。分行业制定战略性新兴产业紧缺人才目录，在国家相关人才计划中予以重点支持。根据产业发展需求，动态调整高校教学内容和课程设置，合理扩大战略性新兴产业相关专业招生比例。加强战略性新兴产业技术技能人才培养，推行企业新型学徒制，建立国家基本职业培训包制度，推动相关企业为职业学校战略性新兴产业相关专业学生实习和教师实践提供岗位。依托专业技术人才知识更新工程，培养一大批高层次急需紧缺人才和骨干专业技术人才，建设一批国家级继续教育基地。支持在线培训发展。

鼓励科技人才向企业流动。探索事业单位科研人员在职创业和离岗创业有关政策，引导和支持事业单位科研人员按照国家有关规定到企业开展创新工作或创办企业。在战略性新兴产业企业设立一批博士后科研工作站，鼓励开展产业关键核心技术研发。落实国家对科研人员的各项激励措施，鼓励企业通过股权、分红等激励方式，调动科研人员创新积极性。建立健全符合行业特点的人才使用、流动、评价、激励体系。

充分利用全球人才。在充分发挥现有人才作用的基础上引进培养一批高端人才。研究优化外国人永久居留制度，简化外籍高层次人才申请永久居留资格程序，为其配偶和未成年子女提供居留与出入境便利。

各地区、各有关部门要高度重视战略性新兴产业发展工作，加强组织领导，加快工作进度，切实抓好本规划实施工作，加强各专项规划、地方规划与本规划的衔接。地方各级人民政府要建立健全工作机制，细化实化政策措施，推动本规划各项任务落实到位。鼓励相关省（区、市）联合编制区域性发展规划，推进战略性新兴产业差别化、特色化协同发展。国家发展改革委要会同科技部、工业和信息化部、财政部，发挥好战略性新兴产业发展部际联席会议的牵头作用，加强宏观指导、统筹协调和督促推动，密切跟踪产业发展情况，及时研究协调产业发展中的重大问题；联席会议各成员单位和相关部门要积极配合，按照职责分工抓紧任务落实，加快制定配套政策，形成工作合力，共同推动战略性新兴产业发展壮大。

附件：重点任务分工方案

附件

重点任务分工方案

序号	重点工作	负责部门
1	构建网络强国基础设施，组织实施宽带乡村示范工程。	工业和信息化部、国家发展改革委牵头，国家网信办、商务部、农业部、财政部、新闻出版广电总局等按职责分工负责。
2	推动三网融合基础设施发展，推进全国有线电视网络整合和互联互通，加快构建下一代广播电视网。	工业和信息化部、新闻出版广电总局按职责分工负责。
3	推进“互联网+”行动，组织实施“互联网+”工程。	国家发展改革委牵头，工业和信息化部、科技部、人力资源社会保障部、国家网信办、农业部、国家能源局、人民银行、商务部、交通运输部、环境保护部、工商总局等按职责分工负责。
4	实施国家大数据战略，组织实施大数据发展工程。	国家发展改革委牵头，工业和信息化部、国家网信办、科技部等按职责分工负责。
5	做强信息技术核心产业，组织实施集成电路发展工程。	国家发展改革委、工业和信息化部、科技部、财政部、国家网信办、质检总局等按职责分工负责。
6	发展人工智能，组织实施人工智能创新工程。	国家发展改革委、科技部、工业和信息化部、财政部、国家网信办等按职责分工负责。

续表

序号	重点工作	负责部门
7	完善网络经济管理方式，深化电信体制改革，加强相关法律法规建设。	国家发展改革委、工业和信息化部、国务院国资委、国家网信办、国务院法制办、新闻出版广电总局、工商总局等按职责分工负责。
8	打造智能制造高端品牌，组织实施重点领域智能工厂应用示范工程。	工业和信息化部牵头，国家发展改革委、科技部、财政部、质检总局等按职责分工负责。
9	实现航空产业新突破，组织实施新一代民用飞机创新工程。	工业和信息化部、国家发展改革委牵头，科技部、财政部、质检总局、中国民航局等按职责分工负责。
10	做大做强卫星及应用产业，组织实施空间信息智能感知工程。	国家发展改革委、国家国防科工局、财政部、科技部、工业和信息化部、国家网信办、质检总局、中科院等按职责分工负责。
11	强化轨道交通装备领先地位。	国家发展改革委、交通运输部、国家铁路局、中国铁路总公司、住房城乡建设部、科技部、工业和信息化部、国务院国资委、质检总局等按职责分工负责。
12	增强海洋工程装备国际竞争力，组织实施海洋工程装备创新发展工程。	国家发展改革委、工业和信息化部、科技部、财政部、质检总局、国家国防科工局、国家海洋局等按职责分工负责。
13	提高新材料基础支撑能力，组织实施新材料提质和协同应用工程。	工业和信息化部、国家发展改革委牵头，科技部、财政部、质检总局、国家国防科工局、国家海洋局等按职责分工负责。
14	构建生物医药新体系，组织实施新药创制与产业化工程。	国家发展改革委、工业和信息化部、科技部、国家卫生计生委、财政部、食品药品监管总局、国家中医药局等按职责分工负责。
15	提升生物医学工程发展水平，组织实施生物技术惠民工程。	国家发展改革委、工业和信息化部、国家卫生计生委、食品药品监管总局、财政部、国家中医药局、国家海洋局等按职责分工负责。
16	加速生物农业产业化发展。	农业部、国家发展改革委、科技部等按职责分工负责。
17	推进生物制造技术向化工、材料、能源等领域渗透应用。	国家发展改革委、工业和信息化部、科技部等按职责分工负责。
18	培育生物服务新业态。	国家发展改革委、工业和信息化部、国家卫生计生委等按职责分工负责。
19	组织实施生物产业创新发展平台建设工程。	国家发展改革委牵头，科技部、工业和信息化部、财政部、国家卫生计生委、食品药品监管总局、质检总局、国家海洋局等按职责分工负责。
20	创新生物能源发展模式。	国家能源局、国家发展改革委、科技部、财政部、农业部、国家海洋局等按职责分工负责。
21	实现新能源汽车规模应用，组织实施新能源汽车动力电池提升工程。	工业和信息化部、国家发展改革委、科技部牵头，财政部、质检总局、国家能源局等按职责分工负责。
22	推动新能源产业发展，组织实施新能源高比例发展工程。	国家能源局牵头，国家发展改革委、科技部、工业和信息化部、财政部等按职责分工负责。
23	大力发展高效节能产业，组织实施节能技术装备发展工程。	国家发展改革委牵头，工业和信息化部、财政部、商务部、质检总局等按职责分工负责。
24	加快发展先进环保产业。	国家发展改革委、环境保护部、科技部、工业和信息化部、农业部、国家海洋局等按职责分工负责。
25	组织实施绿色低碳技术综合创新示范工程。	国家发展改革委牵头，科技部、工业和信息化部、国家能源局、财政部、环境保护部、住房城乡建设部、农业部、质检总局等按职责分工负责。
26	深入推进资源循环利用，组织实施资源循环替代体系示范工程。	国家发展改革委牵头，环境保护部、工业和信息化部、财政部、住房城乡建设部、农业部、商务部等按职责分工负责。

续表

序号	重点工作	负责部门
27	创新数字文化创意技术和装备，组织实施数字文化创意技术装备创新提升工程。	工业和信息化部、文化部、国家发展改革委、科技部、财政部、新闻出版广电总局、国家网信办等按职责分工负责。
28	丰富数字文化创意内容和形式，组织实施数字内容创新发展工程。	文化部、工业和信息化部、新闻出版广电总局、国家网信办、科技部、国家发展改革委、财政部等按职责分工负责。
29	提升创新设计水平，组织实施创新设计发展工程。	工业和信息化部、国家发展改革委、科技部、文化部、住房城乡建设部、财政部等按职责分工负责。
30	超前布局战略性产业，重点在空天海洋、信息网络、生命科学、核技术等核心领域取得突破。	科技部、国家发展改革委、工业和信息化部、国家国防科工局、财政部、工程院、中科院、国家能源局、国家海洋局等按职责分工负责。
31	促进战略性新兴产业集聚发展。	国家发展改革委、科技部、工业和信息化部、财政部、商务部等按职责分工负责。
32	积极建立国际合作机制，推动签署落实政府间新兴产业和创新领域合作协议。推动双边互认人员资质、产品标准、认证认可结果，参与国际多边合作互认机制。	商务部、国家发展改革委、外交部、科技部、工业和信息化部、质检总局、国家国防科工局、国家海洋局等按职责分工负责。
33	以发达国家和“一带一路”沿线国家为重点，建设双边特色产业国际合作园区，提升重点领域开放合作水平。	商务部牵头，国家发展改革委、工业和信息化部等按职责分工负责。
34	构建全球创新发展网络。	国家发展改革委、外交部、商务部、科技部、工业和信息化部等按职责分工负责。
35	推进简政放权、放管结合、优化服务改革，区分不同情况，积极探索和创新适合新技术、新产品、新业态、新模式发展的监管方式。	国家发展改革委、工业和信息化部、民政部、交通运输部、文化部、人民银行、海关总署、工商总局、质检总局、新闻出版广电总局、银监会、证监会、保监会等按职责分工负责。
36	在战略性新兴产业领域国有企业中率先进行混合所有制改革试点示范，开展混合所有制企业员工持股试点。	国家发展改革委牵头，国务院国资委、财政部、工业和信息化部等按职责分工负责。
37	发布战略性新兴产业重点产品和服务指导目录。	国家发展改革委牵头，工业和信息化部、商务部、文化部等按职责分工负责。
38	完善反垄断法配套规则，进一步加大反垄断和反不正当竞争执法力度，严肃查处信息服务、医疗服务等领域企业违法行为。	国家发展改革委、商务部、工商总局、工业和信息化部、国家卫生计生委等按职责分工负责。

续表

序号	重点工作	负责部门
39	建立健全工作机制，保障公平竞争审查制度有序实施，打破可再生能源发电、医疗器械、药品招标等领域地区封锁和行业垄断，加大对地方保护和行业垄断行为的查处力度。	国家发展改革委、国务院法制办、商务部、工商总局、财政部、国家卫生计生委、国家能源局等按职责分工负责。
40	建立高层次政企对话咨询机制，在研究制订相关政策措施时积极听取企业意见。	国家发展改革委、工业和信息化部、科技部、财政部、商务部等按职责分工负责。
41	深入开展大众创业万众创新，打造众创、众包、众扶、众筹平台，支持建设“双创”示范基地，发展专业化众创空间。依托互联网打造开放共享的创新机制和创新平台，推动企业、科研机构、高校、创客等创新主体协同创新。	国家发展改革委、科技部、人力资源社会保障部、财政部、工业和信息化部、中科院等按职责分工负责。
42	实施一批重大科技项目和重大工程，加强颠覆性技术研发和产业化。	科技部、国家发展改革委、工业和信息化部、国家网信办、国家国防科工局、财政部、工程院、中科院等按职责分工负责。
43	加强相关计量测试、检验检测、认证认可、知识和数据中心等公共服务平台建设。	质检总局、国家发展改革委、科技部、工业和信息化部等按职责分工负责。
44	落实和完善战略性新兴产业标准化发展规划，完善标准体系，支持关键领域新技术标准应用。	质检总局、科技部、国家发展改革委、工业和信息化部、国家网信办等按职责分工负责。
45	加强企业技术中心能力建设，推进创新企业百强工程。	国家发展改革委、科技部、工业和信息化部等按职责分工负责。
46	落实研发费用加计扣除等税收优惠政策，引导企业加大研发投入。	财政部、税务总局、科技部等按职责分工负责。
47	完善科技成果转移转化制度，组织实施促进科技成果转移转化行动。加快建立科技成果转移转化绩效评价和年度报告制度。	科技部、财政部、教育部、国家发展改革委、工业和信息化部、中科院等按职责分工负责。
48	探索在战略性新兴产业相关领域率先建立利用财政资金形成的科技成果限时转化制度。	科技部、财政部、国家发展改革委牵头，教育部、工业和信息化部等按职责分工负责。
49	积极推进专利法、著作权法修订工作。跟踪新技术、新业态、新模式发展创新，完善商业模式知识产权保护、商业秘密保护、实用艺术品外观设计专利保护等相关法律法规。推动提高知识产权侵权法定赔偿上限额度。	国家知识产权局、新闻出版广电总局、国务院法制办、科技部、工商总局等按职责分工负责。

续表

序号	重点工作	负责部门
50	强化知识产权保护维权。新建一批快速维权中心。将故意侵犯知识产权行为纳入社会信用记录，健全知识产权行政侵权查处机制，依法严厉打击侵犯知识产权犯罪行为，加大海关知识产权执法保护力度。	国家知识产权局牵头，工业和信息化部、国家发展改革委、公安部、工商总局、海关总署等按职责分工负责。
51	实施战略性新兴产业知识产权战略推进计划，围绕战略性新兴产业集聚区部署知识产权服务链，建立知识产权集群管理制度，培育一批专业化、品牌化知识产权服务机构，推动形成一批知识产权优势集聚区。	国家知识产权局、国家发展改革委、科技部、工商总局、工业和信息化部等按职责分工负责。
52	完善海外知识产权服务体系，建立海外知识产权风险预警机制，支持企业开展知识产权海外并购和维权行动。	商务部、国家知识产权局、外交部、国家发展改革委、工业和信息化部、工商总局等按职责分工负责。
53	积极支持符合条件的战略性新兴产业企业上市或挂牌融资，研究推出全国股份转让系统挂牌公司向创业板转板试点，建立全国股份转让系统与区域性股权市场合作对接机制。	证监会、国家发展改革委、工业和信息化部等按职责分工负责。
54	积极支持符合条件的战略性新兴产业企业发行债券融资，扩大小微企业增信集合债券和中小企业集合票据发行规模，鼓励探索开发高收益债券和可转换债券等金融产品，稳步推进非金融企业债务融资工具发展。	人民银行、国家发展改革委、证监会等按职责分工负责。
55	引导金融机构积极完善适应战略性新兴产业特点的信贷管理和贷款评审制度。鼓励建设数字创意、软件等领域无形资产确权、评估、质押、流转体系，推进知识产权质押融资、股权质押融资、供应链融资、科技保险等金融产品创新。	人民银行、银监会牵头，证监会、保监会、国家发展改革委、科技部、工业和信息化部、文化部、工商总局、国家知识产权局等按职责分工负责。
56	探索建立战略性新兴产业投融资信息服务平台，促进银企对接。	国家发展改革委、工业和信息化部、银监会、人民银行等按职责分工负责。
57	引导政策性、开发性金融机构加大对战略性新兴产业支持力度。	人民银行、银监会、国家发展改革委、财政部、工业和信息化部等按职责分工负责。
58	推动发展一批为飞机、海洋工程装备、机器人等产业服务的融资租赁和金融租赁公司。	商务部、银监会、国家发展改革委、工业和信息化部、国家海洋局、中国民航局等按职责分工负责。

续表

序号	重点工作	负责部门
59	加快设立国家融资担保基金，支持战略性新兴产业项目融资担保工作。	财政部、国家发展改革委、工业和信息化部等按职责分工负责。
60	鼓励有条件的地区设立战略性新兴产业发展基金，引导社会资金设立一批战略性新兴产业投资基金和国际化投资基金。	国家发展改革委、财政部、证监会、工业和信息化部等按职责分工负责。
61	完善政府采购政策，加大对“双创”以及云计算、大数据、循环经济等支持力度，推进智慧城市、信息惠民、“城市矿山”、智能装备等示范应用。	财政部牵头，国家发展改革委、科技部、工业和信息化部等按职责分工负责。
62	进一步完善光伏、风电、生物质等可再生能源发电补贴政策。调整完善新能源汽车推广补贴政策。	国家发展改革委、财政部、国家能源局、工业和信息化部等按职责分工负责。
63	实施战略性新兴产业创新领军人才行动，聚焦重点领域，依托重大项目和重大工程建设一批创新人才培养示范基地，重点扶持一批科技创新创业人才。在充分发挥现有人才作用的基础上引进培养一批高端人才。	人力资源社会保障部、中央组织部、教育部、科技部、国家发展改革委等按职责分工负责。
64	根据产业发展需求，动态调整高校教学内容和课程设置，合理扩大战略性新兴产业相关专业招生比例。	教育部牵头，工业和信息化部等按职责分工负责。
65	依托专业技术人才知识更新工程，培养一大批高层次急需紧缺人才和骨干专业技术人才，建设一批国家级继续教育基地。	人力资源社会保障部、教育部、工业和信息化部等按职责分工负责。
66	引导和支持事业单位科研人员按照国家有关规定到企业开展创新工作或创办企业。	人力资源社会保障部、科技部、教育部牵头，国家发展改革委、工业和信息化部等按职责分工负责。
67	在战略性新兴产业企业设立一批博士后科研工作站，鼓励开展产业关键核心技术研发。	人力资源社会保障部牵头，教育部、科技部等按职责分工负责。
68	研究优化外国人永久居留制度，简化外籍高层次人才申请永久居留资格程序，为其配偶和未成年子女提供居留与出入境便利。	公安部、人力资源社会保障部等按职责分工负责。
69	开展战略性新兴产业统计监测调查。	国家统计局牵头，国家发展改革委、工业和信息化部等按职责分工负责。

国务院关于强化实施创新驱动发展战略进一步推进大众创业万众创新深入发展的意见

（2017年7月21日）

各省、自治区、直辖市人民政府，国务院各部委、各直属机构：

创新是社会进步的灵魂，创业是推进经济社会发展、改善民生的重要途径，创新和创业相连一体、共生共存。近年来，大众创业、万众创新蓬勃兴起，催生了数量众多的市场新生力量，促进了观念更新、制度创新和生产经营管理方式的深刻变革，有效提高了创新效率、缩短了创新路径，已成为稳定和扩大就业的重要支撑、推动新旧动能转换和结构转型升级的重要力量，正在成为中国经济行稳致远的活力之源。为进一步系统性优化创新创业生态环境，强化政策供给，突破发展瓶颈，充分释放全社会创新创业潜能，在更大范围、更高层次、更深程度上推进大众创业、万众创新，现提出如下意见。

一、大众创业、万众创新深入发展是实施创新驱动发展战略的重要载体

深入推进供给侧结构性改革，全面实施创新驱动发展战略，加快新旧动能接续转换，着力振兴实体经济，必须坚持“融合、协同、共享”，推进大众创业、万众创新深入发展。要进一步优化创新创业的生态环境，着力推动“放管服”改革，构建包容创新的审慎监管机制，有效促进政府职能转变；进一步拓展创新创业的覆盖广度，着力推动创新创业群体更加多元，发挥大企业、科研院所和高等院校的领军作用，有效促进各类市场主体融通发展；进一步提升创新创业的科技内涵，着力激发专业技术人才、高技能人才等的创造潜能，强化基础研究和应用技术研究的有机衔接，加速科技成果向现实生产力转化，有效促进创新型创业蓬勃发展；进一步增强创新创业的发展实效，着力推进创新创业与实体经济发展深度融合，结合“互联网+”、“中国制造2025”和军民融合发展等重大举措，有效促进新技术、新业态、新模式加快发展和产业结构优化升级。

——创新为本、高端引领。以科技创新为基础支撑，实现创新带动创业、创业促进创新的良性循环。坚持质量效率并重，引导创新创业多元化、特色化、专业化发展，推动产业迈向中高端。坚持创新创业与实体经济相结合，实现一二三产业相互渗透，推动军民融合深入发展，创造新供给、释放新需求，增强产业活力和核心竞争力。

——改革先行、精准施策。以深化改革为核心动力，主动适应、把握、引领经济发展新常态，面向新趋势、新特征、新需求，主动作为，针对重点领域、典型区域、关键群体的特点精准发力，出实招、下实功、见实效。着力破除制约创新创业发展的体制机制障碍，促进生产、管理、分配和创新模式的深刻变革，继续深入推进“放管服”改革，积极探索包容审慎监管，为新动能的成长打开更大空间。

——人才优先、主体联动。以人才支撑为第一要素，改革人才引进、激励、发展和评价机制，激

发人才创造潜能，鼓励科技人员、中高等院校毕业生、留学回国人才、农民工、退役士兵等有梦想、有意愿、有能力的群体更多投身创新创业。加强科研机构、高校、企业、创客等主体协同，促进大中小微企业优势互补，推动城镇与农村创新创业同步发展，形成创新创业多元主体合力汇聚、活力迸发的良性格局。

——市场主导、资源聚合。充分发挥市场配置资源的决定性作用，整合政府、企业、社会等多方资源，建设众创、众包、众扶、众筹支撑平台，健全创新创业服务体系，推动政策、技术、资本等各类要素向创新创业集聚，充分发挥社会资本作用，以市场化机制促进多元化供给与多样化需求更好对接，实现优化配置。

——价值创造、共享发展。以价值创造为本质内涵，大力弘扬创新文化，厚植创业沃土，营造敢为人先、宽容失败的良好氛围，推动创新创业成为生活方式和人生追求。践行共享发展理念，实现人人参与、人人尽力、人人享有，使创新创业成果更多更公平地惠及全体人民，促进社会公平正义。

二、加快科技成果转化

重点突破科技成果转移转化的制度障碍，保护知识产权，活跃技术交易，提升创业服务能力，优化激励机制，共享创新资源，加速科技成果向现实生产力转化。

（一）建立完善知识产权运用和快速协同保护体系，扩大知识产权快速授权、确权、维权覆盖面，加快推进快速保护由单一产业领域向多领域扩展。搭建集专利快速审查、快速确权、快速维权等于一体，审查确权、行政执法、维权援助、仲裁调解、司法衔接相联动的知识产权保护中心。探索建立海外知识产权维权援助机制。发挥国家知识产权运营公共服务平台枢纽作用，加快建设国家知识产权运营服务体系。（国家知识产权局牵头负责）

（二）推动科技成果、专利等无形资产价值市场化，促进知识产权、基金、证券、保险等新型服务模式创新发展，依法发挥资产评估的功能作用，简化资产评估备案程序，实现协议定价和挂牌、拍卖定价。促进科技成果、专利在企业的推广应用。（国家知识产权局、财政部、科技部、中国科协等单位按职责分工负责）

（三）探索在战略性新兴产业相关领域率先建立利用财政资金形成的科技成果限时转化制度。财政资金支持形成的科技成果，除涉及国防、国家安全、国家利益、重大社会公共利益外，在合理期限内未能转化的，可由国家依法强制许可实施转化。（科技部、财政部、国家发展改革委等部门按职责分工负责）

（四）引导众创空间向专业化、精细化方向升级，支持龙头骨干企业、高校、科研院所围绕优势细分领域建设平台型众创空间。探索将创投孵化器等新型孵化器纳入科技企业孵化器管理服务体系，并享受相应扶持政策。（科技部牵头负责）

（五）推动科研院所落实国家科技成果转化法律法规和政策，强化激励导向，提高科研院所成果转化效率。坚持试点先行，进一步扩大科研院所自主权，激发科研院所和科技人员创新创业积极性。（科技部、人力资源社会保障部等部门按职责分工负责）

（六）促进仪器设备开放共享，探索仪器设备所有权和经营权分离机制，对于财政资金购置的仪器设备，探索引入专业服务机构进行社会化服务等多种方式。（科技部牵头负责）

（七）实施科研院所创新创业共享行动，鼓励科研院所发挥自身优势，进一步提高科技成果转化能力和创新创业能力，进一步开放现有科研设施和资源，推动科技成果在全社会范围实现共享和转化。（国家发展改革委、中科院、科技部等单位按职责分工负责）

三、拓展企业融资渠道

不断完善金融财税政策，创新金融产品，扩大信贷支持，发展创业投资，优化投入方式，推动破解创新创业企业融资难题。

（八）在有效防控风险的前提下，合理赋予大型银行县支行信贷业务权限。支持地方性法人银行在符合条件的情况下在基层区域增设小微支

行、社区支行，提供普惠金融服务。支持商业银行改造小微企业信贷流程和信用评价模型，提高审批效率。（银监会牵头负责）

（九）完善债权、股权等融资服务机制，为科技型中小企业提供覆盖全生命周期的投融资服务。稳妥推进投贷联动试点工作。推广专利权质押等知识产权融资模式，鼓励保险公司为科技型中小企业知识产权融资提供保证保险服务，对符合条件的由地方各级人民政府提供风险补偿或保费补贴。持续优化科技型中小企业直接融资机制，稳步扩大创新创业公司债券试点规模。支持政府性融资担保机构为科技型中小企业发债提供担保。鼓励地方各级人民政府建立政银担、政银保等不同类型的风险补偿机制。（银监会、人民银行、保监会、财政部、科技部、国家知识产权局、证监会等部门按职责分工负责）

（十）改革财政资金、国有资本参与创业投资的投入、管理与退出标准和规则，建立完善与其特点相适应的绩效评价体系。依法依规豁免国有创业投资机构和国有创业投资引导基金国有股转持义务。（财政部、国务院国资委等部门按职责分工负责）

（十一）适时推广创业投资企业和天使投资个人有关税收试点政策，引导社会资本参与创业投资。推动创业投资企业、创业投资管理企业及其从业人员在第三方征信机构完善信用记录，实现创业投资领域信用记录全覆盖。（财政部、税务总局、国家发展改革委等部门按职责分工负责）

（十二）推动国家新兴产业创业投资引导基金、国家中小企业发展基金、国家科技成果转化引导基金设立一批创业投资子基金。引导和规范地方各级人民政府设立创业投资引导基金，建立完善对引导基金的运行监管机制、财政资金的绩效考核机制和基金管理机构的信用信息评价机制。（国家发展改革委、财政部、工业和信息化部等部门按职责分工负责）

（十三）健全完善创新券、创业券的管理制度和运行机制，在全面创新改革试验区域探索建立创新券、创业券跨区域互通互认机制。（科技部、国家发展改革委等部门按职责分工负责）

四、促进实体经济转型升级

深入实施“互联网+”、“中国制造2025”、军民融合发展、新一代人工智能等重大举措，着力加强创新创业平台建设，培育新兴业态，发展分享经济，以新技术、新业态、新模式改造传统产业，增强核心竞争力，实现新兴产业与传统产业协同发展。

（十四）加强基础研究，提升原始创新能力。改革和创新科研管理、投入和经费使用方式。高校和科研院所要鼓励科研人员与创业者开展合作和互动交流，建立集群思、汇众智、解难题的众创空间。面向企业和社会创新的难点，凝练和解决科学问题，举办各种形式的创新挑战赛，通过众包共议方式，提高创新效率和水平。（科技部、财政部等部门按职责分工负责）

（十五）在战略性领域布局建设若干产业创新中心，整合利用现有创新资源形成充满活力的创新网络。依托企业、联合高校和科研院所，建设符合发展需求的制造业创新中心，开展关键共性重大技术研究和产业化应用示范。推动建立一批军民结合、产学研一体的科技协同创新平台。（国家发展改革委、工业和信息化部、科技部、教育部等部门按职责分工负责）

（十六）实施企业创新创业协同行动。支持大型企业开放供应链资源和市场渠道，推动开展内部创新创业，带动产业链上下游发展，促进大中小微企业融通发展。（国家发展改革委、工业和信息化部、国务院国资委、全国工商联等单位按职责分工负责）

（十七）鼓励大型企业全面推进“双创”工作，建设“双创”服务平台与网络，开展各类“双创”活动，推广各类大型企业“双创”典型经验，促进跨界融合和成果转化。（国家发展改革委、工业和信息化部、国务院国资委、全国工商联等单位按职责分工负责）

（十八）促进分享经济发展，合理引导预期，创新监管模式，推动构建适应分享经济发展的包容审慎监管机制和社会多方协同治理机制，完善新就业形态、消费者权益、社会保障、信用体系建设、风险控制等方面的政策法规，研究完善适应分享经济特点的税收征管措施，研究建立平台企业履职尽责与依法获得责任豁免的联动机制。（国家发展改革委、人力资源社会保障部、人民银行、工商总局、税务总局、中央网信办等单位按职责分工负责）

（十九）发布促进数字经济发展战略纲要，强化系统性设计，打破制约数字生产力发展的制度障碍，推进市场化的生产资料分享，提升市场配置资源效率，加速数字化转型，引领和适应数字经济发展。发起“一带一路”数字经济国际合作倡议，促进“一带一路”沿线国家数字经济交流与合作。（国家发展改革委、中央网信办等单位按职责分工负责）

（二十）进一步完善新产业新业态新模式统计分类，充分利用大数据等现代信息技术手段，研究制定“双创”发展统计指标体系，科学、准确、及时反映经济结构优化升级的新进展。（国家统计局牵头负责）

（二十一）加快研究制定工业互联网安全技术标准，建设工业互联网网络安全监测平台和中小企业网络安全公共服务平台，强化工业互联网安全保障支撑能力。（工业和信息化部牵头负责）

（二十二）积极落实支持大众创业、万众创新的用地政策，加大新供用地保障力度，鼓励盘活利用现有用地，引导新产业集聚发展，完善新产业用地监管制度。（国土资源部牵头负责）

（二十三）研究制定促进首台（套）重大技术装备示范应用的意见，建立健全首台（套）重大技术装备研发、检测评定、示范应用体系，完善财政、金融、保险等支持政策，明确相关招标采购要求，建立示范应用激励和保障机制，营造良好的政策和市场环境。（国家发展改革委牵头负责）

（二十四）充分利用产业投资基金支持先进制造业发展。实施新一轮技术改造升级重大工程，支持关键领域和瓶颈环节技术改造。（国家发展改革委、工业和信息化部、财政部等部门按职责分工负责）

五、完善人才流动激励机制

充分激发人才创新创业活力，改革分配机制，引进国际高层次人才，促进人才合理流动，健全保障体系，加快形成规模宏大、结构合理、素质优良的创新创业人才队伍。

（二十五）制定人才签证实施细则，明确外国人申请和取得人才签证的标准条件和办理程序；全面实施外国人来华工作许可制度，简化外国高层次人才办理工作许可证和居留证件的程序。开展外国高层次人才服务“一卡通”试点，建立安居保障、子女入学和医疗保健服务通道。进一步完善外国人才由工作居留向永久居留转换机制，实现工作许可、签证和居留有机衔接。（国家外专局、公安部、外交部、人力资源社会保障部等部门按职责分工负责）

（二十六）允许外国留学生凭高校毕业证书、创业计划申请加注“创业”的私人事务类居留许可。外国人依法申请注册成为企业的，可凭创办企业注册证明等材料向有关部门申请工作许可和工作类居留许可。（公安部、人力资源社会保障部、国家外专局等部门按职责分工负责）

（二十七）实施留学人员回国创新创业启动支持计划，吸引更多高素质留学人才回国创新创业。继续推进两岸青年创新创业基地建设，推动内地与港澳地区开展创新创业交流合作。深入开展“万侨创新行动”，支持建设华侨华人创新创业基地，探索建立华侨华人创新创业综合服务体系，为华侨华人高层次专业人才和企业家出入境、停居留以及申办外国人永久居留身份证件提供便利。推动来内地创业的港澳同胞、回国（来华）创业的华侨华人享受当地城镇居民同等待遇的社会公共服务。继续推进海外人才离岸创新创业基地建设。（人力资源社会保障部、外交部、公安部、国务院港澳办、国务院台办、国务院侨办、中国科协等单位按职责分工负责）

（二十八）完善高校和科研院所绩效考核办法，在核定的绩效工资总量内高校和科研院所可自主分配。事业单位引进高层次人员和招聘急需紧缺人才，可简化招录程序，没有岗位空缺的可申请设置特设岗位，并按相关规定办理人事关系，确定岗位薪资。（人力资源社会保障部、教育部、科技部等部门按职责分工负责）

（二十九）实施社团创新创业融合行动，搭建创新创业资源对接平台，推介一批创新创业典型人物和案例，推动创新精神、企业家精神和工匠精神融合，进一步引导和推动各类科技人员投身创新创业大潮。（国家发展改革委、中国科协等单位按职责分工负责）

（三十）加快将现有支持“双创”相关财政政策措施向返乡下乡人员创新创业拓展，将符合条件的返乡下乡人员创新创业项目纳入强农惠农富农政策范围。探索实施农村承包土地经营权以及农业设施、农机具抵押贷款试点。允许返乡下乡人员依法使用集体建设用地开展创新创业。返乡农民工可在创业地参加各项社会保险。鼓励有条件的地方将返乡农民工纳入住房公积金缴存范围，按规定将其子女纳入城镇（城乡）居民基本医疗保险参保范围。地方人民政府要建立协调推动机制，有条件的县级人民政府应设立“绿色通道”，为返乡下乡人员创新创业提供便利服务。（农业部、人力资源社会保障部、国土资源部等部门和有关地方人民政府按职责分工负责）

（三十一）各地区可根据实际需要制定灵活的引才引智政策，采取不改变人才的户籍、人事关系等方式，以用为本，发挥实效，解决关键领域高素质人才稀缺等问题。（各地方人民政府负责）

六、创新政府管理方式

持续深化“放管服”改革，加大普惠性政策支持力度，改善营商环境，放宽市场准入，推进试点示范，加强文化建设，推动形成政府、企业、社会良性互动的创新创业生态。

（三十二）出台公平竞争审查实施细则，进一步健全审查机制，明确审查程序，强化审查责任，推动全面实施公平竞争审查制度，为创新创业营造统一开放、竞争有序的市场环境。（国家发展改革委、财政部、商务部、工商总局等部门按职责分工负责）

（三十三）推进“多证合一”登记制度改革，将涉企登记、备案等有关事项和各类证照进一步整合到营业执照上。对内外资企业，在支持政策上一视同仁，推动实施一个窗口登记注册和限时办结。推动取消企业名称预先核准，推广自主申报。全面实施企业简易注销登记改革，实现市场主体退出便利化。建设全国统一的电子营业执照管理系统，推进无介质电子营业执照建设和应用。（工商总局牵头负责）

（三十四）加大事中事后监管力度，实现“双随机、一公开”监管全覆盖，开展跨部门“双随机”联合检查，提高监管效能。健全跨部门、跨地区执法协作机制，推进市场监管领域综合执法改革。（工商总局、中央编办、国务院法制办等单位按职责分工负责）

（三十五）在有条件的基层政府设立专业化的行政审批机构，实行审批职责、审批事项、审批环节“三个全集中”。（各地方人民政府、有关部门按职责分工负责）

（三十六）适时适当放宽教育等行业互联网准入条件，降低创新创业门槛，加强新兴业态领域事中事后监管。（教育部牵头负责）

（三十七）推进跨省经营企业部分涉税事项全国通办。推进银行卡受理终端、网上银行、手机银行等多元化缴税方式。加强国税、地税联合办税。建立健全市、县两级银税合作工作机制，加大基层银税合作力度，逐步扩大税务、银行信用信息共享内容。探索通过建立电子平台或在银税双方系统中互设接口等方式，实现银税信息“线上”互动。（税务总局牵头负责）

（三十八）积极有序推进试点示范，加快建设全国双创示范基地，推进小微企业创业创新基地城市示范，整合创建一批农村创新创业示范基地。推广全面创新改革试验经验。研究新设一批国家自主创新示范区、高新区，深化国家自主创新示范区政策试点。（国家发展改革委、科技部、财政部、工业和信息化部、农业部等部门按职责分工负责）

（三十九）办好全国“双创”活动周，营造创新创业良好氛围。组织实施好“创响中国”系列活动，开展创业投资企业、院士专家、新闻媒体地方行。高质量办好创新创业赛事，推动创新创业理念更加深入人心。（国家发展改革委、中国科协等单位按职责分工负责）

各地区、各部门要认真落实本意见的各项要求，进一步细化政策措施，切实履职尽责，密切配合，勇于探索，主动作为，及时总结经验，加强监督检查，确保各项政策落到实处，推进大众创业、万众创新深入发展，为全面实施创新驱动发展战略、培育壮大新动能、改造提升传统动能和促进我国经济保持中高速增长、迈向中高端水平提供强劲支撑。

国务院关于促进云计算创新发展培育信息产业新业态的意见

（2015年01月30日）

各省、自治区、直辖市人民政府，国务院各部委、各直属机构：

云计算是推动信息技术能力实现按需供给、促进信息技术和数据资源充分利用的全新业态，是信息化发展的重大变革和必然趋势。发展云计算，有利于分享信息知识和创新资源，降低全社会创业成本，培育形成新产业和新消费热点，对稳增长、调结构、惠民生和建设创新型国家具有重要意义。当前，全球云计算处于发展初期，我国面临难得的机遇，但也存在服务能力较薄弱、核心技术差距较大、信息资源开放共享不够、信息安全挑战突出等问题，重建设轻应用、数据中心无序发展苗头初步显现。为促进我国云计算创新发展，积极培育信息产业新业态，现提出以下意见。

一、指导思想、基本原则和发展目标

（一）指导思想

适应推进新型工业化、信息化、城镇化、农业现代化和国家治理能力现代化的需要，以全面深化改革为动力，以提升能力、深化应用为主线，完善发展环境，培育骨干企业，创新服务模式，扩展应用领域，强化技术支撑，保障信息安全，优化设施布局，促进云计算创新发展，培育信息产业新业态，使信息资源得到高效利用，为促进创业兴业、释放创新活力提供有力支持，为经济社会持续健康发展注入新的动力。

（二）基本原则

市场主导。发挥市场在资源配置中的决定性作用，完善市场准入制度，减少行政干预，鼓励企业根据市场需求丰富服务种类，提升服务能力，对接应用市场。建立公平开放透明的市场规则，完善监管政策，维护良好市场秩序。

统筹协调。以需求为牵引，加强分类指导，推进重点领域的应用、服务和产品协同发展。引导地方根据实际需求合理确定云计算发展定位，避免政府资金盲目投资建设数据中心和相关园区。加强信息技术资源整合，避免行业信息化系统成为信息孤岛。优化云计算基础设施布局，促进区域协调发展。

创新驱动。以企业为主体，加强产学研用合作，强化云计算关键技术和服务模式创新，提升自主创新能力。积极探索加强国际合作，推动云计算开放式创新和国际化发展。加强管理创新，鼓励新业态发展。

保障安全。在现有信息安全保障体系基础上，结合云计算特点完善相关信息安全制度，强化安全管理和数据隐私保护，增强安全技术支撑和服务能力，建立健全安全防护体系，切实保障云计算信息安全。充分运用云计算的大数据处理能力，带动相关安全技术和服务发展。

（三）发展目标

到2017年，云计算在重点领域的应用得到深化，产业链条基本健全，初步形成安全保障有力，服务创新、技术创新和管理创新协同推进的云计算发展格局，带动相关产业快速发展。

服务能力大幅提升。形成若干具有较强创新能力的公共云计算骨干服务企业。面向中小微企业和个人的云计算服务种类丰富，实现规模化运营。云计算系统集成能力显著提升。

创新能力明显增强。增强原始创新和基础创新能力，突破云计算平台软件、艾字节(EB，约为 2^{60}字节)级云存储系统、大数据挖掘分析等一批关键技术与产品，云计算技术接近国际先进水平，云计算标准体系基本建立。服务创新对技术创新的带动作用显著增强，产学研用协同发展水平大幅提高。

应用示范成效显著。在社会效益明显、产业带动性强、示范作用突出的若干重点领域推动公共数据开放、信息技术资源整合和政府采购服务改革，充分利用公共云计算服务资源开展百项云计算和大数据应用示范工程，在降低创业门槛、服务民生、培育新业态、探索电子政务建设新模式等方面取得积极成效，政府自建数据中心数量减少5%以上。

基础设施不断优化。云计算数据中心区域布局初步优化，新建大型云计算数据中心能源利用效率(PUE)值优于 1.5。宽带发展政策环境逐步完善，初步建成满足云计算发展需求的宽带网络基础设施。

安全保障基本健全。初步建立适应云计算发展需求的信息安全监管制度和标准规范体系，云计算安全关键技术产品的产业化水平和网络安全防护能力明显提升，云计算发展环境更加安全可靠。

到 2020 年，云计算应用基本普及，云计算服务能力达到国际先进水平，掌握云计算关键技术，形成若干具有较强国际竞争力的云计算骨干企业。云计算信息安全监管体系和法规体系健全。大数据挖掘分析能力显著提升。云计算成为我国信息化重要形态和建设网络强国的重要支撑，推动经济社会各领域信息化水平大幅提高。

二、主要任务

(一)增强云计算服务能力

大力发展公共云计算服务，实施云计算工程，支持信息技术企业加快向云计算产品和服务提供商转型。大力发展计算、存储资源租用和应用软件开发部署平台服务，以及企业经营管理、研发设计等在线应用服务，降低企业信息化门槛和创新成本，支持中小微企业发展和创业活动。积极发展基于云计算的个人信息存储、在线工具、学习娱乐等服务，培育信息消费。发展安全可信的云计算外包服务，推动政府业务外包。支持云计算与物联网、移动互联网、互联网金融、电子商务等技术和服务的融合发展与创新应用，积极培育新业态、新模式。鼓励大企业开放平台资源，打造协作共赢的云计算服务生态环境。引导专有云有序发展，鼓励企业创新信息化建设思路，在充分利用公共云计算服务资源的基础上，立足自身需求，利用安全可靠的专有云解决方案，整合信息资源，优化业务流程，提升经营管理水平。大力发展面向云计算的信息系统规划咨询、方案设计、系统集成和测试评估等服务。

(二)提升云计算自主创新能力

加强云计算相关基础研究、应用研究、技术研发、市场培育和产业政策的紧密衔接与统筹协调。发挥企业创新主体作用，以服务创新带动技术创新，增强原始创新能力，着力突破云计算平台大规模资源管理与调度、运行监控与安全保障、艾字节级数据存储与处理、大数据挖掘分析等关键技术，提高相关软硬件产品研发及产业化水平。加强核心电子器件、高端通用芯片及基础软件产品等科技专项成果与云计算产业需求对接，积极推动安全可靠的云计算产品和解决方案在各领域的应用。充分整合利用国内外创新资源，加强云计算相关技术研发实验室、工程中心和企业技术中心建设。建立产业创新联盟，发挥骨干企业的引领作用，培育一批特色鲜明的创新型中小企业，健全产业生态系统。完善云计算公共支撑体系，加强知识产权保护利用、标准制定和相关评估测评等工作，促进协同创新。

(三)探索电子政务云计算发展新模式

鼓励应用云计算技术整合改造现有电子政务信息系统，实现各领域政务信息系统整体部署和共建共用，大幅减少政府自建数据中心的数量。新建电子政务系统须经严格论证并按程序进行审批。政府部门要加大采购云计算服务的力度，积极开展试点示范，探索基于云计算的政务信息化建设运行新机制，推动政务信息资源共享和业务协同，促进简政放权，加强事中事后监管，为云计算创造更大市场空间，带动云计算产业快速发展。

（四）加强大数据开发与利用

充分发挥云计算对数据资源的集聚作用，实现数据资源的融合共享，推动大数据挖掘、分析、应用和服务。开展公共数据开放利用改革试点，出台政府机构数据开放管理规定，在保障信息安全和个人隐私的前提下，积极探索地理、人口、知识产权及其他有关管理机构数据资源向社会开放，推动政府部门间数据共享，提升社会管理和公共服务能力。重点在公共安全、疾病防治、灾害预防、就业和社会保障、交通物流、教育科研、电子商务等领域，开展基于云计算的大数据应用示范，支持政府机构和企业创新大数据服务模式。充分发挥云计算、大数据在智慧城市建设中的服务支撑作用，加强推广应用，挖掘市场潜力，服务城市经济社会发展。

（五）统筹布局云计算基础设施

加强全国数据中心建设的统筹规划，引导大型云计算数据中心优先在能源充足、气候适宜、自然灾害较少的地区部署，以实时应用为主的中小型数据中心在靠近用户所在地、电力保障稳定的地区灵活部署。地方政府和有关企业要合理确定云计算发展定位，杜绝盲目建设数据中心和相关园区。加快推进实施“宽带中国”战略，结合云计算发展布局优化网络结构，加快网络基础设施建设升级，优化互联网网间互联架构，提升互联互通质量，降低带宽租费水平。支持采用可再生能源和节能减排技术建设绿色云计算中心。

（六）提升安全保障能力

研究完善云计算和大数据环境下个人和企业信息保护、网络信息安全相关法规与制度，制定信息收集、存储、转移、删除、跨境流动等管理规则，加快信息安全立法进程。加强云计算服务网络安全防护管理，加大云计算服务安全评估力度，建立完善党政机关云计算服务安全管理制度。落实国家信息安全等级保护制度，开展定级备案和测评等工作。完善云计算安全态势感知、安全事件预警预防及应急处置机制，加强对党政机关和金融、交通、能源等重要信息系统的安全评估和监测。支持云计算安全软硬件技术产品的研发生产、试点示范和推广应用，加快云计算安全专业化服务队伍建设。

三、保障措施

（一）完善市场环境

修订电信业务分类目录，完善云计算服务市场准入制度，支持符合条件的云计算服务企业申请相关业务经营资质。研究支持大规模云计算服务的网络政策。支持第三方机构开展云计算服务质量、可信度和网络安全等评估测评工作。引导云计算服务企业加强内部管理，提升服务质量和诚信水平，逐步建立云计算信任体系。加强互联网骨干网互联互通监管和技术支撑手段建设，调整网间互联结算政策，保障网间互联高效畅通。对符合布局原则和能耗标准的云计算数据中心，支持其参加直供电试点，满足大工业用电条件的可执行大工业电价，并在网络、市政配套等方面给予保障，优先安排用地。引导国有企业运用云计算技术提升经营管理水平，推广应用安全可靠的云计算产品和解决方案。

（二）建立健全相关法规制度

落实《全国人民代表大会常务委员会关于加强网络信息保护的决定》和《中华人民共和国政府信息公开条例》，完善互联网信息服务管理办法，加快制定信息网络安全、个人信息保护等法律法规，出台政府和重要行业采购使用云计算服务相关规定，明确相关管理部门和云计算服务企业的安全管理责任，规范云计算服务商与用户的责权利关系。

（三）加大财税政策扶持力度

按照深化中央财政科技计划（专项、基金等）管理改革的要求，充分发挥国家科技计划、科技重大专项的作用，采取无偿资助、后补助等多种方式加大政府资金支持力度，引导社会投资，支持云计算关键技术研发及产业化。支持实施云计算工程，继续推进云计算服务创新试点示范工作，及时总结推广试点经验。创新政府信息系统建设和运营经费管理方式，完善政府采购云计算服务的配套政策，发展基于云计算的政府信息技术服务外包业务。将云计算企业纳入软件企业、国家规划布局内重点软件企业、高新技术企业和技术先进型服务企业的认定范畴，符合条件的按规定享受相关税收优惠政策。

（四）完善投融资政策

引导设立一批云计算创业投资基金。加快建立包括财政出资和社会资金投入在内的多层次担保体系，加大对云计算企业的融资担保支持力度。推动金融机构对技术先进、带动支撑作用强的重大云计算项目给予信贷支持。积极支持符合条件的云计算企业在资本市场直接融资。

（五）建立健全标准规范体系

按照"急用先行、成熟先上、重点突破"原则，加快推进云计算标准体系建设，制定云计算服务质量、安全、计量、互操作、应用迁移，云计算数据中心建设与评估，以及虚拟化、数据存储和管理、弹性计算、平台接口等方面标准，研究制定基于云计算平台的业务和数据安全、涉密信息系统保密技术防护和管理、违法信息技术管控等标准。

（六）加强人才队伍建设

鼓励普通高校、职业院校、科研院所与企业联合培养云计算相关人才，加强学校教育与产业发展的有效衔接，为云计算发展提供高水平智力支持。完善激励机制，造就一批云计算领军人才和技术带头人。充分利用现有人才引进计划，引进国际云计算领域高端人才。对作出突出贡献的云计算人才，可按国家有关规定给予表彰奖励，在职称评定、落户政策等方面予以优先安排。支持企业和教育机构开展云计算应用人才培训。

（七）积极开展国际合作

支持云计算企业通过海外并购、联合经营、在境外部署云计算数据中心和设立研发机构等方式，积极开拓国际市场，促进基于云计算的服务贸易发展。加强国内外企业的研发合作，引导外商按有关规定投资我国云计算相关产业。鼓励国内企业和行业组织参与制定云计算国际标准。

各地区、各部门要高度重视云计算发展工作，按照本意见提出的要求和任务，认真抓好贯彻落实，出台配套政策措施，突出抓手，重点突破，着力加强政府云计算应用的统筹推进等工作。国务院有关部门要加强协调配合，建立完善工作机制，做好与国家网络安全和信息化发展战略及相关政策的衔接，加强组织实施，形成推进合力。发展改革委、工业和信息化部、科技部、财政部、网信办要会同有关部门，加强对云计算发展的跟踪分析，推动各项任务分工的细化落实。

国务院关于大力发展电子商务加快培育经济新动力的意见

（2015 年 05 月 07 日）

各省、自治区、直辖市人民政府，国务院各部委、各直属机构：

近年来我国电子商务发展迅猛，不仅创造了新的消费需求，引发了新的投资热潮，开辟了就业增收新渠道，为大众创业、万众创新提供了新空间，而且电子商务正加速与制造业融合，推动服务业转型升级，催生新兴业态，成为提供公共产品、公共服务的新力量，成为经济发展新的原动力。与此同时，电子商务发展面临管理方式不适应、诚信体系不健全、市场秩序不规范等问题，亟需采取措施予以解决。当前，我国已进入全面建成小康社会的决定性阶段，为减少束缚电子商务发展的机制体制障碍，进一步发挥电子商务在培育经济新动力，打造“双引擎”、实现“双目标”等方面的重要作用，现提出以下意见：

一、指导思想、基本原则和主要目标

（一）指导思想。全面贯彻党的十八大和十八届二中、三中、四中全会精神，按照党中央、国务院决策部署，坚持依靠改革推动科学发展，主动适应和引领经济发展新常态，着力解决电子商务发展中的深层次矛盾和重大问题，大力推进政策创新、管理创新和服务创新，加快建立开放、规范、诚信、安全的电子商务发展环境，进一步激发电子商务创新动力、创造潜力、创业活力，加速推动经济结构战略性调整，实现经济提质增效升级。

（二）基本原则。一是积极推动。主动作为、支持发展。积极协调解决电子商务发展中的各种矛盾与问题。在政府资源开放、网络安全保障、投融资支持、基础设施和诚信体系建设等方面加大服务力度。推进电子商务企业税费合理化，减轻企业负担。进一步释放电子商务发展潜力，提升电子商务创新发展水平。二是逐步规范。简政放权、放管结合。法无禁止的市场主体即可为，法未授权的政府部门不能为，最大限度减少对电子商务市场的行政干预。在放宽市场准入的同时，要在发展中逐步规范市场秩序，营造公平竞争的创业发展环境，进一步激发社会创业活力，拓宽电子商务创新发展领域。三是加强引导。把握趋势、因势利导。加强对电子商务发展中前瞻性、苗头性、倾向性问题的研究，及时在商业模式创新、关键技术研发、国际市场开拓等方面加大对企业的支持引导力度，引领电子商务向打造“双引擎”、实现“双目标”发展，进一步增强企业的创新动力，加速电子商务创新发展步伐。

（三）主要目标。到 2020 年，统一开放、竞争有序、诚信守法、安全可靠的电子商务大市场基本建成。电子商务与其他产业深度融合，成为促进创业、稳定就业、改善民生服务的重要平台，对工业化、信息化、城镇化、农业现代化同步发展起到关键性作用。

二、营造宽松发展环境

（四）降低准入门槛。全面清理电子商务领域现有前置审批事项，无法律法规依据的一律取消，严禁违法设定行政许可、增加行政许可条件和程序。（国务院审改办，有关部门按职责分工分别负责）进一步简化注册资本登记，深入推进电子商务领域由“先证后照”改为“先照后证”改革。（工商总局、中央编办）落实《注册资本登记制度改革方案》，放宽电子商务市场主体住所（经营场所）登记条件，完善相关管理措施。（省级人民政府）推进对快递企业设立非法人快递末端网点实施备案制管理。（邮政局）简化境内电子商务企业海外上市审批流程，鼓励电子商务领域的跨境人民币直接投资。（发展改革委、商务部、外汇局、证监会、人民银行）放开外商投资电子商务业务的外方持股比例限制。（工业和信息化部、发展改革委、商务部）探索建立能源、铁路、公共事业等行业电子商务服务的市场化机制。（有关部门按职责分工分别负责）

（五）合理降税减负。从事电子商务活动的企业，经认定为高新技术企业的，依法享受高新技术企业相关优惠政策，小微企业依法享受税收优惠政策。（科技部、财政部、税务总局）加快推进“营改增”，逐步将旅游电子商务、生活服务类电子商务等相关行业纳入“营改增”范围。（财政部、税务总局）

（六）加大金融服务支持。建立健全适应电子商务发展的多元化、多渠道投融资机制。（有关部门按职责分工分别负责）研究鼓励符合条件的互联网企业在境内上市等相关政策。（证监会）支持商业银行、担保存货管理机构及电子商务企业开展无形资产、动产质押等多种形式的融资服务。鼓励商业银行、商业保理机构、电子商务企业开展供应链金融、商业保理服务，进一步拓展电子商务企业融资渠道。（人民银行、商务部）引导和推动创业投资基金，加大对电子商务初创企业的支持。（发展改革委）

（七）维护公平竞争。规范电子商务市场竞争行为，促进建立开放、公平、健康的电子商务市场竞争秩序。研究制定电子商务产品质量监督管理办法，探索建立风险监测、网上抽查、源头追溯、属地查处的电子商务产品质量监督机制，完善部门间、区域间监管信息共享和职能衔接机制。依法打击网络虚假宣传、生产销售假冒伪劣产品、违反国家出口管制法规政策跨境销售两用品和技术、不正当竞争等违法行为，组织开展电子商务产品质量提升行动，促进合法、诚信经营。（工商总局、质检总局、公安部、商务部按职责分工分别负责）重点查处达成垄断协议和滥用市场支配地位的问题，通过经营者集中反垄断审查，防止排除、限制市场竞争的行为。（发展改革委、工商总局、商务部）加强电子商务领域知识产权保护，研究进一步加大网络商业方法领域发明专利保护力度。（工业和信息化部、商务部、海关总署、工商总局、新闻出版广电总局、知识产权局等部门按职责分工分别负责）进一步加大政府利用电子商务平台进行采购的力度。（财政部）各级政府部门不得通过行政命令指定为电子商务提供公共服务的供应商，不得滥用行政权力排除、限制电子商务的竞争。（有关部门按职责分工分别负责）

三、促进就业创业

（八）鼓励电子商务领域就业创业。把发展电子商务促进就业纳入各地就业发展规划和电子商务发展整体规划。建立电子商务就业和社会保障指标统计制度。经工商登记注册的网络商户从业人员，同等享受各项就业创业扶持政策。未进行工商登记注册的网络商户从业人员，可认定为灵活就业人员，享受灵活就业人员扶持政策，其中在网络平台实名注册、稳定经营且信誉良好的网络商户创业者，可按规定享受小额担保贷款及贴息政策。支持中小微企业应用电子商务、拓展业务领域，鼓励有条件的地区建设电子商务创业园区，指导各类创业孵化基地为电子商务创业人员提供场地支持和创业孵化服务。加强电子商务企业用工服务，完善电子商务人才供求信息对接机制。（人力资源社会保障部、工业和信息化部、商务部、统计局，地方各级人民政府）

（九）加强人才培养培训。支持学校、企业及社会组织合作办学，探索实训式电子商务人才培养与培训机制。推进国家电子商务专业技术人才知识更新工程，指导各类培训机构增加电子商务技能培训项目，支持电子商务企业开展岗前培训、技能提升培训和高技能人才培训，加快培养电子商务领域的高素质专门人才和技术技能人才。参加职业培训和职业技能鉴定的人员，以及组织职工培训的电子商务企业，可按规定享受职业培训补贴和职业技能鉴定补贴政策。鼓励有条件的职业院校、社会培训机构和电子商务企业开展网络创业培训。（人力资源社会保障部、商务部、教育部、财政部）

（十）保障从业人员劳动权益。规范电子商务企业特别是网络商户劳动用工，经工商登记注册取得营业执照的，应与招用的劳动者依法签订劳动合同；未进行工商登记注册的，也可参照劳动合同法相关规定与劳动者签订民事协议，明确双方的权利、责任和义务。按规定将网络从业人员纳入各项社会保险，对未进行工商登记注册的网络商户，其从业人员可按灵活就业人员参保缴费办法参加社会保险。符合条件的就业困难人员和高校毕业生，可享受灵活就业人员社会保险补贴政策。长期雇用5人及以上的网络商户，可在工商注册地进行社会保险登记，参加企业职工的各项社会保险。满足统筹地区社会保险优惠政策条件的网络商户，可享受社会保险优惠政策。（人力资源社会保障部）

四、推动转型升级

（十一）创新服务民生方式。积极拓展信息消费新渠道，创新移动电子商务应用，支持面向城乡居民社区提供日常消费、家政服务、远程缴费、健康医疗等商业和综合服务的电子商务平台发展。加快推动传统媒体与新兴媒体深度融合，提升文化企业网络服务能力，支持文化产品电子商务平台发展，规范网络文化市场。支持教育、会展、咨询、广告、餐饮、娱乐等服务企业深化电子商务应用。（有关部门按职责分工分别负责）鼓励支持旅游景点、酒店等开展线上营销，规范发展在线旅游预订市场，推动旅游在线服务模式创新。（旅游局、工商总局）加快建立全国12315互联网平台，完善网上交易在线投诉及售后维权机制，研究制定7天无理由退货实施细则，促进网络购物消费健康快速发展。（工商总局）

（十二）推动传统商贸流通企业发展电子商务。鼓励有条件的大型零售企业开办网上商城，积极利用移动互联网、地理位置服务、大数据等信息技术提升流通效率和服务质量。支持中小零售企业与电子商务平台优势互补，加强服务资源整合，促进线上交易与线下交易融合互动。（商务部）推动各类专业市场建设网上市场，通过线上线下融合，加速向网络化市场转型，研究完善能源、化工、钢铁、林业等行业电子商务平台规范发展的相关措施。（有关部门按职责分工分别负责）制定完善互联网食品药品经营监督管理办法，规范食品、保健食品、药品、化妆品、医疗器械网络经营行为，加强互联网食品药品市场监测监管体系建设，推动医药电子商务发展。（食品药品监管总局、卫生计生委、商务部）

（十三）积极发展农村电子商务。加强互联网与农业农村融合发展，引入产业链、价值链、供应链等现代管理理念和方式，研究制定促进农村电子商务发展的意见，出台支持政策措施。（商务部、农业部）加强鲜活农产品标准体系、动植物检疫体系、安全追溯体系、质量保障与安全监管体系建设，大力发展农产品冷链基础设施。（质检总局、发展改革委、商务部、农业部、食品药品监管总局）开展电子商务进农村综合示范，推动信息进村入户，利用“万村千乡”市场网络改善农村地区电子商务服务环境。（商务部、农业部）建设地理标志产品技术标准体系和产品质量保证体系，支持利用电子商务平台宣传和销售地理标志产品，鼓励电子商务平台服务“一村一品”，促进品牌农产品走出去。鼓励农业生产资料企业发展电子商务。（农业部、质检总局、工商总局）支持林业电子商务发展，逐步建立林产品交易诚信体系、林产品和林权交易服务体系。（林业局）

（十四）创新工业生产组织方式。支持生产制造企业深化物联网、云计算、大数据、三维（3D）设计及打印等信息技术在生产制造各环节的应用，建立与客户电子商务系统对接的网络制造管理系统，提高加工订单的响应速度及柔性制造能力；面向网络消费者个性化需求，建立网络化经营管理模式，发展“以销定产”及“个性化定制”生产方式。（工业和信息化部、科技部、商务部）鼓励电子商务企业大力开展品牌经营，优化配置研发、设计、生产、物流等优势资源，满足网络消费者需求。（商务部、工商总局、质检总局）鼓励创意服务，探索建立生产性创新服务平台，面向初创企业及创意群体提供设计、测试、生产、融资、运营等创新创业服务。（工业和信息化部、科技部）

（十五）推广金融服务新工具。 建设完善移动金融安全可信公共服务平台，制定相关应用服务的政策措施，推动金融机构、电信运营商、银行卡清算机构、支付机构、电子商务企业等加强合作，实现移动金融在电子商务领域的规模化应用；推广应用具有硬件数字证书、采用国家密码行政主管部门规定算法的移动智能终端，保障移动电子商务交易的安全性和真实性；制定在线支付标准规范和制度，提升电子商务在线支付的安全性，满足电子商务交易及公共服务领域金融服务需求；鼓励商业银行与电子商务企业开展多元化金融服务合作，提升电子商务服务质量和效率。（人民银行、密码局、国家标准委）

（十六）规范网络化金融服务新产品。 鼓励证券、保险、公募基金等企业和机构依法进行网络化创新，完善互联网保险产品审核和信息披露制度，探索建立适应互联网证券、保险、公募基金产品销售等互联网金融活动的新型监管方式。（人民银行、证监会、保监会）规范保险业电子商务平台建设，研究制定电子商务涉及的信用保证保险的相关扶持政策，鼓励发展小微企业信贷信用保险、个人消费履约保证保险等新业务，扩大信用保险保单融资范围。完善在线旅游服务企业投保办法。（保监会、银监会、旅游局按职责分工分别负责）

五、完善物流基础设施

（十七）支持物流配送终端及智慧物流平台建设。 推动跨地区跨行业的智慧物流信息平台建设，鼓励在法律规定范围内发展共同配送等物流配送组织新模式。（交通运输部、商务部、邮政局、发展改革委）支持物流（快递）配送站、智能快件箱等物流设施建设，鼓励社区物业、村级信息服务站（点）、便利店等提供快件派送服务。支持快递服务网络向农村地区延伸。（地方各级人民政府，商务部、邮政局、农业部按职责分工分别负责）推进电子商务与物流快递协同发展。（财政部、商务部、邮政局）鼓励学校、快递企业、第三方主体因地制宜加强合作，通过设置智能快件箱或快件收发室、委托校园邮政局所代为投递、建立共同配送站点等方式，促进快递进校园。（地方各级人民政府，邮政局、商务部、教育部）根据执法需求，研究推动被监管人员生活物资电子商务和智能配送。（司法部）有条件的城市应将配套建设物流（快递）配送站、智能终端设施纳入城市社区发展规划，鼓励电子商务企业和物流（快递）企业对网络购物商品包装物进行回收和循环利用。（有关部门按职责分工分别负责）

（十八）规范物流配送车辆管理。 各地区要按照有关规定，推动城市配送车辆的标准化、专业化发展；制定并实施城市配送用汽车、电动三轮车等车辆管理办法，强化城市配送运力需求管理，保障配送车辆的便利通行；鼓励采用清洁能源车辆开展物流（快递）配送业务，支持充电、加气等设施建设；合理规划物流（快递）配送车辆通行路线和货物装卸搬运地点。对物流（快递）配送车辆采取通行证管理的城市，应明确管理部门、公开准入条件、引入社会监督。（地方各级人民政府）

（十九）合理布局物流仓储设施。 完善仓储建设标准体系，鼓励现代化仓储设施建设，加强偏远地区仓储设施建设。（住房城乡建设部、公安部、发展改革委、商务部、林业局）各地区要在城乡规划中合理规划布局物流仓储用地，在土地利用总体规划和年度供地计划中合理安排仓储建设用地，引导社会资本进行仓储设施投资建设或再利用，严禁擅自改变物流仓储用地性质。（地方各级人民政府）鼓励物流（快递）企业发展“仓配一体化”服务。（商务部、邮政局）

六、提升对外开放水平

（二十）加强电子商务国际合作。 积极发起或参与多双边或区域关于电子商务规则的谈判和交流合作，研究建立我国与国际认可组织的互认机制，依托我国认证认可制度和体系，完善电子商务企业和商品的合格评定机制，提升国际组织和机构对我国电子商务企业和商品认证结果的认可程度，力争国际电子商务规制制定的主动权和跨境电子商务发展的话语权。（商务部、质检总局）

（二十一）提升跨境电子商务通关效率。积极推进跨境电子商务通关、检验检疫、结汇、缴进口税等关键环节"单一窗口"综合服务体系建设，简化与完善跨境电子商务货物返修与退运通关流程，提高通关效率。（海关总署、财政部、税务总局、质检总局、外汇局）探索建立跨境电子商务货物负面清单、风险监测制度，完善跨境电子商务货物通关与检验检疫监管模式，建立跨境电子商务及相关物流企业诚信分类管理制度，防止疫病疫情传入、外来有害生物入侵和物种资源流失。（海关总署、质检总局按职责分工分别负责）大力支持中国（杭州）跨境电子商务综合试验区先行先试，尽快形成可复制、可推广的经验，加快在全国范围推广。（商务部、发展改革委）

（二十二）推动电子商务走出去。抓紧研究制定促进跨境电子商务发展的指导意见。（商务部、发展改革委、海关总署、工业和信息化部、财政部、人民银行、税务总局、工商总局、质检总局、外汇局）鼓励国家政策性银行在业务范围内加大对电子商务企业境外投资并购的贷款支持，研究制定针对电子商务企业境外上市的规范管理政策。（人民银行、证监会、商务部、发展改革委、工业和信息化部）简化电子商务企业境外直接投资外汇登记手续，拓宽其境外直接投资外汇登记及变更登记业务办理渠道。（外汇局）支持电子商务企业建立海外营销渠道，创立自有品牌。各驻外机构应加大对电子商务企业走出去的服务力度。进一步开放面向港澳台地区的电子商务市场，推动设立海峡两岸电子商务经济合作实验区。鼓励发展面向"一带一路"沿线国家的电子商务合作，扩大跨境电子商务综合试点，建立政府、企业、专家等各个层面的对话机制，发起和主导电子商务多边合作。（有关部门按职责分工分别负责）

七、构筑安全保障防线

（二十三）保障电子商务网络安全。电子商务企业要按照国家信息安全等级保护管理规范和技术标准相关要求，采用安全可控的信息设备和网络安全产品，建设完善网络安全防护体系、数据资源安全管理体系和网络安全应急处置体系，鼓励电子商务企业获得信息安全管理体系认证，提高自身信息安全管理水平。鼓励电子商务企业加强与网络安全专业服务机构、相关管理部门的合作，共享网络安全威胁预警信息，消除网络安全隐患，共同防范网络攻击破坏、窃取公民个人信息等违法犯罪活动。（公安部、国家认监委、工业和信息化部、密码局）

（二十四）确保电子商务交易安全。研究制定电子商务交易安全管理制度，明确电子商务交易各方的安全责任和义务。（工商总局、工业和信息化部、公安部）建立电子认证信任体系，促进电子认证机构数字证书交叉互认和数字证书应用的互联互通，推广数字证书在电子商务交易领域的应用。建立电子合同等电子交易凭证的规范管理机制，确保网络交易各方的合法权益。加强电子商务交易各方信息保护，保障电子商务消费者个人信息安全。（工业和信息化部、工商总局、密码局等有关部门按职责分工分别负责）

（二十五）预防和打击电子商务领域违法犯罪。电子商务企业要切实履行违禁品信息巡查清理、交易记录及日志留存、违法犯罪线索报告等责任和义务，加强对销售管制商品网络商户的资格审查和对异常交易、非法交易的监控，防范电子商务在线支付给违法犯罪活动提供洗钱等便利，并为打击网络违法犯罪提供技术支持。加强电子商务企业与相关管理部门的协作配合，建立跨机构合作机制，加大对制售假冒伪劣商品、网络盗窃、网络诈骗、网上非法交易等违法犯罪活动的打击力度。（公安部、工商总局、人民银行、银监会、工业和信息化部、商务部等有关部门按职责分工分别负责）

八、健全支撑体系

（二十六）健全法规标准体系。加快推进电子商务法立法进程，研究制定或适时修订相关法规，明确电子票据、电子合同、电子检验检疫报告和证书、各类电子交易凭证等的法律效力，作为处理相关业务的合法凭证。(有关部门按职责分工分别负责)制定适合电子商务特点的投诉管理制度,制定基于统一产品编码的电子商务交易产品质量信息发布规范,建立电子商务纠纷解决和产品质量担保责任机制。(工商总局、质检总局等部门按职责分工分别负责)逐步推行电子发票和电子会计档案,完善相关技术标准和规章制度。(税务总局、财政部、档案局、国家标准委)建立完善电子商务统计制度,扩大电子商务统计的覆盖面,增强统计的及时性、真实性。(统计局、商务部)统一线上线下的商品编码标识,完善电子商务标准规范体系,研究电子商务基础性关键标准,积极主导和参与制定电子商务国际标准。(国家标准委、商务部)

(二十七)加强信用体系建设。建立健全电子商务信用信息管理制度,推动电子商务企业信用信息公开。推进人口、法人、商标和产品质量等信息资源向电子商务企业和信用服务机构开放,逐步降低查询及利用成本。(工商总局、商务部、公安部、质检总局等部门按职责分工分别负责)促进电子商务信用信息与社会其他领域相关信息的交换共享,推动电子商务信用评价,建立健全电子商务领域失信行为联合惩戒机制。(发展改革委、人民银行、工商总局、质检总局、商务部)推动电子商务领域应用网络身份证,完善网店实名制,鼓励发展社会化的电子商务网站可信认证服务。(公安部、工商总局、质检总局)发展电子商务可信交易保障公共服务,完善电子商务信用服务保障制度,推动信用调查、信用评估、信用担保等第三方信用服务和产品在电子商务中的推广应用。(工商总局、质检总局)

(二十八)强化科技与教育支撑。开展电子商务基础理论、发展规律研究。加强电子商务领域云计算、大数据、物联网、智能交易等核心关键技术研究开发。实施网络定制服务、网络平台服务、网络交易服务、网络贸易服务、网络交易保障服务技术研发与应用示范工程。强化产学研结合的企业技术中心、工程技术中心、重点实验室建设。鼓励企业组建产学研协同创新联盟。探索建立电子商务学科体系,引导高等院校加强电子商务学科建设和人才培养,为电子商务发展提供更多的高层次复合型专门人才。(科技部、教育部、发展改革委、商务部)建立预防网络诈骗、保障交易安全、保护个人信息等相关知识的宣传与服务机制。(公安部、工商总局、质检总局)

(二十九)协调推动区域电子商务发展。各地区要把电子商务列入经济与社会发展规划,按照国家有关区域发展规划和对外经贸合作战略,立足城市产业发展特点和优势,引导各类电子商务业态和功能聚集,推动电子商务产业统筹协调、错位发展。推动国家电子商务示范城市、示范基地建设。(有关地方人民政府)依托国家电子商务示范城市,加快开展电子商务法规政策创新和试点示范工作,为国家制定电子商务相关法规和政策提供实践依据。加强对中西部和东北地区电子商务示范城市的支持与指导。(发展改革委、财政部、商务部、人民银行、海关总署、税务总局、工商总局、质检总局等部门按照职责分工分别负责)

各地区、各部门要认真落实本意见提出的各项任务,于2015年底前研究出台具体政策。发展改革委、中央网信办、商务部、工业和信息化部、财政部、人力资源社会保障部、人民银行、海关总署、税务总局、工商总局、质检总局等部门要完善电子商务跨部门协调工作机制,研究重大问题,加强指导和服务。有关社会机构要充分发挥自身监督作用,推动行业自律和服务创新。相关部门、社团组织及企业要解放思想,转变观念,密切协作,开拓创新,共同推动建立规范有序、社会共治、辐射全球的电子商务大市场,促进经济平稳健康发展。

中国制造 2025

（2015 年 05 月 19 日）

制造业是国民经济的主体，是立国之本、兴国之器、强国之基。十八世纪中叶开启工业文明以来，世界强国的兴衰史和中华民族的奋斗史一再证明，没有强大的制造业，就没有国家和民族的强盛。打造具有国际竞争力的制造业，是我国提升综合国力、保障国家安全、建设世界强国的必由之路。

新中国成立尤其是改革开放以来，我国制造业持续快速发展，建成了门类齐全、独立完整的产业体系，有力推动工业化和现代化进程，显著增强综合国力，支撑我世界大国地位。然而，与世界先进水平相比，我国制造业仍然大而不强，在自主创新能力、资源利用效率、产业结构水平、信息化程度、质量效益等方面差距明显，转型升级和跨越发展的任务紧迫而艰巨。

当前，新一轮科技革命和产业变革与我国加快转变经济发展方式形成历史性交汇，国际产业分工格局正在重塑。必须紧紧抓住这一重大历史机遇，按照“四个全面”战略布局要求，实施制造强国战略，加强统筹规划和前瞻部署，力争通过三个十年的努力，到新中国成立一百年时，把我国建设成为引领世界制造业发展的制造强国，为实现中华民族伟大复兴的中国梦打下坚实基础。

《中国制造 2025》，是我国实施制造强国战略第一个十年的行动纲领。

一、发展形势和环境

（一）全球制造业格局面临重大调整

新一代信息技术与制造业深度融合，正在引发影响深远的产业变革，形成新的生产方式、产业形态、商业模式和经济增长点。各国都在加大科技创新力度，推动三维（3D）打印、移动互联网、云计算、大数据、生物工程、新能源、新材料等领域取得新突破。基于信息物理系统的智能装备、智能工厂等智能制造正在引领制造方式变革；网络众包、协同设计、大规模个性化定制、精准供应链管理、全生命周期管理、电子商务等正在重塑产业价值链体系；可穿戴智能产品、智能家电、智能汽车等智能终端产品不断拓展制造业新领域。我国制造业转型升级、创新发展迎来重大机遇。

全球产业竞争格局正在发生重大调整，我国在新一轮发展中面临巨大挑战。国际金融危机发生后，发达国家纷纷实施“再工业化”战略，重塑制造业竞争新优势，加速推进新一轮全球贸易投资新格局。一些发展中国家也在加快谋划和布局，积极参与全球产业再分工，承接产业及资本转移，拓展国际市场空间。我国制造业面临发达国家和其他发展中国家“双向挤压”的严峻挑战，必须放眼全球，加紧战略部署，着眼建设制造强国，固本培元，化挑战为机遇，抢占制造业新一轮竞争制高点。

（二）我国经济发展环境发生重大变化

随着新型工业化、信息化、城镇化、农业现代化同步推进，超大规模内需潜力不断释放，为我国制造业发展提供了广阔空间。各行业新的装备需求、人民群众新的消费需求、社会管理和公共服务新的民生需求、国防建设新的安全需求，都要求制造业在重大技术装备创新、消费品质量和安全、公共服务设施设备供给和国防装备保障等方面迅速提升水平和能力。全面深化改革和进一步扩大开放，将不断激发制造业发展活力和创造力，促进制造业转型升级。

我国经济发展进入新常态，制造业发展面临新挑战。资源和环境约束不断强化，劳动力等生产要素成本不断上升，投资和出口增速明显放缓，主要依靠资源要素投入、规模扩张的粗放发展模式难以为继，调整结构、转型升级、提质增效刻不容缓。形成经济增长新动力，塑造国际竞争新优势，重点在制造业，难点在制造业，出路也在制造业。

（三）建设制造强国任务艰巨而紧迫

经过几十年的快速发展，我国制造业规模跃居世界第一位，建立起门类齐全、独立完整的制造体系，成为支撑我国经济社会发展的重要基石和促进世界经济发展的重要力量。持续的技术创新，大大提高了我国制造业的综合竞争力。载人航天、载人深潜、大型飞机、北斗卫星导航、超级计算机、高铁装备、百万千瓦级发电装备、万米深海石油钻探设备等一批重大技术装备取得突破，形成了若干具有国际竞争力的优势产业和骨干企业，我国已具备了建设工业强国的基础和条件。

但我国仍处于工业化进程中，与先进国家相比还有较大差距。制造业大而不强，自主创新能力弱，关键核心技术与高端装备对外依存度高，以企业为主体的制造业创新体系不完善；产品档次不高，缺乏世界知名品牌；资源能源利用效率低，环境污染问题较为突出；产业结构不合理，高端装备制造业和生产性服务业发展滞后；信息化水平不高，与工业化融合深度不够；产业国际化程度不高，企业全球化经营能力不足。推进制造强国建设，必须着力解决以上问题。

建设制造强国，必须紧紧抓住当前难得的战略机遇，积极应对挑战，加强统筹规划，突出创新驱动，制定特殊政策，发挥制度优势，动员全社会力量奋力拼搏，更多依靠中国装备、依托中国品牌，实现中国制造向中国创造的转变，中国速度向中国质量的转变，中国产品向中国品牌的转变，完成中国制造由大变强的战略任务。

二、战略方针和目标

（一）指导思想

全面贯彻党的十八大和十八届二中、三中、四中全会精神，坚持走中国特色新型工业化道路，以促进制造业创新发展为主题，以提质增效为中心，以加快新一代信息技术与制造业深度融合为主线，以推进智能制造为主攻方向，以满足经济社会发展和国防建设对重大技术装备的需求为目标，强化工业基础能力，提高综合集成水平，完善多层次多类型人才培养体系，促进产业转型升级，培育有中国特色的制造文化，实现制造业由大变强的历史跨越。基本方针是：

——创新驱动。坚持把创新摆在制造业发展全局的核心位置，完善有利于创新的制度环境，推动跨领域跨行业协同创新，突破一批重点领域关键共性技术，促进制造业数字化网络化智能化，走创新驱动的发展道路。

——质量为先。坚持把质量作为建设制造强国的生命线，强化企业质量主体责任，加强质量技术攻关、自主品牌培育。建设法规标准体系、质量监管体系、先进质量文化，营造诚信经营的市场环境，走以质取胜的发展道路。

——绿色发展。坚持把可持续发展作为建设制造强国的重要着力点，加强节能环保技术、工艺、装备推广应用，全面推行清洁生产。发展循环经济，提高资源回收利用效率，构建绿色制造体系，走生态文明的发展道路。

——结构优化。坚持把结构调整作为建设制造强国的关键环节，大力发展先进制造业，改造提升传统产业，推动生产型制造向服务型制造转变。优化产业空间布局，培育一批具有核心竞争力的产业集群和企业群体，走提质增效的发展道路。

——人才为本。坚持把人才作为建设制造强国的根本，建立健全科学合理的选人、用人、育人机制，加快培养制造业发展急需的专业技术人才、经营管理人才、技能人才。营造大众创业、万众创新的氛围，建设一支素质优良、结构合理的制造业人才队伍，走人才引领的发展道路。

（二）基本原则

市场主导，政府引导。全面深化改革，充分发挥市场在资源配置中的决定性作用，强化企业主体地位，激发企业活力和创造力。积极转变政府职能，加强战略研究和规划引导，完善相关支持政策，为企业发展创造良好环境。

立足当前，着眼长远。针对制约制造业发展的瓶颈和薄弱环节，加快转型升级和提质增效，切实提高制造业的核心竞争力和可持续发展能力。准确把握新一轮科技革命和产业变革趋势，加强战略谋划和前瞻部署，扎扎实实打基础，在未来竞争中占据制高点。

整体推进，重点突破。坚持制造业发展全国一盘棋和分类指导相结合，统筹规划，合理布局，明确创新发展方向，促进军民融合深度发展，加快推动制造业整体水平提升。围绕经济社会发展和国家安全重大需求，整合资源，突出重点，实施若干重大工程，实现率先突破。

自主发展，开放合作。在关系国计民生和产业安全的基础性、战略性、全局性领域，着力掌握关键核心技术，完善产业链条，形成自主发展能力。继续扩大开放，积极利用全球资源和市场，加强产业全球布局和国际交流合作，形成新的比较优势，提升制造业开放发展水平。

（三）战略目标

立足国情，立足现实，力争通过“三步走”实现制造强国的战略目标。

第一步：力争用十年时间，迈入制造强国行列。

到2020年，基本实现工业化，制造业大国地位进一步巩固，制造业信息化水平大幅提升。掌握一批重点领域关键核心技术，优势领域竞争力进一步增强，产品质量有较大提高。制造业数字化、网络化、智能化取得明显进展。重点行业单位工业增加值能耗、物耗及污染物排放明显下降。

到2025年，制造业整体素质大幅提升，创新能力显著增强，全员劳动生产率明显提高，两化（工业化和信息化）融合迈上新台阶。重点行业单位工业增加值能耗、物耗及污染物排放达到世界先进水平。形成一批具有较强国际竞争力的跨国公司和产业集群，在全球产业分工和价值链中的地位明显提升。

2020年和2025年制造业主要指标

类别	指　　标	2013年	2015年	2020年	2025年
创新能力	规模以上制造业研发经费内部支出占主营业务收入比重（%）	0.88	0.95	1.26	1.68
	规模以上制造业每亿元主营业务收入有效发明专利数[1]（件）	0.36	0.44	0.70	1.10
质量效益	制造业质量竞争力指数[2]	83.1	83.5	84.5	85.5
	制造业增加值率提高	–	–	比2015年提高2个百分点	比2015年提高4个百分点
	制造业全员劳动生产率增速（%）	–	–	7.5左右（“十三五”期间年均增速）	6.5左右（“十四五”期间年均增速）
两化融合	宽带普及率[3]（%）	37	50	70	82
	数字化研发设计工具普及率[4]（%）	52	58	72	84
	关键工序数控化率[5]（%）	27	33	50	64
绿色发展	规模以上单位工业增加值能耗下降幅度	–	–	比2015年下降18%	比2015年下降34%
	单位工业增加值二氧化碳排放量下降幅度	–	–	比2015年下降22%	比2015年下降40%
	单位工业增加值用水量下降幅度	–	–	比2015年下降23%	比2015年下降41%
	工业固体废物综合利用率（%）	62	65	73	79

1. 规模以上制造业每亿元主营业务收入有效发明专利数=规模以上制造企业有效发明专利数/规模以上制造企业主营业务收入。
2. 制造业质量竞争力指数是反映我国制造业质量整体水平的经济技术综合指标，由质量水平和发展能力两个方面共计12项具体指标计算得出。
3. 宽带普及率用固定宽带家庭普及率代表，固定宽带家庭普及率=固定宽带家庭用户数/家庭户数。
4. 数字化研发设计工具普及率=应用数字化研发设计工具的规模以上企业数量/规模以上企业总数量（相关数据来源于3万家样本企业，下同）。
5. 关键工序数控化率为规模以上工业企业关键工序数控化率的平均值。

第二步：到2035年，我国制造业整体达到世界制造强国阵营中等水平。创新能力大幅提升，重点领域发展取得重大突破，整体竞争力明显增强，优势行业形成全球创新引领能力，全面实现工业化。

第三步：新中国成立一百年时，制造业大国地位更加巩固，综合实力进入世界制造强国前列。制造业主要领域具有创新引领能力和明显竞争优势，建成全球领先的技术体系和产业体系。

三、战略任务和重点

实现制造强国的战略目标，必须坚持问题导向，统筹谋划，突出重点；必须凝聚全社会共识，加快制造业转型升级，全面提高发展质量和核心竞争力。

（一）提高国家制造业创新能力

完善以企业为主体、市场为导向、政产学研用相结合的制造业创新体系。围绕产业链部署创新链，围绕创新链配置资源链，加强关键核心技术攻关，加速科技成果产业化，提高关键环节和重点领域的创新能力。

加强关键核心技术研发。强化企业技术创新主体地位，支持企业提升创新能力，推进国家技术创新示范企业和企业技术中心建设，充分吸纳企业参与国家科技计划的决策和实施。瞄准国家重大战略需求和未来产业发展制高点，定期研究制定发布制造业重点领域技术创新路线图。继续抓紧实施国家科技重大专项，通过国家科技计划（专项、基金等）支持关键核心技术研发。发挥行业骨干企业的主导作用和高等院校、科研院所的基础作用，建立一批产业创新联盟，开展政产学研用协同创新，攻克一批对产业竞争力整体提升具有全局性影响、带动性强的关键共性技术，加快成果转化。

提高创新设计能力。在传统制造业、战略性新兴产业、现代服务业等重点领域开展创新设计示范，全面推广应用以绿色、智能、协同为特征的先进设计技术。加强设计领域共性关键技术研发，攻克信息化设计、过程集成设计、复杂过程和系统设计等共性技术，开发一批具有自主知识产权的关键设计工具软件，建设完善创新设计生态系统。建设若干具有世界影响力的创新设计集群，培育一批专业化、开放型的工业设计企业，鼓励代工企业建立研究设计中心，向代设计和出口自主品牌产品转变。发展各类创新设计教育，设立国家工业设计奖，激发全社会创新设计的积极性和主动性。

推进科技成果产业化。完善科技成果转化运行机制，研究制定促进科技成果转化和产业化的指导意见，建立完善科技成果信息发布和共享平台，健全以技术交易市场为核心的技术转移和产业化服务体系。完善科技成果转化激励机制，推动事业单位科技成果使用、处置和收益管理改革，健全科技成果科学评估和市场定价机制。完善科技成果转化协同推进机制，引导政产学研用按照市场规律和创新规律加强合作，鼓励企业和社会资本建立一批从事技术集成、熟化和工程化的中试基地。加快国防科技成果转化和产业化进程，推进军民技术双向转移转化。

完善国家制造业创新体系。加强顶层设计，加快建立以创新中心为核心载体、以公共服务平台和工程数据中心为重要支撑的制造业创新网络，建立市场化的创新方向选择机制和鼓励创新的风险分担、利益共享机制。充分利用现有科技资源，围绕制造业重大共性需求，采取政府与社会合作、政产学研用产业创新战略联盟等新机制新模式，形成一批制造业创新中心（工业技术研究基地），开展关键共性重大技术研究和产业化应用示范。建设一批促进制造业协同创新的公共服务平台，规范服务标准，开展技术研发、检验检测、技术评价、技术交易、质量认证、人才培训等专业化服务，促进科技成果转化和推广应用。建设重点领域制造业工程数据中心，为企业提供创新知识和工程数据的开放共享服务。面向制造业关键共性技术，建设一批重大科学研究和实验设施，提高核心企业系统集成能力，促进向价值链高端延伸。

加强标准体系建设。改革标准体系和标准化管理体制，组织实施制造业标准化提升计划，在智能制造等重点领域开展综合标准化工作。发挥企业在标准制定中的重要作用，支持组建重点领域标准推进联盟，建设标准创新研究基地，协同推进产品研发与标准制定。制定满足市场和创新需要的团体标准，建立企业产品和服务标准自我声明公开和监督制度。鼓励和支持企业、科研院所、行业组织等参与国际标准制定，加快我国标准国际化进程。大力推动国防装备采用先进的民用标准，推动军用技术标准向民用领域的转化和应用。做好标准的宣传贯彻，大力推动标准实施。

强化知识产权运用。加强制造业重点领域关键核心技术知识产权储备，构建产业化导向的专利组合和战略布局。鼓励和支持企业运用知识产权参与市场竞争，培育一批具备知识产权综合实力的优势企业，支持组建知识产权联盟，推动市场主体开展知识产权协同运用。稳妥推进国防知识产权解密和市场化应用。建立健全知识产权评议机制，鼓励和支持行业骨干企业与专业机构在重点领域合作开展专利评估、收购、运营、风险预警与应对。构建知识产权综合运用公共服务平台。鼓励开展跨国知识产权许可。研究制定降低中小企业知识产权申请、保护及维权成本的政策措施。

（二）推进信息化与工业化深度融合

加快推动新一代信息技术与制造技术融合发展，把智能制造作为两化深度融合的主攻方向；着力发展智能装备和智能产品，推进生产过程智能化，培育新型生产方式，全面提升企业研发、生产、管理和服务的智能化水平。

研究制定智能制造发展战略。编制智能制造发展规划，明确发展目标、重点任务和重大布局。加快制定智能制造技术标准，建立完善智能制造和两化融合管理标准体系。强化应用牵引，建立智能制造产业联盟，协同推动智能装备和产品研发、系统集成创新与产业化。促进工业互联网、云计算、大数据在企业研发设计、生产制造、经营管理、销售服务等全流程和全产业链的综合集成应用。加强智能制造工业控制系统网络安全保障能力建设，健全综合保障体系。

加快发展智能制造装备和产品。组织研发具有深度感知、智慧决策、自动执行功能的高档数控机床、工业机器人、增材制造装备等智能制造装备以及智能化生产线，突破新型传感器、智能测量仪表、工业控制系统、伺服电机及驱动器和减速器等智能核心装置，推进工程化和产业化。加快机械、航空、船舶、汽车、轻工、纺织、食品、电子等行业生产设备的智能化改造，提高精准制造、敏捷制造能力。统筹布局和推动智能交通工具、智能工程机械、服务机器人、智能家电、智能照明电器、可穿戴设备等产品研发和产业化。

推进制造过程智能化。在重点领域试点建设智能工厂/数字化车间，加快人机智能交互、工业机器人、智能物流管理、增材制造等技术和装备在生产过程中的应用，促进制造工艺的仿真优化、数字化控制、状态信息实时监测和自适应控制。加快产品全生命周期管理、客户关系管理、供应链管理系统的推广应用，促进集团管控、设计与制造、产供销一体、业务和财务衔接等关键环节集成，实现智能管控。加快民用爆炸物品、危险化学品、食品、印染、稀土、农药等重点行业智能检测监管体系建设，提高智能化水平。

深化互联网在制造领域的应用。制定互联网与制造业融合发展的路线图，明确发展方向、目标和路径。发展基于互联网的个性化定制、众包设计、云制造等新型制造模式，推动形成基于消费需求动态感知的研发、制造和产业组织方式。建立优势互补、合作共赢的开放型产业生态体系。加快开展物联网技术研发和应用示范，培育智能监测、远程诊断管理、全产业链追溯等工业互联网新应用。实施工业云及工业大数据创新应用试点，建设一批高质量的工业云服务和工业大数据平台，推动软件与服务、设计与制造资源、关键技术与标准的开放共享。

加强互联网基础设施建设。加强工业互联网基础设施建设规划与布局，建设低时延、高可靠、广覆盖的工业互联网。加快制造业集聚区光纤网、移动通信网和无线局域网的部署和建设，实现信息网络宽带升级，提高企业宽带接入能力。针对信息物理系统网络研发及应用需求，组织开发智能控制系统、工业应用软件、故障诊断软件和相关工具、传感和通信系统协议，实现人、设备与产品的实时联通、精确识别、有效交互与智能控制。

（三）强化工业基础能力

核心基础零部件（元器件）、先进基础工艺、关键基础材料和产业技术基础（以下统称"四基"）等工业基础能力薄弱，是制约我国制造业创新发展和质量提升的症结所在。要坚持问题导向、产需结合、协同创新、重点突破的原则，着力破解制约重点产业发展的瓶颈。

统筹推进"四基"发展。制定工业强基实施方案,明确重点方向、主要目标和实施路径。制定工业"四基"发展指导目录,发布工业强基发展报告,组织实施工业强基工程。统筹军民两方面资源,开展军民两用技术联合攻关,支持军民技术相互有效利用,促进基础领域融合发展。强化基础领域标准、计量体系建设,加快实施对标达标,提升基础产品的质量、可靠性和寿命。建立多部门协调推进机制,引导各类要素向基础领域集聚。

加强"四基"创新能力建设。强化前瞻性基础研究,着力解决影响核心基础零部件(元器件)产品性能和稳定性的关键共性技术。建立基础工艺创新体系,利用现有资源建立关键共性基础工艺研究机构,开展先进成型、加工等关键制造工艺联合攻关;支持企业开展工艺创新,培养工艺专业人才。加大基础专用材料研发力度,提高专用材料自给保障能力和制备技术水平。建立国家工业基础数据库,加强企业试验检测数据和计量数据的采集、管理、应用和积累。加大对"四基"领域技术研发的支持力度,引导产业投资基金和创业投资基金投向"四基"领域重点项目。

推动整机企业和"四基"企业协同发展。注重需求侧激励,产用结合,协同攻关。依托国家科技计划(专项、基金等)和相关工程等,在数控机床、轨道交通装备、航空航天、发电设备等重点领域,引导整机企业和"四基"企业、高校、科研院所产需对接,建立产业联盟,形成协同创新、产用结合、以市场促基础产业发展的新模式,提升重大装备自主可控水平。开展工业强基示范应用,完善首台(套)、首批次政策,支持核心基础零部件(元器件)、先进基础工艺、关键基础材料推广应用。

(四)加强质量品牌建设

提升质量控制技术,完善质量管理机制,夯实质量发展基础,优化质量发展环境,努力实现制造业质量大幅提升。鼓励企业追求卓越品质,形成具有自主知识产权的名牌产品,不断提升企业品牌价值和中国制造整体形象。

推广先进质量管理技术和方法。建设重点产品标准符合性认定平台,推动重点产品技术、安全标准全面达到国际先进水平。开展质量标杆和领先企业示范活动,普及卓越绩效、六西格玛、精益生产、质量诊断、质量持续改进等先进生产管理模式和方法。支持企业提高质量在线监测、在线控制和产品全生命周期质量追溯能力。组织开展重点行业工艺优化行动,提升关键工艺过程控制水平。开展质量管理小组、现场改进等群众性质量管理活动示范推广。加强中小企业质量管理,开展质量安全培训、诊断和辅导活动。

加快提升产品质量。实施工业产品质量提升行动计划,针对汽车、高档数控机床、轨道交通装备、大型成套技术装备、工程机械、特种设备、关键原材料、基础零部件、电子元器件等重点行业,组织攻克一批长期困扰产品质量提升的关键共性质量技术,加强可靠性设计、试验与验证技术开发应用,推广采用先进成型和加工方法、在线检测装置、智能化生产和物流系统及检测设备等,使重点实物产品的性能稳定性、质量可靠性、环境适应性、使用寿命等指标达到国际同类产品先进水平。在食品、药品、婴童用品、家电等领域实施覆盖产品全生命周期的质量管理、质量自我声明和质量追溯制度,保障重点消费品质量安全。大力提高国防装备质量可靠性,增强国防装备实战能力。

完善质量监管体系。健全产品质量标准体系、政策规划体系和质量管理法律法规。加强关系民生和安全等重点领域的行业准入与市场退出管理。建立消费品生产经营企业产品事故强制报告制度,健全质量信用信息收集和发布制度,强化企业质量主体责任。将质量违法违规记录作为企业诚信评级的重要内容,建立质量黑名单制度,加大对质量违法和假冒品牌行为的打击和惩处力度。建立区域和行业质量安全预警制度,防范化解产品质量安全风险。严格实施产品"三包"、产品召回等制度。强化监管检查和责任追究,切实保护消费者权益。

夯实质量发展基础。制定和实施与国际先进水平接轨的制造业质量、安全、卫生、环保及节能标准。加强计量科技基础及前沿技术研究,建立一批制造业发展急需的高准确度、高稳定性计量基标准,提升与制造业相关的国家量传溯源能力。加强国家产业计量测试中心建设,构建国家计量科技创新体系。完善检验检测技术保障体系,建设一批高水平的工业产品质量控制和技术评价实验室、产品质量监督检验中心，鼓励建立专业检测技术联盟。完善认证认可管理模式，提高强制性产品认证的有效性，推动自愿性产品认证健康发展，提升管理体系认证水平，稳步推进国际互认。支持行业组织发布自律规范或公约，开展质量信誉承诺活动。

推进制造业品牌建设。引导企业制定品牌管理体系，围绕研发创新、生产制造、质量管理和营销服务全过程，提升内在素质，夯实品牌发展基础。扶持一批品牌培育和运营专业服务机构，开展品牌管理咨询、市场推广等服务。健全集体商标、证明商标注册管理制度。打造一批特色鲜明、竞争力强、市场信誉好的产业集群区域品牌。建设品牌文化，引导企业增强以质量和信誉为核心的品牌意识，树立品牌消费理念，提升品牌附加值和软实力。加速我国品牌价值评价国际化进程，充分发挥各类媒体作用，加大中国品牌宣传推广力度，树立中国制造品牌良好形象。

（五）全面推行绿色制造

加大先进节能环保技术、工艺和装备的研发力度，加快制造业绿色改造升级；积极推行低碳化、循环化和集约化，提高制造业资源利用效率；强化产品全生命周期绿色管理，努力构建高效、清洁、低碳、循环的绿色制造体系。

加快制造业绿色改造升级。全面推进钢铁、有色、化工、建材、轻工、印染等传统制造业绿色改造，大力研发推广余热余压回收、水循环利用、重金属污染减量化、有毒有害原料替代、废渣资源化、脱硫脱硝除尘等绿色工艺技术装备，加快应用清洁高效铸造、锻压、焊接、表面处理、切削等加工工艺，实现绿色生产。加强绿色产品研发应用，推广轻量化、低功耗、易回收等技术工艺，持续提升电机、锅炉、内燃机及电器等终端用能产品能效水平，加快淘汰落后机电产品和技术。积极引领新兴产业高起点绿色发展，大幅降低电子信息产品生产、使用能耗及限用物质含量，建设绿色数据中心和绿色基站，大力促进新材料、新能源、高端装备、生物产业绿色低碳发展。

推进资源高效循环利用。支持企业强化技术创新和管理，增强绿色精益制造能力，大幅降低能耗、物耗和水耗水平。持续提高绿色低碳能源使用比率，开展工业园区和企业分布式绿色智能微电网建设，控制和削减化石能源消费量。全面推行循环生产方式，促进企业、园区、行业间链接共生、原料互供、资源共享。推进资源再生利用产业规范化、规模化发展，强化技术装备支撑，提高大宗工业固体废弃物、废旧金属、废弃电器电子产品等综合利用水平。大力发展再制造产业，实施高端再制造、智能再制造、在役再制造，推进产品认定，促进再制造产业持续健康发展。

积极构建绿色制造体系。支持企业开发绿色产品，推行生态设计，显著提升产品节能环保低碳水平，引导绿色生产和绿色消费。建设绿色工厂，实现厂房集约化、原料无害化、生产洁净化、废物资源化、能源低碳化。发展绿色园区，推进工业园区产业耦合，实现近零排放。打造绿色供应链，加快建立以资源节约、环境友好为导向的采购、生产、营销、回收及物流体系，落实生产者责任延伸制度。壮大绿色企业，支持企业实施绿色战略、绿色标准、绿色管理和绿色生产。强化绿色监管，健全节能环保法规、标准体系，加强节能环保监察，推行企业社会责任报告制度，开展绿色评价。

（六）大力推动重点领域突破发展

瞄准新一代信息技术、高端装备、新材料、生物医药等战略重点，引导社会各类资源集聚，推动优势和战略产业快速发展。

1. 新一代信息技术产业。

集成电路及专用装备。着力提升集成电路设计水平，不断丰富知识产权（IP）核和设计工具，突破关系国家信息与网络安全及电子整机产业发展的核心通用芯片，提升国产芯片的应用适配能力。掌握高密度封装及三维（3D）微组装技术，提升封装产业和测试的自主发展能力。形成关键制造装备供货能力。

信息通信设备。掌握新型计算、高速互联、先进存储、体系化安全保障等核心技术，全面突破第五代移动通信（5G）技术、核心路由交换技术、超高速大容量智能光传输技术、“未来网络”核心技术和体系架构，积极推动量子计算、神经网络等发展。研发高端服务器、大容量存储、新型路由交换、新型智能终端、新一代基站、网络安全等设备，推动核心信息通信设备体系化发展与规模化应用。

操作系统及工业软件。开发安全领域操作系统等工业基础软件。突破智能设计与仿真及其工具、制造物联与服务、工业大数据处理等高端工业软件核心技术，开发自主可控的高端工业平台软件和重点领域应用软件，建立完善工业软件集成标准与安全测评体系。推进自主工业软件体系化发展和产业化应用。

2. 高档数控机床和机器人。

高档数控机床。开发一批精密、高速、高效、柔性数控机床与基础制造装备及集成制造系统。加快高档数控机床、增材制造等前沿技术和装备的研发。以提升可靠性、精度保持性为重点，开发高档数控系统、伺服电机、轴承、光栅等主要功能部件及关键应用软件，加快实现产业化。加强用户工艺验证能力建设。

机器人。围绕汽车、机械、电子、危险品制造、国防军工、化工、轻工等工业机器人、特种机器人，以及医疗健康、家庭服务、教育娱乐等服务机器人应用需求，积极研发新产品，促进机器人标准化、模块化发展，扩大市场应用。突破机器人本体、减速器、伺服电机、控制器、传感器与驱动器等关键零部件及系统集成设计制造等技术瓶颈。

3. 航空航天装备。

航空装备。加快大型飞机研制，适时启动宽体客机研制，鼓励国际合作研制重型直升机；推进干支线飞机、直升机、无人机和通用飞机产业化。突破高推重比、先进涡桨(轴)发动机及大涵道比涡扇发动机技术，建立发动机自主发展工业体系。开发先进机载设备及系统，形成自主完整的航空产业链。

航天装备。发展新一代运载火箭、重型运载器，提升进入空间能力。加快推进国家民用空间基础设施建设，发展新型卫星等空间平台与有效载荷、空天地宽带互联网系统，形成长期持续稳定的卫星遥感、通信、导航等空间信息服务能力。推动载人航天、月球探测工程，适度发展深空探测。推进航天技术转化与空间技术应用。

4. 海洋工程装备及高技术船舶。大力发展深海探测、资源开发利用、海上作业保障装备及其关键系统和专用设备。推动深海空间站、大型浮式结构物的开发和工程化。形成海洋工程装备综合试验、检测与鉴定能力，提高海洋开发利用水平。突破豪华邮轮设计建造技术，全面提升液化天然气船等高技术船舶国际竞争力，掌握重点配套设备集成化、智能化、模块化设计制造核心技术。

5. 先进轨道交通装备。加快新材料、新技术和新工艺的应用，重点突破体系化安全保障、节能环保、数字化智能化网络化技术，研制先进可靠适用的产品和轻量化、模块化、谱系化产品。研发新一代绿色智能、高速重载轨道交通装备系统，围绕系统全寿命周期，向用户提供整体解决方案，建立世界领先的现代轨道交通产业体系。

6. 节能与新能源汽车。继续支持电动汽车、燃料电池汽车发展，掌握汽车低碳化、信息化、智能化核心技术，提升动力电池、驱动电机、高效内燃机、先进变速器、轻量化材料、智能控制等核心技术的工程化和产业化能力，形成从关键零部件到整车的完整工业体系和创新体系，推动自主品牌节能与新能源汽车同国际先进水平接轨。

7. 电力装备。推动大型高效超净排放煤电机组产业化和示范应用，进一步提高超大容量水电机组、核电机组、重型燃气轮机制造水平。推进新能源和可再生能源装备、先进储能装置、智能电网用输变电及用户端设备发展。突破大功率电力电子器件、高温超导材料等关键元器件和材料的制造及应用技术，形成产业化能力。

8. 农机装备。重点发展粮、棉、油、糖等大宗粮食和战略性经济作物育、耕、种、管、收、运、贮等主要生产过程使用的先进农机装备，加快发展大型拖拉机及其复式作业机具、大型高效联合收割机等高端农业装备及关键核心零部件。提高农机装备信息收集、智能决策和精准作业能力，推进形成面向农业生产的信息化整体解决方案。

9. 新材料。以特种金属功能材料、高性能结构材料、功能性高分子材料、特种无机非金属材料和先进复合材料为发展重点，加快研发先进熔炼、凝固成型、气相沉积、型材加工、高效合成等新材料制备关键技术和装备，加强基础研究和体系建设，突破产业化制备瓶颈。积极发展军民共用特种新材料，加快技术双向转移转化，促进新材料产业军民融合发展。高度关注颠覆性新材料对传统材料的影响，做好超导材料、纳米材料、石墨烯、生物基材料等战略前沿材料提前布局和研制。加快基础材料升级换代。

10. 生物医药及高性能医疗器械。发展针对重大疾病的化学药、中药、生物技术药物新产品，重点包括新机制和新靶点化学药、抗体药物、抗体偶联药物、全新结构蛋白及多肽药物、新型疫苗、临床优势突出的创新中药及个性化治疗药物。提高医疗器械的创新能力和产业化水平，重点发展影像设备、医用机器人等高性能诊疗设备，全降解血管支架等高值医用耗材，可穿戴、远程诊疗等移动医疗产品。实现生物 3D 打印、诱导多能干细胞等新技术的突破和应用。

（七）深入推进制造业结构调整

推动传统产业向中高端迈进，逐步化解过剩产能，促进大企业与中小企业协调发展，进一步优化制造业布局。

持续推进企业技术改造。明确支持战略性重大项目和高端装备实施技术改造的政策方向，稳定中央技术改造引导资金规模，通过贴息等方式，建立支持企业技术改造的长效机制。推动技术改造相关立法，强化激励约束机制，完善促进企业技术改造的政策体系。支持重点行业、高端产品、关键环节进行技术改造，引导企业采用先进适用技术，优化产品结构，全面提升设计、制造、工艺、管理水平，促进钢铁、石化、工程机械、轻工、纺织等产业向价值链高端发展。研究制定重点产业技术改造投资指南和重点项目导向计划，吸引社会资金参与，优化工业投资结构。围绕两化融合、节能降耗、质量提升、安全生产等传统领域改造，推广应用新技术、新工艺、新装备、新材料，提高企业生产技术水平和效益。

稳步化解产能过剩矛盾。加强和改善宏观调控，按照“消化一批、转移一批、整合一批、淘汰一批”的原则，分业分类施策，有效化解产能过剩矛盾。加强行业规范和准入管理，推动企业提升技术装备水平，优化存量产能。加强对产能严重过剩行业的动态监测分析，建立完善预警机制，引导企业主动退出过剩行业。切实发挥市场机制作用，综合运用法律、经济、技术及必要的行政手段，加快淘汰落后产能。

促进大中小企业协调发展。强化企业市场主体地位，支持企业间战略合作和跨行业、跨区域兼并重组，提高规模化、集约化经营水平，培育一批核心竞争力强的企业集团。激发中小企业创业创新活力，发展一批主营业务突出、竞争力强、成长性好、专注于细分市场的专业化“小巨人”企业。发挥中外中小企业合作园区示范作用，利用双边、多边中小企业合作机制，支持中小企业走出去和引进来。引导大企业与中小企业通过专业分工、服务外包、订单生产等多种方式，建立协同创新、合作共赢的协作关系。推动建设一批高水平的中小企业集群。

优化制造业发展布局。落实国家区域发展总体战略和主体功能区规划，综合考虑资源能源、环境容量、市场空间等因素，制定和实施重点行业布局规划，调整优化重大生产力布局。完善产业转移指导目录，建设国家产业转移信息服务平台，创建一批承接产业转移示范园区，引导产业合理有序转移，推动东中西部制造业协调发展。积极推动京津冀和长江经济带产业协同发展。按照新型工业化的要求，改造提升现有制造业集聚区，推动产业集聚向产业集群转型升级。建设一批特色和优势突出、产业链协同高效、核心竞争力强、公共服务体系健全的新型工业化示范基地。

（八）积极发展服务型制造和生产性服务业

加快制造与服务的协同发展，推动商业模式创新和业态创新，促进生产型制造向服务型制造转变。大力发展与制造业紧密相关的生产性服务业，推动服务功能区和服务平台建设。

推动发展服务型制造。研究制定促进服务型制造发展的指导意见，实施服务型制造行动计划。开展试点示范，引导和支持制造业企业延伸服务链条，从主要提供产品制造向提供产品和服务转变。鼓励制造业企业增加服务环节投入，发展个性化定制服务、全生命周期管理、网络精准营销和在线支持服务等。支持有条件的企业由提供设备向提供系统集成总承包服务转变，由提供产品向提供整体解决方案转变。鼓励优势制造业企业“裂变”专业优势，通过业务流程再造，面向行业提供社会化、专业化服务。支持符合条件的制造业企业建立企业财务公司、金融租赁公司等金融机构,推广大型制造设备、生产线等融资租赁服务。

加快生产性服务业发展。大力发展面向制造业的信息技术服务,提高重点行业信息应用系统的方案设计、开发、综合集成能力。鼓励互联网等企业发展移动电子商务、在线定制、线上到线下等创新模式,积极发展对产品、市场的动态监控和预测预警等业务,实现与制造业企业的无缝对接,创新业务协作流程和价值创造模式。加快发展研发设计、技术转移、创业孵化、知识产权、科技咨询等科技服务业,发展壮大第三方物流、节能环保、检验检测认证、电子商务、服务外包、融资租赁、人力资源服务、售后服务、品牌建设等生产性服务业,提高对制造业转型升级的支撑能力。

强化服务功能区和公共服务平台建设。建设和提升生产性服务业功能区,重点发展研发设计、信息、物流、商务、金融等现代服务业,增强辐射能力。依托制造业集聚区,建设一批生产性服务业公共服务平台。鼓励东部地区企业加快制造业服务化转型,建立生产服务基地。支持中西部地区发展具有特色和竞争力的生产性服务业,加快产业转移承接地服务配套设施和能力建设,实现制造业和服务业协同发展。

(九)提高制造业国际化发展水平

统筹利用两种资源、两个市场,实行更加积极的开放战略,将引进来与走出去更好结合,拓展新的开放领域和空间,提升国际合作的水平和层次,推动重点产业国际化布局,引导企业提高国际竞争力。

提高利用外资与国际合作水平。进一步放开一般制造业,优化开放结构,提高开放水平。引导外资投向新一代信息技术、高端装备、新材料、生物医药等高端制造领域,鼓励境外企业和科研机构在我国设立全球研发机构。支持符合条件的企业在境外发行股票、债券,鼓励与境外企业开展多种形式的技术合作。

提升跨国经营能力和国际竞争力。支持发展一批跨国公司,通过全球资源利用、业务流程再造、产业链整合、资本市场运作等方式,加快提升核心竞争力。支持企业在境外开展并购和股权投资、创业投资,建立研发中心、实验基地和全球营销及服务体系;依托互联网开展网络协同设计、精准营销、增值服务创新、媒体品牌推广等,建立全球产业链体系,提高国际化经营能力和服务水平。鼓励优势企业加快发展国际总承包、总集成。引导企业融入当地文化,增强社会责任意识,加强投资和经营风险管理,提高企业境外本土化能力。

深化产业国际合作,加快企业走出去。加强顶层设计,制定制造业走出去发展总体战略,建立完善统筹协调机制。积极参与和推动国际产业合作,贯彻落实丝绸之路经济带和21世纪海上丝绸之路等重大战略部署,加快推进与周边国家互联互通基础设施建设,深化产业合作。发挥沿边开放优势,在有条件的国家和地区建设一批境外制造业合作园区。坚持政府推动、企业主导,创新商业模式,鼓励高端装备、先进技术、优势产能向境外转移。加强政策引导,推动产业合作由加工制造环节为主向合作研发、联合设计、市场营销、品牌培育等高端环节延伸,提高国际合作水平。创新加工贸易模式,延长加工贸易国内增值链条,推动加工贸易转型升级。

四、战略支撑与保障

建设制造强国,必须发挥制度优势,动员各方面力量,进一步深化改革,完善政策措施,建立灵活高效的实施机制,营造良好环境;必须培育创新文化和中国特色制造文化,推动制造业由大变强。

(一)深化体制机制改革

全面推进依法行政,加快转变政府职能,创新政府管理方式,加强制造业发展战略、规划、政策、标准等制定和实施,强化行业自律和公共服务能力建设,提高产业治理水平。简政放权,深化行政审批制度改革,规范审批事项,简化程序,明确时限;适时修订政府核准的投资项目目录,落实企业投资主体地位。完善政产学研用协同创新机制,改革技术创新管理体制机制和项目经费分配、成果评价和转化机制,促进科技成果资本化、产业化,激发制造业创新活力。加快生产要素价格市场化改革,完善主要由市场决定价格的机制,合理配置公共资源;推行节能量、碳排放权、排污权、水权交易制度改革,加快资源税从价计征,推动环境保护费改税。深化国有企业改革，完善公司治理结构，有序发展混合所有制经济，进一步破除各种形式的行业垄断，取消对非公有制经济的不合理限制。稳步推进国防科技工业改革，推动军民融合深度发展。健全产业安全审查机制和法规体系，加强关系国民经济命脉和国家安全的制造业重要领域投融资、并购重组、招标采购等方面的安全审查。

（二）营造公平竞争市场环境

深化市场准入制度改革，实施负面清单管理，加强事中事后监管，全面清理和废止不利于全国统一市场建设的政策措施。实施科学规范的行业准入制度，制定和完善制造业节能节地节水、环保、技术、安全等准入标准，加强对国家强制性标准实施的监督检查，统一执法，以市场化手段引导企业进行结构调整和转型升级。切实加强监管，打击制售假冒伪劣行为，严厉惩处市场垄断和不正当竞争行为，为企业创造良好生产经营环境。加快发展技术市场，健全知识产权创造、运用、管理、保护机制。完善淘汰落后产能工作涉及的职工安置、债务清偿、企业转产等政策措施，健全市场退出机制。进一步减轻企业负担，实施涉企收费清单制度，建立全国涉企收费项目库，取缔各种不合理收费和摊派，加强监督检查和问责。推进制造业企业信用体系建设，建设中国制造信用数据库，建立健全企业信用动态评价、守信激励和失信惩戒机制。强化企业社会责任建设，推行企业产品标准、质量、安全自我声明和监督制度。

（三）完善金融扶持政策

深化金融领域改革，拓宽制造业融资渠道，降低融资成本。积极发挥政策性金融、开发性金融和商业金融的优势，加大对新一代信息技术、高端装备、新材料等重点领域的支持力度。支持中国进出口银行在业务范围内加大对制造业走出去的服务力度，鼓励国家开发银行增加对制造业企业的贷款投放，引导金融机构创新符合制造业企业特点的产品和业务。健全多层次资本市场，推动区域性股权市场规范发展，支持符合条件的制造业企业在境内外上市融资、发行各类债务融资工具。引导风险投资、私募股权投资等支持制造业企业创新发展。鼓励符合条件的制造业贷款和租赁资产开展证券化试点。支持重点领域大型制造业企业集团开展产融结合试点，通过融资租赁方式促进制造业转型升级。探索开发适合制造业发展的保险产品和服务，鼓励发展贷款保证保险和信用保险业务。在风险可控和商业可持续的前提下，通过内保外贷、外汇及人民币贷款、债权融资、股权融资等方式，加大对制造业企业在境外开展资源勘探开发、设立研发中心和高技术企业以及收购兼并等的支持力度。

（四）加大财税政策支持力度

充分利用现有渠道，加强财政资金对制造业的支持，重点投向智能制造、“四基”发展、高端装备等制造业转型升级的关键领域，为制造业发展创造良好政策环境。运用政府和社会资本合作（PPP）模式，引导社会资本参与制造业重大项目建设、企业技术改造和关键基础设施建设。创新财政资金支持方式，逐步从“补建设”向“补运营”转变，提高财政资金使用效益。深化科技计划（专项、基金等）管理改革，支持制造业重点领域科技研发和示范应用，促进制造业技术创新、转型升级和结构布局调整。完善和落实支持创新的政府采购政策，推动制造业创新产品的研发和规模化应用。落实和完善使用首台（套）重大技术装备等鼓励政策，健全研制、使用单位在产品创新、增值服务和示范应用等环节的激励约束机制。实施有利于制造业转型升级的税收政策，推进增值税改革，完善企业研发费用计核方法，切实减轻制造业企业税收负担。

（五）健全多层次人才培养体系

加强制造业人才发展统筹规划和分类指导，组织实施制造业人才培养计划，加大专业技术人才、经营管理人才和技能人才的培养力度，完善从研发、转化、生产到管理的人才培养体系。以提高现代经营管理水平和企业竞争力为核心，实施企业经营管理人才素质提升工程和国家中小企业银河培训工程，培养造就一批优秀企业家和高水平经营管理人才。以高层次、急需紧缺专业技术人才和创新型人才为重点，实施专业技术人才知识更新工程和先进制造卓越工程师培养计划，在高等学校建设一批工程创新训练中心，打造高素质专业技术人才队伍。强化职业教育和技能培训，引导一批普通本科高等学校向应用技术类高等学校转型，建立一批实训基地，开展现代学徒制试点示范，形成一支门类齐全、技艺精湛的技术技能人才队伍。鼓励企业与学校合作，培养制造业急需的科研人员、技术技能人才与复合型人才，深化相关领域工程博士、硕士专业学位研究生招生和培养模式改革，积极推进产学研结合。加强产业人才需求预测，完善各类人才信息库，构建产业人才水平评价制度和信息发布平台。建立人才激励机制，加大对优秀人才的表彰和奖励力度。建立完善制造业人才服务机构，健全人才流动和使用的体制机制。采取多种形式选拔各类优秀人才重点是专业技术人才到国外学习培训，探索建立国际培训基地。加大制造业引智力度，引进领军人才和紧缺人才。

（六）完善中小微企业政策

落实和完善支持小微企业发展的财税优惠政策，优化中小企业发展专项资金使用重点和方式。发挥财政资金杠杆撬动作用，吸引社会资本，加快设立国家中小企业发展基金。支持符合条件的民营资本依法设立中小型银行等金融机构，鼓励商业银行加大小微企业金融服务专营机构建设力度，建立完善小微企业融资担保体系，创新产品和服务。加快构建中小微企业征信体系，积极发展面向小微企业的融资租赁、知识产权质押贷款、信用保险保单质押贷款等。建设完善中小企业创业基地，引导各类创业投资基金投资小微企业。鼓励大学、科研院所、工程中心等对中小企业开放共享各种实（试）验设施。加强中小微企业综合服务体系建设，完善中小微企业公共服务平台网络，建立信息互联互通机制，为中小微企业提供创业、创新、融资、咨询、培训、人才等专业化服务。

（七）进一步扩大制造业对外开放

深化外商投资管理体制改革，建立外商投资准入前国民待遇加负面清单管理机制，落实备案为主、核准为辅的管理模式，营造稳定、透明、可预期的营商环境。全面深化外汇管理、海关监管、检验检疫管理改革，提高贸易投资便利化水平。进一步放宽市场准入，修订钢铁、化工、船舶等产业政策，支持制造业企业通过委托开发、专利授权、众包众创等方式引进先进技术和高端人才，推动利用外资由重点引进技术、资金、设备向合资合作开发、对外并购及引进领军人才转变。加强对外投资立法，强化制造业企业走出去法律保障，规范企业境外经营行为，维护企业合法权益。探索利用产业基金、国有资本收益等渠道支持高铁、电力装备、汽车、工程施工等装备和优势产能走出去，实施海外投资并购。加快制造业走出去支撑服务机构建设和水平提升，建立制造业对外投资公共服务平台和出口产品技术性贸易服务平台，完善应对贸易摩擦和境外投资重大事项预警协调机制。

（八）健全组织实施机制

成立国家制造强国建设领导小组，由国务院领导同志担任组长，成员由国务院相关部门和单位负责同志担任。领导小组主要职责是：统筹协调制造强国建设全局性工作，审议重大规划、重大政策、重大工程专项、重大问题和重要工作安排，加强战略谋划，指导部门、地方开展工作。领导小组办公室设在工业和信息化部，承担领导小组日常工作。设立制造强国建设战略咨询委员会，研究制造业发展的前瞻性、战略性重大问题，对制造业重大决策提供咨询评估。支持包括社会智库、企业智库在内的多层次、多领域、多形态的中国特色新型智库建设，为制造强国建设提供强大智力支持。建立《中国制造 2025》任务落实情况督促检查和第三方评价机制，完善统计监测、绩效评估、动态调整和监督考核机制。建立《中国制造 2025》中期评估机制，适时对目标任务进行必要调整。

各地区、各部门要充分认识建设制造强国的重大意义，加强组织领导，健全工作机制，强化部门协同和上下联动。各地区要结合当地实际，研究制定具体实施方案，细化政策措施，确保各项任务落实到位。工业和信息化部要会同相关部门加强跟踪分析和督促指导，重大事项及时向国务院报告。

促进跨境电子商务健康快速发展

（2015年06月20日）

日前，国务院办公厅印发《关于促进跨境电子商务健康快速发展的指导意见》（以下简称《意见》）。这是新形势下，促进跨境电子商务加快发展的指导性文件。

《意见》指出，近年来我国跨境电子商务快速发展，已经形成了一定的产业集群和交易规模。支持跨境电子商务发展，有利于用"互联网+外贸"实现优进优出，发挥我国制造业大国优势，扩大海外营销渠道；有利于增加就业，推进大众创业、万众创新，打造新的经济增长点；有利于加快实施共建"一带一路"等国家战略，推动开放型经济发展升级。针对制约跨境电子商务发展的问题，有必要加快建立适应其特点的政策体系和监管体系，营造更加便利的发展环境，促进跨境电子商务健康快速发展。

《意见》体现了"在发展中规范，在规范中发展"的总体原则，明确了跨境电子商务的主要发展目标，既普遍支持国内企业利用电子商务开展对外贸易，又突出重点，鼓励有实力的企业做大做强。特别是提出要培育一批公共平台、外贸综合服务企业和自建平台，并鼓励国内企业与境外电子商务企业强强联合。

《意见》提出了五个方面的支持措施。一是优化海关监管措施，进一步完善跨境电子商务进出境货物、物品管理模式，优化跨境电子商务海关进出口通关作业流程。二是完善检验检疫监管政策措施，对跨境电子商务进出口商品实施集中申报、查验和放行，对跨境电子商务经营主体及商品实施备案管理制度。三是明确规范进出口税收政策，继续落实现行跨境电子商务零售出口税收政策，按照有利于拉动国内消费、公平竞争、促进发展和加强进口税收管理的原则，制订跨境电子商务零售进口税收政策。四是完善电子商务支付结算管理，稳妥推进支付机构跨境外汇支付业务试点，鼓励境内银行、支付机构依法合规开展跨境电子支付业务。五是提供财政金融支持，对跨境电子商务企业走出去重点项目给予必要资金支持，为跨境电子商务提供适合的信用保险服务。向跨境电子商务外贸综合服务企业提供有效的融资、保险支持。

《意见》强化了增强改革服务意识、鼓励企业探索创新、有效防控风险等总体要求，并从建设综合服务体系、规范跨境电子商务经营行为、发挥行业组织作用和加强多双边国际合作等方面提出了完善保障体系的具体要求。

《意见》强调，国务院有关部门要制定和完善配套措施，做好指导、服务，加强部门间沟通协作和相关政策衔接，适时扩大跨境电子商务综合试点。各级地方政府要结合实际情况制订完善工作方案，履行服务、督导和监管责任，加大对重点企业的支持力度。

国务院关于积极推进“互联网+”行动的指导意见

（2015年07月04日）

各省、自治区、直辖市人民政府，国务院各部委、各直属机构：

“互联网+”是把互联网的创新成果与经济社会各领域深度融合，推动技术进步、效率提升和组织变革，提升实体经济创新力和生产力，形成更广泛的以互联网为基础设施和创新要素的经济社会发展新形态。在全球新一轮科技革命和产业变革中，互联网与各领域的融合发展具有广阔前景和无限潜力，已成为不可阻挡的时代潮流，正对各国经济社会发展产生着战略性和全局性的影响。积极发挥我国互联网已经形成的比较优势，把握机遇，增强信心，加快推进“互联网+”发展，有利于重塑创新体系、激发创新活力、培育新兴业态和创新公共服务模式，对打造大众创业、万众创新和增加公共产品、公共服务“双引擎”，主动适应和引领经济发展新常态，形成经济发展新动能，实现中国经济提质增效升级具有重要意义。

近年来，我国在互联网技术、产业、应用以及跨界融合等方面取得了积极进展，已具备加快推进“互联网+”发展的坚实基础，但也存在传统企业运用互联网的意识和能力不足、互联网企业对传统产业理解不够深入、新业态发展面临体制机制障碍、跨界融合型人才严重匮乏等问题，亟待加以解决。为加快推动互联网与各领域深入融合和创新发展，充分发挥“互联网+”对稳增长、促改革、调结构、惠民生、防风险的重要作用，现就积极推进“互联网+”行动提出以下意见。

一、行动要求

（一）总体思路

顺应世界“互联网+”发展趋势，充分发挥我国互联网的规模优势和应用优势，推动互联网由消费领域向生产领域拓展，加速提升产业发展水平，增强各行业创新能力，构筑经济社会发展新优势和新动能。坚持改革创新和市场需求导向，突出企业的主体作用，大力拓展互联网与经济社会各领域融合的广度和深度。着力深化体制机制改革，释放发展潜力和活力；着力做优存量，推动经济提质增效和转型升级；着力做大增量，培育新兴业态，打造新的增长点；着力创新政府服务模式，夯实网络发展基础，营造安全网络环境，提升公共服务水平。

（二）基本原则

坚持开放共享。营造开放包容的发展环境，将互联网作为生产生活要素共享的重要平台，最大限度优化资源配置，加快形成以开放、共享为特征的经济社会运行新模式。

坚持融合创新。鼓励传统产业树立互联网思维，积极与“互联网+”相结合。推动互联网向经济社会各领域加速渗透，以融合促创新，最大程度汇聚各类市场要素的创新力量，推动融合性新兴产业成为经济发展新动力和新支柱。

坚持变革转型。充分发挥互联网在促进产业升级以及信息化和工业化深度融合中的平台作用，引导要素资源向实体经济集聚，推动生产方式和发展模式变革。创新网络化公共服务模式，大幅提升公共服务能力。

坚持引领跨越。巩固提升我国互联网发展优势，加强重点领域前瞻性布局，以互联网融合创新为突破口，培育壮大新兴产业，引领新一轮科技革命和产业变革，实现跨越式发展。

坚持安全有序。完善互联网融合标准规范和法律法规，增强安全意识，强化安全管理和防护，保障网络安全。建立科学有效的市场监管方式，促进市场有序发展，保护公平竞争，防止形成行业垄断和市场壁垒。

（三）发展目标

到2018年，互联网与经济社会各领域的融合发展进一步深化，基于互联网的新业态成为新的经济增长动力，互联网支撑大众创业、万众创新的作用进一步增强，互联网成为提供公共服务的重要手段，网络经济与实体经济协同互动的发展格局基本形成。

——经济发展进一步提质增效。互联网在促进制造业、农业、能源、环保等产业转型升级方面取得积极成效，劳动生产率进一步提高。基于互联网的新兴业态不断涌现，电子商务、互联网金融快速发展，对经济提质增效的促进作用更加凸显。

——社会服务进一步便捷普惠。健康医疗、教育、交通等民生领域互联网应用更加丰富，公共服务更加多元，线上线下结合更加紧密。社会服务资源配置不断优化，公众享受到更加公平、高效、优质、便捷的服务。

——基础支撑进一步夯实提升。网络设施和产业基础得到有效巩固加强，应用支撑和安全保障能力明显增强。固定宽带网络、新一代移动通信网和下一代互联网加快发展，物联网、云计算等新型基础设施更加完备。人工智能等技术及其产业化能力显著增强。

——发展环境进一步开放包容。全社会对互联网融合创新的认识不断深入，互联网融合发展面临的体制机制障碍有效破除，公共数据资源开放取得实质性进展，相关标准规范、信用体系和法律法规逐步完善。

到2025年，网络化、智能化、服务化、协同化的"互联网+"产业生态体系基本完善，"互联网+"新经济形态初步形成，"互联网+"成为经济社会创新发展的重要驱动力量。

二、重点行动

（一）"互联网+"创业创新

充分发挥互联网的创新驱动作用，以促进创业创新为重点，推动各类要素资源聚集、开放和共享，大力发展众创空间、开放式创新等，引导和推动全社会形成大众创业、万众创新的浓厚氛围，打造经济发展新引擎。（发展改革委、科技部、工业和信息化部、人力资源社会保障部、商务部等负责，列第一位者为牵头部门，下同）

1. 强化创业创新支撑。鼓励大型互联网企业和基础电信企业利用技术优势和产业整合能力，向小微企业和创业团队开放平台入口、数据信息、计算能力等资源，提供研发工具、经营管理和市场营销等方面的支持和服务，提高小微企业信息化应用水平，培育和孵化具有良好商业模式的创业企业。充分利用互联网基础条件，完善小微企业公共服务平台网络，集聚创业创新资源，为小微企业提供找得着、用得起、有保障的服务。

2. 积极发展众创空间。充分发挥互联网开放创新优势，调动全社会力量，支持创新工场、创客空间、社会实验室、智慧小企业创业基地等新型众创空间发展。充分利用国家自主创新示范区、科技企业孵化器、大学科技园、商贸企业集聚区、小微企业创业示范基地等现有条件，通过市场化方式构建一批创新与创业相结合、线上与线下相结合、孵化与投资相结合的众创空间，为创业者提供低成本、便利化、全要素的工作空间、网络空间、社交空间和资源共享空间。实施新兴产业"双创"行动，建立一批新兴产业"双创"示范基地，加快发展"互联网+"创业网络体系。

3. 发展开放式创新。鼓励各类创新主体充分利用互联网，把握市场需求导向，加强创新资源共享与合作，促进前沿技术和创新成果及时转化，构建开放式创新体系。推动各类创业创新扶持政策与互联网开放平台联动协作，为创业团队和个人开发者提供绿色通道服务。加快发展创业服务业，积极推广众包、用户参与设计、云设计等新型研发组织模式，引导建立社会各界交流合作的平台，推动跨区域、跨领域的技术成果转移和协同创新。

（二）“互联网+”协同制造

推动互联网与制造业融合，提升制造业数字化、网络化、智能化水平，加强产业链协作，发展基于互联网的协同制造新模式。在重点领域推进智能制造、大规模个性化定制、网络化协同制造和服务型制造，打造一批网络化协同制造公共服务平台，加快形成制造业网络化产业生态体系。（工业和信息化部、发展改革委、科技部共同牵头）

1. 大力发展智能制造。以智能工厂为发展方向，开展智能制造试点示范，加快推动云计算、物联网、智能工业机器人、增材制造等技术在生产过程中的应用，推进生产装备智能化升级、工艺流程改造和基础数据共享。着力在工控系统、智能感知元器件、工业云平台、操作系统和工业软件等核心环节取得突破，加强工业大数据的开发与利用，有效支撑制造业智能化转型，构建开放、共享、协作的智能制造产业生态。

2. 发展大规模个性化定制。支持企业利用互联网采集并对接用户个性化需求，推进设计研发、生产制造和供应链管理等关键环节的柔性化改造，开展基于个性化产品的服务模式和商业模式创新。鼓励互联网企业整合市场信息，挖掘细分市场需求与发展趋势，为制造企业开展个性化定制提供决策支撑。

3. 提升网络化协同制造水平。鼓励制造业骨干企业通过互联网与产业链各环节紧密协同，促进生产、质量控制和运营管理系统全面互联，推行众包设计研发和网络化制造等新模式。鼓励有实力的互联网企业构建网络化协同制造公共服务平台，面向细分行业提供云制造服务，促进创新资源、生产能力、市场需求的集聚与对接，提升服务中小微企业能力，加快全社会多元化制造资源的有效协同，提高产业链资源整合能力。

4. 加速制造业服务化转型。鼓励制造企业利用物联网、云计算、大数据等技术，整合产品全生命周期数据，形成面向生产组织全过程的决策服务信息，为产品优化升级提供数据支撑。鼓励企业基于互联网开展故障预警、远程维护、质量诊断、远程过程优化等在线增值服务，拓展产品价值空间，实现从制造向“制造+服务”的转型升级。

（三）“互联网+”现代农业

利用互联网提升农业生产、经营、管理和服务水平，培育一批网络化、智能化、精细化的现代“种养加”生态农业新模式，形成示范带动效应，加快完善新型农业生产经营体系，培育多样化农业互联网管理服务模式，逐步建立农副产品、农资质量安全追溯体系，促进农业现代化水平明显提升。（农业部、发展改革委、科技部、商务部、质检总局、食品药品监管总局、林业局等负责）

1. 构建新型农业生产经营体系。鼓励互联网企业建立农业服务平台，支撑专业大户、家庭农场、农民合作社、农业产业化龙头企业等新型农业生产经营主体，加强产销衔接，实现农业生产由生产导向向消费导向转变。提高农业生产经营的科技化、组织化和精细化水平，推进农业生产流通销售方式变革和农业发展方式转变，提升农业生产效率和增值空间。规范用好农村土地流转公共服务平台，提升土地流转透明度，保障农民权益。

2. 发展精准化生产方式。推广成熟可复制的农业物联网应用模式。在基础较好的领域和地区，普及基于环境感知、实时监测、自动控制的网络化农业环境监测系统。在大宗农产品规模生产区域，构建天地一体的农业物联网测控体系，实施智能节水灌溉、测土配方施肥、农机定位耕种等精准化作业。在畜禽标准化规模养殖基地和水产健康养殖示范基地，推动饲料精准投放、疾病自动诊断、废弃物自动回收等智能设备的应用普及和互联互通。

3. 提升网络化服务水平。深入推进信息进村入户试点，鼓励通过移动互联网为农民提供政策、市场、科技、保险等生产生活信息服务。支持互联网企业与农业生产经营主体合作，综合利用大数据、云计算等技术，建立农业信息监测体系，为灾害预警、耕地质量监测、重大动植物疫情防控、市场波动预测、经营科学决策等提供服务。

4. 完善农副产品质量安全追溯体系。充分利用现有互联网资源，构建农副产品质量安全追溯公共服务平台，推进制度标准建设，建立产地准出与市场准入衔接机制。支持新型农业生产经营主体利用互联网技术，对生产经营过程进行精细化信息化管理，加快推动移动互联网、物联网、二维码、无线射频识别等信息技术在生产加工和流通销售各环节的推广应用，强化上下游追溯体系对接和信息互通共享，不断扩大追溯体系覆盖面，实现农副产品“从农田到餐桌”全过程可追溯，保障“舌尖上的安全”。

（四）“互联网+”智慧能源

通过互联网促进能源系统扁平化，推进能源生产与消费模式革命，提高能源利用效率，推动节能减排。加强分布式能源网络建设，提高可再生能源占比，促进能源利用结构优化。加快发电设施、用电设施和电网智能化改造，提高电力系统的安全性、稳定性和可靠性。（能源局、发展改革委、工业和信息化部等负责）

1. 推进能源生产智能化。建立能源生产运行的监测、管理和调度信息公共服务网络，加强能源产业链上下游企业的信息对接和生产消费智能化，支撑电厂和电网协调运行，促进非化石能源与化石能源协同发电。鼓励能源企业运用大数据技术对设备状态、电能负载等数据进行分析挖掘与预测，开展精准调度、故障判断和预测性维护，提高能源利用效率和安全稳定运行水平。

2. 建设分布式能源网络。建设以太阳能、风能等可再生能源为主体的多能源协调互补的能源互联网。突破分布式发电、储能、智能微网、主动配电网等关键技术，构建智能化电力运行监测、管理技术平台，使电力设备和用电终端基于互联网进行双向通信和智能调控，实现分布式电源的及时有效接入，逐步建成开放共享的能源网络。

3. 探索能源消费新模式。开展绿色电力交易服务区域试点，推进以智能电网为配送平台，以电子商务为交易平台，融合储能设施、物联网、智能用电设施等硬件以及碳交易、互联网金融等衍生服务于一体的绿色能源网络发展，实现绿色电力的点到点交易及实时配送和补贴结算。进一步加强能源生产和消费协调匹配，推进电动汽车、港口岸电等电能替代技术的应用，推广电力需求侧管理，提高能源利用效率。基于分布式能源网络，发展用户端智能化用能、能源共享经济和能源自由交易，促进能源消费生态体系建设。

4. 发展基于电网的通信设施和新型业务。推进电力光纤到户工程，完善能源互联网信息通信系统。统筹部署电网和通信网深度融合的网络基础设施，实现同缆传输、共建共享，避免重复建设。鼓励依托智能电网发展家庭能效管理等新型业务。

（五）“互联网+”普惠金融

促进互联网金融健康发展，全面提升互联网金融服务能力和普惠水平，鼓励互联网与银行、证券、保险、基金的融合创新，为大众提供丰富、安全、便捷的金融产品和服务，更好满足不同层次实体经济的投融资需求，培育一批具有行业影响力的互联网金融创新型企业。（人民银行、银监会、证监会、保监会、发展改革委、工业和信息化部、网信办等负责）

1. 探索推进互联网金融云服务平台建设。探索互联网企业构建互联网金融云服务平台。在保证技术成熟和业务安全的基础上，支持金融企业与云计算技术提供商合作开展金融公共云服务，提供多样化、个性化、精准化的金融产品。支持银行、证券、保险企业稳妥实施系统架构转型，鼓励探索利用云服务平台开展金融核心业务，提供基于金融云服务平台的信用、认证、接口等公共服务。

2. 鼓励金融机构利用互联网拓宽服务覆盖面。鼓励各金融机构利用云计算、移动互联网、大数据等技术手段，加快金融产品和服务创新，在更广泛地区提供便利的存贷款、支付结算、信用中介平台等金融服务，拓宽普惠金融服务范围，为实体经济发展提供有效支撑。支持金融机构和互联网企业依法合规开展网络借贷、网络证券、网络保险、互联网基金销售等业务。扩大专业互联网保险公司试点，充分发挥保险业在防范互联网金融风险中的作用。推动金融集成电路卡（IC卡）全面应用，提升电子现金的使用率和便捷性。发挥移动金融安全可信公共服务平台（MTPS）的作用，积极推动商业银行开展移动金融创新应用，促进移动金融在电子商务、公共服务等领域的规模应用。支持银行业金融机构借助互联网技术发展消费信贷业务，支持金融租赁公司利用互联网技术开展金融租赁业务。

3. 积极拓展互联网金融服务创新的深度和广度。鼓励互联网企业依法合规提供创新金融产品和服务，更好满足中小微企业、创新型企业和个人的投融资需求。规范发展网络借贷和互联网消费信贷业务，探索互联网金融服务创新。积极引导风险投资基金、私募股权投资基金和产业投资基金投资于互联网金融企业。利用大数据发展市场化个人征信业务，加快网络征信和信用评价体系建设。加强互联网金融消费权益保护和投资者保护，建立多元化金融消费纠纷解决机制。改进和完善互联网金融监管，提高金融服务安全性，有效防范互联网金融风险及其外溢效应。

（六）“互联网+”益民服务

充分发挥互联网的高效、便捷优势，提高资源利用效率，降低服务消费成本。大力发展以互联网为载体、线上线下互动的新兴消费，加快发展基于互联网的医疗、健康、养老、教育、旅游、社会保障等新兴服务，创新政府服务模式，提升政府科学决策能力和管理水平。（发展改革委、教育部、工业和信息化部、民政部、人力资源社会保障部、商务部、卫生计生委、质检总局、食品药品监管总局、林业局、旅游局、网信办、信访局等负责）

1. 创新政府网络化管理和服务。加快互联网与政府公共服务体系的深度融合，推动公共数据资源开放，促进公共服务创新供给和服务资源整合，构建面向公众的一体化在线公共服务体系。积极探索公众参与的网络化社会管理服务新模式，充分利用互联网、移动互联网应用平台等，加快推进政务新媒体发展建设，加强政府与公众的沟通交流，提高政府公共管理、公共服务和公共政策制定的响应速度，提升政府科学决策能力和社会治理水平，促进政府职能转变和简政放权。深入推进网上信访，提高信访工作质量、效率和公信力。鼓励政府和互联网企业合作建立信用信息共享平台，探索开展一批社会治理互联网应用试点，打通政府部门、企事业单位之间的数据壁垒，利用大数据分析手段，提升各级政府的社会治理能力。加强对“互联网+”行动的宣传，提高公众参与度。

2. 发展便民服务新业态。发展体验经济，支持实体零售商综合利用网上商店、移动支付、智能试衣等新技术，打造体验式购物模式。发展社区经济，在餐饮、娱乐、家政等领域培育线上线下结合的社区服务新模式。发展共享经济，规范发展网络约租车，积极推广在线租房等新业态，着力破除准入门槛高、服务规范难、个人征信缺失等瓶颈制约。发展基于互联网的文化、媒体和旅游等服务，培育形式多样的新型业态。积极推广基于移动互联网入口的城市服务，开展网上社保办理、个人社保权益查询、跨地区医保结算等互联网应用，让老百姓足不出户享受便捷高效的服务。

3. 推广在线医疗卫生新模式。发展基于互联网的医疗卫生服务，支持第三方机构构建医学影像、健康档案、检验报告、电子病历等医疗信息共享服务平台，逐步建立跨医院的医疗数据共享交换标准体系。积极利用移动互联网提供在线预约诊疗、候诊提醒、划价缴费、诊疗报告查询、药品配送等便捷服务。引导医疗机构面向中小城市和农村地区开展基层检查、上级诊断等远程医疗服务。鼓励互联网企业与医疗机构合作建立医疗网络信息平台，加强区域医疗卫生服务资源整合，充分利用互联网、大数据等手段，提高重大疾病和突发公共卫生事件防控能力。积极探索互联网延伸医嘱、电子处方等网络医疗健康服务应用。鼓励有资质的医学检验机构、医疗服务机构联合互联网企业，发展基因检测、疾病预防等健康服务模式。

4. 促进智慧健康养老产业发展。支持智能健康产品创新和应用，推广全面量化健康生活新方式。鼓励健康服务机构利用云计算、大数据等技术搭建公共信息平台，提供长期跟踪、预测预警的个性化健康管理服务。发展第三方在线健康市场调查、咨询评价、预防管理等应用服务，提升规范化和专业化运营水平。依托现有互联网资源和社会力量，以社区为基础，搭建养老信息服务网络平台，提供护理看护、健康管理、康复照料等居家养老服务。鼓励养老服务机构应用基于移动互联网的便携式体检、紧急呼叫监控等设备，提高养老服务水平。

5. 探索新型教育服务供给方式。鼓励互联网企业与社会教育机构根据市场需求开发数字教育资源，提供网络化教育服务。鼓励学校利用数字教育资源及教育服务平台，逐步探索网络化教育新模式，扩大优质教育资源覆盖面，促进教育公平。鼓励学校通过与互联网企业合作等方式，对接线上线下教育资源，探索基础教育、职业教育等教育公共服务提供新方式。推动开展学历教育在线课程资源共享，推广大规模在线开放课程等网络学习模式，探索建立网络学习学分认定与学分转换等制度，加快推动高等教育服务模式变革。

（七）"互联网+"高效物流

加快建设跨行业、跨区域的物流信息服务平台，提高物流供需信息对接和使用效率。鼓励大数据、云计算在物流领域的应用，建设智能仓储体系，优化物流运作流程，提升物流仓储的自动化、智能化水平和运转效率，降低物流成本。（发展改革委、商务部、交通运输部、网信办等负责）

1. 构建物流信息共享互通体系。发挥互联网信息集聚优势，聚合各类物流信息资源，鼓励骨干物流企业和第三方机构搭建面向社会的物流信息服务平台，整合仓储、运输和配送信息，开展物流全程监测、预警，提高物流安全、环保和诚信水平，统筹优化社会物流资源配置。构建互通省际、下达市县、兼顾乡村的物流信息互联网络，建立各类可开放数据的对接机制，加快完善物流信息交换开放标准体系，在更广范围促进物流信息充分共享与互联互通。

2. 建设深度感知智能仓储系统。在各级仓储单元积极推广应用二维码、无线射频识别等物联网感知技术和大数据技术，实现仓储设施与货物的实时跟踪、网络化管理以及库存信息的高度共享，提高货物调度效率。鼓励应用智能化物流装备提升仓储、运输、分拣、包装等作业效率，提高各类复杂订单的出货处理能力，缓解货物囤积停滞瓶颈制约，提升仓储运管水平和效率。

3. 完善智能物流配送调配体系。加快推进货运车联网与物流园区、仓储设施、配送网点等信息互联，促进人员、货源、车源等信息高效匹配，有效降低货车空驶率，提高配送效率。鼓励发展社区自提柜、冷链储藏柜、代收服务点等新型社区化配送模式，结合构建物流信息互联网络，加快推进县到村的物流配送网络和村级配送网点建设，解决物流配送"最后一公里"问题。

（八）"互联网+"电子商务

巩固和增强我国电子商务发展领先优势，大力发展农村电商、行业电商和跨境电商，进一步扩大电子商务发展空间。电子商务与其他产业的融合不断深化，网络化生产、流通、消费更加普及，标准规范、公共服务等支撑环境基本完善。（发展改革委、商务部、工业和信息化部、交通运输部、农业部、海关总署、税务总局、质检总局、网信办等负责）

1. 积极发展农村电子商务。开展电子商务进农村综合示范，支持新型农业经营主体和农产品、农资批发市场对接电商平台，积极发展以销定产模式。完善农村电子商务配送及综合服务网络，着力解决农副产品标准化、物流标准化、冷链仓储建设等关键问题，发展农产品个性化定制服务。开展生鲜农产品和农业生产资料电子商务试点，促进农业大宗商品电子商务发展。

2. 大力发展行业电子商务。鼓励能源、化工、钢铁、电子、轻纺、医药等行业企业，积极利用电子商务平台优化采购、分销体系，提升企业经营效率。推动各类专业市场线上转型，引导传统商贸流通企业与电子商务企业整合资源，积极向供应链协同平台转型。鼓励生产制造企业面向个性化、定制化消费需求深化电子商务应用，支持设备制造企业利用电子商务平台开展融资租赁服务，鼓励中小微企业扩大电子商务应用。按照市场化、专业化方向，大力推广电子招标投标。

3. 推动电子商务应用创新。鼓励企业利用电子商务平台的大数据资源，提升企业精准营销能力，激发市场消费需求。建立电子商务产品质量追溯机制，建设电子商务售后服务质量检测云平台，完善互联网质量信息公共服务体系，解决消费者维权难、退货难、产品责任追溯难等问题。加强互联网食品药品市场监测监管体系建设，积极探索处方药电子商务销售和监管模式创新。鼓励企业利用移动社交、新媒体等新渠道，发展社交电商、"粉丝"经济等网络营销新模式。

4. 加强电子商务国际合作。鼓励各类跨境电子商务服务商发展，完善跨境物流体系，拓展全球经贸合作。推进跨境电子商务通关、检验检疫、结汇等关键环节单一窗口综合服务体系建设。创新跨境权益保障机制，利用合格评定手段，推进国际互认。创新跨境电子商务管理，促进信息网络畅通、跨境物流便捷、支付及结汇无障碍、税收规范便利、市场及贸易规则互认互通。

（九）"互联网+"便捷交通

加快互联网与交通运输领域的深度融合，通过基础设施、运输工具、运行信息等互联网化，推进基于互联网平台的便捷化交通运输服务发展，显著提高交通运输资源利用效率和管理精细化水平，全面提升交通运输行业服务品质和科学治理能力。（发展改革委、交通运输部共同牵头）

1. 提升交通运输服务品质。推动交通运输主管部门和企业将服务性数据资源向社会开放，鼓励互联网平台为社会公众提供实时交通运行状态查询、出行路线规划、网上购票、智能停车等服务，推进基于互联网平台的多种出行方式信息服务对接和一站式服务。加快完善汽车健康档案、维修诊断和服务质量信息服务平台建设。

2. 推进交通运输资源在线集成。利用物联网、移动互联网等技术，进一步加强对公路、铁路、民航、港口等交通运输网络关键设施运行状态与通行信息的采集。推动跨地域、跨类型交通运输信息互联互通，推广船联网、车联网等智能化技术应用，形成更加完善的交通运输感知体系，提高基础设施、运输工具、运行信息等要素资源的在线化水平，全面支撑故障预警、运行维护以及调度智能化。

3. 增强交通运输科学治理能力。强化交通运输信息共享，利用大数据平台挖掘分析人口迁徙规律、公众出行需求、枢纽客流规模、车辆船舶行驶特征等，为优化交通运输设施规划与建设、安全运行控制、交通运输管理决策提供支撑。利用互联网加强对交通运输违章违规行为的智能化监管，不断提高交通运输治理能力。

（十）"互联网+"绿色生态

推动互联网与生态文明建设深度融合，完善污染物监测及信息发布系统，形成覆盖主要生态要素的资源环境承载能力动态监测网络，实现生态环境数据互联互通和开放共享。充分发挥互联网在逆向物流回收体系中的平台作用，促进再生资源交易利用便捷化、互动化、透明化，促进生产生活方式绿色化（发展改革委、环境保护部、商务部、林业局等负责）

1. 加强资源环境动态监测。针对能源、矿产资源、水、大气、森林、草原、湿地、海洋等各类生态要素，充分利用多维地理信息系统、智慧地图等技术，结合互联网大数据分析，优化监测站点布局，扩大动态监控范围，构建资源环境承载能力立体监控系统。依托现有互联网、云计算平台，逐步实现各级政府资源环境动态监测信息互联共享。加强重点用能单位能耗在线监测和大数据分析。

2. 大力发展智慧环保。利用智能监测设备和移动互联网，完善污染物排放在线监测系统，增加监测污染物种类，扩大监测范围，形成全天候、多层次的智能多源感知体系。建立环境信息数据共享机制，统一数据交换标准，推进区域污染物排放、空气环境质量、水环境质量等信息公开，通过互联网实现面向公众的在线查询和定制推送。加强对企业环保信用数据的采集整理，将企业环保信用记录纳入全国统一的信用信息共享交换平台。完善环境预警和风险监测信息网络，提升重金属、危险废物、危险化学品等重点风险防范水平和应急处理能力。

3. 完善废旧资源回收利用体系。利用物联网、大数据开展信息采集、数据分析、流向监测，优化逆向物流网点布局。支持利用电子标签、二维码等物联网技术跟踪电子废物流向，鼓励互联网企业参与搭建城市废弃物回收平台，创新再生资源回收模式。加快推进汽车保险信息系统、"以旧换再"管理系统和报废车管理系统的标准化、规范化和互联互通，加强废旧汽车及零部件的回收利用信息管理，为互联网企业开展业务创新和便民服务提供数据支撑。

4. 建立废弃物在线交易系统。鼓励互联网企业积极参与各类产业园区废弃物信息平台建设，推动现有骨干再生资源交易市场向线上线下结合转型升级，逐步形成行业性、区域性、全国性的产业废弃物和再生资源在线交易系统，完善线上信用评价和供应链融资体系，开展在线竞价，发布价格交易指数，提高稳定供给能力，增强主要再生资源品种的定价权。

（十一）"互联网+"人工智能

依托互联网平台提供人工智能公共创新服务，加快人工智能核心技术突破，促进人工智能在智能家居、智能终端、智能汽车、机器人等领域的推广应用,培育若干引领全球人工智能发展的骨干企业和创新团队,形成创新活跃、开放合作、协同发展的产业生态。(发展改革委、科技部、工业和信息化部、网信办等负责)

1. 培育发展人工智能新兴产业。建设支撑超大规模深度学习的新型计算集群,构建包括语音、图像、视频、地图等数据的海量训练资源库,加强人工智能基础资源和公共服务等创新平台建设。进一步推进计算机视觉、智能语音处理、生物特征识别、自然语言理解、智能决策控制以及新型人机交互等关键技术的研发和产业化,推动人工智能在智能产品、工业制造等领域规模商用,为产业智能化升级夯实基础。

2. 推进重点领域智能产品创新。鼓励传统家居企业与互联网企业开展集成创新,不断提升家居产品的智能化水平和服务能力,创造新的消费市场空间。推动汽车企业与互联网企业设立跨界交叉的创新平台,加快智能辅助驾驶、复杂环境感知、车载智能设备等技术产品的研发与应用。支持安防企业与互联网企业开展合作,发展和推广图像精准识别等大数据分析技术,提升安防产品的智能化服务水平。

3. 提升终端产品智能化水平。着力做大高端移动智能终端产品和服务的市场规模,提高移动智能终端核心技术研发及产业化能力。鼓励企业积极开展差异化细分市场需求分析,大力丰富可穿戴设备的应用服务,提升用户体验。推动互联网技术以及智能感知、模式识别、智能分析、智能控制等智能技术在机器人领域的深入应用,大力提升机器人产品在传感、交互、控制等方面的性能和智能化水平,提高核心竞争力。

三、保障支撑

(一)夯实发展基础

1. 巩固网络基础。加快实施"宽带中国"战略,组织实施国家新一代信息基础设施建设工程,推进宽带网络光纤化改造,加快提升移动通信网络服务能力,促进网间互联互通,大幅提高网络访问速率,有效降低网络资费,完善电信普遍服务补偿机制,支持农村及偏远地区宽带建设和运行维护,使互联网下沉为各行业、各领域、各区域都能使用,人、机、物泛在互联的基础设施。增强北斗卫星全球服务能力,构建天地一体化互联网络。加快下一代互联网商用部署,加强互联网协议第6版(IPv6)地址管理、标识管理与解析,构建未来网络创新试验平台。研究工业互联网网络架构体系,构建开放式国家创新试验验证平台。(发展改革委、工业和信息化部、财政部、国资委、网信办等负责)

2. 强化应用基础。适应重点行业融合创新发展需求,完善无线传感网、行业云及大数据平台等新型应用基础设施。实施云计算工程,大力提升公共云服务能力,引导行业信息化应用向云计算平台迁移,加快内容分发网络建设,优化数据中心布局。加强物联网网络架构研究,组织开展国家物联网重大应用示范,鼓励具备条件的企业建设跨行业物联网运营和支撑平台。(发展改革委、工业和信息化部等负责)

3. 做实产业基础。着力突破核心芯片、高端服务器、高端存储设备、数据库和中间件等产业薄弱环节的技术瓶颈,加快推进云操作系统、工业控制实时操作系统、智能终端操作系统的研发和应用。大力发展云计算、大数据等解决方案以及高端传感器、工控系统、人机交互等软硬件基础产品。运用互联网理念,构建以骨干企业为核心、产学研用高效整合的技术产业集群,打造国际先进、自主可控的产业体系。(工业和信息化部、发展改革委、科技部、网信办等负责)

4. 保障安全基础。制定国家信息领域核心技术设备发展时间表和路线图,提升互联网安全管理、态势感知和风险防范能力,加强信息网络基础设施安全防护和用户个人信息保护。实施国家信息安全专项,开展网络安全应用示范,提高"互联网+"安全核心技术和产品水平。按照信息安全等级保护等制度和网络安全国家标准的要求,加强"互联网+"关键领域重要信息系统的安全保障。建设完善网络安全监测评估、监督管理、标准认证和创新能力体系。重视融合带来的安全风险,完善网络数据共享、利用等的安全管理和技术措施,探索建立以行政评议和第三方评估为基础的数据安全流动认证体系，完善数据跨境流动管理制度，确保数据安全。（网信办、发展改革委、科技部、工业和信息化部、公安部、安全部、质检总局等负责）

（二）强化创新驱动

1. 加强创新能力建设。鼓励构建以企业为主导，产学研用合作的“互联网+”产业创新网络或产业技术创新联盟。支持以龙头企业为主体，建设跨界交叉领域的创新平台，并逐步形成创新网络。鼓励国家创新平台向企业特别是中小企业在线开放，加大国家重大科研基础设施和大型科研仪器等网络化开放力度。（发展改革委、科技部、工业和信息化部、网信办等负责）

2. 加快制定融合标准。按照共性先立、急用先行的原则，引导工业互联网、智能电网、智慧城市等领域基础共性标准、关键技术标准的研制及推广。加快与互联网融合应用的工控系统、智能专用装备、智能仪表、智能家居、车联网等细分领域的标准化工作。不断完善“互联网+”融合标准体系，同步推进国际国内标准化工作，增强在国际标准化组织（ISO）、国际电工委员会（IEC）和国际电信联盟（ITU）等国际组织中的话语权。（质检总局、工业和信息化部、网信办、能源局等负责）

3. 强化知识产权战略。加强融合领域关键环节专利导航，引导企业加强知识产权战略储备与布局。加快推进专利基础信息资源开放共享，支持在线知识产权服务平台建设，鼓励服务模式创新，提升知识产权服务附加值，支持中小微企业知识产权创造和运用。加强网络知识产权和专利执法维权工作，严厉打击各种网络侵权假冒行为。增强全社会对网络知识产权的保护意识，推动建立“互联网+”知识产权保护联盟，加大对新业态、新模式等创新成果的保护力度。（知识产权局牵头）

4. 大力发展开源社区。鼓励企业自主研发和国家科技计划（专项、基金等）支持形成的软件成果通过互联网向社会开源。引导教育机构、社会团体、企业或个人发起开源项目，积极参加国际开源项目，支持组建开源社区和开源基金会。鼓励企业依托互联网开源模式构建新型生态，促进互联网开源社区与标准规范、知识产权等机构的对接与合作。（科技部、工业和信息化部、质检总局、知识产权局等负责）

（三）营造宽松环境

1. 构建开放包容环境。贯彻落实《中共中央国务院关于深化体制机制改革加快实施创新驱动发展战略的若干意见》，放宽融合性产品和服务的市场准入限制，制定实施各行业互联网准入负面清单，允许各类主体依法平等进入未纳入负面清单管理的领域。破除行业壁垒，推动各行业、各领域在技术、标准、监管等方面充分对接，最大限度减少事前准入限制，加强事中事后监管。继续深化电信体制改革，有序开放电信市场，加快民营资本进入基础电信业务。加快深化商事制度改革，推进投资贸易便利化。（发展改革委、网信办、教育部、科技部、工业和信息化部、民政部、商务部、卫生计生委、工商总局、质检总局等负责）

2. 完善信用支撑体系。加快社会征信体系建设，推进各类信用信息平台无缝对接，打破信息孤岛。加强信用记录、风险预警、违法失信行为等信息资源在线披露和共享，为经营者提供信用信息查询、企业网上身份认证等服务。充分利用互联网积累的信用数据，对现有征信体系和评测体系进行补充和完善，为经济调节、市场监管、社会管理和公共服务提供有力支撑。（发展改革委、人民银行、工商总局、质检总局、网信办等负责）

3. 推动数据资源开放。研究出台国家大数据战略，显著提升国家大数据掌控能力。建立国家政府信息开放统一平台和基础数据资源库，开展公共数据开放利用改革试点，出台政府机构数据开放管理规定。按照重要性和敏感程度分级分类，推进政府和公共信息资源开放共享，支持公众和小微企业充分挖掘信息资源的商业价值，促进互联网应用创新。（发展改革委、工业和信息化部、国务院办公厅、网信办等负责）

4. 加强法律法规建设。针对互联网与各行业融合发展的新特点，加快“互联网+”相关立法工作，研究调整完善不适应“互联网+”发展和管理的现行法规及政策规定。落实加强网络信息保护和信息公开有关规定，加快推动制定网络安全、电子商务、个人信息保护、互联网信息服务管理等法律法规。完善反垄断法配套规则，进一步加大反垄断法执行力度，严格查处信息领域企业垄断行为，

营造互联网公平竞争环境。（法制办、网信办、发展改革委、工业和信息化部、公安部、安全部、商务部、工商总局等负责）

（四）拓展海外合作

1. 鼓励企业抱团出海。结合“一带一路”等国家重大战略，支持和鼓励具有竞争优势的互联网企业联合制造、金融、信息通信等领域企业率先走出去，通过海外并购、联合经营、设立分支机构等方式，相互借力，共同开拓国际市场，推进国际产能合作，构建跨境产业链体系，增强全球竞争力。（发展改革委、外交部、工业和信息化部、商务部、网信办等负责）

2. 发展全球市场应用。鼓励“互联网+”企业整合国内外资源，面向全球提供工业云、供应链管理、大数据分析等网络服务，培育具有全球影响力的“互联网+”应用平台。鼓励互联网企业积极拓展海外用户，推出适合不同市场文化的产品和服务。（商务部、发展改革委、工业和信息化部、网信办等负责）

3. 增强走出去服务能力。充分发挥政府、产业联盟、行业协会及相关中介机构作用，形成支持“互联网+”企业走出去的合力。鼓励中介机构为企业拓展海外市场提供信息咨询、法律援助、税务中介等服务。支持行业协会、产业联盟与企业共同推广中国技术和中国标准，以技术标准走出去带动产品和服务在海外推广应用。（商务部、外交部、发展改革委、工业和信息化部、税务总局、质检总局、网信办等负责）

（五）加强智力建设

1. 加强应用能力培训。鼓励地方各级政府采用购买服务的方式，向社会提供互联网知识技能培训，支持相关研究机构和专家开展“互联网+”基础知识和应用培训。鼓励传统企业与互联网企业建立信息咨询、人才交流等合作机制，促进双方深入交流合作。加强制造业、农业等领域人才特别是企业高层管理人员的互联网技能培训，鼓励互联网人才与传统行业人才双向流动。（科技部、工业和信息化部、人力资源社会保障部、网信办等负责）

2. 加快复合型人才培养。面向“互联网+”融合发展需求，鼓励高校根据发展需要和学校办学能力设置相关专业，注重将国内外前沿研究成果尽快引入相关专业教学中。鼓励各类学校聘请互联网领域高级人才作为兼职教师，加强“互联网+”领域实验教学。（教育部、发展改革委、科技部、工业和信息化部、人力资源社会保障部、网信办等负责）

3. 鼓励联合培养培训。实施产学合作专业综合改革项目，鼓励校企、院企合作办学，推进“互联网+”专业技术人才培训。深化互联网领域产教融合，依托高校、科研机构、企业的智力资源和研究平台，建立一批联合实训基地。建立企业技术中心和院校对接机制，鼓励企业在院校建立“互联网+”研发机构和实验中心。（教育部、发展改革委、科技部、工业和信息化部、人力资源社会保障部、网信办等负责）

4. 利用全球智力资源。充分利用现有人才引进计划和鼓励企业设立海外研发中心等多种方式，引进和培养一批“互联网+”领域高端人才。完善移民、签证等制度，形成有利于吸引人才的分配、激励和保障机制，为引进海外人才提供有利条件。支持通过任务外包、产业合作、学术交流等方式，充分利用全球互联网人才资源。吸引互联网领域领军人才、特殊人才、紧缺人才在我国创业创新和从事教学科研等活动。（人力资源社会保障部、发展改革委、教育部、科技部、网信办等负责）

（六）加强引导支持

1. 实施重大工程包。选择重点领域，加大中央预算内资金投入力度，引导更多社会资本进入，分步骤组织实施“互联网+”重大工程，重点促进以移动互联网、云计算、大数据、物联网为代表的新一代信息技术与制造、能源、服务、农业等领域的融合创新，发展壮大新兴业态，打造新的产业增长点。（发展改革委牵头）

2. 加大财税支持。充分发挥国家科技计划作用，积极投向符合条件的“互联网+”融合创新关键技术研发及应用示范。统筹利用现有财政专项资金，支持“互联网+”相关平台建设和应用示范等。加大政府部门采购云计算服务的力度，探索基于云计算的政务信息化建设运营新机制。鼓励地方政府创新风险补偿机制，探索“互联网+”发展的新模式。（财政部、税务总局、发展改革委、科技部、

网信办等负责)

3. 完善融资服务。积极发挥天使投资、风险投资基金等对"互联网+"的投资引领作用。开展股权众筹等互联网金融创新试点,支持小微企业发展。支持国家出资设立的有关基金投向"互联网+",鼓励社会资本加大对相关创新型企业的投资。积极发展知识产权质押融资、信用保险保单融资增信等服务,鼓励通过债券融资方式支持"互联网+"发展,支持符合条件的"互联网+"企业发行公司债券。开展产融结合创新试点,探索股权和债权相结合的融资服务。降低创新型、成长型互联网企业的上市准入门槛,结合证券法修订和股票发行注册制改革,支持处于特定成长阶段、发展前景好但尚未盈利的互联网企业在创业板上市。推动银行业金融机构创新信贷产品与金融服务,加大贷款投放力度。鼓励开发性金融机构为"互联网+"重点项目建设提供有效融资支持。(人民银行、发展改革委、银监会、证监会、保监会、网信办、开发银行等负责)

(七)做好组织实施

1. 加强组织领导。建立"互联网+"行动实施部际联席会议制度,统筹协调解决重大问题,切实推动行动的贯彻落实。联席会议设办公室,负责具体工作的组织推进。建立跨领域、跨行业的"互联网+"行动专家咨询委员会,为政府决策提供重要支撑。(发展改革委牵头)

2. 开展试点示范。鼓励开展"互联网+"试点示范,推进"互联网+"区域化、链条化发展。支持全面创新改革试验区、中关村等国家自主创新示范区、国家现代农业示范区先行先试,积极开展"互联网+"创新政策试点,破除新兴产业行业准入、数据开放、市场监管等方面政策障碍,研究适应新兴业态特点的税收、保险政策,打造"互联网+"生态体系。(各部门、各地方政府负责)

3. 有序推进实施。各地区、各部门要主动作为,完善服务,加强引导,以动态发展的眼光看待"互联网+",在实践中大胆探索拓展,相互借鉴"互联网+"融合应用成功经验,促进"互联网+"新业态、新经济发展。有关部门要加强统筹规划,提高服务和管理能力。各地区要结合实际,研究制定适合本地的"互联网+"行动落实方案,因地制宜,合理定位,科学组织实施,杜绝盲目建设和重复投资,务实有序推进"互联网+"行动。(各部门、各地方政府负责)

促进大数据发展行动纲要

（2015年08月31日）

大数据是以容量大、类型多、存取速度快、应用价值高为主要特征的数据集合，正快速发展为对数量巨大、来源分散、格式多样的数据进行采集、存储和关联分析，从中发现新知识、创造新价值、提升新能力的新一代信息技术和服务业态。

信息技术与经济社会的交汇融合引发了数据迅猛增长，数据已成为国家基础性战略资源，大数据正日益对全球生产、流通、分配、消费活动以及经济运行机制、社会生活方式和国家治理能力产生重要影响。目前，我国在大数据发展和应用方面已具备一定基础，拥有市场优势和发展潜力，但也存在政府数据开放共享不足、产业基础薄弱、缺乏顶层设计和统筹规划、法律法规建设滞后、创新应用领域不广等问题，亟待解决。为贯彻落实党中央、国务院决策部署，全面推进我国大数据发展和应用，加快建设数据强国，特制定本行动纲要。

一、发展形势和重要意义

全球范围内，运用大数据推动经济发展、完善社会治理、提升政府服务和监管能力正成为趋势，有关发达国家相继制定实施大数据战略性文件，大力推动大数据发展和应用。目前，我国互联网、移动互联网用户规模居全球第一，拥有丰富的数据资源和应用市场优势，大数据部分关键技术研发取得突破，涌现出一批互联网创新企业和创新应用，一些地方政府已启动大数据相关工作。坚持创新驱动发展，加快大数据部署，深化大数据应用，已成为稳增长、促改革、调结构、惠民生和推动政府治理能力现代化的内在需要和必然选择。

（一）大数据成为推动经济转型发展的新动力。以数据流引领技术流、物质流、资金流、人才流，将深刻影响社会分工协作的组织模式，促进生产组织方式的集约和创新。大数据推动社会生产要素的网络化共享、集约化整合、协作化开发和高效化利用，改变了传统的生产方式和经济运行机制，可显著提升经济运行水平和效率。大数据持续激发商业模式创新，不断催生新业态，已成为互联网等新兴领域促进业务创新增值、提升企业核心价值的重要驱动力。大数据产业正在成为新的经济增长点，将对未来信息产业格局产生重要影响。

（二）大数据成为重塑国家竞争优势的新机遇。在全球信息化快速发展的大背景下，大数据已成为国家重要的基础性战略资源，正引领新一轮科技创新。充分利用我国的数据规模优势，实现数据规模、质量和应用水平同步提升，发掘和释放数据资源的潜在价值，有利于更好发挥数据资源的战略作用，增强网络空间数据主权保护能力，维护国家安全，有效提升国家竞争力。

（三）大数据成为提升政府治理能力的新途径。大数据应用能够揭示传统技术方式难以展现的关联关系，推动政府数据开放共享，促进社会事业数据融合和资源整合，将极大提升政府整体数据分析能力，为有效处理复杂社会问题提供新的手段。建立“用数据说话、用数据决策、用数据管理、用数据创新”的管理机制，实现基于数据的科学决策，将推动政府管理理念和社会治理模式进步，加快建设与社会主义市场经济体制和中国特色社会主义事业发展相适应的法治政府、创新政府、廉洁政府和服务型政府，逐步实现政府治理能力现代化。

二、指导思想和总体目标

（一）指导思想。深入贯彻党的十八大和十八届二中、三中、四中全会精神，按照党中央、国务院决策部署，发挥市场在资源配置中的决定性作用，加强顶层设计和统筹协调，大力推动政府信息系统和公共数据互联开放共享，加快政府信息平台整合，消除信息孤岛，推进数据资源向社会开放，增强政府公信力，引导社会发展，服务公众企业；以企业为主体，营造宽松公平环境，加大大数据关键技术研发、产业发展和人才培养力度，着力推进数据汇集和发掘，深化大数据在各行业创新应用，促进大数据产业健康发展；完善法规制度和标准体系，科学规范利用大数据，切实保障数据安全。通过促进大数据发展，加快建设数据强国，释放技术红利、制度红利和创新红利，提升政府治理能力，推动经济转型升级。

（二）总体目标。立足我国国情和现实需要，推动大数据发展和应用在未来5-10年逐步实现以下目标：

打造精准治理、多方协作的社会治理新模式。将大数据作为提升政府治理能力的重要手段，通过高效采集、有效整合、深化应用政府数据和社会数据，提升政府决策和风险防范水平，提高社会治理的精准性和有效性，增强乡村社会治理能力；助力简政放权，支持从事前审批向事中事后监管转变，推动商事制度改革；促进政府监管和社会监督有机结合，有效调动社会力量参与社会治理的积极性。2017年底前形成跨部门数据资源共享共用格局。

建立运行平稳、安全高效的经济运行新机制。充分运用大数据，不断提升信用、财政、金融、税收、农业、统计、进出口、资源环境、产品质量、企业登记监管等领域数据资源的获取和利用能力，丰富经济统计数据来源，实现对经济运行更为准确的监测、分析、预测、预警，提高决策的针对性、科学性和时效性，提升宏观调控以及产业发展、信用体系、市场监管等方面管理效能，保障供需平衡，促进经济平稳运行。

构建以人为本、惠及全民的民生服务新体系。围绕服务型政府建设，在公用事业、市政管理、城乡环境、农村生活、健康医疗、减灾救灾、社会救助、养老服务、劳动就业、社会保障、文化教育、交通旅游、质量安全、消费维权、社区服务等领域全面推广大数据应用，利用大数据洞察民生需求，优化资源配置，丰富服务内容，拓展服务渠道，扩大服务范围，提高服务质量，提升城市辐射能力，推动公共服务向基层延伸，缩小城乡、区域差距，促进形成公平普惠、便捷高效的民生服务体系，不断满足人民群众日益增长的个性化、多样化需求。

开启大众创业、万众创新的创新驱动新格局。形成公共数据资源合理适度开放共享的法规制度和政策体系，2018年底前建成国家政府数据统一开放平台，率先在信用、交通、医疗、卫生、就业、社保、地理、文化、教育、科技、资源、农业、环境、安监、金融、质量、统计、气象、海洋、企业登记监管等重要领域实现公共数据资源合理适度向社会开放，带动社会公众开展大数据增值性、公益性开发和创新应用，充分释放数据红利，激发大众创业、万众创新活力。

培育高端智能、新兴繁荣的产业发展新生态。推动大数据与云计算、物联网、移动互联网等新一代信息技术融合发展，探索大数据与传统产业协同发展的新业态、新模式，促进传统产业转型升级和新兴产业发展，培育新的经济增长点。形成一批满足大数据重大应用需求的产品、系统和解决方案，建立安全可信的大数据技术体系，大数据产品和服务达到国际先进水平，国内市场占有率显著提高。培育一批面向全球的骨干企业和特色鲜明的创新型中小企业。构建形成政产学研用多方联动、协调发展的大数据产业生态体系。

三、主要任务

（一）加快政府数据开放共享，推动资源整合，提升治理能力

1. 大力推动政府部门数据共享。加强顶层设计和统筹规划，明确各部门数据共享的范围边界和使用方式，厘清各部门数据管理及共享的义务

和权利，依托政府数据统一共享交换平台，大力推进国家人口基础信息库、法人单位信息资源库、自然资源和空间地理基础信息库等国家基础数据资源，以及金税、金关、金财、金审、金盾、金宏、金保、金土、金农、金水、金质等信息系统跨部门、跨区域共享。加快各地区、各部门、各有关企事业单位及社会组织信用信息系统的互联互通和信息共享，丰富面向公众的信用信息服务，提高政府服务和监管水平。结合信息惠民工程实施和智慧城市建设，推动中央部门与地方政府条块结合、联合试点，实现公共服务的多方数据共享、制度对接和协同配合。

2. 稳步推动公共数据资源开放。在依法加强安全保障和隐私保护的前提下，稳步推动公共数据资源开放。推动建立政府部门和事业单位等公共机构数据资源清单，按照“增量先行”的方式，加强对政府部门数据的国家统筹管理，加快建设国家政府数据统一开放平台。制定公共机构数据开放计划，落实数据开放和维护责任，推进公共机构数据资源统一汇聚和集中向社会开放，提升政府数据开放共享标准化程度，优先推动信用、交通、医疗、卫生、就业、社保、地理、文化、教育、科技、资源、农业、环境、安监、金融、质量、统计、气象、海洋、企业登记监管等民生保障服务相关领域的政府数据集向社会开放。建立政府和社会互动的大数据采集形成机制，制定政府数据共享开放目录。通过政务数据公开共享，引导企业、行业协会、科研机构、社会组织等主动采集并开放数据。

3. 统筹规划大数据基础设施建设。结合国家政务信息化工程建设规划，统筹政务数据资源和社会数据资源，布局国家大数据平台、数据中心等基础设施。加快完善国家人口基础信息库、法人单位信息资源库、自然资源和空间地理基础信息库等基础信息资源和健康、就业、社保、能源、信用、统计、质量、国土、农业、城乡建设、企业登记监管等重要领域信息资源，加强与社会大数据的汇聚整合和关联分析。推动国民经济动员大数据应用。加强军民信息资源共享。充分利用现有企业、政府等数据资源和平台设施，注重对现有数据中心及服务器资源的改造和利用，建设绿色环保、低成本、高效率、基于云计算的大数据基础设施和区域性、行业性数据汇聚平台，避免盲目建设和重复投资。加强对互联网重要数据资源的备份及保护。

4. 支持宏观调控科学化。建立国家宏观调控数据体系，及时发布有关统计指标和数据，强化互联网数据资源利用和信息服务，加强与政务数据资源的关联分析和融合利用，为政府开展金融、税收、审计、统计、农业、规划、消费、投资、进出口、城乡建设、劳动就业、收入分配、电力及产业运行、质量安全、节能减排等领域运行动态监测、产业安全预测预警以及转变发展方式分析决策提供信息支持，提高宏观调控的科学性、预见性和有效性。

5. 推动政府治理精准化。在企业监管、质量安全、节能降耗、环境保护、食品安全、安全生产、信用体系建设、旅游服务等领域，推动有关政府部门和企事业单位将市场监管、检验检测、违法失信、企业生产经营、销售物流、投诉举报、消费维权等数据进行汇聚整合和关联分析，统一公示企业信用信息，预警企业不正当行为，提升政府决策和风险防范能力，支持加强事中事后监管和服务，提高监管和服务的针对性、有效性。推动改进政府管理和公共治理方式，借助大数据实现政府负面清单、权力清单和责任清单的透明化管理，完善大数据监督和技术反腐体系，促进政府简政放权、依法行政。

6. 推进商事服务便捷化。加快建立公民、法人和其他组织统一社会信用代码制度，依托全国统一的信用信息共享交换平台，建设企业信用信息公示系统和“信用中国”网站，共享整合各地区、各领域信用信息，为社会公众提供查询注册登记、行政许可、行政处罚等各类信用信息的一站式服务。在全面实行工商营业执照、组织机构代码证和税务登记证“三证合一”“一照一码”登记制度改革中，积极运用大数据手段，简化办理程序。建立项目并联审批平台，形成网上审批大数据资源库，实现跨部门、跨层级项目审批、核准、备案的统一受理、同步审查、信息共享、透明公开。鼓励政府部门高效采集、有效整合并充分运用政府数据和社会数据，掌握企业需求，推动行政管理流程优化再造，在注册登记、市场准入等商事服务中提供更加便捷有效、更有针对性的服务。利用大数据等手段，密切跟踪中小微企业特别是新设小微企业运行情况，为完善相关政策提供支持。

7. 促进安全保障高效化。加强有关执法部门间的数据流通，在法律许可和确保安全的前提下，加强对社会治理相关领域数据的归集、发掘及关联分析，强化对妥善应对和处理重大突发公共事件的数据支持，提高公共安全保障能力，推动构建智能防控、综合治理的公共安全体系，维护国家安全和社会安定。

8. 加快民生服务普惠化。结合新型城镇化发展、信息惠民工程实施和智慧城市建设，以优化提升民生服务、激发社会活力、促进大数据应用市场化服务为重点，引导鼓励企业和社会机构开展创新应用研究，深入发掘公共服务数据，在城乡建设、人居环境、健康医疗、社会救助、养老服务、劳动就业、社会保障、质量安全、文化教育、交通旅游、消费维权、城乡服务等领域开展大数据应用示范，推动传统公共服务数据与互联网、移动互联网、可穿戴设备等数据的汇聚整合，开发各类便民应用，优化公共资源配置，提升公共服务水平。

（二）推动产业创新发展，培育新兴业态，助力经济转型

1. 发展工业大数据。推动大数据在工业研发设计、生产制造、经营管理、市场营销、售后服务等产品全生命周期、产业链全流程各环节的应用，分析感知用户需求，提升产品附加价值，打造智能工厂。建立面向不同行业、不同环节的工业大数据资源聚合和分析应用平台。抓住互联网跨界融合机遇，促进大数据、物联网、云计算和三维（3D）打印技术、个性化定制等在制造业全产业链集成运用，推动制造模式变革和工业转型升级。

2. 发展新兴产业大数据。大力培育互联网金融、数据服务、数据探矿、数据化学、数据材料、数据制药等新业态，提升相关产业大数据资源的采集获取和分析利用能力，充分发掘数据资源支撑创新的潜力，带动技术研发体系创新、管理方式变革、商业模式创新和产业价值链体系重构，推动跨领域、跨行业的数据融合和协同创新，促进战略性新兴产业发展、服务业创新发展和信息消费扩大，探索形成协同发展的新业态、新模式，培育新的经济增长点。

3. 发展农业农村大数据。构建面向农业农村的综合信息服务体系，为农民生产生活提供综合、高效、便捷的信息服务，缩小城乡数字鸿沟，促进城乡发展一体化。加强农业农村经济大数据建设，完善村、县相关数据采集、传输、共享基础设施，建立农业农村数据采集、运算、应用、服务体系，强化农村生态环境治理，增强乡村社会治理能力。统筹国内国际农业数据资源，强化农业资源要素数据的集聚利用，提升预测预警能力。整合构建国家涉农大数据中心，推进各地区、各行业、各领域涉农数据资源的共享开放，加强数据资源发掘运用。加快农业大数据关键技术研发，加大示范力度，提升生产智能化、经营网络化、管理高效化、服务便捷化能力和水平。

4. 发展万众创新大数据。适应国家创新驱动发展战略，实施大数据创新行动计划，鼓励企业和公众发掘利用开放数据资源，激发创新创业活力，促进创新链和产业链深度融合，推动大数据发展与科研创新有机结合，形成大数据驱动型的科研创新模式，打通科技创新和经济社会发展之间的通道，推动万众创新、开放创新和联动创新。

5. 推进基础研究和核心技术攻关。围绕数据科学理论体系、大数据计算系统与分析理论、大数据驱动的颠覆性应用模型探索等重大基础研究进行前瞻布局，开展数据科学研究，引导和鼓励在大数据理论、方法及关键应用技术等方面展开探索。采取政产学研用相结合的协同创新模式和基于开源社区的开放创新模式，加强海量数据存储、数据清洗、数据分析发掘、数据可视化、信息安全与隐私保护等领域关键技术攻关，形成安全可靠的大数据技术体系。支持自然语言理解、机器学习、深度学习等人工智能技术创新，提升数据分析处理能力、知识发现能力和辅助决策能力。

6. 形成大数据产品体系。围绕数据采集、整理、分析、发掘、展现、应用等环节，支持大型通用海量数据存储与管理软件、大数据分析发掘软件、数据可视化软件等软件产品和海量数据存储设备、大数据一体机等硬件产品发展，带动芯片、操作系统等信息技术核心基础产品发展，打造较为健全的大数据产品体系。大力发展与重点行业领域业务流程及数据应用需求深度融合的大数据解

决方案。

7. 完善大数据产业链。支持企业开展基于大数据的第三方数据分析发掘服务、技术外包服务和知识流程外包服务。鼓励企业根据数据资源基础和业务特色,积极发展互联网金融和移动金融等新业态。推动大数据与移动互联网、物联网、云计算的深度融合,深化大数据在各行业的创新应用,积极探索创新协作共赢的应用模式和商业模式。加强大数据应用创新能力建设,建立政产学研用联动、大中小企业协调发展的大数据产业体系。建立和完善大数据产业公共服务支撑体系,组建大数据开源社区和产业联盟,促进协同创新,加快计量、标准化、检验检测和认证认可等大数据产业质量技术基础建设,加速大数据应用普及。

(三)强化安全保障,提高管理水平,促进健康发展

1. 健全大数据安全保障体系。加强大数据环境下的网络安全问题研究和基于大数据的网络安全技术研究,落实信息安全等级保护、风险评估等网络安全制度,建立健全大数据安全保障体系。建立大数据安全评估体系。切实加强关键信息基础设施安全防护,做好大数据平台及服务商的可靠性及安全性评测、应用安全评测、监测预警和风险评估。明确数据采集、传输、存储、使用、开放等各环节保障网络安全的范围边界、责任主体和具体要求,切实加强对涉及国家利益、公共安全、商业秘密、个人隐私、军工科研生产等信息的保护。妥善处理发展创新与保障安全的关系,审慎监管,保护创新,探索完善安全保密管理规范措施,切实保障数据安全。

2. 强化安全支撑。采用安全可信产品和服务,提升基础设施关键设备安全可靠水平。建设国家网络安全信息汇聚共享和关联分析平台,促进网络安全相关数据融合和资源合理分配,提升重大网络安全事件应急处理能力;深化网络安全防护体系和态势感知能力建设,增强网络空间安全防护和安全事件识别能力。开展安全监测和预警通报工作,加强大数据环境下防攻击、防泄露、防窃取的监测、预警、控制和应急处置能力建设。

四、政策机制

(一)完善组织实施机制。建立国家大数据发展和应用统筹协调机制,推动形成职责明晰、协同推进的工作格局。加强大数据重大问题研究,加快制定出台配套政策,强化国家数据资源统筹管理。加强大数据与物联网、智慧城市、云计算等相关政策、规划的协同。加强中央与地方协调,引导地方各级政府结合自身条件合理定位、科学谋划,将大数据发展纳入本地区经济社会和城镇化发展规划,制定出台促进大数据产业发展的政策措施,突出区域特色和分工,抓好措施落实,实现科学有序发展。设立大数据专家咨询委员会,为大数据发展应用及相关工程实施提供决策咨询。各有关部门要进一步统一思想,认真落实本行动纲要提出的各项任务,共同推动形成公共信息资源共享共用和大数据产业健康安全发展的良好格局。

(二)加快法规制度建设。修订政府信息公开条例。积极研究数据开放、保护等方面制度,实现对数据资源采集、传输、存储、利用、开放的规范管理,促进政府数据在风险可控原则下最大程度开放,明确政府统筹利用市场主体大数据的权限及范围。制定政府信息资源管理办法,建立政府部门数据资源统筹管理和共享复用制度。研究推动网上个人信息保护立法工作,界定个人信息采集应用的范围和方式,明确相关主体的权利、责任和义务,加强对数据滥用、侵犯个人隐私等行为的管理和惩戒。推动出台相关法律法规,加强对基础信息网络和关键行业领域重要信息系统的安全保护,保障网络数据安全。研究推动数据资源权益相关立法工作。

(三)健全市场发展机制。建立市场化的数据应用机制,在保障公平竞争的前提下,支持社会资本参与公共服务建设。鼓励政府与企业、社会机构开展合作,通过政府采购、服务外包、社会众包等多种方式,依托专业企业开展政府大数据应用,降低社会管理成本。引导培育大数据交易市场,开展面向应用的数据交易市场试点,探索开展大数据衍生产品交易,鼓励产业链各环节市场主体进行数据交换和交易,促进数据资源流通,建立健

全数据资源交易机制和定价机制，规范交易行为。

（四）建立标准规范体系。推进大数据产业标准体系建设，加快建立政府部门、事业单位等公共机构的数据标准和统计标准体系，推进数据采集、政府数据开放、指标口径、分类目录、交换接口、访问接口、数据质量、数据交易、技术产品、安全保密等关键共性标准的制定和实施。加快建立大数据市场交易标准体系。开展标准验证和应用试点示范，建立标准符合性评估体系，充分发挥标准在培育服务市场、提升服务能力、支撑行业管理等方面的作用。积极参与相关国际标准制定工作。

（五）加大财政金融支持。强化中央财政资金引导，集中力量支持大数据核心关键技术攻关、产业链构建、重大应用示范和公共服务平台建设等。利用现有资金渠道，推动建设一批国际领先的重大示范工程。完善政府采购大数据服务的配套政策，加大对政府部门和企业合作开发大数据的支持力度。鼓励金融机构加强和改进金融服务，加大对大数据企业的支持力度。鼓励大数据企业进入资本市场融资，努力为企业重组并购创造更加宽松的金融政策环境。引导创业投资基金投向大数据产业，鼓励设立一批投资于大数据产业领域的创业投资基金。

（六）加强专业人才培养。创新人才培养模式，建立健全多层次、多类型的大数据人才培养体系。鼓励高校设立数据科学和数据工程相关专业，重点培养专业化数据工程师等大数据专业人才。鼓励采取跨校联合培养等方式开展跨学科大数据综合型人才培养，大力培养具有统计分析、计算机技术、经济管理等多学科知识的跨界复合型人才。鼓励高等院校、职业院校和企业合作，加强职业技能人才实践培养，积极培育大数据技术和应用创新型人才。依托社会化教育资源，开展大数据知识普及和教育培训，提高社会整体认知和应用水平。

（七）促进国际交流合作。坚持平等合作、互利共赢的原则，建立完善国际合作机制，积极推进大数据技术交流与合作，充分利用国际创新资源，促进大数据相关技术发展。结合大数据应用创新需要，积极引进大数据高层次人才和领军人才，完善配套措施，鼓励海外高端人才回国就业创业。引导国内企业与国际优势企业加强大数据关键技术、产品的研发合作，支持国内企业参与全球市场竞争，积极开拓国际市场，形成若干具有国际竞争力的大数据企业和产品。

国务院办公厅关于推进线上线下互动加快商贸流通创新发展转型升级的意见

（2015年09月29日）

各省、自治区、直辖市人民政府，国务院各部委、各直属机构：

近年来，移动互联网等新一代信息技术加速发展，技术驱动下的商业模式创新层出不穷，线上线下互动成为最具活力的经济形态之一，成为促进消费的新途径和商贸流通创新发展的新亮点。大力发展线上线下互动，对推动实体店转型，促进商业模式创新，增强经济发展新动力，服务大众创业、万众创新具有重要意义。为落实国务院决策部署，推进线上线下互动，加快商贸流通创新发展和转型升级，经国务院同意，现提出以下意见：

一、鼓励线上线下互动创新

（一）支持商业模式创新。包容和鼓励商业模式创新，释放商贸流通市场活力。支持实体店通过互联网展示、销售商品和服务，提升线下体验、配送和售后等服务，加强线上线下互动，促进线上线下融合，不断优化消费路径、打破场景限制、提高服务水平。鼓励实体店通过互联网与消费者建立全渠道、全天候互动，增强体验功能，发展体验消费。鼓励消费者通过互联网建立直接联系，开展合作消费，提高闲置资源配置和使用效率。鼓励实体商贸流通企业通过互联网强化各行业内、行业间分工合作，提升社会化协作水平。（商务部、网信办、发展改革委、工业和信息化部、地方各级人民政府）

（二）鼓励技术应用创新。加快移动互联网、大数据、物联网、云计算、北斗导航、地理位置服务、生物识别等现代信息技术在认证、交易、支付、物流等商务环节的应用推广。鼓励建设商务公共服务云平台，为中小微企业提供商业基础技术应用服务。鼓励开展商品流通全流程追溯和查询服务。支持大数据技术在商务领域深入应用，利用商务大数据开展事中事后监管和服务方式创新。支持商业网络信息系统提高安全防范技术水平，将用户个人信息保护纳入网络安全防护体系。（商务部、工业和信息化部、发展改革委、地方各级人民政府）

（三）促进产品服务创新。鼓励企业利用互联网逆向整合各类生产要素资源，按照消费需求打造个性化产品。深度开发线上线下互动的可穿戴、智能化商品市场。鼓励第三方电子商务平台与制造企业合作，利用电子商务优化供应链和服务链体系，发展基于互联网的装备远程监控、运行维护、技术支持等服务市场。支持发展面向企业和创业者的平台开发、网店建设、代运营、网络推广、信息处理、数据分析、信用认证、管理咨询、在线培训等第三方服务，为线上线下互动创新发展提供专业化的支撑保障。鼓励企业通过虚拟社区等多种途径获取、转化和培育稳定的客户群体。（商务部、工业和信息化部、网信办、地方各级人民政府）

二、激发实体商业发展活力

（四）推进零售业改革发展。鼓励零售企业转变经营方式，支持受线上模式冲击的实体店调整重组，提高自营商品比例，加大自主品牌、定制化商品比重，深入发展连锁经营。鼓励零售企业利用互联网技术推进实体店铺数字化改造，增强店面场景化、立体化、智能化展示功能，开展全渠道营销。鼓励大型实体店不断丰富消费体验，向智能化、多样化商业服务综合体转型，增加餐饮、休闲、娱乐、文化等设施，由商品销售为主转向“商品+服务”并重。鼓励中小实体店发挥靠近消费者优势，完善便利服务体系，增加快餐、缴费、网订店取、社区配送等附加便民服务功能。鼓励互联网企业加强与实体店合作，推动线上交流互动、引客聚客、精准营销等优势和线下真实体验、品牌信誉、物流配送等优势相融合，促进组织管理扁平化、设施设备智能化、商业主体在线化、商业客体数据化和服务作业标准化。（商务部、发展改革委）支持新型农业经营主体对接电子商务平台，有效衔接产需信息，推动农产品线上营销与线下流通融合发展。鼓励农业生产资料经销企业发展电子商务，促进农业生产资料网络营销。（农业部、发展改革委）支持零售企业线上线下结合，开拓国际市场，发展跨境网络零售。（商务部）

（五）加快批发业转型升级。鼓励传统商品交易市场利用互联网做强交易撮合、商品集散、价格发现和信息交互等传统功能，增强物流配送、质量标准、金融服务、研发设计、展览展示、咨询服务等新型功能。鼓励传统批发企业应用互联网技术建设供应链协同平台，向生产、零售环节延伸，实现由商品批发向供应链管理服务的转变。支持发展品牌联盟或建设品牌联合采购平台，集聚品牌资源，降低采购成本。深化电子商务应用，引导商品交易市场向电子商务园区、物流园区转型。以电子商务和现代物流为核心，推动大宗商品交易市场优化资源配置、提高流通效率。鼓励线上行业信息服务平台向综合交易服务平台转型，围绕客户需求组织线下展示会、洽谈会、交易会，为行业发展提供全方位垂直纵深服务。（商务部、工业和信息化部、发展改革委）

（六）转变物流业发展方式。运用互联网技术大力推进物流标准化，重点推进快递包裹、托盘、技术接口、运输车辆标准化，推进信息共享和互联互通，促进多式联运发展。大力发展智慧物流，运用北斗导航、大数据、物联网等技术，构建智能化物流通道网络，建设智能化仓储体系、配送系统。发挥互联网平台实时、高效、精准的优势，对线下运输车辆、仓储等资源进行合理调配、整合利用，提高物流资源使用效率，实现运输工具和货物的实时跟踪和在线化、可视化管理，鼓励依托互联网平台的“无车承运人”发展。推广城市共同配送模式，支持物流综合信息服务平台建设。鼓励企业在出口重点国家建设海外仓，推进跨境电子商务发展。（发展改革委、商务部、交通运输部、邮政局、国家标准委）

（七）推进生活服务业便利化。大力推动吃住行及旅游、娱乐等生活服务业在线化，促进线上交易和线下服务相结合，提供个性化、便利化服务。鼓励餐饮企业发展在线订餐、团购、外卖配送等服务。支持住宿企业开展在线订房服务。鼓励交通客运企业、旅游景点及文化演艺单位开展在线订票、在线订座、门票配送等服务。支持家政、洗染、维修、美发等行业开展网上预约、上门服务等业务。鼓励互联网平台企业汇聚线下实体的闲置资源，发展民宿、代购、合乘出行等合作消费服务。（商务部、旅游局、文化部、交通运输部）

（八）加快商务服务业创新发展。鼓励展览企业建设网上展示交易平台，鼓励线上企业服务实体展会，打造常态化交流对接平台，提高会展服务智能化、精细化水平。支持举办中国国际电子商务博览会，发现创新、引导创新、推广创新。提升商务咨询服务网络化水平。（商务部）提升知识产权维权服务水平。（知识产权局）积极探索基于互联网的新型服务贸易发展方式，培育服务新业态，推动服务贸易便利化，提升商务服务业国际化水平。（商务部）

三、健全现代市场体系

（九）推进城市商业智能化。深入推进智慧城市建设，鼓励具备条件的城市探索构建线上线下互动的体验式智慧商圈，支持商圈无线网络基础设施建设，完善智能交通引导、客流疏导、信息推送、移动支付、消费互动、物流配送等功能，健全商圈消费体验评价、信息安全保护、商家诚信积累和消费者权益保障体系。实施特色商业街区示范建设工程,鼓励各地基于互联网技术培育一批具有产业特色、经营特色、文化特色的多功能、多业态商业街区。(商务部、发展改革委、科技部、工业和信息化部、人民银行、工商总局、地方各级人民政府)

(十)推进农村市场现代化。开展电子商务进农村综合示范,推动电子商务企业开拓农村市场,构建农产品进城、工业品下乡的双向流通体系。(商务部、财政部)引导电子商务企业与农村邮政、快递、供销、"万村千乡市场工程"、交通运输等既有网络和优势资源对接合作,对农村传统商业网点升级改造,健全县、乡、村三级农村物流服务网络。加快全国农产品商务信息服务公共平台建设。(商务部、交通运输部、邮政局、供销合作总社、发展改革委)大力发展农产品电子商务,引导特色农产品主产区县市在第三方电子商务平台开设地方特色馆。(商务部、地方各级人民政府)推进农产品"生产基地+社区直配"示范,带动订单农业发展,提高农产品标准化水平。加快信息进村入户步伐,加强村级信息服务站建设,强化线下体验功能,提高新型农业经营主体电子商务应用能力。(农业部)

(十一)推进国内外市场一体化。鼓励应用互联网技术实现国内国外两个市场无缝对接,推进国内资本、技术、设备、产能与国际资源、需求合理适配,重点围绕"一带一路"战略及开展国际产能和装备制造合作,构建国内外一体化市场。(商务部、发展改革委、网信办)深化京津冀、长江经济带、"一带一路"、东北地区和泛珠三角四省区(福建、广东、广西、海南)区域通关一体化改革,推进全国一体化通关管理。(海关总署)建立健全适应跨境电子商务的监管服务体系,提高贸易便利化水平。(商务部、海关总署、财政部、税务总局、质检总局、外汇局)

四、完善政策措施

(十二)推进简政放权。除法律、行政法规和国务院决定外,各地方、各部门一律不得增设线上线下互动企业市场准入行政审批事项。根据线上线下互动特点,调整完善市场准入资质条件,加快公共服务领域资源开放和信息共享。(有关部门按职能分工分别负责)简化市场主体住所(经营场所)登记手续,推进一照多址、一址多照、集群注册等住所登记制度改革,为连锁企业、网络零售企业和快递企业提供便利的登记注册服务。(工商总局)

(十三)创新管理服务。坚持促进发展、规范秩序和保护权益并举,坚持在发展中逐步规范、在规范中更好发展。注意规范方式,防止措施失当导致新兴业态丧失发展环境。创新管理理念、管理体制和管理方式,建立与电子商务发展需要相适应的管理体制和服务机制,促进线上线下互动,充分发挥流通在经济发展中的基础性和先导性作用。开展商务大数据建设和应用,服务监管创新,支持电子商务产品品牌推广。(商务部、工商总局、质检总局)在不改变用地主体、规划条件的前提下,各类市场主体利用存量房产、土地资源发展线上线下互动业务的,可在5年内保持土地原用途、权利类型不变,5年期满后确需办理变更手续的,按有关规定办理。(国土资源部)

(十四)加大财税支持力度。充分发挥市场在资源配置中的决定性作用,突出社会资本推动线上线下融合发展的主体地位。同时发挥财政资金的引导作用,促进电子商务进农村。(财政部、商务部)营造线上线下企业公平竞争的税收环境。(财政部、税务总局)线上线下互动发展企业符合高新技术企业或技术先进型服务企业认定条件的,可按现行税收政策规定享受有关税收优惠。(财政部、科技部、税务总局)积极推广网上办税服务和电子发票应用。(税务总局、财政部、发展改革委、商务部)

(十五)加大金融支持力度。支持线上线下互动企业引入天使投资、创业投资、私募股权投资,发行企业债券、公司债券、资产支持证券,支持不同发展阶段和特点的线上线下互动企业上市融资。支持金融机构和互联网企业依法合规创新金融产品和服务,加快发展互联网支付、移动支付、跨境支付、股权众筹融资、供应链金融等互联网金融业务。完善支付服务市场法律制度,建立非银

行支付机构常态化退出机制，促进优胜劣汰和资源整合。健全互联网金融征信体系。（人民银行、发展改革委、银监会、证监会）

（十六）规范市场秩序。创建公平竞争的创业创新环境和规范诚信的市场环境，加强知识产权和消费者权益保护，防止不正当竞争和排除、限制竞争的垄断行为。推进社会诚信体系建设，强化经营主体信息公开披露，推动行政许可、行政处罚信息7个工作日内上网公开。建立健全电子商务信用记录，纳入"信用中国"网站和统一的信用信息共享交换平台，完善电子商务信用管理和信息共享机制。切实加强线上线下一体化监管和事中事后监管，健全部门联动防范机制，严厉打击网络领域制售假冒伪劣商品、侵犯知识产权、传销、诈骗等违法犯罪行为。（商务部、发展改革委、工业和信息化部、公安部、工商总局、质检总局、食品药品监管总局、知识产权局）

（十七）加强人才培养。鼓励各类企业、培训机构、大专院校、行业协会培养综合掌握商业经营管理和信息化应用知识的高端紧缺人才。支持有条件的地区建设电子商务人才继续教育基地，开展实用型电子商务人才培训。支持开展线上线下互动创新相关培训，引进高端复合型电子商务人才，为线上线下互动企业创新发展提供服务。（商务部、人力资源社会保障部、地方各级人民政府）

（十八）培育行业组织。支持行业协会组织根据本领域行业特点和发展需求制订行业服务标准和服务规范，倡导建立良性商业规则，促进行业自律发展。发挥第三方检验检测认证机构作用，保障商品和服务质量，监督企业遵守服务承诺，维护消费者、企业及个体创业者的正当权益。（商务部、工商总局、质检总局）

各地区、各部门要加强组织领导和统筹协调，结合本地区、本部门实际制订具体实施方案，明确工作分工，落实工作责任。商务部要会同有关部门做好业务指导和督促检查工作，重大情况及时报告国务院。

国务院办公厅关于促进农村电子商务加快发展的指导意见

（2015年11月09日）

各省、自治区、直辖市人民政府，国务院各部委、各直属机构：

农村电子商务是转变农业发展方式的重要手段，是精准扶贫的重要载体。通过大众创业、万众创新，发挥市场机制作用，加快农村电子商务发展，把实体店与电商有机结合，使实体经济与互联网产生叠加效应，有利于促消费、扩内需，推动农业升级、农村发展、农民增收。经国务院批准，现就促进农村电子商务加快发展提出以下意见：

一、指导思想

全面贯彻党的十八大和十八届三中、四中、五中全会精神，落实国务院决策部署，按照全面建成小康社会目标和新型工业化、信息化、城镇化、农业现代化同步发展的要求，深化农村流通体制改革，创新农村商业模式，培育和壮大农村电子商务市场主体，加强基础设施建设，完善政策环境，加快发展线上线下融合、覆盖全程、综合配套、安全高效、便捷实惠的现代农村商品流通和服务网络。

二、发展目标

到2020年，初步建成统一开放、竞争有序、诚信守法、安全可靠、绿色环保的农村电子商务市场体系，农村电子商务与农村一二三产业深度融合，在推动农民创业就业、开拓农村消费市场、带动农村扶贫开发等方面取得明显成效。

三、重点任务

（一）积极培育农村电子商务市场主体。充分发挥现有市场资源和第三方平台作用，培育多元化农村电子商务市场主体，鼓励电商、物流、商贸、金融、供销、邮政、快递等各类社会资源加强合作，构建农村购物网络平台，实现优势资源的对接与整合，参与农村电子商务发展。

（二）扩大电子商务在农业农村的应用。在农业生产、加工、流通等环节，加强互联网技术应用和推广。拓宽农产品、民俗产品、乡村旅游等市场，在促进工业品、农业生产资料下乡的同时，为农产品进城拓展更大空间。加强运用电子商务大数据引导农业生产，促进农业发展方式转变。

（三）改善农村电子商务发展环境。硬环境方面，加强农村流通基础设施建设，提高农村宽带普及率，加强农村公路建设，提高农村物流配送能力；软环境方面，加强政策扶持，加强人才培养，营造良好市场环境。

四、政策措施

（一）加强政策扶持。深入开展电子商务进农村综合示范，优先在革命老区和贫困地区实施，有关财政支持资金不得用于网络交易平台的建设。制订出台农村电子商务服务规范和工作指引，指导地方开展工作。加快推进信息进村入户工作。

加快推进适应电子商务的农产品分等分级、包装运输标准制定和应用。把电子商务纳入扶贫开发工作体系，以建档立卡贫困村为工作重点，提升贫困户运用电子商务创业增收的能力，鼓励引导电商企业开辟革命老区和贫困地区特色农产品网上销售平台，与合作社、种养大户等建立直采直供关系，增加就业和增收渠道。

（二）鼓励和支持开拓创新。鼓励地方、企业等因地制宜，积极探索农村电子商务新模式。开展农村电子商务创新创业大赛，调动返乡高校毕业生、返乡青年和农民工、大学生村官、农村青年、巾帼致富带头人、退伍军人等参与农村电子商务的积极性。开展农村电子商务强县创建活动，发挥其带动和引领作用。鼓励供销合作社创建农产品电子商务交易平台。引导各类媒体加大农村电子商务宣传力度，发掘典型案例，推广成功经验。

（三）大力培养农村电商人才。实施农村电子商务百万英才计划，对农民、合作社和政府人员等进行技能培训，增强农民使用智能手机的能力，积极利用移动互联网拓宽电子商务渠道，提升为农民提供信息服务的能力。有条件的地区可以建立专业的电子商务人才培训基地和师资队伍，努力培养一批既懂理论又懂业务、会经营网店、能带头致富的复合型人才。引导具有实践经验的电子商务从业者从城镇返乡创业，鼓励电子商务职业经理人到农村发展。

（四）加快完善农村物流体系。加强交通运输、商贸流通、农业、供销、邮政等部门和单位及电商、快递企业对相关农村物流服务网络和设施的共享衔接，加快完善县乡村农村物流体系，鼓励多站合一、服务同网。鼓励传统农村商贸企业建设乡镇商贸中心和配送中心，发挥好邮政普遍服务的优势，发展第三方配送和共同配送，重点支持老少边穷地区物流设施建设，提高流通效率。加强农产品产地集配和冷链等设施建设。

（五）加强农村基础设施建设。完善电信普遍服务补偿机制，加快农村信息基础设施建设和宽带普及。促进宽带网络提速降费，结合农村电子商务发展，持续提高农村宽带普及率。以建制村通硬化路为重点加快农村公路建设，推进城乡客运一体化，推动有条件的地区实施农村客运线路公交化改造。

（六）加大金融支持力度。鼓励村级电子商务服务点、助农取款服务点相互依托建设，实现优势互补、资源整合，提高利用效率。支持银行业金融机构和支付机构研发适合农村特点的网上支付、手机支付、供应链贷款等金融产品，加强风险控制，保障客户信息和资金安全。加大对电子商务创业农民尤其是青年农民的授信和贷款支持。简化农村网商小额短期贷款手续。符合条件的农村网商，可按规定享受创业担保贷款及贴息政策。

（七）营造规范有序的市场环境。加强网络市场监管，强化安全和质量要求，打击制售假冒伪劣商品、虚假宣传、不正当竞争和侵犯知识产权等违法行为，维护消费者合法权益，促进守法诚信经营。督促第三方平台加强内部管理，规范主体准入，遏制“刷信用”等欺诈行为。维护公平竞争的市场秩序，推进农村电子商务诚信建设。

五、组织实施

各地区、各部门要进一步提高认识，加强组织领导和统筹协调，落实工作责任，完善工作机制，切实抓好各项政策措施的落实。

地方各级人民政府特别是县级人民政府要结合本地实际，因地制宜制订实施方案，出台具体措施；充分发挥农村基层组织的带头作用，整合农村各类资源，积极推动农村电子商务发展。同时，加强规划引导，防止盲目发展和低水平竞争。

各部门要明确分工，密切协作，形成合力。商务部要会同有关部门加强统筹协调、跟踪督查，及时总结和推广经验，确保各项任务措施落实到位。

国务院办公厅关于深入实施“互联网+流通”行动计划的意见

（2016年04月21日）

各省、自治区、直辖市人民政府，国务院各部委、各直属机构：

“互联网+流通”正在成为大众创业、万众创新最具活力的领域，成为经济社会实现创新、协调、绿色、开放、共享发展的重要途径。实施“互联网+流通”行动计划，有利于推进流通创新发展，推动实体商业转型升级，拓展消费新领域，促进创业就业，增强经济发展新动能。为贯彻落实国务院决策部署，深入实施“互联网+流通”行动计划，进一步推进线上线下融合发展，从供需两端发力，实现稳增长、扩消费、强优势、补短板、降成本、提效益，经国务院同意，现提出以下意见：

一、加快推动流通转型升级

以满足消费者需求为中心，积极开展全渠道经营，支持企业突出商品和服务特色，充分应用移动互联网、物联网、大数据等信息技术，在营销、支付、售后服务等方面线上线下互动，全方位、全天候满足消费需求，降低消费成本。（商务部、国家发展改革委、新闻出版广电总局，地方各级人民政府）大力发展体验消费，引导有条件的企业利用现有商业设施改造发展消费体验示范中心，合理布局购物、餐饮、休闲、娱乐、文化、培训、体育、保健等体验式消费业态，增强实体店体验式、全程式服务能力。（商务部、文化部、新闻出版广电总局、体育总局，地方各级人民政府）着力提高供应链管理控制能力，鼓励百货等零售业态积极发展“买手制”，不断提高自营和自主品牌商品比例，通过发展连锁经营、采购联盟等多种组织形式降本增效，提高利用信息化、网络化、智能化技术实现转型升级的能力。（商务部、国家发展改革委，地方各级人民政府）增强老字号等传统品牌影响力，积极运用互联网，创新生产工艺和商业模式，弘扬民族、技艺等优秀传统文化，开展知名品牌示范区创建工作，线上线下互动传播中国品牌。（商务部、工业和信息化部、文化部、质检总局，地方各级人民政府）推动商品交易市场利用互联网创新商业模式，拓展服务功能，加快平台化发展，以转型升级实现市场结构优化、提质增效，带动产业优化重组，发挥好引导生产、促进消费的作用。（商务部、国家发展改革委、国土资源部，地方各级人民政府）

二、积极推进流通创新发展

鼓励发展分享经济新模式，密切跟踪借鉴国外分享经济发展新特点新趋势，结合部门和地方实际创新政府管理和服务，激发市场主体创业创新活力，鼓励包容企业利用互联网平台优化社会闲置资源配置，拓展产品和服务消费新空间新领域，扩大社会灵活就业。（中央网信办、国家发展改革委、工业和信息化部、人力资源社会保障部、商务部、工商总局、国家旅游局、国家邮政局等有关部门，地方各级人民政府）支持发展协同经济新模式，通过众创、众包、众扶等多种具体形式，围绕产业链、供应链、服务链建立上下游企业、创业者之间的垂直纵深与横向一体化协作关系，提升社会化协作水平和资源优化配置能力。（国家发展改革委、科技部、工业和信息化部、商务部、新闻出版广电总局，地方各级人民政府）大力发展流通创新基地，为中小企业应用互联网创业创新提供集群注册、办公场地、基础通信、运营指导、人才培训、渠道推广、信贷融资等软硬件一体化支撑服务。（商务部、科技部、人力资源社会保障部、工商总局，地方各级人民政府）

三、加强智慧流通基础设施建设

加大对物流基地建设、冷链系统建设等的政策性扶持力度，科学规划和布局物流基地、分拨中心、公共配送中心、末端配送网点，加大流通基础设施投入，支持建设农产品流通全程冷链系统，重点加强全国重点农业产区冷库建设。加大农村宽带建设投入，加快提速降费进程，努力消除城乡“数字鸿沟”。加大流通基础设施信息化改造力度，充分利用物联网等新技术，推动智慧物流配送体系建设，提高冷链设施的利用率。科学发展多层次物流公共信息服务平台，整合各类物流资源，提高物流效率，降低物流成本。（国家发展改革委、商务部、工业和信息化部、财政部、国土资源部、住房城乡建设部、交通运输部、农业部、国务院国资委、质检总局、新闻出版广电总局、国家邮政局，地方各级人民政府）推进电子商务与物流快递协同发展，及时总结协同发展试点成果，形成可复制、可推广的制度、做法和经验，着力解决快递运营车辆规范通行、末端配送、电子商务快递从业人员基本技能培训等难题，补齐电子商务物流发展短板。（商务部、国家邮政局，试点城市人民政府）

四、鼓励拓展智能消费新领域

鼓励具备条件的城市探索构建线上线下融合发展的体验式智慧商圈，促进商圈内不同经营模式和业态优势互补、信息互联互通、消费客户资源共享，抱团向主动服务、智能服务、立体服务和个性化服务转变，提高商圈内资源整合能力和消费集聚水平。（商务部、国家发展改革委、科技部、工业和信息化部、国土资源部、环境保护部、住房城乡建设部，地方各级人民政府）加快实施特色商业街区示范建设工程，发掘地方资源禀赋优势，提高产品和服务特色化、差异化、精准化、数字化营销推广能力，振兴城镇商业。（商务部、住房城乡建设部、国家旅游局，地方各级人民政府）拓展智能消费领域，积极开发虚拟现实、现实增强等人工智能新技术新服务，大力推广可穿戴、生活服务机器人等智能化产品，提高智能化产品和服务的供给能力与水平。（国家发展改革委、工业和信息化部、科技部，地方各级人民政府）

五、大力发展绿色流通和消费

推广绿色商品，限制高耗能、高污染、高环境风险、过度包装产品进入流通和消费环节。开展绿色商场示范活动，大力宣传贯彻绿色商场国家标准、行业标准，创建一批集门店节能改造、节能产品销售和废弃物回收于一体的绿色商场。推动仓储配送与包装绿色化发展，提高商贸物流绿色化发展水平。推动“互联网+回收”模式创新，利用大数据、云计算等技术优化逆向物流网点布局，鼓励在线回收，加强生活垃圾分类回收和再生资源回收有机衔接。开展“绿色产品进商场、绿色消费进社区、绿色回收进校园”主题宣传活动，推动形成崇尚节俭、科学、绿色的消费理念和生活方式。（商务部、国家发展改革委、教育部、工业和信息化部、国土资源部、环境保护部、住房城乡建设部、质检总局、新闻出版广电总局、供销合作总社，地方各级人民政府）

六、深入推进农村电子商务

坚持市场运作，充分发挥各类市场主体参与农村电子商务发展的动力和创造力。促进农产品网络销售，以市场需求为导向，鼓励供销合作社等各类市场主体拓展适合网络销售的农产品、农业生产资料、休闲农业等产品和服务，引导电子商务企业与新型农业经营主体、农产品批发市场、连锁超市等建立多种形式的联营协作关系，拓宽农产品进城渠道，突破农产品冷链运输瓶颈，促进农民增收，丰富城市供应。畅通农产品流通，切实降低农产品网上销售的平台使用、市场推广等费用，提高农村互联网和信息化技术应用能力。鼓励电子商务企业拓展农村消费市场，针对农村消费习惯、消费能力、消费需求特点，从供给端提高商品和服务的结构化匹配能力，带动工业品下乡，方便农民消费。鼓励邮政企业等各类市场主体整合农村物流资源，建设改造农村物流公共服务中心和村级网点，切实解决好农产品进城“最初一公里”和工业品下乡“最后一公里”问题。（商务部、国家发展改革委、工业和信息化部、财政部、交通运输部、农业部、质检总局、国家旅游局、国家邮政局、供销合作总社、中国邮政集团公司，地方各级人民政府）

七、积极促进电子商务进社区

大力发展社区电子商务，鼓励发展社区购物服务应用软件，加强电子商务企业与社区商业网点融合互动，开展物流分拨、快件自取、电子缴费等服务，提高社区商业的信息化、标准化、规范化、集约化水平，提升社区居民生活品质。（商务部、国土资源部、住房城乡建设部、质检总局，地方各级人民政府）完善“一站式”便民服务消费功能，支持老旧小区利用闲置房间、地下空间等打造多层次、多形式的便民服务点，将零散的社区服务资源进行线上线下整合，统筹建设和改造餐饮、住宿、家政、洗染、美容美发、维修、物流、金融、文化、娱乐、休闲等生活服务网点，让门店多起来，提高城市居民生活的便利性和城市发展竞争力。（商务部、国土资源部、住房城乡建设部、文化部、新闻出版广电总局，地方各级人民政府）

八、加快完善流通保障制度

组织开展道路货运无车承运人试点工作，允许试点范围内无车承运人开展运输业务。（交通运输部、国家发展改革委）按照新修订的《高新技术企业认定管理办法》，落实“互联网+流通”企业的申报认定工作。（科技部、财政部、税务总局，地方各级人民政府）推进工商用电同价，允许大型商贸企业参与电力直接交易，开展商业用户自主选择执行商业行业平均电价或峰谷分时电价试点。（国家发展改革委、商务部）发挥政府、行业协会作用，科学规划，合理布局，盘活存量，优化增量，鼓励各地采取先买后租、先建后租等多种有力措施，引导降低实体店铺租金，保障社区菜市场、社区食堂等惠民便民服务设施低成本供给，引导线上企业到线下开设实体店，推动线上线下融合发展。阶段性适当降低困难流通企业住房公积金缴存比例。（住房城乡建设部、财政部、商务部、人民银行，地方各级人民政府）

九、发挥财政资金引导带动作用

积极推进“互联网+流通”行动，着力降低流通成本，提高流通效率，扩大有效供给，鼓励有条件的地方设立“互联网+流通”发展基金，引导社会资本、境外资本加大对流通领域互联网等信息技术应用的投入。（地方各级人民政府）

十、增强流通领域公共服务支撑能力

鼓励整合建设商务公共服务云平台，对接相关部门服务资源，为流通领域提供政策与基础信息服务，为中小微企业提供商业通用技术应用服务。加快建立健全电子商务统计监测体系，建设真实准确的企业、商品、订单、合同、发票、物流运单等电子商务基础信息库，支撑电子商务市场高效规范运行。（商务部、国家统计局、工业和信息化部、工商总局、质检总局、国家邮政局，地方各级人民政府）加大教育培训结构调整力度，加强电子商务人才继续教育，提高线上线下互动实战能力，培养既懂流通又懂创意创新和网络运营的复合型人才。指导支持各类电子商务创新创意创业大赛，对接行业机构、投融资机构，发现优秀的创业创新项目和创业创新人才。（商务部、教育部）

十一、健全流通法规标准体系

抓紧研究商品流通、电子商务等方面的立法，研究建立流通设施建设、商品流通保障、流通秩序维护等基本制度，解决流通发展中的体制机制问题。（商务部、国家发展改革委、农业部、国务院法制办）研究梳理现行法律法规中与互联网在流通领域创新应用和管理不相适应的内容，加快修订完善，推动线上线下规则统一。（有关部门按职责分工分别负责）健全批发、零售、物流、生活服务、商务服务领域标准体系，加强适应电子商务发展需要的农产品生产、采摘、检验检疫、分拣、分级、包装、配送和“互联网+回收”等标准体系建设，加大标准贯彻实施力度，引导企业规范化发展。（商务部、国家发展改革委、农业部、质检总局）

十二、营造诚信经营公平竞争环境

适应“互联网+流通”发展需要，不断创新监管手段，采取合理的监管方式，加强事中事后监管，加大对侵权假冒、无证无照经营、虚假交易等行为的打击力度，保障群众买到质优价廉的商品，放心消费、安全消费。鼓励平台型服务企业利用技术手段加强对违法违规行为的监测、识别和防范，主动与执法部门建立联防联控机制；严厉打击平台型服务企业包庇、纵容违法违规经营行为，营造保障“互联网+流通”行动计划顺利实施的法治化营商环境。（商务部、工商总局、质检总局、食品药品监管总局）推进商务信用体系建设，结合“三证合一、一照一码”登记制度改革，充分利用全国信用信息共享平台和企业信用信息公示系统，健全政府部门信用信息共享机制，并通过“信用中国”网站向社会提供服务，建立基于消费者交易评价和社会公众综合评价的市场化企业信用信息采集、共享与使用机制，不断优化评价标准和方法，形成多方参与、标准统一的商务诚信体系。（商务部、国家发展改革委、工业和信息化部、人民银行、工商总局、质检总局）

各地区、各部门要加强组织领导和贯彻实施，既要切实发挥好市场在资源配置中的决定性作用，也要发挥好政府的引导调控作用；既要立足当前，也要惠及长远。各地区要结合本地实际制定具体实施方案，明确工作分工，落实工作责任。商务部要会同有关部门建立工作联系机制，加强统筹协调、业务指导和督促检查，重大问题和情况及时报告国务院。

国家创新驱动发展战略纲要

（2016 年 05 月 19 日）

党的十八大提出实施创新驱动发展战略，强调科技创新是提高社会生产力和综合国力的战略支撑，必须摆在国家发展全局的核心位置。这是中央在新的发展阶段确立的立足全局、面向全球、聚焦关键、带动整体的国家重大发展战略。为加快实施这一战略，特制定本纲要。

一、战略背景

创新驱动就是创新成为引领发展的第一动力，科技创新与制度创新、管理创新、商业模式创新、业态创新和文化创新相结合，推动发展方式向依靠持续的知识积累、技术进步和劳动力素质提升转变，促进经济向形态更高级、分工更精细、结构更合理的阶段演进。

创新驱动是国家命运所系。国家力量的核心支撑是科技创新能力。创新强则国运昌，创新弱则国运殆。我国近代落后挨打的重要原因是与历次科技革命失之交臂，导致科技弱、国力弱。实现中华民族伟大复兴的中国梦，必须真正用好科学技术这个最高意义上的革命力量和有力杠杆。

创新驱动是世界大势所趋。全球新一轮科技革命、产业变革和军事变革加速演进，科学探索从微观到宇观各个尺度上向纵深拓展，以智能、绿色、泛在为特征的群体性技术革命将引发国际产业分工重大调整，颠覆性技术不断涌现，正在重塑世界竞争格局、改变国家力量对比，创新驱动成为许多国家谋求竞争优势的核心战略。我国既面临赶超跨越的难得历史机遇，也面临差距拉大的严峻挑战。惟有勇立世界科技创新潮头，才能赢得发展主动权，为人类文明进步作出更大贡献。

创新驱动是发展形势所迫。我国经济发展进入新常态，传统发展动力不断减弱，粗放型增长方式难以为继。必须依靠创新驱动打造发展新引擎，培育新的经济增长点，持续提升我国经济发展的质量和效益，开辟我国发展的新空间，实现经济保持中高速增长和产业迈向中高端水平“双目标”。

当前，我国创新驱动发展已具备发力加速的基础。经过多年努力，科技发展正在进入由量的增长向质的提升的跃升期，科研体系日益完备，人才队伍不断壮大，科学、技术、工程、产业的自主创新能力快速提升。经济转型升级、民生持续改善和国防现代化建设对创新提出了巨大需求。庞大的市场规模、完备的产业体系、多样化的消费需求与互联网时代创新效率的提升相结合，为创新提供了广阔空间。中国特色社会主义制度能够有效结合集中力量办大事和市场配置资源的优势，为实现创新驱动发展提供了根本保障。

同时也要看到，我国许多产业仍处于全球价值链的中低端，一些关键核心技术受制于人，发达国家在科学前沿和高技术领域仍然占据明显领先优势，我国支撑产业升级、引领未来发展的科学技术储备亟待加强。适应创新驱动的体制机制亟待建立健全，企业创新动力不足，创新体系整体效能不高，经济发展尚未真正转到依靠创新的轨道。科技人才队伍大而不强，领军人才和高技能人才缺乏，创新型企业家群体亟需发展壮大。激励创新的市场环境和社会氛围仍需进一步培育和优化。

在我国加快推进社会主义现代化、实现“两个一百年”奋斗目标和中华民族伟大复兴中国梦的关键阶段，必须始终坚持抓创新就是抓发展、谋创新就是谋未来，让创新成为国家意志和全社会的共同行动，走出一条从人才强、科技强到产业强、经济强、国家强的发展新路径，为我国未来十几年乃至更长时间创造一个新的增长周期。

二、战略要求

（一）指导思想

以邓小平理论、“三个代表”重要思想、科学发展观为指导，深入贯彻习近平总书记系列重要讲话精神，按照“四个全面”战略布局的要求，坚持走中国特色自主创新道路，解放思想、开放包容，把创新驱动发展作为国家的优先战略，以科技创新为核心带动全面创新，以体制机制改革激发创新活力，以高效率的创新体系支撑高水平的创新型国家建设，推动经济社会发展动力根本转换，为实现中华民族伟大复兴的中国梦提供强大动力。

（二）基本原则

紧扣发展。坚持问题导向，面向世界科技前沿、面向国家重大需求、面向国民经济主战场，明确我国创新发展的主攻方向，在关键领域尽快实现突破，力争形成更多竞争优势。

深化改革。坚持科技体制改革和经济社会领域改革同步发力，强化科技与经济对接，遵循社会主义市场经济规律和科技创新规律，破除一切制约创新的思想障碍和制度藩篱，构建支撑创新驱动发展的良好环境。

强化激励。坚持创新驱动实质是人才驱动，落实以人为本，尊重创新创造的价值，激发各类人才的积极性和创造性，加快汇聚一支规模宏大、结构合理、素质优良的创新型人才队伍。

扩大开放。坚持以全球视野谋划和推动创新，最大限度用好全球创新资源，全面提升我国在全球创新格局中的位势，力争成为若干重要领域的引领者和重要规则制定的参与者。

（三）战略目标

分三步走：

第一步，到2020年进入创新型国家行列，基本建成中国特色国家创新体系，有力支撑全面建成小康社会目标的实现。

——创新型经济格局初步形成。若干重点产业进入全球价值链中高端，成长起一批具有国际竞争力的创新型企业和产业集群。科技进步贡献率提高到60%以上，知识密集型服务业增加值占国内生产总值的20%。

——自主创新能力大幅提升。形成面向未来发展、迎接科技革命、促进产业变革的创新布局，突破制约经济社会发展和国家安全的一系列重大瓶颈问题，初步扭转关键核心技术长期受制于人的被动局面，在若干战略必争领域形成独特优势，为国家繁荣发展提供战略储备、拓展战略空间。研究与试验发展（R&D）经费支出占国内生产总值比重达到2.5%。

——创新体系协同高效。科技与经济融合更加顺畅，创新主体充满活力，创新链条有机衔接，创新治理更加科学，创新效率大幅提高。

——创新环境更加优化。激励创新的政策法规更加健全，知识产权保护更加严格，形成崇尚创新创业、勇于创新创业、激励创新创业的价值导向和文化氛围。

第二步，到2030年跻身创新型国家前列，发展驱动力实现根本转换，经济社会发展水平和国际竞争力大幅提升，为建成经济强国和共同富裕社会奠定坚实基础。

——主要产业进入全球价值链中高端。不断创造新技术和新产品、新模式和新业态、新需求和新市场，实现更可持续的发展、更高质量的就业、更高水平的收入、更高品质的生活。

——总体上扭转科技创新以跟踪为主的局面。在若干战略领域由并行走向领跑，形成引领全球学术发展的中国学派，产出对世界科技发展和人类文明进步有重要影响的原创成果。攻克制约国防科技的主要瓶颈问题。研究与试验发展（R&D）经费支出占国内生产总值比重达到2.8%。

——国家创新体系更加完备。实现科技与经济深度融合、相互促进。

——创新文化氛围浓厚，法治保障有力，全社会形成创新活力竞相迸发、创新源泉不断涌流的生动局面。

第三步，到2050年建成世界科技创新强国，成为世界主要科学中心和创新高地，为我国建成富强民主文明和谐的社会主义现代化国家、实现中华民族伟大复兴的中国梦提供强大支撑。

——科技和人才成为国力强盛最重要的战略资源，创新成为政策制定和制度安排的核心因素。

——劳动生产率、社会生产力提高主要依靠科技进步和全面创新，经济发展质量高、能源资源消耗低、产业核心竞争力强。国防科技达到世界领先水平。

——拥有一批世界一流的科研机构、研究型大学和创新型企业，涌现出一批重大原创性科学成果和国际顶尖水平的科学大师，成为全球高端人才创新创业的重要聚集地。

——创新的制度环境、市场环境和文化环境更加优化，尊重知识、崇尚创新、保护产权、包容多元成为全社会的共同理念和价值导向。

三、战略部署

实现创新驱动是一个系统性的变革，要按照“坚持双轮驱动、构建一个体系、推动六大转变”进行布局，构建新的发展动力系统。

双轮驱动就是科技创新和体制机制创新两个轮子相互协调、持续发力。抓创新首先要抓科技创新，补短板首先要补科技创新的短板。科学发现对技术进步有决定性的引领作用，技术进步有力推动发现科学规律。要明确支撑发展的方向和重点，加强科学探索和技术攻关，形成持续创新的系统能力。体制机制创新要调整一切不适应创新驱动发展的生产关系，统筹推进科技、经济和政府治理等三方面体制机制改革，最大限度释放创新活力。

一个体系就是建设国家创新体系。要建设各类创新主体协同互动和创新要素顺畅流动、高效配置的生态系统，形成创新驱动发展的实践载体、制度安排和环境保障。明确企业、科研院所、高校、社会组织等各类创新主体功能定位，构建开放高效的创新网络，建设军民融合的国防科技协同创新平台；改进创新治理，进一步明确政府和市场分工，构建统筹配置创新资源的机制；完善激励创新的政策体系、保护创新的法律制度，构建鼓励创新的社会环境，激发全社会创新活力。

六大转变就是发展方式从以规模扩张为主导的粗放式增长向以质量效益为主导的可持续发展转变；发展要素从传统要素主导发展向创新要素主导发展转变；产业分工从价值链中低端向价值链中高端转变；创新能力从“跟踪、并行、领跑”并存、“跟踪”为主向“并行”“领跑”为主转变；资源配置从以研发环节为主向产业链、创新链、资金链统筹配置转变；创新群体从以科技人员的小众为主向小众与大众创新创业互动转变。

四、战略任务

紧紧围绕经济竞争力提升的核心关键、社会发展的紧迫需求、国家安全的重大挑战，采取差异化策略和非对称路径，强化重点领域和关键环节的任务部署。

（一）推动产业技术体系创新，创造发展新优势

加快工业化和信息化深度融合，把数字化、网络化、智能化、绿色化作为提升产业竞争力的技术基点，推进各领域新兴技术跨界创新，构建结构合理、先进管用、开放兼容、自主可控、具有国际竞争力的现代产业技术体系，以技术的群体性突破支撑引领新兴产业集群发展，推进产业质量升级。

1. 发展新一代信息网络技术，增强经济社会发展的信息化基础。加强类人智能、自然交互与虚拟现实、微电子与光电子等技术研究，推动宽带移动互联网、云计算、物联网、大数据、高性能计算、移动智能终端等技术研发和综合应用，加大集成电路、工业控制等自主软硬件产品和网络安全技术攻关和推广力度，为我国经济转型升级和维护国家网络安全提供保障。

2. 发展智能绿色制造技术，推动制造业向价值链高端攀升。重塑制造业的技术体系、生产模式、产业形态和价值链，推动制造业由大到强转变。发展智能制造装备等技术，加快网络化制造技术、云计算、大数据等在制造业中的深度应用，推动制造业向自动化、智能化、服务化转变。对传统制造业全面进行绿色改造，由粗放型制造向集

约型制造转变。加强产业技术基础能力和试验平台建设,提升基础材料、基础零部件、基础工艺、基础软件等共性关键技术水平。发展大飞机、航空发动机、核电、高铁、海洋工程装备和高技术船舶、特高压输变电等高端装备和产品。

3. 发展生态绿色高效安全的现代农业技术,确保粮食安全、食品安全。以实现种业自主为核心,转变农业发展方式,突破人多地少水缺的瓶颈约束,走产出高效、产品安全、资源节约、环境友好的现代农业发展道路。系统加强动植物育种和高端农业装备研发,大面积推广粮食丰产、中低产田改造等技术,深入开展节水农业、循环农业、有机农业和生物肥料等技术研发,开发标准化、规模化的现代养殖技术,促进农业提质增效和可持续发展。推广农业面源污染和重金属污染防治的低成本技术和模式,发展全产业链食品安全保障技术、质量安全控制技术和安全溯源技术,建设安全环境、清洁生产、生态储运全覆盖的食品安全技术体系。推动农业向一二三产业融合,实现向全链条增值和品牌化发展转型。

4. 发展安全清洁高效的现代能源技术,推动能源生产和消费革命。以优化能源结构、提升能源利用效率为重点,推动能源应用向清洁、低碳转型。突破煤炭石油天然气等化石能源的清洁高效利用技术瓶颈,开发深海深地等复杂条件下的油气矿产资源勘探开采技术,开展页岩气等非常规油气勘探开发综合技术示范。加快核能、太阳能、风能、生物质能等清洁能源和新能源技术开发、装备研制及大规模应用,攻克大规模供需互动、储能和并网关键技术。推广节能新技术和节能新产品,加快钢铁、石化、建材、有色金属等高耗能行业的节能技术改造,推动新能源汽车、智能电网等技术的研发应用。

5. 发展资源高效利用和生态环保技术,建设资源节约型和环境友好型社会。采用系统化的技术方案和产业化路径,发展污染治理和资源循环利用的技术与产业。建立大气重污染天气预警分析技术体系,发展高精度监控预测技术。建立现代水资源综合利用体系,开展地球深部矿产资源勘探开发与综合利用,发展绿色再制造和资源循环利用产业,建立城镇生活垃圾资源化利用、再生资源回收利用、工业固体废物综合利用等技术体系。完善环境技术管理体系,加强水、大气和土壤污染防治及危险废物处理处置、环境检测与环境应急技术研发应用,提高环境承载能力。

6. 发展海洋和空间先进适用技术,培育海洋经济和空间经济。开发海洋资源高效可持续利用适用技术,加快发展海洋工程装备,构建立体同步的海洋观测体系,推进我国海洋战略实施和蓝色经济发展。大力提升空间进入、利用的技术能力,完善空间基础设施,推进卫星遥感、卫星通信、导航和位置服务等技术开发应用,完善卫星应用创新链和产业链。

7. 发展智慧城市和数字社会技术,推动以人为本的新型城镇化。依靠新技术和管理创新支撑新型城镇化、现代城市发展和公共服务,创新社会治理方法和手段,加快社会治安综合治理信息化进程,推进平安中国建设。发展交通、电力、通信、地下管网等市政基础设施的标准化、数字化、智能化技术,推动绿色建筑、智慧城市、生态城市等领域关键技术大规模应用。加强重大灾害、公共安全等应急避险领域重大技术和产品攻关。

8. 发展先进有效、安全便捷的健康技术,应对重大疾病和人口老龄化挑战。促进生命科学、中西医药、生物工程等多领域技术融合,提升重大疾病防控、公共卫生、生殖健康等技术保障能力。研发创新药物、新型疫苗、先进医疗装备和生物治疗技术。推进中华传统医药现代化。促进组学和健康医疗大数据研究,发展精准医学,研发遗传基因和慢性病易感基因筛查技术,提高心脑血管疾病、恶性肿瘤、慢性呼吸性疾病、糖尿病等重大疾病的诊疗技术水平。开发数字化医疗、远程医疗技术,推进预防、医疗、康复、保健、养老等社会服务网络化、定制化,发展一体化健康服务新模式,显著提高人口健康保障能力,有力支撑健康中国建设。

9. 发展支撑商业模式创新的现代服务技术,驱动经济形态高级化。以新一代信息和网络技术为支撑,积极发展现代服务业技术基础设施,拓展数字消费、电子商务、现代物流、互联网金融、网络教育等新兴服务业,促进技术创新和商业模式创新融合。加快推进工业设计、文化创意和相关产业融合发展,提升我国重点产业的创新设计能力。

10. 发展引领产业变革的颠覆性技术,不断催生新产业、创造新就业。高度关注可能引起现有投资、人才、技术、产业、规则"归零"的颠覆性技术,前瞻布局新兴产业前沿技术研发,力争实现"弯道超车"。开发移动互联技术、量子信息技术、空天技术,推动增材制造装备、智能机器人、无人驾驶汽车等发展,重视基因组、干细胞、合成生物、再生医学等技术对生命科学、生物育种、工业生物领域的深刻影响,开发氢能、燃料电池等新一代能源技术,发挥纳米、石墨烯等技术对新材料产业发展的引领作用。

(二)强化原始创新,增强源头供给

坚持国家战略需求和科学探索目标相结合,加强对关系全局的科学问题研究部署,增强原始创新能力,提升我国科学发现、技术发明和产品产业创新的整体水平,支撑产业变革和保障国家安全。

1. 加强面向国家战略需求的基础前沿和高技术研究。围绕涉及长远发展和国家安全的"卡脖子"问题,加强基础研究前瞻布局,加大对空间、海洋、网络、核、材料、能源、信息、生命等领域重大基础研究和战略高技术攻关力度,实现关键核心技术安全、自主、可控。明确阶段性目标,集成跨学科、跨领域的优势力量,加快重点突破,为产业技术进步积累原创资源。

2. 大力支持自由探索的基础研究。面向科学前沿加强原始创新,力争在更多领域引领世界科学研究方向,提升我国对人类科学探索的贡献。围绕支撑重大技术突破,推进变革性研究,在新思想、新发现、新知识、新原理、新方法上积极进取,强化源头储备。促进学科均衡协调发展,加强学科交叉与融合,重视支持一批非共识项目,培育新兴学科和特色学科。

3. 建设一批支撑高水平创新的基础设施和平台。适应大科学时代创新活动的特点,针对国家重大战略需求,建设一批具有国际水平、突出学科交叉和协同创新的国家实验室。加快建设大型共用实验装置、数据资源、生物资源、知识和专利信息服务等科技基础条件平台。研发高端科研仪器设备,提高科研装备自给水平。建设超算中心和云计算平台等数字化基础设施,形成基于大数据的先进信息网络支撑体系。

(三)优化区域创新布局,打造区域经济增长极

聚焦国家区域发展战略,以创新要素的集聚与流动促进产业合理分工,推动区域创新能力和竞争力整体提升。

1. 构建各具特色的区域创新发展格局。东部地区注重提高原始创新和集成创新能力,全面加快向创新驱动发展转型,培育具有国际竞争力的产业集群和区域经济。中西部地区走差异化和跨越式发展道路,柔性汇聚创新资源,加快先进适用技术推广和应用,在重点领域实现创新牵引,培育壮大区域特色经济和新兴产业。

2. 跨区域整合创新资源。构建跨区域创新网络,推动区域间共同设计创新议题、互联互通创新要素、联合组织技术攻关。提升京津冀、长江经济带等国家战略区域科技创新能力,打造区域协同创新共同体,统筹和引领区域一体化发展。推动北京、上海等优势地区建成具有全球影响力的科技创新中心。

3. 打造区域创新示范引领高地。优化国家自主创新示范区布局,推进国家高新区按照发展高科技、培育新产业的方向转型升级,开展区域全面创新改革试验,建设创新型省份和创新型城市,培育新兴产业发展增长极,增强创新发展的辐射带动功能。

(四)深化军民融合,促进创新互动

按照军民融合发展战略总体要求,发挥国防科技创新重要作用,加快建立健全军民融合的创新体系,形成全要素、多领域、高效益的军民科技深度融合发展新格局。

1. 健全宏观统筹机制。遵循经济建设和国防建设的规律,构建统一领导、需求对接、资源共享的军民融合管理体制,统筹协调军民科技战略规划、方针政策、资源条件、成果应用,推动军民科技协调发展、平衡发展、兼容发展。

2. 开展军民协同创新。建立军民融合重大科研任务形成机制,从基础研究到关键技术研发、集成应用等创新链一体化设计,构建军民共用技术项目联合论证和实施模式,建立产学研相结合的军民科技创新体系。

3. 推进军民科技基础要素融合。推进军民基础共性技术一体化、基础原材料和零部件通用化。推进海洋、太空、网络等新型领域军民融合深度发展。开展军民通用标准制定和整合，推动军民标准双向转化，促进军民标准体系融合。统筹军民共用重大科研基地和基础设施建设，推动双向开放、信息交互、资源共享。

4. 促进军民技术双向转移转化。推动先进民用技术在军事领域的应用，健全国防知识产权制度、完善国防知识产权归属与利益分配机制，积极引导国防科技成果加速向民用领域转化应用。放宽国防科技领域市场准入，扩大军品研发和服务市场的开放竞争，引导优势民营企业进入军品科研生产和维修领域。完善军民两用物项和技术进出口管制机制。

（五）壮大创新主体，引领创新发展

明确各类创新主体在创新链不同环节的功能定位，激发主体活力，系统提升各类主体创新能力，夯实创新发展的基础。1. 培育世界一流创新型企业。鼓励行业领军企业构建高水平研发机构，形成完善的研发组织体系，集聚高端创新人才。引导领军企业联合中小企业和科研单位系统布局创新链，提供产业技术创新整体解决方案。培育一批核心技术能力突出、集成创新能力强、引领重要产业发展的创新型企业，力争有一批企业进入全球百强创新型企业。

2. 建设世界一流大学和一流学科。加快中国特色现代大学制度建设，深入推进管、办、评分离，扩大学校办学自主权，完善学校内部治理结构。引导大学加强基础研究和追求学术卓越，组建跨学科、综合交叉的科研团队，形成一批优势学科集群和高水平科技创新基地，建立创新能力评估基础上的绩效拨款制度，系统提升人才培养、学科建设、科技研发三位一体创新水平。增强原始创新能力和服务经济社会发展能力，推动一批高水平大学和学科进入世界一流行列或前列。

3. 建设世界一流科研院所。明晰科研院所功能定位，增强在基础前沿和行业共性关键技术研发中的骨干引领作用。健全现代科研院所制度，形成符合创新规律、体现领域特色、实施分类管理的法人治理结构。围绕国家重大任务，有效整合优势科研资源，建设综合性、高水平的国际化科技创新基地，在若干优势领域形成一批具有鲜明特色的世界级科学研究中心。

4. 发展面向市场的新型研发机构。围绕区域性、行业性重大技术需求，实行多元化投资、多样化模式、市场化运作，发展多种形式的先进技术研发、成果转化和产业孵化机构。

5. 构建专业化技术转移服务体系。发展研发设计、中试熟化、创业孵化、检验检测认证、知识产权等各类科技服务。完善全国技术交易市场体系，发展规范化、专业化、市场化、网络化的技术和知识产权交易平台。科研院所和高校建立专业化技术转移机构和职业化技术转移人才队伍，畅通技术转移通道。

（六）实施重大科技项目和工程，实现重点跨越

在关系国家安全和长远发展的重点领域，部署一批重大科技项目和工程。

面向2020年，继续加快实施已部署的国家科技重大专项，聚焦目标、突出重点，攻克高端通用芯片、高档数控机床、集成电路装备、宽带移动通信、油气田、核电站、水污染治理、转基因生物新品种、新药创制、传染病防治等方面的关键核心技术，形成若干战略性技术和战略性产品，培育新兴产业。

面向2030年，坚持有所为有所不为，尽快启动航空发动机及燃气轮机重大项目，在量子通信、信息网络、智能制造和机器人、深空深海探测、重点新材料和新能源、脑科学、健康医疗等领域，充分论证，把准方向，明确重点，再部署一批体现国家战略意图的重大科技项目和工程。

面向2020年的重大专项与面向2030年的重大科技项目和工程，形成梯次接续的系统布局，并根据国际科技发展的新进展和我国经济社会发展的新需求，及时进行滚动调整和优化。要发挥社会主义市场经济条件下的新型举国体制优势，集中力量，协同攻关，持久发力，久久为功，加快突破重大核心技术，开发重大战略性产品，在国家战略优先领域率先实现跨越。

（七）建设高水平人才队伍，筑牢创新根基

加快建设科技创新领军人才和高技能人才队

伍。围绕重要学科领域和创新方向造就一批世界水平的科学家、科技领军人才、工程师和高水平创新团队，注重培养一线创新人才和青年科技人才，对青年人才开辟特殊支持渠道，支持高校、科研院所、企业面向全球招聘人才。倡导崇尚技能、精益求精的职业精神，在各行各业大规模培养高级技师、技术工人等高技能人才。优化人才成长环境，实施更加积极的创新创业人才激励和吸引政策，推行科技成果处置收益和股权期权激励制度，让各类主体、不同岗位的创新人才都能在科技成果产业化过程中得到合理回报。

发挥企业家在创新创业中的重要作用，大力倡导企业家精神，树立创新光荣、创新致富的社会导向，依法保护企业家的创新收益和财产权，培养造就一大批勇于创新、敢于冒险的创新型企业家，建设专业化、市场化、国际化的职业经理人队伍。

推动教育创新，改革人才培养模式，把科学精神、创新思维、创造能力和社会责任感的培养贯穿教育全过程。完善高端创新人才和产业技能人才“二元支撑”的人才培养体系，加强普通教育与职业教育衔接。

(八)推动创新创业，激发全社会创造活力

建设和完善创新创业载体，发展创客经济，形成大众创业、万众创新的生动局面。

1. 发展众创空间。依托移动互联网、大数据、云计算等现代信息技术，发展新型创业服务模式，建立一批低成本、便利化、开放式众创空间和虚拟创新社区，建设多种形式的孵化机构，构建“孵化+创投”的创业模式，为创业者提供工作空间、网络空间、社交空间、共享空间，降低大众参与创新创业的成本和门槛。

2. 孵化培育创新型小微企业。适应小型化、智能化、专业化的产业组织新特征，推动分布式、网络化的创新，鼓励企业开展商业模式创新，引导社会资本参与建设面向小微企业的社会化技术创新公共服务平台，推动小微企业向“专精特新”发展，让大批创新活力旺盛的小微企业不断涌现。

3. 鼓励人人创新。推动创客文化进学校，设立创新创业课程，开展品牌性创客活动，鼓励学生动手、实践、创业。支持企业员工参与工艺改进和产品设计，鼓励一切有益的微创新、微创业和小发明、小改进，将奇思妙想、创新创意转化为实实在在的创业活动。

五、战略保障

实施创新驱动发展战略，必须从体制改革、环境营造、资源投入、扩大开放等方面加大保障力度。

(一)改革创新治理体系

顺应创新主体多元、活动多样、路径多变的新趋势，推动政府管理创新，形成多元参与、协同高效的创新治理格局。

建立国家高层次创新决策咨询机制，定期向党中央、国务院报告国内外科技创新动态，提出重大政策建议。转变政府创新管理职能，合理定位政府和市场功能。强化政府战略规划、政策制定、环境营造、公共服务、监督评估和重大任务实施等职能。对于竞争性的新技术、新产品、新业态开发，应交由市场和企业来决定。建立创新治理的社会参与机制，发挥各类行业协会、基金会、科技社团等在推动创新驱动发展中的作用。

合理确定中央各部门功能性分工，发挥行业主管部门在创新需求凝炼、任务组织实施、成果推广应用等方面的作用。科学划分中央和地方科技管理事权，中央政府职能侧重全局性、基础性、长远性工作，地方政府职能侧重推动技术开发和转化应用。

构建国家科技管理基础制度。再造科技计划管理体系，改进和优化国家科技计划管理流程，建设国家科技计划管理信息系统，构建覆盖全过程的监督和评估制度。完善国家科技报告制度，建立国家重大科研基础设施和科技基础条件平台开放共享制度，推动科技资源向各类创新主体开放。建立国家创新调查制度，引导各地树立创新发展导向。

(二)多渠道增加创新投入

切实加大对基础性、战略性和公益性研究稳定支持力度，完善稳定支持和竞争性支持相协调的机制。改革中央财政科技计划和资金管理，提高资金使用效益。完善激励企业研发的普惠性政策，引导企业成为技术创新投入主体。

探索建立符合中国国情、适合科技创业企业发展的金融服务模式。鼓励银行业金融机构创新金融产品，拓展多层次资本市场支持创新的功能，积极发展天使投资，壮大创业投资规模，运用互联网金融支持创新。充分发挥科技成果转化、中小企业创新、新兴产业培育等方面基金的作用，引导带动社会资本投入创新。

（三）全方位推进开放创新

抓住全球创新资源加速流动和我国经济地位上升的历史机遇，提高我国全球配置创新资源能力。支持企业面向全球布局创新网络，鼓励建立海外研发中心，按照国际规则并购、合资、参股国外创新型企业和研发机构，提高海外知识产权运营能力。以卫星、高铁、核能、超级计算机等为重点，推动我国先进技术和装备走出去。鼓励外商投资战略性新兴产业、高新技术产业、现代服务业，支持跨国公司在中国设立研发中心，实现引资、引智、引技相结合。

深入参与全球科技创新治理，主动设置全球性创新议题，积极参与重大国际科技合作规则制定，共同应对粮食安全、能源安全、环境污染、气候变化以及公共卫生等全球性挑战。丰富和深化创新对话，围绕落实“一带一路”战略构想和亚太互联互通蓝图，合作建设面向沿线国家的科技创新基地。积极参与和主导国际大科学计划和工程，提高国家科技计划对外开放水平。

（四）完善突出创新导向的评价制度

根据不同创新活动的规律和特点，建立健全科学分类的创新评价制度体系。推进高校和科研院所分类评价，实施绩效评价，把技术转移和科研成果对经济社会的影响纳入评价指标，将评价结果作为财政科技经费支持的重要依据。完善人才评价制度，进一步改革完善职称评审制度，增加用人单位评价自主权。推行第三方评价，探索建立政府、社会组织、公众等多方参与的评价机制，拓展社会化、专业化、国际化评价渠道。改革国家科技奖励制度，优化结构、减少数量、提高质量，逐步由申报制改为提名制，强化对人的激励。发展具有品牌和公信力的社会奖项。完善国民经济核算体系，逐步探索将反映创新活动的研发支出纳入投资统计，反映无形资产对经济的贡献，突出创新活动的投入和成效。改革完善国有企业评价机制，把研发投入和创新绩效作为重要考核指标。

（五）实施知识产权、标准、质量和品牌战略

加快建设知识产权强国。深化知识产权领域改革，深入实施知识产权战略行动计划，提高知识产权的创造、运用、保护和管理能力。引导支持市场主体创造和运用知识产权，以知识产权利益分享机制为纽带，促进创新成果知识产权化。充分发挥知识产权司法保护的主导作用，增强全民知识产权保护意识，强化知识产权制度对创新的基本保障作用。健全防止滥用知识产权的反垄断审查制度，建立知识产权侵权国际调查和海外维权机制。

提升中国标准水平。强化基础通用标准研制，健全技术创新、专利保护与标准化互动支撑机制，及时将先进技术转化为标准。推动我国产业采用国际先进标准，强化强制性标准制定与实施，形成支撑产业升级的标准群，全面提高行业技术标准和产业准入水平。支持我国企业、联盟和社团参与或主导国际标准研制，推动我国优势技术与标准成为国际标准。

推动质量强国和中国品牌建设。完善质量诚信体系，形成一批品牌形象突出、服务平台完备、质量水平一流的优势企业和产业集群。制定品牌评价国际标准，建立国际互认的品牌评价体系，推动中国优质品牌国际化。

（六）培育创新友好的社会环境

健全保护创新的法治环境。加快创新薄弱环节和领域的立法进程，修改不符合创新导向的法规文件，废除制约创新的制度规定，构建综合配套精细化的法治保障体系。

培育开放公平的市场环境。加快突破行业垄断和市场分割。强化需求侧创新政策的引导作用，建立符合国际规则的政府采购制度，利用首台套订购、普惠性财税和保险等政策手段，降低企业创新成本，扩大创新产品和服务的市场空间。推进要素价格形成机制的市场化改革，强化能源资源、生态环境等方面的刚性约束，提高科技和人才等创新要素在产品价格中的权重，让善于创新者获得更大的竞争优势。

营造崇尚创新的文化环境。大力宣传广大科

技工作者爱国奉献、勇攀高峰的感人事迹和崇高精神，在全社会形成鼓励创造、追求卓越的创新文化，推动创新成为民族精神的重要内涵。倡导百家争鸣、尊重科学家个性的学术文化，增强敢为人先、勇于冒尖、大胆质疑的创新自信。重视科研试错探索价值，建立鼓励创新、宽容失败的容错纠错机制。营造宽松的科研氛围，保障科技人员的学术自由。加强科研诚信建设，引导广大科技工作者恪守学术道德，坚守社会责任。加强科学教育，丰富科学教育教学内容和形式，激发青少年的科技兴趣。加强科学技术普及，提高全民科学素养，在全社会塑造科学理性精神。

六、组织实施

实施创新驱动发展战略是我们党在新时期的重大历史使命。全党全国必须统一思想，各级党委和政府必须切实增强责任感和紧迫感，统筹谋划，系统部署，精心组织，扎实推进。

加强领导。按照党中央、国务院统一部署，国家科技体制改革和创新体系建设领导小组负责本纲要的具体组织实施工作，加强对创新驱动发展重大战略问题的研究和审议，指导推动纲要落实。

分工协作。国务院和军队各有关部门、各省（自治区、直辖市）要根据本纲要制定具体实施方案，强化大局意识、责任意识，加强协同、形成合力。

开展试点。加强任务分解，明确责任单位和进度安排，制订年度和阶段性实施计划。对重大改革任务和重点政策措施，要制定具体方案，开展试点。

监测评价。完善以创新发展为导向的考核机制，将创新驱动发展成效作为重要考核指标，引导广大干部树立正确政绩观。加强创新调查，建立定期监测评估和滚动调整机制。

加强宣传。做好舆论宣传，及时宣传报道创新驱动发展的新进展、新成效，让创新驱动发展理念成为全社会共识，调动全社会参与支持创新积极性。

全党全社会要紧密团结在以习近平同志为总书记的党中央周围，把各方面力量凝聚到创新驱动发展上来，为全面建成创新型国家、实现中华民族伟大复兴的中国梦而努力奋斗。

国务院关于深化制造业与互联网融合发展的指导意见

（2016年05月20日）

各省、自治区、直辖市人民政府，国务院各部委、各直属机构：

制造业是国民经济的主体，是实施“互联网+”行动的主战场。我国是制造业大国，也是互联网大国，推动制造业与互联网融合，有利于形成叠加效应、聚合效应、倍增效应，加快新旧发展动能和生产体系转换，前景广阔、潜力巨大。当前，我国制造业与互联网融合步伐不断加快，在激发“双创”活力、培育新模式新业态、推进供给侧结构性改革等方面已初显成效，但仍存在平台支撑不足、核心技术薄弱、应用水平不高、安全保障有待加强、体制机制亟需完善等问题。为进一步深化制造业与互联网融合发展，协同推进“中国制造2025”和“互联网+”行动，加快制造强国建设，现提出以下意见。

一、总体要求

（一）指导思想

全面贯彻党的十八大和十八届三中、四中、五中全会精神，按照国务院决策部署，牢固树立和贯彻落实创新、协调、绿色、开放、共享的发展理念，以激发制造企业创新活力、发展潜力和转型动力为主线，以建设制造业与互联网融合“双创”平台为抓手，围绕制造业与互联网融合关键环节，积极培育新模式新业态，强化信息技术产业支撑，完善信息安全保障，夯实融合发展基础，营造融合发展新生态，充分释放“互联网+”的力量，改造提升传统动能，培育新的经济增长点，发展新经济，加快推动“中国制造”提质增效升级，实现从工业大国向工业强国迈进。

（二）基本原则

坚持创新驱动，激发转型新动能。积极搭建支撑制造业转型升级的各类互联网平台，充分汇聚整合制造企业、互联网企业等“双创”力量和资源，带动技术产品、组织管理、经营机制、销售理念和模式等创新，提高供给质量和效率，激发制造业转型升级新动能。

坚持融合发展，催生制造新模式。促进技术融合与理念融合相统一，推动制造企业与互联网企业在发展理念、产业体系、生产模式、业务模式等方面全面融合，发挥互联网聚集优化各类要素资源的优势，构建开放式生产组织体系，大力发展个性化定制、服务型制造等新模式。

坚持分业施策，培育竞争新优势。深刻把握互联网技术在不同行业、环节的扩散规律和融合方式，针对不同行业、企业融合发展的基础和水平差异，完善融合推进机制和政策体系，培育制造业竞争新优势。

坚持企业主体，构筑发展新环境。充分发挥市场机制作用，更好发挥政府引导作用，突出企业主体地位，优化政府服务，妥善处理鼓励创新与加强监管、全面推进与错位发展、加快发展与保障安全的关系，形成公平有序的融合发展新环境。

（三）主要目标

到2018年底，制造业重点行业骨干企业互联网"双创"平台普及率达到80%，相比2015年底，工业云企业用户翻一番，新产品研发周期缩短12%，库存周转率提高25%，能源利用率提高5%。制造业互联网"双创"平台成为促进制造业转型升级的新动能来源，形成一批示范引领效应较强的制造新模式，初步形成跨界融合的制造业新生态，制造业数字化、网络化、智能化取得明显进展，成为巩固我国制造业大国地位、加快向制造强国迈进的核心驱动力。

到2025年，制造业与互联网融合发展迈上新台阶，融合"双创"体系基本完备，融合发展新模式广泛普及，新型制造体系基本形成，制造业综合竞争实力大幅提升。

二、主要任务

(四)打造制造企业互联网"双创"平台

组织实施制造企业互联网"双创"平台建设工程，支持制造企业建设基于互联网的"双创"平台，深化工业云、大数据等技术的集成应用，汇聚众智，加快构建新型研发、生产、管理和服务模式，促进技术产品创新和经营管理优化，提升企业整体创新能力和水平。鼓励大型制造企业开放"双创"平台聚集的各类资源，加强与各类创业创新基地、众创空间合作，为全社会提供专业化服务，建立资源富集、创新活跃、高效协同的"双创"新生态。深化国有企业改革和科技体制改革，推动产学研"双创"资源的深度整合和开放共享，支持制造企业联合科研院所、高等院校以及各类创新平台，加快构建支持协同研发和技术扩散的"双创"体系。

(五)推动互联网企业构建制造业"双创"服务体系。组织实施"双创"服务平台支撑能力提升工程，支持大型互联网企业、基础电信企业建设面向制造企业特别是中小企业的"双创"服务平台，鼓励基础电信企业加大对"双创"基地宽带网络基础设施建设的支持力度，进一步提速降费，完善制造业"双创"服务体系，营造大中小企业合作共赢的"双创"新环境，开创大中小企业联合创新创业的新局面。鼓励地方依托国家新型工业化产业示范基地、国家级经济技术开发区、国家高新技术产业开发区等产业集聚区，加快完善人才、资本等政策环境，充分运用互联网，积极发展创客空间、创新工场、开源社区等新型众创空间，结合"双创"示范基地建设，培育一批支持制造业发展的"双创"示范基地。组织实施企业管理能力提升工程，加快信息化和工业化融合管理体系标准制定和应用推广，推动业务流程再造和组织方式变革，建立组织管理新模式。

(六)支持制造企业与互联网企业跨界融合。鼓励制造企业与互联网企业合资合作培育新的经营主体，建立适应融合发展的技术体系、标准规范、商业模式和竞争规则，形成优势互补、合作共赢的融合发展格局。推动中小企业制造资源与互联网平台全面对接，实现制造能力的在线发布、协同和交易，积极发展面向制造环节的分享经济，打破企业界限，共享技术、设备和服务，提升中小企业快速响应和柔性高效的供给能力。支持制造企业与电子商务企业开展战略投资、品牌培育、网上销售、物流配送等领域合作，整合线上线下交易资源，拓展销售渠道，打造制造、营销、物流等高效协同的生产流通一体化新生态。

(七)培育制造业与互联网融合新模式。面向生产制造全过程、全产业链、产品全生命周期，实施智能制造等重大工程，支持企业深化质量管理与互联网的融合，推动在线计量、在线检测等全产业链质量控制，大力发展网络化协同制造等新生产模式。支持企业利用互联网采集并对接用户个性化需求，开展基于个性化产品的研发、生产、服务和商业模式创新，促进供给与需求精准匹配。推动企业运用互联网开展在线增值服务，鼓励发展面向智能产品和智能装备的产品全生命周期管理和服务，拓展产品价值空间，实现从制造向"制造+服务"转型升级。积极培育工业电子商务等新业态，支持重点行业骨干企业建立行业在线采购、销售、服务平台，推动建设一批第三方电子商务服务平台。

(八)强化融合发展基础支撑。推动实施国家重点研发计划，强化制造业自动化、数字化、智能化基础技术和产业支撑能力，加快构筑自动控制与感知、工业云与智能服务平台、工业互联网等制造新基础。组织实施"芯火"计划和传感器产业提升工程，加快传感器、过程控制芯片、可编程逻辑控制器等产业化。加快计算机辅助设计仿真、制造执行系统、产品全生命周期管理等工业软件产业化,强化软件支撑和定义制造业的基础性作用。构建信息物理系统参考模型和综合技术标准体系,建设测试验证平台和综合验证试验床,支持开展兼容适配、互联互通和互操作测试验证。

(九)提升融合发展系统解决方案能力。实施融合发展系统解决方案能力提升工程,推动工业产品互联互通的标识解析、数据交换、通信协议等技术攻关和标准研制,面向重点行业智能制造单元、智能生产线、智能车间、智能工厂建设,培育一批系统解决方案供应商,组织开展行业系统解决方案应用试点示范,为中小企业提供标准化、专业化的系统解决方案。支持有条件的企业开展系统解决方案业务剥离重组,推动系统解决方案服务专业化、规模化和市场化,充分发挥系统解决方案促进制造业与互联网融合发展的"粘合剂"作用。

(十)提高工业信息系统安全水平。实施工业控制系统安全保障能力提升工程,制定完善工业信息安全管理等政策法规,健全工业信息安全标准体系,建立工业控制系统安全风险信息采集汇总和分析通报机制,组织开展重点行业工业控制系统信息安全检查和风险评估。组织开展工业企业信息安全保障试点示范,支持系统仿真测试、评估验证等关键共性技术平台建设,推动访问控制、追踪溯源、商业信息及隐私保护等核心技术产品产业化。以提升工业信息安全监测、评估、验证和应急处置等能力为重点,依托现有科研机构,建设国家工业信息安全保障中心,为制造业与互联网融合发展提供安全支撑。

三、保障措施

(十一)完善融合发展体制机制。深入推进简政放权、放管结合、优化服务改革,放宽新产品、新业态的市场准入限制,加强事中事后监管,提升为企业服务的能力和水平,营造有利于制造业与互联网融合发展的环境。适应制造业与互联网跨界融合发展趋势,积极发挥行业协会和中介组织的桥梁纽带作用,鼓励建立跨行业、跨领域的新型产学研用联盟,开展关键共性技术攻关、融合标准制定和公共服务平台建设。围绕新商业模式知识产权保护需求,完善相关政策法规,建设结构合理、层次分明、可持续发展的知识产权运营服务网络。

(十二)培育国有企业融合发展机制。鼓励中央企业设立创新投资基金,引导地方产业投资基金和社会资本,支持大企业互联网"双创"平台建设、创新创意孵化、科技成果转化和新兴产业培育。建立有利于国有企业与互联网深度融合、激发企业活力、积极开展"双创"的机制,完善国有企业内部创新组织体系和运行机制,探索引入有限合伙制,完善鼓励创新、宽容失败的经营业绩考核机制,研究建立中央企业创新能力评价制度,建立促进创新成果转让的收益分配、工资奖励等制度,对企业重要技术人员和经营管理人员实施股权和分红激励政策。

(十三)加大财政支持融合发展力度。利用中央财政现有资金渠道,鼓励地方设立融合发展专项资金,加大对制造业与互联网融合发展关键环节和重点领域的投入力度,为符合条件的企业实施设备智能化改造、"双创"平台建设运营和应用试点示范项目提供支持。充分发挥现有相关专项资金、基金的引导带动作用,支持系统解决方案能力提升和制造业"双创"公共服务平台建设。制造业与互联网融合发展相关工作或工程中涉及技术研发、确需中央财政支持的,通过优化整合后的科技计划(专项、基金等)统筹予以支持。创新财政资金支持方式,鼓励政府采购云计算等专业化第三方服务,支持中小微企业提升信息化能力。

(十四)完善支持融合发展的税收和金融政策。结合全面推开营改增试点,进一步扩大制造企业增值税抵扣范围,落实增值税优惠政策,支持制造企业基于互联网独立开展或与互联网企业合资合作开展新业务。落实研发费用加计扣除、高新技术企业等所得税优惠政策,积极研究完善科技企业孵化器税收政策。选择一批重点城市和重点企业开展产融合作试点,支持开展信用贷款、融资租赁、质押担保等金融产品和服务创新。鼓励金融机构利用"双创"平台提供结算、融资、理财、咨询等一站式系统化金融服务,进一步推广知识产权质押,创新担保方式,积极探索多样化的信贷风险分担机制。

(十五)强化融合发展用地用房等服务。支持制造企业在不改变用地主体和规划条件的前提下,利用存量房产、土地资源发展制造业与互联网融合的新业务、新业态,实行5年过渡期内保持土地原用途和权利类型不变的政策。鼓励有条件的地方因地制宜出台支持政策,积极盘活闲置的工业厂房、企业库房和物流设施等资源,并对办公用房、水电、网络等费用给予补助,为致力于制造业与互联网融合发展的创业者提供低成本、高效便捷的专业服务。

(十六)健全融合发展人才培养体系。深化人才体制机制改革,完善激励创新的股权、期权等风险共担和收益分享机制,吸引具备创新能力的跨界人才,营造有利于融合发展优秀人才脱颖而出的良好环境。支持高校设置"互联网+"等相关专业,推进高等院校专业学位建设,加强高层次应用型专门人才培养。在重点院校、大型企业和产业园区建设一批产学研用相结合的专业人才培训基地,积极开展企业新型学徒制试点。结合国家专业技术人才知识更新工程、企业经营管理人才素质提升工程、高技能人才振兴计划等,加强融合发展职业人才和高端人才培养。在大中型企业推广首席信息官制度,壮大互联网应用人才队伍。

(十七)推动融合发展国际合作交流。积极发起或参与互联网领域多双边或区域性规则谈判,提升影响力和话语权。推动建立中外政府和民间对话交流机制,围绕大型制造企业互联网"双创"平台建设、融合发展标准制定以及应用示范等,开展技术交流与合作。结合实施"一带一路"等国家重大战略,运用丝路基金、中非发展基金、中非产能合作基金等金融资源,支持行业协会、产业联盟与企业共同推广中国制造业与互联网融合发展的产品、技术、标准和服务,推动制造业与互联网融合全链条"走出去",拓展海外市场;提升"引进来"的能力和水平,利用全球人才、技术、知识产权等创新资源,学习国际先进经营管理模式,支持和促进我国制造业与互联网融合发展。

各地区、各部门要高度重视深化制造业与互联网融合发展工作,统一思想,提高认识,加大工作力度,切实抓好本意见实施。国家制造强国建设领导小组要统筹研究完善制造业与互联网融合发展推进机制,加强对重大问题、重大政策和重大工程的综合协调,部署开展督导检查,推动各项任务落实。各有关部门要按照职责分工,加强协同配合,做好指导协调,抓紧出台配套政策,完善相关规章制度,强化跟踪督查,及时帮助有关方面解决遇到的困难和问题。国家制造强国建设战略咨询委员会要充分发挥作用,组织开展基础性、前瞻性、战略性研究,为重大决策及相关工程实施提供咨询。各地区要结合实际建立健全工作机制,制定具体实施方案,加强考核评估,确保融合发展各项任务落到实处。

“十三五”国家科技创新规划

（2016年08月08日）

“十三五”国家科技创新规划，依据《中华人民共和国国民经济和社会发展第十三个五年规划纲要》、《国家创新驱动发展战略纲要》和《国家中长期科学和技术发展规划纲要（2006－2020年）》编制，主要明确“十三五”时期科技创新的总体思路、发展目标、主要任务和重大举措，是国家在科技创新领域的重点专项规划，是我国迈进创新型国家行列的行动指南。

第一篇　迈进创新型国家行列

“十三五”时期是全面建成小康社会和进入创新型国家行列的决胜阶段，是深入实施创新驱动发展战略、全面深化科技体制改革的关键时期，必须认真贯彻落实党中央、国务院决策部署，面向全球、立足全局，深刻认识并准确把握经济发展新常态的新要求和国内外科技创新的新趋势，系统谋划创新发展新路径，以科技创新为引领开拓发展新境界，加速迈进创新型国家行列，加快建设世界科技强国。

第一章　把握科技创新发展新态势

“十二五”以来特别是党的十八大以来，党中央、国务院高度重视科技创新，作出深入实施创新驱动发展战略的重大决策部署。我国科技创新步入以跟踪为主转向跟踪和并跑、领跑并存的新阶段，正处于从量的积累向质的飞跃、从点的突破向系统能力提升的重要时期，在国家发展全局中的核心位置更加凸显，在全球创新版图中的位势进一步提升，已成为具有重要影响力的科技大国。

科技创新能力持续提升，战略高技术不断突破，基础研究国际影响力大幅增强。取得载人航天和探月工程、载人深潜、深地钻探、超级计算、量子反常霍尔效应、量子通信、中微子振荡、诱导多功能干细胞等重大创新成果。2015年，全社会研究与试验发展经费支出达14220亿元；国际科技论文数稳居世界第2位，被引用数升至第4位；全国技术合同成交金额达到9835亿元；国家综合创新能力跻身世界第18位。经济增长的科技含量不断提升，科技进步贡献率从2010年的50.9%提高到2015年的55.3%。高速铁路、水电装备、特高压输变电、杂交水稻、第四代移动通信（4G）、对地观测卫星、北斗导航、电动汽车等重大装备和战略产品取得重大突破，部分产品和技术开始走向世界。科技体制改革向系统化纵深化迈进，中央财政科技计划（专项、基金等）管理改革取得实质性进展，科技资源统筹协调进一步加强，市场导向的技术创新机制逐步完善，企业技术创新主体地位不断增强。科技创新国际化水平大幅提升，国际科技合作深入开展，国际顶尖科技人才、研发机构等高端创新资源加速集聚，科技外交在国家总体外交中的作用日益凸显。全社会创新创业生态不断优化，国家自主创新示范区和高新技术产业开发区成为创新创业重要载体，《中华人民共和国促进科技成果转化法》修订实施，企业研发费用加计扣除等政策落实成效明显，科技与金融结合更加紧密，公民科学素质稳步提升，全社会创新意识和创新活力显著增强。

“十三五”时期，世界科技创新呈现新趋势，国内经济社会发展进入新常态。

全球新一轮科技革命和产业变革蓄势待发。科学技术从微观到宏观各个尺度向纵深演进，学科多点突破、交叉融合趋势日益明显。物质结构、宇宙演化、生命起源、意识本质等一些重大科学问题的原创性突破正在开辟新前沿新方向，信息网络、人工智能、生物技术、清洁能源、新材料、先进制造等领域呈现群体跃进态势，颠覆性技术不断涌现，催生新经济、新产业、新业态、新模式，对人类生产方式、生活方式乃至思维方式将产生前所未有的深刻影响。科技创新在应对人类共同挑战、实现可持续发展中发挥着日益重要的作用。全球创新创业进入高度密集活跃期，人才、知识、技术、资本等创新资源全球流动的速度、范围和规模达到空前水平。创新模式发生重大变化，创新活动的网络化、全球化特征更加突出。全球创新版图正在加速重构，创新多极化趋势日益明显，科技创新成为各国实现经济再平衡、打造国家竞争新优势的核心，正在深刻影响和改变国家力量对比，重塑世界经济结构和国际竞争格局。

我国经济发展进入速度变化、结构优化和动力转换的新常态。推进供给侧结构性改革，促进经济提质增效、转型升级，迫切需要依靠科技创新培育发展新动力。协调推进新型工业化、信息化、城镇化、农业现代化和绿色化，建设生态文明，迫切需要依靠科技创新突破资源环境瓶颈制约。应对人口老龄化、消除贫困、增强人民健康素质、创新社会治理，迫切需要依靠科技创新支撑民生改善。落实总体国家安全观，维护国家安全和战略利益，迫切需要依靠科技创新提供强大保障。同时，我国国民收入稳步增加，市场需求加速释放，产业体系更加完备，体制活力显著增强，教育水平和人力资本素质持续提升，经济具有持续向好发展的巨大潜力、韧性和回旋余地，综合国力将再上新台阶，必将为科技创新的加速突破提供坚实基础。

同时，必须清醒地认识到，与进入创新型国家行列和建设世界科技强国的要求相比，我国科技创新还存在一些薄弱环节和深层次问题，主要表现为：科技基础仍然薄弱，科技创新能力特别是原创能力还有很大差距，关键领域核心技术受制于人的局面没有从根本上改变，许多产业仍处于全球价值链中低端，科技对经济增长的贡献率还不够高。制约创新发展的思想观念和深层次体制机制障碍依然存在，创新体系整体效能不高。高层次领军人才和高技能人才十分缺乏，创新型企业家群体亟需发展壮大。激励创新的环境亟待完善，政策措施落实力度需要进一步加强，创新资源开放共享水平有待提高，科学精神和创新文化需要进一步弘扬。

综合判断，我国科技创新正处于可以大有作为的重要战略机遇期，也面临着差距进一步拉大的风险。必须牢牢把握机遇，树立创新自信，增强忧患意识，勇于攻坚克难，主动顺应和引领时代潮流，把科技创新摆在更加重要位置，优化科技事业发展总体布局，让创新成为国家意志和全社会的共同行动，在新的历史起点上开创国家创新发展新局面，开启建设世界科技强国新征程。

第二章　确立科技创新发展新蓝图

一、指导思想

“十三五”时期科技创新的指导思想是：高举中国特色社会主义伟大旗帜，全面贯彻党的十八大和十八届三中、四中、五中全会精神，以马克思列宁主义、毛泽东思想、邓小平理论、“三个代表”重要思想、科学发展观为指导，深入贯彻习近平总书记系列重要讲话精神，认真落实党中央、国务院决策部署，坚持“五位一体”总体布局和“四个全面”战略布局，坚持创新、协调、绿色、开放、共享发展理念，坚持自主创新、重点跨越、支撑发展、引领未来的指导方针，坚持创新是引领发展的第一动力，把创新摆在国家发展全局的核心位置，以深入实施创新驱动发展战略、支撑供给侧结构性改革为主线，全面深化科技体制改革，大力推进以科技创新为核心的全面创新，着力增强自主创新能力，着力建设创新型人才队伍，着力扩大科技开放合作，着力推进大众创业万众创新，塑造更多依靠创新驱动、更多发挥先发优势的引领型发展，确保如期进入创新型国家行列，为建成世界科技强国奠定坚实基础，为实现“两个一百年”奋斗目标和中华民族伟大复兴中国梦提供强大动力。

二、基本原则

——坚持把支撑国家重大需求作为战略任

务。聚焦国家战略和经济社会发展重大需求，明确主攻方向和突破口；加强关键核心共性技术研发和转化应用；充分发挥科技创新在培育发展战略性新兴产业、促进经济提质增效升级、塑造引领型发展和维护国家安全中的重要作用。

——坚持把加速赶超引领作为发展重点。把握世界科技前沿发展态势，在关系长远发展的基础前沿领域，超前规划布局，实施非对称战略，强化原始创新，加强基础研究，在独创独有上下功夫，全面增强自主创新能力，在重要科技领域实现跨越发展，跟上甚至引领世界科技发展新方向，掌握新一轮全球科技竞争的战略主动。

——坚持把科技为民作为根本宗旨。紧紧围绕人民切身利益和紧迫需求，把科技创新与改善民生福祉相结合，发挥科技创新在提高人民生活水平、增强全民科学文化素质和健康素质、促进高质量就业创业、扶贫脱贫、建设资源节约型环境友好型社会中的重要作用，让更多创新成果由人民共享，提升民众获得感。

——坚持把深化改革作为强大动力。坚持科技体制改革和经济社会领域改革同步发力，充分发挥市场配置创新资源的决定性作用和更好发挥政府作用，强化技术创新的市场导向机制，破除科技与经济深度融合的体制机制障碍，激励原创突破和成果转化，切实提高科技投入效率，形成充满活力的科技管理和运行机制，为创新发展提供持续动力。

——坚持把人才驱动作为本质要求。落实人才优先发展战略，把人才资源开发摆在科技创新最优先的位置，在创新实践中发现人才，在创新活动中培养人才，在创新事业中凝聚人才，改革人才培养使用机制，培育造就规模宏大、结构合理、素质优良的人才队伍。

——坚持把全球视野作为重要导向。主动融入布局全球创新网络，在全球范围内优化配置创新资源，把科技创新与国家外交战略相结合，推动建立广泛的创新共同体，在更高水平上开展科技创新合作，力争成为若干重要领域的引领者和重要规则的贡献者，提高在全球创新治理中的话语权。

三、发展目标

“十三五”科技创新的总体目标是：国家科技实力和创新能力大幅跃升，创新驱动发展成效显著，国家综合创新能力世界排名进入前15位，迈进创新型国家行列，有力支撑全面建成小康社会目标实现。

——自主创新能力全面提升。基础研究和战略高技术取得重大突破，原始创新能力和国际竞争力显著提升，整体水平由跟跑为主向并行、领跑为主转变。研究与试验发展经费投入强度达到2.5%，基础研究占全社会研发投入比例大幅提高，规模以上工业企业研发经费支出与主营业务收入之比达到1.1%；国际科技论文被引次数达到世界第二；每万人口发明专利拥有量达到12件，通过《专利合作条约》(PCT)途径提交的专利申请量比2015年翻一番。

——科技创新支撑引领作用显著增强。科技创新作为经济工作的重要方面，在促进经济平衡性、包容性和可持续性发展中的作用更加突出，科技进步贡献率达到60%。高新技术企业营业收入达到34万亿元，知识密集型服务业增加值占国内生产总值(GDP)的比例达到20%，全国技术合同成交金额达到2万亿元；成长起一批世界领先的创新型企业、品牌和标准，若干企业进入世界创新百强，形成一批具有强大辐射带动作用的区域创新增长极，新产业、新经济成为创造国民财富和高质量就业的新动力，创新成果更多为人民共享。

——创新型人才规模质量同步提升。规模宏大、结构合理、素质优良的创新型科技人才队伍初步形成，涌现一批战略科技人才、科技领军人才、创新型企业家和高技能人才，青年科技人才队伍进一步壮大，人力资源结构和就业结构显著改善，每万名就业人员中研发人员达到60人年。人才评价、流动、激励机制更加完善，各类人才创新活力充分激发。

——有利于创新的体制机制更加成熟定型。科技创新基础制度和政策体系基本形成，科技创新管理的法治化水平明显提高，创新治理能力建设取得重大进展。以企业为主体、市场为导向的技术创新体系更加健全，高等学校、科研院所治理结构和发展机制更加科学，军民融合创新机制更加完善，国家创新体系整体效能显著提升。

——创新创业生态更加优化。科技创新政策

法规不断完善，知识产权得到有效保护。科技与金融结合更加紧密，创新创业服务更加高效便捷。人才、技术、资本等创新要素流动更加顺畅，科技创新全方位开放格局初步形成。科学精神进一步弘扬，创新创业文化氛围更加浓厚，全社会科学文化素质明显提高，公民具备科学素质的比例超过10%。

四、总体部署

未来五年，我国科技创新工作将紧紧围绕深入实施国家“十三五”规划纲要和创新驱动发展战略纲要，有力支撑“中国制造2025”“互联网+”、网络强国、海洋强国、航天强国、健康中国建设、军民融合发展、“一带一路”建设、京津冀协同发展、长江经济带发展等国家战略实施，充分发挥科技创新在推动产业迈向中高端、增添发展新动能、拓展发展新空间、提高发展质量和效益中的核心引领作用。

一是围绕构筑国家先发优势，加强兼顾当前和长远的重大战略布局。加快实施国家科技重大专项，启动“科技创新2030—重大项目”；构建具有国际竞争力的产业技术体系，加强现代农业、新一代信息技术、智能制造、能源等领域一体化部署，推进颠覆性技术创新，加速引领产业变革；健全支撑民生改善和可持续发展的技术体系，突破资源环境、人口健康、公共安全等领域的瓶颈制约；建立保障国家安全和战略利益的技术体系，发展深海、深地、深空、深蓝等领域的战略高技术。

二是围绕增强原始创新能力，培育重要战略创新力量。持续加强基础研究，全面布局、前瞻部署，聚焦重大科学问题，提出并牵头组织国际大科学计划和大科学工程，力争在更多基础前沿领域引领世界科学方向，在更多战略性领域实现率先突破；完善以国家实验室为引领的创新基地建设，按功能定位分类推进科研基地的优化整合。培育造就一批世界水平的科学家、科技领军人才、高技能人才和高水平创新团队，支持青年科技人才脱颖而出，壮大创新型企业家队伍。

三是围绕拓展创新发展空间，统筹国内国际两个大局。支持北京、上海建设具有全球影响力的科技创新中心，建设一批具有重大带动作用的创新型省市和区域创新中心，推动国家自主创新示范区和高新区创新发展，系统推进全面创新改革试验；完善区域协同创新机制，加大科技扶贫力度，激发基层创新活力；打造“一带一路”协同创新共同体，提高全球配置创新资源的能力，深度参与全球创新治理，促进创新资源双向开放和流动。

四是围绕推进大众创业万众创新，构建良好创新创业生态。大力发展科技服务业，建立统一开放的技术交易市场体系，提升面向创新全链条的服务能力；加强创新创业综合载体建设，发展众创空间，支持众创众包众扶众筹，服务实体经济转型升级；深入实施知识产权和技术标准战略。完善科技与金融结合机制，大力发展创业投资和多层次资本市场。

五是围绕破除束缚创新和成果转化的制度障碍，全面深化科技体制改革。加快中央财政科技计划（专项、基金等）管理改革，强化科技资源的统筹协调；深入实施国家技术创新工程，建设国家技术创新中心，提高企业创新能力；推动健全现代大学制度和科研院所制度，培育面向市场的新型研发机构，构建更加高效的科研组织体系；实施促进科技成果转移转化行动，完善科技成果转移转化机制，大力推进军民融合科技创新。

六是围绕夯实创新的群众和社会基础，加强科普和创新文化建设。深入实施全民科学素质行动，全面推进全民科学素质整体水平的提升；加强科普基础设施建设，大力推动科普信息化，培育发展科普产业；推动高等学校、科研院所和企业的各类科研设施向社会公众开放；弘扬科学精神，加强科研诚信建设，增强与公众的互动交流，培育尊重知识、崇尚创造、追求卓越的企业家精神和创新文化。

第三章　建设高效协同国家创新体系

深入实施创新驱动发展战略，支撑供给侧结构性改革，必须统筹推进高效协同的国家创新体系建设，促进各类创新主体协同互动、创新要素顺畅流动高效配置，形成创新驱动发展的实践载体、制度安排和环境保障。

一、培育充满活力的创新主体

进一步明确各类创新主体的功能定位，突出创新人才的核心驱动作用，增强企业的创新主体地位和主导作用，发挥国家科研机构的骨干和引领作用，发挥高等学校的基础和生力军作用，鼓励和引导新型研发机构等发展，充分发挥科技类社会组织的作用，激发各类创新主体活力，系统提升创新主体能力。

二、系统布局高水平创新基地

瞄准世界科技前沿和产业变革趋势，聚焦国家战略需求，按照创新链、产业链加强系统整合布局，以国家实验室为引领，形成功能完备、相互衔接的创新基地，充分聚集一流人才，增强创新储备，提升创新全链条支撑能力，为实现重大创新突破、培育高端产业奠定重要基础。

三、打造高端引领的创新增长极

遵循创新区域高度聚集规律，结合区域创新发展需求，引导高端创新要素围绕区域生产力布局加速流动和聚集，以国家自主创新示范区和高新区为基础、区域创新中心和跨区域创新平台为龙头，推动优势区域打造具有重大引领作用和全球影响力的创新高地，形成区域创新发展梯次布局，带动区域创新水平整体提升。

四、构建开放协同的创新网络

围绕打通科技与经济的通道，以技术市场、资本市场、人才市场为纽带，以资源开放共享为手段，围绕产业链部署创新链，围绕创新链完善资金链，加强各类创新主体间合作，促进产学研用紧密结合，推进科教融合发展，深化军民融合创新，健全创新创业服务体系，构建多主体协同互动与大众创新创业有机结合的开放高效创新网络。

五、建立现代创新治理结构

进一步明确政府和市场分工，持续推进简政放权、放管结合、优化服务改革，推动政府职能从研发管理向创新服务转变；明确和完善中央与地方分工，强化上下联动和统筹协调；加强科技高端智库建设，完善科技创新重大决策机制；改革完善资源配置机制，引导社会资源向创新集聚，提高资源配置效率，形成政府引导作用与市场决定性作用有机结合的创新驱动制度安排。

六、营造良好创新生态

强化创新的法治保障，积极营造有利于知识产权创造和保护的法治环境；持续优化创新政策供给，构建普惠性创新政策体系，增强政策储备，加大重点政策落实力度；激发全社会的创造活力，营造崇尚创新创业的文化环境。

第二篇　构筑国家先发优势

围绕提升产业竞争力、改善民生和保障国家安全的战略需求，加强重点领域的系统部署，为塑造更多依靠创新驱动、发挥先发优势的引领型发展提供有力支撑。

第四章　实施关系国家全局和长远的重大科技项目

重大科技项目是体现国家战略目标、集成科技资源、实现重点领域跨越发展的重要抓手。“十三五”期间，要在实施好已有国家科技重大专项的基础上，面向2030年再部署一批体现国家战略意图的重大科技项目，探索社会主义市场经济条件下科技创新的新型举国体制，完善重大项目组织模式，在战略必争领域抢占未来竞争制高点，开辟产业发展新方向，培育新经济增长点，带动生产力跨越发展，为提高国家综合竞争力、保障国家安全提供强大支撑。

一、深入实施国家科技重大专项

按照聚焦目标、突出重点、加快推进的要求，加快实施已部署的国家科技重大专项，推动专项成果应用及产业化，提升专项实施成效，确保实现专项目标。持续攻克“核高基”（核心电子器件、高端通用芯片、基础软件）、集成电路装备、宽带移动通信、数控机床、油气开发、核电、水污染治理、转基因、新药创制、传染病防治等关键核心技术，着力解决制约经济社会发展和事关国家安全的重大科技问题；研发具有国际竞争力的重大战略产品，建设高水平重大示范工程，发挥对民生改善和国家支柱产业发展的辐射带动作用；凝聚和培养一批科技领军人才和高水平创新创业团队，建成一批引领性强的创新平台和具有国际影响力的产业化基地，造就一批具有较强国际竞争力的创新型领军企业，在部分领域形成世界领先的高科技产业。

二、部署启动新的重大科技项目

面向2030年，再选择一批体现国家战略意图的重大科技项目，力争有所突破。从更长远的战略需求出发，坚持有所为、有所不为，力争在航空发动机及燃气轮机、深海空间站、量子通信与量子计算、脑科学与类脑研究、国家网络空间安全、深空探测及空间飞行器在轨服务与维护系统、种业自主创新、煤炭清洁高效利用、智能电网、天地一体化信息网络、大数据、智能制造和机器人、重点新材料研发及应用、京津冀环境综合治理、健康保障等重点方向率先突破。按照"成熟一项、启动一项"的原则，分批次有序启动实施。

科技创新2030—重大项目与国家科技重大专项，形成远近结合、梯次接续的系统布局。在电子信息领域，形成涵盖高端芯片及核心软硬件研制、前沿技术突破和信息能力构建的整体布局；在先进制造领域，形成涵盖基础材料、关键技术、重大战略产品和装备研发的整体布局；在能源领域，形成涵盖能源多元供给、高效清洁利用和前沿技术突破的整体布局；在环境领域，形成由单一污染治理转向区域综合治理的系统技术解决方案；在农业领域，形成兼顾前沿技术突破和解决种业发展基本问题的整体布局；在生物和健康领域，形成涵盖重大疾病防治、基础健康保障服务和前沿医疗技术突破的整体布局；在太空海洋开发利用领域，形成涵盖空间、海洋探测利用技术的整体布局。

已有国家科技重大专项和新部署的科技创新2030—重大项目要进一步加强与其他科技计划任务部署的衔接，完善和创新项目组织实施模式，改进项目管理体制，明确管理责任，优化管理流程，提高管理效率。完善监督评估制度，定期开展评估。加强动态调整，加强地球深部探测等候选重大科技项目的储备论证。

第五章　构建具有国际竞争力的现代产业技术体系

把握世界科技革命和产业变革新趋势，围绕我国产业国际竞争力提升的紧迫需求，强化重点领域关键环节的重大技术开发，突破产业转型升级和新兴产业培育的技术瓶颈，构建结构合理、先进管用、开放兼容、自主可控的技术体系，为我国产业迈向全球价值链中高端提供有力支撑。

一、发展高效安全生态的现代农业技术

以加快推进农业现代化、保障国家粮食安全和农民增收为目标，深入实施藏粮于地、藏粮于技战略，超前部署农业前沿和共性关键技术研究。以做大做强民族种业为重点，发展以动植物组学为基础的设计育种关键技术，培育具有自主知识产权的优良品种，开发耕地质量提升与土地综合整治技术，从源头上保障国家粮食安全；以发展农业高新技术产业、支撑农业转型升级为目标，重点发展农业生物制造、农业智能生产、智能农机装备、设施农业等关键技术和产品；围绕提高资源利用率、土地产出率、劳动生产率，加快转变农业发展方式，突破一批节水农业、循环农业、农业污染控制与修复、盐碱地改造、农林防灾减灾等关键技术，实现农业绿色发展。力争到2020年，建立信息化主导、生物技术引领、智能化生产、可持续发展的现代农业技术体系，支撑农业走出产出高效、产品安全、资源节约、环境友好的现代化道路。

二、发展新一代信息技术

大力发展泛在融合、绿色宽带、安全智能的新一代信息技术，研发新一代互联网技术，保障网络空间安全，促进信息技术向各行业广泛渗透与深度融合。发展先进计算技术，重点加强E级（百亿亿次级）计算、云计算、量子计算、人本计算、异构计算、智能计算、机器学习等技术研发及应用；发展网络与通信技术，重点加强一体化融合网络、软件定义网络/网络功能虚拟化、超高速超大容量超长距离光通信、无线移动通信、太赫兹通信、可见光通信等技术研发及应用；发展自然人机交互技术，重点是智能感知与认知、虚实融合与自然交互、语义理解和智慧决策、云端融合交互和可穿戴等技术研发及应用。发展微电子和光电子技术，重点加强极低功耗芯片、新型传感器、第三代半导体芯片和硅基光电子、混合光电子、微波光电子等技术与器件的研发。

三、发展智能绿色服务制造技术

围绕建设制造强国，大力推进制造业向智能化、绿色化、服务化方向发展。发展网络协同制造技术，重点研究基于"互联网+"的创新设计、基于物联网的智能工厂、制造资源集成管控、全生命周期制造服务等关键技术；发展绿色制造技术与产品，重点研究再设计、再制造与再资源化等关键技术，推动制造业生产模式和产业形态创新。发展

机器人、智能感知、智能控制、微纳制造、复杂制造系统等关键技术，开发重大智能成套装备、光电子制造装备、智能机器人、增材制造、激光制造等关键装备与工艺，推进制造业智能化发展。开展设计技术、可靠性技术、制造工艺、关键基础件、工业传感器、智能仪器仪表、基础数据库、工业试验平台等制造基础共性技术研发，提升制造基础能力。推动制造业信息化服务增效，加强制造装备及产品“数控一代”创新应用示范，提高制造业信息化和自动化水平，支撑传统制造业转型升级。

四、发展新材料技术

围绕重点基础产业、战略性新兴产业和国防建设对新材料的重大需求，加快新材料技术突破和应用。发展先进结构材料技术，重点是高温合金、高品质特殊钢、先进轻合金、特种工程塑料、高性能纤维及复合材料、特种玻璃与陶瓷等技术及应用。发展先进功能材料技术，重点是第三代半导体材料、纳米材料、新能源材料、印刷显示与激光显示材料、智能/仿生/超材料、高温超导材料、稀土新材料、膜分离材料、新型生物医用材料、生态环境材料等技术及应用。发展变革性的材料研发与绿色制造新技术，重点是材料基因工程关键技术与支撑平台，短流程、近终形、高能效、低排放为特征的材料绿色制造技术及工程应用。

五、发展清洁高效能源技术

大力发展清洁低碳、安全高效的现代能源技术，支撑能源结构优化调整和温室气体减排，保障能源安全，推进能源革命。发展煤炭清洁高效利用和新型节能技术，重点加强煤炭高效发电、煤炭清洁转化、燃煤二氧化碳捕集利用封存、余热余压深度回收利用、浅层低温地能开发利用、新型节能电机、城镇节能系统化集成、工业过程节能、能源梯级利用、“互联网+”节能、大型数据中心节能等技术研发及应用。发展可再生能源大规模开发利用技术，重点加强高效低成本太阳能电池、光热发电、太阳能供热制冷、大型先进风电机组、海上风电建设与运维、生物质发电供气供热及液体燃料等技术研发及应用。发展智能电网技术，重点加强特高压输电、柔性输电、大规模可再生能源并网与消纳、电网与用户互动、分布式能源以及能源互联网和大容量储能、能源微网等技术研发及应用。稳步发展核能与核安全技术及其应用，重点是核电站安全运行、大型先进压水堆、超高温气冷堆、先进快堆、小型核反应堆和后处理等技术研发及应用。实施“科技冬奥”行动计划，为奥运专区及周边提供零碳/低碳、经济智慧的能源解决方案。

六、发展现代交通技术与装备

面向建设“安全交通、高效交通、绿色交通、和谐交通”重大需求，大力发展新能源、高效能、高安全的系统技术与装备，完善我国现代交通运输核心技术体系，培育新能源汽车、高端轨道交通、民用航空等新兴产业。重点发展电动汽车智能化、网联化、轻量化技术及自动驾驶技术，发展具有国际竞争力的高速列车、高中速磁浮、快捷货运技术与装备，发展轨道交通的安全保障、智能化、绿色化技术，研发运输管理前沿技术，提升交通运输业可持续发展能力和“走出去”战略支撑能力。

七、发展先进高效生物技术

瞄准世界科技前沿，抢抓生物技术与各领域融合发展的战略机遇，坚持超前部署和创新引领，以生物技术创新带动生命健康、生物制造、生物能源等创新发展，加快推进我国从生物技术大国到生物技术强国的转变。重点部署前沿共性生物技术、新型生物医药、绿色生物制造技术、先进生物医用材料、生物资源利用、生物安全保障、生命科学仪器设备研发等任务，加快合成生物技术、生物大数据、再生医学、3D 生物打印等引领性技术的创新突破和应用发展，提高生物技术原创水平，力争在若干领域取得集成性突破，推动技术转化应用并服务于国家经济社会发展，大幅提高生物经济国际竞争力。

八、发展现代食品制造技术

遵循现代食品制造业高科技、智能化、多梯度、全利用、低能耗、高效益、可持续的国际发展趋势，围绕标准化加工、智能化控制、健康型消费等重大产业需求，以现代加工制造为主线，加快高效分离、质构重组、物性修饰、生物制造、节能干燥、新型杀菌等工程化技术研发与应用；攻克连续化、自动化、数字化、工程化成套装备制造技术，突破食品产业发展的装备制约；重视食品质量安全，聚焦食品源头污染问题日益严重、过程安全控制能力薄弱、监管科技支撑能力不足等突出问题，重点开展监测检测、风险评估、溯源预警、过程控制、监管应急等食品安全防护关键技术研究；围绕发展保鲜物流，开展智能冷链物流、绿色防腐保鲜、新型包装控制、粮食现代储备、节粮减损等产业急需技术研发；以营养健康为目标，突破营养功能组分稳态化保持与靶向递送、营养靶向设计与健康食品精准制造、主食现代化等高新技术。力争到2020年，在营养优化、物性修饰、智能加工、低碳制造、冷链物流、全程控制等技术领域实现重大突破，形成较为完备的现代食品制造技术体系，支撑我国现代食品制造业转型升级和持续发展。

九、发展支撑商业模式创新的现代服务技术

面向“互联网+”时代的平台经济、众包经济、创客经济、跨界经济、分享经济的发展需求，以新一代信息和网络技术为支撑，加强现代服务业技术基础设施建设，加强技术集成和商业模式创新，提高现代服务业创新发展水平。围绕生产性服务业共性需求，重点推进电子商务、现代物流、系统外包等发展，增强服务能力，提升服务效率，提高服务附加值。加强网络化、个性化、虚拟化条件下服务技术研发与集成应用，加强文化产业关键技术研发。大力开展服务模式创新，重点发展数字文化、数字医疗与健康、数字生活、教育与培训等新兴服务业。围绕企业技术创新需求，加快推进工业设计、文化创意和相关产业融合发展，提升我国重点产业的创新设计能力。

十、发展引领产业变革的颠覆性技术

加强产业变革趋势和重大技术的预警，加强对颠覆性技术替代传统产业拐点的预判，及时布局新兴产业前沿技术研发，在信息、制造、生物、新材料、能源等领域，特别是交叉融合的方向，加快部署一批具有重大影响、能够改变或部分改变科技、经济、社会、生态格局的颠覆性技术研究，在新一轮产业变革中赢得竞争优势。重点开发移动互联、量子信息、人工智能等技术，推动增材制造、智能机器人、无人驾驶汽车等技术的发展，重视基因编辑、干细胞、合成生物、再生医学等技术对生命科学、生物育种、工业生物领域的深刻影响，开发氢能、燃料电池等新一代能源技术，发挥纳米技术、智能技术、石墨烯等对新材料产业发展的引领作用。

第六章　健全支撑民生改善和可持续发展的技术体系

围绕改善民生和促进可持续发展的迫切需求，加大资源环境、人口健康、新型城镇化、公共安全等领域核心关键技术攻关和转化应用的力度，为形成绿色发展方式和生活方式，全面提升人民生活品质提供技术支撑。

一、发展生态环保技术

以提供重大环境问题系统性技术解决方案和发展环保高新技术产业体系为目标，形成源头控制、清洁生产、末端治理和生态环境修复的成套技术。加强大气污染形成机理、污染源追踪与解析关键技术研究，提高空气质量预报和污染预警技术水平；加强重要水体、水源地、源头区、水源涵养区等水质监测与预报预警技术体系建设；突破饮用水质健康风险控制、地下水污染防治、污废水资源化能源化与安全利用、垃圾处理及清洁焚烧发电、放射性废物处理处置等关键技术；开展土壤污染机制和风险评估等基础性研究，完善土壤环境监测与污染预警关键技术；加强环境基准研究；开展环境监测新技术和新方法研究，健全生态环境监测技术体系。提高生态环境监测立体化、自动化、智能化水平，推进陆海统筹、天地一体、上下协同、信息共享的生态环境监测网络建设。

突破生态评估、产品生态设计和实现生态安全的过程控制与绿色替代关键技术。开发环境健康风险评估与管理技术、高风险化学品的环境友好替代技术，开展重大工程生态评价与生态重建技术研究。在京津冀地区、长江经济带等重点区域开展环境污染防治技术应用试点示范，促进绿色技术转移转化，加强环保高新技术产业园区建设，推动形成区域环境治理协同创新共同体。开发生态环境大数据应用技术，建立智慧环保管理和技术支撑体系。力争实现生态环保技术的跨越发展，为我国环境污染控制、质量改善和环保产业竞争力提升提供科技支撑。

二、发展资源高效循环利用技术

以保障资源安全供给和促进资源型行业绿色转型为目标，大力发展水资源、矿产资源的高效开发和节约利用技术。在水土资源综合利用、国土

空间优化开发、煤炭资源绿色开发、天然气水合物探采、油气与非常规油气资源开发、金属资源清洁开发、盐湖与非金属资源综合利用、废物循环利用等方面，集中突破一批基础性理论与核心关键技术，重点研发一批重大关键装备，构建资源勘探、开发与综合利用理论及技术体系，解决我国资源可持续发展保障、产业转型升级面临的突出问题；建立若干具有国际先进水平的基础理论研究与技术研发平台、工程转化与技术转移平台、工程示范与产业化基地，逐步形成与我国经济社会发展水平相适应的资源高效利用技术体系，为建立资源节约型环境友好型社会提供强有力的科技支撑。

三、发展人口健康技术

紧密围绕健康中国建设需求，突出解决重大慢病防控、人口老龄化应对等影响国计民生的重大问题，以提升全民健康水平为目标，系统加强生物数据、临床信息、样本资源的整合，统筹推进国家临床医学研究中心和疾病协同研究网络建设，促进医研企结合开展创新性和集成性研究，加快推动医学科技发展。重点部署疾病防控、精准医学、生殖健康、康复养老、药品质量安全、创新药物开发、医疗器械国产化、中医药现代化等任务，加快慢病筛查、智慧医疗、主动健康等关键技术突破，加强疾病防治技术普及推广和临床新技术新产品转化应用，建立并完善临床医学技术标准体系。力争到2020年，形成医养康护一体化、连续性的健康保障体系，为提高医疗服务供给质量、加快健康产业发展、助推医改和健康中国建设提供坚实的科技支撑。

四、发展新型城镇化技术

围绕新型城镇化领域的瓶颈制约，针对绿色、智慧、创新、人文、紧凑型城市建设，以系统工程理念为出发点，尊重城市发展规律，创新和改进规划方法，把生态环境承载力、历史文脉传承、绿色低碳等理念融入规划设计全过程，通过科技创新统筹引领城市规划、建设、管理等各个环节，研发系统性技术解决方案。加强城镇区域发展动态监测、城镇布局和形态功能优化、城镇基础设施功能提升、城镇用地节约集约和低效用地再开发、城市地下综合管廊、地下空间合理布局与节约利用、城市信息化与智慧城市等关键技术研发，加强绿色生态基础设施和海绵城市建设技术研发，着力恢复城市自然生态；加强建筑节能、室内外环境质量改善、绿色建筑及装配式建筑等的规划设计、建造、运维一体化技术和标准体系研究，发展近零能耗和既有建筑改造技术体系，推进和提升节地、节能、节水、节材和环保技术在城市建设中的应用推广；加强文化遗产保护传承和公共文化、体育健身等公共服务关键技术研究，培育教育、文化、体育、旅游等城市创新发展新业态，推动历史文脉延续和人文城市建设。力争到2020年形成较为完备的新型城镇化建设和发展理论体系、共性关键技术和标准规范体系，推动城镇可持续人居环境建设和公共服务功能提升，有力保障中国特色新型城镇化建设。

五、发展可靠高效的公共安全与社会治理技术

围绕平安中国建设，以建立健全公共安全体系为导向，以提高社会治理能力和水平为目的，针对公共安全共性基础科学问题、国家公共安全综合保障、社会安全监测预警与控制、重特大生产安全事故防控与生产安全保障、国家重大基础设施安全保障、城镇公共安全风险防控与治理、综合应急技术装备等方面开展公共安全保障关键技术攻关和应用示范，形成主动保障型公共安全技术体系。聚焦地震灾害、地质灾害、气象灾害、水旱灾害、海洋灾害等重大自然灾害基础理论问题，重点灾种的关键技术环节和巨灾频发与高危险区域，开展重大自然灾害监测预警、风险防控与综合应对关键科学技术问题基础研究、技术研发和集成应用示范。运用现代科技改进社会治理方法和手段，开展社会治理公共服务平台多系统和多平台信息集成共享、政策仿真建模和分析技术研究，开展社会基础信息、信用信息等数据共享交换关键技术和综合应用技术研究。力争到2020年，形成较为完备、可靠、高效的公共安全与社会治理技术体系，为经济社会持续稳定安全发展提供科技保障。

第七章　发展保障国家安全和战略利益的技术体系

围绕国家和人类长远发展需求，加强海洋、空

天以及深地极地空间拓展的关键技术突破，提升战略空间探测、开发和利用能力，为促进人类共同资源有效利用和保障国家安全提供技术支撑。

一、发展海洋资源高效开发、利用和保护技术

按照建设海洋强国和“21 世纪海上丝绸之路”的总体部署和要求，坚持以强化近海、拓展远海、探查深海、引领发展为原则，重点发展维护海洋主权和权益、开发海洋资源、保障海上安全、保护海洋环境的重大关键技术。开展全球海洋变化、深渊海洋科学等基础科学研究，突破深海运载作业、海洋环境监测、海洋油气资源开发、海洋生物资源开发、海水淡化与综合利用、海洋能开发利用、海上核动力平台等关键核心技术，强化海洋标准研制，集成开发海洋生态保护、防灾减灾、航运保障等应用系统。通过创新链设计和一体化组织实施，为深入认知海洋、合理开发海洋、科学管理海洋提供有力的科技支撑。加强海洋科技创新平台建设，培育一批自主海洋仪器设备企业和知名品牌，显著提升海洋产业和沿海经济可持续发展能力。

二、发展空天探测、开发和利用技术

发展新一代空天系统技术和临近空间技术，提升卫星平台和载荷能力以及临近空间持久信息保障能力，强化空天技术对国防安全、经济社会发展、全球战略力量部署的综合服务和支撑作用。增强空天综合信息应用水平与技术支撑能力，拓展我国地球信息产业链。加强空间科学新技术新理论研究，开展空间探测活动。开展新机理新体制遥感载荷与平台、空间辐射基准与传递定标、超敏捷卫星与空天地智能组网、全球空间信息精准获取与定量化应用、高精度全物理场定位与智能导航、泛在精确导航与位置服务、量子导航、多源多尺度时空大数据分析与地球系统模拟、地理信息系统在线可视化服务、空间核动力等核心关键技术研究及示范应用。全面提升航天运输系统技术能力，开展新概念运输系统技术研究。

三、发展深地极地关键核心技术

围绕深地极地探测开发的技术需求，重点研究深地资源勘探理论和技术装备，开展极地环境观测和资源开发利用。从构造背景、深部过程、成矿规律、勘探技术和成矿信息提取等方面开展全链条研究，深化对成矿过程的全面理解，提高深部资源探测能力，构建深地资源保障供应的资源可持续发展模式。研究海冰—海洋—大气的耦合变化机理和极区环境变化对全球的影响，重点研究对我国气候和灾害性天气的影响机理；探索和了解极区的油气、矿产、渔业、航道资源并评估资源潜力和商业价值；开发耐低温环境的仪器装备，发展极区自动观测网的组网技术，形成对极区的持续观测能力；通过在极区观测网、海底资源开发、深冰芯钻探等领域的国际合作，探索设立大型极区国际合作研究计划，提高我国极地科研水平和技术保障条件。

四、发展维护国家安全和支撑反恐的关键技术

强化科技对国家应对传统安全和非传统安全紧迫需求的支撑，支持信息安全、网络安全、生物安全、反恐、保密等方面关键核心技术研发。

第三篇　增强原始创新能力

围绕增加创新的源头供给，持续加强基础研究，布局建设重大科技创新基地，壮大创新型科技人才队伍，力争在更多领域引领世界科学前沿发展方向，为人类科技进步作出更多贡献。

第八章　持续加强基础研究

坚持面向国家重大需求和世界科学前沿，坚持鼓励自由探索和目标导向相结合，加强重大科学问题研究，完善基础研究体制机制，补好基础研究短板，增强创新驱动源头供给，显著提升我国的科学地位和国际影响力。

一、加强自由探索与学科体系建设

面向基础前沿，遵循科学规律，进一步加大对好奇心驱动基础研究的支持力度，引导科学家将学术兴趣与国家目标相结合，鼓励科学家面向重大科学研究方向，勇于攻克最前沿的科学难题，提出更多原创理论，作出更多原创发现。切实加大对非共识、变革性创新研究的支持力度，鼓励质疑传统、挑战权威，重视可能重塑重要科学或工程概念、催生新范式或新学科新领域的研究。

加强学科体系建设。重视数学、物理学、化

学、天文学、地学、生命科学等基础学科，推动学科持续发展；加强信息、生物、纳米等新兴学科建设，鼓励开展跨学科研究，促进学科交叉与融合；重视产业升级与结构调整所需解决的核心科学问题，推进环境科学、海洋科学、材料科学、工程科学和临床医学等应用学科发展。各学科论文总量和论文被引用数进一步增长，部分学科学术影响力达到世界领先。

二、强化目标导向的基础研究和前沿技术研究

面向我国经济社会发展中的关键科学问题、国际科学研究发展前沿领域以及未来可能产生变革性技术的科学基础，统筹优势科研队伍、国家科研基地平台和重大科技基础设施，超前投入、强化部署目标导向的基础研究和前沿技术研究。

聚焦国家重大战略任务部署基础研究。面向国家重大需求、面向国民经济主战场，针对事关国计民生、产业核心竞争力的重大战略任务，凝练现代农业、人口健康、资源环境和生态保护、产业转型升级、节能环保和新能源、新型城镇化等领域的关键科学问题，促进基础研究与经济社会发展需求紧密结合，为创新驱动发展提供源头供给。

面向世界科学前沿和未来科技发展趋势，选择对提升持续创新能力带动作用强、研究基础和人才储备较好的战略性前瞻性重大科学问题，强化以原始创新和系统布局为特点的大科学研究组织模式，部署基础研究重点专项，实现重大科学突破、抢占世界科学发展制高点。

以实现重点科技领域的战略领先为目标，面向未来有望引领人类生活和工业生产实现跨越式发展的前沿方向，建立变革性技术科学基础的培育机制，加强部署基因编辑、材料素化、神经芯片、超构材料、精准介观测量等方面的基础研究和超前探索，通过科学研究的创新和突破带动变革性技术的出现和发展，为未来我国产业变革和经济社会可持续发展提供科学储备。

三、组织实施国际大科学计划和大科学工程

面向基础研究领域和重大全球性问题，结合我国发展战略需要、现实基础和优势特色，积极参与国际大科学计划和大科学工程。加强顶层设计，长远规划，择机布局，重点在数理天文、生命科学、地球环境科学、能源以及综合交叉等我国已相对具备优势的领域，研究提出未来 5 至 10 年我国可能组织发起的国际大科学计划和大科学工程。调动国际资源和力量，在前期充分研究基础上，力争发起和组织若干新的国际大科学计划和大科学工程，为世界科学发展作出贡献。

四、加强国家重大科技设施建设

聚焦能源、生命、粒子物理和核物理、空间和天文、海洋、地球系统和环境等领域，以提升原始创新能力和支撑重大科技突破为目标，依托高等学校、科研院所布局建设一批重大科技基础设施，支持依托重大科技基础设施开展科学前沿问题研究。加强运行管理，推动大科学装置等重大科技基础设施与国家实验室等紧密结合，强化大科学装置等国家重大科技基础设施绩效评估，促进开放共享。围绕生态保障、现代农业、气候变化和灾害防治等国家需求，建设布局一批野外科学观测研究站，完善国家野外观测站体系，推动野外科学观测研究站的多能化、标准化、规范化和网络化建设运行，促进联网观测和协同创新。

五、开展重大科学考察与调查

面向重要科学问题、农业可持续发展、生态恢复与重建、自然灾害的防灾减灾、国家权益维护和重大战略需求，组织开展跨学科、跨领域、跨区域的重大科学考察与调查，获得一批基础性、公益性、系统性、权威性的科技资源。在我国重要地理区、生态环境典型区、国际经济合作走廊以及极地、大洋等重点、特殊和空白地区，开展科学考察与调查，摸清自然本底和动态变化状况，为原始性创新、重大工程建设和国家决策提供支撑。

六、加强基础研究协同保障

完善基础研究投入机制，提高基础研究占全社会研发投入比例，充分发挥国家对基础研究投入的主体作用，加大中央财政对基础研究的支持力度，加大对基础学科、基础研究基地和基础科学重大设施的稳定支持。强化政策环境、体制机制、科研布局、评价导向等方面的系统设计，多措并举支持基础研究。积极引导和鼓励地方政府、企业和社会力量加大对基础研究的投入，形成全社会重视和支持基础研究的合力。

加强顶层设计和整体布局，完善国家基础研

究管理部门之间的沟通协调机制，按照新的国家科技计划体系对基础研究工作进行系统性部署和支持。发挥国家自然科学基金支持源头创新的重要作用，充分尊重科学家的学术敏感，包容和支持非共识研究，构建宽松包容的学术环境。国家重点研发计划以及基地和人才专项加强支持开展目标导向类基础研究和协同创新，建立按照国家目标凝练基础研究重点任务的有效机制，进行长期稳定支持。

推进科教融合发展，结合国际一流科研机构、世界一流大学和一流学科建设，支持高等学校与科研机构自主布局基础研究，扩大高等学校与科研机构学术自主权和个人科研选题选择权，支持一批高水平大学和科研院所组建跨学科、综合交叉的科研团队，促进高等学校和科研院所全面参与基础研究，推进基础研究全面、协调、可持续发展。

改善学术环境，建立符合基础研究特点和规律的评价机制。自由探索类基础研究采用长周期评价机制，实行国际同行评估，主要评价研究的原创性和学术贡献；目标导向类基础研究强调目标实现程度，主要评价解决重大科学问题的效能；确立以创新质量和学术贡献为核心的评价导向。

第九章　建设高水平科技创新基地

紧密围绕国家战略需求，大力推进以国家实验室为引领的科技创新基地建设，加强基地优化整合，创新运行机制，促进科技资源开放共享，夯实自主创新的物质技术基础。

一、优化国家科研基地和平台布局

以提升科技创新能力为目标，着眼长远和全局，统筹科研基地、科技资源共享服务平台和科研条件保障能力建设，坚持优化布局、重点建设、分层管理、规范运行的原则，围绕国家战略和创新链布局需求对现有国家科研基地平台进行合理归并，优化整合为战略综合类、技术创新类、科学研究类、基础支撑类等，进一步明确功能定位和目标任务。战略综合类主要是国家实验室。技术创新类包括国家技术创新中心、国家临床医学研究中心，以及对现有国家工程技术研究中心、国家工程研究中心、国家工程实验室、企业国家重点实验室等优化整合后形成的科研基地。科学研究类主要是国家重点实验室。基础支撑类包括国家野外科学观测研究站、科技资源服务平台等基础性、公益性基地和平台。

以国家实验室为引领统筹布局国家科研基地建设，推动地方和部门按照国家科研基地总体布局，建设适合区域发展和行业特色的科技创新基地，形成国家、部门、地方分层次的合理构架。进一步完善管理运行机制，加强评估考核，强化稳定支持。

二、在重大创新领域布局建设国家实验室

聚焦国家目标和战略需求，优先在具有明确国家目标和紧迫战略需求的重大领域，在有望引领未来发展的战略制高点，面向未来、统筹部署，布局建设一批突破型、引领型、平台型一体的国家实验室。以重大科技任务攻关和国家大型科技基础设施为主线，依托最有优势的创新单元，整合全国创新资源，聚集国内外一流人才，探索建立符合大科学时代科研规律的科学研究组织形式、学术和人事管理制度，建立目标导向、绩效管理、协同攻关、开放共享的新型运行机制，同其他各类科研机构、大学、企业研发机构形成功能互补、良性互动的协同创新新格局。加大持续稳定支持强度，开展具有重大引领作用的跨学科、大协同的创新攻关，打造体现国家意志、具有世界一流水平、引领发展的重要战略科技力量。

三、推进国家科学研究与技术创新基地建设

瞄准科学前沿和重点行业领域发展方向，加强以国家重点实验室为重要载体的科学研究基地建设，在孕育原始创新、推动学科发展和前沿技术研发方面发挥重要作用，在若干学科领域实现并跑和领跑，产出国际一流成果。根据国家科技计划管理改革的整体要求，按照国家科研基地顶层设计，对现有国家重点实验室进行优化布局，重点在前沿交叉、优势特色学科择优建设一批国家重点实验室，推进省部共建、军民共建及港澳伙伴实验室建设发展工作。完善运行管理制度和机制，强化定期评估考核和调整，形成具有持续创新活力、能进能出的重要科学研究基地。

聚焦国家战略产业技术领域，建设综合性、集成性，面向全球竞争、开放协同的国家技术创新中

心。面向行业和产业发展需求，整合国家工程技术研究中心和国家工程研究中心，完善布局，实行动态调整和有序退出机制。在先进制造、现代农业、生态环境、社会民生等重要领域建设高水平的技术创新和成果转化基地。建成若干国家临床研究中心和覆盖全国的网络化、集群化协同研究网络，促进医学科技成果转化应用。

四、强化科技资源开放共享与服务平台建设

加强平台建设系统布局，形成涵盖科研仪器、科研设施、科学数据、科技文献、实验材料等的科技资源共享服务平台体系，强化对前沿科学研究、企业技术创新、大众创新创业等的支撑，着力解决科技资源缺乏整体布局、重复建设和闲置浪费等问题。整合和完善科技资源共享服务平台，更好满足科技创新需求。建立健全共享服务平台运行绩效考核、后补助和管理监督机制。深入开展重点科技资源调查，完善国家科技资源数据库建设，强化科技资源挖掘加工、评价鉴定等。面向国家重大需求提供高水平专题服务。建立科技资源信息公开制度，完善科学数据汇交和共享机制，加强科技计划项目成果数据的汇交。

五、提升科研条件保障能力

以提升原始创新能力和支撑重大科技突破为目标，加强大型科学仪器设备、实验动物、科研试剂、创新方法等保障研究开发的科研条件建设，夯实科技创新的物质和条件基础，提升科研条件保障能力。强化重大科研仪器设备、核心技术和关键部件研制与开发，推动科学仪器设备工程化和产业化技术研究；强化国家质量技术基础研究，支持计量、标准、检验检测、认证认可等技术研发，加强技术性贸易措施研究；加强实验动物品种培育、模型创制及相关设备的研发，全面推进实验动物标准化和质量控制体系建设；加强国产科研用试剂研发、应用与示范，研发一批填补国际空白、具有自主知识产权的原创性科研用试剂，不断满足我国科学技术研究和高端检测领域的需求；开展科技文献信息数字化保存、信息挖掘、语义揭示、知识计算等方面关键共性技术研发。

第十章　加快培育集聚创新型人才队伍

人才是经济社会发展的第一资源，是创新的根基，创新驱动实质上是人才驱动。深入实施人才优先发展战略，坚持把人才资源开发放在科技创新最优先的位置，优化人才结构，构建科学规范、开放包容、运行高效的人才发展治理体系，形成具有国际竞争力的创新型科技人才制度优势，努力培养造就规模宏大、结构合理、素质优良的创新型科技人才队伍，为建设人才强国作出重要贡献。

一、推进创新型科技人才结构战略性调整

促进科学研究、工程技术、科技管理、科技创业人员和技能型人才等协调发展，形成各类创新型科技人才衔接有序、梯次配备、合理分布的格局。深入实施国家重大人才工程，打造国家高层次创新型科技人才队伍。突出“高精尖缺”导向，加强战略科学家、科技领军人才的选拔和培养。加强创新团队建设，形成科研人才和科研辅助人才的梯队合理配备。加大对优秀青年科技人才的发现、培养和资助力度，建立适合青年科技人才成长的用人制度，增强科技创新人才后备力量。大力弘扬新时期工匠精神，加大面向生产一线的实用工程人才、卓越工程师和专业技能人才培养。培养造就一大批具有全球战略眼光、创新能力和社会责任感的企业家人才队伍。加大少数民族创新型科技人才培养和使用，重视和提高女性科技人才的比例。加强知识产权和技术转移人才队伍建设，提升科技管理人才的职业化和专业化水平。加大对新兴产业以及重点领域、企业急需紧缺人才的支持力度。研究制定国家重大战略、国家重大科技项目和重大工程等的人才支持措施。建立完善与老少边穷地区人才交流合作机制，促进区域人才协调发展。

二、大力培养和引进创新型科技人才

发挥政府投入引导作用，鼓励企业、高等学校、科研院所、社会组织、个人等有序参与人才资源开发和人才引进，更大力度引进急需紧缺人才，聚天下英才而用之。促进创新型科技人才的科学化分类管理，探索个性化培养路径。促进科教结合，构建创新型科技人才培养模式，强化基础教育兴趣爱好和创造性思维培养，探索研究生培养科教结合的学术学位新模式。深化高等学校创新创业教育改革，促进专业教育与创新创业教育有机

结合，支持高等职业院校加强制造等专业的建设和技能型人才培养，完善产学研用结合的协同育人模式。鼓励科研院所和高等学校联合培养人才。

加大对国家高层次人才的支持力度。加快科学家工作室建设，鼓励开展探索性、原创性研究，培养一批具有前瞻性和国际眼光的战略科学家群体；形成一支具有原始创新能力的杰出科学家队伍；在若干重点领域建设一批有基础、有潜力、研究方向明确的高水平创新团队，提升重点领域科技创新能力；瞄准世界科技前沿和战略性新兴产业，支持和培养具有发展潜力的中青年科技创新领军人才；改革博士后制度，发挥高等学校、科研院所、企业在博士后研究人员招收培养中的主体作用，为博士后从事科技创新提供良好条件保障；遵循创业人才成长规律，拓宽培养渠道，支持科技成果转化领军人才发展。培育一批具备国际视野、了解国际科学前沿和国际规则的中青年科研与管理人才。

加大海外高层次人才引进力度。围绕国家重大需求，面向全球引进首席科学家等高层次创新人才，对国家急需紧缺的特殊人才，开辟专门渠道，实行特殊政策，实现精准引进。改进与完善外籍专家在华工作、生活环境和相关服务。支持引进人才深度参与国家计划项目、开展科技攻关，建立外籍科学家领衔国家科技项目的机制。开展高等学校和科研院所部分非涉密岗位全球招聘试点。完善国际组织人才培养推送机制。

优化布局各类创新型科技人才计划，加强衔接协调。统筹安排人才开发培养经费，调整和规范人才工程项目财政性支出，提高资金使用效益，发挥人才发展专项资金等政府投入的引导和撬动作用。推动人才工程项目与各类科研、基地计划相衔接。

三、健全科技人才分类评价激励机制

改进人才评价考核方式，突出品德、能力和业绩评价，实行科技人员分类评价。探索基础研究类科研人员的代表作同行学术评议制度，进一步发挥国际同行评议的作用，适当延长基础研究人才评价考核周期。对从事应用研究和技术开发的科研人员注重市场检验和用户评价。引导科研辅助和实验技术类人员提高服务水平和技术支持能力。完善科技人才职称评价体系，突出用人主体在职称评审中的主导作用，合理界定和下放职称评审权限，推动高等学校、科研院所和国有企业自主评审，探索高层次人才、急需紧缺人才职称直聘办法，畅通非公有制经济组织和社会组织人才申报参加职称评审渠道。做好人才评价与项目评审、机构评估的有机衔接。

改革薪酬和人事制度，为各类人才创造规则公平和机会公平的发展空间。完善科研事业单位收入分配制度，推进实施绩效工资，保证科研人员合理工资待遇水平，健全与岗位职责、工作业绩、实际贡献紧密联系和鼓励创新创造的分配激励机制，重点向关键岗位、业务骨干和作出突出贡献的人员倾斜。依法赋予创新领军人才更大的人财物支配权、技术路线决定权，实行以增加知识价值为导向的激励机制。积极推行社会化、市场化选人用人。创新科研事业单位选聘、聘用高端人才的体制机制，探索高等学校、科研院所负责人年薪制和急需紧缺等特殊人才协议工资、项目工资等多种分配办法。深化国家科技奖励制度改革，优化结构、减少数量、提高质量、强化奖励的荣誉性和对人的激励，逐步完善推荐提名制，引导和规范社会力量设奖。改进完善院士制度，健全院士遴选、管理和退出机制。

四、完善人才流动和服务保障机制

优化人力资本配置，按照市场规律让人才自由流动，实现人尽其才、才尽其用、用有所成。改进科研人员薪酬和岗位管理制度，破除人才流动障碍，研究制定高等学校、科研院所等事业单位科研人员离岗创业的政策措施，允许高等学校、科研院所设立一定比例的流动岗位，吸引具有创新实践经验的企业家、科技人才兼职，促进科研人员在事业单位和企业间合理流动。健全有利于人才向基层、中西部地区流动的政策体系。加快社会保障制度改革，完善科研人员在企业与事业单位之间流动时社保关系转移接续政策，为人才跨地区、跨行业、跨体制流动提供便利条件，促进人才双向流动。

针对不同层次、不同类型的人才，制定相应管理政策和服务保障措施。实施更加开放的创新型科技人才政策，探索柔性引智机制，推进和保障创新型科技人才的国际流动。落实外国人永久居留管理政策，探索建立技术移民制度。对持有外国人永久居留证的外籍高层次人才开展创办科技型企业等创新活动，给予其与中国籍公民同等待遇，放宽科研事业单位对外籍人员的岗位限制，放宽外国高层次科技人才取得外国人永久居留证的条件。推进内地与港澳台创新型科技人才的双向流动。加强对海外引进人才的扶持与保护，避免知识产权纠纷。健全创新人才维权援助机制，建立创新型科技人才引进使用中的知识产权鉴定机制。完善留学生培养支持机制，提高政府奖学金资助标准，扩大来华留学规模，优化留学生结构。鼓励和支持来华留学生和在海外留学生以多种形式参与创新创业活动。进一步完善教学科研人员因公临时出国分类管理政策。

拓展人才服务新模式。积极培育专业化人才服务机构，发展内外融通的专业性、行业性人才市场，完善对人才公共服务的监督管理。搭建创新型科技人才服务区域和行业发展的平台，探索人才和智力流动长效服务机制。

第四篇　拓展创新发展空间

统筹国内国际两个大局，促进创新资源集聚和高效流动。以打造区域创新高地为重点带动提升区域创新发展整体水平，深度融入和布局全球创新网络，全方位提升科技创新的国际化水平。

第十一章　打造区域创新高地

围绕推动地方实施创新驱动发展战略和落实国家区域发展总体战略，充分发挥地方在区域创新中的主体作用，优化发展布局，创新体制机制，集成优势创新资源，着力打造区域创新高地，引领带动区域创新水平整体跃升。

一、支持北京上海建设具有全球影响力的科技创新中心

支持北京发挥高水平大学和科研机构、高端科研成果、高层次人才密集的优势，建设具有强大引领作用的全国科技创新中心。鼓励开展重大基础和前沿科学研究，聚集世界级研究机构和创新团队，打造原始创新策源地。强化央地共建共享，建立跨区域科技资源服务平台，全面提升重点产业技术创新能力，积极培育新兴业态，形成全国“高精尖”产业集聚区。建设国家科技金融创新中心，推动科技人才、科研条件、金融资本、科技成果开放服务，在京津冀及全国创新驱动发展中发挥核心支撑和先发引领作用。构筑全球开放创新高地，打造全球科技创新的引领者和创新网络的关键枢纽。

支持上海发挥科技、资本、市场等资源优势和国际化程度高的开放优势，建设具有全球影响力的科技创新中心。瞄准世界科技前沿和顶尖水平，布局建设世界一流重大科技基础设施群。支持面向生物医药、集成电路等优势产业领域建设若干科技创新平台，形成具有国际竞争力的高新技术产业集群。鼓励政策先行先试，促进国家重大科技成果转化落地，吸引集聚全球顶尖科研机构、领军人才和一流创新团队，引导新型研发机构快速发展，培育创新创业文化。推进上海张江国家自主创新示范区、中国(上海)自由贸易试验区和全面创新改革试验区联动，全面提升科技国际合作水平。发挥上海在长江经济带乃至全国范围内的高端引领和辐射带动作用，打造全球科技创新网络重要枢纽，建设富有活力的世界创新城市。

二、推动国家自主创新示范区和高新区创新发展

紧密结合国家重大战略，按照“东转西进”的原则优化布局，依托国家高新区再建设一批国家自主创新示范区。大力提升国家自主创新示范区创新能力，发挥科教资源集聚优势，释放高等学校和科研院所创新效能，整合国内外创新资源，深化企业主导的产学研合作，着力提升战略性新兴产业竞争力，发挥在创新发展中的引领示范和辐射带动作用。支持国家自主创新示范区先行先试，全面深化科技体制改革和政策创新，结合功能提升和改革示范的需求建设创新特区。加强政策总结评估，加快成熟试点政策向全国推广。

国家高新区围绕做实做好“高”和“新”两篇文章，加大体制机制改革和政策先行先试力度，促进科技、人才、政策等要素的优化配置，完善从技术研发、技术转移、企业孵化到产业集聚的创新服务

和产业培育体系。稳步推进省级高新区升级，按照择优选择、以升促建、分步推进、特色鲜明的原则，推动国家高新区在全国大部分地级市布局，加快推进中西部地区高新区升级。建设创新型产业集群，发挥集群骨干企业创新示范作用，促进大中小企业的分工协作，引导跨区域跨领域集群协同发展。

加强国家农业科技园、国家现代农业科技示范区建设，布局一批农业高新技术产业示范区和现代农业产业科技创新中心，培育壮大农业高新技术企业，促进农业高新技术产业发展。

三、建设带动性强的创新型省市和区域创新中心

按照创新型国家建设的总体部署，发挥地方主体作用，加强中央和地方协同共建，有效集聚各方科技资源和创新力量，加快推进创新型省份和创新型城市建设，推动创新驱动发展走在前列的省份和城市率先进入创新型省市行列，依托北京、上海、安徽等大科学装置集中的地区建设国家综合性科学中心，形成一批具有全国乃至全球影响力的科学技术重要发源地和新兴产业策源地，在优势产业、优势领域形成全球竞争力。根据各地资源禀赋、产业特征、区位优势、发展水平等基础条件，突出优势特色，探索各具特色的创新驱动发展模式，打造形成若干具有强大带动力的区域创新中心，辐射带动周边区域创新发展。

四、系统推进全面创新改革试验

围绕发挥科技创新在全面创新中的引领作用，在京津冀、上海、安徽、广东、四川和沈阳、武汉、西安等区域开展系统性、整体性、协同性的全面创新改革试验，推动形成若干具有示范带动作用的区域性改革创新平台，形成促进创新的体制架构。支持改革试验区域统筹产业链、创新链、资金链和政策链，在市场公平竞争、知识产权、科技成果转化、金融创新、人才培养和激励、开放创新、科技管理体制等方面取得一批重大改革突破，在率先实现创新驱动发展方面迈出实质性步伐。在对8个区域改革试验总结评估的基础上，形成可复制的重大改革举措，向全国推广示范。

第十二章　提升区域创新协调发展水平

完善跨区域协同创新机制，引导创新要素聚集流动，构建跨区域创新网络，集中力量加大科技扶贫开发力度，充分激发基层创新活力。

一、推动跨区域协同创新

紧紧围绕京津冀协同发展需求，打造协同创新共同体。着力破解产业转型升级、生态环保等重大科技问题，加快科技资源互联互通和开放共享，建立一体化技术交易市场，推动建设河北·京南科技成果转移转化示范区，促进产业有序对接，推动京津冀区域率先实现创新驱动发展。围绕长江经济带发展重大战略部署，着力解决流域生态保护和修复、产业转型升级的重大科技问题，促进长江经济带各地区技术转移、研发合作与资源共享，推动科技、产业、教育、金融等深度融合，提升创新发展整体水平。加速长三角、珠三角科技创新一体化进程，建设开放创新转型升级新高地。

打破区域体制机制障碍，促进创新资源流动，实现东中西部区域协同发展。支持东部地区率先实现创新驱动发展，更好发挥辐射带动作用。围绕东北地区等老工业基地振兴和中部崛起，加大对重点产业创新支持力度，提高创新资源配置的市场化程度，增强创新动力和活力。加快面向中西部地区的创新基地优化布局，发展特色优势学科和产业。加强对西部区域和欠发达地区的差别化支持，紧密对接革命老区、民族地区、边疆地区、贫困地区科技需求，加大科技援疆、援藏、援青以及对口支援力度，为跨越式发展和长治久安提供有力支撑。支持中西部地区结合发展需求探索各具特色的创新驱动发展模式，支持和推进甘肃兰白科技创新改革试验区、贵州大数据产业技术创新试验区、四川成都中韩创新创业园、云南空港国际科技创新园、宁夏沿黄经济带科技创新改革试验区等建设，优化创新创业环境，聚集创新资源，示范引领区域转型发展。深化部省会商机制，加大中央和地方科技资源的集成与协调。

二、加大科技扶贫开发力度

围绕打赢脱贫攻坚战，强化科技创新对精准扶贫精准脱贫的支撑作用，大力推进智力扶贫、创业扶贫、协同扶贫。推动科技人员支持边远贫困地区、边疆民族地区和革命老区建设，在贫困地区、革命老区转化推广一大批先进适用技术成果。加强科技园区和创新创业孵化载体建设，引导资

本、技术、人才等创新创业资源向贫困地区集聚，鼓励和支持结合贫困地区资源和产业特色的科技型创业。支持做好片区扶贫，完善跨省协调机制。结合贫困地区需求，强化定点扶贫，实施“一县一团”“一县一策”，建设创新驱动精准脱贫的试验田和示范点。发挥科技在行业脱贫中的带动作用，重点扶持贫困地区特色优势产业发展壮大。

三、提升基层科技创新服务能力

进一步加强基层科技工作系统设计与指导，坚持面向基层、重心下移，统筹中央和地方科技资源支持基层科技创新。开展县域创新驱动发展示范，加强全国县（市）科技创新能力监测和评价。加强基层科技管理队伍建设，发展和壮大社会化创业服务，鼓励和培育多元化、个性化服务模式。深入推行科技特派员制度，发展壮大科技特派员队伍，培育发展新型农业经营和服务主体，健全农业社会化科技服务体系，鼓励创办领办科技型企业和专业合作社、专业技术协会，加大先进适用技术的推广应用力度。

四、促进区域可持续发展

优化国家可持续发展实验区布局，针对不同类型地区经济、社会和资源环境协调发展的问题，开展创新驱动区域可持续发展的实验和示范。完善实验区指标与考核体系，加大科技成果转移转化力度，促进实验区创新创业，积极探索区域协调发展新模式。在国家可持续发展实验区基础上，围绕落实国家重大战略和联合国2030年可持续发展议程，以推动绿色发展为核心，创建国家可持续发展创新示范区，力争在区域层面形成一批现代绿色农业、资源节约循环利用、新能源开发利用、污染治理与生态修复、绿色城镇化、人口健康、公共安全、防灾减灾和社会治理的创新模式和典型。

第十三章 打造“一带一路”协同创新共同体

发挥科技创新合作对共建“一带一路”的先导作用，围绕沿线国家科技创新合作需求，全面提升科技创新合作层次和水平，打造发展理念相通、要素流动畅通、科技设施联通、创新链条融通、人员交流顺通的创新共同体。

一、密切科技沟通和人文交流

加强与“一带一路”沿线国家人文交流，扩大人员往来。与沿线国家共同培养科技人才，扩大杰出青年科学家来华工作计划规模，广泛开展先进适用技术、科技管理与政策、科技创业等培训。鼓励我国科技人员赴沿线国家开展科技志愿服务，解决技术问题，满足技术需求。合作开展科普活动，促进青少年科普交流。密切与沿线国家科技政策的交流与沟通，形成科技创新政策协作网络。

二、加强联合研发和技术转移中心建设

结合沿线国家的重大科技需求，鼓励我国科研机构、高等学校和企业与沿线国家相关机构合作，围绕重点领域共建联合实验室（联合研究中心），联合推进高水平科学研究，开展科技人才的交流与培养，促进适用技术转移和成果转化，构建长期、稳定的合作关系。充分发挥我国面向东盟、中亚、南亚和阿拉伯国家的国际技术转移中心，以及中国—以色列创新合作中心等的作用，共建一批先进适用技术示范与推广基地，促进与沿线国家技术交流合作与转移。合作建设一批特色鲜明的科技园区，探索多元化建设模式，搭建企业走出去平台。鼓励科技型企业在沿线国家创新创业，推动移动互联网、云计算、大数据、物联网等行业企业与沿线国家传统产业结合，促进新技术、新业态和新商业模式合作。

三、促进科技基础设施互联互通

加强适应性关键技术研发和技术标准对接，支撑铁路、公路联运联通，以及电网、信息通信网络互联互通，保障海上丝绸之路运输大通道建设。加快数据共享平台与信息服务设施建设，促进大型科研基础设施、科研数据和科技资源互联互通。持续推进大型科研基础设施国际开放，优先在“一带一路”沿线国家建立平台服务站点。建立地球观测与科学数据共享服务平台，实现亚太主要地球观测数据中心互联。搭建生物技术信息网络，促进沿线国家生物资源和技术成果数据库的共建共享。

四、加强与“一带一路”沿线国家的合作研究

积极开展重大科学问题和应对共同挑战的合作研究。加强在农业、人口健康、水治理、荒漠化与盐渍化治理、环境污染监控、海水淡化与综合利用、海洋和地质灾害监测、生态系统保护、生物多

样性保护、世界遗产保护等重大公益性科技领域的实质性合作，推动在中医药、民族医药等领域开展生物资源联合开发、健康服务推广。在航空航天、装备制造、节水农业、生物医药、节能环保、新能源、信息、海洋等领域加强合作开发与产业示范，提升我国重点产业创新能力。加强“一带一路”区域创新中心建设，支持新疆建设丝绸之路经济带创新驱动发展试验区，支持福建建设21世纪海上丝绸之路核心区。

第十四章　全方位融入和布局全球创新网络

坚持以全球视野谋划和推动创新，实施科技创新国际化战略，积极融入和主动布局全球创新网络，探索科技开放合作新模式、新路径、新体制，深度参与全球创新治理，促进创新资源双向开放和流动，全方位提升科技创新的国际化水平。

一、完善科技创新开放合作机制

加强国家科技外交和科技合作的系统设计。深化政府间科技合作，分类制定国别战略，丰富新型大国关系的科技内涵，推进与科技发达国家建立创新战略伙伴关系，与周边国家打造互利合作的创新共同体，拓展对发展中国家科技伙伴计划框架。创新国际科技人文交流机制，丰富和深化创新对话机制，扩大对话范围，围绕研发合作、创新政策、技术标准、知识产权、跨国并购等开展深度沟通。加强与非洲、拉美等地区的科技合作。扩大科技援助规模，创新援助方式，支持发展中国家加强科技创新能力建设。

加大国家科技计划开放力度，支持海外专家牵头或参与国家科技计划项目，参与国家科技计划与专项的战略研究、指南制定和项目评审等工作。与国外共设创新基金或合作计划。实施更加积极的人才引进政策，加快推进签证制度改革，围绕国家重大需求面向全球引进首席科学家等高层次科技创新人才，健全对外创新合作的促进政策和服务体系。

二、促进创新资源双向开放和流动

围绕国家重大科技需求，与相关领域具有创新优势的国家合作建设一批联合研究中心和国际技术转移中心。提升企业发展的国际化水平，鼓励有实力的企业采取多种方式开展国际科技创新合作，支持企业在海外设立研发中心、参与国际标准制定，推动装备、技术、标准、服务走出去。鼓励外商投资战略性新兴产业、高新技术产业、现代服务业，鼓励国外跨国公司、研发机构、研究型大学在华设立或合作设立高水平研发机构和技术转移中心。充分发挥国际科技合作基地的作用，与优势国家在相关领域合作建设高层次联合研究中心。推动我国科研机构和企业采取与国际知名科研机构、跨国公司联合组建等多种方式设立海外研发机构。发挥区域创新优势，推动地方建立国际科技创新合作中心。加强创新创业国际合作，深化科技人员国际交流，吸引海外杰出青年科学家来华工作、交流，开展国际青少年科普活动等。

三、加强与港澳台的科技创新合作

发挥港澳地区的独特科技优势和开放平台作用，利用港澳科技合作委员会机制，促进内地与港澳科技合作机制化与制度化。组织实施高水平科技创新合作项目，共建研发基地。推进科研设施向港澳台开放，支持港澳台青年科学家到内地开展短期合作研究，以互利共赢方式深化科技交流。充分发挥海峡西岸经济区、中国（福建）自由贸易试验区、平潭综合实验区、福厦泉国家自主创新示范区、昆山深化两岸产业合作试验区等的先行先试作用，打造科技创新合作平台。加快构建大陆与台湾、内地与港澳联合研发、人文交流、知识产权、技术转移转化等综合性合作平台。以高新区和大学科技园等为载体，深化和拓展与港澳台地区高等学校、科研院所、企业间科技研发和创新创业的合作。

四、深度参与全球创新治理

积极参与重大国际科技合作规则制定，围绕各国重大关切和全球性挑战，创制国际科技合作公共产品，加快推动全球大型科研基础设施共享，主动设置全球性议题，提升对国际科技创新的影响力和制度性话语权。加强和优化驻外科技机构和科技外交官的全球布局。发挥民间组织在促进国际科技创新合作中的作用。争取和吸引国际组织在我国落户，鼓励设立新的国际组织，支持和推荐更多的科学家等优秀人才到国际科技组织交流和任职。

第五篇 推动大众创业万众创新

顺应大众创业、万众创新的新趋势，构建支撑科技创新创业全链条的服务网络，激发亿万群众创造活力，增强实体经济发展的新动能。

第十五章 全面提升科技服务业发展水平

以满足科技创新需求和促进创新创业为导向，建立健全科技服务体系，全面提升科技服务业的专业化、网络化、规模化、国际化发展水平。

一、提升全链条科技服务能力

围绕创新链完善服务链，大力发展专业科技服务和综合科技服务。重点发展研究开发、技术转移、检验检测认证、创业孵化、知识产权、科技咨询等业态，基本形成覆盖科技创新全链条的科技服务体系。充分运用现代信息和网络技术，依托各类科技创新载体，整合科技服务资源，推动技术集成创新和商业模式创新，积极培育科技服务新业态。优化科技服务业区域和行业布局，促进各类科技服务机构优势互补和信息共享，提升面向创新主体的协同服务能力。建立健全科技服务的标准体系，促进科技服务业规范化发展。壮大科技服务市场主体，培育一批拥有知名品牌的科技服务机构和龙头企业，形成一批科技服务产业集群。采取多种方式对符合条件的科技服务企业予以支持，以政府购买服务、后补助等方式支持公共科技服务发展，鼓励有条件的地方采用创业券、创新券等方式引导科技服务机构为创新创业企业和团队提供高质量服务。

二、建立统一开放的技术交易市场体系

加强全国技术市场一体化布局，探索建立统一的技术交易规范和流程。发展多层次技术交易市场体系，推进国家技术转移区域中心建设，加快形成国家技术交易网络平台；鼓励地方完善区域技术交易服务平台，突出区域和产业发展特色，统筹区域技术交易平台资源。支持技术交易机构探索基于互联网的在线技术交易模式，加强各类创新资源集成，提供信息发布、融资并购、公开挂牌、竞价拍卖、咨询辅导等线上线下相结合的专业化服务。鼓励技术交易机构创新服务模式，发展技术交易信息增值服务，为企业提供跨领域、跨区域、全过程的集成服务。大力培育技术经纪人，引导技术交易机构向专业化、市场化、国际化发展。

三、促进科技服务业国际化发展

强化科技服务机构全球资源链接能力，支持科技服务机构“走出去”，通过海外并购、联合经营、设立分支机构等方式开拓国际市场。推动科技服务机构牵头组建以技术、专利、标准为纽带的国际化科技服务联盟。支持科技服务机构开展技术、人才等方面的国际交流合作，积极吸引国际科技服务人才来华工作、短期交流或举办培训。鼓励国外知名科技服务机构在我国设立分支机构或开展科技服务合作。支持国内科技服务机构与国外同行开展深层次合作，形成信息共享、资源分享、互联互通的国际科技服务协作网络。

第十六章 建设服务实体经济的创业孵化体系

围绕实体经济转型升级，加强专业化高水平的创新创业综合载体建设，完善创业服务功能，形成高效便捷的创业孵化体系。

一、建设各具特色的众创空间

推进众创空间向专业化、细分化方向发展，提升服务实体经济能力。围绕重点产业领域发展细分领域众创空间，促进成熟产业链与创新创业的结合，解决产业需求和行业共性技术难题。鼓励龙头骨干企业围绕主营业务方向建设众创空间，形成以龙头骨干企业为核心，高等学校、科研院所积极参与，辐射带动中小微企业成长发展的产业创新生态群落。鼓励高等学校、科研院所围绕优势专业领域建设以科技人员为核心、成果转移转化为主要功能的专业化众创空间，增加源头技术供给，为科技型创新创业提供专业化服务。国家高新区、国家级经济技术开发区、国家现代农业示范区等发挥重点区域创新创业要素集聚优势，打造一批具有本地特色的众创空间。

二、发展面向农村创业的“星创天地”

加大“星创天地”建设力度，以农业科技园区、高等学校新农村发展研究院、科技型企业、科技特派员创业基地、农民专业合作社等为载体，通过市场化机制、专业化服务和资本化运作方式，利用线

下孵化载体和线上网络平台，面向科技特派员、大学生、返乡农民工、职业农民等打造融合科技示范、技术集成、融资孵化、创新创业、平台服务于一体的“星创天地”，营造专业化、社会化、便捷化的农村科技创业服务环境，推进一二三产业融合。

三、完善创业孵化服务链条

构建创新创业孵化生态系统，充分发挥大学科技园、科技企业孵化器在大学生创业中的载体作用，引导企业、社会资本参与投资建设孵化器。促进天使投资与创业孵化紧密结合，推广“孵化+创投”、创业导师等孵化模式，探索基于互联网的新型孵化方式。加强创业孵化服务的衔接，支持建立“创业苗圃+孵化器+加速器”的创业孵化服务链条，鼓励开源社区、开发者社群等各类互助平台发展，为培育新兴产业提供源头支撑。构建区域间孵化网络，促进孵化器跨区域协同发展。促进互联网孵化平台与实体经济的骨干企业合作，实现实体经济与虚拟经济融合发展。加强创业培训，提升创业孵化从业人员的专业化能力。提高创业孵化机构国际化水平，加强海外科技人才离岸创业基地建设，吸引更多的国际创新创业资源。鼓励通过开展创新创业大赛和大学生挑战赛等活动，加强创新创业项目与投资孵化机构对接。支持知识产权服务机构为创业孵化提供全链条知识产权服务。

第十七章　健全支持科技创新创业的金融体系

发挥金融创新对创新创业的重要助推作用，开发符合创新需求的金融产品和服务，大力发展创业投资和多层次资本市场，完善科技和金融结合机制，提高直接融资比重，形成各类金融工具协同融合的科技金融生态。

一、壮大科技创业投资规模

发展天使投资、创业投资、产业投资，壮大创业投资和政府创业投资引导基金规模，强化对种子期、初创期创业企业的直接融资支持。全面实施国家科技成果转化引导基金，吸引优秀创业投资管理团队联合设立一批创业投资子基金。充分发挥国家新兴产业创业投资引导基金和国家中小企业发展基金的作用，带动社会资本支持高新技术产业发展。研究制定天使投资相关法规，鼓励和规范天使投资发展。引导保险资金投资创业投资基金，加大对外资创业投资企业的支持力度，引导境外资本投向创新领域。

二、发展支持创新的多层次资本市场

支持创新创业企业进入资本市场融资，完善企业兼并重组机制，鼓励发展多种形式的并购融资。深化创业板市场改革，健全适合创新型、成长型企业发展的制度安排，扩大服务实体经济覆盖面。强化全国中小企业股份转让系统融资、并购、交易等功能。规范发展区域性股权市场，增强服务小微企业能力。打通各类资本市场，加强不同层次资本市场在促进创新创业融资上的有机衔接。开发符合创新需求的金融服务，推进高收益债券及股债相结合的融资方式。发挥沪深交易所股权质押融资机制作用，支持符合条件的创新创业企业主要通过非公开方式发行公司信用类债券。支持符合条件的企业发行项目收益债，募集资金用于加大创新投入。加快发展支持节能环保等领域的绿色金融。

三、促进科技金融产品和服务创新

深化促进科技和金融结合试点，建立从实验研究、中试到生产的全过程、多元化和差异性的科技创新融资模式，鼓励和引导金融机构参与产学研合作创新。在依法合规、风险可控的前提下，支持符合创新特点的结构性、复合性金融产品开发，加大对企业创新活动的金融支持力度。选择符合条件的银行业金融机构，为创新创业企业提供股权和债权相结合的融资方式，与创业投资机构合作实现投贷联动，支持科技项目开展众包众筹。充分发挥政策性银行作用，在业务范围内加大对企业创新活动的支持力度。引导银行等金融机构创新信贷产品与金融服务，提高信贷支持创新的灵活性和便利性，支持民营银行面向中小微企业创新需求的金融产品创新。加快发展科技保险，鼓励保险机构发起或参与设立创业投资基金，探索保险资金支持重大科技项目和科技企业发展。推进知识产权证券化试点和股权众筹融资试点，探索和规范发展服务创新的互联网金融。建立知识产权质押融资市场化风险补偿机制，简化知识产权质押融资流程，鼓励有条件的地区建立科技

保险奖补机制和再保险制度。开展专利保险试点，完善专利保险服务机制。推进各具特色的科技金融专营机构和服务中心建设，集聚科技资源和金融资源，打造区域科技金融服务品牌，鼓励高新区和自贸试验区开展科技金融先行先试。

第六篇　全面深化科技体制改革

紧紧围绕促进科技与经济社会发展深度融合，贯彻落实党中央、国务院关于深化科技体制改革的决策部署，加强重点改革措施实施力度，促进科技体制改革与其他领域改革的协调，增强创新主体能力，构建高效协同创新网络，最大限度激发科技第一生产力、创新第一动力的巨大潜能。

第十八章　深入推进科技管理体制改革

围绕推动政府职能从研发管理向创新服务转变，深化科技计划管理改革，加强科技创新管理基础制度建设，全面提升创新服务能力和水平。

一、健全科技创新治理机制

顺应创新主体多元、活动多样、路径多变的新趋势，推动政府管理创新，形成多元参与、协同高效的创新治理格局。转变政府职能，合理定位政府和市场功能，推动简政放权、放管结合、优化服务改革，强化政府战略规划、政策制定、环境营造、公共服务、监督评估和重大任务实施等职能，重点支持市场不能有效配置资源的基础前沿、社会公益、重大共性关键技术研究等公共科技活动，积极营造有利于创新创业的市场和社会环境。竞争性的新技术、新产品、新业态开发交由市场和企业来决定。合理确定中央各部门功能性分工，发挥行业主管部门在创新需求凝练、任务组织实施、成果推广应用等方面的作用。科学划分中央和地方科技管理事权，中央政府职能侧重全局性、基础性、长远性工作，地方政府职能侧重推动技术开发和转化应用。加快建立科技咨询支撑行政决策的科技决策机制，推进重大科技决策制度化。完善国家科技创新决策咨询制度，定期向党中央、国务院报告国内外科技创新动向，就重大科技创新问题提出咨询意见。建设高水平科技创新智库体系，发挥好院士群体、高等学校和科研院所高水平专家在战略规划、咨询评议和宏观决策中的作用。增强企业家在国家创新决策体系中的话语权，发挥各类行业协会、基金会、科技社团等在推动科技创新中的作用，健全社会公众参与决策机制。

二、构建新型科技计划体系

深入推进中央财政科技计划（专项、基金等）管理改革。按照国家自然科学基金、国家科技重大专项、国家重点研发计划、技术创新引导专项（基金）、基地和人才专项等五类科技计划重构国家科技计划布局，实行分类管理、分类支持。科技计划（专项、基金等）全部纳入统一的国家科技管理平台，完善国家科技计划（专项、基金等）管理部际联席会议运行机制，加强科技计划管理和重大事项统筹协调，充分发挥行业、部门和地方的作用。国家重点研发计划更加聚焦重大战略任务，根据国民经济和社会发展重大需求及科技发展优先领域，凝练形成若干目标明确、边界清晰的重点专项，从基础前沿、重大共性关键技术到应用示范进行全链条创新设计，一体化组织实施。分类整合技术创新引导专项（基金），通过市场机制引导社会资金和金融资本进入技术创新领域。加快推进基地和人才专项的整合与布局，深化国家科技重大专项管理改革，加强国家自然科学基金与其他科技计划的成果共享和工作对接。建立专业机构管理项目机制，加快建设运行公开透明、制度健全规范、管理公平公正的专业机构，提高专业化管理水平和服务效率。建立统一的国家科技计划监督评估机制，制定监督评估通则和标准规范，强化科技计划实施和经费监督检查，开展第三方评估。

三、进一步完善科研项目和资金管理

进一步完善科研项目和资金管理，建立符合科研规律、高效规范的管理制度，解决简单套用行政预算和财务管理方法管理科技资源等问题，让经费为人的创造性活动服务，促进形成充满活力的科研项目和资金管理机制，以深化改革更好地激发广大科研人员积极性。制定和修订相关计划管理办法和经费管理办法，改进和规范项目管理流程，精简程序、简化手续。建立科研财务助理制度。完善科研项目间接费用管理，加大绩效激励力度，落实好项目承担单位项目预算调剂权。完善稳定支持和竞争性支持相协调的机制，加大稳

定支持力度，支持研究机构自主布局科研项目，扩大高等学校、科研院所学术自主权和个人科研选题选择权。在基础研究领域建立包容和支持非共识创新项目的制度。

四、强化科技管理基础制度建设

建立统一的国家科技管理信息系统，对科技计划实行全流程痕迹管理。全面实行国家科技报告制度，建立科技报告共享服务机制，将科技报告呈交和共享情况作为对项目承担单位后续支持的依据。完善科研信用管理制度，建立覆盖项目决策、管理、实施主体的逐级考核问责机制。推进国家创新调查制度建设，发布国家、区域、高新区、企业等创新能力监测评价报告。建立技术预测长效机制，加强对我国技术发展水平的动态评价和国家关键技术选择。进一步完善科技统计制度。

五、完善创新导向的评价制度

改革科技评价制度，建立以科技创新质量、贡献、绩效为导向的分类评价体系，正确评价科技创新成果的科学价值、技术价值、经济价值、社会价值、文化价值。推进高等学校和科研院所分类评价，实施绩效评价，把技术转移和科研成果对经济社会的影响纳入评价指标，将评价结果作为财政科技经费支持的重要依据。推行第三方评价，探索建立政府、社会组织、公众等多方参与的评价机制，拓展社会化、专业化、国际化评价渠道。完善国民经济核算体系，逐步探索将反映创新活动的研发支出纳入 GDP 核算，反映无形资产对经济的贡献，突出创新活动的投入和成效。改革完善国有企业评价机制，把研发投入和创新绩效作为重要考核指标。

六、增强民用技术对国防建设的支持

深入贯彻落实军民融合发展战略，推动形成全要素、多领域、高效益的军民科技创新深度融合格局。加强科技领域统筹，在国家研发任务安排中贯彻国防需求，把研发布局调整同国防布局完善有机结合起来，推进国家科技和国防科技在规划、计划层面的统筹协调，建立完善军民重大任务联合论证、共同实施的新机制，为国防建设提供更加强大的技术支撑。充分发挥高等学校、科研院所的优势，积极引导鼓励优势民口科研力量参与国防重大科技创新任务。打通阻碍转化的关键环节，加强评估引导，为军用技术向民用技术转化提供良好政策环境。持续推进技术标准、科研条件平台统筹布局和开放共享，增强对科技创新和国防建设的整体支撑能力，大力提升军民科技创新融合发展水平。

第十九章　强化企业创新主体地位和主导作用

深入实施国家技术创新工程，加快建设以企业为主体的技术创新体系。以全面提升企业创新能力为核心，引导各类创新要素向企业集聚，不断增强企业创新动力、创新活力、创新实力，使创新转化为实实在在的产业活动，形成创新型领军企业“顶天立地”、科技型中小微企业“铺天盖地”的发展格局。

一、培育创新型领军企业

加强创新型企业建设，培育一批有国际影响力的创新型领军企业。推进创新企业百强工程。吸引更多企业参与研究制定国家科技创新规划、计划、政策和标准，支持企业牵头联合高等学校、科研机构承担国家科技计划项目。充分发挥政策的激励引导作用，开展龙头企业转型试点，鼓励企业加大研发投入，推动设备更新和新技术广泛应用。建立健全国有企业技术创新的经营业绩考核制度，落实和完善国有企业研发投入视同利润的考核措施。鼓励建设高水平研究机构，在龙头骨干企业布局建设企业国家重点实验室等。支持有条件的企业开展基础研究和前沿技术攻关，推动企业向产业链高端攀升。鼓励在企业内部建设众创空间，引导职工进行技术创新。鼓励大中型企业通过投资职工创业开拓新的业务领域、开发创新产品，提升市场适应能力和创新能力。鼓励围绕创新链的企业兼并重组，推动创新型企业做大做强。聚焦经济转型升级和新兴产业发展，培育一批创新百强企业，促进企业快速壮大，强化引领带动作用，提升国际竞争力。

二、支持科技型中小微企业健康发展

发挥国家科技成果转化引导基金、国家中小企业发展基金、国家新兴产业创业投资引导基金等创业投资引导基金对全国创投市场培育和发展的引领作用，引导各类社会资本为符合条件的科

技型中小微企业提供融资支持。制定和完善科技型中小微企业标准。落实中央财政科技计划(专项、基金等)管理改革,加强企业技术创新平台和环境建设,促进科技型中小微企业技术创新和改造升级。支持高成长性的科技型中小微企业发展,培育一批掌握行业"专精特新"技术的"隐形冠军"。推动形成一批专业领域技术创新服务平台,面向科技型中小微企业提供研发设计、检验检测、技术转移、大型共用软件、知识产权、人才培训等服务。探索通过政府购买服务等方式,引导技术创新服务平台建立有效运行的良好机制,为科技型中小微企业创新的不同环节、不同阶段提供集成化、市场化、专业化、网络化支撑服务。

三、深化产学研协同创新机制

坚持以市场为导向、企业为主体、政策为引导,推进政产学研用创紧密结合。完善科技计划组织管理方式,确立企业在产业导向的科技计划中决策者、组织者、投资者的功能实现方式,发挥国家科技计划作为资源配置和动员手段促进企业与高等学校、科研院所深度合作的作用。改革完善产业技术创新战略联盟形成和运行机制,按照自愿原则和市场机制,深化产学研、上中下游、大中小企业的紧密合作,促进产业链和创新链深度融合。加强产学研结合的中试基地和共性技术研发平台建设。在战略性领域探索企业主导、院校协作、多元投资、军民融合、成果分享的合作模式。允许符合条件的高等学校和科研院所科研人员经所在单位批准,带着科研项目和成果到企业开展创新工作和创办企业。开展高等学校和科研院所设立流动岗位吸引企业人才兼职试点,允许高等学校和科研院所设立一定比例流动岗位,吸引有创新实践经验的企业家和企业科技人才兼职。试点将企业任职经历作为高等学校新聘工程类教师的必要条件。

四、推动创新资源向企业集聚

发挥产业技术创新战略联盟在集聚产业创新资源、加快产业共性技术研发、推动重大科技成果应用等方面的重要作用,推动企业提升创新能力。支持企业引进海外高层次人才,加强专业技术人才和高技能人才队伍建设。实施创新驱动助力工程,通过企业院士专家工作站、博士后工作站、科技特派员等多种方式,引导科技人员服务企业。健全科技资源开放共享制度,加强国家重大科技基础设施和大型仪器设备面向企业的开放共享,加强区域性科研设备协作,提高对企业技术创新的支撑服务能力。

第二十章 建立高效研发组织体系

深化科研组织体系改革,全面提升高等学校创新能力,加快建设有特色高水平科研院所,培育面向市场的新型研发机构,完善科研运行管理机制,形成高效的研发组织体系。

一、全面提升高等学校创新能力

统筹推进世界一流大学和一流学科建设,系统提升人才培养、学科建设、科技研发、社会服务协同创新能力,增强原始创新能力和服务经济社会发展能力,扩大国际影响力。强化行业特色高等学校主干学科和办学特色。加强区域内高等学校科研合作、学术交流和资源开放共享,面向市场需求开展应用技术研发。加快中国特色现代大学制度建设,落实和扩大高等学校法人自主权,统筹推进教育创新、科技创新、体制创新、开放创新和文化创新,激发高等学校办学动力和活力。深化高等学校科研体制机制改革,推进科教紧密融合,开展高等学校科研组织方式改革试点。以产教融合、科教协同为原则推进研究生培养改革,鼓励开展案例式、互动式、启发式教学,培养富有创新精神和实践能力的各类创新型、应用型、复合型优秀人才。改革完善高等学校创新能力提升计划组织实施方式,加强协同创新中心建设。

二、加快建设有特色高水平科研院所

加快科研院所分类改革,建立健全现代科研院所制度。按照事业单位分类改革方案,继续深化公益类科研院所改革,建设完善法人治理结构,推动科研机构实行章程管理,健全规章制度体系,逐步推进科研去行政化,增强在基础前沿和行业共性关键技术研发中的骨干引领作用。建立科研机构创新绩效评价制度,研究完善科研机构绩效拨款机制。坚持开发类科研院所企业化转制方向,按照承担行业共性科研任务、生产经营活动等不同情况,实行分类改革、分类管理、分类考核。落实和扩大科研院所法人自主权。实施中科院率

先行动计划，发挥其集科研院所、学部、教育机构于一体的优势，探索中国特色国家现代科研院所制度。

三、培育发展新型研发机构

发展面向市场的新型研发机构，围绕区域性、行业性重大技术需求，形成跨区域跨行业的研发和服务网络。积极推广众包、用户参与设计、云设计等新型研发组织模式，鼓励研发类企业专业化发展，积极培育市场化新型研发组织、研发中介和研发服务外包新业态。对民办科研机构等新型研发组织，在承担国家科技任务、人才引进等方面与同类公办科研机构实行一视同仁的支持政策。制定鼓励社会化新型研发机构发展的意见，探索非营利性运行模式。

第二十一章　完善科技成果转移转化机制

实施促进科技成果转移转化行动，进一步破除制约科技成果转移转化的体制机制障碍，完善相关配套措施，强化技术转移机制建设，加强科技成果权益管理改革，激发科研人员创新创业活力。

一、建立健全技术转移组织体系

推动高等学校、科研院所建立健全技术转移工作体系和机制，加强专业化科技成果转化队伍建设，优化科技成果转化流程，通过本单位负责技术转移工作的机构或者委托独立的科技成果转化服务机构开展技术转移。鼓励高等学校、科研院所在不增加编制的前提下建设专业化技术转移机构，培育一批运营机制灵活、专业人才集聚、服务能力突出、具有国际影响力的国家技术转移机构。建立高等学校和科研院所科技成果与市场对接转化渠道，推动科技成果与产业、企业技术创新需求有效对接。支持企业与高等学校、科研院所联合设立研发机构或技术转移机构，共同开展研究开发、成果应用与推广、标准研究与制定等。建立和完善国家科技计划形成科技成果的转化机制，发布转化一批符合产业转型升级方向、投资规模与产业带动作用显著的科技成果包，增强产业创新发展的技术源头供给。建立国家科技成果信息系统，加强各类科技成果信息汇交，鼓励开展科技成果数据挖掘与开发利用。

二、深化科技成果权益管理改革

落实高等学校、科研院所对其持有的科技成果可以自主决定转让、许可或者作价投资的权利，除涉及国家秘密、国家安全外，不需审批或者备案。高等学校、科研院所有权依法以持有的科技成果作价入股确认股权和出资比例，并通过发起人协议、投资协议或者公司章程等形式对科技成果的权属、作价、折股数量或者出资比例等事项明确约定，明晰产权。科技成果转化所获得的收入全部留归单位，扣除对完成和转化职务科技成果作出重要贡献人员的奖励和报酬后，应当主要用于科学技术研发与成果转化等相关工作，并对技术转移机构的运行和发展给予保障。进一步探索推进科技成果归属权益改革。建立健全科技成果向境外转移管理制度。

三、完善科技成果转化激励评价制度

积极引导符合条件的国有科技型企业实施股权和分红激励政策，落实国有企业事业单位成果转化奖励的相关政策。完善职务发明制度，推动修订专利法、公司法，完善科技成果、知识产权归属和利益分享机制。高等学校、科研院所对科技成果转化中科技人员的奖励应不低于净收入的50%，在研究开发和科技成果转化中作出主要贡献的人员获得奖励的份额不低于奖励总额的50%。对于担任领导职务的科技人员获得科技成果转化奖励，按照分类管理的原则执行。健全职务发明的争议仲裁和法律救济制度。

高等学校、科研院所的主管部门以及财政、科技等相关部门，在对单位进行绩效考评时应当将科技成果转化的情况作为评价指标之一。加大对科技成果转化绩效突出的高等学校、科研院所及人员的支持力度，相关主管部门以及财政、科技等相关部门根据单位科技成果转化年度报告情况等，对单位科技成果转化绩效予以评价，并将评价结果作为对单位予以支持的依据之一。高等学校、科研院所制定激励制度，对业绩突出的专业化技术转移机构给予奖励。高等学校、科研院所应向主管部门报送科技成果转化年度报告。

四、强化科技成果转化市场化服务

以“互联网+”科技成果转移转化为核心，以需求为导向，打造线上与线下相结合的国家技术交易网络平台，提供信息发布、融资并购、公开挂牌、竞价拍卖、咨询辅导等专业化服务。完善技术转

移区域中心、国际技术转移中心布局与功能，支持地方和有关机构建立完善区域性、行业性技术市场，打造链接国内外技术、资本、人才等创新资源的技术转移网络。完善技术产权交易、知识产权交易等各类平台功能，促进科技成果与资本的有效对接。支持有条件的技术转移机构与天使投资、创业投资等开展设立投资基金等合作，加大对科技成果转化项目的投资力度。

五、大力推动地方科技成果转移转化

健全省、市、县三级科技成果转化工作网络，强化科技管理部门开展科技成果转移转化工作职能。以创新资源集聚、工作基础好的省区市为主导，依托国家自主创新示范区、高新区、农业科技园区、创新型城市等，建设国家科技成果转移转化示范区，探索形成一批可复制、可推广的工作经验与模式。支持地方建设通用性或行业性技术创新服务平台，搭建科技成果中试与产业化载体，开展研发设计、中试熟化、检验检测、知识产权、投融资等服务。

第七篇　加强科普和创新文化建设

全面提升公民科学素质，加强科普基础设施建设，加快科学精神和创新文化的传播塑造，使公众能够更好地理解、掌握、运用和参与科技创新，进一步夯实创新发展的群众和社会基础。

第二十二章　全面提升公民科学素质

深入实施全民科学素质行动计划纲要，以青少年、农民、城镇劳动者、领导干部和公务员等为重点人群，按照中国公民科学素质基准，以到 2020 年我国公民具备科学素质比例超过 10% 为目标，广泛开展科技教育、传播与普及，提升全民科学素质整体水平。

一、加强面向青少年的科技教育

以增强科学兴趣、创新意识和学习实践能力为主，完善基础教育阶段的科学教育。拓展校外青少年科技教育渠道，鼓励青少年广泛参加科技活动，推动高等学校、科研院所、科技型企业等面向青少年开放实验室等教学、科研设施。巩固农村义务教育普及成果，提高农村中小学科技教育质量，为农村青少年提供更多接受科技教育和参加科普活动的机会。以培养劳动技能为主，加强中等职业学校科技教育，推动科技教育与创新创业实践进课堂进教材。完善高等教育阶段的科技教育，支持在校大学生开展创新性实验、创业训练和创业实践项目。广泛开展各类科技创新类竞赛等活动。

二、提升劳动者科学文化素质

大力开展农业科技教育培训，全方位、多层次培养各类新型职业农民和农村实用技术人才。广泛开展形式多样的农村科普活动，大力普及绿色发展、安全健康、耕地保护、防灾减灾等科技知识和观念，传播科学理念，反对封建迷信，帮助农民养成科学健康文明的生产生活方式。加强农村科普公共服务建设，提升乡镇村寨科普服务能力。完善专业技术人员继续教育制度，加强专业技术人员继续教育工作。构建以企业为主体、职业院校为基础，各类培训机构积极参与、公办与民办并举的职业培训和技能人才培养体系。广泛开展进城务工人员培训教育，推动职业技能、安全生产、信息技术等知识和观念的广泛普及。强化社区科普公共服务，广泛开展社区科技教育、传播与普及活动。开展老年人科技传播与科普服务，促进健康养老、科学养老。

三、提高领导干部科学决策和管理水平

把科技教育作为领导干部和公务员培训的重要内容，突出科技知识和科学方法的学习培训以及科学思想、科学精神的培养。丰富学习渠道和载体，引导领导干部和公务员不断提升科学管理能力和科学决策水平。积极利用网络化、智能化、数字化等教育培训方式，扩大优质科普信息覆盖面，满足领导干部和公务员多样化学习需求。不断完善领导干部考核评价机制，在领导干部考核和公务员录用中体现科学素质的要求。制定并不断完善领导干部和公务员科学素质监测、评估标准。提高领导干部和公务员的科技意识、科学决策能力、科学治理水平和科学生活素质。广泛开展针对领导干部和公务员的院士专家科技讲座、科普报告等各类科普活动。

第二十三章　加强国家科普能力建设

完善国家科普基础设施体系，大力推进科普

信息化，推动科普产业发展，促进创新创业与科普相结合，提高科普基础服务能力和水平。

一、强化科普基础设施和科普信息化建设

加强科普基础设施的系统布局，推进国家科普示范基地和国家特色科普基地建设，提升科普基础设施服务能力，实现科普公共服务均衡发展。进一步建立完善以实体科技馆为基础，科普大篷车、流动科技馆、学校科技馆、数字科技馆为延伸，辐射基层科普设施的中国特色现代科技馆体系。加强基层科普设施建设，因地制宜建设一批具备科技教育、培训、展示等多功能的开放性、群众性科普活动场所和科普设施。提高各级各类科普基地的服务能力和水平，提高中小科技场馆的科普业务水平。研究制定科普基础设施标准和评估体系，加强运行和服务监测评估。推动中西部地区和地市级科普基础设施建设。

大力推进科普信息化。推进信息技术与科技教育、科普活动融合发展，推动实现科普理念和科普内容、传播方式、运行和运营机制等服务模式的不断创新。以科普的内容信息、服务云、传播网络、应用端为核心，构建科普信息化服务体系。加大传统媒体的科技传播力度，发挥新兴媒体的优势，提高科普创作水平，创新科普传播形式，推动报刊、电视等传统媒体与新兴媒体在科普内容、渠道、平台、经营和管理上的深度融合，实现包括纸质出版、网络传播、移动终端传播在内的多渠道全媒体传播。推动科普信息应用，提升大众传媒的科学传播质量，满足公众科普信息需求。适应现代科普发展需求，壮大专兼职科普人才队伍，加强科普志愿者队伍建设，推动科普人才知识更新和能力培养。

二、提升科普创作能力与产业化发展水平

加强优秀科普作品的创作，推动产生一批水平高、社会影响力大的原创科普精品。开展全国优秀科普作品、微视频评选推介等活动，加强对优秀科普作品的表彰、奖励。创新科普讲解方式，提升科普讲解水平，增强科学体验效果。鼓励和引导科研机构、科普机构、企业等提高科普产品研发能力，推动科技创新成果向科普产品转化。以多元化投资和市场化运作的方式，推动科普展览、科普展教品、科普图书、科普影视、科普玩具、科普旅游、科普网络与信息等科普产业的发展。鼓励建立科普园区和产业基地，培育一批具有较强实力和较大规模的科普设计制作、展览、服务企业，形成一批具有较高知名度的科普品牌。

三、促进创新创业与科普结合

推进科研与科普的结合。在国家科技计划项目实施中进一步明确科普义务和要求，项目承担单位和科研人员要主动面向社会开展科普服务。推动高等学校、科研机构、企业向公众开放实验室、陈列室和其他科技类设施，充分发挥天文台、野外台站、重点实验室和重大科技基础设施等高端科研设施的科普功能，鼓励高新技术企业对公众开放研发设施、生产设施或展览馆等，推动建设专门科普场所。

促进创业与科普的结合。鼓励和引导众创空间等创新创业服务平台面向创业者和社会公众开展科普活动。推动科普场馆、科普机构等面向创新创业者开展科普服务。鼓励科研人员积极参与创新创业服务平台和孵化器的科普活动，支持创客参与科普产品的设计、研发和推广。结合重点科普活动，加强创新创业代表性人物和事迹的宣传。

第二十四章　营造激励创新的社会文化氛围

营造崇尚创新的文化环境，加快科学精神和创新价值的传播塑造，动员全社会更好理解和投身科技创新。营造鼓励探索、宽容失败和尊重人才、尊重创造的氛围，加强科研诚信、科研道德、科研伦理建设和社会监督，培育尊重知识、崇尚创造、追求卓越的创新文化。

一、大力弘扬科学精神

把弘扬科学精神作为社会主义先进文化建设的重要内容。大力弘扬求真务实、勇于创新、追求卓越、团结协作、无私奉献的科学精神。鼓励学术争鸣，激发批判思维，提倡富有生气、不受约束、敢于发明和创造的学术自由。引导科技界和科技工作者强化社会责任，报效祖国，造福人民，在践行社会主义核心价值观、引领社会良好风尚中率先垂范。

坚持制度规范和道德自律并举原则，建设教育、自律、监督、惩治于一体的科研诚信体系。积

极开展科研诚信教育和宣传。完善科研诚信的承诺和报告制度等，明确学术不端行为监督调查惩治主体和程序，加强监督和对科研不端行为的查处力度和曝光力度。实施科研严重失信行为记录制度，对于纳入严重失信记录的责任主体，在项目申报、职位晋升、奖励评定等方面采取限制措施。发挥科研机构和学术团体的自律功能，引导科技人员加强自我约束、自我管理。加强对科研诚信、科研道德的社会监督，扩大公众对科研活动的知情权和监督权。倡导负责任的研究与创新，加强科研伦理建设，强化科研伦理教育，提高科技工作者科研伦理规范意识，引导企业在技术创新活动中重视和承担保护生态、保障安全等社会责任。

二、增进科技界与公众的互动互信

加强科技界与公众的沟通交流，塑造科技界在社会公众中的良好形象。在科技规划、技术预测、科技评估以及科技计划任务部署等科技管理活动中扩大公众参与力度，拓展有序参与渠道。围绕重点热点领域积极开展科学家与公众对话，通过开放论坛、科学沙龙和展览展示等形式，创造更多科技界与公众交流的机会。加强科技舆情引导和动态监测，建立重大科技事件应急响应机制，抵制伪科学和歪曲、不实、不严谨的科技报道。

三、培育企业家精神与创新文化

大力培育中国特色创新文化，增强创新自信，积极倡导敢为人先、勇于冒尖、宽容失败的创新文化，形成鼓励创新的科学文化氛围，树立崇尚创新、创业致富的价值导向，大力培育企业家精神和创客文化，形成吸引更多人才从事创新活动和创业行为的社会导向，使谋划创新、推动创新、落实创新成为自觉行动。引导创新创业组织建设开放、平等、合作、民主的组织文化，尊重不同见解，承认差异，促进不同知识、文化背景人才的融合。鼓励创新创业组织建立有效激励机制，为不同知识层次、不同文化背景的创新创业者提供平等的机会，实现创新价值的最大化。鼓励建立组织内部众创空间等非正式交流平台，为创新创业提供适宜的软环境。加强科技创新宣传力度，报道创新创业先进事迹，树立创新创业典型人物，进一步形成尊重劳动、尊重知识、尊重人才、尊重创造的良好风尚。加快完善包容创新的文化环境，形成人人崇尚创新、人人渴望创新、人人皆可创新的社会氛围。

第八篇　强化规划实施保障

强化各级政府部门在规划实施中的职责，充分调动科技界和社会各界的积极性和创造性，从政策法规、资源配置、监督评估等方面完善任务落实机制，确保规划实施取得明显成效。

第二十五章　落实和完善创新政策法规

围绕营造良好创新生态，强化创新的法治保障，加大普惠性政策落实力度，加强创新链各环节政策的协调和衔接，形成有利于创新发展的政策导向。

一、强化创新法治保障

健全保护创新的法治环境，加快薄弱环节和领域的立法进程，修改不符合创新导向的法规文件，废除制约创新的制度规定，构建综合配套法治保障体系。研究起草规范和管理政府科研机构、科技类民办非企业单位等的法规，合理调整和规范科技创新领域各类主体的权利义务关系。推动科技资源共享立法，研究起草科学数据保护与共享等法规，强化财政资助形成的科技资源开放共享义务。研究制定规范和管理科研活动的法规制度，完善科学共同体、企业、社会公众等共同参与科技创新管理的规范。加强生物安全等特定领域立法，加快制定《人类遗传资源管理条例》，加快修订《国家科学技术奖励条例》、《实验动物管理条例》等，研究制定天使投资管理相关法规，完善和落实政府采购扶持中小企业发展的相关法规政策。深入推进《中华人民共和国科学技术进步法》、《中华人民共和国促进科技成果转化法》、《中华人民共和国科学技术普及法》等的落实，加大宣传普及力度，加强法规落实的监督评估。鼓励地方结合实际，修订制定相关科技创新法规。

二、完善支持创新的普惠性政策体系

发挥市场竞争激励创新的根本性作用，营造公平、开放、透明的市场环境，强化产业政策对创新的引导，促进优胜劣汰，增强市场主体创新动力。坚持结构性减税方向，逐步将国家对企业技

术创新的投入方式转变为以普惠性财税政策为主。加大研发费用加计扣除、高新技术企业税收优惠、固定资产加速折旧等政策的落实力度，推动设备更新和新技术利用。对包括天使投资在内的投向种子期、初创期等创新活动的投资，统筹研究相关税收支持政策。研究扩大促进创业投资企业发展的税收优惠政策，适当放宽创业投资企业投资高新技术企业的条件限制。

通过落实税收优惠、保险、价格补贴和消费者补贴等，促进新产品、新技术的市场化规模化应用。加强新兴产业、新兴业态相关政策研究。强化政策培训，完善政策实施程序，切实扩大政策覆盖面。落实引进技术的消化吸收和再创新政策。及时总结区域创新改革试点政策，加大推广力度。加强政策落实的部门协调机制，加强对政策实施的监测评估。

三、深入实施知识产权战略

加快建设知识产权强国，加强知识产权创造、运用、管理、保护和服务。完善知识产权法律法规，加强知识产权保护，加大对知识产权侵权行为的惩处力度，提高侵权损害赔偿标准，探索实施惩罚性赔偿制度，降低维权成本。研究商业模式等新形态创新成果的知识产权保护办法。健全知识产权侵权查处机制，强化行政执法与司法保护衔接，加强知识产权综合行政执法，将侵权行为信息纳入社会信用记录。建立知识产权海外维权援助机制。建立专利审批绿色通道。引导支持市场主体创造和运用知识产权，以知识产权利益分享机制为纽带，促进创新成果的知识产权化。实施中央财政科技计划（专项、基金等）的全流程知识产权管理，建立知识产权目标评估制度。构建服务主体多元化的知识产权服务体系，培育一批知识产权服务品牌机构。

四、持续推进技术标准战略

健全技术标准体系，统筹推进科技、标准、产业协同创新，健全科技成果转化为技术标准机制。加强基础通用和产业共性技术标准研制，加快新兴和融合领域技术标准研制，健全科技创新、专利保护与标准互动支撑机制。发挥标准在技术创新中的引导作用，及时更新标准，强化强制性标准制定与实施，逐步提高生产环节和市场准入的环保、节能、节水、节材、安全指标及相关标准，形成支撑产业升级的技术标准体系。开展军民通用标准的制定和整合，推动军用标准和民用标准双向转化，促进军用标准和民用标准兼容发展。充分发挥行业协会等的作用，大力培育发展团体标准，推行标准“领跑者”制度，培育发展标准化服务业，提升市场主体技术标准研制能力。促进标准体系的公开、开放和兼容，加强公平执法和严格执法。支持我国企业、联盟和社会组织参与或主导国际标准研制，推动中国标准“走出去”，提升中国标准国际影响力。

五、强化政策统筹协调

建立创新政策协调审查机制，组织开展创新政策清理，及时废止有违创新规律、阻碍新兴产业和新兴业态发展的政策条款，对新制定政策是否制约创新进行审查。加强科技体制改革与经济体制改革协调，强化顶层设计，加强科技政策与财税、金融、贸易、投资、产业、教育、知识产权、社会保障、社会治理等政策的协同，形成目标一致、部门协作配合的政策合力，提高政策的系统性、可操作性。加强中央和地方的政策协调，保证中央、地方政策相互支持和配合。建立创新政策调查和评价制度，广泛听取企业和社会公众意见，定期对政策落实情况进行跟踪分析，并及时调整完善。

第二十六章　完善科技创新投入机制

发挥好财政科技投入的引导激励作用和市场配置各类创新要素的导向作用，优化创新资源配置，引导社会资源投入创新，形成财政资金、金融资本、社会资本多方投入的新格局。

一、加强规划任务与资源配置衔接

改革国家科技创新战略规划和资源配置体制机制，围绕产业链部署创新链、围绕创新链完善资金链，聚焦国家战略目标，集中资源、形成合力，突破关系国计民生和经济命脉的重大关键科技问题。把规划作为科技任务部署的重要依据，形成规划引导资源配置的机制。

二、建立多元化科技投入体系

切实加大对基础性、战略性和公益性研究支持力度，完善稳定支持和竞争性支持相协调的机制。加强中央财政投入和地方创新发展需求衔接，引导地方政府加大科技投入力度。创新财政科技投入方式，加强财政资金和金融手段的协调配合，综合运用创业投资、风险补偿、贷款贴息等多种方式，充分发挥财政资金的杠杆作用，引导金融资金和民间资本进入创新领域，完善多元化、多渠道、多层次的科技投入体系。

三、提高科技投入配置效率

加强科技创新战略规划、科技计划布局设置、科技创新优先领域、重点任务、重大项目和年度计划安排的统筹衔接，加强科技资金的综合平衡。按照新五类中央财政科技计划（专项、基金等）布局，加强各类科技计划、各研发阶段衔接，优化科技资源在各类科技计划（专项、基金等）中的配置，按照各类科技计划（专项、基金等）定位和内涵配置科技资源。加强科研资金监管与绩效管理，建立科研资金信用管理制度，逐步建立财政科技资金的预算绩效评价体系，建立健全相应的绩效评价和监督管理机制。

第二十七章　加强规划实施与管理

加强组织领导，明确分工责任，强化规划实施中的协调管理，形成规划实施的强大合力与制度保障。

一、健全组织领导机制

在国家科技体制改革和创新体系建设领导小组的领导下，建立各部门、各地方协同推进的规划实施机制。各部门、各地方要依据本规划，结合实际，强化本部门、本地方科技创新部署，做好与规划总体思路和主要目标的衔接，做好重大任务分解和落实。充分调动和激发科技界、产业界、企业界等社会各界的积极性，最大限度地凝聚共识，广泛动员各方力量，共同推动规划顺利实施。

二、强化规划协调管理

编制一批科技创新专项规划，细化落实本规划提出的主要目标和重点任务，形成以“十三五”国家科技创新规划为统领、专项规划为支撑的国家科技创新规划体系。建立规划符合性审查机制，科技重大任务、重大项目、重大措施的部署实施，要与规划任务内容对标并进行审查。健全部门之间、中央与地方之间的工作会商与沟通协调机制，加强不同规划间的有机衔接。加强年度计划与规划的衔接，确保规划提出的各项任务落到实处。建立规划滚动编制机制，适时启动新一轮中长期科技创新规划战略研究与编制工作，加强世界科技强国重大问题研究。

三、加强规划实施监测评估

开展规划实施情况的动态监测和第三方评估，把监测和评估结果作为改进政府科技创新管理工作的重要依据。开展规划实施中期评估和期末总结评估，对规划实施效果作出综合评价，为规划调整和制定新一轮规划提供依据。在监测评估的基础上，根据科技创新最新进展和经济社会需求新变化，对规划指标和任务部署进行及时、动态调整。加强宣传引导，调动和增强社会各方面落实规划的主动性、积极性。

国务院关于加快推进“互联网+政务服务”工作的指导意见

（2016年09月29日）

各省、自治区、直辖市人民政府，国务院各部委、各直属机构：

推进“互联网+政务服务”，是贯彻落实党中央、国务院决策部署，把简政放权、放管结合、优化服务改革推向纵深的关键环节，对加快转变政府职能，提高政府服务效率和透明度，便利群众办事创业，进一步激发市场活力和社会创造力具有重要意义。近年来，一些地方和部门初步构建互联网政务服务平台，积极开展网上办事，取得一定成效。但也存在网上服务事项不全、信息共享程度低、可办理率不高、企业和群众办事仍然不便等问题，同时还有不少地方和部门尚未开展此项工作。为加快推进“互联网+政务服务”工作，切实提高政务服务质量与实效，现提出以下意见。

一、总体要求

（一）指导思想。认真落实党的十八大和十八届三中、四中、五中全会精神，深入贯彻习近平总书记系列重要讲话精神，牢固树立创新、协调、绿色、开放、共享的发展理念，按照建设法治政府、创新政府、廉洁政府和服务型政府的要求，优化服务流程，创新服务方式，推进数据共享，打通信息孤岛，推行公开透明服务，降低制度性交易成本，持续改善营商环境，深入推进大众创业、万众创新，最大程度利企便民，让企业和群众少跑腿、好办事、不添堵，共享“互联网+政务服务”发展成果。

（二）基本原则。坚持统筹规划。充分利用已有资源设施，加强集约化建设，推动政务服务平台整合，促进条块联通，实现政务信息资源互认共享、多方利用。

坚持问题导向。从解决人民群众反映强烈的办事难、办事慢、办事繁等问题出发，简化优化办事流程，推进线上线下融合，及时回应社会关切，提供渠道多样、简便易用的政务服务。

坚持协同发展。加强协作配合和工作联动，明确责任分工，实现跨地区、跨层级、跨部门整体推进，做好制度衔接，为“互联网+政务服务”提供制度和机制保障。

坚持开放创新。鼓励先行先试，运用互联网思维，创新服务模式，拓展服务渠道，开放服务资源，分级分类推进新型智慧城市建设，构建政府、公众、企业共同参与、优势互补的政务服务新格局。

（三）工作目标。2017年底前，各省（区、市）人民政府、国务院有关部门建成一体化网上政务服务平台，全面公开政务服务事项，政务服务标准化、网络化水平显著提升。2020年底前，实现互联网与政务服务深度融合，建成覆盖全国的整体联动、部门协同、省级统筹、一网办理的“互联网+政务服务”体系，大幅提升政务服务智慧化水平，让政府服务更聪明，让企业和群众办事更方便、更快捷、更有效率。

二、优化再造政务服务

（一）规范网上服务事项。各省（区、市）人民政府、国务院各部门要依据法定职能全面梳理行政机关、公共企事业单位直接面向社会公众提供的具体办事服务事项，编制政务服务事项目录，2017年底前通过本级政府门户网站集中公开发布，并实时更新、动态管理。实行政务服务事项编码管理，规范事项名称、条件、材料、流程、时限等，逐步做到“同一事项、同一标准、同一编码”，为实现信息共享和业务协同，提供无差异、均等化政务服务奠定基础。

（二）优化网上服务流程。优化简化服务事项网上申请、受理、审查、决定、送达等流程，缩短办理时限，降低企业和群众办事成本。凡是能通过网络共享复用的材料，不得要求企业和群众重复提交；凡是能通过网络核验的信息，不得要求其他单位重复提供；凡是能实现网上办理的事项，不得要求必须到现场办理。推进办事材料目录化、标准化、电子化，开展在线填报、在线提交和在线审查。建立网上预审机制，及时推送预审结果，对需要补正的材料一次性告知；积极推动电子证照、电子公文、电子签章等在政务服务中的应用，开展网上验证核对，避免重复提交材料和循环证明。涉及多个部门的事项实行一口受理、网上运转、并行办理、限时办结。建立公众参与机制，鼓励引导群众分享办事经验，开展满意度评价，不断研究改进工作。各级政府及其部门都要畅通互联网沟通渠道，充分了解社情民意，针对涉及公共利益等热点问题，积极有效应对，深入解读政策，及时回应关切，提升政府公信力和治理能力。

（三）推进服务事项网上办理。凡与企业注册登记、年度报告、变更注销、项目投资、生产经营、商标专利、资质认定、税费办理、安全生产等密切相关的服务事项，以及与居民教育医疗、户籍户政、社会保障、劳动就业、住房保障等密切相关的服务事项，都要推行网上受理、网上办理、网上反馈，做到政务服务事项“应上尽上、全程在线”。

（四）创新网上服务模式。加快政务信息资源互认共享，推动服务事项跨地区远程办理、跨层级联动办理、跨部门协同办理，逐步形成全国一体化服务体系。开展政务服务大数据分析，把握和预判公众办事需求，提供智能化、个性化服务，变被动服务为主动服务。引入社会力量，积极利用第三方平台，开展预约查询、证照寄送，以及在线支付等服务；依法有序开放网上政务服务资源和数据，鼓励公众、企业和社会机构开发利用，提供多样化、创新性的便民服务。

（五）全面公开服务信息。各地区各部门要在政府门户网站和实体政务大厅，集中全面公开与政务服务事项相关的法律法规、政策文件、通知公告、办事指南、审查细则、常见问题、监督举报方式和网上可办理程度，以及行政审批涉及的中介服务事项清单、机构名录等信息，并实行动态调整，确保线上线下信息内容准确一致。规范和完善办事指南，列明依据条件、流程时限、收费标准、注意事项等；明确需提交材料的名称、依据、格式、份数、签名签章等要求，并提供规范表格、填写说明和示范文本。除办事指南明确的条件外，不得自行增加办事要求。

三、融合升级平台渠道

（一）规范网上政务服务平台建设。各省（区、市）人民政府、国务院有关部门要依托政府门户网站，整合本地区本部门政务服务资源与数据，加快构建权威、便捷的一体化互联网政务服务平台，提供一站式服务，避免重复分散建设；已经单独建设的，应尽快与政府门户网站前端整合。中央政府门户网站是全国政务服务的总门户，各地区各部门网上政务服务平台要主动做好对接，形成统一的服务入口。推进政府部门各业务系统与政务服务平台的互联互通，加强平台间对接联动，统一身份认证，按需共享数据，做到“单点登录、全网通办”。建立健全政务服务平台电子监察系统，实现全部事项全流程动态监督。利用统一的政务服务资源，积极推进平台服务向移动端、自助终端、热线电话等延伸，为企业和群众提供多样便捷的办事渠道。

（二）推进实体政务大厅与网上服务平台融合发展。适应“互联网+政务服务”发展需要，进一步提升实体政务大厅服务能力，加快与网上服务平台融合，形成线上线下功能互补、相辅相成的政务服务新模式。推进实体政务大厅向网上延伸，整合业务系统，统筹服务资源，统一服务标准，做到无缝衔接、合一通办。完善配套设施，推动政务服务事项和审批办理职权全部进驻实体政务大厅，实行集中办理、一站式办结，切实解决企业和群众办事在政务大厅与部门之间来回跑腿的问题。实体政务大厅管理机构要加强对单位进驻、事项办理、流程优化、网上运行的监督管理，推进政务服务阳光规范运行。

（三）推动基层服务网点与网上服务平台无缝对接。乡镇（街道）政务服务中心和村（社区）便民服务点直接服务基层群众，要充分利用共享的网上政务服务资源，贴近需求做好政策咨询和办事服务，重点围绕劳动就业、社会保险、社会救助、扶贫脱贫等领域，开展上门办理、免费代办等，为群众提供便捷的综合服务。加快将网上政务服务向老少边穷岛等边远贫困地区延伸，实现“互联网+政务服务”基层全覆盖。

四、夯实支撑基础

（一）推进政务信息共享。国家发展改革委牵头整合构建统一的数据共享交换平台体系，贯彻执行《政务信息资源共享管理暂行办法》，打通数据壁垒，实现各部门、各层级数据信息互联互通、充分共享，尤其要加快推进人口、法人、空间地理、社会信用等基础信息库互联互通，建设电子证照库和统一身份认证体系。国务院各部门要加快整合面向公众服务的业务系统，梳理编制网上政务服务信息共享目录，尽快向各省（区、市）网上政务服务平台按需开放业务系统实时数据接口，支撑政务信息资源跨地区、跨层级、跨部门互认共享。切实抓好信息惠民试点工作，2017年底前，在80个信息惠民国家试点城市间初步实现政务服务“一号申请、一窗受理、一网通办”，形成可复制可推广的经验，逐步向全国推行。

（二）加快新型智慧城市建设。创新应用互联网、物联网、云计算和大数据等技术，加强统筹，注重实效，分级分类推进新型智慧城市建设，打造透明高效的服务型政府。汇聚城市人口、建筑、街道、管网、环境、交通等数据信息，建立大数据辅助决策的城市治理新方式。构建多元普惠的民生信息服务体系，在教育文化、医疗卫生、社会保障等领域，积极发展民生服务智慧应用，向城市居民、农民工及其随迁家属提供更加方便、及时、高效的公共服务。提升电力、燃气、交通、水务、物流等公用基础设施智能化水平，实行精细化运行管理。做好分级分类新型智慧城市试点示范工作，及时评估工作成效，发挥创新引领作用。

（三）建立健全制度标准规范。加快清理修订不适应“互联网+政务服务”的法律法规和有关规定，制定完善相关管理制度和服务规范，明确电子证照、电子公文、电子签章等的法律效力，着力解决“服务流程合法依规、群众办事困难重重”等问题。国务院办公厅组织编制国家“互联网+政务服务”技术体系建设指南，明确平台架构，以及电子证照、统一身份认证、政务云、大数据应用等标准规范。

（四）完善网络基础设施。建设高速畅通、覆盖城乡、质优价廉、服务便捷的网络基础设施。将通信基础设施建设纳入地方城乡规划，实现所有设区城市光纤网络全覆盖，推进农村地区行政村光纤通达和升级改造。提升骨干网络容量和网间互通能力，大幅降低上网资费水平。尽快建成一批光网城市，第四代移动通信（4G）网络全面覆盖城市和乡村，80%以上的行政村实现光纤到村。充分依托现有网络资源，推动政务云集约化建设，为网上政务服务提供支撑和保障。

（五）加强网络和信息安全保护。按照国家信息安全等级保护制度要求，加强各级政府网站信息安全建设，健全“互联网+政务服务”安全保障体系。明确政务服务各平台、各系统的安全责任，开展等级保护定级备案、等级测评等工作，建立各方协同配合的信息安全防范、监测、通报、响应和处置机制。加强对电子证照、统一身份认证、网上支付等重要系统和关键环节的安全监控。提高各平台、各系统的安全防护能力，查补安全漏洞，做好容灾备份。建立健全保密审查制度，加大对涉及国家秘密、商业秘密、个人隐私等重要数据的保护力度，提升信息安全支撑保障水平和风险防范能力。

五、加强组织保障

（一）强化组织领导。各地区各部门要高度重视，充分认识“互联网+政务服务”工作对建设廉洁高效、人民满意的服务型政府的重要意义，切实加强组织领导。主要负责同志要亲自部署，狠抓落实，并明确一位负责同志具体分管，协调督促，常抓不懈。各省（区、市）人民政府办公厅、国务院各部门办公厅（室）要牵头负责统筹推进、监督协调本地区本部门“互联网+政务服务”工作，明确工作机构、人员和职责，建立政务服务部门、信息化部门和有关业务单位分工明确、协调有力的工作机制。国务院办公厅要加强对各地区各部门“互联网+政务服务”工作的督促指导，开展督查评估，推动工作取得实效。

（二）强化考核监督。建立“互联网+政务服务”工作绩效考核制度，纳入政府绩效考核体系，加大考核权重，列入重点督查事项，定期通报并公开工作进展和成效。发挥媒体监督、专家评议、第三方评估等作用，畅通群众投诉举报渠道，通过模拟办事、随机抽查等方式，深入了解服务情况，汇聚众智改进服务。在政府门户网站设立曝光纠错栏目，公开群众反映的办事过程中遇到的困难和问题，及时反馈处理结果。完善正向激励机制，对综合评价高、实际效果好的按照有关规定予以表彰奖励；建立健全问责机制，对工作开展不力的予以通报，对不作为、乱作为、慢作为，损害群众合法权益的依法依规进行问责。

（三）加大培训推广力度。将“互联网+政务服务”工作纳入干部教育培训体系，定期组织开展培训。把面向公众办事服务作为公职人员培训的重要内容，提高服务意识、业务能力和办事效率。加强专业人才培养，建设一支既具备互联网思维与技能又精通政务服务的专业化队伍。积极开展试点示范工作，建立交流平台，加强业务研讨，分享经验做法，共同提高政务服务水平。做好宣传推广和引导，方便更多群众通过网络获取政务服务，提高“互联网+政务服务”的社会认知度和群众认同感。

各省（区、市）人民政府、国务院有关部门要根据本意见，抓紧制定工作方案，明确责任单位和进度安排，加强衔接配合，加大财政支持，认真抓好落实。工作方案报国务院办公厅备案。

国务院办公厅关于创新管理优化服务培育壮大经济发展新动能加快新旧动能接续转换的意见

（2017年01月20日）

各省、自治区、直辖市人民政府，国务院各部委、各直属机构：

当今世界，新一轮科技革命和产业变革呈现多领域、跨学科、群体性突破新态势，正在向经济社会各领域广泛深入渗透。我国经济发展进入新常态，创新驱动发展战略深入实施，大众创业万众创新蓬勃兴起，诸多新产业、新业态蕴含巨大发展潜力，呈现技术更迭快、业态多元化、产业融合化、组织网络化、发展个性化、要素成果分享化等新特征，以技术创新为引领，以新技术新产业新业态新模式为核心，以知识、技术、信息、数据等新生产要素为支撑的经济发展新动能正在形成。加快培育壮大新动能、改造提升传统动能是促进经济结构转型和实体经济升级的重要途径，也是推进供给侧结构性改革的重要着力点。为落实党中央、国务院决策部署，破解制约新动能成长和传统动能改造提升的体制机制障碍、强化制度创新和培育壮大经济发展新动能、加快新旧动能接续转换，经国务院同意，现提出以下意见。

一、总体要求

随着全球创新创业进入高度密集活跃期，人才、知识、技术、资本等创新资源全球流动的速度、范围和规模达到空前水平，创新模式发生重大变化，生产、流通、分配、消费的新模式快速形成。在经济发展新动能加快壮大的同时，技术创新供给不足、制度创新供给不够等制约因素凸显，特别是一些经济领域管理规则已经不适应新的发展趋势，迫切需要加快制度创新步伐，营造包容支持创业创新和推动传统产业提质增效的制度环境。

（一）指导思想

牢固树立和贯彻落实创新、协调、绿色、开放、共享的发展理念，坚持以推进供给侧结构性改革为主线，着力振兴实体经济，深入实施创新驱动发展战略，大力推进大众创业万众创新；深化简政放权、放管结合、优化服务改革，进一步优化公共服务、创新行政管理，与时俱进、顺势而为、主动求变，促进制度创新与技术创新的融合互动、供给与需求的有效衔接、新动能培育与传统动能改造提升的协调互动。

（二）基本原则

——突出改革引领。强化从供给侧突破的意识，发挥市场在资源配置中的决定性作用，进一步激活市场机制，放宽政策限制，主动改变不适宜的监管理念、管理模式和政策体系，加快人才、金融、技术等要素市场改革，维护公平竞争，打破新主体进入市场的制度瓶颈，扩大群众就业和创造财富新空间。

——实施创新驱动。强化鼓励创新、宽容失败的意识。摆脱跟随发展的路径依赖，着力原始创新和颠覆性创新，保护和激发干事创业的积极性和创造性，主动构建激发创新活力、推广创新成果、支持业态创新的体制机制，以更大的力度促进知识和智力资源尽快实现经济价值，加快塑造更多依靠创新驱动、更多发挥先发优势的引领型发展新格局。

——优化服务理念。强化主动服务、效率优先的意识，更好发挥政府在新动能培育中的作用。大幅减少事前行政审批、健全事中事后监管，变管理为服务，进一步提升行政审批、法规调整、政策支持、标准规范、资源开放等方面政府服务的科学性、灵活性和针对性。创新服务机制，推进重心下移，及时主动解决阻碍新动能释放的矛盾问题，提供更加便捷高效的政府服务。

——着力融合发展。强化向实体经济聚力发力的意识，提升新动能对传统动能的带动作用。以提高质量和核心竞争力为中心，加快利用新技术、新业态改造提升传统产业，创造更多适应市场需求的新产品、新模式，促进覆盖一二三产业的实体经济蓬勃发展。

——坚持底线思维。强化开放共治与防控风险并重的意识，推进以信用管理为基础，以防范区域性、系统性风险和保护消费者合法权益为底线的新型管理模式，为释放新动能创造更加广阔的空间。

（三）目标任务

构建形成适应新产业新业态发展规律、满足新动能集聚需要的政策法规和制度环境。创新驱动发展的体制环境更加完备，全社会创业创新生态持续优化，人才、技术、知识、数据资源更加雄厚，有利于新供给与新需求衔接的市场机制基本形成，政府服务的响应速度和水平大幅提升，包容和支持创新发展的管理体系基本建立。

通过一段时间努力，以分享经济、信息经济、生物经济、绿色经济、创意经济、智能制造经济为阶段性重点的新兴经济业态逐步成为新的增长引擎。制造业新模式、农业新业态、服务业新领域得到拓展深化，产品和服务价值链大幅提升，传统动能焕发新活力。新旧动能实现平稳接续、协同发力，资源配置效率和全要素生产率大幅提升，实体经济发展质量和核心竞争力显著提高，支撑经济保持中高速增长、迈向中高端水平，在全球范围内优化配置创新资源，在更高水平上开展对外合作，新的经济发展动力得到强化，新的经济结构和增长格局逐步形成。

二、提高政府服务的能力和水平

主动适应新动能加速成长和传统动能改造提升的需要，加快转变政府职能，为加快实施创新驱动发展战略、推进大众创业万众创新清障搭台，优化服务流程，拓展发展空间，提高服务新兴经济领域市场主体的快速响应能力和水平。

（四）提高行政审批服务效能

优化对新兴经济领域市场主体的审批服务。适应新兴经济领域市场主体变化快、业态新、规模小等特点，及时将新业态、新产业纳入统计调查、支持政策清单。进一步深化商事制度改革，推进工商注册便利化，扩大简易注销试点。简化商标注册手续，优化注册流程，完善审查机制。优先对新业态实行“证照分离”改革试点。在工商登记中推进“多证合一”，取消不必要的行业门槛限制，消除隐性壁垒，切实解决“准入不准营”问题。全面应用全国投资项目在线审批监管平台。研究推广对不需要新增建设用地的技术改造升级项目实行承诺备案管理制度。推广“互联网+政务服务”，普及网上预约、审批、咨询，全面实行并联审批、阳光审批、限时办结等制度，提高审批协同性，持续改进对小微企业、初创企业的服务，通过有效的简政放权进一步释放发展新动能。（国家发展改革委、工业和信息化部、工商总局、国家统计局等部门按职责分工负责）

（五）加快法规政策标准动态调整

推进法规制度适应性变革。强化“立改废”协调，抓紧修改、废止阻碍新产业新业态发展的规定。各主管部门要对制约新产业新业态发展的规定进行清理，及时提出修改、废止或暂时停止实施法律、行政法规的具体建议方案和理由，按程序报批后实施。涉及现行法律修改、废止或暂时停止实施的，由国务院提请全国人大或其常务委员会修改、废止或暂时停止实施；涉及行政法规修改、废止或暂时停止实施的，由国务院决定修改、废止或暂时停止实施，并及时向社会公布。根据新动能成熟程度，合理制定新的法规规定，确保相关监管职权法定、市场行为有法可依。（国务院法制办

牵头负责）

建立相关标准动态调整机制。发挥企业标准、团体标准的积极作用和认证认可对标准调整的推动作用，建立适应技术更迭和产业变革要求的标准动态调整和快速响应机制。及时向全社会公开相关标准制定和修订情况。（质检总局牵头负责）

放宽新兴经济领域政策限制。优化多层次资本市场发行上市及挂牌条件。实现信用评价与税收便利服务挂钩，将优惠政策由备案管理和事前审批，逐渐向加强事中事后监管转变，提高中小企业优惠政策获得感。健全适应新兴经济领域融合发展的生产核算等制度。在部分新兴经济领域探索实施特殊管理股制度。（国家发展改革委、科技部、工业和信息化部、财政部、税务总局、工商总局、证监会、国务院法制办等部门按职责分工负责）

完善新业态就业社保政策。适应新业态的就业和用工特点，调整完善就业、劳动用工和社会保险等法规政策。完善各类灵活就业人员参加社会保险的办法和管理措施，制定完善相应的个人申报登记办法、个人缴费办法和资格审查办法。（人力资源社会保障部牵头负责）

（六）鼓励有条件的地方先行先试

推进新兴经济领域的权责下移试点。依托全面创新改革试验区域和国家自主创新示范区、国家综合配套改革试验区、自由贸易试验区等区域，按程序经全国人大或其常务委员会授权，允许地方按法定程序暂停执行国家相关法律法规制度，支持地方在物流、教育、旅游等领域系统性风险小的方面，结合本地实际研究出台有利于发展新产业新业态的地方性管理制度。构建网络化、多渠道、互动式的新动能发展瓶颈问题收集反馈机制，根据企业发展的不同阶段和不同困难，因地制宜研究解决涉及的政策问题。强化改革试点评估评价，适时修订产业管理和支持政策。推动地方在质量技术等基础方面改革创新，支持打造新产业新业态区域品牌。（国家发展改革委、教育部、科技部、交通运输部、商务部、质检总局、国务院法制办、国家旅游局等部门按职责分工负责）

（七）提高创业创新服务效率

建立创业创新绩效评价和容错试错机制。建立有利于提升创业创新效率的科研管理、资产管理和破产清算等制度体系。研究建立有利于国有企业、国有资本从事创业投资的容错机制，出台激励国有企业加大研发投入力度、参与国家重大科技项目的措施办法。（国家发展改革委、教育部、科技部、财政部、国务院国资委等部门按职责分工负责）

提升面向创业创新主体的服务水平。为企业开办和成长“点对点”提供政策、信息、法律、人才、场地等全方位服务，密切跟踪新生市场主体经营发展情况，促进新生市场主体增势不减、活跃度上升。打破制约企业跨所有制、跨行业创新合作的限制，促进生产要素和生产流程共享，加快跨界融合、系统整合的创业创新生态圈建设。强化对重大科研设施和仪器、科研数据信息等开放共享的考核评价和政策激励机制。支持和鼓励有条件的质检技术机构面向社会开放，为各类科技园、孵化器、众创空间等提供全生命周期质量技术基础服务。（国家发展改革委、科技部、工业和信息化部、人力资源社会保障部、质检总局等部门按职责分工负责）

推进双创相关改革试验。建设好双创示范基地，汇聚各方力量合作搭建全要素、全创新链资源集聚的双创服务平台，实现科技研发、专业知识、工匠技能合作共享，树立区域、高校、企业双创发展样板，探索支持创业创新的有效做法，形成可复制、可推广的经验。积极打造制造业双创平台。促进众创空间专业化发展，进一步释放全社会创业创新活力。（推进大众创业万众创新部际联席会议成员单位按职责分工负责）

完善知识产权保护制度。进一步加大知识产权执法力度，提高知识产权侵权代价和违法成本，震慑违法侵权行为。研究完善新模式新业态创新成果保护制度，探索在线创意、研发设计、众创众包等新领域知识产权保护新途径。（国家知识产权局牵头负责）

三、探索包容创新的审慎监管制度

在新兴经济领域贯彻更加包容和鼓励创新的治理理念，推动从处理具体事项的细则式管理转变为事先设置安全阀及红线的触发式管理。加强协同配合、鼓励多方参与，引导新产业新业态健康有序发展，释放经济发展新动能，促进传统领域管理创新、转型升级。

(八)建立公平开放的市场准入制度

完善以负面清单为主的产业准入制度。对未纳入负面清单管理的行业、领域、业务等，各类市场主体皆可依法平等进入。针对新技术、新产业、新业态、新模式，本着降低创业门槛的原则，不急于纳入负面清单管理。进一步放开增值电信业务和基础电信运营领域准入。推进药品上市许可持有人制度试点。充分考虑分享经济特殊性，按照包容发展的原则，审慎研究信息中介服务平台企业的行业准入办法，加强事中事后监管。根据教育培训、健康医疗、交通出行等领域新业态的特征，调整优化准入标准，创新监管方式，鼓励商业模式创新。(国家发展改革委、教育部、工业和信息化部、交通运输部、商务部、国家卫生计生委、工商总局、质检总局、食品药品监管总局、银监会、证监会、保监会等部门按职责分工负责)

(九)健全信用约束机制

按照强化信用约束和协同监管的要求，加快社会信用领域立法。完善全国信用信息共享平台和国家企业信用信息公示系统，规范市场主体诚信档案和信用信息采集、归集、公示、评价、应用、服务体系，加大失信行为曝光力度，强化失信联合惩戒，增强信用管理威慑力。(国家发展改革委、人民银行牵头负责)

(十)探索动态包容审慎监管制度

坚持建设发展与管理管控相结合，量身定做监管制度，逐步完善已形成规模、影响力较大的新产业新业态的监管制度体系。探索对跨界融合新产品、新服务、新业态的部门协同监管。实现信息互换、监管互认、执法互助，形成线上监管与线下管理协同配合、产品质量与应用安全协同监管的体制。(国家发展改革委、工业和信息化部、公安部、交通运输部、文化部、人民银行、海关总署、税务总局、工商总局、质检总局、新闻出版广电总局、食品药品监管总局、国家知识产权局、国家网信办等部门按职责分工负责)

针对新产业新业态的发展需要，加强对现有法规规定的修订和解释工作。推动出台电子商务法，以及个人信息保护、数据资源管理、新能源发电并网等新的法律法规规定。(国家发展改革委、环境保护部、商务部、国务院法制办、国家网信办、国家能源局等部门按职责分工负责)

建立适应互联网传播和用户创造内容趋势的新媒体内容监管机制。建立适应互联网条件下金融创新发展的金融监管机制。(国家发展改革委、文化部、人民银行、新闻出版广电总局、国家网信办、银监会、证监会、保监会等部门按职责分工负责)

优化创新药物和创新医疗器械审评审批程序，聘请更多有国际审评审批经验的专家学者参与评估和决策，加强审评队伍建设。加快制定新型诊疗技术临床应用技术规范，建立适应新技术新业态发展需要的新型管理机制。优化检验检疫流程，按照风险管控理念，调整监管方式，对出入境生物医药类特殊物品简化审批环节，优化审批流程，提高审批效率，完善事中事后监管。(国家卫生计生委、质检总局、食品药品监管总局等部门按职责分工负责)

推行动态审慎监管。包容处于发展初期的新业态发展。提高行业自律管理水平和能力，搭建企业与政府监管部门沟通协调桥梁，不断促进规范发展。在敏感领域，根据行业和企业申请对处于研发阶段、缺乏成熟标准或完全不适应现有监管体系的产品、服务开展并行研究和监测分析，同步研究科学有效的监管方法。(工业和信息化部、商务部、国家卫生计生委、工商总局、质检总局、食品药品监管总局、国家网信办、银监会、证监会、保监会等部门按职责分工负责)

(十一)完善风险管控体系

优化风险管理机制。完善产业风险预警和分析体系，强化风险处置决策机制，提高对新兴经济领域潜在风险敏感性和突发情况快速处置能力。加强技术成熟度和技术风险评估。强化市场主体责任，加大惩罚性赔偿力度。(国家发展改革委、科技部、工业和信息化部、商务部、国务院法制办等部门按职责分工负责)

提高信息化治理水平。加强在线、移动、大数据监管能力和队伍建设，增强网上技术侦查、新产品检验检测、金融领域新风险防范、网络信息技术产品和服务安全审查等技术水平。完善公共管理和决策工具体系，缩短风险监测信息反馈周期。（国家发展改革委、工业和信息化部、人民银行、质检总局、国家网信办、银监会、证监会、保监会等部门按职责分工负责）

（十二）构建多方参与的治理体系

促进监管机构和社会力量相互协作，完善新产业新业态治理结构。明确平台企业参与治理的法律依据，确定平台企业在知识产权保护、质量管理、信息内容管理、协助申报纳税、社会保障、网络安全等方面的责任和义务，建立政企合作事中事后监管新模式。针对分享经济发展带来的劳动者和消费者权益保护新问题，建立政府、平台、行业组织、劳动者、消费者共同参与的规则协商、利益分配和权益保障新机制。调动第三方、同业、公众、媒体等监督力量，形成社会力量共同参与治理的格局。（国家发展改革委、人力资源社会保障部、工商总局、新闻出版广电总局、税务总局、国务院法制办、国家网信办等部门按职责分工负责）

四、激发新生产要素流动的活力

培育新动能需要新的要素支撑。要加快相关领域改革，促进知识、技术、信息、数据等新生产要素合理流动、有效集聚，充分发挥其放大社会生产力的乘数效应。加速新技术新业态向传统领域融合渗透，全面改造提升传统动能。

（十三）完善智力要素集聚流动机制

激发人才流动活力。创新事业单位编制管理办法，完善相应的配套保障机制，破除制约高素质人才流动的体制机制障碍，赋予教师、医生、科研人员等更大的流动自主权。建立有利于国有企业在人力资源管理方面进行创客化、平台化改造的制度。各类城市都要在户籍或居住证等方面为新兴经济领域市场主体录用人才提供便利。建立健全有竞争力的人才吸引制度，解决海外回国（来华）人才办理户籍、投资置业、签证居留等方面的实际困难。（中央编办、教育部、科技部、公安部、财政部、人力资源社会保障部、农业部、国家卫生计生委、国务院国资委等部门按职责分工负责）

营造有利于创新型企业家发展的良好环境。激励勇于创新、敢于拼搏的企业家精神，依法保护创新收益和财产权。完善职业经理人市场，探索职业经理人社会化评价机制，建设专业化、市场化、国际化的职业经理人队伍。（国家发展改革委、科技部、国务院国资委等部门按职责分工负责）

营造有利于跨界融合研究团队成长的氛围。创新体制机制，突破院所和学科管理限制，在人工智能、区块链、能源互联网、智能制造、大数据应用、基因工程、数字创意等交叉融合领域，构建若干产业创新中心和创新网络。建成一批具有国际水平、突出学科交叉和协同创新的科研基地，着力推动跨界融合的颠覆性创新活动。（国家发展改革委、教育部、科技部、中科院等部门按职责分工负责）

（十四）完善数据资源开放共享制度

强化公共数据资源共享。完善政务信息资源共享管理办法，建成国家数据共享交换平台和全国统一的政务信息服务平台，开展全国政务信息资源普查，形成动态更新的政务信息资源目录，打破“数据烟囱”和“信息孤岛”，以共享为原则，加强政务信息资源统筹管理。建立国务院部门之间和中央与地方政府之间的数据沟通和分享机制。（国家发展改革委牵头负责）

健全政府信息公开和企业信息披露制度。根据数据安全属性，依据有关规定，积极稳妥地向社会开放政府数据。制定严格的个人信息保护法规和大数据安全监管制度，严厉打击非法泄露个人信息行为。（促进大数据发展部际联席会议成员单位按职责分工负责）

（十五）强化科技成果加速转化应用机制

推动科技成果有效转移转化。按照市场规则，优化高校和科研机构科技成果转移转化流程和办法，促进成果转化和科研人员创业。支持知识产权中介服务机构发展。充分利用发明专利申请优先审查制度，建立专利审批快速通道，便利技术市场交易，建立有利于科研人员利用科技成果进行创业的利益分配机制，形成科研成果转化的有效激励。（科技部、国家知识产权局牵头负责）

缩短科技成果转化周期。建立利用财政资金

形成的科技成果包向社会定期发布推广制度。鼓励支持企业与高校、科研机构结成新型研发组织，在高校和科研机构建立市场化运作的科技成果转化平台，完善科技成果市场化转化机制。通过政府购买服务等方式加大对科技类社会服务机构的支持力度，强化对新技术、新产品、新成果导入阶段的金融支持，落实财税支持政策。（科技部、财政部、农业部、人民银行、税务总局等部门按职责分工负责）

（十六）创新新技术新业态改造提升传统产业的模式

深入实施“中国制造2025”，促进制造业研发、生产、管理、服务模式变革，提高制造业质量和效益。开展“中国制造2025”城市（群）试点示范。增强制造业创新能力，夯实工业基础，构建以智能制造为重点的新型制造体系。发展工业互联网等新基础设施。支持制造业与互联网融合发展新型生产方式，促进从生产型制造向服务型制造转变，构建供给与需求精准衔接的机制。（工业和信息化部牵头负责）

加快推进“互联网+”行动，充分发挥我国互联网的规模优势和应用优势，加速推动互联网应用由消费领域向生产领域拓展，积极拓展物联网、云计算、下一代互联网、新一代移动通信等网络信息技术在设计、生产、运营等核心环节的深入应用，发展网络化研发、智能化生产、协同化制造和个性化服务。营造开放包容的发展环境，着力做优存量、提升增量，支持发展分享经济，探索以开放共享为特征的产业发展新模式。（国家发展改革委牵头负责）

编制重点技术改造升级项目导向计划，引导社会资金、资源等要素投向，采取产业投资基金等多种方式支持企业技术改造。针对不同领域，统筹采取多种模式，提升国家支持技术改造资金的使用效益。持续优化社会资本投资技术改造的政策环境。（国家发展改革委、工业和信息化部牵头负责）

加快推进农村一二三产业融合发展，延伸产业链，拓展多种功能，构建形成交叉融合的产业体系。利用互联网等新技术提升农业生产、经营、管理和服务水平。推动农业与旅游、教育、文化等产业深度融合，壮大农村新产业新业态，拓展农业新价值链。逐步建立农副产品、农资质量安全追溯体系。创新公益性农技推广服务方式，鼓励地方建立农科教、产学研一体化农业技术推广联盟。（国家发展改革委、农业部牵头负责）

利用新技术推进服务业转型升级。加快建设跨行业、跨区域的物流信息服务平台，提升仓储智能化水平和冷链物流服务水平，发展物流新模式，推动降本增效和创新发展。鼓励传统商贸流通企业积极利用物联网、移动互联网、地理位置服务、大数据等信息技术提升流通效率和服务质量。发挥龙头企业作用，支持实体零售企业与电子商务企业优势互补，整合服务资源，促进线上线下融合发展。加快推动传统媒体与新兴媒体深度融合，提升文化企业网络服务能力。（国家发展改革委、商务部、文化部等部门按职责分工负责）

五、强化支撑保障机制建设

适应新动能培育和传统动能改造提升的新规律和新趋势，在组织保障、政府采购、金融支持、统计分析等方面，调整相关政策和制度安排，更好服务新产业新业态健康发展。

（十七）构建统筹协调的组织支撑

强化顶层设计和系统谋划。优化新产业新业态的行业管理和产业发展资源配置，健全新兴经济领域协调机制，强化分享经济、生命科学、绿色经济、智能制造、创新金融服务等方面的统筹协调，强化立法、执法和产业发展等职能的衔接。（国家发展改革委、中央编办牵头负责）

协同推进相关工作。各地区、各部门要积极研究涉及本地区、本领域的新动能发展问题，分领域制定培育壮大新动能工作方案。健全对有关地区、部门落实培育新动能相关政策措施情况和开展先行先试、探索创新情况的监督检查机制。加强对新动能发展的舆论宣传，引导正确认识、回应社会关切、防止不当炒作，营造健康发展环境。（国家发展改革委会同有关方面牵头负责）

（十八）完善采购等支持新技术应用的政策措施

强化政府采购支持创新的机制。制定符合国

际规则的创新产品和服务采购支持政策。在满足提供公共服务和机构自身运转基本需求的前提下，加大对初创企业提供的新产品、新技术、新服务的采购力度。探索首购、订购等非招标方式，扩大前沿领域创新产品和服务的率先示范应用。（财政部牵头负责）

在政府部门和国有企业招投标活动中，不得以企业经营年限、注册资金等资质要求变相歧视新创办企业，逐步加大对新创办企业的支持。（国家发展改革委牵头负责）

完善优先应用新技术新产品的支持机制。深化医保支付方式改革，调整完善国家医保目录，及时将符合条件的创新药物按规定纳入目录范围，支持通过采用性价比高、疗效确定的创新药物降低医疗费用，大力发展商业医疗保险。面向新产业新业态发展需求，落实和完善首台（套）重大技术装备使用等鼓励政策。推进大型智能设备融资租赁。建立全面接纳高比例新能源电力的新型电力系统，出台全额保障性收购管理细则。强化产品、技术、工程、服务“走出去”的协调互动，创新方式支持和拓展我国有竞争力的新技术、新产品海外应用。（国家发展改革委、工业和信息化部、财政部、人力资源社会保障部、商务部、银监会、保监会、国家能源局等部门按职责分工负责）

（十九）优化金融支持体系

调整完善创业投资法规政策，激励引导创投机构加大对新创办企业的投入比重。充分发挥政府各类创业投资引导基金和产业投资基金作用，对符合投向的新兴经济领域创新型企业给予支持。加大多层次资本市场对新兴经济企业股权、债权融资的支持力度。建立健全知识产权质押登记公示系统，研究设立国家级无形资产转让交易平台。（国家发展改革委、财政部、人民银行、工商总局、银监会、证监会等部门按职责分工负责）

（二十）完善统计调查支撑机制

建立完善新兴经济领域市场主体统计调查和监测分析制度，强化新产业新业态数据搜集、处理、发布和共享工作。修订完善《国民经济行业分类》及有关分类标准，以适应培育壮大新动能需要。打造跟踪分析新兴经济领域运行的统一数据平台。加强对分享经济等新兴经济活动的核算，科学测算评估新兴经济活动在经济增长、资源节约、劳动就业、收入税收等方面的贡献。构建反映新兴经济活动的指标体系，研究建立并择时发布反映全貌和动态变化的新兴经济活动发展指数，提供趋势性数据和预警分析支撑。（国家统计局牵头）

各地区、各部门要充分认识加快培育壮大经济发展新动能的重要性、紧迫性和艰巨性，把思想、认识和行动统一到党中央、国务院决策部署上来，认真履职尽责、密切协调配合、主动担当作为、加强督查检查，切实把本意见提出的各项任务措施落到实处，为进一步激发市场活力和动力、加快新旧动能接续转换营造良好制度环境。